Python

Machine Learning
Pandas Data Analytics

개정판

파이썬 머신러닝 판다스 데이터 분석

오승환 지음

정보문화사
Information Publishing Group

파이썬 머신러닝
판다스 데이터 분석 개정판

개정판 1쇄 인쇄 | 2024년 6월 20일
개정판 1쇄 발행 | 2024년 6월 25일

지 은 이 | 오승환

발 행 인 | 이상만
발 행 처 | 정보문화사

책 임 편 집 | 노미라
편 집 진 행 | 명은별

주 소 | 서울시 종로구 동숭길 113
전 화 | (02)3673-0114
팩 스 | (02)3673-0260
등 록 | 1990년 2월 14일 제1-1013호
홈 페 이 지 | www.infopub.co.kr

I S B N | 978-89-5674-980-8

※ 책값은 뒤표지에 있습니다.
※ 잘못된 책은 구입한 서점에서 바꿔 드립니다.

들어가며

회사에서 빅데이터, 인공지능 등 4차 산업혁명 관련 스타트업 투자 업무를 하면서, 머신러닝과 코딩에 대한 직접적인 관심을 가질 기회가 있었다. 회사 실무를 하며 막연하게 데이터 분석에 대한 호기심으로만 가지고 있다가, 파이썬을 배우기로 결심하고 본격적으로 행동에 옮긴 것이 2018년 1월의 어느 날이었던 것으로 기억한다. 파이썬 강의를 수강하기 시작했고 관심 있는 주제를 실제 코드로 구현하는 프로젝트를 만들어 보며 빠르게 적응했던 경험이 있다.

어렵게 느껴졌던 파이썬과 판다스 데이터 분석이 익숙해지는 데 오랜 시간이 필요하지는 않았다. 복잡한 이론을 먼저 공부하고 이해하려 하기보다는, 예제코드를 실행하며 실습 위주로 학습한 것이 큰 도움이 되었다. 간단한 코드라도 조금씩 변화를 주면서 실행 결과의 차이를 비교하다 보니, 어느덧 개념이 하나둘씩 자리 잡히는 것을 느낄 수 있었다.

정보문화사에서 출판 제의를 받고, 비전공자로서 공부한 경험을 바탕으로 입문자를 위한 데이터 분석 책을 쓰기로 했다. 그리고 마침내 2019년 6월에 첫 책이 출간되었다. 입문자로서 파이썬과 판다스 데이터 분석을 배우며 느꼈던 여러 가지 시행착오들이 녹아 있는 책이었다. 2019년 출간 이후 꾸준하게 독자들에게 사랑받을 수 있었던 이유가 여기에 있지 않을까 생각한다.

2019년 첫 책 출판 이후, 파이썬을 통한 데이터 분석과 인공지능 분야로 이직하게 되었다. 현재 핀테크 스타트업 CEO로 회사를 운영하고 있으며, 여러 기업과 대학에서 관련 강의를 계속해 오고 있다. 개정판을 준비하면서는 첫 책을 출간했을 때의 초심을 유지하며, 추가로 이 분야에서 쌓아온 경험을 자연스럽게 담기 위해 많은 고민을 했다. 특히 Pandas 2.0 버전에서 추가되거나 변경된 내용을 최대한 담으려 했고, 시계열 데이터 처리와 데이터 시각화, 다양한 데이터 전처리 기법을 추가하는 데 중점을 두었다.

이 책은 데이터 분석과 머신러닝을 배우려고 하는 파이썬 초·중급자를 대상으로 데이터 분석에 필요한 필수 라이브러리를 소개한다. 그 과정에서 예제코드를 따라하며 자연스럽게 사용법에 익숙해지는 것을 목표로 한다. 수학과 통계학 이론의 비중을 가능한 한 낮추고, 실습에 필요한 최소한의 내용만을 포함하였다. 특히, 개념 이해를 돕기 위한 다이어그램 등 도식화에 상당히 신경을 기울였다.

필자의 경험에 비추어 보면, 누구나 데이터과학자가 될 수 있다고 생각한다. 그 출발선상에 선 여러분을 응원한다. 예제코드를 하나씩 실행하다 보면, 파이썬 데이터 분석과 자연스럽게 가까워질 수 있을 것이다. 이 책을 통해, 데이터를 수집하고 분석하는 일을 즐길 수 있기를 바란다.

저자 오승환

이 책을 보는 방법

이 책은 어느 정도 프로그래밍 경험이 있는 파이썬 초·중급자를 대상으로 한다. 따라서, 파이썬을 처음 접하는 독자라면 파이썬 리스트와 딕셔너리 등 자료구조, 반복문과 조건문 등 기본 문법에 대한 학습을 먼저 하기 바란다.

이 책에서 가장 중점적으로 다루게 될 판다스 라이브러리는 마이크로소프트 엑셀과 비슷한 점이 많다. 데이터를 행과 열로 정리하는 2차원 자료 구조를 사용하기 때문에 엑셀에 익숙한 사용자라면 이 책의 내용을 따라가는 데 큰 어려움은 없을 것이다. 또한, 통계학이나 머신러닝 이론에 대해 사전지식을 갖추고 있다면 더 바랄 나위가 없다.

이 책에서 다루는 예제들은 윈도우 환경에서 파이썬 버전 3.10을 기준으로 실행하는 것을 가정한다. 아나콘다(Anaconda) 배포판을 사용하고, 개발도구(IDE)는 주피터 랩(Jupyter Lab)를 사용하여 설명한다. Jupyter Notebook, 파이참(Pycharm), VS Code 등 다른 개발도구를 사용하더라도 예제를 실행하는 데 큰 어려움은 없을 것이다.

No.	프로그램/라이브러리	버전
1	Anaconda	2.5.2
2	Python	3.10.3
3	Jupyter Lab	3.6.3
4	pandas	2.2.0
5	numpy	1.26.3
6	matplotlib	3.8.2
7	SciPy	1.12.0
8	scikit-learn (sklearn)	1.4.0
9	openpyxl	3.1.2
10	lxml	5.1.0
11	bs4 (beautifulsoup4)	4.12.2
12	seaborn	0.13.2
13	folium	0.15.1
14	pyarrow	15.0.0

[표 0-1] 주요 실행 환경 (2024.1월)

예제코드와 자료파일, Q&A 관련 참고사항

예제코드와 자료파일은 깃헙(Github) 리포지토리(https://github.com/tsdata/pandas-data-analysis)에서 다운로드할 수 있다. 처음 배우는 독자를 위해 유튜브 채널 "판다스 스튜디오"(https://www.youtube.com/channel/UCh-c-LFH9Q6VbHRRqD4oLOA)에서 판다스 기초에 대한 해설 강의를 제공한다. 궁금한 점이 있거나 책과 관련한 요청사항이 있으면 유튜브 해설 영상에 댓글을 남겨 주기 바란다.

깃헙 자료실

유튜브 판다스 스튜디오

1 아나콘다(Anaconda) 배포판 설치

이 책은 "Python 3"을 기준으로 설명한다. 파이썬은 공식 홈페이지(https://www.python.org/)에서 직접 다운로드하여 설치할 수도 있지만, 가능하면 아나콘다와 같은 배포판 사용을 추천한다. 배포판은 데이터 분석 등 특정 용도의 소프트웨어 패키지를 묶어서 제공하기 때문에 설치가 쉽고 사용이 편리하다. 다음 표에서 소개한 배포판 외에도, 파이썬을 지원하는 배포판이 많이 있다.

구 분	Anaconda	ActivePython	WinPython
개발자	Anaconda(미국)	ActiveState(캐나다)	WinPython 개발팀
비용	유료/무료	유료/무료	무료(오픈소스)
출시연도	2012년	2006년	2014년
운영체제	윈도우/맥/리눅스	윈도우/맥/리눅스/기타	윈도우
특징	Conda 패키지 관리 그래픽 환경(GUI)	Win32 API 지원 IDLE	WPPM 패키지 관리

[표 0-2] 파이썬 배포판의 종류

이 책은 데이터 분석 패키지를 제공하는 파이썬 배포판 중에서 현재 가장 널리 사용되는 '아나콘다 배포판'을 기준으로 설명한다. 아나콘다 배포판은 판다스, 넘파이, 맷플롯립 등 데이터 분석에서 자주 사용하는 라이브러리가 기본으로 설치되어, 사용자가 따로 설치할 필요가 없다. 또한 버전 관리와 패키지 업데이트가 편리하고 윈도우, 맥OS, 리눅스를 모두 지원한다.

1-1 아나콘다 공식 홈페이지 접속

웹브라우저 주소창에 다운로드 URL(https://www.anaconda.com/download/)을 입력한다. 또는 구글, 네이버 등 검색 엔진을 활용하여 "아나콘다 배포판 다운로드"를 검색하여 접속한다.

1-2 운영체제 선택

윈도우, 맥OS, 리눅스 중에서 사용 중인 PC(노트북)에 맞는 운영체제를 선택한다. 이 책에서는 윈도우 운영체제를 예시로 설명한다.

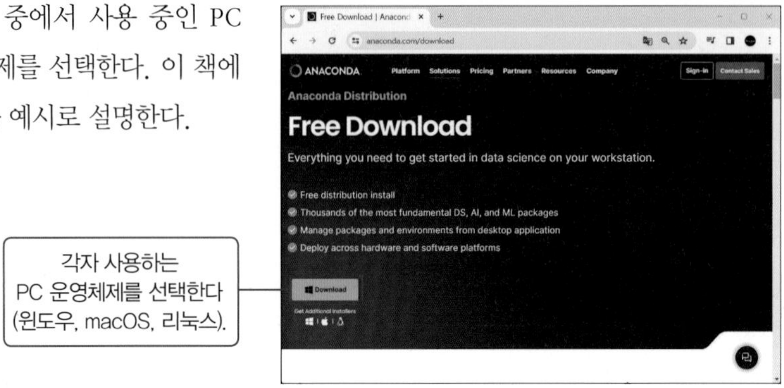

각자 사용하는
PC 운영체제를 선택한다
(윈도우, macOS, 리눅스).

[그림 0–1] 아나콘다 다운로드 사이트
(https://www.anaconda.com/download/)

1-3 설치파일 다운로드

앞의 그림에서 "Download" 버튼을 클릭해 설치 파일을 다운로드한다.

1-4 설치파일 실행

설치파일 다운로드가 완료되면 설치파일을 더블클릭하여 실행한다.

❶ 설치 시작

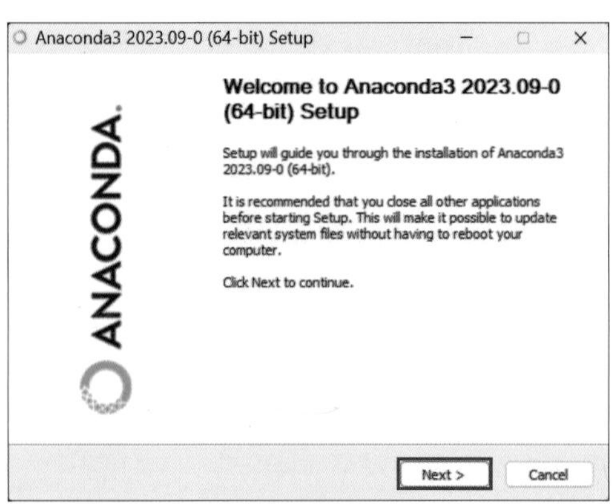

[그림 0–2] 설치 시작

❷ 이용약관 동의

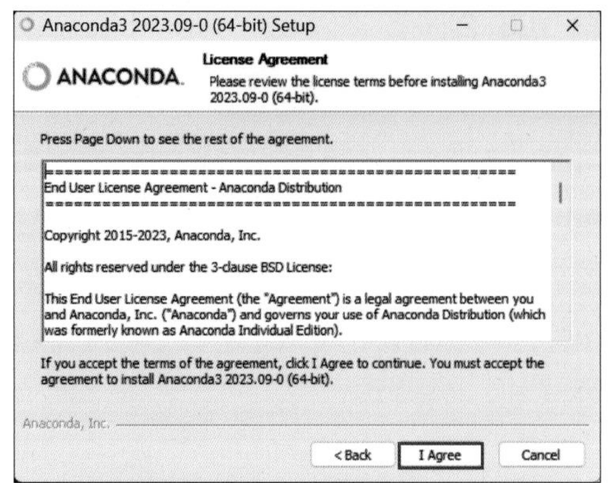

[그림 0–3] 이용약관 동의

❸ 사용자 선택

윈도우 사용자 범위를 지정한다. 현재 사용자만 적용하려면 "Just me" 기본 설정을 유지한다. 전체 사용자를 대상으로 설치할 수도 있다.

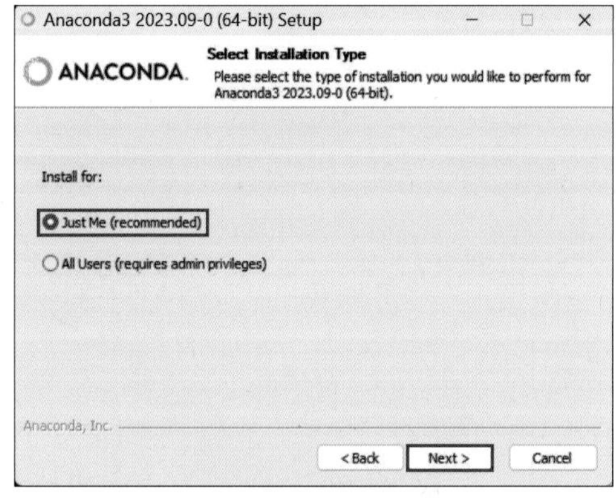

[그림 0–4] 사용자 선택

❹ 저장 경로 선택

아나콘다를 설치할 경로를 지정한다. 이때, 한글이 경로에 포함되지 않도록 설정한다. 사용자 이름인 한글인 경우에는 한글이 포함되지 않는 다른 경로로 변경한다.

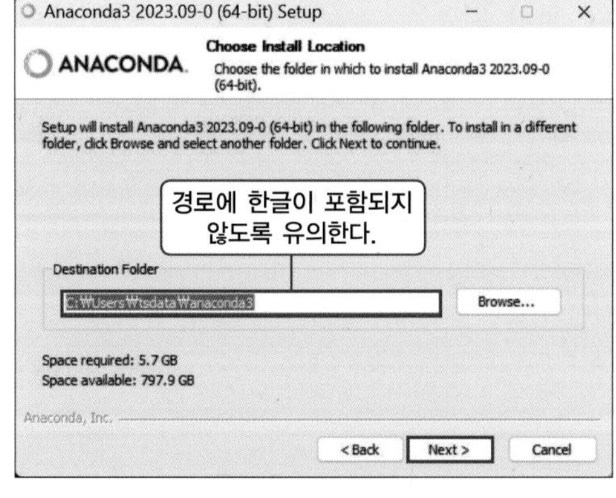

[그림 0–5] 저장 경로 선택

⑤ 고급 옵션

설치 중에 나타나는 고급 옵션의 경우 아나콘다에서 권장하는 디폴트 옵션을 그대로 적용한다. 현재 컴퓨터에 파이썬을 처음 설치하는 경우이고, 아나콘다를 기본으로 사용할 계획이라면 다음과 같이 시스템 환경 변수에 추가하는 것도 가능하다.

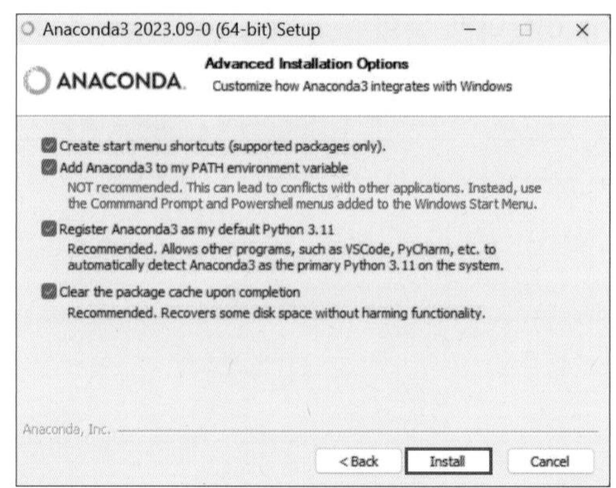

[그림 0-6] 고급 옵션

⑥ 설치 진행

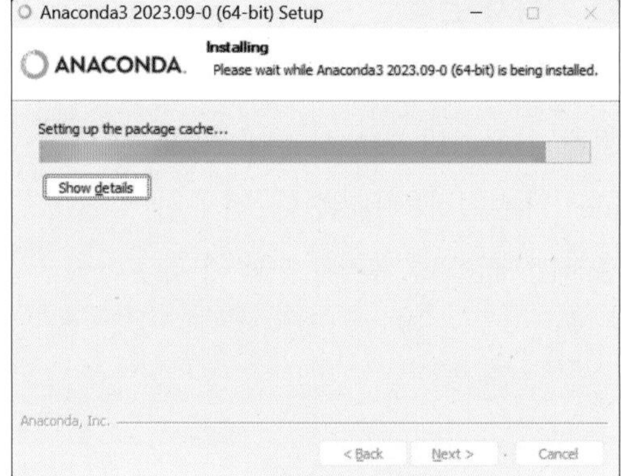

[그림 0-7] 설치 진행

⑦ 설치 완료

설치가 완료되면 Next 버튼을 누른다.

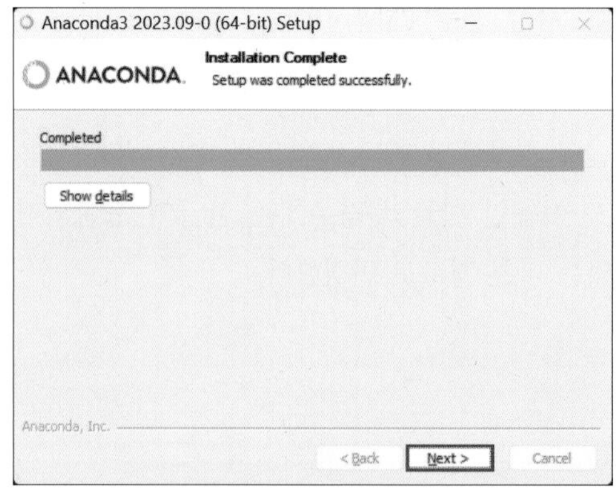

[그림 0-8] 설치 완료

Anaconda Cloud에 대한 소개와 연결 링크를 제공하는 화면이 나타난다. Next 버튼을 누른다.

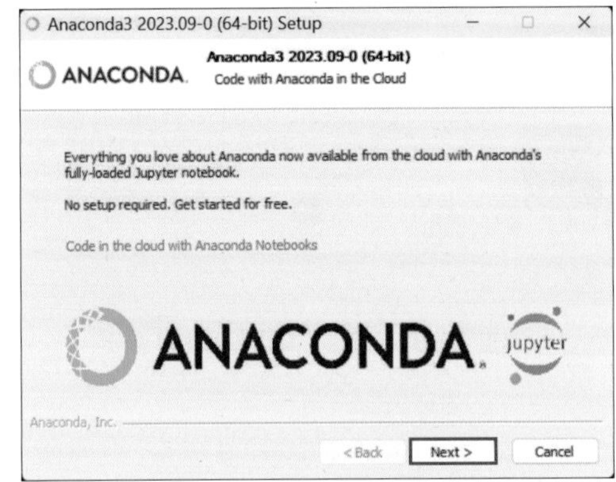

[그림 0-9] 아나콘다 클라우드 소개

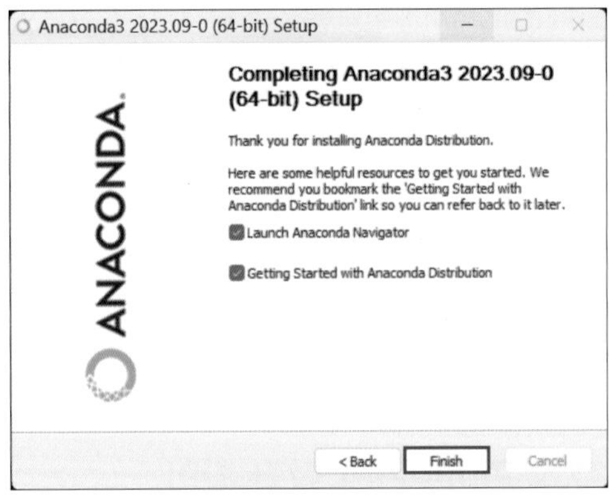

[그림 0-10] 아나콘다 설치 완료

아나콘다 문서 사이트가 팝업 창에 열린다. 필요한 내용을 찾아서 참고하기 유용한 곳이다.

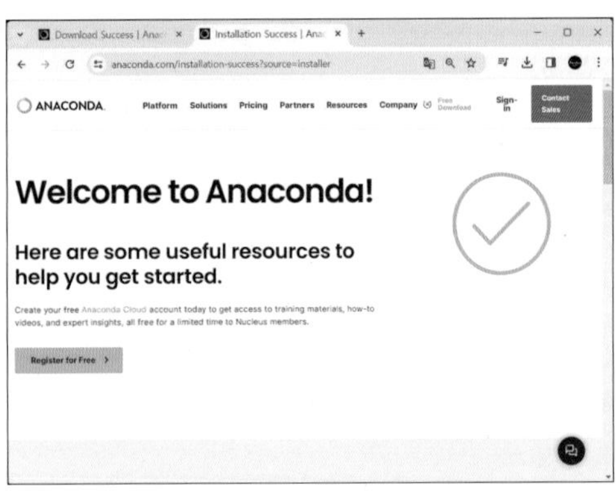

[그림 0-11] 아나콘다 문서(사용법 등)

1-5 아나콘다 내비게이터 실행

❶ 윈도우 검색 기능(⊞ + S)

윈도우 검색 기능을 실행하고 "Anaconda"를 입력하여 아나콘다 네비게이터(Anaconda Navigator)와 아나콘다 프롬프트(Anaconda Prompt)가 설치된 것을 확인한다.

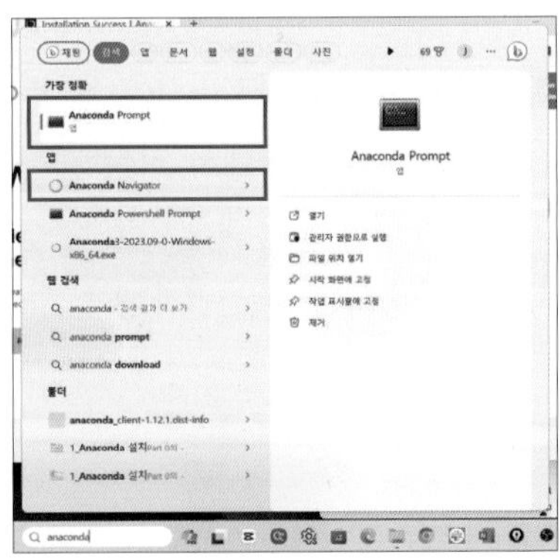

[그림 0-12] 아나콘다 네비게이터 등 설치 확인

❷ **아나콘다 내비게이터 홈(Home) 화면**

아나콘다 네비게이터를 실행하고 다음 화면이 나타나면 정상 설치된 것이다.

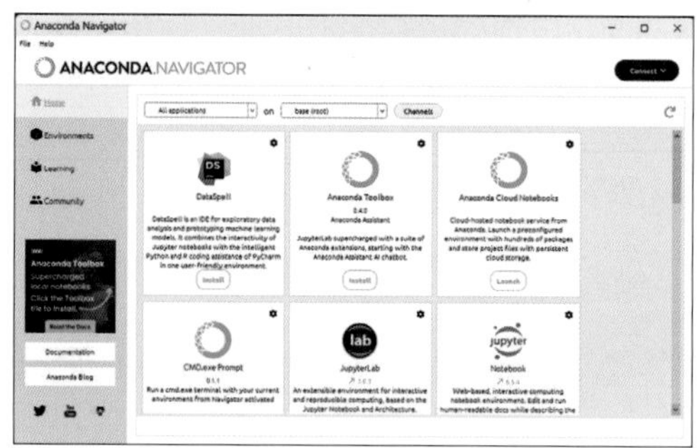

[그림 0–13] 아나콘다 내비게이터 홈 화면

1-6 라이브러리 설치 확인

❶ 아나콘다(Anaconda) 화면 좌측의 "Environments" 메뉴를 클릭한다. ❷ 처음 설치하면 "base(root)" 가상환경이 만들어진다. ❸ 모두 519개의 패키지(라이브러리)가 설치된 것이 확인된다. ❹ "Create" 버튼을 누르면 새로운 가상환경을 추가할 수 있다.

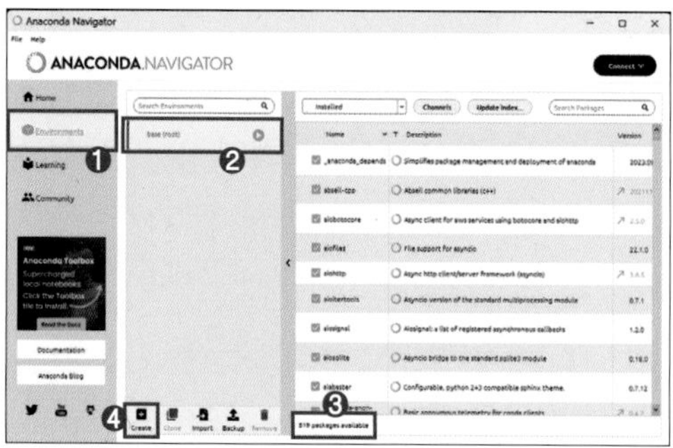

[그림 0–14] 아나콘다 기본 base 환경 상세정보 화면

1-7 가상환경 생성

가상환경의 이름과 파이썬 버전을 입력한다. 이 책에서는 "pandas"라는 가상환경을 생성하고, 파이썬 3.10.13 버전을 설치하는 것으로 설명한다. 아나콘다에서 기본 제공하는 base 환경에서 실습해도 괜찮지만, 가상환경을 설치하고 활용하는 것을 권장한다.

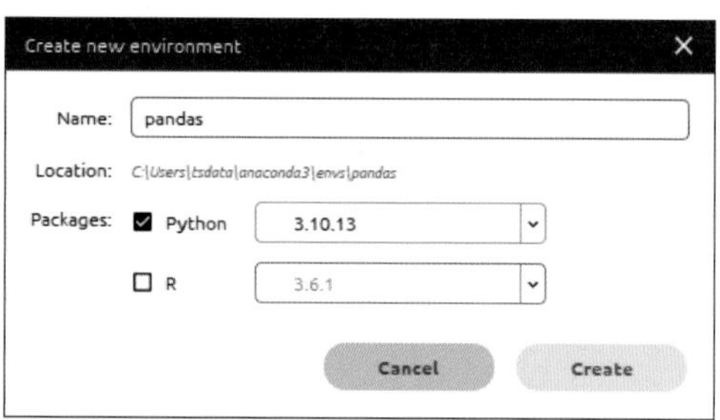

[그림 0–15] 아나콘다 네비게이터 홈 화면

새로 추가한 가상환경(pandas)의 이름과 설치된 패키지 목록을 확인할 수 있다. 예시에서는 15개의 패키지가 설치되었고, base 기본 환경과 비교했을 때 최소한의 패키지만 설치된 것을 알 수 있다. 이렇게 파이썬 버전을 직접 지정하고 필요한 패키지를 별도로 추가하는 방식으로 작업하는 것이 일반적이다.

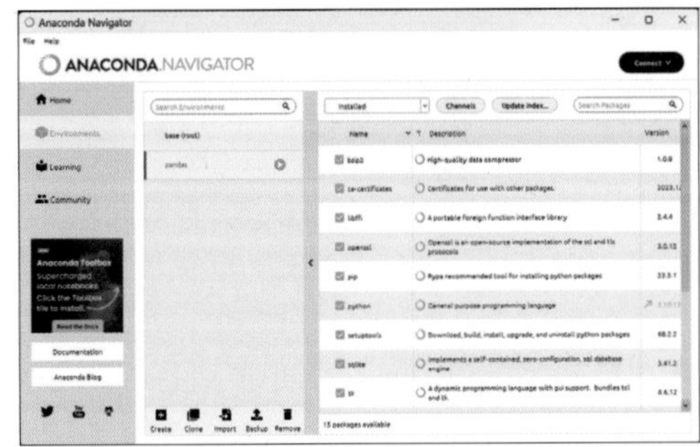

[그림 0-16] 추가한 가상환경 상세정보 화면

1-8 개발도구(IDE) 실행

다시 좌측 메뉴 중에서 "Home"을 클릭하고, 실행하려는 개발도구를 찾아서 "Launch" 버튼을 클릭한다. "Launch" 버튼이 없고 "Install" 버튼만 보인다면 추가 설치가 필요한 경우다. "Install" 버튼을 클릭하여 먼저 개발도구를 설치하고, "Launch" 버튼을 클릭하여 실행한다.

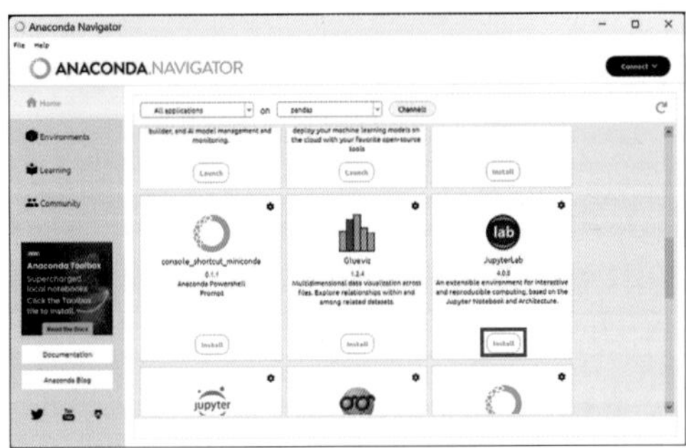

[그림 0-17] 개발도구 실행

이 책에서는 주피터 랩(Jupyter Lab)을 사용하는 것을 기준으로 설명한다. base 환경에서 실행하거나, 새로 추가한 pandas 가상환경에서 설치한 후에 실행한다.

가상환경을 사용해야 하는 이유

가상환경(Virtual Environment)은 컴퓨터 시스템에서 독립적으로 동작하는 Python 환경을 만들기 위한 도구로, 다음과 같은 이유로 사용된다.

❶ 패키지 및 버전 관리: 프로젝트마다 독립적인 패키지 설치 및 버전 관리가 가능하며, 패키지 버전 충돌을 방지한다.
❷ 환경 분리: 프로젝트끼리 서로 영향을 주지 않고 독립적으로 작업할 수 있으며, 설정 변경이 다른 프로젝트에 영향을 미치는 것을 방지한다.
❸ 파이썬 버전 관리: 서로 다른 가상환경에 각기 다른 버전의 Python을 설치하고 사용할 수 있어, 오래된 코드 유지보수나 프로젝트 업그레이드에 유용하다.

❷ 주피터 랩(Jupyter Lab) 사용법

주피터 랩(Jupyter Lab)은 데이터 분석가들에게 인기 있는 대화형 컴퓨팅 환경으로 다음과 같은 특징이 있다.

❶ 대화형 컴퓨팅 환경: 주피터 랩은 대화형 컴퓨팅을 지원하여 코드를 실행하고 결과를 즉시 확인할 수 있다. 데이터 분석 및 실험을 빠르게 진행할 수 있다.

❷ 다양한 출력 지원: 코드 실행 결과를 그래프, 이미지, 테이블, HTML, LaTeX, Markdown 등으로 쉽게 표현할 수 있다.

❸ 확장성: 다양한 플러그인과 확장 기능을 제공하여 사용자 정의 작업 환경을 구성할 수 있다. 이를 통해 다양한 패키지와 라이브러리를 통합하여 사용할 수 있다.

❹ 인터랙티브한 시각화: 데이터 분석 및 시각화 작업에 탁월한 도구이다. 다양한 시각화 라이브러리를 활용하여 인터랙티브한 그래프 및 시각화를 생성할 수 있다.

❺ 문서화와 공유: 주피터 랩에서 작업한 내용을 Jupyter Notebook 형식으로 저장하고 공유할 수 있다. 데이터 분석 결과를 다른 사람과 쉽게 공유하거나 문서화하는데 유용하다.

① 론처(Launcher) 화면

아나콘다 네비게이터에서 주피터 랩을 실행하면 다음과 같이 초기 론처 화면이 나타난다.

❶은 File, Edit 등 주요 메뉴가 있는 부분이다.

❷는 파일 탐색기, 목차, 확장 플러그인 등을 관리하는 부분이다.

❸은 Jupyter Notebook 코드를 실행하는 커널(파이썬 실행환경)을 확인하고 실행하는 부분이다. 기본 base 환경에 대한 커널인 "Python3(ipykernel)"을 확인할 수 있다.

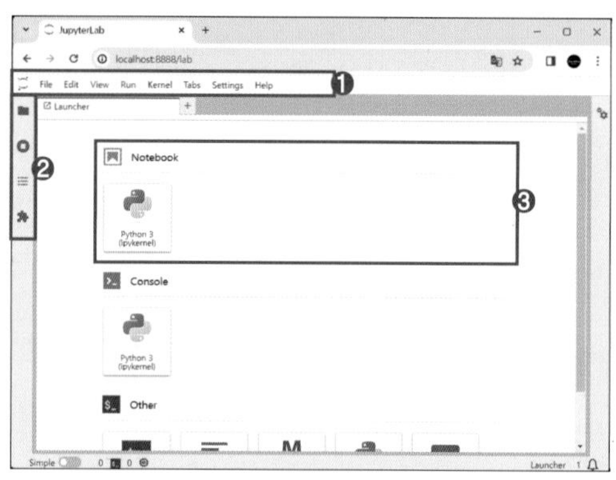

[그림 0-18] 주피터 랩 론처 화면

❷ 노트북 실행 화면

[그림 0-18] 주피터 랩 론처 화면의 ❸에 있는 "Python3(ipykernel)" 아이콘을 클릭하면 다음과 같이 Jupyter Notebook 파일이 실행된다.

❶은 파일명이 표시된다. 이 부분을 마우스로 오른쪽 클릭하면 Rename Notebook 명령을 실행해서 파일명을 수정할 수 있다. 또는 상단 주요 메뉴 중 [File] - [Rename Notebook] 명령을 선택해서 파일명을 변경하는 것도 가능하다.

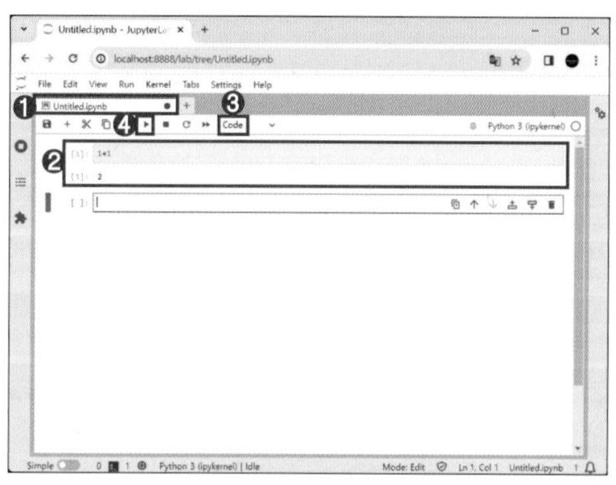

[그림 0-19] 노트북 실행 화면

❷는 파이썬 코드를 입력하고 실행하는 코드 셀(Code Cell) 부분이다. ❸을 보면 "Code"라고 표시된 것을 볼 수 있다. 이 부분을 "Markdown"으로 설정하면 코드 셀이 마크다운을 편집할 수 있는 셀로 변경된다.

❹는 코드 셀에 작성된 코드를 실행하는 버튼이다. 이 버튼을 클릭하면 다음 그림과 같이 "1+1" 코드가 실행되고, 아래쪽에 실행 결과인 "2"가 출력된다. 코드를 실행하는 다른 방법은 상단 메뉴에서 [Run] - [Run Selected Cells] 명령을 선택하는 것이다. Shift + Enter를 동시에 누르는 방법도 가능하다.

❸ 아나콘다 프롬프트 실행

윈도우 검색 기능(⊞ + S)을 실행하고 "Anaconda"를 입력한다. 아나콘다 프롬프트(Anaconda Prompt)를 선택하여 실행한다.

[그림 0-20] 아나콘다 프롬프트 실행

아나콘다 프롬프트는 윈도우 명령 프롬프트 또는 맥OS 터미널과 같은 명령어 인터페이스(CLI)다. 주로 가상환경을 생성하고 관리하는 데 사용한다. 다음 그림에서 (base) 부분은 현재 활성화되어 있는 가상환경을 나타낸다. 아나콘다 기본환경인 base 환경을 표시하고 있다.

예제 파일을 저장하고 실습을 진행할 프로젝트 폴더를 생성한다. 다음 그림에서는 mkdir 명령어를 실행해서 pandas 라는 이름의 폴더를 추가하고 있다. mkdir pandas 명령을 입력하고 Enter 를 누른다.

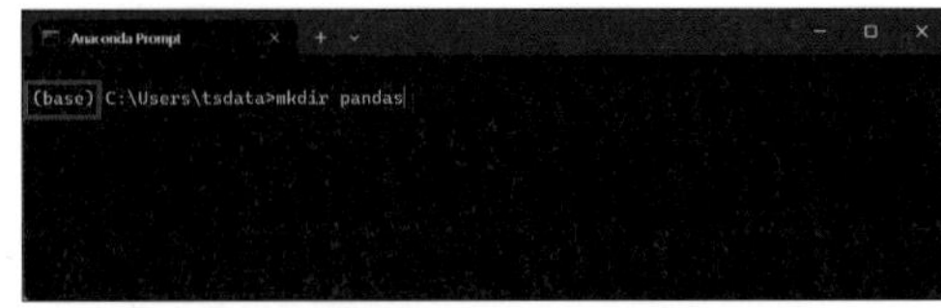

[그림 0-21] 가상환경 확인 및 프로젝트 폴더 만들기

cd pandas 명령을 입력하면 pandas 실습폴더로 이동한다. 그리고 conda env list라고 입력하면 아나콘다 가상환경 목록을 출력한다. base 기본환경과 pandas 가상환경이 확인된다. 현재 활성화되어 있는 base 환경에 별(*) 표시가 있는 것을 볼 수 있다.

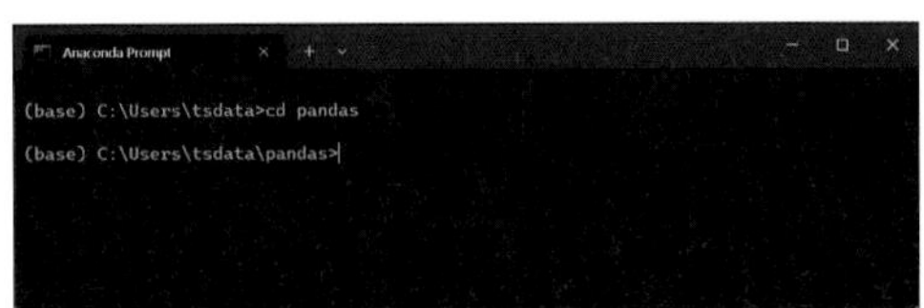

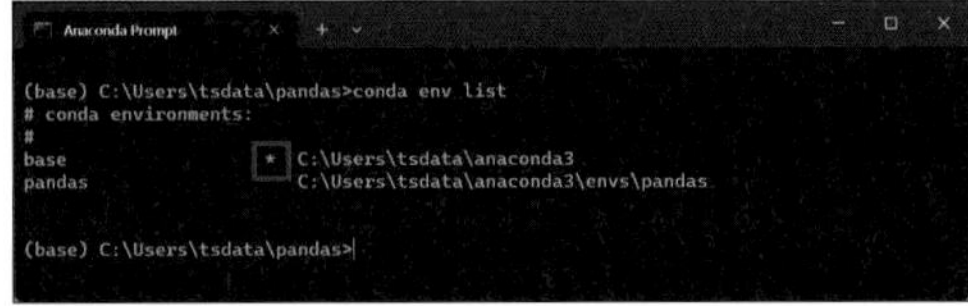

[그림 0-22] 가상환경 목록 확인

④ 아나콘다 가상환경을 주피터 커널(kernel)에 등록

conda activate pandas 명령을 실행하면 앞에서 추가한 pandas 가상환경을 활성화한다. (pandas) 부분이 표시되어, 현재 활성화된 가상환경을 확인할 수 있다.

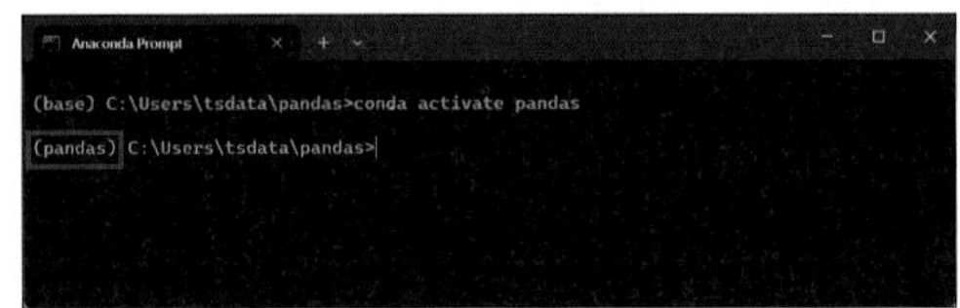

[그림 0-23] 가상환경 활성화

파이썬 패키지 관리자(pip)를 통해 ipykernel 패키지를 pandas 가상환경에 설치한다. pip install ipykernel 명령을 입력하고 실행한다.

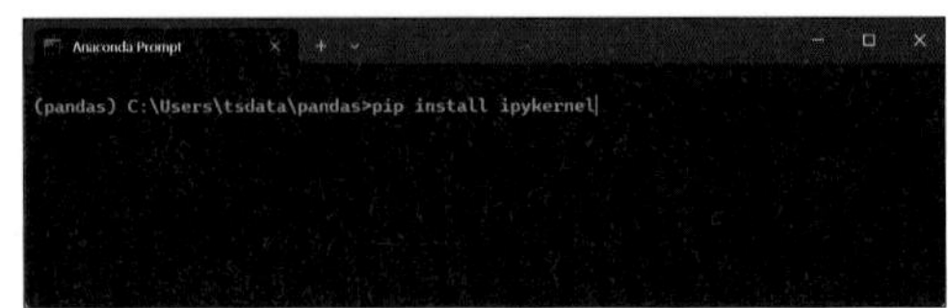

[그림 0-24] ipykernel 패키지 설치

python −m ipykernel install −−user −−name pandas 명령을 실행하면, pandas 가상환경을 Jupyter Notebook 환경에서 인식할 수 있도록 추가된다. python −m ipykernel install −−user −−name {가상환경 이름}과 같이, Jupyter Notebook 커널에 등록할 가상환경 이름을 가장 마지막 부분에 입력한다.

이때, Insalled kernelspec {가상환경 이름} in {설치경로}와 같이 출력되는 것을 확인한다.

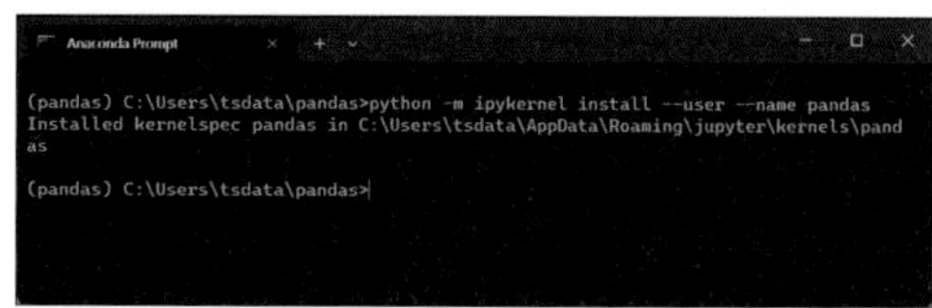

[그림 0-25] Jupyter Notebook 커널 추가

❺ 주피터 랩을 아나콘다 프롬프트에서 실행

pandas 가상환경을 Jupyter Notebook 커널에 추가했다면, base 기본환경에서 주피터 랩을 실행하더라도 pandas 가상환경으로 변경하는 작업을 아주 쉽게 할 수 있다. 다음과 같이 jupyter lab . 명령을 실행하면 현재 폴더에서 주피터 랩을 실행한다.

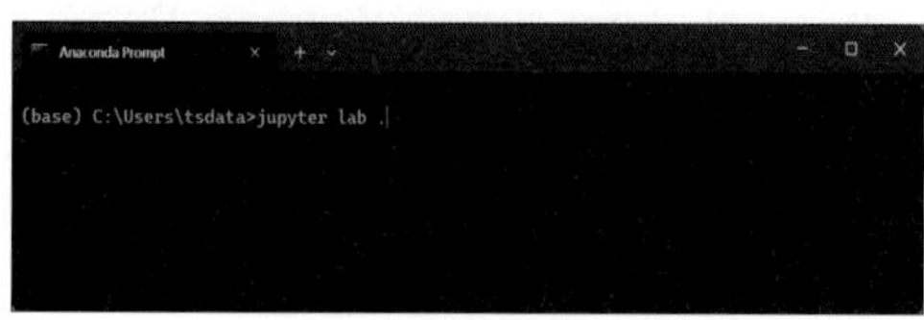

[그림 0-26] 주피터 랩 실행

주피터 랩이 실행되면 다음 그림과 같이 커널을 선택하는 팝업이 표시된다. 이때 "Python3 (ipykernel)"을 선택하면 base 기본환경이 활성화되고, "pandas"를 선택하면 pandas 가상환경이 실행된다.

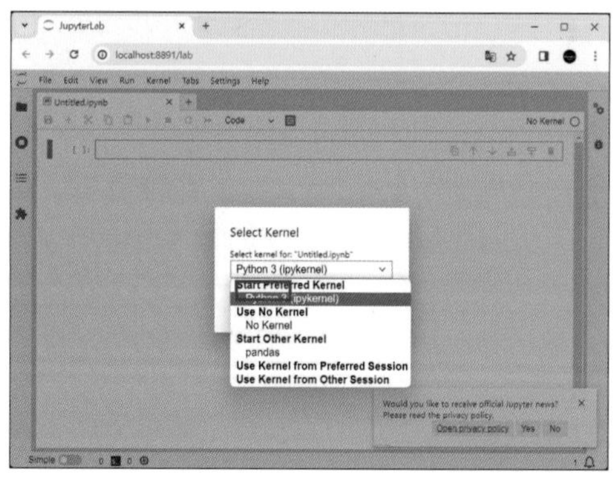

[그림 0-27] Jupyter Notebook 커널 선택

커널을 선택하면 다음과 같이 Jupyter Notebook이 실행된다. 우측 상단에 현재 활성화되어 있는 커널(pandas)이 표시된다.

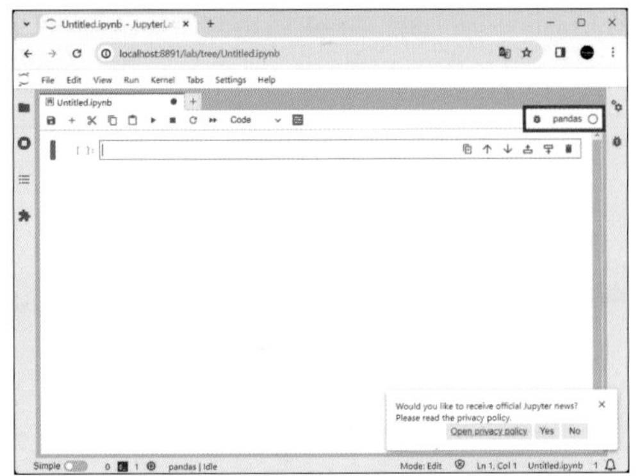

[그림 0-28] Jupyter Notebook 커널 실행

론처 화면에서 등록되어 있는 Jupyter Notebook 커널을 확인할 수 있다. 실행하려는 커널을 선택한다.

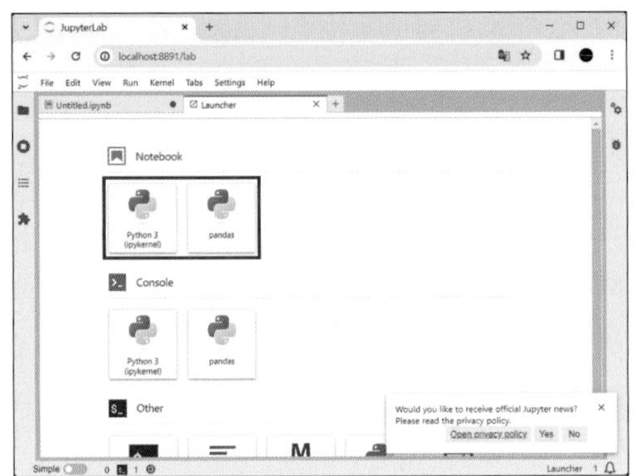

[그림 0-29] 론처 화면

화면 왼쪽의 파일 탐색기를 클릭해서 실습예제가 들어 있는 경로를 찾는다. sample.ipynb 파일을 클릭해서 실행한다. 이 책의 예제코드 파일을 자료실에서 다운로드한 뒤에, 이런 방법으로 노트북 파일을 열면 코드 셀에서 편집하거나 실행해 볼 수 있다.

노트북 파일의 모든 코드를 한번에 전부 실행하려면 상단 메뉴의 [Run] – [Run All Cells] 명령을 실행한다. 코드 셀을 각각 구분하여 별도로 실행하려면 실행할 코드 셀을 선택하여 커서를 위치시킨 뒤, 상단 메뉴의 [Run] – [Run Selected Cells] 명령을 실행한다. 또는 Shift + Enter 를 동시에 누르거나, 명령 버튼 중에서 재생 버튼(▶)을 누르는 방법도 있다.

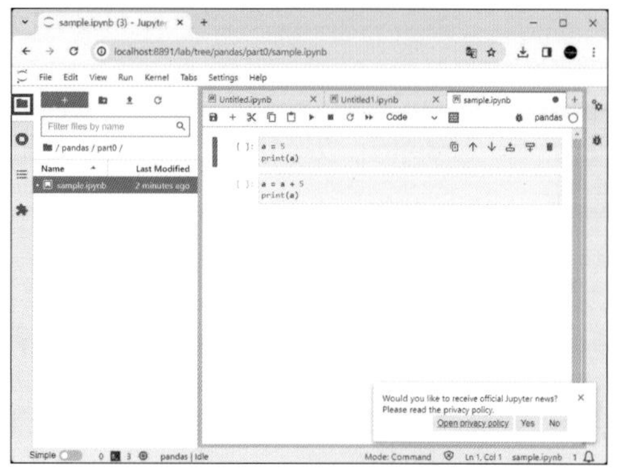

[그림 0-30] 샘플 예제 실행

코드 셀을 실행하면 다음과 같이 실행 결과가 출력된다. 변수 a에 저장된 값은 실행 순서에 따라 첫 줄에 5가 출력되고, 두 번째 줄에 다시 5가 더해진 10이 출력된다.

Jupyter Notebook 환경은 IPython 인터랙티브 실행 환경을 제공한다. 따라서, 코드 셀에 파이썬 코드를 직접 입력하고 실행하면 바로 실행 결과가 코드 셀의 아래쪽에 출력된다. 그리고 다음 그림에서 "[1]", "[2]"와 같이 코드 셀이 실행된 순서가 표시된다.

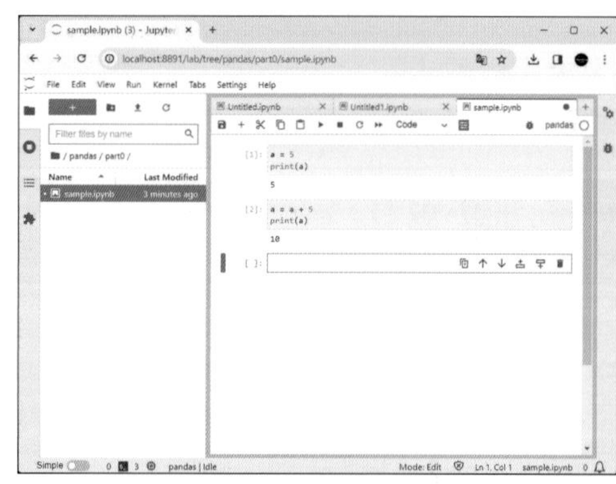

[그림 0-31] 코드 셀 실행

❸ 필수 라이브러리 설치

아나콘다 배포판을 설치하면 판다스와 넘파이 등 데이터 분석에 필요한 필수 라이브러리들이 자동으로 기본 설치된다. 따라서, 아나콘다를 이미 설치하고 base 기본환경을 사용한다면 라이브러리를 설치하지 않고 바로 [Part 1]로 넘어가도 된다.

다만, 책의 예시처럼 pandas와 같은 가상환경을 추가해서 사용하는 경우라면 다음과 같이 실습에 필요한 라이브러리를 직접 설치해야 한다. 아나콘다 프롬프트를 실행하여 pip 또는 conda 명령어를 사용하여 설치하는 것을 권장한다. 아나콘다 내비게이터에서 설치하는 것도 가능하다.

3-1 일괄 설치(requirements.txt)

깃헙 자료실† 에서 다운로드한 패키지 목록 파일인 requirements.txt 파일을 통해 예제에 사용된 패키지를 한번에 설치할 수 있다. pip install −r requirements.txt 명령을 입력하고 Enter 를 누른다.

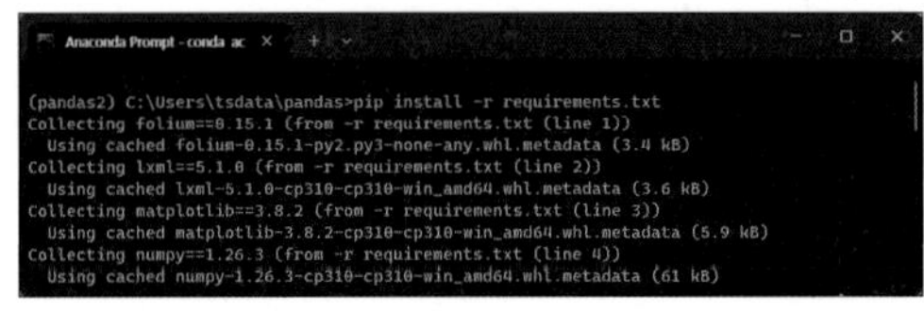

[그림 0−32] 아나콘다 프롬프트 − pandas 설치

3-2 개별 설치

다음과 같이 각 라이브러리를 개별적으로 설치할 수 있다. 여기서는 몇 개의 예시만 보여주고, 이 책의 중간 부분에 라이브러리를 추가해야 하는 경우에는 별도로 설명을 할 예정이다.

❶ 판다스(Pandas)

판다스는 2008년에 금융데이터 분석용으로 처음 개발되었다. 이후 오프소스 커뮤니티를 통해서 발전하고 있으며, 통계와 데이터과학, 머신러닝 분야에서 가장 중요한 소프트웨어로 성장하였다.

● 설치방법

아나콘다 프롬프트를 실행한다. pip install pandas 명령을 입력하고 Enter 를 누른다. 패키지 업데이트 관련 질문이 나오면 'Y/N' 중에서 선택한다. 오류 없이 커서가 나타나면 설치된 것이다. 여기서는 2.2.0 버전을 지정하여 설치하는 과정을 보여준다.

[그림 0−33] 아나콘다 프롬프트 − pandas 설치

† https://github.com/tsdata/pandas−data−analysis

❷ 넘파이(NumPy)

NumPy는 Numerical Python의 약자로, 대표적인 파이썬 기반 수치 해석 라이브러리로 알려져 있다. 특히 선형대수 연산에 필요한 다차원 배열과 배열 연산을 수행하는 다양한 함수를 제공한다.

● 설치방법

아나콘다 프롬프트를 실행한 뒤 pip install numpy를 입력하고 Enter를 누른다.

❸ 맷플롯립(Matplotlib)

맷플롯립은 그래프나 차트 등 그래픽으로 표현하는 데 사용하는, 파이썬 기반 2D 시각화 도구다. 특히 판다스와 연계하여 데이터를 다양한 방식으로 시각화하는 기능을 제공한다.

● 〈설치방법〉

아나콘다 프롬프트를 실행한 뒤에 pip install matplotlib을 입력하고 Enter를 누른다.

❹ 사이파이(SciPy)

사이파이는 과학용 연산에 필요한 다양한 패키지를 모아 놓은 라이브러리다. 미적분, 선형대수, 행렬 연산, 방정식 계산 등에 필요한 함수를 지원한다.

● 설치방법

아나콘다 프롬프트를 실행한 뒤에 pip install scipy를 입력하고 Enter를 누른다.

❺ 사이킷런(Scikit-learn)

머신러닝 학습을 위한 파이썬 라이브러리다. 회귀분석, 분류, 군집 등 실무에서 적용하는 대부분의 머신러닝 모형을 제공한다.

● 설치방법

사이킷런 설치를 위해서는 Numpy와 SciPy가 미리 설치되어 있어야 한다. 설치됐다면 아나콘다 프롬프트에 pip install -U scikit-learn을 입력하고 Enter를 누른다.

목차

PART 1 판다스 입문

PART 2 데이터 입출력

PART 3 데이터 살펴보기

PART 4 시각화 도구

PART 6 데이터프레임의 다양한 응용

PART 7 머신러닝 데이터 분석

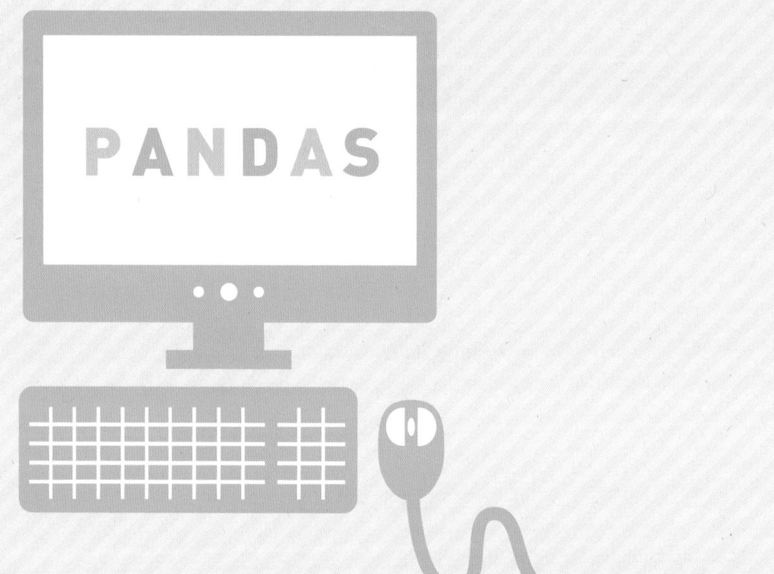
PANDAS

PART 1

판다스 입문

1 데이터과학자가 판다스를 배우는 이유

빅데이터(big data)의 시대가 성큼 다가왔다. 미국을 비롯한 데이터 선진국들은 인공지능(AI)과 빅데이터 기술을 놀라운 속도로 확산시키며 삶의 패러다임을 바꾸고 있다. 과거와는 달리 엄청나게 빠른 속도로 쌓여가는 방대한 데이터와, 그 데이터를 저장, 분석할 수 있는 컴퓨팅 파워의 결합이 데이터과학(data science)이라는 새로운 영역의 출현을 가능하게 했다.

클라우드 컴퓨팅이 확산됨에 따라 일반인들도 빅데이터를 저장하고 분석하는 데 필요한 컴퓨팅 자원을 저렴한 비용으로 사용하는 것이 가능하게 되었다. 아마존, 마이크로소프트, 구글, IBM 등 거대 IT 기업들이 생태계를 주도적으로 만들어가고 있다. 클라우드 사업자 간 경쟁이 격해지면서 이용 비용은 더욱 저렴해지고, 제공하는 서비스도 더욱 다양해지는 추세이다.

컴퓨팅 파워의 대중화는 데이터과학자를 꿈꾸는 학생 또는 업무상이나 개인적인 호기심으로 데이터과학을 배우는 많은 사람들에게 최적의 학습 환경과 연구 인프라를 제공한다.

하지만 분석 대상이 되는 데이터가 없으면 이같은 컴퓨팅 파워는 전혀 쓸모가 없다. 데이터과학은 데이터를 연구하는 분야이고, 데이터 자체가 가장 중요한 자원이다. 실제로 데이터 분석 업무의 80~90%는 데이터를 수집하고 정리하는 일이 차지한다고 한다. 나머지 10~20%는 알고리즘을 선택하고, 모델링 결과를 분석하여 데이터로부터 유용한 정보(information)를 뽑아내는 분석 프로세스의 몫이다. 데이터과학자가 하는 가장 기초적이고 중요한 일은 데이터를 수집하고 분석이 가능한 형태로 정리하는 것이라고 말할 수 있다.

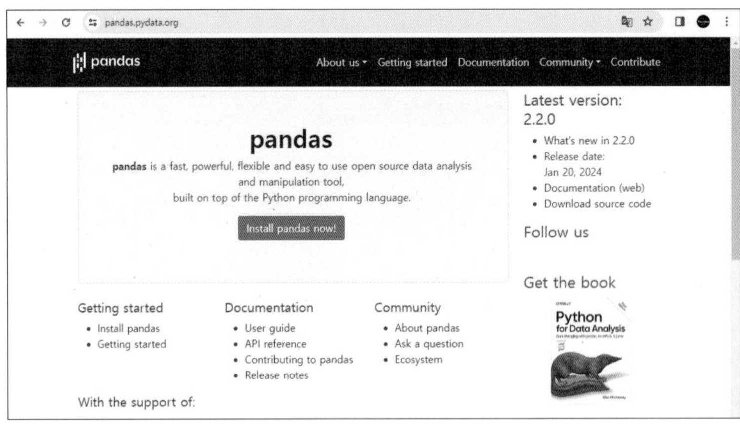

[그림 1-1] 판다스 공식 홈페이지(http://pandas.pydata.org/)

판다스 라이브러리는 데이터를 수집하고 정리하는 데 최적화된 도구라고 볼 수 있다. 오픈소스(open source)라서 무료라는 장점도 있다. 또한 가장 배우기 쉬운 프로그래밍 언어 중의 하나인 파이썬을 기반으로 하기 때문에 컴퓨터과학이나 프로그래밍을 전공하지 않은 사람들도 쉽게 따라가며 배우는 것이 가능하다. 판다스를 배우면 데이터과학의 80~90% 업무를 처리할 수 있고, 데이터과학자에게 필요한 기본적이면서도 아주 중요한 도구를 갖추게 된다.

❷ 판다스 자료구조

분석을 위해 다양한 소스(source)로부터 수집하는 데이터는 형태나 속성이 매우 다양하다. 특히 서로 다른 형식을 갖는 여러 종류의 데이터를 컴퓨터가 이해할 수 있도록 동일한 형식을 갖는 구조로 통합할 필요가 있다.

이를 위해 판다스는 시리즈(Series)와 데이터프레임(DataFrame)이라는 구조화된 데이터 형식을 제공한다. 서로 다른 종류의 데이터를 한곳에 담는 그릇(컨테이너)이 된다. 다만 시리즈는 1차원 배열이고, 데이터프레임은 2차원 배열이라는 점에서 차이가 있다.

판다스의 1차적인 목적은 서로 다른 여러 가지 유형의 데이터를 공통의 포맷으로 정리하는 것이다. 특히 행과 열로 이루어진 2차원 구조의 데이터프레임은 데이터 분석 실무에서 자주 사용된다. 이 책의 많은 머신러닝 예제들도 데이터프레임으로 정리된 데이터를 사용한다.

판다스는 어떤 내용으로 구성되었을까?

판다스 라이브러리는 여러 종류의 클래스(class)와 다양한 내장 함수(built-in function)로 구성된다. 시리즈와 데이터프레임은 데이터 구조를 표현하는 대표적인 클래스 객체이다. 시리즈와 데이터프레임 클래스의 속성과 메소드를 잘 이해하면 판다스를 자유자재로 다루는 데 어려움이 없을 것이다. 내장 함수로는 `Series( )`, `DataFrame( )`, `read_csv( )`, `read_excel( )` 등이 있다.

2-1 시리즈

시리즈는 데이터가 순차적으로 나열된 1차원 배열의 형태를 갖는다. [그림 1-2]와 같이 인덱스(index)는 데이터 값(value)과 일대일 대응이 된다. 이런 관점에서 키(k)와 값(v)이 '{k:v}' 형태로 짝을 이루는 파이썬 딕셔너리(dictionary)와 비슷한 구조를 갖는다고 볼 수 있다.

이처럼 시리즈의 인덱스는 데이터 값의 위치를 나타내는 이름표(데이터 주소) 역할을 한다. 예를 들어, [그림 1-2]에서 'Index 2'라는 주소를 알고 있다면 'Data 2'라는 원소 데이터 값에 바로 접근할 수 있다.

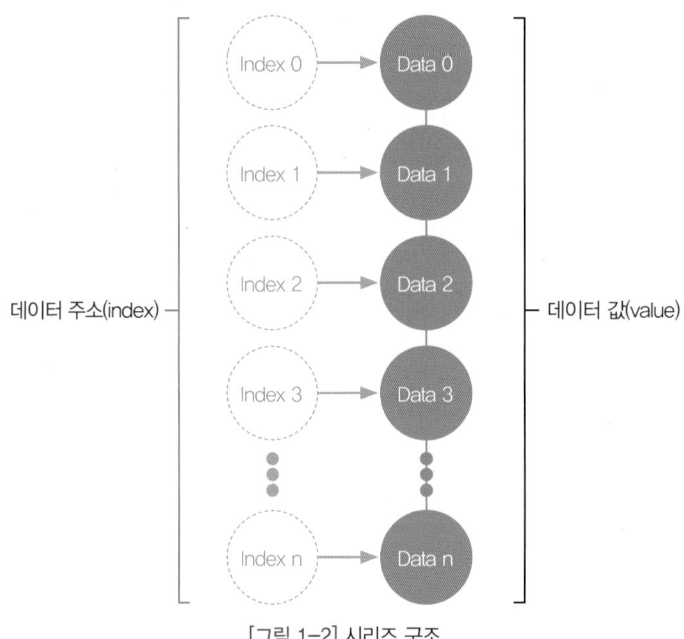

[그림 1-2] 시리즈 구조

● 시리즈 만들기

딕셔너리와 시리즈의 구조가 비슷하기 때문에 딕셔너리를 시리즈로 변환하는 방법을 많이 사용한다. 판다스 내장 함수인 `Series()`를 이용하고, 딕셔너리를 함수의 인자로 전달한다.

딕셔너리 → 시리즈 변환: `pandas.Series( 딕셔너리 )`

[그림 1-3]은 딕셔너리와 시리즈의 구조를 비교해서 보여준다. 딕셔너리의 키(k)는 시리즈의 인덱스에 대응하고, 딕셔너리 각 키에 매칭되는 값(v)이 시리즈의 데이터 값으로 변환된다.

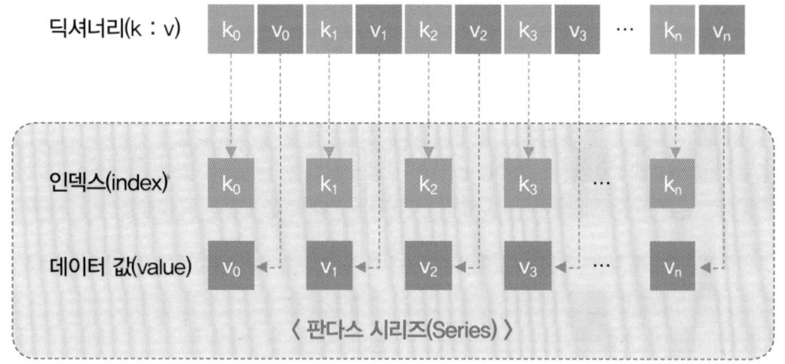

[그림 1-3] 딕셔너리 → 시리즈 변환

다음 예제를 통해 딕셔너리를 시리즈로 변환해보자. `{'a': 1, 'b': 2, 'c': 3}`와 같이 'k:v' 구조를 갖는 딕셔너리를 정의하여 변수 `dict_data`에 저장한다. 변수 `dict_data`에 저장되어 있는 딕셔너리를 `Series()` 함수의 인자로 전달하면, 시리즈로 변환한다. `Series()` 함수가 반환한 시리즈 객체를 변수 `sr`에 저장한다.

〈예제 1-1〉 딕셔너리 → 시리즈 변환 (File: part1/1.1_dict_to_series.ipynb)

```
# 라이브러리 불러오기
import pandas as pd

# k:v 구조를 갖는 딕셔너리를 만들고, 변수 dict_data에 저장
dict_data = {'a': 1, 'b': 2, 'c': 3}

# 판다스 Series() 함수로 딕셔너리(dict_data)를 시리즈로 변환. 변수 sr에 저장
sr = pd.Series(dict_data)

# 변수 sr의 자료형 출력
print(type(sr))

# 변수 sr에 저장되어 있는 시리즈 객체를 출력
print(sr)
```

〈실행 결과〉

```
<class 'pandas.core.series.Series'>

a    1
b    2
c    3
dtype: int64
```

type() 함수로 변수 sr에 저장된 객체의 자료형을 확인해 보면 시리즈 클래스인 것을 알 수 있다. **print()** 함수로 시리즈 객체를 출력하면 인덱스 'a', 'b', 'c'는 왼쪽에 표시되고, 짝을 이루는 데이터 값 '1', '2', '3'은 오른쪽에 표시된다. 시리즈를 구성하는 데이터 값의 자료형(dtype)은 정수형(int64)이다.

pandas와 pd의 차이?

컴퓨터에 설치된 판다스를 파이썬 파일에서 사용하려면 판다스 라이브러리를 실행 환경으로 불러오는 작업이 필요하다. 이때 임포트(import) 명령을 사용한다. 앞의 예제에서는 "import pandas as pd"라는 형식으로 입력했는데, "as pd"는 "pandas" 대신 "pd"라는 약칭으로 부르겠다는 뜻이다. 따라서 pandas.Series() 함수를 pd.Series()라고 입력한다. 만약 "as" 명령을 사용하지 않고 "import pandas"라는 Full name을 사용한다면, pandas.Series()라고 입력한다. 실무에서는 pandas 대신 pd라는 약칭을, NumPy는 np라는 약칭을 훨씬 자주 사용한다.

● 인덱스 구조

인덱스는 자기와 짝을 이루는 데이터 값의 순서와 주소를 저장한다. 인덱스를 잘 활용하면 데이터 값의 탐색, 정렬, 선택, 결합 등 데이터 조작을 쉽게 할 수 있다.

[그림 1-4]와 같이 인덱스에는 크게 두 가지 종류가 있다. 정수형 위치 인덱스(integer position)와 인덱스 이름(index name) 또는 인덱스 라벨(index label)이 그것이다.

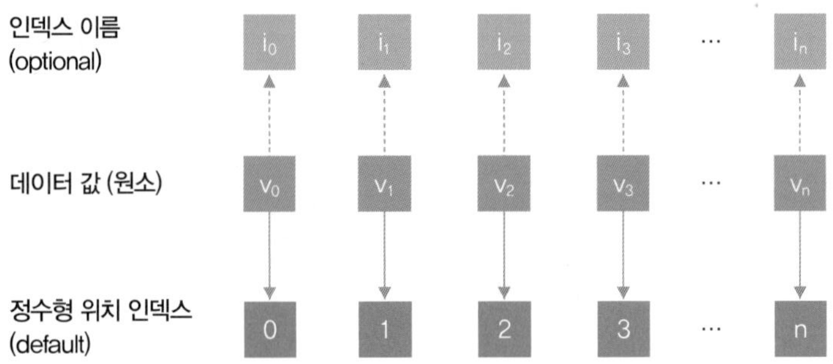

[그림 1-4] 시리즈 인덱스의 유형

시리즈 클래스의 index 속성을 이용하여 인덱스 배열을 따로 선택할 수 있다.

인덱스 배열: `Series객체.index`

데이터 값 배열만을 따로 선택할 수도 있다. 시리즈 클래스의 values 속성을 이용한다.

데이터 값 배열: `Series객체.values`

판다스 Series() 함수를 사용하여 파이썬 리스트를 시리즈로 변환한다. 단, 리스트를 시리즈로 변환할 때는 딕셔너리의 키처럼 인덱스로 변환될 값이 없다. 따라서 인덱스를 별도로 정의하지 않으면 디폴트로 정수형 위치 인덱스(0, 1, 2, …)가 자동으로 지정된다. 다음 예제를 보면 sr 객체의 인덱스에 0~4 범위의 정수값이 인덱스로 지정된다.

〈예제 1-2〉 시리즈 인덱스 (File: part1/1.2_series_index.ipynb)

```
import pandas as pd

# 리스트를 시리즈로 변환하여 변수 sr에 저장
list_data = ['2019-01-02', 3.14, 'ABC', 100, True]
sr = pd.Series(list_data)
print(sr)
```

〈실행 결과〉

```
0    2019-01-02
1          3.14
2           ABC
3           100
4          True
dtype: object
```

시리즈의 index 속성과 values 속성을 이용하면 인덱스 배열과 데이터 값의 배열을 불러올 수 있다. 실행 결과를 보면, 인덱스는 0~4 범위의 정수를 갖는 RangeIndex 객체로 표시된다(이때 범위의 마지막 값은 포함되지 않는다).

〈예제 1-2〉 시리즈 인덱스 (File: part1/1.2_series_index.ipynb(이어서 계속))

```
~~~ 생략 ~~~

# 인덱스 배열은 변수 idx에 저장
idx = sr.index
print(idx)
```

〈실행 결과〉

```
RangeIndex(start=0, stop=5, step=1)
```

데이터 값 배열은 원래 데이터인 list_data의 리스트 원소 배열이 순서를 유지한 상태로 입력된다.

〈예제 1-2〉 시리즈 인덱스 (File: part1/1.2_series_index.ipynb(이어서 계속))

```
~~~ 생략 ~~~

# 데이터 값 배열은 변수 val에 저장
val = sr.values
print(val)
```

〈실행 결과〉

```
['2019-01-02' 3.14 'ABC' 100 True]
```

시리즈 객체의 dtype 속성을 확인하면 시리즈를 구성하는 원소의 자료형을 파악할 수 있다. 문자열 데이터가 포함되어 있기 때문에 자료형이 object로 표시된다.

〈예제 1-2〉 시리즈 인덱스 (File: part1/1.2_series_index.ipynb(이어서 계속))

```
~~~ 생략 ~~~

# 시리즈 배열을 구성하는 원소의 자료형
print(sr.dtype)
```

〈실행 결과〉

```
object
```

시리즈 배열을 구성하는 원소의 개수를 확인할 때 파이썬 `len` 함수를 이용할 수 있다. 시리즈 객체를 인자로 전달하면 시리즈 배열의 크기, 즉 원소의 개수를 출력한다.

〈예제 1-2〉 시리즈 인덱스 (File: part1/1.2_series_index.ipynb(이어서 계속))

```
~~~ 생략 ~~~

# 시리즈 배열의 크기
print(len(sr))
```

〈실행 결과〉

```
5
```

shape 속성은 배열의 형태를 나타내며 일반적으로 (행 수, 열 수) 형식으로 출력된다. 하지만 시리즈는 1차원 데이터 구조이므로, 시리즈의 shape는 (n,) 형태로 출력된다. 여기서 n은 시리즈에 포함된 데이터 요소의 개수를 나타낸다.

〈예제 1-2〉 시리즈 인덱스 (File: part1/1.2_series_index.ipynb(이어서 계속))

```
~~~ 생략 ~~~

# 시리즈 배열의 형태
print(sr.shape)
```

〈실행 결과〉

```
(5,)
```

`ndim` 속성은 배열이나 데이터 구조의 차원 수를 나타낸다. 시리즈 객체는 1차원 데이터이므로 실행 결과 1로 출력된다.

〈예제 1-2〉 시리즈 인덱스 (File: part1/1.2_series_index.ipynb(이어서 계속))

```
~~~ 생략 ~~~

# 시리즈 배열의 차원
print(sr.ndim)
```

〈실행 결과〉

```
1
```

● 원소 선택

원소의 위치를 나타내는 주소 역할을 하는 인덱스를 이용하여 시리즈의 원소를 선택한다. 하나의 원소를 선택할 수도 있고, 여러 원소를 한꺼번에 선택할 수도 있다. 파이썬 리스트 슬라이싱(slicing) 기법과 비슷하게 인덱스 범위를 지정하여 원소를 선택하는 방법도 있다.

인덱스의 두 가지 유형에 따라 사용법이 조금 다르다. [그림 1-5]와 같이 정수형 위치 인덱스는 대괄호([ ]) 안에 위치를 나타내는 숫자를 입력하는데 반해, 인덱스 이름(라벨)을 사용할 때는 대괄호([ ]) 안에 이름과 함께 따옴표를 입력한다. 큰 따옴표(" ")와 작은 따옴표(' ') 모두 사용 가능하다.

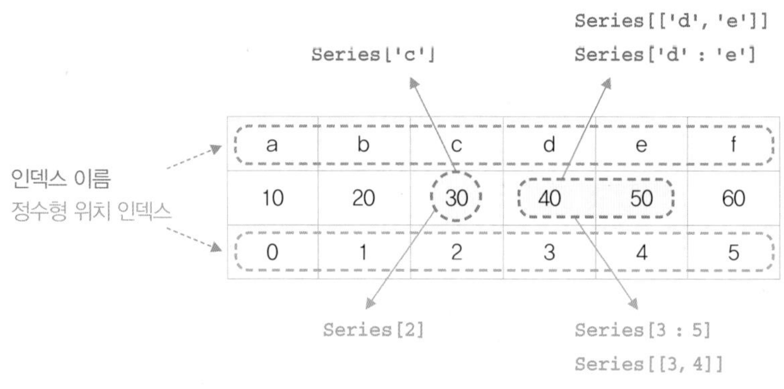

[그림 1-5] 시리즈 원소 선택

`Series()` 함수를 사용하여 파이썬 투플(tuple)을 시리즈로 변환한다. 투플도 리스트처럼 딕셔너리의 키에 해당하는 값이 없어서 시리즈로 변환할 때 정수형 위치 인덱스가 자동 지정된다.

리스트 또는 투플을 시리즈로 만들 때 정수형 위치 인덱스 대신 인덱스 이름을 따로 지정할 수 있다. `Series()` 함수의 index 옵션에 인덱스 이름을 직접 전달하는 방식이다. 예제에서는 시리즈로 변환할 투플의 데이터 개수와 순서에 맞춰 인덱스 이름을 리스트 형태로 전달한다.

〈예제 1-3〉 시리즈 원소 선택 (File: part1/1.3_series_element.ipynb)

```
import pandas as pd

# 투플을 시리즈로 변환(인덱스 옵션 지정)
tup_data = ('영인', '2010-05-01', '여', True)
sr = pd.Series(tup_data, index=['이름', '생년월일', '성별', '학생여부'])
print(sr)
```

〈실행 결과〉

```
이름                영인
생년월일      2010-05-01
성별                  여
학생여부            True
dtype: object
```

왼쪽의 인덱스 위치에는 index 옵션에 전달한 4개의 인덱스 이름이 표시되고, 오른쪽 데이터 값 위치에는 함수에 전달된 투플(tup_data)의 원소 값들이 표시된다. 시리즈를 구성하는 원소 데이터 값의 자료형(dtype)은 문자열(object)로 확인된다.

앞에서 설명한 대로 인덱스를 이용하여 원소를 선택할 때는 대괄호([ ]) 안에 인덱스를 입력한다. 예제에서는 시리즈의 첫 번째 데이터를 선택하기 위해 첫 번째를 뜻하는 정수형 위치 인덱스(0)와 첫 번째 위치에 있는 인덱스 라벨('이름')을 입력한다. 모두 같은 원소(영인)를 반환한다.

〈예제 1-3〉 시리즈 원소 선택 (File: part1/1.3_series_element.ipynb(이어서 계속))

```
~ ~~~ 생략 ~~~

# 원소를 1개 선택
print(sr[0])          # sr의 1번째 원소를 선택(정수형 위치 인덱스)
print(sr['이름'])     # '이름' 라벨을 가진 원소를 선택(인덱스 이름)
```

〈실행 결과〉

```
영인
영인
```

여러 개의 인덱스를 리스트 형태로 대괄호([ ]) 안에 입력하면 짝을 이루는 원소 데이터를 모두 반환한다. 정수형 위치 인덱스는 0부터 시작하기 때문에 두 번째 인덱스 이름인 '생년월일'은 정수형 인덱스 1을 사용하고, 세 번째 인덱스 이름인 '성별'은 정수형 인덱스 2를 사용한다.

〈예제 1-3〉 시리즈 원소 선택 (File: part1/1.3_series_element.ipynb(이어서 계속))

```
~ ~~~ 생략 ~~~

# 여러 개의 원소를 선택(인덱스 리스트 활용)
print(sr[[1, 2]])
print('\n')
print(sr[['생년월일', '성별']])
```

〈실행 결과〉[1]

```
생년월일    2010-05-01
성별              여
dtype: object


생년월일    2010-05-01
성별              여
dtype: object
```

마지막으로 인덱스 범위를 지정하여 선택하는 방법이다. 15라인의 `sr[1 : 2]`에서 정수형 위치 인덱스를 사용할 때는 범위의 끝(2)이 포함되지 않는다('성별' 불포함). 그러나 17라인의 `sr['생년월일' : '성별']`과 같이 인덱스 이름을 사용하면 범위의 끝('성별')이 포함된다.

〈예제 1-3〉 시리즈 원소 선택 (File: part1/1.3_series_element.ipynb(이어서 계속))

```
~  ~~~ 생략 ~~~

14  # 여러 개의 원소를 선택(인덱스 범위 지정)
15  print(sr[1 : 2])
16  print('\n')
17  print(sr['생년월일' : '성별'])
```

〈실행 결과〉

```
생년월일    2010-05-01
dtype: object


생년월일    2010-05-01
성별              여
dtype: object
```

● 시리즈 객체를 만드는 특수한 방법

앞에서 딕셔너리, 리스트, 투플 등 여러 개의 원소가 있는 배열 객체를 시리즈로 변환하는 과정을 살펴봤다. 여기서는 원소가 없는 빈 배열 형태의 시리즈를 만드는 방법과 배열이 아닌 상수(Scalar) 값을 사용하여 시리즈를 만드는 방법을 소개한다.

1) 앞의 예제와 같이 인덱스 리스트를 직접 지정하는 방식을 팬시 인덱싱(Fancy Indexing)이라고 부른다.

먼저 판다스 Series 함수에 인자를 전달하지 않으면, 빈 배열 형태를 갖는 시리즈 객체를 만든다.

〈예제 1-3〉 시리즈 원소 선택 (File: part1/1.3_series_element.ipynb(이어서 계속))

```
~~~ 생략 ~~~

pd.Series()
```

〈실행 결과〉

```
Series([], dtype: float64)
```

판다스 Series 함수에 인자로 상수를 입력하면, 원소를 1개 갖는 시리즈 객체를 만든다.

〈예제 1-3〉 시리즈 원소 선택 (File: part1/1.3_series_element.ipynb(이어서 계속))

```
~~~ 생략 ~~~

pd.Series(5)
```

〈실행 결과〉

```
0    5
dtype: int64
```

판다스 Series 함수에 인자로 상수를 입력하고 인덱스 배열을 함께 전달하면, 인덱스 배열의 크기만큼 상수 값이 복제되는 방식으로 시리즈 객체를 만든다.

〈예제 1-3〉 시리즈 원소 선택 (File: part1/1.3_series_element.ipynb(이어서 계속))

```
~~~ 생략 ~~~

pd.Series(5, index=["a", "b", "c"])
```

〈실행 결과〉

```
a    5
b    5
c    5
dtype: int64
```

2-2 데이터프레임

데이터프레임은 2차원 배열이다. 행과 열로 만들어지는 2차원 배열 구조는 마이크로소프트 엑셀(Excel)과 관계형 데이터베이스(RDBMS) 등 다양한 컴퓨터 관련 분야에서 사용된다. 판다스의 데이터프레임 자료구조는 대표적인 통계 패키지인 R의 데이터프레임에서 유래했다고 알려져 있다.

[그림 1-6]은 여러 개의 시리즈들이 한데 모여서 데이터프레임을 이루는 구조를 보여준다. 데이터프레임의 열은 각각 시리즈 객체이다. 시리즈를 열벡터(vector)라고 하면, 데이터프레임은 여러 개의 열벡터들이 같은 행 인덱스를 기준으로 줄지어 결합된 2차원 벡터 또는 행렬(matrix)이다.

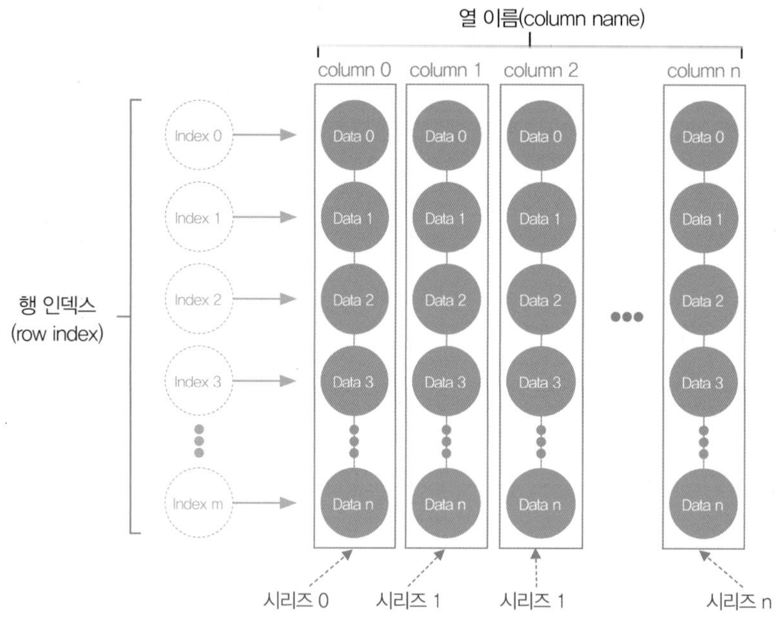

[그림 1-6] 데이터프레임 구조

데이터프레임은 행과 열을 나타내기 위해 두 가지 종류의 주소를 사용한다. [그림 1-6]과 같이 행 인덱스(row index)와 열 이름(column name 또는 column label)으로 구분한다.

데이터프레임의 열은 공통의 속성을 갖는 일련의 데이터를 나타내고, 행은 개별 관측대상에 대한 다양한 속성 데이터들의 모음인 레코드(record)가 된다. [표 1-1]의 주식 종목 리스트를 예로 들어보자. 각 행은 하나의 주식 종목에 관한 관측값(observation)을 나타낸다. 열은 종목 코드, 회사 이름, 액면가, 총 주식수 등 공통의 속성이나 범주를 나타내는데, 보통 변수(variable)로 활용된다.

종목 코드	회사 이름	액면가	총 주식수
005930	삼성전자	100원	5,970백만 주
017670	SK텔레콤	500원	81백만 주
005380	현대자동차	5000원	214백만 주

[표 1-1] 주식 종목 리스트

● 데이터프레임 만들기

데이터프레임을 만들기 위해서는 같은 길이(원소의 개수가 동일한)의 1차원 배열 여러 개가 필요하다. 데이터프레임은 여러 개의 시리즈(열, column)를 모아 놓은 집합으로 이해하면 된다. [그림 1-7]에서 딕셔너리의 값(v)에 해당하는 각 리스트가 시리즈 배열로 변환되어 데이터프레임의 열이 된다. 딕셔너리의 키(k)는 각 시리즈의 이름으로 변환되어 최종적으로 데이터프레임의 열 이름이 된다.

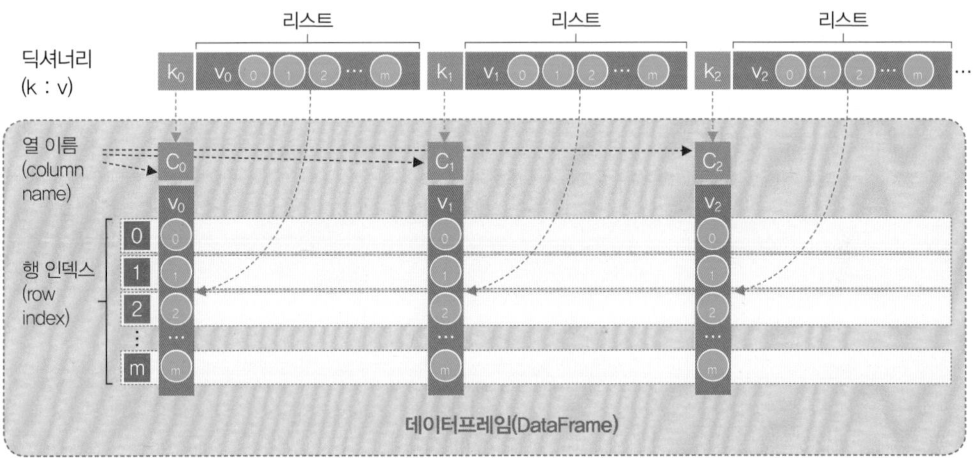

[그림 1-7] 딕셔너리 → 데이터프레임 변환

데이터프레임을 만들 때는 판다스 `DataFrame()` 함수를 사용한다. [그림 1-7]과 같이 여러 개의 리스트를 원소로 갖는 딕셔너리를 함수의 인자로 전달하는 방식이 주로 활용된다.

딕셔너리 → 데이터프레임 변환: `pandas.DataFrame( 딕셔너리 객체 )`

〈예제 1-4〉는 리스트 5개를 원소로 갖는 딕셔너리를 정의하고, 판다스 `DataFrame()` 함수의 인자로 전달하여 모두 5개의 열을 갖는 데이터프레임을 만든다. **`type()`** 함수로 확인해보면, 반환되는 객체는 데이터프레임이다.

〈예제 1-4〉 딕셔너리 → 데이터프레임 변환 (File: part1/1.4_dict_to_dataframe.ipynb)

```
import pandas as pd

# 열이름을 key로 하고, 리스트를 value로 갖는 딕셔너리 정의(2차원 배열)
dict_data = {'c0':[1,2,3], 'c1':[4,5,6], 'c2':[7,8,9], 'c3':[10,11,12], 'c4':[13,14,15]}

# 판다스 DataFrame() 함수로 딕셔너리를 데이터프레임으로 변환. 변수 df에 저장
df = pd.DataFrame(dict_data)

# df의 자료형 출력
print(type(df))
```

〈실행 결과〉

```
<class 'pandas.core.frame.DataFrame'>
```

이때, 딕셔너리의 키(k)가 열 이름(c0~c4)이 되고, 값(v)에 해당하는 각 리스트가 데이터프레임의 열이 된다. 행 인덱스에는 정수형 위치 인덱스(0, 1, 2)가 자동 지정된다. **`print()`** 함수로 데이터프레임 객체를 출력해서 확인해보자.

〈예제 1-4〉 딕셔너리 → 데이터프레임 변환 (File: part1/1.4_dict_to_dataframe.ipynb(이어서 계속))

```
# 변수 df에 저장되어 있는 데이터프레임 객체를 출력
print(df)
```

〈실행 결과〉

```
   c0  c1  c2  c3  c4
0   1   4   7  10  13
1   2   5   8  11  14
2   3   6   9  12  15
```

이 책에서 실습에 활용하고 있는 주피터 랩을 비롯하여 IPython 환경에서는 **`print()`** 명령어를 사용하지 않고, 변수 이름을 코드 셀에 직접 입력하고 실행하면 화면에 실행 결과를 출력하는 기능을 지원한다. 다음과 같이 행 인덱스와 열 이름이 진하게 표시되고 행, 열 데이터 구조가 잘 보인다.

〈예제 1-4〉 딕셔너리 → 데이터프레임 변환 (File: part1/1.4_dict_to_dataframe.ipynb(이어서 계속))

```
# 주피터 환경에서 변수 출력
df
```

〈실행 결과〉

	c0	c1	c2	c3	c4
0	1	4	7	10	13
1	2	5	8	11	14
2	3	6	9	12	15

● 행 인덱스/열 이름 설정

데이터프레임의 구조적 특성 때문에 2차원 배열 형태의 데이터를 데이터프레임으로 변환하기 쉽다. 2차원 배열에는 여러 개의 리스트(투플)를 원소로 갖는 리스트(투플), numpy 배열 등이 있다.

한편 2차원 배열을 `DataFrame()` 함수 인자로 전달하여 데이터프레임으로 변환할 때 행 인덱스와 열 이름 속성을 사용자가 직접 지정할 수도 있다.

```
행 인덱스/열 이름 설정: pandas.DataFrame( 2차원 배열,
                                          index=행 인덱스 배열,
                                          columns=열 이름 배열 )
```

〈예제 1-5〉에서는 '3개의 원소를 갖는 리스트' 2개를 원소로 갖는 리스트(2차원 배열)를 판다스 `DataFrame()` 함수에 전달한다. index 옵션에 `['준서', '예은']`과 같이 행 인덱스로 사용할 배열을 지정한다. 그리고 열 이름으로 사용할 `['나이', '성별', '학교']` 배열을 columns 옵션에 설정한다.

〈예제 1-5〉 행 인덱스/열 이름 설정 (File: part1/1.5_change_df_idx_col.ipynb)

```
import pandas as pd

# 행 인덱스/열 이름 지정하여, 데이터프레임 만들기
df = pd.DataFrame([[15, '남', '덕영중'], [17, '여', '수리중']],
                  index=['준서', '예은'],
                  columns=['나이', '성별', '학교'])

# 데이터프레임 출력하기
print(df)
```

〈실행 결과〉

```
      나이 성별  학교
준서  15   남   덕영중
예은  17   여   수리중
```

앞의 실행 결과에서 리스트가 행으로 변환되는 점에 유의한다. 앞에서 리스트를 원소로 갖는 딕셔너리를 이용했을 때는 리스트가 열이 된 것과 차이가 있다.

다음 [그림 1-8]과 같이 데이터프레임 df의 행 인덱스 배열은 df.index 속성으로 접근하고, 열 이름 배열은 df.columns 속성으로 접근한다.

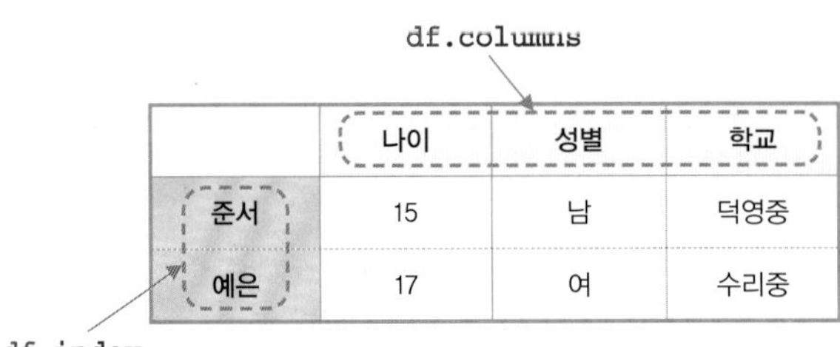

[그림 1-8] 행 인덱스/열 이름 속성

〈예제 1-5〉 행 인덱스/열 이름 설정 (File: part1/1.5_change_df_idx_col.ipynb(이어서 계속))

```
# 행 인덱스 확인하기
print(df.index)
```

〈실행 결과〉

```
Index(['준서', '예은'], dtype='object')
```

df.index는 데이터프레임 df의 행 인덱스를 반환하는 속성이다. 데이터프레임을 만들 때 index 옵션에 지정한 리스트가 판다스 Index 객체로 표시된다.

〈예제 1-5〉 행 인덱스/열 이름 설정 (File: part1/1.5_change_df_idx_col.ipynb(이어서 계속))

```
# 열 이름 확인하기
print(df.columns)
```

〈실행 결과〉

```
Index(['나이', '성별', '학교'], dtype='object')
```

df.columns는 데이터프레임 df의 열 이름 Index를 반환하는 속성이다. 데이터프레임을 만들 때 columns 옵션에 지정한 리스트가 판다스 Index 객체로 표시된다.

한편, 데이터프레임 df의 행 인덱스 배열을 나타내는 df.index와 열 이름 배열을 나타내는 df.columns에 새로운 배열을 할당하는 다른 방식으로 행 인덱스와 열 이름을 변경할 수 있다.

- **행 인덱스 변경:** DataFrame 객체.index = 새로운 행 인덱스 배열
- **열 이름 변경:** DataFrame 객체.columns = 새로운 열 이름 배열

다음 예제에서 데이터프레임 df의 행 인덱스 배열을 ['준서', '예은']에서 ['학생1', '학생2']로 변경하고, 열 이름 배열을 ['나이', '성별', '학교']에서 ['연령', '남녀', '소속']으로 변경한다.

〈예제 1-5〉 행 인덱스/열 이름 설정 (File: part1/1.5_change_df_idx_col.ipynb(이어서 계속))

```
# 행 인덱스, 열 이름 변경하기
df.index=['학생1', '학생2']
df.columns=['연령', '남녀', '소속']

print(df)
print('\n')
print(df.index)
print('\n')
print(df.columns)
```

〈실행 결과〉

```
      연령  남녀   소속
학생1   15   남   덕영중
학생2   17   여   수리중


Index(['학생1', '학생2'], dtype='object')


Index(['연령', '남녀', '소속'], dtype='object')
```

데이터프레임에 rename() 메소드를 적용하면, 행 인덱스 또는 열 이름의 일부를 선택하여 변경할 수 있다. 단, 원본 객체를 직접 수정하는 것이 아니라, 새로운 데이터프레임 객체를 반환하는 것이라는 점에 유의한다. 원본 객체를 변경하려면 원본 객체를 담고 있는 변수를 직접 업데이트한다.

- **행 인덱스 변경:** `DataFrame 객체.rename(index={기존 인덱스:새 인덱스, … })`
- **열 이름 변경:** `DataFrame 객체.rename(columns={기존 이름:새 이름, … })`

다음 예제에서 rename() 메소드를 적용하여 열 이름과 행 인덱스를 변경해 보자.

〈예제 1-6〉 행 인덱스/열 이름 변경 (File: part1/1.6_change_df_idx_col2.ipynb)

```
import pandas as pd

# 행 인덱스/열 이름 지정하여 데이터프레임 만들기
df = pd.DataFrame([[15, '남', '덕영중'], [17, '여', '수리중']],
                  index=['준서', '예은'],
                  columns=['나이', '성별', '학교'])

# 행 인덱스, 열 이름 확인하기
print(df)
```

〈실행 결과〉

```
     나이 성별     학교
준서   15  남   덕영중
예은   17  여   수리중
```

df의 열 이름을 ['나이', '성별', '학교']에서 ['연령', '남녀', '소속']으로 변경한다. 이때 변수 df에 다시 할당하여 저장하는 과정을 기억한다.

〈예제 1-6〉 행 인덱스/열 이름 변경 (File: part1/1.6_change_df_idx_col2.ipynb(이어서 계속))

```
# 열 이름 중, '나이'를 '연령'으로, '성별'을 '남녀'로, '학교'를 '소속'으로 바꾸기
df = df.rename(columns={'나이':'연령', '성별':'남녀', '학교':'소속'})

# df 출력(변경 후)
print(df)
```

〈실행 결과〉

```
     연령 남녀   소속
준서   15  남  덕영중
예은   17  여  수리중
```

행 인덱스를 ['준서', '예은']에서 ['학생1', '학생2']로 변경한다. 원본 데이터프레임에 변환된 결과를 저장하기 위하여 df 변수에 다시 저장한다.

〈예제 1-6〉 행 인덱스/열 이름 변경 (File: part1/1.6_change_df_idx_col2.ipynb(이어서 계속))

```
# df의 행 인덱스 중에서, '준서'를 '학생1'로, '예은'을 '학생2'로 바꾸기
df = df.rename(index={'준서':'학생1', '예은':'학생2' })

# df 출력
print(df)
```

〈실행 결과〉[2]

```
       연령 남녀    소속
학생1   15   남   덕영중
학생2   17   여   수리중
```

● 행/열 삭제

데이터프레임의 행 또는 열을 삭제하는 명령으로 drop() 메소드가 있다. 행을 삭제할 때는 축(axis) 옵션으로 axis=0 또는 axis="index"를 입력하거나, 별도로 입력하지 않는다. 반면, 축 옵션으로 axis=1 또는 axis="columns"를 입력하면 열을 삭제한다. 동시에 여러 개의 행 또는 열을 삭제하려면 리스트 형태로 함수 인자에 입력한다.

한편, drop() 메소드는 기존 객체를 변경하지 않고 새로운 객체를 반환한다는 점에 유의한다. 따라서 원본 객체를 직접 변경하기 위해서는, 원본을 담고 있는 변수에 재할당하는 과정을 추가한다.

- **행 삭제:** DataFrame 객체.drop(행 인덱스 또는 배열, axis=0 또는 axis="index")
- **열 삭제:** DataFrame 객체.drop(열 이름 또는 배열, axis=1 또는 axis="columns")

먼저 drop() 메소드를 적용하여 데이터프레임의 행을 삭제하는 방법을 살펴보자. 행을 삭제할 때는 축 옵션을 입력하지 않거나, axis=0 또는 axis="index"와 같이 축 옵션을 설정한다.

---

2) inplace=True 옵션을 rename() 함수의 인자로 추가하면 데이터프레임 원본을 직접 수정하는 것이 가능하다. 다만, 판다스 차기 버전에서는 이 옵션이 제거될 예정이므로 앞에서 설명한 바와 같이 원본을 저장하고 있는 변수에 재할당하는 방식으로 원본을 업데이트한다.

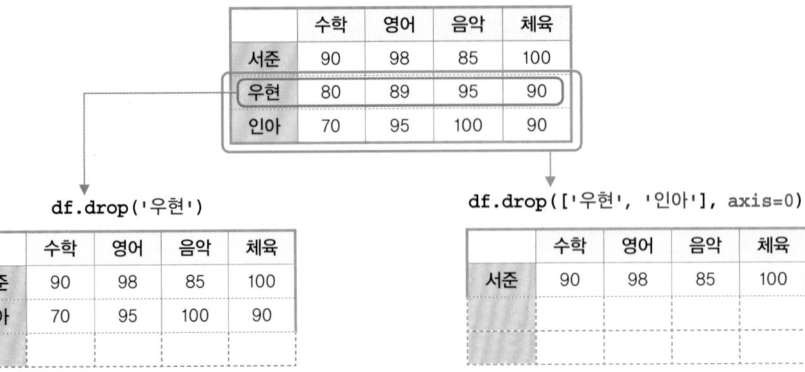

[그림 1-9] 행 삭제

학생의 이름을 행 인덱스로 하고, 과목명을 열 이름으로 하는 데이터프레임 df를 만든다. 비교를 위해 df를 복제하여 df2, df3, df4, df5를 만든다. df2에서 이름이 '우현'인 학생의 행 데이터를 삭제한다.

〈예제 1-7〉 행 삭제 (File: part1/1.7_remove_row.ipynb)

```python
import pandas as pd

# DataFrame() 함수로 데이터프레임 변환. 변수 df에 저장
exam_data = {'수학' : [ 90, 80, 70], '영어' : [ 98, 89, 95],
             '음악' : [ 85, 95, 100], '체육' : [ 100, 90, 90]}

df = pd.DataFrame(exam_data, index=['서준', '우현', '인아'])
print(df))

# 데이터프레임 df를 복제하여 변수 df2에 저장. df2의 1개 행(row) 삭제
df2 = df.copy()
df2 = df2.drop('우현')
print(df2)
```

〈실행 결과〉

```
      수학  영어   음악   체육
서준  90   98    85   100
우현  80   89    95    90
인아  70   95   100    90
```

```
      수학   영어   음악   체육
서준   90    98    85    100
인아   70    95   100     90
```

df3에서 ['우현', '인아']와 같이 이름의 리스트를 사용하여, 학생 두 명의 행 데이터를 삭제한다. 행 삭제를 의미하는 axis=0 축 옵션을 지정한다.

〈예제 1-7〉 행 삭제 (File: part1/1.7_remove_row.ipynb(이어서 계속))

```
# 데이터프레임 df를 복제하여 변수 df3에 저장. df3의 2개 행(row) 삭제
df3 = df.copy()
df3 = df3.drop(['우현', '인아'], axis=0)
print(df3)
```

〈실행 결과〉

```
      수학   영어   음악   체육
서준   90    98    85    100
```

df4에서와 같이 행 데이터를 삭제할 때, axis=0 대신 axis="index"를 축 옵션으로 적용할 수 있다.

〈예제 1-7〉 행 삭제 (File: part1/1.7_remove_row.ipynb(이어서 계속))

```
# 데이터프레임 df를 복제하여 변수 df4에 저장. df4의 2개 행(row) 삭제
df4 = df.copy()
df4 = df.drop(['우현', '인아'], axis='index')
print(df4)
```

〈실행 결과〉

```
      수학   영어   음악   체육
서준   90    98    85    100
```

df5에서는 축 옵션을 사용하지 않고, drop() 함수의 index 옵션에 삭제할 행 인덱스 배열을 ['우현']과 같이 직접 지정하는 방식을 보여준다.

〈예제 1-7〉 행 삭제 (File: part1/1.7_remove_row.ipynb(이어서 계속))

```
# 데이터프레임 df를 복제하여 변수 df5에 저장. df5의 1개 행(row) 삭제
df5 = df.copy()
df5 = df.drop(index = ['우현'])
print(df5)
```

〈실행 결과〉

```
     수학  영어   음악   체육
서준   90    98    85   100
인아   70    95   100    90
```

다음은 drop() 메소드를 이용하여 열을 삭제하는 방법이다. 반드시 축 옵션을 axis=1 또는 axis="columns"로 설정한다. 축 옵션을 누락하거나 잘못 지정하면 오류 메시지가 출력된다.

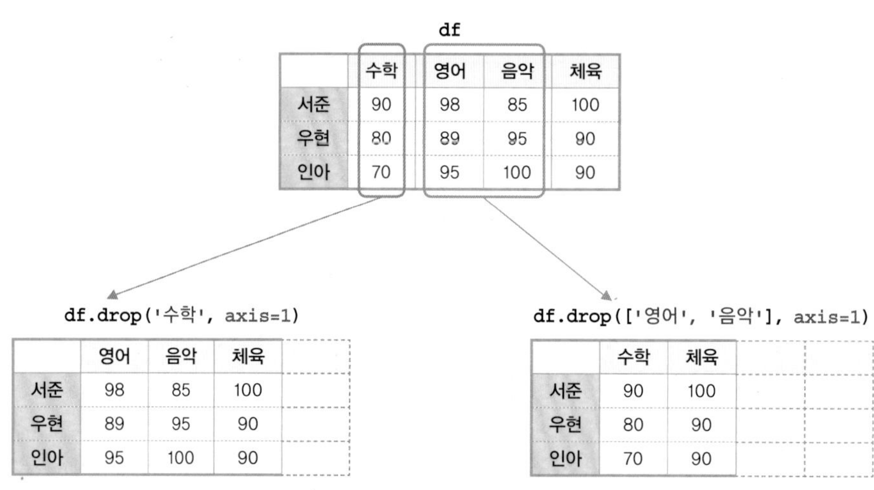

[그림 1-10] 열 삭제

〈예제 1-7〉의 시험 점수 데이터를 정리한 데이터프레임 df를 다시 사용한다. 비교를 위해 df를 복제하여 df2, df3, df4, df5를 만든다. 먼저, 축 옵션을 axis=1로 지정하여 df2에서 '수학' 과목의 열 데이터를 삭제한다.

〈예제 1-8〉 열 삭제 (File: part1/1.8_remove_column.ipynb)

```
import pandas as pd

# DataFrame() 함수로 데이터프레임 변환. 변수 df에 저장
exam_data = {'수학' : [ 90, 80, 70], '영어' : [ 98, 89, 95],
             '음악' : [ 85, 95, 100], '체육' : [ 100, 90, 90]}

df = pd.DataFrame(exam_data, index=['서준', '우현', '인아'])
print(df))

```

```
# 데이터프레임 df를 복제하여 변수 df2에 저장. df2의 1개 열(column) 삭제
df2 = df.copy()
df2 = df.drop('수학', axis=1)
print(df2)
```

〈실행 결과〉

```
      수학   영어   음악    체육
서준   90    98    85    100
우현   80    89    95     90
인아   70    95   100     90

       영어   음악    체육
서준   98     85    100
우현   89     95     90
인아   95    100     90
```

df3에서 ['영어', '음악'] 리스트를 전달하여 두 과목의 열 데이터를 삭제한다. 열 삭제를 의미하는 axis=1을 축 옵션으로 지정한다.

〈예제 1-8〉 열 삭제 (File: part1/1.8_remove_column.ipynb(이어서 계속))

```
# 데이터프레임 df를 복제하여 변수 df3에 저장. df3의 2개 열(column) 삭제
df3 = df.copy()
df3 = df3.drop(['영어', '음악'], axis=1)
print(df3)
```

〈실행 결과〉

```
      수학    체육
서준   90    100
우현   80     90
인아   70     90
```

axis="columns"를 axis=1을 대신하여 축 옵션으로 적용할 수 있다. df4의 실행 결과를 보면 앞에서 살펴본 df3과 같은 결과를 출력한다.

〈예제 1-8〉 열 삭제 (File: part1/1.8_remove_column.ipynb(이어서 계속))

```
# 데이터프레임 df를 복제하여 변수 df4에 저장. df4의 2개 행(row) 삭제
df4 = df.copy()
df4 = df4.drop(['영어', '음악'], axis='columns')
print(df4)
```

〈실행 결과〉

```
      수학   체육
서준   90    100
우현   80     90
인아   70     90
```

축 옵션을 사용하지 않고, drop() 함수의 columns 옵션을 직접 지정하는 방식도 가능하다. 다음 df5를 보면 ['수학']과 같이 삭제할 열을 columns 옵션에 지정하고 있다.

〈예제 1-8〉 열 삭제 (File: part1/1.8_remove_column.ipynb(이어서 계속))

```
# 데이터프레임 df를 복제하여 변수 df5에 저장. df5의 1개 행(row) 삭제
df5 = df.copy()
df5 = df5.drop(columns=['수학'])
print(df5)
```

〈실행 결과〉

```
      영어   음악   체육
서준   98     85    100
우현   89     95     90
인아   95    100     90
```

● 행 선택

데이터프레임의 행 데이터를 선택하기 위해서는 loc과 iloc 인덱서를 사용한다. 인덱스 이름을 기준으로 행을 선택할 때는 loc을 이용하고, 정수형 위치 인덱스를 사용할 때는 iloc을 이용한다.

구 분	loc	iloc
탐색 대상	인덱스 이름(index label)	정수형 위치 인덱스(integer position)
범위 지정	가능(범위의 끝 포함) 예) ['a':'c'] → 'a',' b', 'c'	가능(범위의 끝 제외) 예) [3:7] → 3, 4, 5, 6 (* 7 제외)

[표 1-2] loc과 iloc

앞에서 사용한 학생 세 명의 과목별 점수가 저장된 데이터프레임을 계속 활용한다. 데이터프레임의 첫 번째 행에는 '서준' 학생의 과목별 점수 데이터가 입력되어 있다. '서준' 학생의 과목별 점수 데이터를 행으로 추출하면 시리즈 객체가 반환된다.

〈예제 1-9〉 행 선택 (File: part1/1.9_select_row.ipynb)

```
import pandas as pd

# DataFrame() 함수로 데이터프레임 변환. 변수 df에 저장
exam_data = {'수학' : [ 90, 80, 70], '영어' : [ 98, 89, 95],
             '음악' : [ 85, 95, 100], '체육' : [ 100, 90, 90]}

df = pd.DataFrame(exam_data, index=['서준', '우현', '인아'])

# 데이터프레임 출력
print(df)
```

〈실행 결과〉

```
     수학  영어   음악   체육
서준   90   98    85   100
우현   80   89    95    90
인아   70   95   100    90
```

이때 loc 인덱서를 이용하려면 '서준'이라는 인덱스 이름을 직접 입력하고, iloc을 이용하려면 첫 번째 정수형 위치를 나타내는 0을 입력한다. 각각 반환되는 값을 label1 변수와 position1 변수에 저장하여 출력해 보면 같은 결과를 출력한다.

〈예제 1-9〉 행 선택 (File: part1/1.9_select_row.ipynb(이어서 계속))

```
# 행 인덱스를 사용하여 행 1개 선택
label1 = df.loc['서준']          # loc 인덱서 활용
position1 = df.iloc[0]          # iloc 인덱서 활용
print(label1)
print('\n')
print(position1)
```

〈실행 결과〉

```
수학     90
영어     98
음악     85
체육    100
Name: 서준, dtype: int64
```

```
수학     90
영어     98
음악     85
체육    100
Name: 서준, dtype: int64
```

2개 이상의 행 인덱스를 리스트 배열로 입력하면, 매칭되는 모든 행 데이터를 동시에 추출한다. 예제에서 데이터프레임 df의 1, 2번째 행에 있는 '서준', '우현' 학생을 인덱싱으로 선택해 보자. loc 인덱서는 ['서준', '우현']과 같이 인덱스 이름을 배열로 전달하고, iloc을 이용할 때는 [0, 1]과 같이 정수형 위치를 전달한다. 이때 label2 변수와 position2 변수에 저장된 값은 같다.

〈예제 1-9〉 행 선택 (File: part1/1.9_select_row.ipynb(이어서 계속))

```
# 행 인덱스를 사용하여 2개 이상의 행 선택
label2 = df.loc[['서준', '우현']]
position2 = df.iloc[[0, 1]]
print(label2)
print('\n')
print(position2)
```

〈실행 결과〉

```
    수학  영어  음악   체육
서준  90   98   85   100
우현  80   89   95    90

    수학  영어  음악   체육
서준  90   98   85   100
우현  80   89   95    90
```

마지막으로 행 인덱스의 범위를 지정하여 여러 개의 행을 동시에 선택하는 슬라이싱 기법을 살펴보자. 이번에는 label3와 position3의 결과값에 차이가 있음에 유의한다. 인덱스 이름을 범위로 지정한 label3의 경우에는 범위의 마지막 값인 '우현' 학생의 점수가 포함되지만, 정수형 위치 인덱스를 사용한 position3에는 범위의 마지막 값인 '우현' 학생의 점수가 제외된다.

〈예제 1-9〉 행 선택 (File: part1/1.9_select_row.ipynb(이어서 계속))

```python
# 행 인덱스의 범위를 지정하여 행 선택
label3 = df.loc['서준':'우현']
position3 = df.iloc[0:1]
print(label3)
print('\n')
print(position3)
```

〈실행 결과〉

```
      수학   영어   음악   체육
서준   90    98    85    100
우현   80    89    95     90


      수학   영어   음악   체육
서준   90    98    85    100
```

iloc과 loc을 구분하여 사용하는 이유?

데이터프레임에서 행 데이터를 선택하는 두 가지 방법인 `iloc`과 `loc`은 각각 파이썬의 리스트와 딕셔너리의 데이터 접근 방식과 비슷하다.

❶ 데이터 간의 순서를 사용하는 방식: 판다스 `iloc` 인덱서, 파이썬 리스트
- 장점: 순서에 기반한 직관적인 접근 방식.
- 단점: 데이터의 순서나 위치가 바뀌면 기대하는 결과를 얻기 어려움.

❷ 레이블(label)을 기준으로 데이터를 선택하는 방식: 판다스 loc 인덱서, 파이썬 딕셔너리
- 장점: 레이블을 기반으로 명확한 데이터 선택 가능(데이터 위치, 순서와 무관).
- 단점: 모든 행에 고유한 인덱스 이름이 할당되어야 함.

● 열 선택

데이터프레임에서 1개의 열을 선택하면 시리즈 객체가 반환된다. 데이터프레임의 열을 선택하기 위해서는 대괄호([ ]) 안에 열 이름을 따옴표와 함께 입력하거나, 도트(.) 다음에 열 이름을 입력하는 두 가지 방식을 사용한다.

열 1개 선택(시리즈 생성): `DataFrame 객체["열 이름"]` **또는** `DataFrame 객체.열 이름`

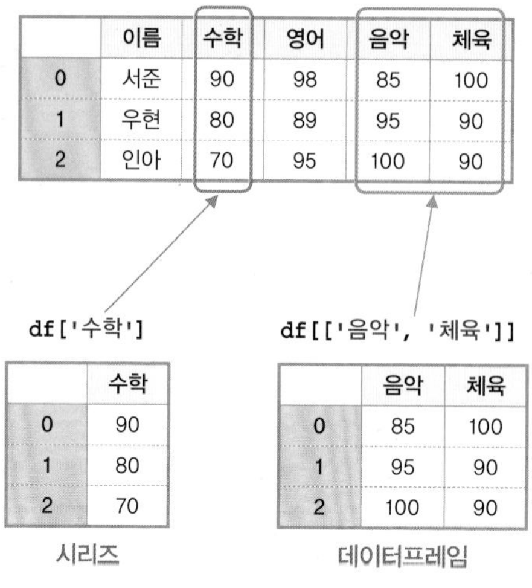

[그림 1-11] 데이터프레임의 열 선택

대괄호 안에 열 이름의 리스트를 입력하면 리스트의 원소에 해당하는 모든 열을 선택해, 여러 시리즈가 한데 모인 데이터프레임으로 반환된다. 한편, 리스트의 원소로 1개의 열 이름만 있는 경우도 반환되는 객체는 시리즈가 아니라 데이터프레임이 되는 것에 유의한다.

열 n개 선택(데이터프레임 생성): `DataFrame 객체[ [ 열1, 열2 , … , 열n ] ]`

〈예제 1-10〉 열 선택 (File: part1/1.10_select_column.ipynb)

```
import pandas as pd

# DataFrame() 함수로 데이터프레임 변환. 변수 df에 저장
exam_data = {'이름' : [ '서준', '우현', '인아'],
             '수학' : [ 90, 80, 70],
             '영어' : [ 98, 89, 95],
             '음악' : [ 85, 95, 100],
             '체육' : [ 100, 90, 90]}
df = pd.DataFrame(exam_data)
print(df)
print('\n')
print(type(df))
```

〈실행 결과〉

```
    이름  수학  영어  음악  체육
0  서준   90   98   85  100
1  우현   80   89   95   90
2  인아   70   95  100   90

<class 'pandas.core.frame.DataFrame'>
```

먼저, 데이터프레임에서 1개의 열을 선택하는 방법을 살펴보자. 대괄호([ ]) 안에 열 이름을 넣는 방식으로, '수학' 점수를 시리즈 객체로 추출한다.

〈예제 1-10〉 열 선택 (File: part1/1.10_select_column.ipynb(이어서 계속))

```
# '수학' 점수 데이터만 선택. 변수 math1에 저장
math1 = df['수학']
print(math1)
print('\n')
print(type(math1))
```

〈실행 결과〉

```
0    90
1    80
2    70
Name: 수학, dtype: int64

<class 'pandas.core.series.Series'>
```

다음으로 `df.영어`와 같이 도트(.) 다음에 열 이름을 입력하는 방식을 적용한다. '영어' 점수 데이터를 선택하여 시리즈 객체로 추출한다.

〈예제 1-10〉 열 선택 (File: part1/1.10_select_column.ipynb(이어서 계속))

```
# '영어' 점수 데이터만 선택. 변수 english에 저장
english = df.영어
print(english)
print('\n')
print(type(english))
```

〈실행 결과〉

```
0    98
1    89
2    95
Name: 영어, dtype: int64

<class 'pandas.core.series.Series'>
```

다음은 데이터프레임에서 2개 이상의 열을 추출하는 방법이다. 대괄호([ ]) 안에 '음악', '체육' 점수를 열 이름의 리스트로 입력하면 데이터프레임이 반환된다.

〈예제 1-10〉 열 선택 (File: part1/1.10_select_column.ipynb(이어서 계속))

```python
# '음악', '체육' 점수 데이터를 선택. 변수 music_gym에 저장
music_gym = df[['음악', '체육']]
print(music_gym)
print('\n')
print(type(music_gym))
```

〈실행 결과〉

```
    음악  체육
0   85  100
1   95   90
2  100   90

<class 'pandas.core.frame.DataFrame'>
```

또한, df[['수학']]과 같이 열 이름 1개를 원소로 갖는 리스트를 사용하는 경우에도 시리즈가 아닌 데이터프레임을 반환한다. 이때 대괄호 안에 전달되는 ['수학'] 리스트가 배열이므로, 원소의 개수가 1개이더라도 배열로 처리된다.

〈예제 1-10〉 열 선택 (File: part1/1.10_select_column.ipynb(이어서 계속))

```python
# '수학' 점수 데이터만 선택. 변수 math2에 저장
math2 = df[['수학']]
print(math2)
print('\n')
print(type(math2))
```

〈실행 결과〉

```
   수학
0   90
1   80
2   70


<class 'pandas.core.frame.DataFrame'>
```

범위 슬라이싱의 고급 활용

판다스 데이터프레임의 원소 데이터를 선택할 때 범위를 지정하여 슬라이싱하는 방법을 여러 가지로 응용할 수 있다. iloc 인덱서를 예를 들어 보자.

범위 슬라이싱: `DataFrame 객체.iloc[ 시작 인덱스 : 끝 인덱스 : 슬라이싱 간격 ]`

슬라이싱 범위는 "시작 인덱스"를 포함하고 "끝 인덱스"보다 1이 작은 인덱스까지 포함한다. "슬라이싱 간격"을 지정하지 않으면 1씩 증가한다.

앞의 <예제 1-10>의 실습 코드를 먼저 실행하고, 코드 셀을 추가하여 다음 명령을 입력한다. 데이터프레임 df의 모든 행에 대하여 0행부터 2행 간격으로 선택하려면 `df.iloc[ : : 2 ]`라고 입력하고 코드 셀을 실행한다.

<코드 셀 실행>

```
In: df.iloc[ : : 2 ]
Out:
   이름  수학  영어  음악  체육
0  서준   90   98   85  100
2  인아   70   95  100   90
```

데이터프레임 df의 0행부터 2행까지 2행 간격으로 선택하려면 df.iloc[0:3:2]라고 입력한다.

< 코드 셀 실행>

```
In: df.iloc[0:3:2]
Out:
   이름  수학  영어  음악  체육
0  서준  90    98    85   100
2  인아  70    95   100    90
```

역순으로 인덱싱하려면 "슬라이싱 간격"에 -1을 입력한다. 데이터프레임 df의 모든 행을 선택하여 역순으로 정렬하려면 df.iloc[: : -1]라고 입력하고 코드 셀을 실행한다.

< 코드 셀 실행>

```
In: df.iloc[ : : -1]
Out:
   이름  수학  영어  음악  체육
2  인아  70    95   100    90
1  우현  80    89    95    90
0  서준  90    98    85   100
```

● 원소 선택

데이터프레임의 원소를 선택하기 위해 행 인덱스와 열 이름을 [행, 열] 형식의 2차원 좌표로 입력하여 원소 위치를 지정하는 방법이다. 원소가 위치하는 행과 열의 좌표를 입력하면 해당 위치의 원소가 반환된다. 1개의 행과 2개 이상의 열을 선택하거나 반대로 2개 이상의 행과 1개의 열을 선택하는 경우 시리즈 객체가 반환된다. 2개 이상의 행과 2개 이상의 열을 선택하면 데이터프레임 객체를 반환한다.

- **인덱스 이름**: DataFrame 객체.loc[행 인덱스, 열 이름]
- **정수 위치 인덱스**: DataFrame 객체.iloc[행 번호, 열 번호]

〈원소 1개 선택〉

df.loc['서준', '음악']
df.iloc[0, 2]

〈원소 2개(시리즈) 선택〉

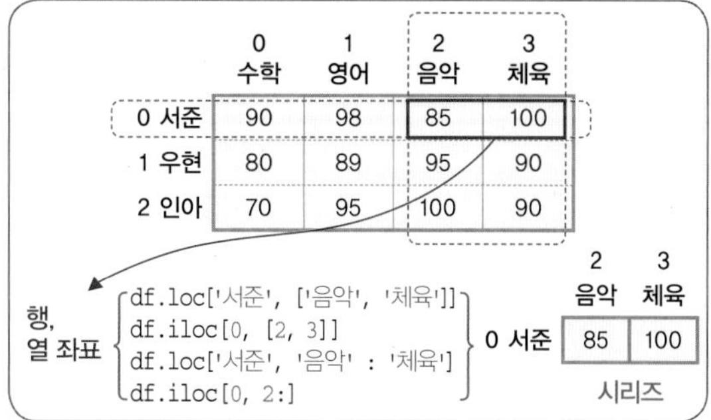

〈데이터프레임(df)의 일부분 선택〉

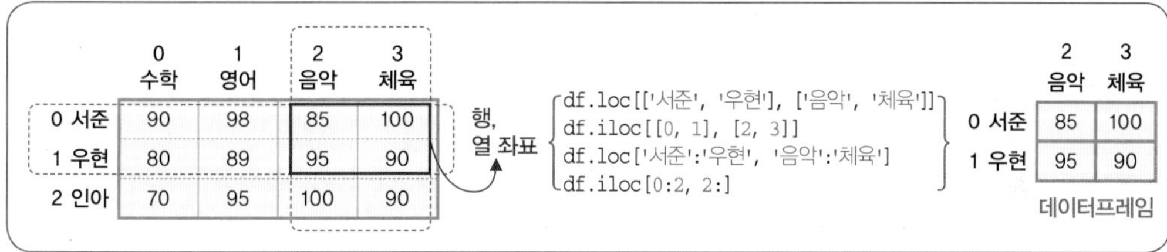

[그림 1-12] 데이터프레임의 [행, 열] 데이터 선택

딕셔너리를 데이터프레임 df로 변환하고 set_index() 메소드를 적용하여 '이름' 열을 새로운 행 인덱스로 지정한다. set_index() 메소드에 대해서는 다음 장에서 자세히 다룰 예정이다. '이름' 열에 들어 있는 학생 세 명의 이름이 행 인덱스 자리에 들어간다.

〈예제 1-11〉 원소 선택 (File: part1/1.11_select_element.ipynb)

```
import pandas as pd

# DataFrame() 함수로 데이터프레임 변환. 변수 df에 저장
exam_data = {'이름' : [ '서준', '우현', '인아'],
             '수학' : [ 90, 80, 70],
             '영어' : [ 98, 89, 95],
             '음악' : [ 85, 95, 100],
             '체육' : [ 100, 90, 90]}
df = pd.DataFrame(exam_data)

# '이름' 열을 새로운 인덱스로 지정하고, df 객체에 변경 사항 반영
df = df.set_index('이름')
print(df)
```

〈실행 결과〉

```
     수학  영어   음악   체육
이름
서준  90    98     85    100
우현  80    89     95     90
인아  70    95    100     90
```

데이터프레임 df의 원소 1개를 선택하여 출력하는 방법이다. loc 인덱서를 사용하여 행 인덱스가 '서준'이고 열 이름이 '음악'인 원소를 찾아서 변수 a에 저장한다. 같은 원소를 찾는데 iloc 인덱서를 사용할 때는 (0행, 2열)을 뜻하는 정수형 위치 인덱스(0, 2)를 전달한다. 변수 a와 b 모두 '서준' 학생의 '음악' 점수인 85점이 저장된 것을 볼 수 있다.

〈예제 1-11〉 원소 선택 (File: part1/1.11_select_element.ipynb(이어서 계속))

```
# 데이터프레임 df의 특정 원소 1개 선택('서준'의 '음악' 점수)
a = df.loc['서준', '음악']
print(a)
b = df.iloc[0, 2]
print(b)
```

〈실행 결과〉[3]

```
85
85
```

데이터프레임 df의 원소 2개 이상을 선택하는 것도 가능하다. 예제에서는 '서준' 학생의 '음악' 점수와 '체육' 점수를 찾는 네 가지 방법을 소개한다. 2개 이상의 인덱스 배열을 리스트로 입력할 수도 있고, 범위 지정(슬라이싱) 기법을 사용할 수도 있다. 반환되는 객체는 모두 시리즈이다.

〈예제 1-11〉 원소 선택 (File: part1/1.11_select_element.ipynb(이어서 계속))

```
# 데이터프레임 df의 특정 원소 2개 이상 선택('서준'의 '음악', '체육' 점수)
c = df.loc['서준', ['음악', '체육']]
print(c)
d = df.iloc[0, [2, 3]]
print(d)
e = df.loc['서준', '음악':'체육']
```

3) iloc과 loc 인덱서를 사용하여 원소 또는 데이터프레임의 일부를 선택하는 경우에는 별도의 사본을 만들지 않는다. 이 경우에는 원본 데이터프레임에 직접 접근한다.

```
print(e)
f = df.iloc[0, 2:]
print(f)
```

〈실행 결과〉

```
음악      85
체육     100
Name: 서준, dtype: int64
음악      85
체육     100
Name: 서준, dtype: int64
음악      85
체육     100
Name: 서준, dtype: int64
음악      85
체육     100
Name: 서준, dtype: int64
```

데이터프레임의 원소를 선택할 때, 행 인덱스와 열 이름을 각각 2개 이상 선택하여 데이터프레임을 얻는 방법이다. 예제에서는 '서준'과 '우현' 학생의 '음악' 및 '체육' 점수를 선택한다.

〈예제 1-11〉 원소 선택 (File: part1/1.11_select_element.ipynb(이어서 계속))

```
# df 2개 이상의 행과 열에 속하는 원소들 선택('서준', '우현'의 '음악', '체육' 점수)
g = df.loc[['서준', '우현'], ['음악', '체육']]
print(g)
h = df.iloc[[0, 1], [2, 3]]
print(h)
i = df.loc['서준':'우현', '음악':'체육']
print(i)
j = df.iloc[0:2, 2:]
print(j)
```

〈실행 결과〉

```
      음악   체육
이름
서준   85   100
우현   95    90
      음악   체육
이름
서준   85   100
우현   95    90
      음악  체육
이름
서준   85   100
우현   95    90
      음악  체육
이름
서준   85   100
우현   95    90
```

iloc과 loc을 사용하여 열을 선택하는 방법

iloc과 loc 인덱서는 데이터프레임의 행을 선택하기 위해 판다스에서 사용하는 도구이다. 행 인덱스와 열 인덱스를 동시에 사용하면 데이터프레임의 원하는 부분을 선택할 수 있다.

같은 원리를 적용하여 데이터프레임의 열을 선택할 수 있다. 예를 들면, `df.loc[ : , ['음악', '체육']]` 은 모든 행(학생의 이름)에 대해 2개의 열(음악, 체육)로부터 데이터(점수)를 찾는다.

또한, `df.iloc[ : , [2, 3]]` 은 모든 행에 대해 인덱스 위치가 3, 4번째인 열(음악, 체육)을 선택한다. `df.iloc[ : , 2:4]` 처럼 열 범위를 지정할 수도 있다.

● 열 추가

데이터프레임에 열을 추가하는 방법이다. [그림 1-13]과 같이 추가하려는 열 이름과 데이터 값을 다음과 같은 형식으로 입력한다. 데이터프레임의 마지막 열에 덧붙이듯 새로운 열을 추가한다.

```
열 추가: DataFrame 객체[ '추가하려는 열 이름' ] = 데이터 값
```

이때 모든 행에 동일한 값이 입력되는 점에 유의한다. 〈예제 1-12〉에서는 '국어' 열을 새로 추가하는데, 모든 학생들의 국어 점수가 동일하게 80점으로 입력되는 과정을 보여준다.

[그림 1–13] 데이터프레임의 열 추가

〈예제 1–12〉 열 추가 (File: part1/1.12_add_column.ipynb)

```
import pandas as pd

# DataFrame() 함수로 데이터프레임 변환. 변수 df에 저장
exam_data = {'이름' : [ '서준', '우현', '인아'],
             '수학' : [ 90, 80, 70],
             '영어' : [ 98, 89, 95],
             '음악' : [ 85, 95, 100],
             '체육' : [ 100, 90, 90]}
df = pd.DataFrame(exam_data)
print(df)

# 데이터프레임 df에 '국어' 점수 열(column) 추가. 데이터 값은 80 지정
df['국어'] = 80
print(df)
```

〈실행 결과〉

```
   이름  수학  영어   음악   체육
0  서준   90   98    85   100
1  우현   80   89    95    90
2  인아   70   95   100    90
```

```
    이름  수학  영어   음악   체육  국어
0   서준   90   98    85   100   80
1   우현   80   89    95    90   80
2   인아   70   95   100    90   80
```

앞에서와 같이 상수 스칼라 값(80)을 사용하는 대신에, 행의 개수만큼 원소를 갖는 배열을 지정할 수 있다. 이 경우, 다음 실행 결과와 같이 '미술' 열을 새로 추가하는데, 각 학생들의 점수가 80, 90, 100점으로 배열의 순서대로 지정된다.

〈예제 1-12〉 열 추가 (File: part1/1.12_add_column.ipynb(이어서 계속))

```
# 데이터프레임 df에 '미술' 점수 열(column)을 추가. 데이터는 [80, 90, 100]을 지정
df['미술'] = [ 80, 90, 100]
print(df)
```

〈실행 결과〉

```
    이름  수학  영어   음악   체육  국어   미술
0   서준   90   98    85   100   80    80
1   우현   80   89    95    90   80    90
2   인아   70   95   100    90   80   100
```

● 행 추가

데이터프레임에 행을 추가하는 방법이다. 추가하려는 행 이름과 데이터 값을 loc 인덱서를 사용하여 입력한다. 하나의 데이터 값을 입력하거나 열의 개수에 맞게 배열 형태로 여러 개의 값을 입력할 수 있다. 전자의 경우 행의 모든 원소에 같은 값이 추가된다. 후자의 경우 배열의 순서대로 열 위치에 값이 하나씩 추가된다. 또한 행 벡터 자체가 배열이므로, 기존 행을 복사해서 새로운 행에 그대로 추가할 수도 있다.

행 추가: `DataFrame.loc[ '새로운 행 이름' ] = 데이터 값 (또는 배열)`

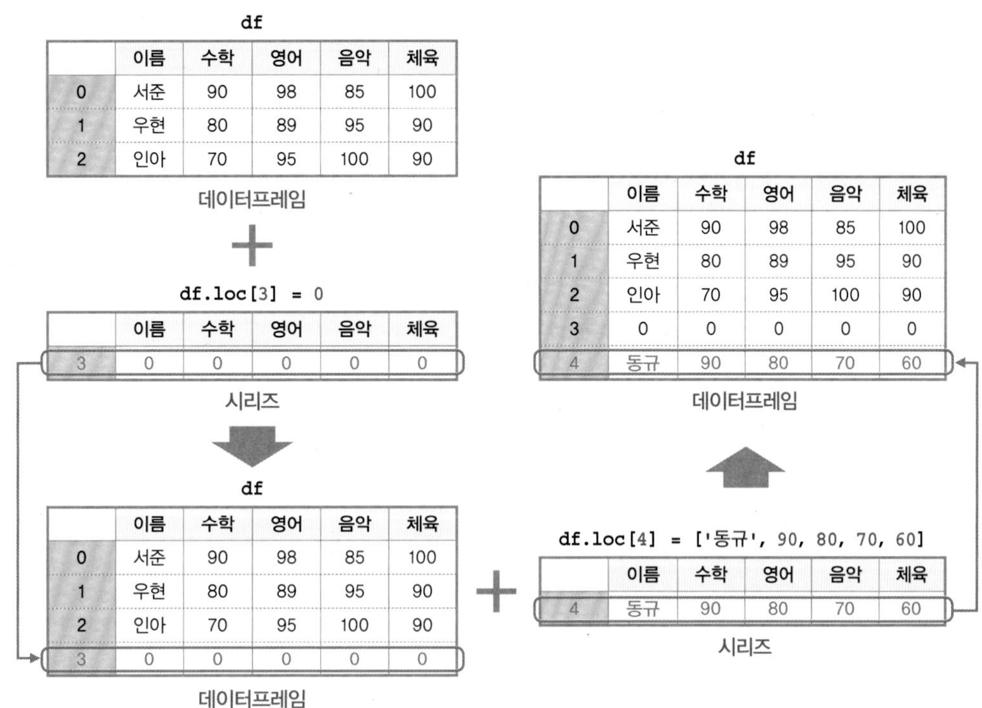

[그림 1-14] 데이터프레임의 행 추가

데이터프레임에 새로운 행을 추가할 때는 기존 행 인덱스와 겹치지 않는 새로운 인덱스를 사용한다. 기존 인덱스와 중복되는 경우 새로운 행을 추가하지 않고 기존 행의 원소값을 변경한다.

한편 행 인덱스를 지정할 때 기존 인덱스의 순서를 따르지 않아도 된다. 예제에서 `df.loc[3] = 0` 대신 `df.loc[10] = 0`을 사용해도 오류가 발생하지 않는다(행 인덱스는 3이 아니라 10이 된다).

〈예제 1-13〉 행 추가 (File: part1/1.13_add_row.ipynb)

```
import pandas as pd

# DataFrame() 함수로 데이터프레임 변환. 변수 df에 저장
exam_data = {'이름' : ['서준', '우현', '인아'],
             '수학' : [ 90, 80, 70],
             '영어' : [ 98, 89, 95],
             '음악' : [ 85, 95, 100],
             '체육' : [ 100, 90, 90]}
df = pd.DataFrame(exam_data)
print(df)
```

```
print('\n')

# 새로운 행(row) 추가 - 같은 원소 값 입력
df.loc[3] = 0
print(df)

# 새로운 행(row) 추가 - 원소 값 여러 개의 배열 입력
df.loc[4] = ['동규', 90, 80, 70, 60]
print(df)

# 새로운 행(row) 추가 - 기존 행 복사
df.loc['행5'] = df.loc[3]
print(df)
```

〈실행 결과〉

```
    이름  수학  영어   음악   체육
0  서준   90   98    85   100
1  우현   80   89    95    90
2  인아   70   95   100    90

    이름  수학  영어   음악   체육
0  서준   90   98    85   100
1  우현   80   89    95    90
2  인아   70   95   100    90
3    0    0    0     0     0

    이름  수학  영어   음악   체육
0  서준   90   98    85   100
1  우현   80   89    95    90
2  인아   70   95   100    90
3    0    0    0     0     0
4  동규   90   80    70    60

    이름  수학  영어   음악   체육
0  서준   90   98    85   100
1  우현   80   89    95    90
2  인아   70   95   100    90
3    0    0    0     0     0
4  동규   90   80    70    60
행5   0    0    0     0     0
```

● 원소 값 변경

데이터프레임의 특정 원소를 선택하고 새로운 데이터 값을 지정해주면 원소 값이 변경된다. 원소 1개를 선택하여 변경할 수도 있고, 여러 개의 원소를 선택하여 한꺼번에 값을 바꿀 수도 있다. 변경할 원소를 선택할 때 데이터프레임 인덱싱과 슬라이싱 기법을 사용한다.

원소 값 변경: DataFrame 객체의 일부분 또는 원소를 선택 = 새로운 값

'서준' 학생의 '체육' 점수를 선택하는 여러 방법을 시도해 본다. 각 방법을 비교하기 위해 각기 다른 점수를 새로운 값으로 입력하여 원소를 변경한다.

〈예제 1-14〉 원소 값 변경 (File: part1/1.14_modify_dataframe_element.ipynb)

```
import pandas as pd

# DataFrame() 함수로 데이터프레임 변환. 변수 df에 저장
exam_data = {'이름' : [ '서준', '우현', '인아'],
             '수학' : [ 90, 80, 70],
             '영어' : [ 98, 89, 95],
             '음악' : [ 85, 95, 100],
             '체육' : [ 100, 90, 90]}
df = pd.DataFrame(exam_data)

# '이름' 열을 새로운 인덱스로 지정하고, df 객체에 변경사항 반영
df = df.set_index('이름')
print(df)

# 데이터프레임 df의 특정 원소를 변경하는 방법: '서준'의 '체육' 점수
df.iloc[0][3] = 80
print(df)

df.loc['서준']['체육'] = 90
print(df)

df.loc['서준', '체육'] = 100
print(df)
```

〈실행 결과〉

```
    수학  영어  음악   체육
이름
서준  90   98    85   100
우현  80   89    95    90
인아  70   95   100    90

    수학  영어  음악  체육
이름
서준  90   98    85   80
우현  80   89    95   90
인아  70   95   100   90

    수학  영어  음악  체육
이름
서준  90   98    85   90
우현  80   89    95   90
인아  70   95   100   90

    수학  영어  음악   체육
이름
서준  90   98    85   100
우현  80   89    95    90
인아  70   95   100    90
```

경고 문구(Future warnings) 처리

앞의 예제를 실행하면, 다음과 같은 경고 문구가 표시될 수 있다.

```
FutureWarning: ChainedAssignmentError: behaviour will change in pandas 3.0!
You are setting values through chained assignment. Currently this works in certain cas-
es, but when using Copy-on-Write (which will become the default behaviour in pandas 3.0)
this will never work to update the original DataFrame or Series, because the intermedi-
ate object on which we are setting values will behave as a copy.
A typical example is when you are setting values in a column of a DataFrame, like:
df["col"][row_indexer] = value
Use `df.loc[row_indexer, "col"] = values` instead, to perform the assignment in a single
step and ensure this keeps updating the original `df`.
```

이 경고 문구는 판다스 버전 3.0에서 원소 선택에 관한 처리 방법이 변경될 예정임을 미리 알려주고 있다. 그러니 프로그램 실행 오류가 아니고 앞으로 예정되어 있는 변경사항에 대한 알림 역할로 이해하면 된다.

예제 코드 16번, 19라인의 처리 방법은 판다스 3.0에서 더 이상 지원하지 않을 것이라는 내용이다. 22라인의 `loc` 인덱서를 사용할 것을 권장하고 있다.

경고 문구를 표시하지 않으려면 `warnings` 모듈을 활용하여 다음 코드를 실행하면 된다. 세 가지 옵션 중에서 선택할 수 있다.

```
import warnings
# 모든 경고 무시
warnings.filterwarnings('ignore')
# 특정 경고만 무시
warnings.filterwarnings('ignore', category=DeprecationWarning)
# 경고를 한 번만 표시
warnings.filterwarnings('once', category=UserWarning)
```

다만, 경고는 코드의 잠재적인 문제를 알려주기 때문에 가능하면 경고의 원인을 파악하고 해결하는 것이 좋다. 모든 경고를 무시하면 중요한 경고를 놓칠 수 있기 때문에 주의해서 사용해야 한다.

여러 개의 원소를 선택하여 새로운 값을 할당하면 모든 원소를 한꺼번에 같은 값으로 변경할 수 있다. 또한 선택한 원소의 개수에 맞춰 각기 다른 값을 배열 형태로 입력할 수도 있다. 예제를 통해 '서준' 학생의 '음악' 점수와 '체육' 점수를 동시에 바꿔보자.

〈예제 1-14〉 원소 값 변경 (File: part1/1.14_modify_dataframe_element.ipynb(이어서 계속))

```
# 데이터프레임 df의 원소 여러 개를 변경하는 방법: '서준'의 '음악', '체육' 점수
df.loc['서준', ['음악', '체육']] = 50
print(df)

df.loc['서준', ['음악', '체육']] = 100, 50
print(df)
```

〈실행 결과〉

```
      수학  영어   음악   체육
이름
서준   90   98    50    50
우현   80   89    95    90
인아   70   95   100    90
```

```
       수학  영어   음악    체육
이름
서준  90   98   100   50
우현  80   89    95   90
인아  70   95   100   90
```

● 행, 열의 위치 바꾸기

데이터프레임의 행과 열을 서로 맞바꾸는 방법이다. 선형대수학의 전치행렬과 같은 개념이다. numpy에서 유래한 행렬 전치 메소드와 속성을 사용한다.

전치의 결과로 새로운 객체를 반환하므로, 기존 객체를 변경하기 위해서는 `df = df.transpose()` 또는 `df = df.T`와 같이 기존 객체에 새로운 객체를 할당해주는 과정이 필요하다.

> **행, 열 바꾸기:** `DataFrame 객체.transpose()` **또는** `DataFrame 객체.T`

〈예제 1-15〉는 `transpose()` 메소드를 적용하여 행과 열을 서로 바꾸는 전치 과정을 보여준다. 열 이름에 해당하는 과목명이 행 인덱스 위치로 이동하고, 행 인덱스에 있는 숫자들이 열 이름으로 이동한다. `df.T`와 같이 클래스 속성을 활용할 수도 있다. 여기서 데이터프레임의 행과 열을 한번 더 바꾸면, 최초의 원본 데이터프레임과 같은 형태로 돌아온다.

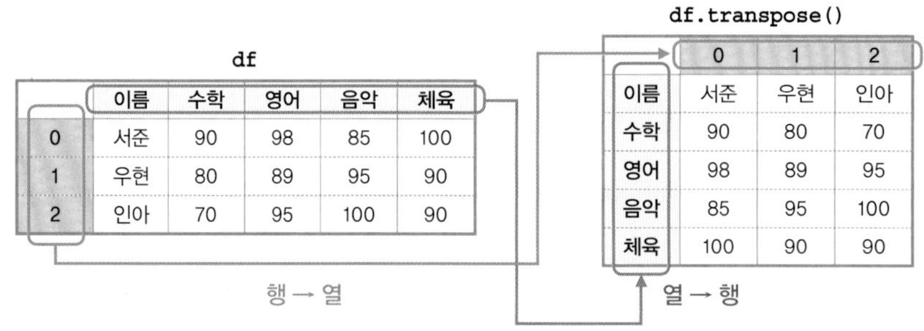

[그림 1-15] 행, 열 바꾸기

〈예제 1-15〉 행, 열 바꾸기 (File: part1/1.15_transpose.ipynb)

```
import pandas as pd

# DataFrame() 함수로 데이터프레임 변환. 변수 df에 저장
exam_data = {'이름' : [ '서준', '우현', '인아'],
             '수학' : [ 90, 80, 70],
             '영어' : [ 98, 89, 95],
             '음악' : [ 85, 95, 100],
             '체육' : [ 100, 90, 90]}
df = pd.DataFrame(exam_data)
print(df)

# 데이터프레임 df를 전치하기(메소드 활용)
df = df.transpose()
print(df)

# 데이터프레임 df를 다시 전치하기(클래스 속성 활용)
df = df.T
print(df)
```

〈실행 결과〉

```
   이름  수학  영어   음악   체육
0  서준   90   98    85   100
1  우현   80   89    95    90
2  인아   70   95   100    90


      0     1     2
이름  서준  우현  인아
수학   90    80    70
영어   98    89    95
음악   85    95   100
체육  100    90    90


   이름  수학  영어   음악   체육
0  서준   90   98    85   100
1  우현   80   89    95    90
2  인아   70   95   100    90
```

③ 인덱스 활용

● 특정 열을 행 인덱스로 설정

set_index() 메소드를 사용하여 데이터프레임의 특정 열을 행 인덱스로 설정한다. 단, 원본 데이터프레임을 바꾸지 않고 새로운 데이터프레임 객체를 반환한다는 점에 유의한다.

특정 열을 행 인덱스로 설정: `DataFrame 객체.set_index( [ '열 이름' ] 또는 '열 이름')`

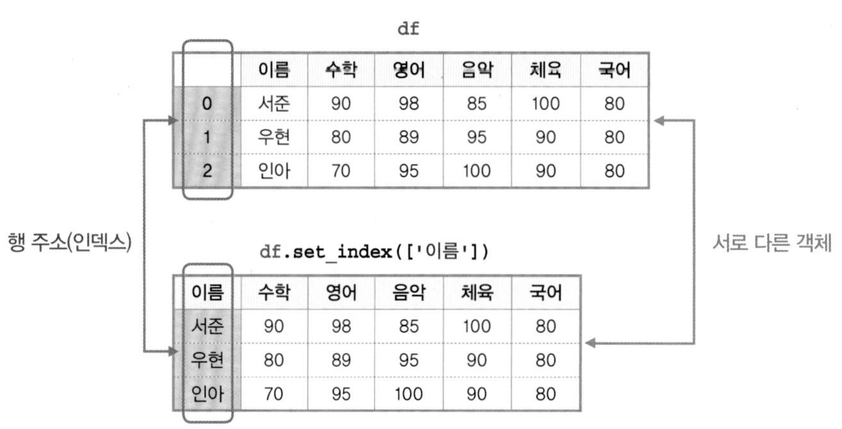

df
이름 수학 영어 음악 체육 국어
0 서준 90 98 85 100 80
1 우현 80 89 95 90 80
2 인아 70 95 100 90 80
행 주소(인덱스)
df.set_index(['이름'])
서로 다른 객체
이름 수학 영어 음악 체육 국어
서준 90 98 85 100 80
우현 80 89 95 90 80
인아 70 95 100 90 80

[그림 1-16] 데이터프레임의 특정 열을 행 인덱스로 설정

다음 예제에서 데이터프레임 df의 '이름' 열을 행 인덱스로 설정하면, 새로운 데이터프레임이 만들어진다. 이를 변수 ndf에 저장한다. 그리고 데이터프레임 ndf의 '음악' 열을 행 인덱스로 지정하여 생성되는 데이터프레임을 변수 ndf2에 저장한다. 원본 데이터프레임(df)에 변경 사항을 적용하려면 df = df.set_index(['이름'])와 같이 원래 변수에 할당하는 방식으로 처리한다. ndf3는 2개의 열('수학', '음악')을 행 인덱스로 지정한 경우다. 이런 경우를 멀티인덱스(MultiIndex)라고 하는데, [Part 6]에서 자세히 살펴보자.

한편 set_index() 메소드를 사용하여 행 인덱스를 새로 지정하면 기존 행 인덱스는 삭제된다.

〈예제 1-16〉 특정 열을 행 인덱스로 설정 (File: part1/1.16_set_index.ipynb)

```
import pandas as pd

```

```python
# DataFrame() 함수로 데이터프레임 변환. 변수 df에 저장
exam_data = {'이름' : [ '서준', '우현', '인아'],
             '수학' : [ 90, 80, 70],
             '영어' : [ 98, 89, 95],
             '음악' : [ 85, 95, 100],
             '체육' : [ 100, 90, 90]}

df = pd.DataFrame(exam_data)
print(df)

# 특정 열(column)을 데이터프레임의 행 인덱스(index)로 설정
ndf = df.set_index(['이름'])
print(ndf)

ndf2 = ndf.set_index('음악')
print(ndf2)

ndf3 = ndf.set_index(['수학', '음악'])
print(ndf3)
```

〈실행 결과〉

```
   이름  수학   영어   음악    체육
0  서준   90   98   85   100
1  우현   80   89   95    90
2  인아   70   95  100    90


    수학   영어   음악   체육
이름
서준  90   98   85   100
우현  80   89   95    90
인아  70   95  100    90


    수학   영어   체육
음악
85    90   98  100
95    80   89   90
100   70   95   90
```

```
          영어  체육
수학 음악
90   85     98   100
80   95     89    90
70  100     95    90
```

● 행 인덱스 재배열

reindex() 메소드를 사용하면 데이터프레임의 행 인덱스를 새로운 배열로 재지정할 수 있다. 이 경우 기존 객체를 변경하지 않고 새로운 데이터프레임 객체를 반환한다.

새로운 배열로 행 인덱스를 재지정: `DataFrame 객체.reindex( 새로운 인덱스 배열 )`

기존 데이터프레임에 존재하지 않는 행 인덱스가 새롭게 추가되는 경우 그 행의 데이터 값은 NaN[4] 값이 입력된다. 다음의 예제 11라인에서 새롭게 추가된 'r3', 'r4' 인덱스에 해당하는 모든 열에 대해 NaN 값이 입력된다. 이럴 경우 데이터가 존재하지 않는다는 뜻의 NaN 대신 유효한 값으로 채우려면 17라인과 같이 fill_value 옵션에 원하는 값(0)을 입력한다.

〈예제 1-17〉 새로운 배열로 행 인덱스를 재지정 (File: part1/1.17_reindex.ipynb)

```
1  import pandas as pd
2
3  # 딕셔서리를 데이터프레임으로 변환
4  dict_data = {'c0':[1,2,3], 'c1':[4,5,6], 'c2':[7,8,9], 'c3':[10,11,12], 'c4':[13,14,15]}
5
6  # 인덱스를 [r0, r1, r2]로 지정
7  df = pd.DataFrame(dict_data, index=['r0', 'r1', 'r2'])
8  print(df))
9
10 # 인덱스를 [r0, r1, r2, r3, r4]로 재지정
11 new_index = ['r0', 'r1', 'r2', 'r3', 'r4']
12 ndf = df.reindex(new_index)
13 print(ndf)
14
15 # reindex로 발생한 NaN 값을 숫자 0으로 채우기
16 new_index = ['r0', 'r1', 'r2', 'r3', 'r4']
17 ndf2 = df.reindex(new_index, fill_value=0)
18 print(ndf2)
```

4) NaN은 "Not a Number"라는 뜻이다. 유효한 값이 존재하지 않는 누락 데이터를 말한다.

〈실행 결과〉

```
    c0  c1  c2  c3  c4
r0   1   4   7  10  13
r1   2   5   8  11  14
r2   3   6   9  12  15


     c0    c1    c2    c3     c4
r0  1.0   4.0   7.0   10.0   13.0
r1  2.0   5.0   8.0   11.0   14.0
r2  3.0   6.0   9.0   12.0   15.0
r3  NaN   NaN   NaN   NaN    NaN
r4  NaN   NaN   NaN   NaN    NaN


    c0  c1  c2  c3  c4
r0   1   4   7  10  13
r1   2   5   8  11  14
r2   3   6   9  12  15
r3   0   0   0   0   0
r4   0   0   0   0   0
```

● 행 인덱스 초기화

reset_index() 메소드를 활용하여 행 인덱스를 정수형 위치 인덱스로 초기화한다. 이때 기존 행 인덱스는 열로 이동한다. 다른 경우와 마찬가지로 새로운 데이터프레임 객체를 반환한다.

정수형 위치 인덱스로 초기화: DataFrame 객체.**reset_index( )**

〈예제 1-18〉 정수형 위치 인덱스로 초기화 (File: part1/1.18_reset_index.ipynb)

```
import pandas as pd

# 딕셔서리를 데이터프레임으로 변환
dict_data = {'c0':[1,2,3], 'c1':[4,5,6], 'c2':[7,8,9], 'c3':[10,11,12], 'c4':[13,14,15]}

# 인덱스를 [r0, r1, r2]로 지정
df = pd.DataFrame(dict_data, index=['r0', 'r1', 'r2'])
print(df)

```

```
10 # 행 인덱스를 정수형으로 초기화
11 ndf = df.reset_index()
12 print(ndf)
```

〈실행 결과〉

```
    c0  c1  c2  c3  c4
r0   1   4   7  10  13
r1   2   5   8  11  14
r2   3   6   9  12  15


  index  c0  c1  c2  c3  c4
0    r0   1   4   7  10  13
1    r1   2   5   8  11  14
2    r2   3   6   9  12  15
```

앞의 실행 결과를 보면, 코드 11라인이 실행되면서 기존 행 인덱스가 열로 이동할 때 열 이름이 "index"로 설정된 것을 알 수 있다. 코드 14라인과 같이 names=['C00'] 속성을 지정하면 열 이름이 'C00'으로 설정된다.

〈예제 1-18〉 정수형 위치 인덱스로 초기화 (File: part1/1.18_reset_index.ipynb(이어서 계속))

```
13 # 행 인덱스를 정수형으로 초기화하고, 기존 인덱스의 열 이름을 지정
14 ndf2 = df.reset_index(names=['C00'])
15 print(ndf2)
```

〈실행 결과〉

```
  C00  c0  c1  c2  c3  c4
0  r0   1   4   7  10  13
1  r1   2   5   8  11  14
2  r2   3   6   9  12  15
```

기존 행 인덱스가 필요 없을 경우에는 코드 17라인과 같이 drop=True 속성을 지정한다. 실행 결과를 보면, 기존 행 인덱스가 제거된 것을 알 수 있다.

〈예제 1-18〉 정수형 위치 인덱스로 초기화 (File: part1/1.18_reset_index.ipynb(이어서 계속))

```
16 # 행 인덱스를 초기화하고, 기존 인덱스를 삭제
17 ndf3 = df.reset_index(drop=True)
18 print(ndf3)
```

〈실행 결과〉

```
    c0  c1  c2  c3  c4
0    1   4   7  10  13
1    2   5   8  11  14
2    3   6   9  12  15
```

● 행 인덱스를 기준으로 데이터프레임 정렬

sort_index() 메소드를 활용하여 행 인덱스를 기준으로 데이터프레임의 값을 정렬한다. ascending 옵션을 사용하여 오름차순 또는 내림차순을 설정한다. sort_index() 메소드는 새롭게 정렬된 데이터프레임을 반환한다.

행 인덱스 기준 정렬: DataFrame 객체.sort_index( )

다음의 예제에서는 ascending=False 옵션을 사용하여 내림차순 정렬을 하고, 반환되는 객체를 ndf 변수에 저장하여 출력한다.

〈예제 1-19〉 데이터프레임 정렬 (File: part1/1.19_sort_index.ipynb)

```
import pandas as pd

# 딕셔서리를 데이터프레임으로 변환
dict_data = {'c0':[1,2,3], 'c1':[4,5,6], 'c2':[7,8,9], 'c3':[10,11,12], 'c4':[13,14,15]}

# 인덱스를 [r0, r2, r1]로 지정
df = pd.DataFrame(dict_data, index=['r0', 'r2', 'r1'])
print(df)

# 내림차순으로 행 인덱스 정렬
ndf = df.sort_index(ascending=False)
print(ndf)
```

〈실행 결과〉

```
    c0  c1  c2  c3  c4
r0   1   4   7  10  13
r2   3   6   9  12  15
r1   2   5   8  11  14
```

```
    c0  c1  c2  c3  c4
r2   3   6   9  12  15
r1   2   5   8  11  14
r0   1   4   7  10  13
```

오름차순 정렬은 ascending=True 옵션을 사용한다. 반환되는 객체를 ndf2 변수에 저장하여 출력한다.

〈예제 1-19〉 데이터프레임 정렬 (File: part1/1.19_sort_index.ipynb(이어서 계속))

```
# 오름차순으로 행 인덱스 정렬
ndf2 = df.sort_index(ascending=True)
print(ndf2)
```

〈실행 결과〉

```
    c0  c1  c2  c3  c4
r0   1   4   7  10  13
r1   2   5   8  11  14
r2   3   6   9  12  15
```

특정 열의 데이터 값을 기준으로 데이터프레임 정렬하기

특정 열의 데이터를 기준으로 데이터프레임을 정렬할 수 있다. sort_values() 메소드를 활용하며, 새롭게 정렬된 데이터프레임 객체를 반환한다.

열 기준 정렬: DataFrame 객체.**sort_values()**

다음의 예제에서는 'c1' 열을 기준으로 데이터프레임을 내림차순 정렬한다. 내림차순 정렬을 위해 ascending=False 옵션을 적용한다.

〈예제 1-20〉 열 기준 정렬 (File: part1/1.20_sort_values.ipynb)

```
import pandas as pd

# 딕셔서리를 데이터프레임으로 변환
dict_data = {'c0':[1,2,3], 'c1':[4,5,6], 'c2':[7,8,9], 'c3':[10,10,11], 'c4':[15,14,14]}

# 인덱스를 [r0, r1, r2]로 지정
df = pd.DataFrame(dict_data, index=['r0', 'r1', 'r2'])
print(df)

```

```python
# c1 열을 기준으로 내림차순 정렬
ndf = df.sort_values(by='c1', ascending=False)
print(ndf)
```

<실행 결과>

```
    c0  c1  c2  c3  c4
r0   1   4   7  10  13
r1   2   5   8  11  14
r2   3   6   9  12  15


    c0  c1  c2  c3  c4
r2   3   6   9  12  15
r1   2   5   8  11  14
r0   1   4   7  10  13
```

이번에는 'c2' 열을 기준으로 데이터프레임을 오름차순 정렬한다. ascending=True 옵션을 적용한다.

〈예제 1-20〉 열 기준 정렬 (File: part1/1.20_sort_values.ipynb(이어서 계속))

```python
# c2 열을 기준으로 오름차순 정렬
ndf2 = df.sort_values(by='c2', ascending=True)
print(ndf2)
```

<실행 결과>

```
    c0  c1  c2  c3  c4
r0   1   4   7  10  15
r1   2   5   8  10  14
r2   3   6   9  11  14
```

여러 개의 열을 기준으로 정렬하는 것도 가능하다. 각 열에 적용하는 정렬 기준도 서로 다르게 적용할 수 있다. 코드 14라인을 보면 'c3' 열을 기준으로 먼저 내림차순 정렬한다. 'c3' 열에 같은 숫자 10이 들어 있는 2개 행의 우선순위를 두 번째 기준인 'c4' 열을 적용하고 오름차순 정렬한다. 즉, 배열의 순서대로 우선순위가 적용된다.

〈예제 1-20〉 열 기준 정렬 (File: part1/1.20_sort_values.ipynb(이어서 계속))

```python
13  # c3 열을 기준으로 내림차순 정렬, c4 열을 기준으로 오름차순 정렬
14  ndf3 = df.sort_values(by=['c3', 'c4'], ascending=[False, True])
15  print(ndf3)
```

<실행 결과>

```
    c0  c1  c2  c3  c4
r2   3   6   9  11  14
r1   2   5   8  10  14
r0   1   4   7  10  15
```

④ 산술연산

판다스 객체의 산술연산은 내부적으로 3단계 프로세스를 거친다. 1단계, 행/열 인덱스를 기준으로 모든 원소를 정렬한다. 2단계, 동일한 위치에 있는 원소끼리 일대일로 대응시킨다. 3단계, 일대일 대응이 되는 원소끼리 연산을 처리한다. 단, 이때 대응되는 원소가 없으면 NaN으로 처리한다.

4-1 시리즈 연산

● 시리즈 vs 숫자

시리즈 객체에 어떤 숫자를 더하면 시리즈의 개별 원소에 각각 숫자를 더하고 계산한 결과를 시리즈 객체로 반환한다. 덧셈, 뺄셈, 곱셈, 나눗셈 모두 가능하다. 다음의 예제에서는 시리즈 객체의 각 원소를 200으로 나누는 과정을 살펴보자.

시리즈와 숫자 연산: Series객체 + 연산자(+, -, *, /) + 숫자

〈예제 1-21〉 시리즈를 숫자로 나누기 (File: part1/1.21_series_to_number.ipynb)

```
# 라이브러리 불러오기
import pandas as pd

# 딕셔너리 데이터로 판다스 시리즈 만들기
student1 = pd.Series({'국어':100, '영어':80, '수학':90})
print(student1)

```

```
# 학생의 과목별 점수를 200으로 나누기
percentage = student1/200

print(percentage)
print(type(percentage))
```

〈실행 결과〉

```
국어    100
영어     80
수학     90
dtype: int64


국어    0.50
영어    0.40
수학    0.45
dtype: float64


<class 'pandas.core.series.Series'>
```

국어 점수 100점을 200으로 나누면 0.50으로 변환된다. 영어 80점은 0.40이 되고, 수학 90점은 0.45가 된다. 연산 결과인 0.50, 0.40, 0.45를 원래 인덱스와 동일한 '국어', '영어', '수학' 인덱스에 순서대로 매칭하여 시리즈를 반환한다.

● 시리즈 vs 시리즈

시리즈와 시리즈 사이의 사칙연산을 처리하는 방법이다. 시리즈의 모든 인덱스에 대하여 같은 인덱스를 가진 원소끼리 계산한다. 인덱스에 연산 결과를 매칭하여 새 시리즈를 반환한다.

시리즈와 시리즈 연산: `Series1 + 연산자(+, -, *, /) + Series2`

다음 예제는 두 시리즈 간의 사칙연산을 먼저 처리한다. 덧셈 연산을 하고 addition 변수에 저장하고 출력한다.

〈예제 1-22〉 시리즈 사칙연산 (File: part1/1.22_series_to_series.ipynb)

```python
import pandas as pd

# 딕셔너리 데이터로 판다스 시리즈 만들기
student1 = pd.Series({'국어':100, '영어':80, '수학':90})
student2 = pd.Series({'수학':80, '국어':90, '영어':80})

print(student1)
print('\n')
print(student2)

# 두 학생의 과목별 점수로 사칙연산 수행
addition = student1 + student2                    # 덧셈
print(type(addition))
print(addition)
```

〈실행 결과〉

```
국어    100
영어     80
수학     90
dtype: int64


수학    80
국어    90
영어    80
dtype: int64


<class 'pandas.core.series.Series'>
국어    190
수학    170
영어    160
dtype: int64
```

앞의 예제에서 인덱스로 주어진 과목명의 순서가 다르지만, 판다스는 같은 과목명(인덱스)을 찾아 정렬한 후 같은 과목명(인덱스)의 점수(데이터 값)끼리 덧셈을 한다. 덧셈의 결과를 과목명(인덱스)에 매칭시키고 새로운 시리즈 객체를 반환한다.

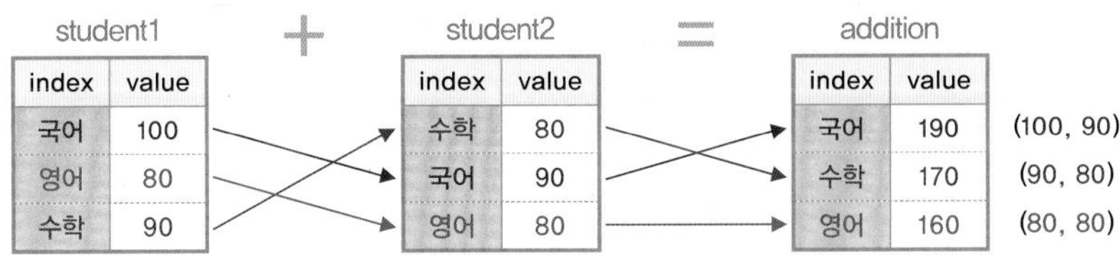

[그림 1-17] 시리즈의 산술연산(덧셈)

다음으로 뺄셈 연산을 하고 subtraction 변수에 저장한다.

〈예제 1-22〉 시리즈 사칙연산 (File: part1/1.22_series_to_series.ipynb(이어서 계속))

```
subtraction = student1 - student2          # 뺄셈
print(type(subtraction))
print(subtraction)
```

〈실행 결과〉

```
<class 'pandas.core.series.Series'>
국어    10
수학    10
영어     0
dtype: int64
```

이번에는 곱셈 연산을 하고 multiplication 변수에 저장한다.

〈예제 1-22〉 시리즈 사칙연산 (File: part1/1.22_series_to_series.ipynb(이어서 계속))

```
multiplication = student1 * student2       # 곱셈
print(type(multiplication))
print(multiplication)
```

〈실행 결과〉

```
<class 'pandas.core.series.Series'>
국어    9000
수학    7200
영어    6400
dtype: int64
```

마지막으로 나눗셈 연산을 하고 division 변수에 저장한다.

〈예제 1-22〉 시리즈 사칙연산 (File: part1/1.22_series_to_series.ipynb(이어서 계속))

```
division = student1 / student2                    # 나눗셈
print(type(division))
print(division)
```

〈실행 결과〉

```
<class 'pandas.core.series.Series'>
국어    1.111111
수학    1.125000
영어    1.000000
dtype: float64
```

다음 예제는 연산의 결과로 반환된 4개의 시리즈 객체(addition, subtraction, multiplication, division)를 DataFrame() 메소드를 이용하여 하나의 데이터프레임으로 합치는 과정을 보여준다.

〈예제 1-22〉 시리즈 사칙연산 (File: part1/1.22_series_to_series.ipynb(이어서 계속))

```
# 사칙연산 결과를 데이터프레임으로 합치기(시리즈 -> 데이터프레임)
result = pd.DataFrame([addition, subtraction, multiplication, division],
                      index=['덧셈', '뺄셈', '곱셈', '나눗셈'])
print(result)
```

〈실행 결과〉

```
              국어        수학      영어
덧셈    190.000000   170.000   160.0
뺄셈     10.000000    10.000     0.0
곱셈   9000.000000  7200.000  6400.0
나눗셈     1.111111     1.125     1.0
```

연산을 하는 두 시리즈의 원소 개수가 다르거나, 시리즈의 크기가 같더라도 인덱스 값이 다를 수 있다. 이처럼 어느 한쪽에만 인덱스가 존재하고 다른 쪽에는 짝을 지을 수 있는 동일한 인덱스가 없는 경우 정상적으로 연산을 처리할 수 없다. 이럴 때 판다스는 유효한 값이 존재하지 않는다는 의미를 갖는 NaN으로 처리한다. 따라서 연산의 결과 또한 NaN으로 입력된다.

한편 동일한 인덱스가 양쪽에 모두 존재하여 서로 대응되더라도 어느 한 쪽의 데이터 값이 NaN인 경우가 있다. 이때도 연산의 대상인 데이터가 존재하지 않기 때문에 결과는 NaN이 된다.

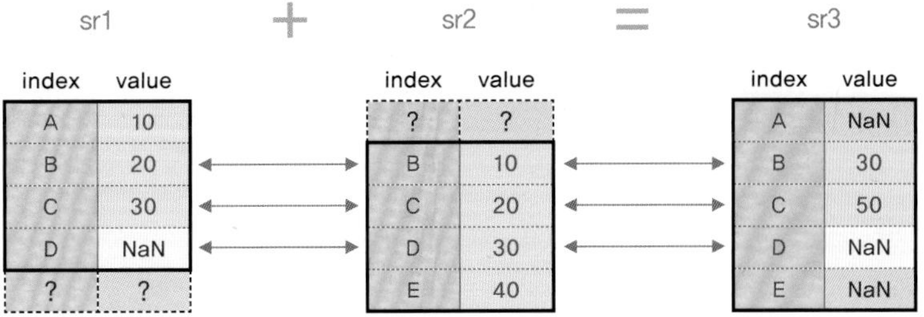

[그림 1-18] NaN 값이 있는 시리즈의 산술연산(덧셈)

〈예제 1-23〉 NaN 값이 있는 시리즈 연산 (File: part1/1.23_series_to_series2.ipynb)

```
# 라이브러리 불러오기
import pandas as pd
import numpy as np

# 딕셔너리 데이터로 판다스 시리즈 만들기
student1 = pd.Series({'국어':np.nan, '영어':80, '수학':90})
student2 = pd.Series({'수학':80, '국어':90})

print(student1)
print(student2)

# 두 학생의 과목별 점수로 사칙연산 수행(시리즈 vs 시리즈)
addition = student1 + student2                    # 덧셈
subtraction = student1 - student2                 # 뺄셈
multiplication = student1 * student2              # 곱셈
division = student1/student2                      # 나눗셈
print(type(division))
print('\n')

# 사칙연산 결과를 데이터프레임으로 합치기(시리즈 -> 데이터프레임)
result = pd.DataFrame([addition, subtraction, multiplication, division],
                      index=['덧셈', '뺄셈', '곱셈', '나눗셈'])
print(result)
```

〈실행 결과〉

```
국어      NaN
영어      80.0
수학      90.0
dtype: float64
```

```
수학    80
국어    90
dtype: int64


<class 'pandas.core.series.Series'>


      국어      수학    영어
덧셈   NaN   170.000   NaN
뺄셈   NaN    10.000   NaN
곱셈   NaN  7200.000   NaN
나눗셈  NaN     1.125   NaN
```

student1의 '국어' 인덱스와 대응되는 '국어' 인덱스가 student2에 존재한다. 하지만 student1의 데이터 값은 np.nan(NaN)이므로 국어 점수가 존재하지 않는다. NaN을 포함한 연산 결과는 NaN으로 처리하므로, result의 '국어' 열에 있는 원소들은 모두 NaN이 된다.

시리즈 student2에 '영어' 인덱스가 없기 때문에 student2에는 영어 점수가 아예 존재하지 않는다. 따라서 result 객체의 '영어' 열에 반환되는 원소값은 모두 NaN이다.

● 연산 메소드

〈예제 1-23〉의 연산에서 객체 사이에 공통 인덱스가 없는 경우 연산 결과는 NaN으로 반환된다. 이런 상황을 피하려면 연산 메소드에 fill_value 옵션을 설정하여 적용한다. 다음의 예제에서는 누락 데이터 NaN 대신 숫자 0을 입력하는 예를 설명한다.

연산 메소드 사용(시리즈와 시리즈 덧셈): `Series1.add(Series2, fill_value=0)`

〈예제 1-24〉 연산 메소드 사용 – 시리즈 연산 (File: part1/1.24_series_to_series3.ipynb)

```python
# 라이브러리 불러오기
import pandas as pd
import numpy as np

# 딕셔너리 데이터로 판다스 시리즈 만들기
student1 = pd.Series({'국어':np.nan, '영어':80, '수학':90})
student2 = pd.Series({'수학':80, '국어':90})

```

```
print(student1)
print(student2)

# 두 학생의 과목별 점수로 사칙연산 수행(연산 메소드 사용)
sr_add = student1.add(student2, fill_value=0)     # 덧셈
sr_sub = student1.sub(student2, fill_value=0)     # 뺄셈
sr_mul = student1.mul(student2, fill_value=0)     # 곱셈
sr_div = student1.div(student2, fill_value=0)     # 나눗셈

# 사칙연산 결과를 데이터프레임으로 합치기(시리즈 -> 데이터프레임)
result = pd.DataFrame([sr_add, sr_sub, sr_mul, sr_div],
                      index=['덧셈', '뺄셈', '곱셈', '나눗셈'])
print(result)
```

〈실행 결과〉

```
국어     NaN
영어    80.0
수학    90.0
dtype: float64


수학    80
국어    90
dtype: int64


          국어        수학         영어
덧셈      90.0    170.000   80.000000
뺄셈     -90.0     10.000   80.000000
곱셈       0.0   7200.000    0.000000
나눗셈     0.0      1.125         inf
```

연산 메소드에 `fill_value=0` 옵션을 설정하여, student1의 국어 점수와 student2의 영어 점수는 연산이 이루어지기 전에 NaN 대신 0으로 입력된다. 한편 result의 '영어' 열의 나눗셈 값은 무한대(inf)로 처리하고 있다. student1의 영어 점수 80을 student2의 영어 점수 0으로 나눈 값이기 때문이다.

4-2 데이터프레임 연산

데이터프레임은 여러 시리즈가 한데 모인 것이므로, 시리즈 연산을 확장하는 개념으로 이해하는 것이 좋다. 먼저 행/열 인덱스를 기준으로 정렬하고 일대일 대응되는 원소끼리 연산을 처리한다.

● 데이터프레임 vs 숫자

데이터프레임에 어떤 숫자를 더하면 모든 원소에 숫자를 더한다. 덧셈, 뺄셈, 곱셈, 나눗셈 모두 가능하다. 기존 데이터프레임의 형태를 그대로 유지한 채 원소 값만 새로운 계산값으로 바뀐다. 새로운 데이터프레임 객체로 반환되는 점에 유의한다.

데이터프레임과 숫자 연산: `DataFrame 객체 + 연산자(+, -, *, /) + 숫자`

다음 예제는 데이터프레임에 `10`을 더하는 과정을 설명한다. 여기서는 seaborn 라이브러리에서 제공하는 데이터셋[5] 중에서 타이타닉(`'titanic'`) 데이터셋을 사용한다. 타이타닉호 탑승자에 대한 인적사항과 구조 여부 등을 정리한 자료이다. `load_dataset()` 함수로 불러온다. 실습을 위해 `'age'`,`'fare'` 2개의 열을 `loc` 인덱서를 이용하여 선택한다. 코드 8라인의 메소드를 이용하여 데이터프레임의 첫 5행을 출력한다. `'age'`는 승객의 나이를 나타내는 특성(feature)이고, `'fare'`는 승객의 탑승요금을 나타내는 특성이다.

〈예제 1-25〉 데이터프레임에 숫자 더하기 (File: part1/1.25_df_to_number.ipynb)

```
1  # 라이브러리 불러오기
2  import pandas as pd
3  import seaborn as sns
4
5  # titanic 데이터셋에서 age, fare 2개 열을 선택하여 데이터프레임 만들기
6  titanic = sns.load_dataset('titanic')
7  df = titanic.loc[:, ['age','fare']]
8  print(df.head())
9  print('\n')
10 print(type(df))
```

5) seaborn 내장 데이터셋의 종류: 'anagrams', 'anscombe', 'attention', 'brain_networks', 'car_crashes', 'diamonds', 'dots', 'dowjones', 'exercise', 'flights', 'fmri', 'geyser', 'glue', 'healthexp', 'iris', 'mpg', 'penguins', 'planets', 'seaice', 'taxis', 'tips', 'titanic'

〈실행 결과〉[6]

```
    age     fare
0  22.0   7.2500
1  38.0  71.2833
2  26.0   7.9250
3  35.0  53.1000
4  35.0   8.0500

<class 'pandas.core.frame.DataFrame'>
```

〈예제 1-25〉 데이터프레임에 숫자 더하기 (File: part1/1.25_df_to_number.ipynb(이어서 계속))

```
# 데이터프레임에 숫자 10 더하기
addition = df + 10
print(addition.head())
print('\n')
print(type(addition))
```

〈실행 결과〉

```
    age     fare
0  32.0  17.2500
1  48.0  81.2833
2  36.0  17.9250
3  45.0  63.1000
4  45.0  18.0500

class 'pandas.core.frame.DataFrame'>
```

실행 결과를 보면 데이터프레임에 숫자 10을 더한 결과는 동일한 형태의 데이터프레임으로 정리된다. 즉, 모든 원소에 숫자 10을 더하고 데이터프레임의 크기와 모양은 변하지 않는다.

● 데이터프레임 vs 데이터프레임

각 데이터프레임의 같은 행, 같은 열 위치에 있는 원소끼리 계산한다. 이처럼 동일한 위치의 원소끼리 계산한 결과값을 원래 위치에 다시 입력하여 데이터프레임을 만든다. 데이터프레임 중에서 어느 한쪽에 원소가 존재하지 않거나 NaN이면 연산 결과는 NaN으로 처리된다.

---

6) 데이터프레임의 열은 머신러닝에서 '피처(feature)' 또는 '특성'으로 부른다. 피처들은 머신러닝 모델에서 입력 변수로 사용되며, 데이터의 다양한 속성을 나타낸다. 다시 말해, 피처는 데이터셋에서 개별적으로 관측되거나 측정된 각 항목을 의미한다. [Part 7]에서 상세하게 살펴볼 예정이다.

데이터프레임의 연산자 활용: `DataFrame1 + 연산자(+, -, *, /) + DataFrame2`

df1

	열 A	열 B	열 C
행 0	15	100	1
행 1	20	500	2
행 2	50	200	3
행 3	NaN	500	2
행 4	NaN	200	3

+

df2

	열 A	열 B
행 0	10	200
행 1	10	100
행 2	10	200
행 3	20	100
행 4	30	100

=

df1+df2

	열 A	열 B	열 C
행 0	25	300	NaN
행 1	30	600	NaN
행 2	60	400	NaN
행 3	NaN	600	NaN
행 4	NaN	300	NaN

[그림 1-19] 데이터프레임의 산술연산(덧셈)

다음 예제는 데이터프레임(df)에 숫자 10을 더해서 데이터프레임(addition)을 만든다. 그리고 덧셈의 결과인 데이터프레임(addition)에서 원래 데이터프레임(df)을 빼면, 숫자 10을 원소로만 갖는 데이터프레임(subtraction)이 반환된다. 단, NaN이 포함된 경우 NaN으로 처리된다.

〈예제 1-26〉 데이터프레임끼리 더하기 (File: part1/1.26_df_to_df.ipynb)

```
# 라이브러리 불러오기
import pandas as pd
import seaborn as sns

# titanic 데이터셋에서 age, fare 2개 열을 선택하여 데이터프레임 만들기
titanic = sns.load_dataset('titanic')
df = titanic.loc[:, ['age','fare']]
print(df.tail())
print('\n')
print(type(df))
print('\n')

# 데이터프레임에 숫자 10 더하기
addition = df + 10
print(addition.tail())
print('\n')
print(type(addition))
print('\n')

# 데이터프레임끼리 연산하기(additon - df)
subtraction = addition - df
print(subtraction.tail())
print('\n')
print(type(subtraction))
```

〈실행 결과〉[7]

```
      age   fare
886  27.0  13.00
887  19.0  30.00
888   NaN  23.45
889  26.0  30.00
890  32.0   7.75

<class 'pandas.core.frame.DataFrame'>

      age   fare
886  37.0  23.00
887  29.0  40.00
888   NaN  33.45
889  36.0  40.00
890  42.0  17.75

<class 'pandas.core.frame.DataFrame'>

      age  fare
886  10.0  10.0
887  10.0  10.0
888   NaN  10.0
889  10.0  10.0
890  10.0  10.0

<class 'pandas.core.frame.DataFrame'>
```

데이터프레임 간의 연산에서도 시리즈와 마찬가지로 연산 메소드를 사용할 수 있다. 객체 사이에 공통 인덱스가 없거나 누락 데이터가 있는 경우 NaN으로 반환되는데, 연산 메소드에 fill_value 옵션을 설정하여 누락 데이터를 대체할 수 있다.

연산 메소드 사용(데이터프레임 간의 덧셈): `DataFrame1.add(DataFrame2, fill_value=0)`

예제에서는 addition, subtraction 데이터프레임의 마지막 5행을 선택하고 각각 sample1, sample2 변수에 저장한다. sample2의 누락 데이터를 0으로 대체하고, 사칙연산 메소드 add, sub, mul, div를 적용한다.

7) 앞의 예제에서 코드 8, 15, 22라인에서 사용한 tail() 메소드는 데이터프레임의 일부를 추출하는 함수이다. 첫 5행을 보여주는 head() 메소드와 반대로, 마지막 5행을 보여준다.

〈예제 1-26〉 데이터프레임끼리 더하기 (File: part1/1.26_df_to_df.ipynb(이어서 계속))

```
# 사칙연산 수행(연산 메소드 사용)
sample1 = addition.tail()
sample2 = subtraction.tail().fillna(0.0)

print(sample1)
print(sample2)
```

〈실행 결과〉

```
      age   fare
886  37.0  23.00
887  29.0  40.00
888   NaN  33.45
889  36.0  40.00
890  42.0  17.75

      age  fare
886  10.0  10.0
887  10.0  10.0
888   0.0  10.0
889  10.0  10.0
890  10.0  10.0
```

사칙연산 메소드에 fill_value=0 옵션을 설정한다. sample1의 누락 데이터는 연산이 이루어지기 전에 NaN 대신 0으로 처리된다.

〈예제 1-26〉 데이터프레임끼리 더하기 (File: part1/1.26_df_to_df.ipynb(이어서 계속))

```
df_add = sample1.add(sample2, fill_value=0)    # 덧셈
df_sub = sample1.sub(sample2, fill_value=0)    # 뺄셈
df_mul = sample1.mul(sample2, fill_value=0)    # 곱셈
df_div = sample1.div(sample2, fill_value=0)    # 나눗셈
```

〈실행 결과〉[8]

```
      age   fare
886  47.0  33.00
887  39.0  50.00
888   0.0  43.45
889  46.0  50.00
```

8) div 메소드로 나눗셈을 한 경우에 NaN이 출력되고 있다. sample1의 NaN 대신 0을 채우고, 이 값을 sample2의 0으로 나눈 결과이다. 0을 0으로 나누는 연산을 NaN으로 예외 처리하고 있다.

```
890  52.0  27.75

      age   fare
886  27.0  13.00
887  19.0  30.00
888   0.0  23.45
889  26.0  30.00
890  32.0   7.75

       age   fare
886  370.0  230.0
887  290.0  400.0
888    0.0  334.5
889  360.0  400.0
890  420.0  177.5

     age   fare
886  3.7  2.300
887  2.9  4.000
888  NaN  3.345
889  3.6  4.000
890  4.2  1.775
```

5 필터링

시리즈 또는 데이터프레임의 데이터 중에서 특정 조건식을 만족하는 원소만 따로 추출하는 개념이다. 가장 대표적인 방법인 불린 인덱싱(boolean indexing)을 알아보자.

5-1 불린 인덱싱

시리즈 객체에 어떤 조건식을 적용하면 각 원소에 대해 참/거짓을 판별하여 불린(참, 거짓) 값으로 구성된 시리즈를 반환한다. 이때 참에 해당하는 데이터 값을 따로 선택할 수 있는데, 많은 데이터 중에서 어떤 조건을 만족하는 데이터만을 추출하는 필터링 기법의 한 유형이다.

데이터프레임의 각 열은 시리즈 객체이므로, 비교연산자(>, <, ==, !=) 또는 논리연산자(&, |, ~) 등을 사용하여 조건식을 적용하면 각 원소가 조건을 만족하는지 여부를 참과 거짓 값으로 표시

하여 불린 시리즈를 만들 수 있다. 이 불린 시리즈를 데이터프레임에 대입하면 조건을 만족하는 행들만 선택할 수 있다.

데이터프레임의 불린 인덱싱: `DataFrame객체 [불린 시리즈]`

다음 〈예제 1-27〉에서는 'titanic' 데이터셋을 불러와서 불린 인덱싱하는 과정을 살펴보자. 전체 데이터를 활용하기 전에, 앞에서 10개의 행을 추출하고 'age', 'fare' 2개 열을 선택하여 데이터프레임 df를 만든다. 따라서 (10, 2) 형태의 데이터프레임이 생성된다. 'age' 열에는 승객의 나이가, 'fare' 열에는 탑승 요금이 정리되어 있다.

〈예제 1-27〉 불린 인덱싱 (File: part1/1.27_filter_boolean.ipynb)

```
 1  # 라이브러리 불러오기
 2  import pandas as pd
 3  import seaborn as sns
 4
 5  # titanic 데이터셋 로딩
 6  titanic = sns.load_dataset('titanic')
 7
 8  # 행 인덱스 0~9 범위에서 age, fare 2개 열을 선택하여 데이터프레임 만들기
 9  df = titanic.loc[0:9, ['age','fare']]
10
11  # 데이터프레임 출력
12  df
```

〈실행 결과〉

```
    age     fare
0  22.0   7.2500
1  38.0  71.2833
2  26.0   7.9250
3  35.0  53.1000
4  35.0   8.0500
5   NaN   8.4583
6  54.0  51.8625
7   2.0  21.0750
8  27.0  11.1333
9  14.0  30.0708
```

이번에는 데이터프레임의 열을 선택하여 시리즈 객체를 추출하고, 이 시리즈 객체에 원하는 조건을 적용한다. 코드 14라인에서는 'age' 열에 시리즈 연산을 통해서 각 원소가 20보다 작으면

True, 그렇지 않으면 False를 갖는 시리즈 객체를 얻는다. 결과적으로, 'age' 열의 데이터가 불린 자료형으로 구성된다. 행 인덱스 7번(age: 2), 9번(age: 14)에 해당하는 경우에 True 값을 갖는다.

〈예제 1-27〉 불린 인덱싱 (File: part1/1.27_filter_boolean.ipynb(이어서 계속))

```
# 조건식 적용(20세 미만: age < 20)
df['age'] < 20
```

〈실행 결과〉

```
0   False
1   False
2   False
3   False
4   False
5   False
6   False
7    True
8   False
9    True
Name: age, dtype: bool
```

앞에서 정의한 논리 조건(불린 값으로 구성된 배열)을 데이터프레임에 적용하여 필터링을 수행한다. 대괄호([ ]) 안에 논리 조건을 정의한 불린 시리즈를 대입하면, 해당 조건식에서 True에 해당하는 행만 선택된다. 조건을 충족하는 행의 인덱스만 남는다고 생각하면 된다. 불린 인덱싱 결과 7행, 9행에 위치한 20세 미만의 승객 데이터만 포함된 새로운 데이터프레임을 얻을 수 있다.

〈예제 1-27〉 불린 인덱싱 (File: part1/1.27_filter_boolean.ipynb(이어서 계속))

```
# 불린 인덱싱(20세 미만의 조건을 충족하는 행을 필터링)
df[df['age'] < 20]
```

〈실행 결과〉

```
    age     fare
7   2.0  21.0750
9  14.0  30.0708
```

행 필터링을 수행하는 것이므로, 행 추출에 사용하는 loc 인덱서를 적용할 수 있다. 앞에서 대괄호([ ]) 안에 논리 조건을 입력한 것과 같은 결과를 얻는다.

〈예제 1-27〉 불린 인덱싱 (File: part1/1.27_filter_boolean.ipynb(이어서 계속))

```
# 불린 인덱싱(loc 인덱서 활용)
df.loc[df['age'] < 20]
```

〈실행 결과〉

```
    age     fare
7   2.0  21.0750
9  14.0  30.0708
```

[표 1-3]은 불린 인덱싱에서 복잡한 조건식을 만들 때 사용하는 주요 논리연산자(&, |, ~)와 사용방법을 정리한 내용이다.

<table>
<tr><th>논리 연산자</th><th>논리 조건</th><th>사용 방법</th><th>인덱싱 결과</th></tr>
<tr><td>~</td><td>NOT</td><td>~ (조건)</td><td>조건을 만족하지 않는 행을 선택</td></tr>
<tr><td>&</td><td>AND</td><td>(조건1) & (조건2)</td><td>두 조건이 모두 True인 행을 선택</td></tr>
<tr><td>|</td><td>OR</td><td>(조건1) | (조건2)</td><td>두 조건 중 하나라도 True인 행을 선택</td></tr>
</table>

[표 1-3] 논리 연산자 활용

NOT 논리연산 예제부터 살펴보자. 조건식 `df['age'] < 20`을 소괄호로 묶어주고 NOT 논리연산을 수행하는 ~연산자를 조건식 앞에 위치시킨다. 이렇게 얻는 불린 시리즈 배열을 `loc` 인덱서에 전달하면, 나이가 20 미만이 아닌 행을 남긴다. 결과를 보면 20 이상인 행과 NaN 값이 있는 행이 남는다.

〈예제 1-27〉 불린 인덱싱 (File: part1/1.27_filter_boolean.ipynb(이어서 계속))

```
# 불린 인덱싱(NOT 논리연산)
df.loc[~(df['age'] < 20)]
```

〈실행 결과〉

```
    age     fare
0  22.0   7.2500
1  38.0  71.2833
2  26.0   7.9250
3  35.0  53.1000
4  35.0   8.0500
5   NaN   8.4583
```

```
6  54.0  51.8625
8  27.0  11.1333
```

코드 22라인의 mask1 = (titanic.age >= 10) & (titanic.age < 20) 부분은, 'age' 열에서 값이 10보다 크거나 같고 20보다 작은 두 조건식을 AND(&) 연산자로 결합한 것이다. 두 조건식을 모두 만족하는 경우 참이 되고, 나머지는 모두 거짓이 되는 시리즈 객체를 변수 mask1에 저장한다.

변수 mask1에 저장된 불린 시리즈 배열을 df_teenage = titanic.loc[mask1]과 같이 데이터프레임의 행을 선택하는 조건으로 대입하면 해당 조건을 만족하는 행만 남게 된다. head() 메소드로 첫 5행을 출력해 보면, 출력된 모든 승객의 나이가 10대라는 것이 확인된다.

〈예제 1-27〉 불린 인덱싱 (File: part1/1.27_filter_boolean.ipynb(이어서 계속))

```
21 # 나이가 10대(10~19세)인 승객(AND 논리연산)
22 mask1 = (titanic.age >= 10) & (titanic.age < 20)
23 df_teenage = titanic[mask1]
24 df_teenage.head()
```

〈실행 결과〉

	survived	pclass	sex	age	sibsp	parch	fare	embarked	class	who	adult_male	deck	enbark_town	alive	alone
9	1	2	female	14.0	1	0	30.0708	C	Second	child	False	NaN	Cherbourg	yes	False
14	0	3	female	14.0	0	0	7.8542	S	Third	child	False	NaN	Southampton	n0	True
22	1	3	female	15.0	0	0	8.0292	Q	Third	child	False	NaN	Queenstown	yes	True
27	0	1	male	19.0	3	2	263.0000	S	First	man	True	C	Southampton	no	False
38	0	3	female	18.0	2	0	18.0000	S	Third	woman	False	NaN	Southampton	no	False

서로 다른 두 열('age', 'sex')에 조건식을 적용한다. 나이가 10세 미만이고, 성별이 여성인 승객들만 따로 선택한다. AND(&) 연산자로 결합하여 두 조건식이 모두 참인 경우만 추출한다. head() 메소드로 첫 5행을 출력해 보면, 두 조건을 만족하는 승객은 10, 24, 43, 58, 119 행에 있다.

〈예제 1-27〉 불린 인덱싱 (File: part1/1.27_filter_boolean.ipynb(이어서 계속))

```
# 나이가 10세 미만(0~9세)이고 여성인 승객(AND 논리연산, loc 인덱서)
mask2 = (titanic.age < 10) & (titanic.sex == 'female')
df_female_under10 = titanic.loc[mask2]
df_female_under10.head()
```

〈실행 결과〉

	survived	pclass	sex	age	sibsp	parch	fare	embarked	class	who	adult_male	deck	enbark_town	alive	alone
10	1	3	female	4.0	1	1	16.7000	S	Third	child	False	G	Southampton	yes	False
24	0	3	female	8.0	3	1	21.0750	S	Third	child	False	NaN	Southampton	no	False
43	1	2	female	3.0	1	2	41.5792	C	Second	child	False	NaN	Cherbourg	yes	False
58	1	2	female	5.0	1	2	27.7500	S	Second	child	False	NaN	Southampton	yes	False
119	0	3	female	2.0	4	2	31.2750	S	Third	child	False	NaN	Southampton	no	False

한편, 두 조건식을 OR(|) 연산자로 결합하여 두 조건 중에서 하나라도 참인 값을 추출할 수 있다. 예제에서는 `['age', 'sex', 'alone']` 형식으로 추출하려는 열 이름을 지정한다. 첫 5행을 출력했을 때 10세 미만 승객은 7, 10, 16, 24 행에서 확인되고, 60세 이상인 승객은 33 행에 존재한다.

〈예제 1-27〉 불린 인덱싱 (File: part1/1.27_filter_boolean.ipynb(이어서 계속))

```
# 나이가 10세 미만(0~9세) 또는 60세 이상인 승객(OR 논리연산)
# age, sex, alone 열만 선택 (loc 인덱서, fancy indexing)
mask3 = (titanic.age < 10) | (titanic.age >= 60)
df_under10_morethan60 = titanic.loc[mask3, ['age', 'sex', 'alone']]
df_under10_morethan60.head()
```

〈실행 결과〉[9]

	age	sex	alone
7	2.0	male	False
10	4.0	female	False
16	2.0	male	False
24	8.0	female	False
33	66.0	male	True

판다스에서 불린 자료형의 활용

판다스에서 불린 자료형은 데이터 처리와 분석에서 다양하게 활용된다.

❶ 조건 필터링: 불린 인덱싱을 사용하여 특정 조건을 만족하는 행을 필터링할 수 있다.
❷ 새로운 열 생성: 조건에 따라 새로운 불린 열을 생성하여 데이터프레임에 추가할 수 있다.

9) 앞의 코드에서 `['age', 'sex', 'alone']` 대신 `titanic.loc[mask3, :]`와 같이 슬라이싱 전체 범위(:)를 지정하면 모든 열을 선택할 수 있다. 이처럼 슬라이싱을 통해서 열을 지정하는 방법도 자주 활용된다.

다음 코드는 불린 시리즈 배열을 만들고, 이를 기존 데이터프레임의 새로운 열로 추가하는 과정을 보여준다. 'age_under_20' 열은 'age' 열의 값이 20보다 작으면 True, 그렇지 않으면 False의 값을 갖는다.

〈예제 1-27〉 불린 인덱싱 (File: part1/1.27_filter_boolean.ipynb(이어서 계속))

```
# 불린 시리즈를 새로운 열로 추가
df['age_under_20'] = df['age'] < 20)
df.head()
```

<실행 결과>

```
    age     fare  age_under_20
0  22.0   7.2500         False
1  38.0  71.2833         False
2  26.0   7.9250         False
3  35.0  53.1000         False
4  35.0   8.0500         False
```

5-2 query( ) 메소드 활용

데이터프레임에 query() 메소드를 적용하면, 문자열 표현을 사용하여 간편하게 필터링을 수행할 수 있다. 조건을 구성하는 문자열 내에서 열 이름은 변수처럼 직접 사용할 수 있으며, 조건은 파이썬의 표준 비교 연산자(==, !=, >, <, >=, <=)와 논리 연산자(and, or, not)를 사용하여 표현한다.

query() 메소드를 활용한 필터링: DataFrame객체.query(조건 문자열)

앞의 〈예제 1-27〉과 같이 'titanic' 데이터셋을 불러와서, 앞에서 10개의 행을 추출하고 'age', 'fare' 2개 열을 선택하여 데이터프레임 df를 만든다.

〈예제 1-28〉 query 필터링 (File: part1/1.28_filter_query.ipynb)

```
# 라이브러리 불러오기
import pandas as pd
import seaborn as sns

# titanic 데이터셋 로딩
titanic = sns.load_dataset('titanic')

# 행 인덱스 0~9 범위에서 age, fare 2개 열을 선택하여 데이터프레임 만들기
df = titanic.loc[0:9, ['age','fare']]
```

```
# 데이터프레임 출력
df
```

〈실행 결과〉

```
    age     fare
0  22.0   7.2500
1  38.0  71.2833
2  26.0   7.9250
3  35.0  53.1000
4  35.0   8.0500
5   NaN   8.4583
6  54.0  51.8625
7   2.0  21.0750
8  27.0  11.1333
9  14.0  30.0708
```

데이터프레임의 query() 메소드에 문자열 조건식을 입력한다. 'age < 20'과 같이 열 이름(age)을 그대로 사용하기 때문에, 코드의 의도를 파악하기 쉽다는 장점이 있다. 다만, 열 이름에 공백이나 특수문자가 포함된 경우에는 실행에 오류가 있을 수 있다는 점에 유의한다. 이 조건을 만족하는 행 인덱스 7번(age: 2), 9번(age: 14)에 해당하는 데이터가 남는다.

〈예제 1-28〉 query 필터링 (File: part1/1.28_filter_query.ipynb(이어서 계속))

```
# 20세 미만의 조건을 충족하는 행을 필터링
df.query('age < 20')
```

〈실행 결과〉

```
    age     fare
7   2.0  21.0750
9  14.0  30.0708
```

'age >= 20 and fare < 15'와 같이 비교 연산자(>=, <)와 논리 연산자(and)를 한 문장으로 조합할 수 있기 때문에 코드가 간결해지는 장점이 있다. 두 가지 조건을 모두 충족하는 0번, 2번, 4번, 8번 행의 데이터가 필터링으로 추출된다.

〈예제 1-28〉 query 필터링 (File: part1/1.28_filter_query.ipynb(이어서 계속))

```
# 나이가 20세 이상이고 요금이 15 미만인 조건을 모두 충족하는 행을 필터링
df.query('age >= 20 and fare < 15')
```

〈실행 결과〉

```
    age     fare
0  22.0   7.2500
2  26.0   7.9250
4  35.0   8.0500
8  27.0  11.1333
```

이번에는 OR 논리연산을 수행하는 예제를 살펴보자. 앞의 예제의 문자열 조건식에서 and 대신 or를 입력한다. 7번, 9번 행을 제외한 데이터가 추출된다.

〈예제 1-28〉 query 필터링 (File: part1/1.28_filter_query.ipynb(이어서 계속))

```
# 나이가 20세 이상 또는 요금이 15 미만인 조건을 하나라도 충족하는 행을 필터링
df.query('age >= 20 or fare < 15')
```

〈실행 결과〉

```
    age     fare
0  22.0   7.2500
1  38.0  71.2833
2  26.0   7.9250
3  35.0  53.1000
4  35.0   8.0500
5   NaN   8.4583
6  54.0  51.8625
8  27.0  11.1333
```

5-3 isin( ) 메소드 활용

데이터프레임의 열에 isin() 메소드를 적용하면 특정 값을 가진 행들을 따로 추출할 수 있다. 이때, isin() 메소드에 데이터프레임의 열에서 추출하려는 값들로 만든 리스트를 전달한다.

isin() 메소드를 활용한 필터링: DataFrame의 열 객체.isin(추출 값의 리스트)

예제에서는 'titanic' 데이터셋의 'embark_town' 열의 값이 "Southampton", "Queenstown" 중에서 하나인 행들을 추출해 보자. 'embark_town' 열은 타이타닉호에 탑승한 도시를 의미한다. 불린 인덱싱과 비교하여 살펴보자.

먼저, 불린 인덱싱으로 추출해보자. 'embark_town' 열에 대한 2개의 조건식을 만들고 OR(|) 조건으로 두 조건식 중에서 하나라도 만족하는 행을 찾는다. 첫 5행을 확인해보면, 탑승한 도시가 "Southampton" 또는 "Queenstown"인 승객들의 데이터가 0, 2, 3, 4, 5 행에 있다.

〈예제 1-29〉 isin( ) 필터링 (File: part1/1.29_filter_isin.ipynb)

```python
# 라이브러리 불러오기
import seaborn as sns
import pandas as pd

# titanic 데이터셋 로딩
titanic = sns.load_dataset('titanic')

# 디스플레이 설정 변경 - 출력할 최대 열의 개수
pd.set_option('display.max_columns', 10)

# 탑승한 도시가 "Southampton", "Queenstown"인 승객만 따로 추출 - 불린 인덱싱
mask1 = titanic['embark_town'] == "Southampton"
mask2 = titanic['embark_town']=="Queenstown"
df_boolean = titanic[mask1 | mask2]
df_boolean.head()
```

〈실행 결과〉

```
   survived  pclass     sex   age  sibsp  ...  adult_male deck  enbark_town alive  alone
0         0       3    male  22.0      1  ...        True  NaN  Southampton    no  False
2         1       3  female  26.0      0  ...       False  NaN  Southampton   yes   True
3         1       1  female  35.0      1  ...        True    C  Southampton   yes  False
4         0       3    male  35.0      0  ...        True  NaN  Southampton    no   True
5         0       3    male   NaN      0  ...        True  NaN   Queenstown    no   True

5 rows × 15 columns
```

이번에는 isin() 메소드를 활용하는 필터링을 살펴보자. isin() 메소드의 인자로 ["Southampton", "Queenstown"] 형태의 리스트를 전달하면 해당 값이 존재하는 행은 참을 반환하고, 값이 없으면 거짓을 반환한다. 조건을 만족하는 행들만 선택하여 df_isin에 저장한다. 불린 인덱싱으로 추출한 결과와 같다.

〈예제 1-29〉 isin( ) 필터링 (File: part1/1.29_filter_isin.ipynb(이어서 계속))

```
# isin() 메소드 활용하여 동일한 조건으로 추출
isin_filter = titanic['embark_town'].isin(["Southampton", "Queenstown"])
df_isin = titanic[isin_filter]
df_isin.head()
```

〈실행 결과〉

```
   survived  pclass     sex   age  sibsp ... adult_male deck  enbark_town alive  alone
0         0       3    male  22.0      1 ...       True  NaN  Southampton    no  False
2         1       3  female  26.0      0 ...      False  NaN  Southampton   yes   True
3         1       1  female  35.0      1 ...       True    C  Southampton   yes  False
4         0       3    male  35.0      0 ...       True  NaN  Southampton    no   True
5         0       3    male   NaN      0 ...       True  NaN   Queenstown    no   True

5 rows × 15 columns
```

6 텍스트 처리

텍스트 데이터를 처리하고 저장하는 방법은 데이터 분석 및 처리에서 중요한 요소이다. 최근 ChatGPT를 필두로 하는 대규모 언어 모델의 발전에 힘입어, 자연어 처리(NLP)가 주목받고 있기 때문에 더욱 그렇다. 판다스는 자연어 처리의 중심인 텍스트 데이터를 저장하고 처리하기 위해 다양한 방법을 제공한다.

6-1 텍스트 저장

판다스에서 텍스트 데이터를 저장하는 두 가지 주요 방법은 object 자료형과 확장 타입인 StringDtype(string 자료형)이다. object 자료형은 판다스 1.0 이전에 텍스트 데이터를 저장하는 유일한 옵션이었는데, 몇 가지 단점[10]이 있어서 판다스 공식 문서에서는 StringDtype 사용을 권장하고 있다. StringDtype은 텍스트 데이터의 일관성을 유지하고, 문자열 전용 메소드

10) object 자료형의 단점: ① 문자열과 비문자열 데이터가 혼합되어 저장될 수 있다. ② 텍스트 데이터만 선택하는 명확한 방법이 부족하다. ③ 코드를 읽을 때 object 자료형은 string 자료형보다 명확하지 않다.

와 기능을 사용할 때 발생할 수 있는 오류를 최소화하는 데 도움이 되는 방법이다. 특히, 대용량의 텍스트 데이터를 다룰 때 메모리 사용량을 줄이고 성능을 개선할 수 있는 장점이 있다.

현재 버전에서는 StringDtype 자료형을 명시적으로 선언하지 않으면 기본 텍스트 저장은 object 자료형으로 처리된다. 〈예제 1-30〉에서는 별도로 StringDtype 자료형을 선언하지 않고 텍스트를 원소로 갖는 시리즈를 만든다. 출력 결과를 보면 텍스트 데이터가 object 자료형[11]으로 저장된다.

〈예제 1-30〉 텍스트 자료형 (File: part1/1.30_text_dtype.ipynb)

```
# 라이브러리 불러오기
import pandas as pd

# 텍스트로 이루어진 시리즈 배열 만들기(자료형 미지정)
fruit_names = pd.Series(["Apple", "Banana", "Cherry"])

# 시리즈 출력
fruit_names
```

〈실행 결과〉

```
0     Apple
1    Banana
2    Cherry
dtype: object
```

dtype="string"을 사용하여 시리즈의 자료형을 명시적으로 StringDtype(문자열 전용 dtype)으로 지정한다. 출력 결과를 보면 시리즈 원소들의 자료형이 string dtype으로 확인된다.

〈예제 1-30〉 텍스트 자료형 (File: part1/1.30_text_dtype.ipynb(이어서 계속))

```
# 자료형 지정: 'string' 사용
pd.Series(["Apple", "Banana", "Cherry"], dtype="string")
```

〈실행 결과〉

```
0     Apple
1    Banana
2    Cherry
dtype: string
```

---

11) object 자료형은 문자열뿐만 아니라 다양한 자료형을 포함할 수 있는 범용 dtype이다.

pd.StringDtype()을 사용하는 것은 dtype="string"을 사용하는 것과 같은 결과를 제공한다. 이 경우 코드에서 판다스의 문자열 타입을 좀 더 명시적으로 표현할 수 있어 가독성이 좋다.

〈예제 1-30〉 텍스트 자료형 (File: part1/1.30_text_dtype.ipynb(이어서 계속))

```
# 자료형 지정: pd.StringDtype() 사용
pd.Series(["Apple", "Banana", "Cherry"], dtype=pd.StringDtype())
```

〈실행 결과〉

```
0     Apple
1    Banana
2    Cherry
dtype: string
```

astype('string') 메소드를 사용하여 다른 자료형으로 구성된 시리즈 원소의 자료형을 string으로 변환하는 것도 가능하다. 여기서는 object 자료형을 string 자료형으로 변환한다.

〈예제 1-30〉 텍스트 자료형 (File: part1/1.30_text_dtype.ipynb(이어서 계속))

```
# 자료형 변환
fruit_names.astype('string')
```

〈실행 결과〉[12]

```
0     Apple
1    Banana
2    Cherry
dtype: string
```

6-2 문자열 메소드(string methods)

판다스의 1차원 배열 객체인 시리즈(Series)와 인덱스(Index)는 각 요소에 대해 작업을 쉽게 수행할 수 있는 다양한 문자열 처리 메소드를 제공한다. str 속성을 통해 접근 가능하며, 대부분의 메소드는 파이썬 내장 문자열 메소드와 이름이 같다. 예를 들면, 파이썬의 문자열을 소문자로 변환하는 lower() 메소드를 판다스에서는 다음과 같이 사용한다.

12) StringDtype의 일부 기능은 여전히 실험 단계이므로 불안정한 측면이 있다. 따라서, 이 책에서는 기존 방식인 object 자료형을 우선 사용하여 설명한다.

문자열 메소드 적용(lower): `Series 객체.str.lower()` 또는 `Index 객체.str.lower()`

〈예제 1-31〉에서 문자열 메소드를 적용하는 예시를 살펴보자. 실습을 위해 텍스트 배열로 이루어진 시리즈 객체를 생성한다. object 자료형과 string 자료형을 갖는 2개의 시리즈를 만든다. 여기서는 object 자료형으로 만들어진 객체를 가지고 설명한다.

〈예제 1-31〉 문자열 메소드 (File: part1/1.31_text_string_method.ipynb)

```
# 라이브러리 불러오기
import pandas as pd
import numpy as np

# 텍스트로 이루어진 시리즈 배열 만들기(자료형 미지정)
ser = pd.Series(["Apple_사과", "Banana_바나나", "Cherry_체리", np.nan],
                index=["First ", " Second", " Third", "Fourth"])
print(ser)
print("\n")

# 텍스트로 이루어진 시리즈 배열 만들기(string 자료형 지정)
ser2 = pd.Series(["Apple_사과", "Banana_바나나", "Cherry_체리", np.nan],
                 index=["First ", " Second", " Third", "Fourth"], dtype="string")
print(ser2)
```

〈실행 결과〉

```
First          Apple_사과
 Second     Banana_바나나
 Third       Cherry_체리
Fourth              NaN
dtype: object


First          Apple_사과
 Second     Banana_바나나
 Third       Cherry_체리
Fourth             <NA>
dtype: string
```

소문자로 변환, 대문자로 변환, 문자열 길이 계산 작업을 순서대로 처리한다. string 자료형으로 만들어진 ser2 객체에 대해서는 각자 실습해보자. np.nan은 결측값이므로 문자열 메소드에서 처리되지 않기 때문에 그대로 NaN으로 표시된다.

〈예제 1-31〉 문자열 메소드 (File: part1/1.31_text_string_method.ipynb (이어서 계속))

```
15  # 소문자로 변환
16  print(ser.str.lower())
17  print("\n")
18
19  # 대문자로 변환
20  print(ser.str.upper())
21  print("\n")
22
23  # 문자열 길이 계산
24  print(ser.str.len())
```

〈실행 결과〉

```
First          apple_사과
 Second     banana_바나나
 Third       cherry_체리
Fourth               NaN
dtype: object


First          APPLE_사과
 Second     BANANA_바나나
 Third       CHERRY_체리
Fourth               NaN
dtype: object


First        8.0
 Second     10.0
 Third       9.0
Fourth       NaN
dtype: float64
```

26라인에서 시리즈 객체의 각 문자열을 "_" 기준으로 분할하고, 각 문자열을 부분 문자열의 리스트로 변환한다. 예를 들어, "Apple_사과"는 ["Apple", "사과"]로 분할된다.

30라인에서 expand=True 옵션은 시리즈 객체의 문자열을 분할하고, 분할된 각 부분을 DataFrame의 별도 열로 표시한다. 이를 통해, 문자열을 분할하여 구조화된 DataFrame으로 확장한다.

34라인에서 문자열을 "_"로 분할한 후 각 리스트의 두 번째 요소(인덱스 1)를 선택한다. 예를 들어, ["Apple", "사과"]에서 "사과"를 선택한다.

〈예제 1-31〉 문자열 메소드 (File: part1/1.31_text_string_method.ipynb (이어서 계속))

```
25  # 문자열 분할
26  print(ser.str.split("_"))
27  print("\n")
28
29  # 문자열을 분할하여 DataFrame으로 확장
30  print(ser.str.split("_", expand=True))
31  print("\n")
32
33  # 분할된 문자열 중 특정 요소 선택
34  print(ser.str.split("_").str.get(1))
```

〈실행 결과〉

```
First           [Apple, 사과]
 Second      [Banana, 바나나]
 Third        [Cherry, 체리]
Fourth                   NaN
dtype: object



                0     1
First       Apple    사과
 Second    Banana   바나나
 Third     Cherry    체리
Fourth        NaN   NaN



First          사과
 Second       바나나
 Third         체리
Fourth        NaN
dtype: object
```

이번에는 시리즈 객체의 행 인덱스와 관련된 문자열 연산을 수행해보자. 첫 번째와 두 번째 인덱스에는 공백이 포함되어 있다. strip() 메소드는 인덱스의 각 요소에서 앞뒤 공백을 제거한다. lstrip() 메소드는 인덱스의 각 요소에서 왼쪽(앞쪽) 공백만을 제거하고, rstrip() 메소드는 인덱스의 각 요소에서 오른쪽(뒤쪽) 공백만을 제거한다.

〈예제 1-31〉 문자열 메소드 (File: part1/1.31_text_string_method.ipynb (이어서 계속))

```
# 행 인덱스를 추출
idx = ser.index
print(idx)

# 양쪽 공백 제거
print(idx.str.strip())

# 왼쪽 공백 제거
print(idx.str.lstrip())

# 오른쪽 공백 제거
print(idx.str.rstrip())
```

〈실행 결과〉

```
Index(['First ', ' Second', ' Third', 'Fourth'], dtype='object')
Index(['First', 'Second', 'Third', 'Fourth'], dtype='object')
Index(['First ', 'Second', 'Third', 'Fourth'], dtype='object')
Index(['First', ' Second', ' Third', 'Fourth'], dtype='object')
```

replace() 메소드를 사용하여 문자열 내의 특정 패턴 또는 문자를 다른 문자열로 교체한다. 코드 48라인은 regex=False 옵션을 설정하여 정규 표현식을 사용하지 않고, 단순한 문자열을 찾아서 변경한다. "_" 문자가 있는 모든 위치가 ":"으로 바뀌며, "Apple_사과"는 "Apple:사과"로 변경된다. 한편, 코드 52라인은 regex=True 옵션을 설정하여 정규 표현식을 사용한다. 여기서 사용된 정규 표현식 [^a-zA-Z\s]는 영문 대소문자(a-zA-Z)와 공백 문자(\s)를 제외한 모든 문자와 일치한다. 따라서, 영문과 공백을 제외한 모든 문자를 찾아서 공백으로 치환한다. 결과적으로, 한글과 특수 문자는 모두 제거된다. 예를 들어, "Apple_사과"에서는 "Apple"과 공백만 남는다.

〈예제 1-31〉 문자열 메소드 (File: part1/1.31_text_string_method.ipynb (이어서 계속))

```
47  # 문자열 교체("_"을 찾아서 ":"으로 변경)
48  print(ser.str.replace("_", ":", regex=False))
49  print("\n")
50
51  # 정규 표현식을 사용한 문자열 교체(영문 알파벳이 아닌 문자 제거)
52  print(ser.str.replace("[^a-zA-Z\s]", "", regex=True))
```

〈실행 결과〉

```
First         Apple:사과
 Second     Banana:바나나
 Third        Cherry:체리
Fourth                NaN
dtype: object


First         Apple
 Second      Banana
 Third       Cherry
Fourth          NaN
dtype: object
```

문자열 데이터에 인덱싱과 슬라이싱을 적용하여 특정 문자 또는 문자열의 일부분을 선택할 수 있다. `ser.str[0]` 코드는 시리즈 객체 내의 각 문자열에서 첫 번째 문자를 선택한다. 예를 들어, "Apple_사과"에서 "A"가 선택된다. 58라인의 `ser.str[0:4]` 코드는 각 문자열에서 첫 번째 문자부터 네 번째 문자까지 선택한다. 예를 들어, "Apple_사과"에서 "Appl"이 선택된다.

〈예제 1-31〉 문자열 메소드 (File: part1/1.31_text_string_method.ipynb (이어서 계속))

```
53  # 인덱싱 - 각 문자열의 첫 번째 문자 선택
54  print(ser.str[0])
55  print("\n")
56
57  # 슬라이싱 - 각 문자열의 첫 번째부터 세 번째 문자 선택
58  print(ser.str[0:4])
```

〈실행 결과〉

```
First          A
 Second        B
 Third         C
Fourth       NaN
dtype: object


First        Appl
 Second      Bana
 Third       Cher
Fourth        NaN
dtype: object
```

문자열 데이터에서 특정 문자나 패턴의 포함 여부를 확인하고 전체 문자열이 특정 패턴과 일치하는지 여부를 검사하는 방법을 알아보자. 불린 인덱싱의 조건식으로 사용할 수도 있다.

60라인에서 시리즈의 각 문자열에 대해 "A" 문자가 포함되어 있는지 여부를 불리언(Boolean) 값으로 반환한다. 결측값이 있는 경우 False로 처리한다(na=False 옵션).
65라인에서 각 문자열이 주어진 정규 표현식 패턴 [A|B][a-z]+와 일치하는 부분을 포함하는지 여부를 검사한다. "A" 또는 "B"로 시작하고, 하나 이상의 소문자 영문 알파벳이 뒤따르는 문자열을 찾는다.
70라인에서 각 문자열이 주어진 정규 표현식 패턴 [A|B][a-z]+와 정확히 일치하는지 여부를 확인한다. 문자열 전체가 패턴과 일치할 때만 True를 반환하며, 부분적인 일치는 False로 처리한다.

〈예제 1-31〉 문자열 메소드 (File: part1/1.31_text_string_method.ipynb (이어서 계속))

```
59  # 특정 문자 포함 여부 확인, NA 값을 False로 처리
60  contains_A = ser.str.contains("A", na=False)
61  print(contains_A)
62  print("\n")
63  
64  # 패턴 포함 여부 확인
65  contains_pattern = ser.str.contains(r"[A|B][a-z]+")
66  print(contains_pattern)
67  print("\n")
68  
69  # 전체 문자열의 패턴 일치 여부 확인
70  fullmatch_pattern = ser.str.fullmatch(r"[A|B][a-z]+")
71  print(fullmatch_pattern)
```

〈실행 결과〉

```
First         True
 Second      False
 Third       False
Fourth       False
dtype: bool


First         True
 Second       True
 Third       False
```

```
Fourth         NaN
dtype: object


First        False
 Second      False
 Third       False
Fourth         NaN
dtype: object
```

다음은 정규 표현식을 활용한 데이터 추출 작업을 알아보자. extract() 메소드와 extractall() 메소드를 사용한다.

76라인에서 extractall(r"(\d)")를 사용하여 각 문자열에서 숫자(\d)만을 모두 추출한 후, groupby(level=0).agg(''.join)을 통해 같은 인덱스를 가진 결과들을 문자열로 결합한다. 즉, 숫자만을 추출하여 하나의 문자열로 합친다.
81라인에서 extractall(r"([a-z])")를 사용하여 각 문자열에서 소문자 영문 알파벳([a-z])을 모두 추출하고, groupby(level=0).agg(''.join)를 통해 같은 인덱스끼리 하나의 문자열로 합친다. 즉, 소문자 알파벳만을 추출하여 하나의 문자열로 결합한다.
86라인에서 extract(r"(?P<Letter>[a-z]+)(?P<Digit>\d+)")를 사용하여 각 문자열을 알파벳([a-z]+) 부분과 숫자(\d+) 부분으로 분리하고, 각 부분을 데이터프레임의 다른 열에 할당한다. 여기서 ?P<Name>은 추출된 각 그룹에 열 이름을 할당하는 코드이다. 즉, 원본 문자열이 알파벳 부분(Letter)과 숫자 부분(Digit)으로 분리되어 각각 별도의 열에 저장된 데이터프레임이 된다.

〈예제 1-31〉 문자열 메소드 (File: part1/1.31_text_string_method.ipynb (이어서 계속))

```
72  # 새로운 시리즈 생성
73  ser3 = pd.Series(["a1", "b2", "c3", "d4a5", "e6e7", "f8"], dtype="string")
74
75  # 숫자만 추출
76  digits = ser3.str.extractall(r"(\d)").groupby(level=0).agg(''.join)
77  print(digits)
78  print("\n")
79
80  # 알파벳만 추출
81  letters = ser3.str.extractall(r"([a-z])").groupby(level=0).agg(''.join)
82  print(letters)
```

```python
print("\n")

# 숫자를 별도의 컬럼으로 분리
split_columns = ser3.str.extract(r"(?P<Letter>[a-z]+)(?P<Digit>\d+)")
```

〈실행 결과〉

```
    0
0   1
1   2
2   3
3  45
4  67
5   8


    0
0   a
1   b
2   c
3  da
4  ee
5   f


  Letter  Digit
0      a      1
1      b      2
2      c      3
3      d      4
4      e      6
5      f      8
```

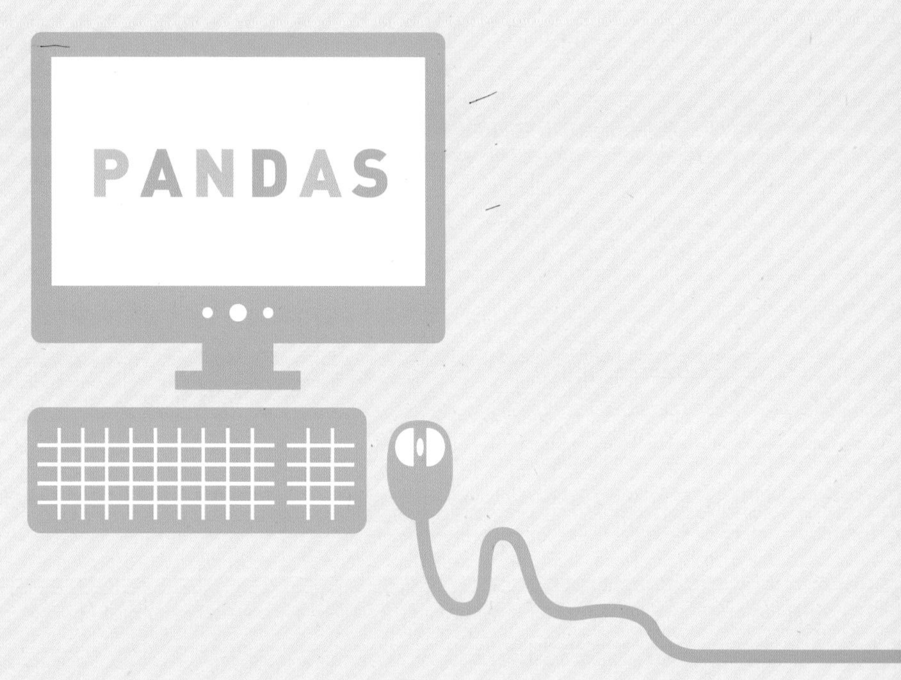
PANDAS

PART
2

데이터 입출력

❶ 외부 파일 읽어오기

판다스는 다양한 형태의 외부 파일을 읽어와서 데이터프레임으로 변환하는 함수를 제공한다. 어떤 파일이든 판다스 객체인 데이터프레임으로 변환되고 나면 판다스의 모든 함수와 기능을 자유롭게 사용할 수 있다. 반대로 데이터프레임을 다양한 유형의 파일로 저장할 수도 있다. [표 2-1]은 판다스 공식 사이트에서 제공하는 입출력 도구에 관한 자료를 요약한 것이다.

File Format	Reader	Writer
CSV	read_csv	to_csv
JSON	read_json	to_json
HTML	read_html	to_html
Local clipboard	read_clipboard	to_clipboard
MS Excel	read_excel	to_excel
HDF5 Format	read_hdf	to_hdf
SQL	read_sql	to_sql

[표 2-1] 판다스 데이터 입출력 도구(출처: http://pandas.pydata.org)

데이터 분석을 위해 다양한 곳에서 자료를 수집하다 보면 여러 가지 파일 형식을 마주치게 된다. 파일 확장자를 예로 들면, .csv, .json, .xlsx 등이 있다.

1-1 CSV 파일

데이터 값을 쉼표(,)로 구분하고 있다는 의미로 CSV(comma-separated values)라고 부르는 텍스트 파일이다. 쉼표(,)로 열을 구분하고 줄바꿈으로 행을 구분한다. 판다스 read_csv() 함수에 확장자(.csv)를 포함하여 파일 경로(파일명)를 입력하면 CSV 파일을 읽어와서 데이터프레임으로 변환한다.

CSV 파일 → 데이터프레임: `pandas.read_csv("파일 경로(이름)")`

read_csv() 함수의 header 옵션은 데이터프레임의 열 이름으로 사용할 행을 지정한다.

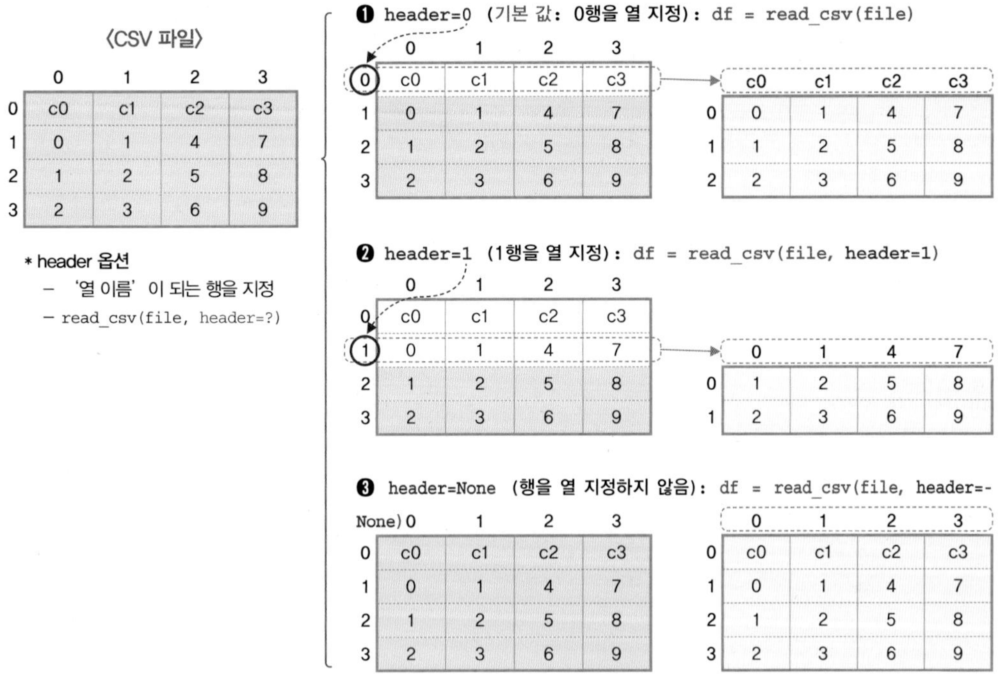

〈CSV 파일〉

	0	1	2	3
0	c0	c1	c2	c3
1	0	1	4	7
2	1	2	5	8
3	2	3	6	9

* header 옵션
  - '열 이름' 이 되는 행을 지정
  - read_csv(file, header=?)

❶ `header=0` (기본 값: 0행을 열 지정): `df = read_csv(file)`

	0	1	2	3
0	c0	c1	c2	c3
1	0	1	4	7
2	1	2	5	8
3	2	3	6	9

	c0	c1	c2	c3
0	0	1	4	7
1	1	2	5	8
2	2	3	6	9

❷ `header=1` (1행을 열 지정): `df = read_csv(file, header=1)`

	0	1	2	3
0	c0	c1	c2	c3
1	0	1	4	7
2	1	2	5	8
3	2	3	6	9

	0	1	4	7
0	1	2	5	8
1	2	3	6	9

❸ `header=None` (행을 열 지정하지 않음): `df = read_csv(file, header=None)`

	0	1	2	3
0	c0	c1	c2	c3
1	0	1	4	7
2	1	2	5	8
3	2	3	6	9

	0	1	2	3
0	c0	c1	c2	c3
1	0	1	4	7
2	1	2	5	8
3	2	3	6	9

[그림 2-1] CSV 파일 읽기 – header 옵션 비교

index_col 옵션은 데이터프레임의 행 인덱스가 되는 열을 지정한다.

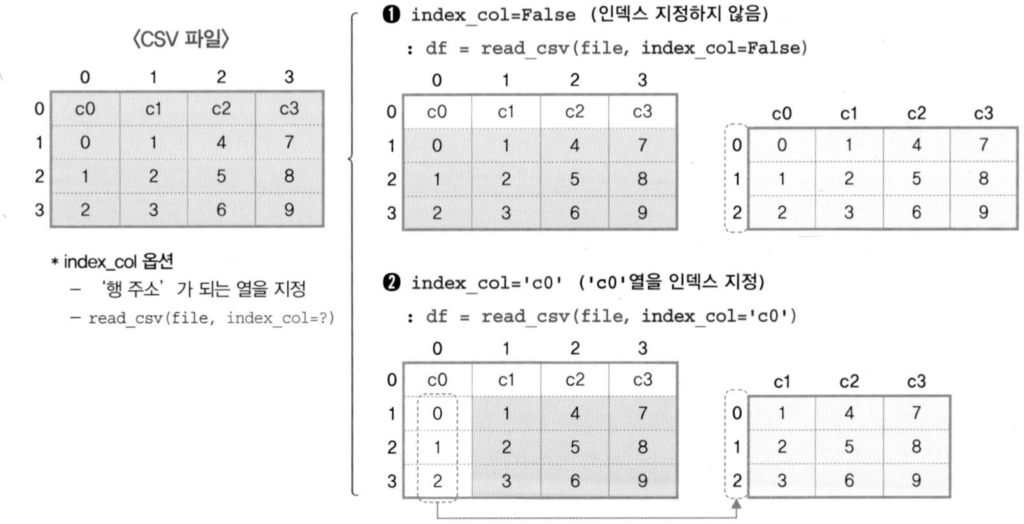

〈CSV 파일〉

	0	1	2	3
0	c0	c1	c2	c3
1	0	1	4	7
2	1	2	5	8
3	2	3	6	9

* index_col 옵션
  - '행 주소' 가 되는 열을 지정
  - read_csv(file, index_col=?)

❶ `index_col=False` (인덱스 지정하지 않음)
: `df = read_csv(file, index_col=False)`

	0	1	2	3
0	c0	c1	c2	c3
1	0	1	4	7
2	1	2	5	8
3	2	3	6	9

	c0	c1	c2	c3
0	0	1	4	7
1	1	2	5	8
2	2	3	6	9

❷ `index_col='c0'` ('c0'열을 인덱스 지정)
: `df = read_csv(file, index_col='c0')`

	0	1	2	3
0	c0	c1	c2	c3
1	0	1	4	7
2	1	2	5	8
3	2	3	6	9

	c1	c2	c3
0	1	4	7
1	2	5	8
2	3	6	9

[그림 2-2] CSV 파일 읽기 – index_col 옵션 비교

예제에서 불러올 CSV 파일의 내용을 확인해 보자. 자료실에서 CSV 파일을 찾아서 로컬 PC에 다운로드한다. 파일을 실행하면 데이터가 쉼표(,)와 행으로 구분된 것을 확인할 수 있다.

〈CSV 파일〉 미리보기 (File: part2/data/read_csv_sample.csv)

```
c0,c1,c2,c3
0,1,4,7
1,2,5,8
2,3,6,9
```

예제에서는 파이썬 실행 노트북 파일(2.1_csv_to_df.ipynb)이 있는 폴더(part2)의 하위 폴더(data)에 CSV 파일(read_csv_sample.csv)이 저장된 것으로 가정한다. 파이썬 os 모듈의 listdir() 함수를 사용하여 CSV 파일이 있는 폴더의 모든 파일을 확인한다.

〈예제 2-1〉 CSV 파일 읽기 (File: part2/2.1_csv_to_df.ipynb)

```
1  # 라이브러리 불러오기
2  import pandas as pd
3
4  # 경로 폴더의 모든 파일 목록 확인하기
5  import os
6  os.listdir("./data")
```

〈실행 결과〉

```
['.ipynb_checkpoints',
 'df_excelwriter.xlsx',
 'df_sample.csv',
 'df_sample.json',
 'df_sample.xlsx',
 'read_csv_sample.csv',
 'read_json_sample.json',
 'sample.html',
 '남북한발전전력량.xlsx']
```

CSV 파일의 경로를 다음 코드 8라인처럼 직접 경로를 문자열로 입력하고 file_path 변수에 저장한다. 코드 13라인과 같이 파이썬 os 모듈의 path.join() 함수를 사용하는 것도 가능하다.

〈예제 2-1〉 CSV 파일 읽기 (File: part2/2.1_csv_to_df.ipynb(이어서 계속))

```
7  # 파일경로를 찾고, 변수 file_path에 저장(문자열 결합)
8  file_path = './data/read_csv_sample.csv'
9
```

```python
print(file_path)

# 파일경로를 찾고, 변수 file_path에 저장(os 모듈 활용)
file_path2 = os.path.join('data', 'read_csv_sample.csv')

print(file_path2)
```

〈실행 결과〉

```
./data/read_csv_sample.csv
data\read_csv_sample.csv
```

**경로 구분자 /와 **

앞의 실행 결과에서 경로 구분자로 /와 \가 혼용되고 있다. UNIX/Linux 시스템(맥OS 포함)은 /를, 윈도우는 \를 경로 구분자로 사용한다. 여기서는 윈도우 환경에서 실행했기 때문에 \가 사용된 것이다. 대부분 두 가지 형태의 경로 구분자를 모두 지원하지만, 일부 시스템에서는 호환성 문제가 있을 수 있다. 일반적으로 /를 사용하는 것이 권장된다.

file_path 변수 또는 file_path2 변수에 저장된 정확한 파일경로를 read_csv() 함수의 인자로 전달한다. header 옵션이 없으면 CSV 파일의 첫 행의 데이터(c0,c1,c2,c3)가 열 이름이 된다. 한편, index_col 옵션을 지정하지 않으면 행 인덱스는 정수 0, 1, 2가 자동으로 지정된다. 데이터프레임 df4의 경우, index_col='c0' 옵션을 사용하여 'c0' 열이 행 인덱스가 되는 것을 볼 수 있다.

〈예제 2-1〉 CSV 파일 읽기 (File: part2/2.1_csv_to_df.ipynb(이어서 계속))

```python
# read_csv() 함수로 데이터프레임 변환. 변수 df1에 저장
df1 = pd.read_csv(file_path)
print(df1)

# read_csv() 함수로 데이터프레임 변환. 변수 df2에 저장. header=None 옵션
df2 = pd.read_csv(file_path, header=None)
print(df2)

# read_csv() 함수로 데이터프레임 변환. 변수 df3에 저장. index_col=None 옵션
df3 = pd.read_csv(file_path, index_col=None)
print(df3)

# read_csv() 함수로 데이터프레임 변환. 변수 df4에 저장. index_col='c0' 옵션
df4 = pd.read_csv(file_path, index_col='c0')
print(df4)
```

〈실행 결과〉

```
    c0  c1  c2  c3
0   0   1   4   7
1   1   2   5   8
2   2   3   6   9


    0   1   2   3
0  c0  c1  c2  c3
1   0   1   4   7
2   1   2   5   8
3   2   3   6   9


   c0  c1  c2  c3
0   0   1   4   7
1   1   2   5   8
2   2   3   6   9


    c1  c2  c3
c0
0    1   4   7
1    2   5   8
2    3   6   9
```

CSV 파일에 따라서는 쉼표(,) 대신 탭(\t)이나 공백(" ")으로 텍스트를 구분하기도 한다. 이때는 구분자(sep 또는 delimiter) 옵션을 알맞게 입력해야 한다.

옵션	설명
filepath_or_buffer	파일의 위치(파일명 포함) URL(로컬의 경우 file://localhost/path/to/table.csv처럼 호스트 지정)
sep(또는 delimiter)	텍스트 데이터를 필드별로 구분하는 문자
header	열 이름으로 사용될 행의 번호(기본값은 0) header가 없고 첫 행부터 데이터가 있는 경우 None으로 지정 가능
index_col	행 인덱스로 사용할 열의 번호 또는 열 이름
names	열 이름으로 사용할 문자열의 리스트

옵션	설명
skiprows	처음 몇 줄을 skip할 것인지 설정(숫자 입력) skip하려는 행의 번호를 담은 리스트로 설정 가능(예: [1, 3, 5])
parse_dates	날짜 텍스트를 datetime64로 변환할 것인지 설정(기본값은 False)
skip_footer	마지막 몇 줄을 skip할 것인지 설정(숫자 입력)
encoding	텍스트 인코딩 종류를 지정(예: 'utf-8')

[표 2-2] `read_csv()` 함수의 옵션

1-2 Excel 파일

Excel 파일(확장자: .xlsx)의 행과 열은 데이터프레임의 행, 열과 일대일 대응된다. `read_excel()` 함수의 사용법은 앞에서 살펴본 `read_csv()` 함수와 거의 비슷하다. `header`, `index_col` 등 대부분의 옵션을 그대로 사용할 수 있다.

Excel 파일 → 데이터프레임: `pandas.read_excel("파일 경로(이름)")`

다음 예제 Excel 파일은 남북한의 발전량을 정리한 통계자료†다. 자료실에서 예제 Excel 파일을 찾아 로컬 PC에 다운로드한다. 파이썬 파일의 하위 폴더(data)에 저장하는 것을 가정한다.

〈Excel 파일〉 미리보기 (File: part2/data/남북한발전전력량.xlsx)

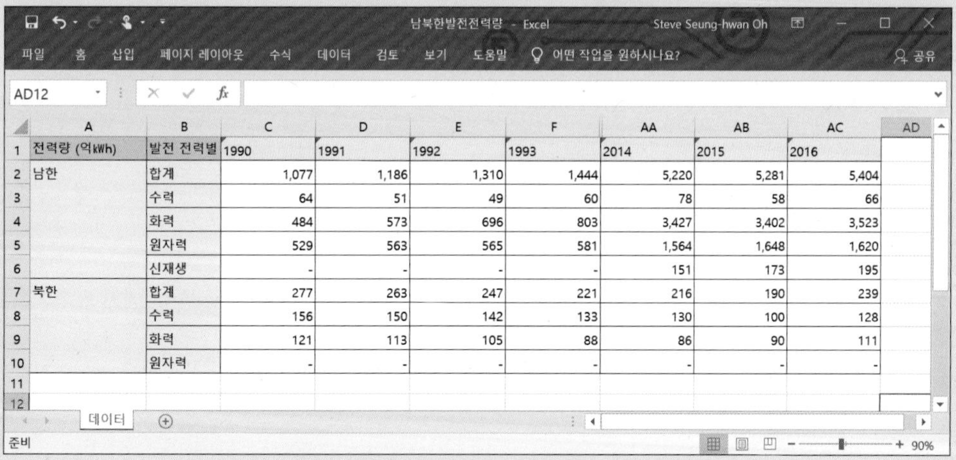

남북한발전전력량 - Excel   Steve Seung-hwan Oh

파일 홈 삽입 페이지 레이아웃 수식 데이터 검토 보기 도움말 어떤 작업을 원하시나요? 공유

AD12

	A	B	C	D	E	F	AA	AB	AC	AD
1	전력량 (억㎾h)	발전 전력별	1990	1991	1992	1993	2014	2015	2016	
2	남한	합계	1,077	1,186	1,310	1,444	5,220	5,281	5,404	
3		수력	64	51	49	60	78	58	66	
4		화력	484	573	696	803	3,427	3,402	3,523	
5		원자력	529	563	565	581	1,564	1,648	1,620	
6		신재생	-	-	-	-	151	173	195	
7	북한	합계	277	263	247	221	216	190	239	
8		수력	156	150	142	133	130	100	128	
9		화력	121	113	105	88	86	90	111	
10		원자력	-	-	-	-	-	-	-	
11										
12										

데이터

준비 90%

† [출처] KOSIS(통계청, 북한통계:발전 전력량), 2018

Excel 파일의 경로를 확장자까지 포함하여 read_excel() 함수의 인자로 전달한다. header 옵션을 추가하지 않은 경우에는 Excel 파일의 첫 행이 열 이름을 구성한다.

실행 환경에 따라서는 Excel 파일 데이터 추출을 지원하는 xlrd 라이브러리와 openpyxl 라이브러리 설치가 필요할 수도 있다. 아나콘다 가상환경을 활성화하고 pip install xlrd와 pip install openpyxl 명령으로 설치할 수 있다.

Excel 파일이 xlsx 확장자를 갖는 경우, engine 옵션에 'openpyxl'을 지정한다. 확장자가 xls인 경우에는 'xlrd'를 engine 옵션으로 지정한다.

〈예제 2-2〉 Excel 파일 읽기[1] (File: part2/2.2_read_excel.ipynb)

```
import pandas as pd

# read_excel() 함수로 데이터프레임 변환: header=0(default 옵션)
# openpyxl 설치 필요
df1 = pd.read_excel('./data/남북한발전전력량.xlsx', engine='openpyxl')

# 데이터프레임 출력
df1.head()
```

〈실행 결과〉

```
  전력량   발전    1990 1991 1992 1993 1994 1995 1996 1997 ... 2007 2008 2009 2010 2011 \
 (억kwh) 전력별
0  남한   합계    1077 1186 1310 1444 1650 1847 2055 2244 ... 4301 4224 4336 4747 4969
1  NaN   수력      64   51   49   60   41   55   52   54 ...   50   56   56   65   78
2  NaN   화력     484  573  696  803 1022 1122 1264 1420 ... 2551 2658 2802 3196 3343
3  NaN   원자력   529  563  565  581  587  670  739  771 ... 1429 1510 1478 1486 1547
4  NaN   신재생     -    -    -    -    -    -    -    - ...    -    -    -    -    -

  전력량   발전    2012  2013  2014 2015 2016
 (억kwh) 전력별
0  남한   합계    5096  5171  5220 5281 5404
1  NaN   수력      77    84    78   58   66
2  NaN   화력    3430  3581  3427 3402 3523
3  NaN   원자력  1503  1388  1564 1648 1620
4  NaN   신재생    86   118   151  173  195

5 rows × 29 columns
```

1) 이번 예제부터는 데이터프레임을 화면에 표시할 때 **print()** 함수를 사용하지 않고, 변수 이름을 주피터 랩 환경에서 직접 출력하기로 한다.

한편, header=None 옵션을 사용하면 정수형 인덱스(0, 1, 2, …)를 열 이름으로 자동 할당한다.

〈예제 2-2〉 Excel 파일 읽기 (File: part2/2.2_read_excel.ipynb(이어서 계속))

```
# read_excel() 함수로 데이터프레임 변환: header=None 옵션
df2 = pd.read_excel('./data/남북한발전전력량.xlsx', engine='openpyxl',
                    header=None)

# 데이터프레임 출력
df2.head()
```

〈실행 결과〉

```
       0      1      2    3    4    5    6    7    8    9 ...   19   20   21        \
0  전력량    발전     1990 1991 1992 1993 1994 1995 1996 1997 ... 2007 2008 2009
  (약kwh)  전력별
1   남한    합계     1077 1186 1310 1444 1650 1847 2055 2244 ... 4301 4224 4336
2   NaN    수력       64   51   49   60   41   55   52   54 ...   50   56   56
3   NaN    화력      484  573  696  803 1022 1122 1264 1420 ... 2551 2658 2802
4   NaN    원자력     529  563  565  581  587  670  739  771 ... 1429 1510 1478

  22   23   24   25   26   27   28
2010 2011 2012 2013 2014 2015 2016
4747 4969 5096 5171 5220 5281 5404
  65   78   77   84   78   58   66
3196 3343 3430 3581 3427 3402 3523
1486 1547 1503 1388 1564 1648 1620

5 rows × 29 columns
```

1-3 JSON 파일

JSON 파일(확장자: .json)은 데이터를 저장하고 교환하기 위해 많이 사용되는 특수한 파일형식이다. 사람이 읽고 쓰기 쉽고, 기계가 파싱하고 생성하기 편한 텍스트를 사용하여 데이터를 구조화한다.

이를 위해 파이썬 딕셔너리와 비슷하게 'key : value' 구조로 표시하고, 구조가 중첩되는 방식에 따라 옵션을 다르게 적용한다. 배열과 객체를 사용하여 데이터를 구조화하는데, 객체는 중괄호({ })로 둘러싸인 'key : value' 쌍의 집합이며, 배열은 대괄호([ ])로 둘러싸인 값의 정렬된 리스트이다.

JSON 파일 → 데이터프레임: `pandas.read_json("파일 경로(이름)")`

자료실에서 예제 JSON 파일을 찾아서 로컬 PC에 다운로드한다. 파이썬 파일의 하위 폴더(data)에 저장하는 것을 가정한다. JSON 파일에는 주요 파이썬 패키지의 출시연도, 개발자, 오픈소스 정보가 들어있다.

〈JSON 파일〉 미리보기 (File: part2/data/read_json_sample.json)

```
{
    "year":{"pandas":2008,
            "NumPy":2006,
            "matplotlib":2003},

    "developer":{"pandas":"Wes Mckinneye",
                 "NumPy":"Travis Oliphant",
                 "matplotlib":"John D. Hunter"},

    "opensource":{"pandas":"True",
                  "NumPy":"True",
                  "matplotlib":"True"}
}
```

`read_json()` 함수를 사용하여 JSON 파일을 데이터프레임으로 변환한다.

〈예제 2-3〉 JSON 파일 읽기 (File: part2/2.3_read_json.ipynb)

```
import pandas as pd

# read_json() 함수로 데이터프레임 변환
df = pd.read_json('./read_json_sample.json')

df
```

〈실행 결과〉

```
            year        developer  opensource
    pandas  2008    Wes Mckinneye        True
     NumPy  2006  Travis Oliphant        True
matplotlib  2003   John D. Hunter        True
```

이때, JSON 파일의 "year", " developer", " opensource" key와 쌍을 이루는 value 객체에 공통으로 존재하는 key 배열("pandas", "NumPy", "matplotlib")이 인덱스로 지정된다. 데이터프레임의 index 속성을 출력하여 확인할 수 있다 .

〈예제 2-3〉 JSON 파일 읽기 (File: part2/2.3_read_json.ipynb(이어서 계속))

```
7  df.index
```

〈실행 결과〉

```
Index(['NumPy', 'matplotlib', 'pandas'], dtype='object')
```

orient='index' 옵션은 JSON 객체의 키를 행으로 변환하는데 사용된다. df2를 보면 중괄호({ })로 둘러싸인 JSON 파일 객체의 "year", " developer", " opensource" key가 행 인덱스로 변환된다.

〈예제 2-3〉 JSON 파일 읽기 (File: part2/2.3_read_json.ipynb(이어서 계속))

```
 8  # orient 속성 : 'index'
 9  df2 = pd.read_json('./data/read_json_sample.json', orient='index')
10
11  df2
```

〈실행 결과〉

	pandas	NumPy	matplotlib
year	2008	2006	2003
developer	Wes Mckinneye	Travis Oliphant	John D. Hunter
opensource	True	True	True

orient='columns' 옵션은 JSON 객체의 key를 데이터프레임의 열 이름으로 사용한다. 각 key가 열 이름이 되고, 해당 key에 할당된 값들이 열의 데이터가 되는 구조일 때 작동한다. df3을 보면 중괄호({ })로 둘러싸인 JSON 파일 객체의 "year", " developer", " opensource" key가 열 이름으로 변환된다. 앞 부분의 코드 4라인에서 orient 옵션 없이 실행한 결과와 같다.

〈예제 2-3〉 JSON 파일 읽기 (File: part2/2.3_read_json.ipynb(이어서 계속))

```
12  # orient 속성 : 'columns'
13  df3 = pd.read_json('./data/read_json_sample.json', orient='columns')
14
15  df3
```

〈실행 결과〉

```
            year        developer  opensource
    pandas  2008    Wes Mckinneye        True
     NumPy  2006  Travis Oliphant        True
matplotlib  2003   John D. Hunter        True
```

❷ 웹(web)에서 가져오기

2-1 HTML 웹 페이지에서 표 속성 가져오기

판다스 read_html() 함수는 HTML 웹 페이지에 있는 <table> 태그에서 표 형식의 데이터를 모두 찾아서 데이터프레임으로 변환한다. 표 데이터들은 각각 별도의 데이터프레임으로 변환되기 때문에 여러 개의 데이터프레임(표)을 원소로 갖는 리스트가 반환된다.

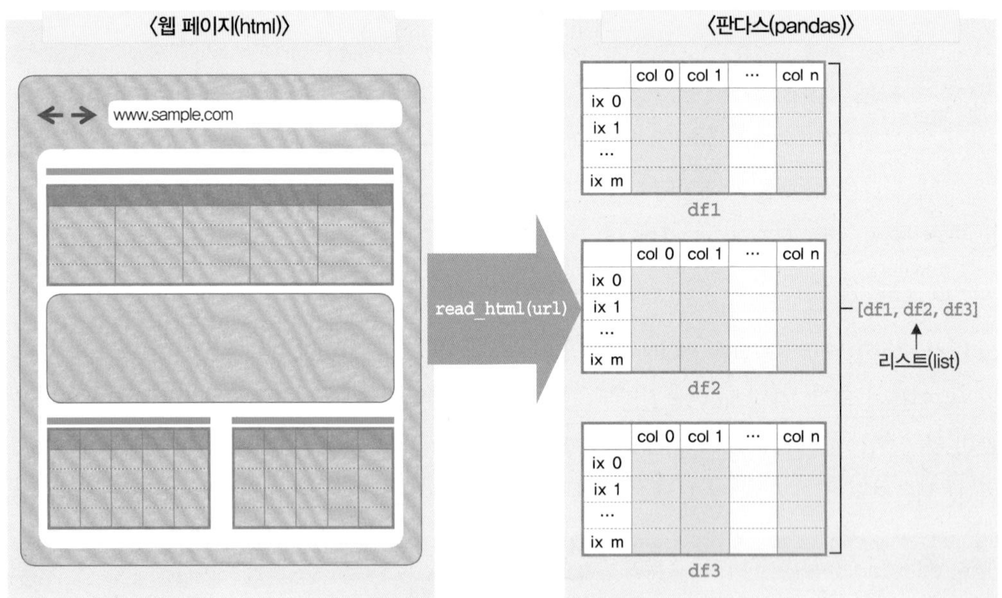

[그림 2-3] HTML 페이지의 표 가져오기

read_html() 함수를 이용하여 웹 페이지의 표 정보를 파싱(parsing)하려면 HTML 웹페이지의 주소(URL)를 따옴표(" " 또는 ' ') 안에 입력한다. 예를 들어 pd.read_html(' https://www.naver.com/')과 같이 입력한다.

HTML 표 속성 읽기 : pandas.read_html("웹 주소(URL)" 또는 "HTML 파일 경로(이름)")

내부적으로 lxml, BeautifulSoup 같은 파서를 사용하여 HTML을 파싱하기 때문에, HTML 및 XML을 처리하기 위한 lxml, BeautifulSoup 라이브러리 설치가 필요할 수도 있다. 아나콘다 가상환경을 활성화하고, pip install lxml과 pip install bs4 명령으로 설치할 수 있다.

〈예제 2-4〉에서는 실제 웹 페이지 URL 대신 'sample.html' 파일이 위치한 경로를 사용한다. 자료실에서 HTML 파일[†]을 다운로드해서, 파이썬 파일의 하위 폴더(data)에 저장한다. read_html() 함수에 파일 경로를 전달하면, HTML 파일에서 2개의 표를 찾아서 데이터프레임으로 변환한다. 변수 tables에는 2개의 데이터프레임(표)을 원소로 갖는 리스트가 저장된다.

〈예제 2-4〉 웹에서 표 정보 읽기 (File: part2/2.4_read_html.ipynb)

```
import pandas as pd

# HTML 파일 경로 or 웹 페이지 주소를 url 변수에 저장
url ='./data/sample.html'

# HTML 웹페이지의 표(table)를 가져와서 데이터프레임으로 변환
tables = pd.read_html(url)

# 표(table)의 개수 확인
print(len(tables))

# tables 리스트의 원소를 iteration하면서 각각 화면 출력
for i in range(len(tables)):
    print("tables[%s]" % i)
    print(tables[i])
    print('\n')
```

† [저장소] File: part2/data/sample.html

〈실행 결과〉

```
2


tables[0]
   Unnamed: 0  c0  c1  c2  c3
0           0   0   1   4   7
1           1   1   2   5   8
2           2   2   3   6   9



tables[1]
         name    year       developer        opensource
0       NumPy    2006       Travis Oliphant        True
1  matplotlib    2003       John D. Hunter         True
2      pandas    2008       Wes Mckinneye          True
```

tables 변수의 리스트 원소 중에서 파이썬 패키지 정보가 들어 있는 두 번째 표를 인덱싱(인덱스 1을 적용)하여 df 변수에 저장한다(코드 18라인).

〈예제 2-4〉 웹에서 표 정보 읽기 (File: part2/2.4_read_html.ipynb(이어서 계속))

```
17  # 파이썬 패키지 정보가 들어 있는 데이터프레임을 찾아서 df 변수에 저장
18  df = tables[1]
19  df
```

〈실행 결과〉

```
         name    year         developer   opensource
0       NumPy    2006   Travis Oliphant         True
1  matplotlib    2003    John D. Hunter         True
2      pandas    2008     Wes Mckinneye         True
```

set_index() 메소드를 사용하여 df의 'name' 열을 새로운 행 인덱스로 설정한다(코드 22라인).

〈예제 2-4〉 웹에서 표 정보 읽기 (File: part2/2.4_read_html.ipynb(이어서 계속))

```
# 'name' 열을 인덱스로 지정
df = df.set_index(['name'])
df
```

〈실행 결과〉

```
                year          developer    opensource
      name
     NumPy      2006     Travis Oliphant         True
matplotlib      2003       John D. Hunter        True
    pandas      2008      Wes Mckinneye          True
```

데이터베이스(database)에서 판다스로 데이터를 가져올 수 있을까?

판다스 read_sql() 함수를 이용하면 SQL 쿼리를 가지고 데이터베이스로부터 데이터를 불러올 수 있다. 이때 읽어온 데이터는 데이터프레임 포맷으로 저장된다.

2-2 웹 스크래핑

BeautifulSoup 등 웹 스크래핑(scraping) 도구로 수집한 데이터를 판다스 데이터프레임으로 정리하는 방법을 설명한다. 스크래핑한 내용을 파이썬 리스트, 딕셔너리 등으로 정리한 뒤 DataFrame() 함수에 리스트나 딕셔너리 형태로 전달하여 데이터프레임으로 변환한다.

〈예제 2-5〉는 위키피디아에서 미국 ETF 리스트† 데이터를 가져와서 데이터프레임으로 변환하는 것이다. 이 책에서는 웹 스크래핑에 대한 자세한 설명은 생략한다.

먼저, 위키피디아 웹페이지의 URL 주소를 파이썬 requests 모듈의 get() 함수의 인자로 전달하여 웹 서버로부터 웹페이지 소스코드를 가져온다(코드 8라인). 코드 13라인의 출력 결과를 보면 "resp: <Response [200]>"과 같다. 여기서 200은 서버와 통신이 정상적으로 이루어졌다는 뜻이다.

† [출처] 위키피디아(https://en.wikipedia.org/wiki/List_of_American_exchange-traded_funds)

BeautifulSoup 함수를 이용하면, 서버로부터 받은 텍스트(resp.text)를 lxml 라이브러리를 활용하여 HTML 문서 구조를 해석하고 그 결과를 반환한다(코드 10라인). 코드 15라인과 17라인의 출력 결과를 보면 같은 내용으로 보이지만, 코드 17라인의 soup 객체는 텍스트가 아니라 HTML의 문서 구조로 표현된 파이썬 객체라는 점에 유의한다.

코드 11라인에서는 soup 객체에서 CSS 선택자를 활용하여 ETF 이름이 들어 있는 HTML 요소를 찾는다. 코드 19라인의 출력 결과를 보면, "<li>Schwab US Broad Market ETF (<a href="/wiki/NYSE_Arca" title="NYSE Arca">NYSE Arca</a>: <a class="external text" href="https://www.nyse.com/quote/ARCX:SCHB" rel="nofollow">SCHB</a>)</li>" 와 같은 HTML 요소(li 태그)를 확인할 수 있다.

〈예제 2-5〉 미국 ETF 리스트 가져오기 (File: part2/2.5_us_etf_list.ipynb)

```
1  # 라이브러리 불러오기
2  from bs4 import BeautifulSoup
3  import requests
4  import re
5  import pandas as pd
6
7  # 위키피디아 미국 ETF 웹 페이지에서 필요한 정보를 스크래핑하여 딕셔너리 형태로 변수 etfs에 저장
8  url = "https://en.wikipedia.org/wiki/List_of_American_exchange-traded_funds"
9  resp = requests.get(url)
10 soup = BeautifulSoup(resp.text, 'lxml')
11 rows = soup.select('div > ul > li')
12
13 print("resp: ", resp)
14 print("=" * 100)
15 print("resp.text: ", resp.text)
16 print("=" * 100)
17 print("soup: ", soup)
18 print("=" * 100)
19 print("rows: ", rows[50:55])
```

〈실행 결과〉

```
resp:  <Response [200]>
====================================================================================================
resp.text:  <!DOCTYPE html>
<html class="client-nojs vector-feature-language-in-header-enabled vector-feature-lan-
guage-in-main-page-header-disabled vector-feature-sticky-header-disabled vector-fea-
ture-page-tools-pinned-disabled vector-feature-toc-pinned-clientpref-1 vec
```

```
tor-feature-main-menu-pinned-disabled vector-feature-limited-width-clientpref-1 vec-
tor-feature-limited-width-content-enabled vector-feature-custom-font-size-clientpref-0
vector-feature-client-preferences-disabled vector-feature-client-prefs-pinned-dis-
abled vector-toc-available" lang="en" dir="ltr"> … <중략> … googpub.png"}},"datePub-
lished":"2008-03-14T19:36:32Z","dateModified":"2024-01-03T17:32:25Z","headline":"Wikime-
dia list article"}</script>
</body>
</html>
================================================================================
soup:  <!DOCTYPE html>
<html class="client-nojs vector-feature-language-in-header-enabled vector-feature-lan-
guage-in-main-page-header-disabled vector-feature-sticky-header-disabled vector-fea-
ture-page-tools-pinned-disabled vector-feature-toc-pinned-clientpref-1 vec
tor-feature-main-menu-pinned-disabled vector-feature-limited-width-clientpref-1 vec-
tor-feature-limited  … <중략> … 03T17:32:25Z","headline":"Wikimedia list article"}</
script>
</body>
</html>
================================================================================
rows:  [<li>iShares <a class="mw-redirect" href="/wiki/Russell_3000" title="Russell
3000">Russell 3000</a> Index (<a href="/wiki/NYSE_Arca" title="NYSE Arca">NYSE Arca</
a>: <a class="external text" href="https://www.nyse.com/quote/ARCX:IWV" rel="nofol-
low">IWV</a>)</li>, <li>Schwab US Broad Market ETF (<a href="/wiki/NYSE_Arca" title="-
NYSE Arca">NYSE Arca</a>: <a class="external text" href="https://www.nyse.com/quote/
ARCX:SCHB" rel="nofollow">SCHB</a>)</li>, <li>Schwab Fundamental U.S. Broad Market
Index ETF (<a href="/wiki/NYSE_Arca" title="NYSE Arca">NYSE Arca</a>: <a class="ex-
ternal text" href="https://www.nyse.com/quote/ARCX:FNDB" rel="nofollow">FNDB</a>)</
li>, <li>Vanguard Total World Stock (<a href="/wiki/NYSE_Arca" title="NYSE Arca">NYSE
Arca</a>: <a class="external text" href="https://www.nyse.com/quote/ARCX:VT" rel="no-
follow">VT</a>), tracks the FTSE All-World Index</li>, <li>Vanguard Total Stock Market
(<a href="/wiki/NYSE_Arca" title="NYSE Arca">NYSE Arca</a>: <a class="external text"
href="https://www.nyse.com/quote/ARCX:VTI" rel="nofollow">VTI</a>), tracks the MSCI US
Broad Market Index</li>]
```

CSS(Cascading Style Sheets) 선택자와 BeautifulSoup의 select 메소드 사용

CSS 선택자는 HTML 문서에서 특정 요소들을 스타일링하기 위해 사용되는 패턴을 말한다. 이 선택자들은 웹 페이지의 다양한 요소를 식별하고, 그 요소에 특정 스타일을 적용하는 데 사용한다. BeautifulSoup의 select 메소드는 CSS 선택자를 사용하여 HTML 문서에서 원하는 요소를 선택하고 추출하는 데 사용한다.

< 주요 CSS 선택자 유형 >

1. 요소 선택자(Type Selector)
   - HTML 요소 직접 선택
   - 예: `p { color: blue; }` (모든 `<p>` 태그를 파란색으로 스타일링)

2. 클래스 선택자(Class Selector)
   - 클래스 속성을 가진 요소 선택
   - 예: `.box { border: 1px solid black; }` (클래스가 `box`인 요소에 테두리 적용)

3. ID 선택자(ID Selector)
   - 고유한 ID 속성을 가진 요소 선택
   - 예: `#unique { font-weight: bold; }` (ID가 `unique`인 요소를 굵게 스타일링)

4. 자식 선택자(Child Selector)
   - 특정 요소의 자식 요소 선택
   - 예: `ul > li { color: green; }` (모든 `<ul>`의 직접 자식 `<li>` 요소 선택)

< BeautifulSoup의 `select` 메소드 사용 >

1. `select` 메소드는 CSS 선택자를 인자로 받아 해당 선택자와 일치하는 모든 요소를 리스트로 반환한다.
2. 요소, 클래스, ID 등 다양한 CSS 선택자를 사용할 수 있다.
3. 복합 선택자(예: `div.classname, #id > .classname`)를 통해 정교한 요소 선택이 가능하다.

출판 이후에 웹사이트 개편으로 오류가 발생할 수도 있지만, 코드 29라인의 `etfs[etf_ticker[0]] = [etf_market[0], etf_name[0]]`과 같이 리스트를 원소로 갖는 딕셔너리를 정의하는 방법을 기억하도록 한다. 코드 24라인~26라인에서는 파이썬 `re` 모듈을 사용하여 정규표현식으로 텍스트를 선별적으로 추출하고 있다. 정규표현식에 대한 상세한 설명은 생략한다.

〈예제 2-5〉 미국 ETF 리스트 가져오기 (File: part2/2.5_us_etf_list.ipynb(이어서 계속))

```
20 etfs = {}
21 for row in rows:
22 
23     try:
24         etf_name = re.findall("(.+?)\s\(", row.text)
25         etf_market = re.findall("\((.+?):", row.text)
26         etf_ticker = re.findall(":\s(.+)\)", row.text)
27 
28         if (len(etf_ticker) > 0) & (len(etf_market) > 0) & (len(etf_name) > 0):
29             etfs[etf_ticker[0]] = [etf_market[0], etf_name[0]]
30 
```

```
    except AttributeError as err:
        pass

# etfs 딕셔너리 출력
print(etfs)
```

〈실행 결과〉

```
{'ITOT': ['NYSE\xa0Arca', 'iShares Core S&P Total US Stock Mkt'], 'ACWI': ['Nasdaq', 'iShares MSCI ACWI Index'], 'IWV': ['NYSE\xa0Arca', 'iShares Russell 3000 Index'], 'SCHB': ['NYSE\xa0Arca', 'Schwab US Broad Market ETF'], 'FNDB': ['NYSE\xa0Arca', 'Schwab Fundamental U.S. Broad Market Index ETF'], 'VT': ['NYSE\xa0Arca', 'Vanguard Total World Stock'], 'VTI': ['NYSE\xa0Arca', 'Vanguard Total Stock Market'], 'VXUS': ['NYSE\xa0Arca', 'Vanguard Total International Stock'], 'VTHR': ['NYSE\xa0Arca', 'Vanguard Russell 3000']}
```

추출한 etfs 딕셔너리 객체를 판다스 데이터프레임으로 변환한다. [Part 1]에서 살펴본 딕셔너리를 데이터프레임으로 변환하는 방법을 적용할 수 있다. 왼쪽의 딕셔너리 키는 열 이름이 되고, 오른쪽 리스트는 열 데이터가 된다. 예제에서는 ETF 거래코드(etf_ticker)가 데이터프레임의 열 이름이 된다. 열의 개수가 9개이므로, 모두 9개의 ETF 펀드 데이터를 찾아서 데이터프레임으로 변환한 것이다.

〈예제 2-5〉 미국 ETF 리스트 가져오기 (File: part2/2.5_us_etf_list.ipynb(이어서 계속))

```
# etfs 딕셔너리를 데이터프레임으로 변환
df = pd.DataFrame(etfs)
df
```

〈실행 결과〉[2]

	ITOT	ACWI	IWV	SCHB	FNDB	VT	VTI	VXUS	VTHR
0	NYSE Arca	Nasdaq	NYSE Arca	NYSE Arca	NYSE Arca	NYSE Arca	NYSE Arca	NYSE Arca	NYSE Arca
1	iShares Core S&P Total US Stock Mkt	iShares MSCI ACWI Index	iShares Russell 3000 Index	Schwab US Broad Market ETF	Schwab Fundamental US Broad Market Index ETF	Vanguard Total World Stock	Vanguard Total Stock Market	Vanguard Total International Stock	Vanguard Russell 3000

2) 앞의 예제에서 위키피디아 페이지에 있는 ETF 목록을 전부 가져오지 못했기 때문에, HTML 문서 구조를 더 파악해서 추가 수집할 수 있다.

❸ API 활용하여 데이터 수집하기 (1)

인터넷 서비스업체에서 제공하는 API를 통해 수집한 데이터를 판다스 자료구조로 변환하는 방법을 살펴보자. 대부분의 API는 판다스에서 쉽게 읽어올 수 있는 파일형식(csv, json, xml, …)을 지원하기 때문에 API를 통해 가져온 데이터를 판다스 데이터프레임으로 손쉽게 변환할 수 있다.

먼저, 카카오 지도 API를 살펴보자. 카카오 지도 API는 주소를 입력하면 위도와 경도 좌표 정보를 변환해 주는 서비스이다. 서비스를 이용하려면 사용자 인증 후에 API 키를 발급받아야 한다.

● 카카오 지도 API 발급 절차

❶ 카카오 개발자 센터 (https://developers.kakao.com/)에 접속한다. 카카오 계정으로 로그인한다.

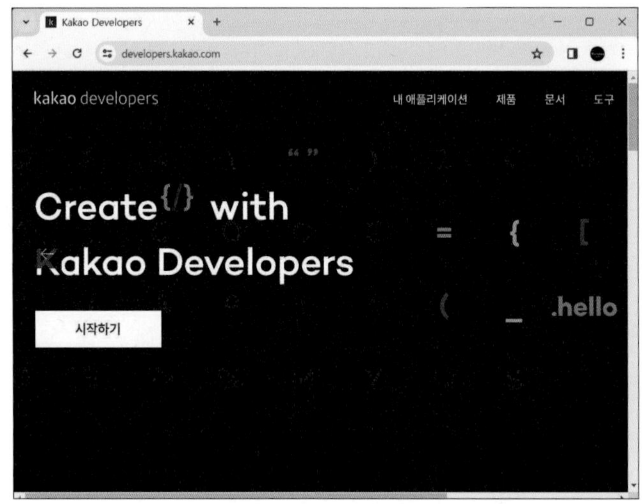

[그림 2-4] 카카오 개발자 센터

❷ 애플리케이션 추가하기 (내 애플리케이션 메뉴에서 +애플리케이션 추가하기 선택)

[그림 2-5] 내 애플리케이션 메뉴

❸ 앱 이름, 사업자명, 카테고리 설정, 약관 동의

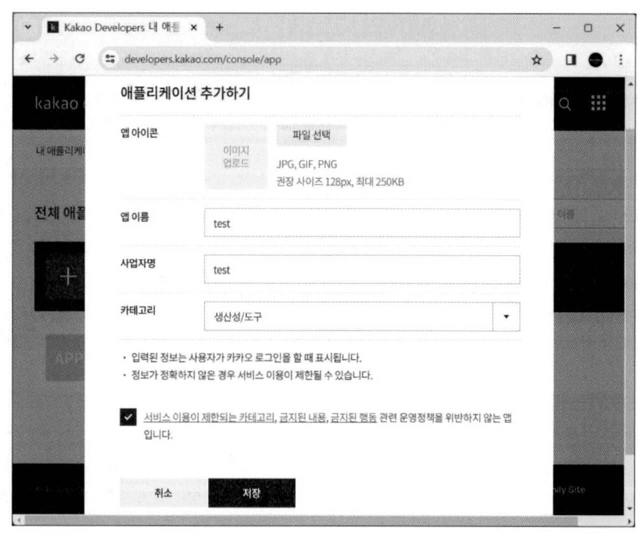

[그림 2-6] 애플리케이션 추가

❹ API 키 발급내역을 확인 (REST API 키를 복사하여 활용)

[그림 2-7] API 키 확인

다음 〈예제 2-6〉 코드 5라인에 직접 발급받은 API 키를 입력한다. 발급받은 API키는 외부에 유출되지 않도록 관리에 유의한다. 코드 9라인과 같이 카카오 지도 API 문서에서 제공하는 주소 문자열을 조합한다. 발급받은 API 인증키를 headers 옵션에 지정하고, 파이썬 requests 모듈의 get() 함수를 통해 서버에 요청한다. JSON 구조로 받은 데이터를 파싱하여 위도와 경도 데이터를 추출한다(코드 8번~13라인, get_geocoding 함수 정의).

3개의 주소("서울특별시 종로구 세종대로 175", "서울특별시 서초구 서초동 700", "부산광역시 해운대구 해운대해변로 264")에 대한 GPS(위도, 경도) 데이터를 가져와서 2개의 리스트(lat, lng)에 저장한다. DataFrame() 메소드로 데이터프레임을 만들 때, '위도' 열에 lat 리스트를 매칭하고 '경도' 열에는 lng 리스트를 매칭한다. 장소명이 들어 있는 리스트(places)를 행 인덱스로 설정한다.

〈예제 2-6〉 카카오 지도 API (File: part2/2.6_geocoding_api.ipynb)

```
# 라이브러리 가져오기
import requests
import pandas as pd

my_key = "----발급받은 API 키 입력-----"

# Kakao Map API를 통해 위도, 경도 데이터 가져오는 함수를 정의
def get_geocoding(place):
    url = f"https://dapi.kakao.com/v2/local/search/address.json?query={place}"
    headers = {"Authorization": f"KakaoAK {my_key}"}
    response = requests.get(url, headers=headers)
    result = response.json()
    return result["documents"][0]["y"], result["documents"][0]["x"]

lat = []  #위도
lng = []  #경도

# 장소(주소) 리스트
places = ["서울특별시 종로구 세종대로 175",
          "서울특별시 서초구 서초동 700",
          "부산광역시 해운대구 해운대해변로 264"]

i=0
for place in places:
    i = i + 1
    try:
        print(i, place)
        # get_geocoding 함수의 리턴값 호출하여 geo_location 변수에 저장
        place_lat, place_lon = get_geocoding(place)
        lat.append(place_lat)
        lng.append(place_lon)

    except:
        lat.append('')
        lng.append('')
```

```
        print(i)

# 데이터프레임으로 변환하기
df = pd.DataFrame({'위도':lat, '경도':lng}, index=places)

df
```

〈실행 결과〉

```
1 서울특별시 종로구 세종대로 175
2 서울특별시 서초구 서초동 700
3 부산광역시 해운대구 해운대해변로 264
                                  위도                경도
서울특별시 종로구 세종대로 175       37.5718478584908  126.976168275947
서울특별시 서초구 서초동 700         37.4810862955299  127.015245160054
부산광역시 해운대구 해운대해변로 264  35.1591069824231  129.160283786856
```

❹ API 활용하여 데이터 수집하기 (2)

이번에는 국내 상장기업의 재무데이터를 API를 통해 수집하고, 이를 데이터프레임으로 정리하는 예제를 실습한다. 다파다(dapada.io)에서 제공하는 API를 활용한다. 회원가입을 하고 상단의 [API] 메뉴를 선택한다. [인증키 관리] 화면에서 [+새로운 인증키 발급하기]를 클릭하여 인증키를 발급한다.

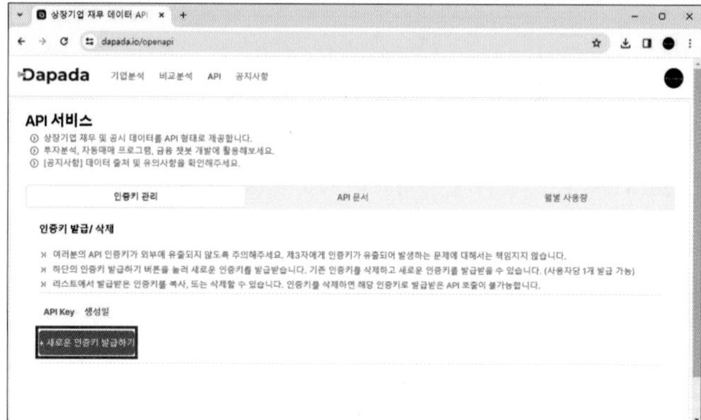

[그림 2-8] 다파다 인증키 발급

인증키 관리 화면에서 발급받은 인증키를 복사한다. 인증키 목록에서 가장 오른쪽에 있는 버튼은 인증키를 삭제할 때 사용하고, 오른쪽에서 두 번째 버튼을 클릭하면 인증키를 복사할 수 있다.

[그림 2-9] 인증키 복사

발급받은 API 키를 다음 〈예제 2-7〉 코드 5라인에 입력한다. 코드 7번~25라인은 API를 사용하여 특정 상장기업의 재무 데이터를 가져오는 `get_financials()` 함수를 정의하는 부분이다. 재무제표를 연결/별도 기준, 3개월(분기)/12개월(TTM) 집계 기준에 따라 네 가지 형식의 URL을 조합하고, 이에 따라 원하는 재무 항목을 가져올 수 있다.

URL과 인증키 정보를 `requests` 모듈의 `get()` 함수의 인자로 전달하여 서버에 요청한다. 코드 24라인에서 서버에서 응답한 JSON 객체를 파싱한다. "value", "quarter" 키를 갖는 객체의 배열 형태로, 코드 25라인과 같이 판다스 `DataFrame()` 함수를 통해 데이터프레임으로 변환할 수 있다.

삼성전자(005930)의 연결(`consolidated=True`) 재무제표 (TTM 기준)에서 "매출액" 항목의 데이터 수집하기 위하여, `get_financials()` 함수의 인자를 맞춰서 입력한다. 특정 시점을 기준으로 과거 12개월(4개 분기) 동안의 매출액을 확인할 수 있다(`ttm=True`). 이 값은 해당 시점에서 볼 때 최근 1년 매출액을 나타낸다.

〈예제 2-7〉 상장기업 재무제표 데이터 (File: part2/2.7_finance_api.ipynb)

```
1  # 라이브러리 가져오기
2  import requests
3  import pandas as pd
4
5  my_key = "----발급받은 API 키 입력-----"
6
7  # 특정 종목(stockCode)의 재무항목(indicatorName) 데이터를 가져오는 함수를 정의
8  def get_financials(stockCode, indicatorName, apiKey, consolidated=True, ttm=True):
```

```python

    if consolidated:    # 연결 기준
        if ttm:          # Trailing 12 Months(12개월 누적)
            url = f"https://api.dapada.io/company/getConsolidatedFinancialDataByTTM?indicatorName={indicatorName}&stockCode={stockCode}"
        else:            # 해당 분기 기준(3개월 집계)
            url = f"https://api.dapada.io/company/getConsolidatedFinancialDataByCUR?indicatorName={indicatorName}&stockCode={stockCode}"

    else:                # 별도 기준
        if ttm:          # Trailing 12 Months(12개월 누적)
            url = f"https://api.dapada.io/company/getSeparatedFinancialDataByTTM?indicatorName={indicatorName}&stockCode={stockCode}"
        else:            # 해당 분기 기준(3개월 집계)
            url = f"https://api.dapada.io/company/getSeparatedFinancialDataByCUR?indicatorName={indicatorName}&stockCode={stockCode}"

    headers = {"Authorization": f"{apiKey}"}
    response = requests.get(url, headers=headers)
    result = response.json()
    return pd.DataFrame(result)

# 삼성전자(005930)의 연결 재무제표(TTM 기준)에서 "매출액" 항목의 데이터 수집
df_ttm_consolidated = get_financials(stockCode='005930',
                                     indicatorName='매출액',
                                     apiKey=my_key,
                                     consolidated=True,
                                     ttm=True)

df_ttm_consolidated
```

〈실행 결과〉

```
             value   quarter
0  261620131000000   2023-Q3
1  270997159000000   2023-Q2
2  288195233000000   2023-Q1
3  302231360000000   2022-Q4
4  308332309000000   2022-Q3
5  305529816000000   2022-Q2
```

다음으로 삼성전자(005930)의 연결(consolidated=True) 재무제표(3개월 분기 기준)에 해당하는 "매출액" 데이터를 수집해보자. 즉, 특정 시점을 기준으로 과거 3개월(1개 분기) 동안의 매출액을 확인할 수 있다(ttm=False). 이 값은 해당 시점에서 볼 때 최근 3개월 매출액을 나타낸다.

〈예제 2-7〉 상장기업 재무제표 데이터 (File: part2/2.7_finance_api.ipynb(이어서 계속))

```
# 삼성전자(005930)의 연결 재무제표(분기 기준)에서 "매출액" 항목의 데이터 수집
df_cur_consolidated = get_financials(stockCode='005930',
                                     indicatorName='매출액',
                                     apiKey=my_key,
                                     consolidated=True,
                                     ttm=False)

df_cur_consolidated
```

〈실행 결과〉[3]

```
            value  quarter
0  67404652000000  2023-Q3
1  60005533000000  2023-Q2
2  63745371000000  2023-Q1
3  70464575000000  2022-Q4
4  76781680000000  2022-Q3
5  77203607000000  2022-Q2
```

머신러닝에 유용한 데이터셋 소스

데이터 분석과 머신러닝을 공부할 때 데이터셋을 제공하는 곳을 알아두면 많은 도움이 된다.

1. 사이킷런(scikit-learn), 시본(seaborn) 등 파이썬 라이브러리 제공 데이터셋
2. 캐글(kaggle): https://www.kaggle.com/
3. UCI 머신러닝 저장소: https://archive.ics.uci.edu/ml/datasets.html
4. 공공 데이터
   (해외) WorldBank, WTO 등 국제기구
   (국내) 공공데이터 포탈, 국가통계포털 등

3) 2024년 1월 시점에서 제공하는 재무제표 항목은 다음과 같다.
재무상태표: 총자산, 총부채, 총자본, 유동자산, 비유동자산, 유동부채, 비유동부채
손익계산서: 매출액, 영업이익, 당기순이익
현금흐름표: 영업활동현금흐름, 재무활동현금흐름, 투자활동현금흐름

⑤ 데이터 저장하기

5-1 CSV 파일로 저장

판다스 데이터프레임은 2차원 배열로 구조화된 데이터이기 때문에 2차원 구조를 갖는 CSV 파일로 변환할 수 있다. 데이터프레임을 CSV 파일로 저장하려면 to_csv() 메소드를 적용한다. CSV 파일을 저장할 파일 경로와 파일명(확장자 포함)을 따옴표(" " 또는 ' ') 안에 입력한다.

CSV 파일로 저장: `DataFrame 객체.to_csv("파일 이름(경로)")`

다음 예제에서, 코드 14라인의 df 명령에 의해 데이터프레임의 내용이 Jupyter Notebook 화면에 표시된다.

〈예제 2-8〉 CSV 파일로 저장 (File: part2/2.8_to_csv.ipynb)

```
1  # 라이브러리 불러오기
2  import pandas as pd
3
4  # 판다스 DataFrame() 함수로 데이터프레임 변환. 변수 df에 저장
5  data = {'name' : [ 'Jerry', 'Riah', 'Paul'],
6          'algol' : [ "A", "A+", "B"],
7          'basic' : [ "C", "B", "B+"],
8          'c++' : [ "B+", "C", "C+"],
9          }
10
11 df = pd.DataFrame(data)
12 df = df.set_index('name')    # name 열을 인덱스로 지정
13
14 df
```

〈실행 결과〉 ① – Jupyter Notebook에 출력되는 화면

```
       algol  basic  c++
name
Jerry    A      C     B+
Riah     A+     B     C
Paul     B      B+    C+
```

다음 코드 16라인은 to_csv() 메소드를 적용하여 파이썬 실행파일이 위치하고 있는 현재 폴더의 하위 폴더 (./data)에 "df_sample.csv" 라는 파일명으로 저장하는 명령이다. 저장된 CSV 파일을 메모장 등의 편집기로 열어보면, 다음과 같이 쉼표와 줄바꿈으로 구분되는 2차원 구조가 확인된다.

〈예제 2-8〉 CSV 파일로 저장 (File: part2/2.8_to_csv.ipynb(이어서 계속))

```
15  # to_csv() 메소드를 사용하여 CSV 파일로 내보내기. 파열명은 df_sample.csv로 저장
16  df.to_csv("./data/df_sample.csv")
```

〈실행 결과〉 ② – CSV 파일 내용 보기 (File: part2/data/df_sample.csv)

```
name,algol,basic,c++
Jerry,A,C,B+
Riah,A+,B,C
Paul,B,B+,C+
```

to_csv() 메소드로 데이터프레임을 CSV 파일로 저장할 때, 데이터프레임의 행 인덱스를 포함할지 여부를 선택할 수 있다. index=False 옵션은 데이터프레임을 CSV로 저장할 때 행 인덱스를 파일에 포함하지 않도록 하고 데이터만을 포함한다. 실행 결과에서 데이터프레임의 행 인덱스인 "Jerry", "Riah", "Paul" 값이 제외된 것을 볼 수 있다.

〈예제 2-8〉 CSV 파일로 저장 (File: part2/2.8_to_csv.ipynb(이어서 계속))

```
17  # index = False
18  df.to_csv("./data/df_sample_no_index.csv", index=False)
```

〈실행 결과〉 ② – CSV 파일 내용 보기 (File: part2/data/df_sample_no_index.csv)

```
algol,basic,c++
A,C,B+
A+,B,C
B,B+,C+
```

5-2 JSON 파일로 저장

데이터프레임을 JSON 파일로 저장하려면 to_json() 메소드를 이용한다. JSON 파일의 이름(확장자 포함)을 저장하려는 파일 경로와 함께 따옴표(" " 또는 ' ') 안에 입력한다.

JSON 파일로 저장: `DataFrame 객체.to_json("파일 이름(경로)")`

〈예제 2-9〉 JSON 파일로 저장 (File: part2/2.9_to_json.ipynb)

```
# 라이브러리 불러오기
import pandas as pd

# 판다스 DataFrame() 함수로 데이터프레임 변환. 변수 df에 저장
data = {'name' : [ 'Jerry', 'Riah', 'Paul'],
        'algol' : [ "A", "A+", "B"],
        'basic' : [ "C", "B", "B+"],
        'c++' : [ "B+", "C", "C+"],
        }

df = pd.DataFrame(data)
df = df.set_index('name')    # name 열을 인덱스로 지정

df
```

〈실행 결과〉 ① – Jupyter Notebook에 출력되는 화면

```
        algol  basic  c++
name
Jerry     A      C     B+
Riah      A+     B     C
Paul      B      B+    C+
```

데이터프레임의 내용이 Jupyter Notebook에서 화면에 출력된다. 동시에, to_json() 메소드를 이용하여 데이터프레임을 현재 폴더의 하위 폴더 (./data)에 JSON 파일로 변환하여 저장한다. JSON 파일을 열어보면 다음과 같이 데이터프레임의 행, 열이 JSON 파일의 형식에 맞춰 정리된다.

〈예제 2-9〉 JSON 파일로 저장 (File: part2/2.9_to_json.ipynb(이어서 계속))

```
# to_json() 메소드를 사용하여 JSON 파일로 내보내기. 파열명은 df_sample.json으로 저장
df.to_json("./data/df_sample.json")
```

〈실행 결과〉 ② – JSON 파일 내용 보기 (File: part2/data/df_sample.json)

```
{
    "algol":{"Jerry":"A","Riah":"A+","Paul":"B"},
    "basic":{"Jerry":"C","Riah":"B","Paul":"B+"},
    "c++":{"Jerry":"B+","Riah":"C","Paul":"C+"}
}
```

to_json() 메소드에서 orient 옵션을 사용하면 JSON 파일로 저장할 때 데이터의 형식을 다양하게 지정할 수 있다. 즉, orient 옵션의 값에 따라 JSON 파일의 구조가 달라진다. 먼저, orient="split" 옵션을 적용하면 데이터를 index, columns, data로 분리하여 JSON에 저장한다.

〈예제 2-9〉 JSON 파일로 저장 (File: part2/2.9_to_json.ipynb(이어서 계속))

```
# orient='split'
df.to_json("./data/df_sample_split.json"), orient="split")
```

〈실행 결과〉 ② – JSON 파일 내용 보기 (File: part2/data/df_sample_split.json)

```
{
    "columns":["algol","basic","c++"],
    "index":["Jerry","Riah","Paul"],
    "data":[["A","C","B+"],["A+","B","C"],["B","B+","C+"]]
}
```

다음으로 orient="records" 옵션을 적용하면 각 행을 별도의 JSON 객체(딕셔너리 형태)로 저장하며, 열 이름이 키로 사용된다. 이들 딕셔너리 형태의 객체들이 리스트 형태의 배열로 정리된다.

〈예제 2-9〉 JSON 파일로 저장 (File: part2/2.9_to_json.ipynb(이어서 계속))

```
# orient='records'
df.to_json("./data/df_sample_records.json"), orient="records")
```

〈실행 결과〉 ② – JSON 파일 내용 보기 (File: part2/data/df_sample_records.json)

```
[
    {"algol":"A","basic":"C","c++":"B+"},
    {"algol":"A+","basic":"B","c++":"C"},
    {"algol":"B","basic":"B+","c++":"C+"}
]
```

orient="index" 옵션을 적용하면, 각 행의 인덱스를 키로 사용하고 각 행의 데이터를 JSON 객체(딕셔너리 형태)로 저장하여 매칭한다.

〈예제 2-9〉 JSON 파일로 저장 (File: part2/2.9_to_json.ipynb(이어서 계속))

```
# orient='index'
df.to_json("./data/df_sample_index.json"), orient="index")
```

〈실행 결과〉 ② – JSON 파일 내용 보기 (File: part2/data/df_sample_index.json)

```
{
    "Jerry":{"algol":"A","basic":"C","c++":"B+"},
    "Riah":{"algol":"A+","basic":"B","c++":"C"},
    "Paul":{"algol":"B","basic":"B+","c++":"C+"}
}
```

orient="columns" 옵션을 적용하면, 각 열을 별도의 JSON 객체로 저장하며, 열 이름이 키로 사용된다.

〈예제 2-9〉 JSON 파일로 저장 (File: part2/2.9_to_json.ipynb(이어서 계속))

```
# orient='columns'
df.to_json("./data/df_sample_columns.json"), orient="columns")
```

〈실행 결과〉 ② – JSON 파일 내용 보기 (File: part2/data/df_sample_columns.json)

```
{
    "algol":{"Jerry":"A","Riah":"A+","Paul":"B"},
    "basic":{"Jerry":"C","Riah":"B","Paul":"B+"},
    "c++":{"Jerry":"B+","Riah":"C","Paul":"C+"}
}
```

orient="values" 옵션을 적용하면 데이터프레임의 값(values 속성)만을 순서대로 저장한다. 이때, 행 인덱스와 열 이름은 저장되지 않는다.

〈예제 2-9〉 JSON 파일로 저장 (File: part2/2.9_to_json.ipynb(이어서 계속))

```
# orient='values'
df.to_json("./data/df_sample_values.json"), orient="values")
```

〈실행 결과〉 ② – JSON 파일 내용 보기 (File: part2/data/df_sample_values.json)

```
[
    ["A","C","B+"],
   ["A+","B","C"],
   ["B","B+","C+"]
]
```

5-3 Excel 파일로 저장

데이터프레임은 Excel 파일과 아주 유사한 구조를 갖는다. 데이터프레임의 행과 열은 Excel 파일의 행과 열로 일대일로 대응된다. 데이터프레임을 Excel 파일로 저장할 때는 `to_excel()` 메소드를 적용한다. 단, `to_excel()` 메소드를 사용하려면 openpyxl 라이브러리를 사전에 설치해야 한다. 아나콘다 배포판의 base 환경에는 openpyxl 라이브러리가 기본 제공되므로 따로 설치하지 않아도 된다.

Excel 파일로 저장: `DataFrame 객체.to_excel("파일 이름(경로)")`

〈예제 2–10〉 Excel 파일로 저장 (File: part2/2.10_to_excel.ipynb)

```
# 라이브러리 불러오기
import pandas as pd

# 판다스 DataFrame() 함수로 데이터프레임 변환. 변수 df에 저장
data = {'name' : [ 'Jerry', 'Riah', 'Paul'],
        'algol' : [ "A", "A+", "B"],
        'basic' : [ "C", "B", "B+"],
        'c++' : [ "B+", "C", "C+"],
        }

df = pd.DataFrame(data)
df = df.set_index('name')    # name 열을 인덱스로 지정

df
```

〈실행 결과〉 ① – Jupyter Notebook에 출력되는 화면

```
       algol  basic  c++
name
Jerry     A      C    B+
```

```
Riah      A+    B     C
Paul      B     B+    C+
```

데이터프레임의 내용이 Jupyter Notebook에서 화면에 표시된다. 한편, 데이터프레임을 판다스 to_excel() 메소드를 이용하여 Excel 파일로 저장하면 다음과 같이 저장된다. 행 인덱스에 name 값들이 포함된다.

〈예제 2-10〉 Excel 파일로 저장 (File: part2/2.10_to_excel.ipynb(이어서 계속))

```
# to_excel() 함수를 사용하여 Excel 파일로 내보내기. 파열명은 df_sample.xlsx로 저장
df.to_excel("./data/df_sample.xlsx")
```

〈실행 결과〉 ② – Excel 파일 내용 보기 (File: part2/data/df_sample.xlsx)

데이터프레임을 Excel 파일로 저장할 때 데이터프레임의 행 인덱스를 포함할지 여부를 선택할 수 있다. index=False 옵션은 행 인덱스를 파일에 포함하지 않게 데이터만을 저장하고, index=True 옵션은 행 인덱스를 포함하여 저장한다. 다음 실행 결과를 보면, index=False 옵션이 적용되어 행 인덱스를 구성하는 name 값들이 제외된 상태로 출력된다.

〈예제 2-10〉 Excel 파일로 저장 (File: part2/2.10_to_excel.ipynb(이어서 계속))

```
# index = False
df.to_excel("./data/df_sample_no_index.xlsx", index=False)
```

〈실행 결과〉 ② – Excel 파일 내용 보기 (File: part2/data/df_sample_no_index.xlsx)

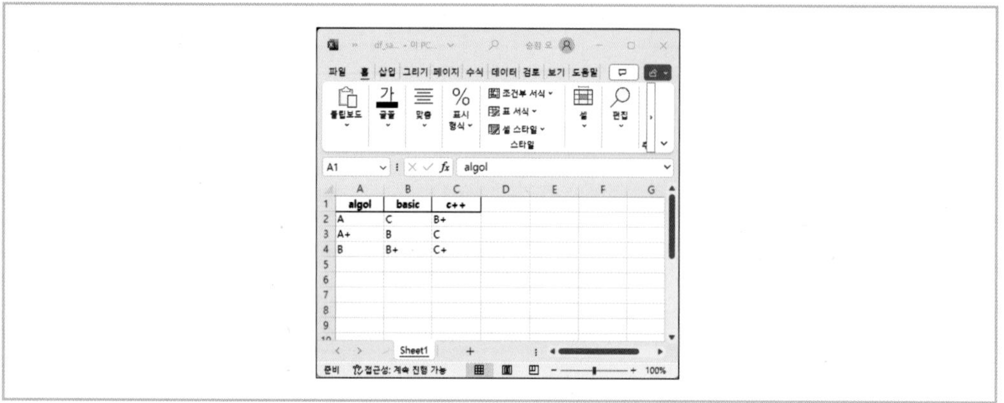

5-4 여러 개의 데이터프레임을 하나의 Excel 파일로 저장

판다스 ExcelWriter() 함수는 Excel 워크북 객체를 생성한다. 워크북 객체는 우리가 알고 있는 Excel 파일이라고 생각하면 된다. 데이터프레임에 to_excel() 메소드를 적용할 때 삽입하려는 워크북 객체(Excel 파일)를 인자로 전달한다. 또한 sheet_name 옵션에 Excel 파일의 시트 이름을 입력하여 삽입되는 시트 위치를 지정할 수 있다. 한편 데이터프레임을 삽입하는 시트 이름을 다르게 설정하면 같은 Excel 파일의 서로 다른 시트에 여러 데이터프레임을 구분하여 저장한다.

데이터프레임 여러 개를 Excel 파일로 저장: `pandas.ExcelWriter( "파일 이름(경로)" )`

〈예제 2-11〉 ExcelWriter() 활용 (File: part2/2.11_excewriter.ipynb)

```
# 라이브러리 불러오기
import pandas as pd

# 판다스 DataFrame() 함수로 데이터프레임 변환. 변수 df1, df2에 저장
data1 = {'name' : [ 'Jerry', 'Riah', 'Paul'],
         'algol' : [ "A", "A+", "B"],
         'basic' : [ "C", "B", "B+"],
          'c++' : [ "B+", "C", "C+"]}

data2 = {'c0':[1,2,3],
         'c1':[4,5,6],
```

```
          'c2':[7,8,9],
          'c3':[10,11,12],
          'c4':[13,14,15]}

df1 = pd.DataFrame(data1)
df1 = df1.set_index('name')       # name 열을 인덱스로 지정
print(df1)
print('\n')

df2 = pd.DataFrame(data2)
df2 = df2.set_index('c0')          # c0 열을 인덱스로 지정
print(df2)

# df1을 'sheet1'으로, df2를 'sheet2'로 저장(엑셀파일명은 "df_excelwriter.xlsx")
with pd.ExcelWriter("./data/df_excelwriter.xlsx") as writer:
    df1.to_excel(writer, sheet_name="sheet1")
    df2.to_excel(writer, sheet_name="sheet2")
```

〈실행 결과〉 ① – IPython 콘솔에 출력되는 화면

```
       algol  basic  c++
name
Jerry    A      C    B+
Riah     A+     B    C
Paul     B      B+   C+



    c1  c2  c3  c4
c0
1    4   7  10  13
2    5   8  11  14
3    6   9  12  15
```

앞의 예제에서 `print()` 명령을 사용하여 두 데이터프레임 df1, df2의 내용이 Jupyter Notebook 환경에서 출력된다. `ExcelWriter()` 함수로 생성한 워크북 객체를 with 구문을 사용하여 writer 변수에 저장하고, "./data/df_excelwriter.xlsx"라는 파일 경로에 Excel 파일로 저장한다. df1과 df2에 `to_excel()` 메소드를 적용하면서 sheet_name 옵션을 다르게 입력하여, writer 변수가 가리키는 Excel 파일(워크북 객체)의 서로 다른 시트에 각각 구분하여 삽입한다. 다음 실행 결과와 같이 폴더에 저장된 Excel 파일을 실행하여 열어보면, df1의 내용은 sheet1에 삽입되고 df2의 내용은 sheet2에 삽입된 것을 볼 수 있다.

〈실행 결과〉 ② – Excel 파일 내용 보기 (File : part2/data/df_excelwriter.xlsx)

sheet1

name	algol	basic	c++
Jerry	A	C	B+
Riah	A+	B	C
Paul	B	B+	C+

sheet2

c0	c1	c2	c3	c4
1	4	7	10	13
2	5	8	11	14
3	6	9	12	15

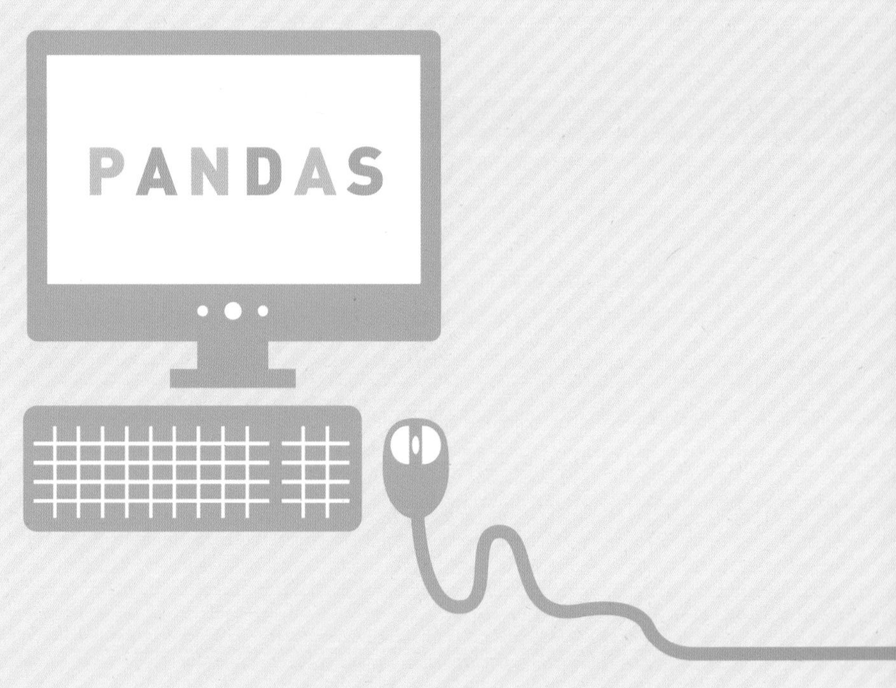
PANDAS

PART

3

데이터 살펴보기

1 데이터프레임의 구조

UCI 머신러닝 저장소에서 제공하는 자동차 연비(auto mpg) 데이터셋†을 사용한다. 이 데이터셋은 연비, 실린더 수, 배기량, 출력, 차중, 가속능력, 출시년도, 제조국, 모델명에 관한 데이터 398개로 구성된다. 데이터셋 URL에 접속하여 직접 다운로드할 수도 있지만, 예제에서는 자료실의 CSV 파일‡을 다운로드해서 사용하는 것을 가정한다.

No.	속성(attributes)		데이터 상세(범위)
1	mpg	연비	연속 값
2	cylinders	실린더 수	이산 값(예시: 3, 4, 6, 8)
3	displacement	배기량	연속 값
4	horsepower	출력	연속 값
5	weight	차중	연속 값
6	acceleration	가속능력	연속 값
7	model_year	출시년도	이산 값(예: 70, 71, 80, 81)
8	origin	제조국	이산 값(예: 1(USA), 2(EU), 3(JPN))
9	name	모델명	문자열

[표 3-1] UCI 데이터셋 - "auto mpg" 상세 항목

데이터프레임은 파이썬 클래스로 만들어진다. 데이터프레임 클래스에는 데이터프레임의 크기, 데이터 구성 항목, 자료형, 통계 수치 등 여러 정보를 확인할 수 있는 속성과 메소드가 포함된다.

1-1 데이터 내용 미리보기

데이터프레임으로 정리된 데이터셋을 처음 접할 때 가장 먼저 실행하는 판다스 명령은 head() 메소드일 가능성이 높다. head() 메소드는 데이터프레임의 앞부분 일부 내용을 출력한다. 데이

† [출처] https://archive.ics.uci.edu/ml/datasets/auto+mpg(Dua, D. and Karra Taniskidou, E. (2017). UCI Machine Learning Repository[http://archive.ics.uci.edu/ml]. Irvine, CA: University of California, School of Information and Computer Science)

‡ [저장소] File: part3/auto-mpg.csv

터셋의 내용과 구조를 개략적으로 살펴볼 수 있기 때문에 분석 방향을 정하는 데 필요한 정보를 얻을 수 있다. 또한 데이터프레임이 너무 커서 한 화면에 출력하기 어려울 때 사용해도 좋다. 데이터프레임의 마지막 부분의 내용을 보고 싶다면, `tail()` 메소드를 사용한다.

`head()` 메소드 인자로 정수 n을 전달하면 처음 n개의 행을 보여준다. 반면 `tail()` 메소드에 정수 n을 입력하면 마지막 n개의 행을 보여준다. 한편 정수 n을 입력하지 않고 `head()`와 같이 입력하면 처음 또는 마지막 5개 행을 보여준다(디폴트값: n=5).

- **앞부분 미리보기: `DataFrame 객체.head(n)`**
- **뒷부분 미리보기: `DataFrame 객체.tail(n)`**

다음 예제는 자료실에서 다운로드한 CSV 파일을 `read_csv()` 함수로 읽은 뒤에, 데이터프레임의 내용을 살펴보는 과정을 설명한다. 내용을 살펴보기 전에, `df.columns` 속성을 이용하여 열 이름의 배열을 순서에 맞춰서 지정한다. 그리고 데이터프레임에 `head()` 메소드를 적용하여 첫 5행을 출력하여 내용과 구조를 살펴보자. 모두 9개의 열로 구성되어 있다.

〈예제 3-1〉 데이터 살펴보기 (File: part3/3.1_exploratory_analysis.ipynb)

```python
import pandas as pd

# read_csv() 함수로 df 생성
df = pd.read_csv('./data/auto-mpg.csv', header=None)

# 열 이름을 지정
df.columns = ['mpg','cylinders','displacement','horsepower','weight',
              'acceleration','model year','origin','name']

# 데이터프레임 df의 내용을 일부 확인(처음 5개의 행)
df.head()
```

〈실행 결과〉

```
    mpg  cylinders  displacement  horsepower  weight  acceleration  \
0  18.0          8         307.0       130.0  3504.0          12.0
1  15.0          8         350.0       165.0  3673.0          11.5
2  18.0          8         318.0       150.0  3436.0          11.0
3  16.0          8         304.0       150.0  3433.0          12.0
4  17.0          8         302.0       140.0  3449.0          10.5
```

```
   modelyear  origin                       name
0         70       1  chevrolet chevelle malibu
1         70       1          buick skylark 320
2         70       1         plymouth satellite
3         70       1              amc rebel sst
4         70       1                ford torino
```

tail() 메소드를 적용하여 마지막 5행을 출력해 보자. 행 인덱스 393~397 까지 5개의 행이 출력된다.

〈예제 3-1〉 데이터 살펴보기 (File: part3/3.1_exploratory_analysis.ipynb(이어서 계속))

```
# 마지막 5개의 행
df.tail()
```

〈실행 결과〉

```
      mpg  cylinders  displacement  horsepower  weight  acceleration
393  27.0          4         140.0       86.00  2790.0          15.6
394  44.0          4          97.0       52.00  2130.0          24.6
395  32.0          4         135.0       84.00  2295.0          11.6
396  28.0          4         120.0       79.00  2625.0          18.6
397  31.0          4         119.0       82.00  2720.0          19.4

     modelyear  origin             name
393         82       1  ford mustang gl
394         82       2        vw pickup
395         82       1    dodge rampage
396         82       1      ford ranger
397         82       1       chevy s-10
```

1-2 데이터 요약 정보 확인하기

● 데이터프레임의 크기(행, 열)

데이터프레임 클래스의 shape 속성은 행과 열의 개수를 투플 형태로 보여준다. 예제에서 변수 df에 저장된 데이터프레임의 크기(행의 개수, 열의 개수)를 확인하려면 df.shape라고 입력한다.

데이터프레임의 크기 확인: `DataFrame 객체.shape`

〈예제 3-1〉 데이터 살펴보기 (File: part3/3.1_exploratory_analysis.ipynb(이어서 계속))

```
# df의 모양과 크기 확인: (행의 개수, 열의 개수)를 투플로 반환
df.shape
```

〈실행 결과〉

```
(398, 9)
```

데이터프레임의 크기를 출력하면 (398, 9)와 같이 투플 형태로 행과 열의 개수를 보여준다. 따라서 UCI 자동차 연비 데이터셋은 398개의 행과 9개의 열로 만들어진 것을 알 수 있다.

● 데이터프레임의 기본 정보

info() 메소드를 데이터프레임에 적용하면 데이터프레임에 관한 기본 정보를 화면에 출력한다. 클래스 유형, 행 인덱스의 구성, 열 이름의 종류와 개수, 각 열의 자료형과 개수, 메모리 할당량에 관한 정보가 포함된다. 데이터프레임 df의 기본 정보를 확인하는 명령은 df.info()다.

데이터프레임의 기본 정보 출력: DataFrame 객체.info()

〈예제 3-1〉 데이터 살펴보기 (File: part3/3.1_exploratory_analysis.ipynb(이어서 계속))

```
# 데이터프레임 df의 내용 확인
df.info()
```

〈실행 결과〉

```
<class 'pandas.core.frame.DataFrame'>
RangeIndex: 398 entries, 0 to 397
Data columns (total 9 columns):
 #   Column        Non-Null Count  Dtype
---  ------        --------------  -----
 0   mpg           398 non-null    float64
 1   cylinders     398 non-null    int64
 2   displacement  398 non-null    float64
 3   horsepower    398 non-null    object
 4   weight        398 non-null    float64
 5   acceleration  398 non-null    float64
 6   model year    398 non-null    int64
 7   origin        398 non-null    int64
 8   name          398 non-null    object
dtypes: float64(4), int64(3), object(2)
memory usage: 28.1+ KB
```

첫 행에 데이터프레임 df의 클래스 유형인 'pandas.core.frame.DataFrame'이 출력된다. 398개의 행 인덱스(0~397)와 9개의 열에 관한 정보가 있다. 이어서, 각 열의 이름과 데이터 개수(Non-Null: 누락 데이터가 아닌 유효한), 자료형이 출력된다. 자료형(실수형 4개, 정수형 3개, 문자열 2개)과 메모리 사용량(28.1+ KB)이 표시된다.

판다스 자료형(data type)

판다스는 numpy를 기반으로 만들어졌기 때문에 numpy에서 사용하는 자료형을 기본적으로 사용할 수 있다. 파이썬의 기본 자료형과 비슷하지만, 시간을 나타내는 datetime64와 같은 자료형이 있다는 점에서 일부 차이가 있다.

판다스 자료형	파이썬 자료형	비고
int64	int	정수형 데이터
float64	float	실수형 데이터(소수점이 있는 수)
object[1]	string	문자열 데이터
bool	boolean	불린 데이터(True, False)
datetime64, timedelta64	없음(datetime 라이브러리 활용)	시간 데이터

[표 3-2] 판다스 자료형의 종류

앞에서 살펴본 info() 메소드를 사용하지 않고 데이터프레임 클래스의 dtypes 속성을 활용하여 각 열의 자료형을 확인할 수 있다.

〈예제 3-1〉 데이터 살펴보기 (File: part3/3.1_exploratory_analysis.ipynb(이어서 계속))

```
# 데이터프레임 df의 자료형 확인
df.dtypes
```

〈실행 결과〉

```
mpg              float64
cylinders          int64
displacement     float64
horsepower        object
```

1) 'object' 자료형은 [표 3-2]에서 설명한 것처럼 주로 텍스트 데이터(문자열)를 처리할 때 사용한다. 특정 열이 문자열을 포함하고 있으면 그 열의 자료형은 'object'로 설정된다. 하나의 열에 문자열뿐만 아니라 다른 자료형(예: 숫자, 불린)이 섞여 있는 경우에도 'object'로 표시된다. 이처럼 'object' 자료형은 다양한 데이터를 포함할 수 있기 때문에 유연하지만, 이로 인해 데이터 처리가 더 복잡해지거나 더 많은 메모리를 사용하는 등 성능이 저하될 수 있다. 따라서, 큰 데이터셋을 다룰 때는 단일 자료형을 사용하는 것을 고려해야 한다.

```
weight          float64
acceleration    float64
model year        int64
origin            int64
name             object
dtype: object
```

특정 열을 선택하면 시리즈 객체가 추출되는데, 시리즈 객체의 dtypes 속성을 활용하면 해당 열을 구성하는 데이터 자료형을 확인할 수 있다. **'mpg'** 열은 실수형('float64')임을 알 수 있다.

〈예제 3-1〉 데이터 살펴보기 (File: part3/3.1_exploratory_analysis.ipynb(이어서 계속))

```
# 시리즈(mog 열)의 자료형 확인
df['mpg'].dtypes
```

〈실행 결과〉[2]

```
dtype('float64')
```

● 데이터프레임의 기술 통계 정보 요약

데이터프레임에 describe() 메소드를 적용하면, 산술(숫자) 데이터를 갖는 열에 대한 주요 기술 통계 정보(평균, 표준편차, 최댓값, 최솟값, 중앙값 등)를 요약하여 출력한다.

데이터프레임의 기술 통계 정보 요약: **DataFrame 객체.describe()**

다음 예제를 보면 숫자형(int, float) 데이터에 대해서만 요약 통계가 출력되는 것을 볼 수 있다.

〈예제 3-1〉 데이터 살펴보기 (File: part3/3.1_exploratory_analysis.ipynb(이어서 계속))

```
# 데이터프레임 df의 요약 통계정보 확인
df.describe()
```

〈실행 결과〉

```
              mpg   cylinders  displacement       weight     \
count  398.000000  398.000000    398.000000   398.000000
mean    23.514573    5.454774    193.425879  2970.424623
```

2) 판다스에서 사용되는 자료형 float64, float32 등의 뒤에 붙는 숫자는 해당 데이터 타입의 메모리 크기를 비트 단위로 나타낸 것이다. 숫자는 그 데이터 타입이 사용하는 메모리의 양과 정밀도를 나타내며, 숫자가 클수록 메모리 양이 커지는 대신 컴퓨터가 수를 더욱 정확하게 표현할 수 있다. 따라서, 큰 데이터셋을 처리할 때는 메모리 사용량을 줄이기 위해 float32를 사용하고, 고정밀 계산이 필요할 때는 float64를 사용할 수 있다.

```
std       7.815984    1.701004    104.269838   846.841774
min       9.000000    3.000000     68.000000  1613.000000
25%      17.500000    4.000000    104.250000  2223.750000
50%      23.000000    4.000000    148.500000  2803.500000
75%      29.000000    8.000000    262.000000  3608.000000
max      46.600000    8.000000    455.000000  5140.000000

       acceleration  model year      origin
count    398.000000  398.000000  398.000000
mean      15.568090   76.010050    1.572864
std        2.757689    3.697627    0.802055
min        8.000000   70.000000    1.000000
25%       13.825000   73.000000    1.000000
50%       15.500000   76.000000    1.000000
75%       17.175000   79.000000    2.000000
max       24.800000   82.000000    3.000000
```

문자열 등 산술 데이터가 아닌 열에 대한 정보를 포함하고 싶을 때는 include='all' 옵션을 추가한다. 다음 예제의 실행 결과를 보면 문자열 데이터가 들어 있는 'name' 열의 unique(고유값 개수), top(최빈값), freq(빈도수)에 대한 정보가 추가된다. 하지만, 산술 데이터를 가진 열에 대해서는 앞의 세 가지 추가되는 항목에 유효한 값이 없다는 뜻을 가진 NaN 값이 반환된다.

〈예제 3-1〉 데이터 살펴보기 (File: part3/3.1_exploratory_analysis.ipynb(이어서 계속))

```
# 데이터프레임의 모든 열(숫자형, 문자열 등)을 포함
df.describe(include='all')
```

〈실행 결과〉

```
               mpg   cylinders  displacement  horsepower       weight
count   398.000000  398.000000    398.000000         398   398.000000
unique         NaN         NaN           NaN          94          NaN
 top           NaN         NaN           NaN       150.0          NaN
freq           NaN         NaN           NaN          22          NaN
mean     23.514573    5.454774    193.425879         NaN  2970.424623
std       7.815984    1.701004    104.269838         NaN   846.841774
min       9.000000    3.000000     68.000000         NaN  1613.000000
25%      17.500000    4.000000    104.250000         NaN  2223.750000
50%      23.000000    4.000000    148.500000         NaN  2803.500000
75%      29.000000    8.000000    262.000000         NaN  3608.000000
max      46.600000    8.000000    455.000000         NaN  5140.000000
```

	acceleration	modelyear	origin	name
count	398.000000	398.000000	398.000000	398
unique	NaN	NaN	NaN	305
top	NaN	NaN	NaN	ford pinto
freq	NaN	NaN	NaN	6
mean	15.568090	76.010050	1.572864	NaN
std	2.757689	3.697627	0.802055	NaN
min	8.000000	70.000000	1.000000	NaN
25%	13.825000	73.000000	1.000000	NaN
50%	15.500000	76.000000	1.000000	NaN
75%	17.175000	79.000000	2.000000	NaN
max	24.800000	82.000000	3.000000	NaN

include 옵션은 데이터프레임의 통계 요약에서 어떤 종류의 열을 포함할지 지정하는 데 사용된다. 다음 예제에서는 include='number'를 지정하는데, 숫자형 데이터(int, float)를 가진 열을 선택하여 통계적 요약(평균, 최솟값, 최댓값 등)을 보여준다.

〈예제 3-1〉 데이터 살펴보기 (File: part3/3.1_exploratory_analysis.ipynb(이어서 계속))

```
# 숫자형 데이터(int, float)만을 포함
df.describe(include='number')
```

〈실행 결과〉

	mpg	cylinders	displacement	weight	acceleration	model year	origin
count	398.000000	398.000000	398.000000	398.000000	398.000000	398.000000	398.000000
mean	23.514573	5.454774	193.425879	2970.424623	15.568090	76.010050	1.572864
std	7.815984	1.701004	104.269838	846.841774	2.757689	3.697627	0.802055
min	9.000000	3.000000	68.000000	1613.000000	8.000000	70.000000	1.000000
25%	17.500000	4.000000	104.250000	2223.750000	13.825000	73.000000	1.000000
50%	23.000000	4.000000	148.500000	2803.500000	15.500000	76.000000	1.000000
75%	29.000000	8.000000	262.000000	3608.000000	17.175000	79.000000	2.000000
max	46.600000	8.000000	455.000000	5140.000000	24.800000	82.000000	3.000000

include='object' 옵션을 적용하면, 문자열(object)로 구성된 열에 대해서 count(데이터 개수), unique(고유값 개수), top(최빈값), freq(빈도수)에 대한 정보를 표시한다.

〈예제 3-1〉 데이터 살펴보기 (File: part3/3.1_exploratory_analysis.ipynb(이어서 계속))

```
# 문자열(object)만을 포함
df.describe(include='object')
```

〈실행 결과〉

	horsepower	name
count	398	398
unique	94	305
top	150.0	ford pinto
freq	22	6

include=['number', 'object']와 같이 특정 자료형을 포함하는 열을 선택하는 것도 가능하다. 여기서는 숫자형(number)과 문자열(object)로 구성된 열을 대상으로 요약 정보를 제공한다.

〈예제 3-1〉 데이터 살펴보기 (File: part3/3.1_exploratory_analysis.ipynb(이어서 계속))

```
# 특정 자료형을 포함하는 열만을 선택
df.describe(include=['number', 'object'])
```

〈실행 결과〉

	mpg	cylinders	displacement	horsepower	weight	acceleration	model year	origin	name
count	398.000000	398.000000	398.000000	398	398.000000	398.000000	398.000000	398.000000	398
unique	NaN	NaN	NaN	94	NaN	NaN	NaN	NaN	305
top	NaN	NaN	NaN	150.0	NaN	NaN	NaN	NaN	ford pinto
freq	NaN	NaN	NaN	22	NaN	NaN	NaN	NaN	6
mean	23.514573	5.454774	193.425879	NaN	2970.424623	15.568090	76.010050	1.572864	NaN
std	7.815984	1.701004	104.269838	NaN	846.841774	2.757689	3.697627	0.802055	NaN
min	9.000000	3.000000	68.000000	NaN	1613.000000	8.000000	70.000000	1.000000	NaN
25%	17.500000	4.000000	104.250000	NaN	2223.750000	13.825000	73.000000	1.000000	NaN
50%	23.000000	4.000000	148.500000	NaN	2803.500000	15.500000	76.000000	1.000000	NaN
75%	29.000000	8.000000	262.000000	NaN	3608.000000	17.175000	79.000000	2.000000	NaN
max	46.600000	8.000000	455.000000	NaN	5140.000000	24.800000	82.000000	3.000000	NaN

요약 통계에서 주목해야 할 내용 (EDA 활용팁)

EDA(Exploratory Data Analysis, 탐색적 데이터 분석) 과정에서 `DataFrame.describe()` 메소드를 사용하면 데이터의 기본적인 통계적 특성을 빠르게 파악할 수 있다. EDA는 데이터를 처음 접할 때 데이터의 구조, 분포, 누락 데이터, 이상치 등을 이해하는 초기 단계로, 데이터에 대한 통찰력을 얻고 추후 분석 방향을 설정하는 데 중요하다.

1. 데이터의 전반적인 이해: 데이터의 중심 경향성, 분포, 범위 등을 빠르게 파악할 수 있다.
2. 이상치 탐지: 최솟값(min)과 최댓값(max)을 통해 이상치의 존재 여부를 대략적으로 파악할 수 있다. 예를 들면, 최솟값(min)을 통해서 자동차의 속도, 가격 등이 0보다 작은 음수인 경우 이상치라고 판단할 수 있다. 최댓값(max)을 통해 사람의 나이가 200이라면 실제 200살인지 이상치인지 추가 확인이 필요하다고 판단할 수 있다.
3. 데이터 정제 및 전처리 방향 설정: 평균, 중앙값, 결측값, 이상치 등의 정보를 통해 데이터 정제 및 전처리 방향을 결정하는 데 도움이 된다.
4. 머신러닝 등 데이터 분석 알고리즘 선택: 데이터 자료형 및 분포 등에 기초하여 머신러닝 알고리즘을 선정하는 데 참고할 수 있는 인사이트를 얻을 수 있다(가설 수립 등에 활용).

1-3 데이터 개수 확인

● 각 열의 데이터 개수

`info()` 메소드는 화면에 각 열의 데이터 개수 정보를 출력하지만 반환해 주는 값이 없어서 다시 사용하는 데 어려움이 있다. 반면 `count()` 메소드는 데이터프레임의 각 열이 가지고 있는 데이터 개수를 시리즈 객체로 반환한다. 단, 유효한 값의 개수만을 계산하는 점에 유의한다.

열 데이터 개수 확인: `DataFrame 객체.count()`

다음의 예제에서 `count()` 메소드를 통해 데이터프레임 `df`의 각 열의 데이터 개수를 시리즈 객체로 출력한다. 각 열의 이름이 왼쪽에 표시되고, 각 열의 데이터 개수가 오른쪽에 표시된다.

〈예제 3-2〉 데이터 개수 확인 (File: part3/3.2_exploratory_analysis2.ipynb)

```
import pandas as pd

# read_csv() 함수로 df 생성
df = pd.read_csv('./data/auto-mpg.csv', header=None)

# 열 이름 지정
df.columns = ['mpg','cylinders','displacement','horsepower','weight',
              'acceleration','model year','origin','name']

```

```
# 데이터프레임 df의 각 열이 가지고 있는 원소 개수 확인
df.count()
```

〈실행 결과〉

```
mpg             398
cylinders       398
displacement    398
horsepower      398
weight          398
acceleration    398
model year      398
origin          398
name            398
dtype: int64
```

count() 메소드가 반환하는 객체 타입은 판다스 시리즈임을 확인할 수 있다.

〈예제 3-2〉 데이터 개수 확인 (File: part3/3.2_exploratory_analysis2.ipynb(이어서 계속))

```
# df.count()가 반환하는 객체 타입 출력
type(df.count())
```

〈실행 결과〉

```
pandas.core.series.Series
```

● 각 열의 고유값 개수

value_counts() 메소드는 시리즈 객체의 고유값(unique value) 개수를 세는 데 사용한다. 데이터프레임의 열은 시리즈이므로 value_counts() 메소드로 각 열의 고유값의 종류와 개수를 확인할 수 있다. 고유값이 행 인덱스가 되고, 고유값의 개수가 데이터 값이 되는 시리즈 객체가 만들어진다. dropna=False 옵션을 설정하면 데이터 값 중에서 NaN을 포함하고 개수를 계산한다. 옵션을 따로 지정하지 않으면 dropna=True 옵션이 기본 적용된다. 이때는 NaN이 제외된다.

열 데이터의 고유값 개수: DataFrame 객체["열 이름"].value_counts()

value_counts() 메소드를 'origin' 열에 적용하여 고유값의 종류와 개수를 확인한다. 'origin' 열은 제조국가 데이터를 저장하고 있다. 미국(USA)을 나타내는 고유값 1은 249개, 유럽(EU)을 나타내는 고유값 2는 70개, 일본(JPN)을 나타내는 고유값 3은 79개로 확인된다.

〈예제 3-2〉 데이터 개수 확인 (File: part3/3.2_exploratory_analysis2.ipynb(이어서 계속))

```
# 데이터프레임 df의 특정 열이 가지고 있는 고유값의 개수 확인
unique_values = df['origin'].value_counts()
unique_values
```

〈실행 결과〉

```
origin
1  249
3   79
2   70
Name: count, dtype: int64
```

고유값의 상대적 비율을 확인하려면 `normalize=True` 옵션을 적용한다. 각 고유값의 개수를 전체 데이터 개수로 나눠서 상대적 구성비를 구하는 방법이다.

〈예제 3-2〉 데이터 개수 확인 (File: part3/3.2_exploratory_analysis2.ipynb(이어서 계속))

```
# 데이터프레임 df의 특정 열이 가지고 있는 고유값의 비율을 확인
unique_values_ratio = df['origin'].value_counts(normalize=True)
unique_values_ratio
```

〈실행 결과〉

```
origin
1  0.625628
3  0.198492
2  0.175879
Name: proportion, dtype: float64
```

소수점이 있는 숫자로 표시된 실행 결과를 백분율(%)로 변환할 필요가 있을 때가 있다. 이 경우, 위의 시리즈 객체에 숫자 100을 곱하는 방식을 주로 사용한다. 다음 예제에서는 **round**(1) 메소드를 적용하여 소수점 이하 첫째 자리로 반올림하고 있다.

〈예제 3-2〉 데이터 개수 확인 (File: part3/3.2_exploratory_analysis2.ipynb(이어서 계속))

```
# 데이터프레임 df의 특정 열이 가지고 있는 고유값의 비율을 확인(백분율로 변환)
unique_values_percentage = ( df['origin'].value_counts(normalize=True) * 100 ).round(1)
unique_values_percentage
```

〈실행 결과〉

```
origin
1   62.6
3   19.8
2   17.6
Name: proportion, dtype: float64
```

❷ 통계 함수 적용

2-1 평균값

데이터프레임에 mean() 메소드를 적용하면 산술 데이터를 갖는 모든 열의 평균값을 각각 계산하여 시리즈 객체로 반환한다. 데이터프레임의 특정 열을 선택하여 평균값을 계산할 수도 있다.

- **모든 열의 평균값:** `DataFrame 객체.mean()`
- **특정 열의 평균값:** `DataFrame 객체["열 이름"].mean()`

예제를 통해 데이터프레임 각 열의 평균값을 계산한다. 코드 11라인에서 df.mean(numeric_only=True) 명령을 사용하여 산술 데이터를 가진 7개 열에 대한 각각의 평균값을 계산한다. 데이터프레임에 산술 데이터가 아닌 문자열(object) 데이터를 가진 열이 있기 때문에 numeric_only=True 옵션을 적용하지 않으면 타입 에러(TypeError: Could not convert …)가 발생한다.

코드 13~14라인은 특정 열 1개('mpg')를 선택하여 평균값을 계산하고, 코드 16라인은 2개 열의 평균값을 각각 계산한다. 이때 적용하는 'mpg', 'weight' 열의 경우 숫자형 데이터이기 때문에 numeric_only=True 옵션을 적용하지 않아도 실행된다.

〈예제 3-3〉 통계 함수 (File: part3/3.3_exploratory_analysis3.ipynb)

```
1  import pandas as pd
2  
3  # read_csv() 함수로 df 생성
4  df = pd.read_csv('./data/auto-mpg.csv', header=None)
5  
6  # 열 이름을 지정
7  df.columns = ['mpg','cylinders','displacement','horsepower','weight',
8                'acceleration','model year','origin','name']
```

```
# 평균값
print(df.mean(numeric_only=True))
print('\n')
print(df['mpg'].mean())
print(df.mpg.mean())
print('\n')
print(df[['mpg','weight']].mean())
```

〈실행 결과〉

```
mpg                 23.514573
cylinders            5.454774
displacement       193.425879
weight            2970.424623
acceleration        15.568090
model year          76.010050
origin               1.572864
dtype: float64


23.514572864321615
23.514572864321615


mpg         23.514573
weight    2970.424623
dtype: float64
```

2-2 중앙값

데이터프레임에 median() 메소드를 적용하면 산술 데이터를 갖는 모든 열의 중앙값을 계산하여 시리즈로 반환한다. 데이터프레임의 특정 열을 선택하여 중앙값을 계산할 수도 있다.

- **모든 열의 중앙값:** DataFrame 객체.**median()**
- **특정 열의 중앙값:** DataFrame 객체["열 이름"].**median()**

예제 코드 18라인에서 df.median(numeric_only=True) 메소드는 산술 데이터를 가진 7개 열의 중앙값을 계산한다. 열 이름이 인덱스가 되고 각 열의 중앙값을 데이터로 갖는 시리즈를 반환한다. 코드 20라인의 df['mpg'].median() 명령은 mpg 열의 중앙값인 23.0을 출력한다(연비: 갤론당 23.0마일 주행).

〈예제 3-3〉 통계 함수 (File: part3/3.3_exploratory_analysis3.ipynb(이어서 계속))

```
17  # 중앙값
18  print(df.median(numeric_only=True))
19  print('\n')
20  print(df['mpg'].median())
```

〈실행 결과〉

```
mpg               23.0
cylinders          4.0
displacement     148.5
weight          2803.5
acceleration      15.5
model year        76.0
origin             1.0
dtype: float64


23.0
```

2-3 최댓값

데이터프레임에 max() 메소드를 적용하면 데이터프레임의 각 열이 갖는 데이터 값 중에서 최댓값을 계산하여 시리즈로 반환한다. 데이터프레임의 특정 열을 선택하여 계산할 수도 있다.

- **모든 열의 최댓값: DataFrame 객체.max()**
- **특정 열의 최댓값: DataFrame 객체["열 이름"].max()**

예제 코드 22라인의 **max**(numeric_only=True) 메소드는 산술 데이터를 가진 7개 열에 대해 가장 큰 숫자를 찾아서 최댓값으로 반환한다. 문자열(object) 데이터를 가진 'horsepower' 열과 'name' 열에 대해서는 계산하지 않는다. 한편 24라인처럼 특정 열의 최댓값을 구할 수 있는데, 'mpg' 열의 경우 최댓값은 46.6이다(연비: 갤론당 46.6마일 주행).

〈예제 3-3〉 통계 함수 (File: part3/3.3_exploratory_analysis3.ipynb(이어서 계속))

```
21  # 최댓값
22  print(df.max(numeric_only=True))
23  print('\n')
24  print(df['mpg'].max())
```

〈실행 결과〉

```
mpg              46.6
cylinders         8.0
displacement    455.0
weight         5140.0
acceleration     24.8
model year       82.0
origin            3.0
dtype: float64


46.6
```

2-4 최솟값

데이터프레임에 min() 메소드를 적용하면 데이터프레임의 각 열이 갖는 데이터 값 중에서 최솟값을 계산하여 시리즈로 반환한다. 데이터프레임의 특정 열을 선택하여 계산할 수도 있다.

- **모든 열의 최솟값:** `DataFrame 객체.min()`
- **특정 열의 최솟값:** `DataFrame 객체["열 이름"].min()`

앞에서 살펴본 max() 메소드와 마찬가지로, min() 메소드에 numeric_only=True 옵션을 적용하면 산술 데이터를 가진 7개 열에 대해 가장 작은 숫자를 찾아 최솟값으로 반환한다. 한편 28 라인처럼 특정 열의 최솟값을 구할 수 있는데, 'mpg' 열의 경우 9.0이다(연비: 갤론당 9.0마일 주행거리). 이때는 숫자형 데이터로만 구성되어 있으므로 numeric_only=True 옵션을 적용할 필요가 없다.

〈예제 3-3〉 통계 함수 (File: part3/3.3_exploratory_analysis3.ipynb(이어서 계속))

```
# 최솟값
print(df.min(numeric_only=True))
print('\n')
print(df['mpg'].min())
```

〈실행 결과〉

```
mpg              9.0
cylinders        3.0
displacement    68.0
weight        1613.0
acceleration     8.0
model year      70.0
origin           1.0
dtype: float64


9.0
```

2-5 표준편차

데이터프레임에 std() 메소드를 적용하면 산술 데이터를 갖는 열의 표준편차를 계산하여 시리즈로 반환한다. 데이터프레임의 특정 열을 선택하여 계산할 수도 있다.

- **모든 열의 표준편차:** DataFrame 객체.std()
- **특정 열의 표준편차:** DataFrame 객체["열 이름"].std()

예제에서 std(numeric_only=True) 메소드는 산술 데이터를 가진 7개 열의 표준편차를 찾아서 시리즈 형태로 반환한다. 문자열 데이터를 가진 2개의 열('horsepower', 'name')에 대해서는 계산하지 않는다. 한편 특정 열이 갖는 데이터 값들의 표준편차를 구할 수도 있다. 'mpg' 열의 표준편차는 약 7.81이다.

〈예제 3-3〉 통계 함수 (File: part3/3.3_exploratory_analysis3.ipynb(이어서 계속))

```
# 표준편차
print(df.std(numeric_only=True))
print('\n')
print(df['mpg'].std())
```

〈실행 결과〉

```
mpg              7.815984
cylinders        1.701004
displacement   104.269838
weight         846.841774
acceleration     2.757689
model year       3.697627
origin           0.802055
dtype: float64


7.815984312565782
```

2-6 상관계수

데이터프레임에 corr() 메소드를 적용하면 두 열 간의 상관계수를 계산한다. 산술 데이터를 갖는 모든 열에 대하여 2개씩 서로 짝을 짓고, 각각의 경우에 대하여 상관계수를 계산한다.

- **모든 열의 상관계수**: `DataFrame 객체.corr()`
- **특정 열의 상관계수**: `DataFrame 객체[열 이름의 리스트].corr()`

다음 예제에서 corr(numeric_only=True) 메소드는 산술 데이터를 가진 7개 열로 짝을 지을 수 있는 모든 경우의 수를 찾아서 두 열(변수) 사이의 상관계수를 구한다. 7개 변수를 각각 행과 열에 위치시켜 7개의 행과 7개의 열을 갖는 데이터프레임을 만들고, 각 경우의 수에 대하여 상관계수를 표시한다. 코드 36라인처럼 2개의 열을 따로 선택하여 상관계수를 구하는 것도 자주 사용된다. 이 경우, 'mpg' 열과 'weight' 열의 상관계수는 -0.83이다(음의 상관관계).

〈예제 3-3〉 통계 함수 (File: part3/3.3_exploratory_analysis3.ipynb(이어서 계속))

```
33  # 상관계수
34  print(df.corr(numeric_only=True))
35  print('\n')
36  print(df[['mpg','weight']].corr())
```

〈실행 결과〉

```
                   mpg   cylinders   ...   model year     origin
mpg           1.000000   -0.775396   ...     0.579267   0.563450
cylinders    -0.775396    1.000000   ...    -0.348746  -0.562543
```

```
displacement    -0.804203     0.950721   ...    -0.370164     -0.609409
weight          -0.831741     0.896017   ...    -0.306564     -0.581024
acceleration     0.420289    -0.505419   ...     0.288137      0.205873
model year       0.579267    -0.348746   ...     1.000000      0.180662
origin           0.563450    -0.562543   ...     0.180662      1.000000

[7 rows x 7 columns]


              mpg        weight
mpg       1.000000    -0.831741
weight   -0.831741     1.000000
```

상관계수(Correlation Coefficient) 이해

상관계수는 두 변수 간의 선형 관계의 강도와 방향을 수치적으로 나타내는 지표이다. 데이터 분석에서 상관계수는 변수들 사이의 관계를 이해하는 데 중요한 도구로 사용된다.

정의: 상관계수는 -1에서 +1 사이의 값을 갖는다. 절대값의 크기는 두 변수 간의 관계의 강도를, 부호는 관계의 방향을 나타낸다. 값의 크기는 기울기를 나타내는 것이 아니고, 데이터 분포가 얼마나 일직선에 가까운지를 나타내는 것이라는 점에 유의한다.

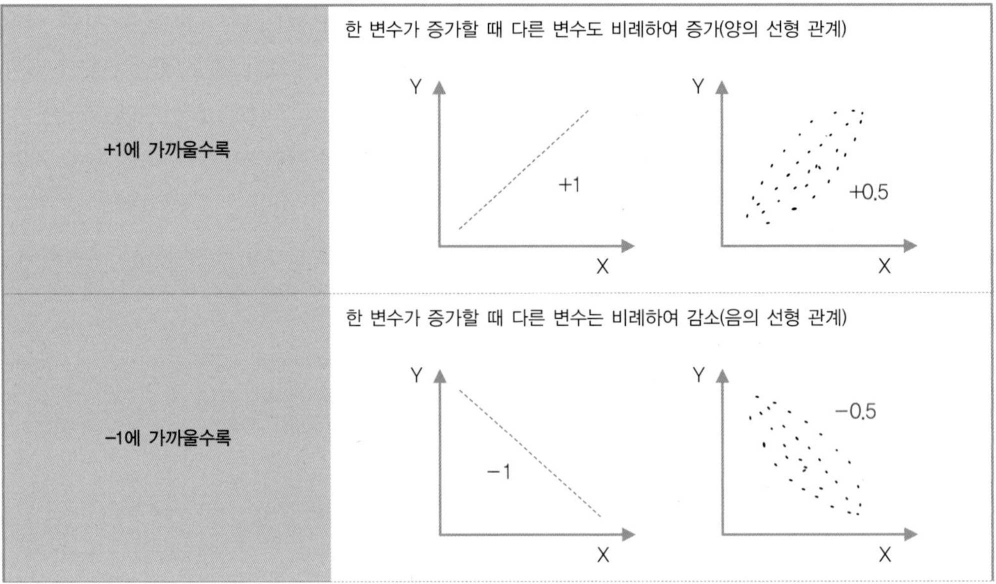

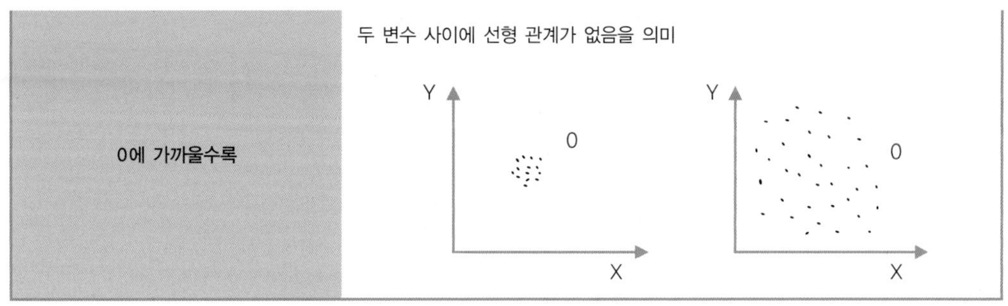

0에 가까울수록
두 변수 사이에 선형 관계가 없음을 의미
Y
0
X
Y
0
X

[표 3-3] 상관계수의 크기

❸ 판다스 내장 그래프 도구 활용

데이터를 그래프로 표현하는 것은 매우 효과적인 정보 전달 방식이다. 그래프를 이용한 시각화 방법은 데이터의 분포와 패턴을 파악하는 데 크게 도움이 된다. 판다스는 Matplotlib 라이브러리의 기능을 일부 내장하고 있어서 별도로 임포트하지 않고도 간단한 그래프를 손쉽게 그릴 수 있다.

판다스 그래프 도구를 사용하는 방법은 간단하다. 시리즈 또는 데이터프레임 객체에 `plot()` 메소드를 적용하여 그래프를 그린다. `kind` 옵션으로 그래프의 종류를 선택할 수 있다.

kind 옵션	설명	kind 옵션	설명
'line'	선 그래프	'kde'	커널 밀도 그래프
'bar'	수직 막대 그래프	'area'	면적 그래프
'barh'	수평 막대 그래프	'pie'	파이 그래프
'hist'	히스토그램	'scatter'	산점도 그래프
'box'	박스 플롯	'hexbin'	고밀도 산점도 그래프

[표 3-4] 판다스 내장 `plot()` 메소드 – 그래프 종류

● 선 그래프

데이터프레임(또는 시리즈) 객체에 `plot()` 메소드를 적용할 때, 다른 옵션을 추가하지 않으면 가장 기본적인 선 그래프를 그린다.

> **선 그래프:** `DataFrame 객체.plot()`

남북한의 발전량 데이터셋[†]을 이용하여 선 그래프를 그린다. Excel 파일[‡]은 깃헙 자료실에서 다운로드한다. 차트 시각화를 위해서 데이터 전처리 작업을 먼저 진행한다. 코드 7라인에서 남북한의 발전량 합계 데이터만을 추출하기 위해 `iloc` 인덱서를 사용하여 2개 행의 데이터를 추출한다. 그리고 코드 10라인에서 행 인덱스(`'South'`, `'North'`)를 설정한다.

〈예제 3-4〉 선 그래프 그리기 (File: part3/3.4_df_plot.ipynb)

```
1  import pandas as pd
2  
3  # 데이터프레임 변환
4  df = pd.read_excel('./data/남북한발전전력량.xlsx')
5  
6  # 남한, 북한 발전량 합계 데이터만 추출
7  df_ns = df.iloc[[0, 5], 3:]
8  
9  # 행 인덱스 변경
10 df_ns.index = ['South','North']
11 
12 # 발전량 데이터의 자료형을 문자열에서 정수형으로 변환
13 df_ns = df_ns.astype(int)
14 
15 # 데이터프레임 출력
16 df_ns.head()
```

〈실행 결과〉

```
       1991  1992  1993  1994  1995  1996  1997  1998  1999  2000 ... 2007  2008     \
South  1186  1310  1444  1650  1847  2055  2244  2153  2393  2664 ... 4031  4224
North   263   247   221   231   230   213   193   170   186   194 ...  236   255


       2009  2010  2011  2012  2013  2014
```

† [출처] KOSIS(통계청, 북한통계:발전 전력량), 2018.7.3.

‡ [저장소] File: part3/data/남북한발전전력량.xlsx

```
South  4336  4747  4969  5096  5171  5220
North   235   237   211   215   221   216

[2 rows x 26 columns]
```

발전량 데이터가 '1186', '1310', … 와 같이 문자열로 저장되어 있기 때문에 코드 13라인의 astype() 메소드를 사용하여 정수형(int) 데이터로 자료형을 변환한다. info() 메소드로 자료형을 확인해보면, 다음과 같이 정수형(int32)으로 변환된 것을 알 수 있다.

〈예제 3-4〉 선 그래프 그리기 (File: part3/3.4_df_plot.ipynb(이어서 계속))

```
17  # 자료형 확인
18  df_ns.info()
```

〈실행 결과〉

```
<class 'pandas.core.frame.DataFrame'>
Index: 2 entries, South to North
Data columns (total 26 columns):
 #    Column    Non-Null Count   Dtype
---   -------   ---------------  -----
0     1991      2 non-null        int32
1     1992      2 non-null        int32
2     1993      2 non-null        int32
3     1994      2 non-null        int32
4     1995      2 non-null        int32
5     1996      2 non-null        int32
6     1997      2 non-null        int32
7     1998      2 non-null        int32
8     1999      2 non-null        int32
9     2000      2 non-null        int32
10    2001      2 non-null        int32
11    2002      2 non-null        int32
12    2003      2 non-null        int32
13    2004      2 non-null        int32
14    2005      2 non-null        int32
15    2006      2 non-null        int32
16    2007      2 non-null        int32
17    2008      2 non-null        int32
18    2009      2 non-null        int32
19    2010      2 non-null        int32
20    2011      2 non-null        int32
```

```
21   2012       2 non-null        int32
22   2013       2 non-null        int32
23   2014       2 non-null        int32
24   2015       2 non-null        int32
25   2016       2 non-null        int32
dtypes: int32(26)
memory usage: 224. 0+ bytes
```

전처리가 끝난 데이터프레임에 `plot()` 메소드를 전달하면 선 그래프를 다음과 같이 생성한다. 이때, 행 인덱스를 x축 데이터로 적용하기 때문에 `df_ns`의 행 인덱스(`'South'`, `'North'`) 값이 x축으로 전달된다. y축 데이터는 각 연도의 발전량 합계가 표시된다.

〈예제 3 4〉 선 그래프 그리기 (File: part3/3.4_df_plot.ipynb(이어서 계속))

```
# 선 그래프 그리기
df_ns.plot()
```

〈실행 결과〉

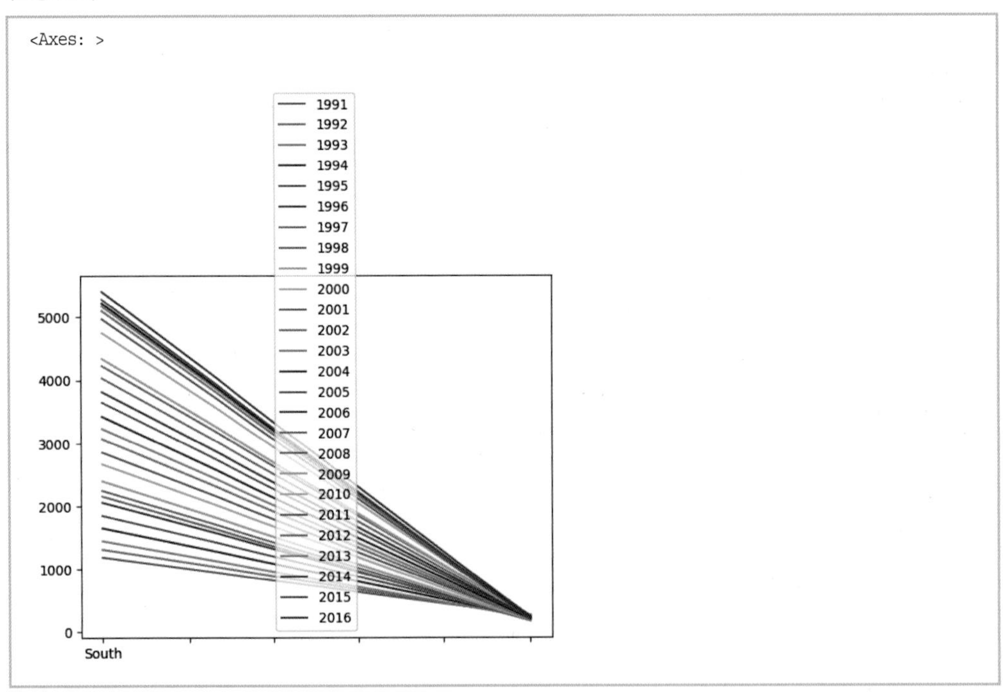

하지만 시간의 흐름에 따른 연도별 발전량 변화 추이를 보기 위해서는 연도 값을 x축에 표시하는 것이 적절하다. 연도 값을 x축으로 바꾸기 위해, 연도 값이 행 인덱스에 위치하도록 행렬을

전치하여 tdf_ns 데이터프레임을 만든다. 그래프를 보면 남한의 발전량은 계속 증가했지만, 북한의 경우 90년대 이후로 발전량에 큰 변화가 없다.

〈예제 3-4〉 선 그래프 그리기 (File: part3/3.4_df_plot.ipynb(이어서 계속))

```
21  tdf_ns = df_ns.T
22  print(tdf_ns.head())
23  print('\n')
24  tdf_ns.plot();
```

〈실행 결과〉

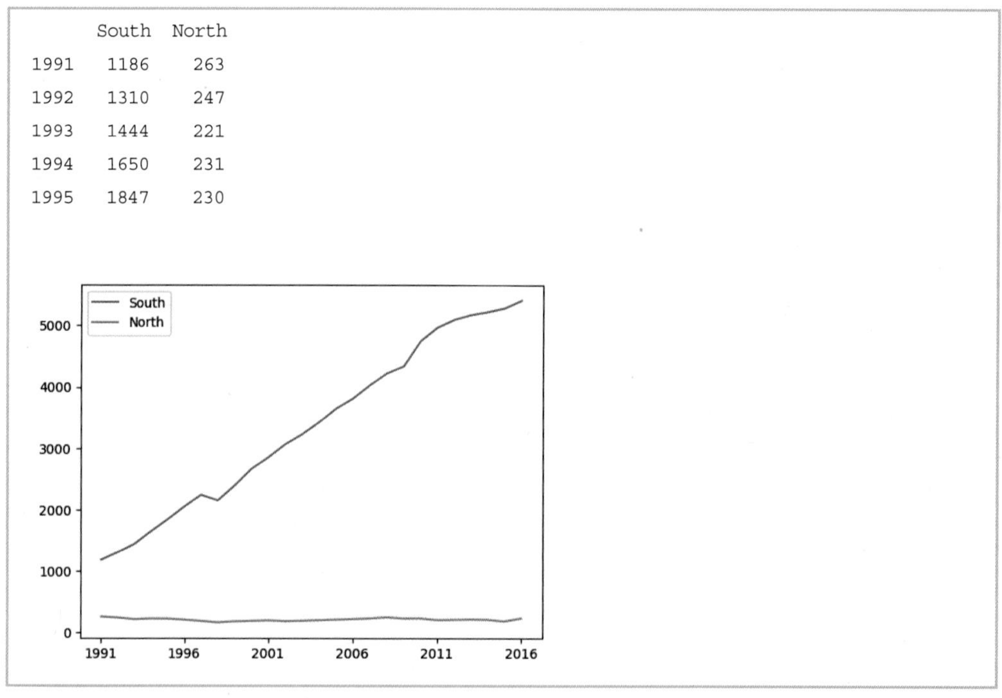

파이썬에서 세미콜론(;)의 역할

파이썬에서는 한 줄에 여러 명령문을 작성할 때 각 문장을 구분하기 위한 용도로 세미콜론(;)을 사용한다.
한편, 코드 24라인의 `tdf_ns.plot();`에서 세미콜론은 `plot()` 함수로부터 반환되는 값(그래프 객체에 대한 참조)의 출력을 억제하는 특별한 역할을 한다. Jupyter Notebook이나 IPython과 같은 대화형 환경에서 `plot()` 함수를 호출하면, 그래프를 그리고 추가적으로 그래프 객체에 대한 메모리 위치나 객체를 나타내는 문자열을 반환한다. 코드 20라인의 실행 결과를 보면 그래프와 더불어 문자열(`<Axes: >`)이 출력되는 것을 볼 수 있다. 그런데 세미콜론을 마지막에 추가하면 이러한 자동 출력을 억제할 수 있고, 순수하게 그래프만 출력하는 효과가 있다.

● 막대 그래프

plot() 메소드로 선 그래프가 아닌 다른 종류의 그래프를 그리려면 kind 옵션에 그래프 종류를 지정한다. 막대 그래프를 그리려면 다음과 같이 kind='bar' 옵션을 추가한다.
데이터프레임의 각 열을 구분하여 각각 별도의 막대로 구분하여 표시된다. 각 열의 값의 차이를 비교하기 유용하다는 장점이 있다.

막대 그래프: `DataFrame 객체.plot(kind='bar')`

남북한 발전량 데이터셋의 연도 값을 x축으로 바꾸기 위해서 행렬을 전치하여 tdf_ns 데이터프레임을 만들고, plot() 메소드에 kind='bar' 옵션을 넣어서 막대 그래프를 그린다. 선 그래프와 비슷하게 남북한의 발전량 규모와 변화 추이를 한 눈에 알아볼 수 있다.

〈예제 3-5〉 막대 그래프 (File: part3/3.5_df_plot_bar.ipynb)

```
import pandas as pd

# 데이터프레임 변환
df = pd.read_excel('./data/남북한발전전력량.xlsx')

# 남한, 북한 발전량 합계 데이터만 추출
df_ns = df.iloc[[0, 5], 3:]

# 행 인덱스 변경
df_ns.index = ['South','North']

# 발전량 데이터의 자료형을 문자열에서 정수형으로 변환
df_ns = df_ns.astype(int)

# 행, 열 전치하여 막대 그래프 그리기
tdf_ns = df_ns.T
print(tdf_ns.head())
print('\n')
tdf_ns.plot(kind='bar');
```

〈실행 결과〉

```
      South  North
1991   1186    263
1992   1310    247
1993   1444    221
```

```
1994    1650     231
1995    1847     230
```

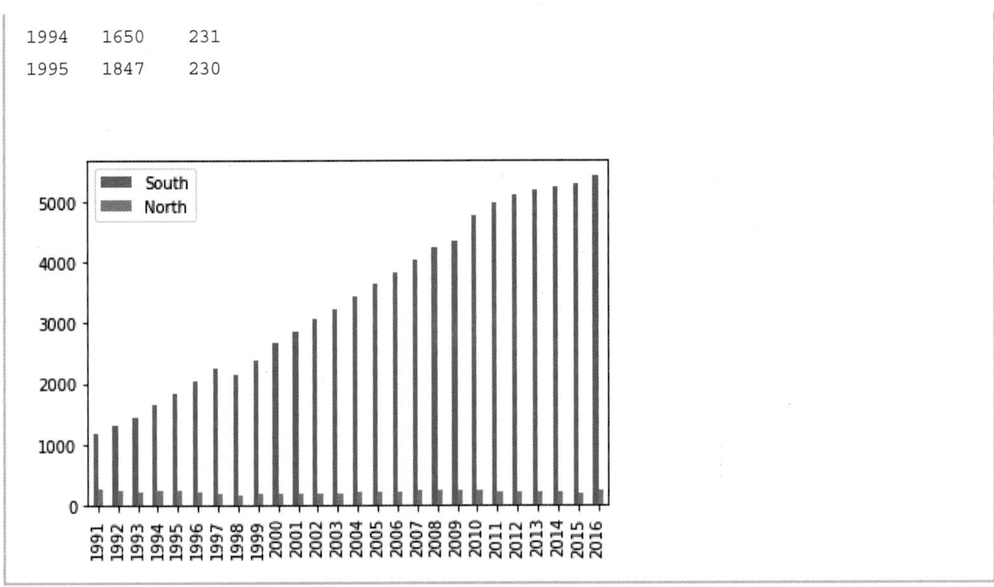

plot() 메소드에 kind='barh' 옵션을 적용하면 수평 막대 그래프를 생성한다. 행 인덱스 배열의 연도 값들이 y축에 표시되고, x축에 남북한의 발전량이 막대 높이로 표시된다.

〈예제 3-5〉 막대 그래프 (File: part3/3.5_df_plot_bar.ipynb(이어서 계속))

```
# 수평 막대 그래프
tdf_ns.plot(kind='barh');
```

〈실행 결과〉

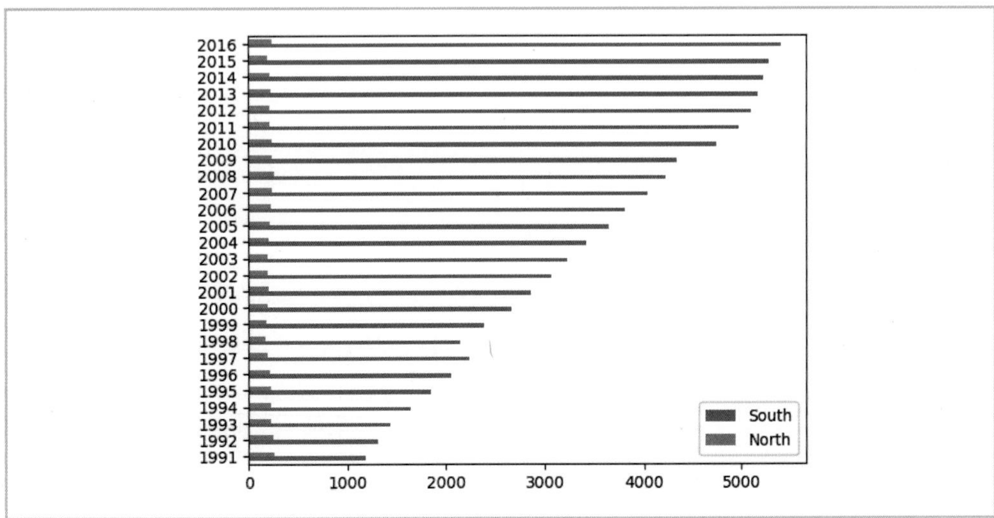

stacked=True 옵션을 적용하면 x축에 순서대로 배치된 데이터프레임의 행에 대해서 각 열에 해당하는 값들을 막대 위에 쌓아서 표시한다. 막대의 총 높이는 해당 행의 모든 열들의 값을 합한 것과 같다. 각 열(카테고리)의 구성 비율을 시각적으로 파악할 수 있다.

〈예제 3-5〉 막대 그래프 (File: part3/3.5_df_plot_bar.ipynb(이어서 계속))

```
# 누적 막대 그래프
tdf_ns.plot(kind='bar', stacked=True);
```

〈실행 결과〉

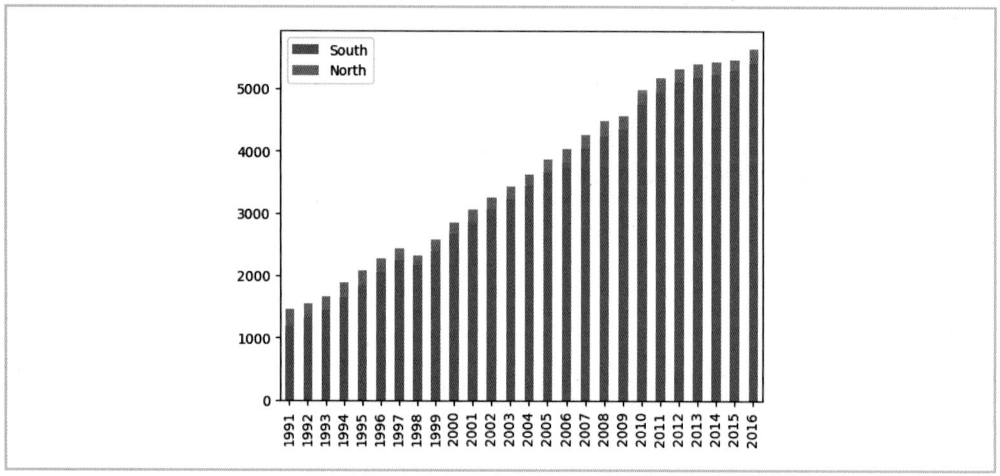

● 히스토그램

이번에는 남북한 발전량에 관한 히스토그램을 그린다. plot() 메소드에 kind='hist' 옵션을 추가한다.

히스토그램: `DataFrame 객체.plot(kind='hist')`

다음 예제에서 히스토그램의 x축은 발전량을 일정한 간격을 갖는 여러 구간으로 나눈 것이고, y축은 연간 발전량이 x축에서 나눈 발전량 구간에 속하는 연도의 수를 빈도로 나타낸 것이다. 북한의 경우 90년대 이후 줄곧 800 미만의 발전량을 기록한 것을 데이터로 확인할 수 있다.

〈예제 3-6〉 히스토그램 (File: part3/3.6_df_plot_hist.ipynb)

```
import pandas as pd

```

```
# 데이터프레임 변환
df = pd.read_excel('./data/남북한발전전력량.xlsx')

# 남한, 북한 발전량 합계 데이터만 추출
df_ns = df.iloc[[0, 5], 3:]

# 행 인덱스 변경
df_ns.index = ['South','North']

# 발전량 데이터의 자료형을 문자열에서 정수형으로 변환
df_ns = df_ns.astype(int)

# 행, 열 전치하여 히스토그램 그리기
tdf_ns = df_ns.T
tdf_ns.plot(kind='hist');
```

〈실행 결과〉

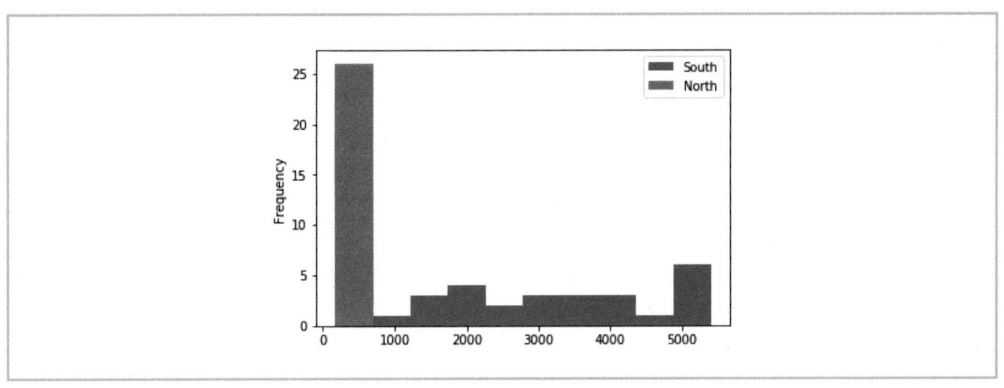

다음 예제와 같이 히스토그램 차트의 서식을 다양하게 표현할 수 있다. 투명도는 0.5로, 그림 크기는 가로 6인치, 세로 2인치로 설정되어 있으며, 그리드가 표시되고 차트 색상은 `'skyblue'`, 테두리 색은 `'black'`이다.

〈예제 3-6〉 히스토그램 (File: part3/3.6_df_plot_hist.ipynb(이어서 계속))

```
# 차트 서식 설정
tdf_ns.plot(kind='hist',
            alpha=0.5,                # 투명도 (0~1)
            figsize=(6, 2),           # 그림 크기 (가로, 세로)
            grid=True,                # 그리드 표시 여부
            color='skyblue',          # 차트 색
            edgecolor='black');       # 테두리 색
```

〈실행 결과〉

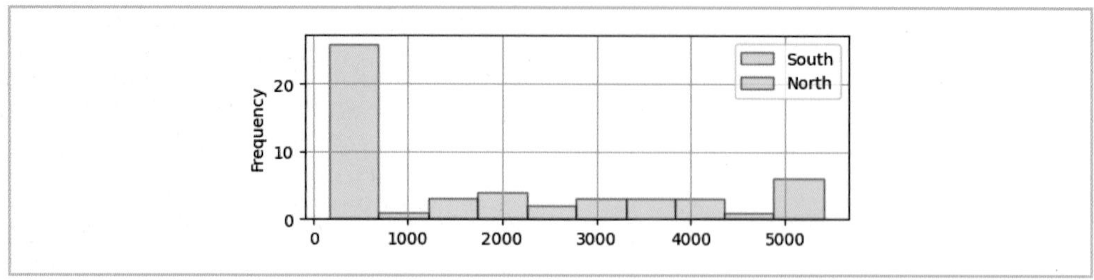

데이터프레임 객체에 `hist()` 메소드를 적용하면 데이터프레임의 모든 수치형 열에 대해 각각 구분하여 히스토그램을 생성하고, 각 열의 데이터 분포를 시각화하여 표시한다.

〈예제 3-6〉 히스토그램 (File: part3/3.6_df_plot_hist.ipynb(이어서 계속))

```
# hist 메소드 활용
tdf_ns.hist(figsize=(6, 2));
```

〈실행 결과〉[3]

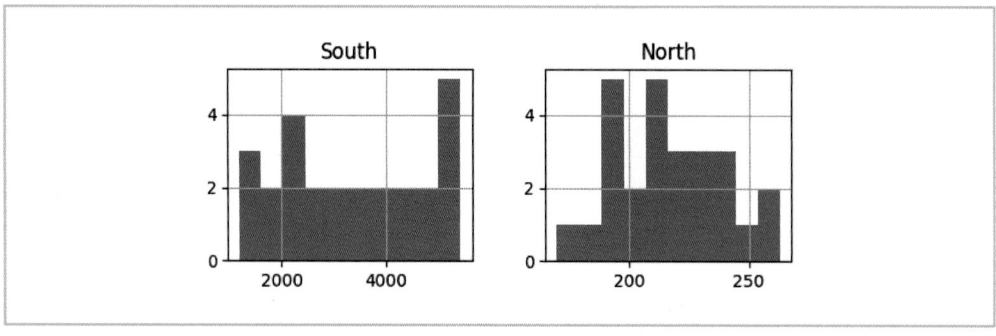

다음 코드는 히스토그램을 그리면서, `bins=20`으로 막대(bin)의 수를 20개로 설정하여 각 구간의 데이터 분포를 세밀하게 파악할 수 있게 한다. 그리고, `grid=False` 옵션을 적용하여 차트 배경에 그리드를 표시하지 않도록 한다.

〈예제 3-6〉 히스토그램 (File: part3/3.6_df_plot_hist.ipynb(이어서 계속))

```
# 차트 서식 설정
tdf_ns.hist(bins=20, grid=False, figsize=(6, 2));
```

---

3) 실행 결과에서 남북한의 히스토그램 분포가 비슷하게 보일 수 있다. y축은 데이터의 빈도 수를 나타내는 것이고, x축은 각 연도의 발전량 합계치를 나타낸다. y축 범위(0~5)는 비슷하지만, x축의 범위는 왼쪽 남한의 경우 1000~5000이고 오른쪽 북한의 경우 170~300으로 큰 차이가 있는 점에 유의해야 한다. 따라서, 두 분포는 크게 차이가 있다고 봐야 한다.

〈실행 결과〉

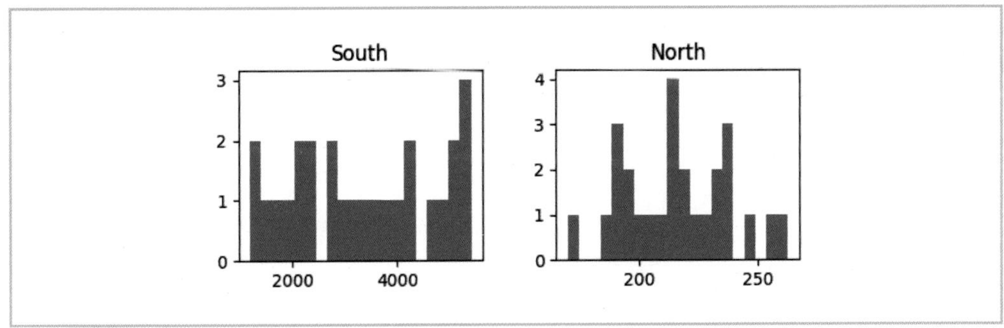

● 산점도

UCI 자동차 연비 데이터셋[†]을 이용하여 두 변수의 관계를 나타내는 산점도를 그린다. 깃헙 자료실에서 CSV 파일[‡]을 다운로드한다. `plot()` 메소드에 `kind='scatter'` 옵션을 넣고, 데이터프레임의 열 중에서 서로 비교할 두 변수를 선택한다. x축에 차량의 무게 데이터를 갖는 `'weight'` 열을 지정하고, y축에는 연비를 나타내는 `'mpg'` 열을 지정한다.

산점도를 보면 차량의 무게(weight)가 클수록 연비(mpg)는 전반적으로 낮아지는 경향을 보인다. 차량의 무게와 연비는 역(-)의 상관관계를 갖는다고 해석할 수 있다.

〈예제 3-7〉 산점도 (File: part3/3.7_df_plot_scatter.ipynb)

```
import pandas as pd

# read_csv() 함수로 df 생성
df = pd.read_csv('./data/auto-mpg.csv', header=None)

# 열 이름을 지정
df.columns = ['mpg','cylinders','displacement','horsepower','weight',
              'acceleration','model year','origin','name']

# 2개의 열을 선택하여 산점도 그리기
df.plot(x='weight',y='mpg', kind='scatter');
```

† [출처] https://archive.ics.uci.edu/ml/datasets/auto+mpg (Dua, D. and Karra Taniskidou, E. (2017). UCI Machine Learning Repository [http://archive.ics.uci.edu/ml]. Irvine, CA: University of California, School of Information and Computer Science.)

‡ [저장소] File: part3/data/auto-mpg.csv

〈실행 결과〉

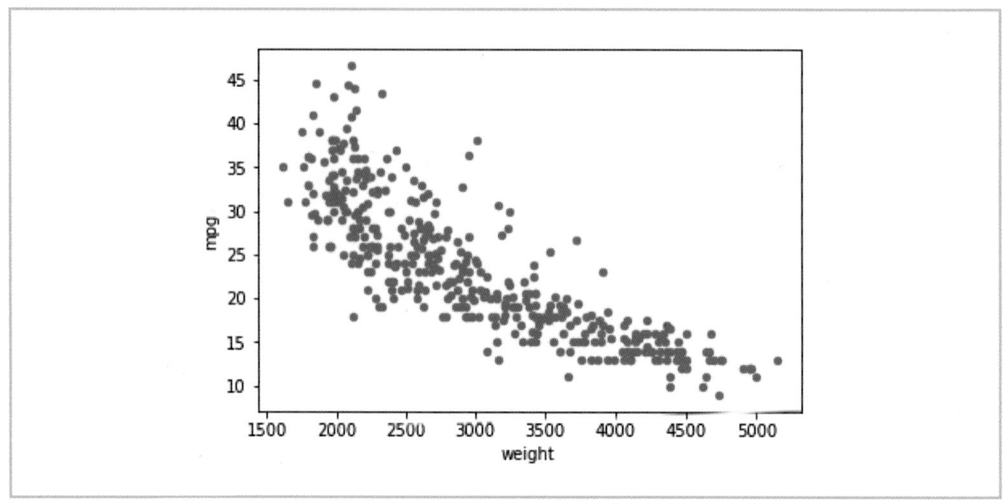

● 박스 플롯

박스 플롯은 특정 변수의 데이터 분포와 분산 정도에 대한 정보를 제공한다. `plot()` 메소드에 `kind='box'` 옵션을 입력한다. 예제에서 연비(`'mpg'` 열) 데이터는 10~45 범위에 넓게 분포되어 있다. 또한 'o' 표시의 이상값(outlier)도 확인된다. 반면, 실린더 개수(`'cylinders'` 열)는 10 미만의 좁은 범위에 몰려 있다. 이처럼 각 변수들의 데이터가 퍼져 있는 정도를 확인할 때 쓰인다.

〈예제 3-8〉 박스 플롯 (File: part3/3.8_df_plot_boxplot.ipynb)

```
import pandas as pd

# read_csv() 함수로 df 생성
df = pd.read_csv('./data/auto-mpg.csv', header=None)

# 열 이름을 지정
df.columns = ['mpg','cylinders','displacement','horsepower','weight',
              'acceleration','model year','origin','name']

# 열을 선택하여 박스 플롯 그리기
df[['mpg','cylinders']].plot(kind='box');
```

〈실행 결과〉

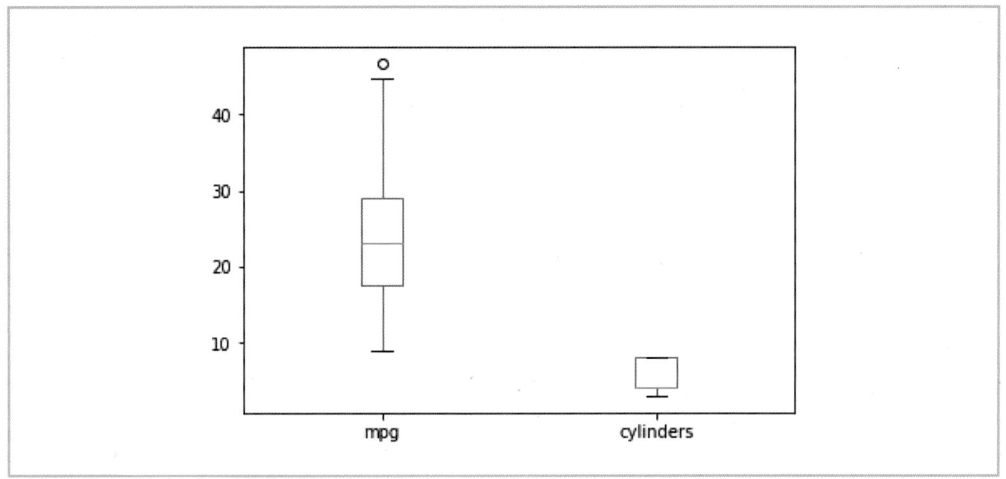

이외에도 다양한 그래프를 판다스 내장 그래프 도구로 그릴 수 있다. 그래프를 그리는 전문적인 시각화 도구에 대해서는 [Part 4]에서 자세하게 설명할 예정이다.

PANDAS

PART 4

시각화 도구

1 Matplotlib - 기본 그래프 도구

데이터 분석에서 다루는 데이터의 종류는 매우 다양하다. 데이터의 크기가 수천, 수만 개를 넘기는 경우도 흔하다. 시각화 도구를 사용하는 이유가 여기에 있다. 그래프를 이용하면 데이터의 구조와 패턴을 파악하기가 용이하다. 또한 다양한 관점에서 데이터에 관한 통찰력을 제공한다. 판다스는 데이터 시각화를 지원하는 내장 기능이 있지만, 풍부한 편이 아니다. 따라서 다른 시각화 전문 도구를 함께 사용하는 것이 좋다. 판다스와 함께 파이썬 환경으로 임포트해서 사용한다.

Matplotlib은 파이썬 표준 시각화 도구라고 부를 수 있을 정도로 그래프에 관한 다양한 포맷과 기능을 지원한다. 객체지향 프로그래밍을 지원하므로 그래프 요소를 세세하게 꾸밀 수 있다. 또한 비교적 사용법을 익히기 쉽다는 점 때문에 실무에서 많이 활용된다.

1-1 선 그래프

선 그래프(line plot)는 연속하는 데이터 값들을 직선 또는 곡선으로 연결하여 데이터 값 사이의 관계를 나타낸다. 특히, 시계열 데이터와 같이 연속적인 값의 변화와 패턴을 파악하는 데 적합하다.

선 그래프를 그릴 데이터셋으로 통계청에서 제공하는 시도 간 인구 이동 데이터셋†을 준비한다. Excel 파일‡은 깃헙 저장소에서 다운로드할 수 있다.

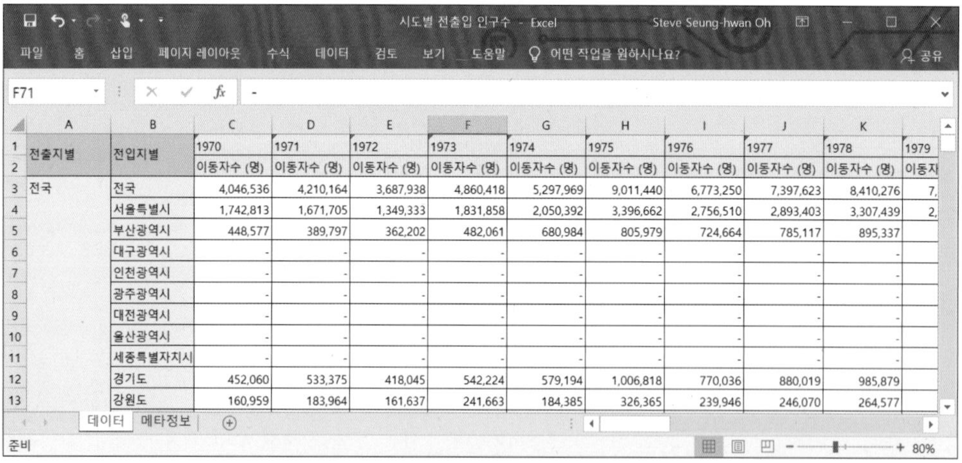

전출지별	전입지별	1970	1971	1972	1973	1974	1975	1976	1977	1978	1979
		이동자수 (명)	이동자수 (명)	이동자수 (명)	이동자수 (명)	이동자수 (명)	이동자수 (명)	이동자수 (명)	이동자수 (명)	이동자수 (명)	이동자
전국	전국	4,046,536	4,210,164	3,687,938	4,860,418	5,297,969	9,011,440	6,773,250	7,397,623	8,410,276	7,
	서울특별시	1,742,813	1,671,705	1,349,333	1,831,858	2,050,392	3,396,662	2,756,510	2,893,403	3,307,439	2,
	부산광역시	448,577	389,797	362,202	482,061	680,984	805,979	724,664	785,117	895,337	
	대구광역시	-	-	-	-	-	-	-	-	-	
	인천광역시	-	-	-	-	-	-	-	-	-	
	광주광역시	-	-	-	-	-	-	-	-	-	
	대전광역시	-	-	-	-	-	-	-	-	-	
	울산광역시	-	-	-	-	-	-	-	-	-	
	세종특별자치시	-	-	-	-	-	-	-	-	-	
	경기도	452,060	533,375	418,045	542,224	579,194	1,006,818	770,036	880,019	985,879	
	강원도	160,959	183,964	161,637	241,663	184,385	326,365	239,946	246,070	264,577	

[그림 4-1] 시도별 전출입 인구수(시도간 인구 이동)

† [출처] KOSIS(통계청, 국내인구 이동통계), 2019. 1. 13

‡ [저장소] File: part4/시도별 전출입 인구수.xlsx

● 기본 사용법

데이터 시각화에 사용할 matplotlib.ipyplot 모듈을 "as plt"와 같이 약칭 plt로 임포트한다. 그리고 시도 간 인구 이동 데이터셋을 가져와 데이터프레임으로 변환한다.

〈예제 4-1〉 선 그래프 (File: part4/4.1_matplotlib_line1.ipynb)

```
# 라이브러리 불러오기
import pandas as pd
import matplotlib.pyplot as plt

# Excel 데이터를 데이터프레임 변환
df = pd.read_excel('./data/시도별_전출입_인구수.xlsx')

# 첫 5행 출력
df.head()
```

〈실행 결과〉

```
   전출지별    전입지별       1970        1971        1972  ...      2013    \
0  전출지별    전입지별  이동자수(명)  이동자수(명)  이동자수(명)  ...  이동자수(명)
1     전국       전국     046536     4210164     3687938  ...    7411784
2     NaN   서울특별시    1742813     1671705     1349333  ...    1520090
3     NaN   부산광역시     448577      389797      362202  ...     478451
4     NaN   대구광역시        -           -           -     ...     351873

         2014        2015        2016        2017
0  이동자수(명)  이동자수(명)  이동자수(명)  이동자수(명)
1     7629098     7755286     7378430     7154226
2     1573594     1589431     1515602     1472937
3      485710      507031      459015      439073
4      350213      351424      328228      321182

5 rows x 50 columns
```

'전출지별' 열에는 누락 데이터(NaN)가 다수 들어 있다. 이 누락 데이터는 Excel 파일에서 병합된 셀을 데이터프레임으로 변환할 때 적절한 값을 찾지 못해서 발생한 것이다. ffill() 메소드를 사용하면 누락 데이터가 들어 있는 행의 바로 앞에 위치한 행의 데이터 값으로 채운다. 예를 들면, 2행의 NaN 값을 1행의 데이터('전국')로 대체할 수 있다.

〈예제 4-1〉 선 그래프 (File: part4/4.1_matplotlib_line1.ipynb(이어서 계속))

```
# 누락값(NaN)을 앞 데이터로 채움(엑셀 양식 병합 부분)
df = df.ffill()
df.head()
```

〈실행 결과〉

```
   전출지별    전입지별       1970        1971        1972  ...        2013     \
0  전출지별    전입지별  이동자수(명)  이동자수(명)  이동자수(명)  ...  이동자수(명)
1      전국        전국     046536     4210164     3687938  ...     7411784
2      전국  서울특별시    1742813     1671705     1349333  ...     1520090
3      전국  부산광역시     448577      389797      362202  ...      478451
4      전국  대구광역시       -           -           -      ...      351873

         2014        2015        2016        2017
0  이동자수(명)  이동자수(명)  이동자수(명)  이동자수(명)
1     7629098     7755286     7378430     7154226
2     1573594     1589431     1515602     1472937
3      485710      507031      459015      439073
4      350213      351424      328228      321182

5 rows x 50 columns
```

다음에는, '전출지별' 열에서 '서울특별시'라는 값을 갖는 데이터만 추출하여 변수 df_seoul에 저장한다. 조건식을 AND(&) 연산자로 결합하면서, '전입지별' 열의 값이 '서울특별시'가 아니라는 제한 조건을 추가한다. 따라서, 서울에서 다른 지역으로 전출(이동)하는 데이터만 남는다. 그리고 '전입지별' 열의 이름을 '전입지'로 바꾸고, '전입지' 열을 df_seoul의 행 인덱스로 지정한다. 이제 전입지를 기준으로 데이터를 선택할 수 있다.

〈예제 4-1〉 선 그래프 (File: part4/4.1_matplotlib_line1.ipynb(이어서 계속))

```
# 서울에서 다른 지역으로 이동한 데이터만 추출하여 정리
mask = (df['전출지별'] == '서울특별시') & (df['전입지별'] != '서울특별시')
df_seoul = df[mask]
df_seoul = df_seoul.drop(['전출지별'], axis=1)
df_seoul.rename({'전입지별':'전입지'}, axis=1)
df_seoul.set_index('전입지')
df_seoul
```

〈실행 결과〉

```
            1970     1971     1972     1973     1974  ...     2013    \
전입지
전국      1448985  1419016  1210559  1647268  1819660  ...  1620640
부산광역시    11568    11130    11768    16307    22220  ...    16153
대구광역시        -        -        -        -        -  ...    10631
인천광역시        -        -        -        -        -  ...    47424
광주광역시        -        -        -        -        -  ...     9129
대전광역시        -        -        -        -        -  ...    13440
울산광역시        -        -        -        -        -  ...     5542
세종특별자치시      -        -        -        -        -  ...     2851
경기도      130149   150313    93333   143234   149045  ...   340801
강원도        9352    12885    13561    16481    15479  ...    20601
충청북도       6700     9457    10853    12617    11786  ...    13783
충청남도      15954    18943    23406    27139    25509  ...    21486
전라북도      10814    13192    16583    18642    16647  ...    14909
전라남도      10513    16755    20157    22160    21314  ...    14187
경상북도      11868    16459    22073    27531    26902  ...    14420
경상남도       8409    10001    11263    15193    16771  ...    14447
제주특별자치도     1039     1325     1617     2456     2261  ...     7828

            2014     2015     2016     2017
전입지
전국      1661425  1726687  1655859  1571423
부산광역시    17320    17009    15062    14484
대구광역시    10062    10191     9623     8891
인천광역시    43212    44915    43745    40485
광주광역시     9759     9216     8354     7932
대전광역시    13403    13453    12619    11815
울산광역시     6047     5950     5102     4260
세종특별자치시   6481     7550     5943     5813
경기도      332785   359337   370760   342433
강원도       21173    22659    21590    21016
충청북도      14244    14379    14087    13302
충청남도      21473    22299    21741    21020
전라북도      14566    14835    13835    13179
전라남도      14591    14598    13065    12426
경상북도      14456    15113    14236    12464
경상남도      14799    15220    13717    12692
제주특별자치도     9031    10434    10465    10404

17 rows x columns
```

df_seoul에서 '전입지'가 '경기도'인 행 데이터를 선택하여 sr_one에 저장한다. 서울에서 경기도로 이동한 인구 데이터를 나타낸다.

〈예제 4-1〉 선 그래프 (File: part4/4.1_matplotlib_line1.ipynb(이어서 계속))

```
20  # 서울에서 경기도로 이동한 인구 데이터 값만 선택
21  sr_one = df_seoul.loc['경기도']
22  sr_one.head()
```

〈실행 결과〉

```
1970    130149
1971    150313
1972     93333
1973    143234
1974    149045
Name: 경기도, dtype: object
```

선 그래프를 그리는 plot() 함수에 입력할 x, y축 데이터를 선택한다. 시리즈의 인덱스를 x축 데이터로, 데이터 값을 y축 데이터로 plot() 함수에 전달한다.

〈예제 4-1〉 선 그래프 (File: part4/4.1_matplotlib_line1.ipynb(이어서 계속))

```
23  # x, y축 데이터를 plot 함수에 입력
24  plt.plot(sr_one.index, sr_one.values)
```

〈실행 결과〉[1]

```
[<matplotlib.lines.Line2D at 0x1dc0d982200>]
```

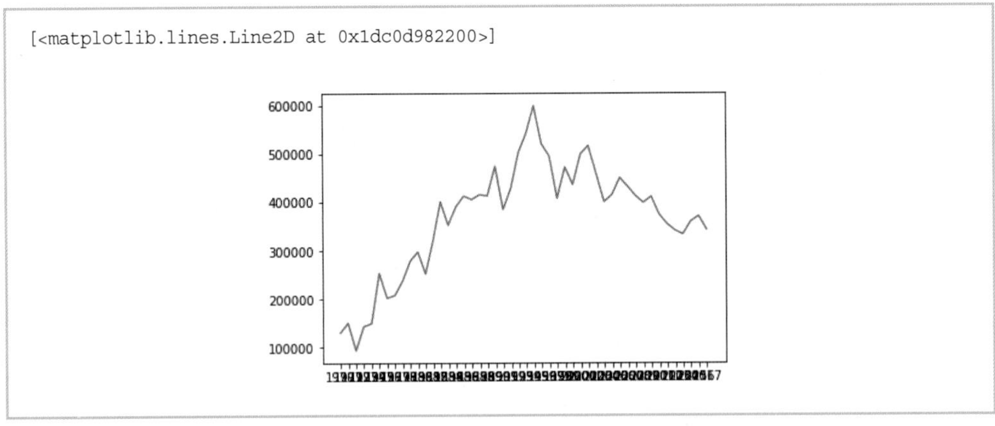

1) 실행 결과에서 코드 24라인의 plot() 함수는 [<matplotlib.lines.Line2D at 0x1dc0d982200>] 객체를 반환한다. 그래프가 화면에 표시되는 이유는 Jupyter Notebook이 실행된 셀의 결과물을 즉각적으로 보여주는 '인라인(inline) 출력 모드'를 기본적으로 사용하기 때문이다. 별도의 출력 명령이 없어도 그래프가 자동으로 노트북의 출력 영역에 표시된다.

시리즈 또는 데이터프레임 객체를 plot() 함수에 직접 입력하는 것도 가능하다. 코드 26라인과 같이 plt.plot(sr_one)으로 입력해도 코드 24라인의 실행 결과와 같은 결과를 얻는다. 코드 27라인의 plt.show() 함수는 명시적으로 시각화된 그래프를 화면에 출력하는 역할을 한다. 내부 그래프 버퍼(임시 메모리)를 초기화하기 때문에 차트를 그리려는 코드의 마지막 부분에 입력하는 것이 좋다. 다음 실행 결과를 보면 객체가 표시되지 않고 그림만 표시된다.

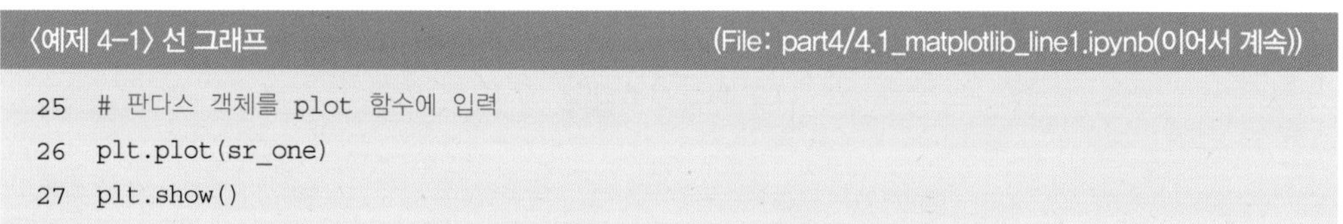

〈예제 4-1〉 선 그래프 (File: part4/4.1_matplotlib_line1.ipynb(이어서 계속))

```
25  # 판다스 객체를 plot 함수에 입력
26  plt.plot(sr_one)
27  plt.show()
```

〈실행 결과〉

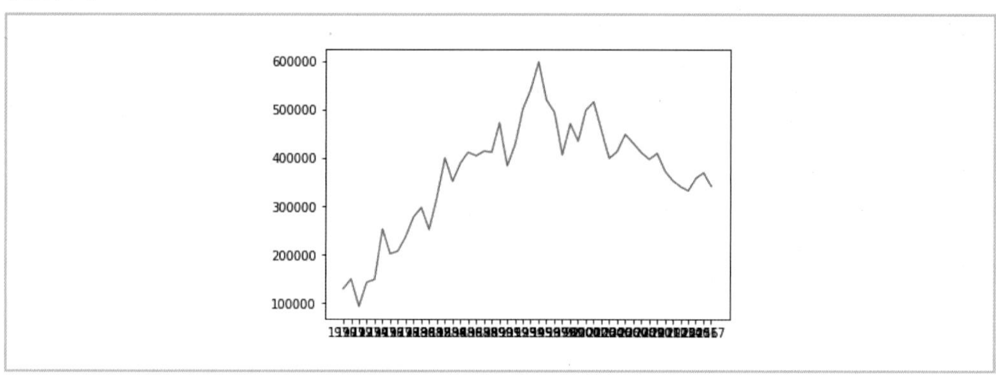

● 차트 제목/축 이름 추가, 선 스타일 지정

그래프 객체에 차트 제목을 추가할 때는 title() 함수를 사용한다. x축 이름은 xlabel() 함수를 이용하고, y축 이름은 ylabel() 함수를 이용하여 추가한다.

코드 22라인에서는 linestyle='--' 옵션을 설정하여, 선 그래프의 선 스타일을 파선(dashed)으로 표시하고 있다. linestyle을 지정하지 않으면 실선(solid)으로 출력된다.

선 스타일	설명
'–' 또는 'solid'	실선
'––' 또는 'dashed'	파선

선 스타일	설명
'-.' 또는 'dashdot'	1점 쇄선
':' 또는 'dotted'	점선
'' 또는 'None'	선 없음

[표 4-1] 선 스타일

〈예제 4-2〉 선 그래프 (File: part4/4.2_matplotlib_line2.ipynb)

```
~~ 생략 (예제 4-1과 동일) ~~

# x, y축 데이터를 plot 함수에 입력
plt.plot(sr_one.index, sr_one.values, linestyle='--')

# 차트 제목 추가
plt.title('서울 -> 경기 인구 이동')

# 축 이름 추가
plt.xlabel('기간')
plt.ylabel('이동 인구수')

plt.show()    # 변경사항 저장하고 그래프 출력
```

〈실행 결과〉

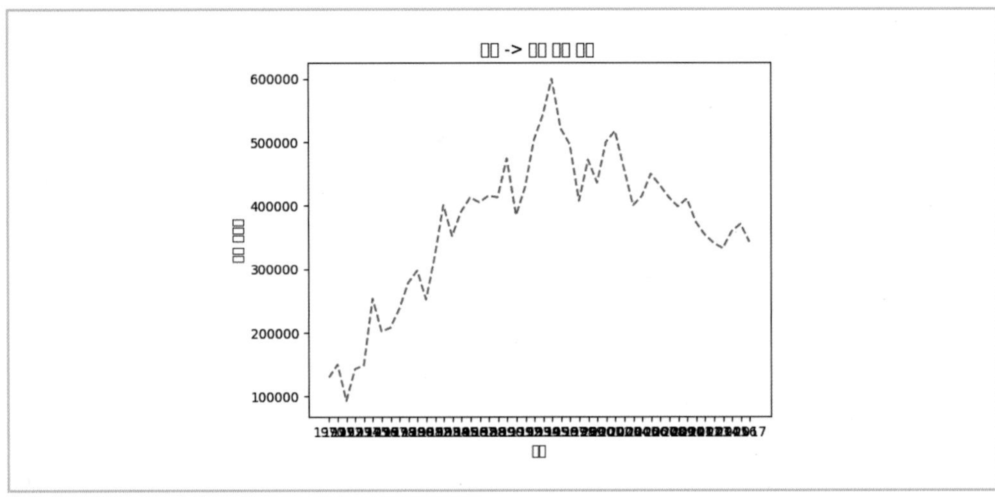

실행 결과에서 축 이름과 차트 제목이 제대로 표시되지 않고 네모 박스로 보이는 문제가 있다. 이처럼 Matplotlib에서는 한글을 사용할 때 글자가 깨지는 현상이 발생한다. 그리고 연도를 나타내는 x축 눈금 라벨의 글씨가 서로 겹쳐서 알아볼 수가 없는 문제도 있다. 다음의 예제를 통해 해결 방법을 찾아보자.

● Matplotlib 한글 폰트 오류 해결

Matplotlib은 한글 폰트를 지원하지 않는 문제가 있다. 앞의 예제에서 한글 부분이 네모 박스로 표시되는 것처럼 그래프를 출력할 때 한글 폰트가 깨지는 현상이 발생한다. 오류를 해결하려면 Matplotlib을 사용하는 파이썬 프로그램의 앞부분에 한글 폰트를 지정하는 코드를 추가한다.

```
# matplotlib 한글 폰트 오류 문제 해결
from matplotlib import font_manager, rc
font_path = "./data/malgun.ttf"   # 폰트 파일 위치
font_name = font_manager.FontProperties(fname=font_path).get_name()
rc('font', family=font_name)
```

자료실에서 한글 폰트 파일[†]을 다운로드해 파이썬 파일의 하위 폴더(data)에 저장한다. 또는 윈도우 설치 폴더에서 사용할 한글 폰트를 찾아 파일경로를 `font_path`에 할당하는 방법도 가능하다(예: `font_path = "c:/Windows/Fonts/malgun.ttf"`).

〈예제 4-3〉은 〈예제 4-2〉의 코드에 한글 폰트 문제를 해결하는 코드를 추가한 것이다. 실행 결과를 보면 차트 제목과 축 이름 등에서 한글이 정상적으로 출력된다.

〈예제 4-3〉 한글 폰트 오류 해결 (File: part4/4.3_matplotlib_hangul.ipynb)

```
# 라이브러리 불러오기
import pandas as pd
import matplotlib.pyplot as plt

# matplotlib 한글 폰트 오류 문제 해결
from matplotlib import font_manager, rc
font_path = "./data/malgun.ttf"   # 폰트파일의 위치
font_name = font_manager.FontProperties(fname=font_path).get_name()
rc('font', family=font_name)
```

† [저장소] File: part4/data/malgun.ttf”

```python

# Excel 데이터를 데이터프레임 변환
df = pd.read_excel('./data/시도별_전출입_인구수.xlsx')

# 누락값(NaN)을 앞 데이터로 채움(엑셀 양식 병합 부분)
df = df.ffill()

# 서울에서 다른 지역으로 이동한 데이터만 추출하여 정리
mask = (df['전출지별'] == '서울특별시') & (df['전입지별'] != '서울특별시')
df_seoul = df[mask]
df_seoul = df_seoul.drop(['전출지별'], axis=1)
df_seoul = df_seoul.rename({'전입지별':'전입지'}, axis=1)
df_seoul = df_seoul.set_index('전입지')

# 서울에서 경기도로 이동한 인구 데이터 값만 선택
sr_one = df_seoul.loc['경기도']

# x, y축 데이터를 plot 함수에 입력
plt.plot(sr_one.index, sr_one.values)

# 차트 제목 추가
plt.title('서울 -> 경기 인구 이동')

# 축 이름 추가
plt.xlabel('기간')
plt.ylabel('이동 인구수')

plt.show()  # 변경사항 저장하고 그래프 출력
```

〈실행 결과〉

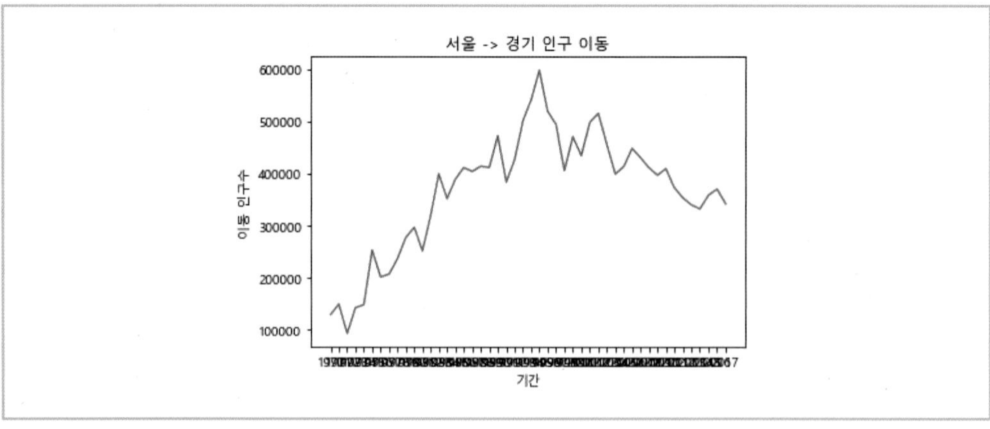

여기서 잠깐

맥OS 사용 시 한글 폰트 지정 방법

맥OS의 경우 다음 코드와 같이 맥OS 폰트를 rc 명령에 직접 지정하는 방법을 사용한다.

```
# matplotlib 한글 폰트 오류 문제 해결
from matplotlib import rc
rc('font', family='AppleGothic')
```

● 그래프 꾸미기

x축 눈금 라벨의 글씨가 서로 겹쳐 잘 보이지 않는 문제를 해결하는 방법을 알아보자. 이것은 눈금 라벨이 들어갈 만한 충분한 여유 공간이 없어서 발생하는 문제이다.

다음 예제는 글씨가 들어갈 수 있는 공간을 확보하기 위해 두 단계를 실행한다. 첫째, 공간을 만들기 위해 `figure()` 함수로 그림틀의 가로 사이즈를 더 크게 설정한다. 둘째, `xticks()` 함수를 활용하여 x축 눈금 라벨을 반시계 방향으로 90° 회전하여 글씨가 서로 겹치지 않게 만든다.

〈예제 4-4〉 그래프 꾸미기 (File: part4/4.4_matplotlib_line3.ipynb)

```
~~ 생략 (예제 4-3과 동일) ~~

# 서울에서 경기도로 이동한 인구 데이터 값만 선택
sr_one = df_seoul.loc['경기도']

# 그림 사이즈 늘리기
plt.figure(figsize=(14, 5))

# x축 눈금 레이블 회전하기
plt.xticks(rotation='vertical')

# x, y축 데이터를 plot 함수에 입력
plt.plot(sr_one.index, sr_one.values)

plt.title('서울 -> 경기 인구 이동')      # 차트 제목
plt.xlabel('기간')                       # x축 이름
plt.ylabel('이동 인구수')                # y축 이름

plt.legend(labels=['서울 -> 경기'], loc='best')          # 범례 표시

plt.show()  # 변경사항 저장하고 그래프 출력
```

〈실행 결과〉

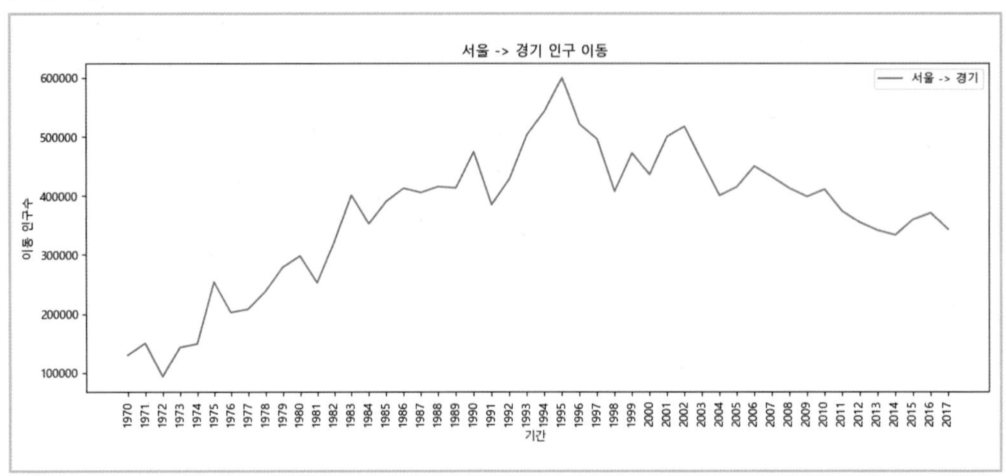

실행하면 연도를 나타내는 x축 눈금 라벨이 겹치지 않고 잘 표시된다. 글씨를 회전하기 위해 사용한 `rotation='vertical'` 옵션에 `'vertical'` 대신 각도를 나타내는 숫자를 입력해도 된다. 예를 들면 `rotation=90`은 반시계방향으로 90° 회전을 뜻한다. 한편, 코드 40라인의 `plt.legend()` 함수는 그래프에 범례(legend)를 표시하는 데 사용된다.

plt.legend() 함수 - 범례 표시

범례는 그래프의 여러 데이터 시리즈를 구분하기 위한 텍스트 레이블과 기호(예: 선, 마커 등)의 조합으로 구성되며, 그래프의 이해를 돕기 위해 중요한 요소이다.

앞의 예제코드에서 적용한 옵션에 대해 알아보자.

1. `labels=['서울 -> 경기']` : 범례에 표시될 레이블의 리스트를 설정한다. 이 경우, 단일 데이터 시리즈에 대한 범례이므로 하나의 레이블만 포함되어 있다.
2. `loc='best'` : 범례의 위치를 지정한다. 'best' 옵션은 Matplotlib이 최적의 위치를 자동으로 선택한다. 다른 옵션으로는 'upper right', 'upper left', 'lower left', 'lower right', 'center left', 'center right', 'lower center', 'upper center', 'center' 등이 있다. 범례 위치 지정에 대한 상세한 정보는 다음 자료의 출처를 참조한다.

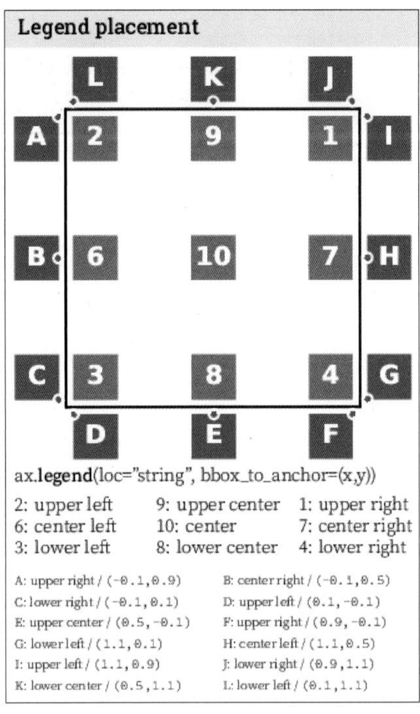

[그림 4-2] 범례 위치 옵션

(출처: Matplotlib Cheatsheet : https://matplotlib.org/cheatsheets/_images/cheatsheets-2.png)

다음은 Matplotlib의 스타일 서식 지정에 대해 알아보자. 색, 폰트 등 디자인적 요소를 사전에 지정된 스타일로 빠르게 일괄 변경한다. 단, 스타일 서식을 지정하는 것은 Matplotlib 실행 환경 설정을 변경하는 것이므로 다른 파일을 실행할 때도 계속 적용된다는 점에 유의한다.

다음 〈예제 4-5〉 코드 28라인에서 'ggplot'이라는 스타일 서식을 지정한다. 34라인의 x축 눈금 레이블을 지정하는 xticks() 함수에 size=10 옵션을 추가하여 폰트 크기를 10으로 설정한다. 선 그래프를 그리는 37라인의 plot() 함수에 marker='o' 옵션을 추가하면 원 모양의 점을 마커로 표시한다. 마커는 그래프에서 개별 데이터 포인트의 위치를 명확하게 식별하는 데 도움이 된다.

마커	설명	마커	설명	마커	설명
'.'	픽셀	'D'	다이아몬드	's'	사각형
'o'	원	'd'	얇은 다이아몬드	'p'	오각형
'>'	오른쪽 화살표	'1'	tri_down	'x'	엑스
'v'	아래쪽 화살표	'2'	tri_up	'*'	별 모양
'^'	위쪽 화살표	'3'	tri_left	'+'	플러스
'<'	왼쪽 화살표	'4'	tri_right	'_'	수평선

[표 4-2] 마커의 종류

〈예제 4-5〉 스타일 서식 지정 등 (File: part4/4.5_matplotlib_line4.ipynb)

```
~ ~~ 생략 (예제 4-4와 동일) ~~

# 서울에서 경기도로 이동한 인구 데이터 값만 선택
sr_one = df_seoul.loc['경기도']

# 스타일 서식 지정
plt.style.use('ggplot')

# 그림 사이즈 늘리기
plt.figure(figsize=(14, 5))

# x축 눈금 레이블 회전하기
plt.xticks(size=10, rotation='vertical')

```

```
36  # x, y축 데이터를 plot 함수에 입력 (마커 표시 추가)
37  plt.plot(sr_one.index, sr_one.values,
38           marker='o',
39           markerfacecolor='red',
40           markeredgecolor='blue',
41           markeredgewidth=2,
42           markersize=10)
43
44  plt.title('서울 -> 경기 인구 이동', size=30)                      # 차트 제목
45  plt.xlabel('기간', size=20)                                      # x축 이름
46  plt.ylabel('이동 인구수', size=20)                                # y축 이름
47
48  plt.legend(labels=['서울 -> 경기'], loc='best', fontsize=15)  # 범례 표시
49
50  plt.show()  # 변경사항 저장하고 그래프 출력
```

〈실행 결과〉

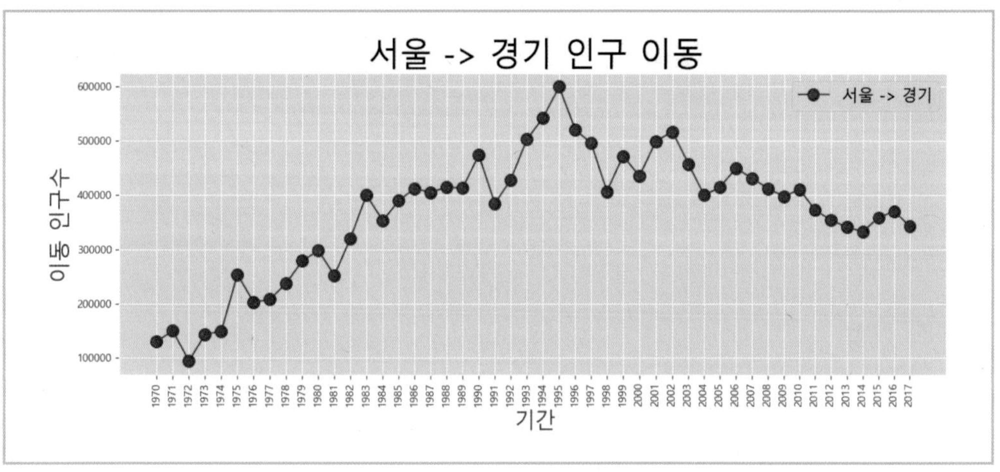

코드 39~42라인은 원형 마커의 스타일을 표시하는 설정들이다. `markerfacecolor='red'`는 마커의 내부(면) 색상을 빨간색으로 설정하고, `markeredgecolor='blue'`는 마커의 테두리 색상을 파란색으로 설정한다. `markeredgewidth=2`는 마커의 테두리 두께를 2 포인트[2]로 설정하고, `markersize=10`은 마커 사이즈(원의 지름)를 10 포인트으로 설정하는 옵션이다.

2) 포인트(pt): 주로 인쇄, 타이포그래피, 그래픽 디자인 분야에서 길이의 단위로 사용된다. 1포인트는 대략 1/72 인치에 해당하며, 센티미터(cm)로 환산하면 약 0.35 mm(밀리미터)이다. 일반적으로 많이 사용하는 12pt 폰트는 대략 1/6 인치(약 4.2 mm) 높이의 문자를 나타낸다.

Matplotlib 스타일 서식의 종류

'ggplot' 외에도 다음과 같은 많은 종류의 스타일 서식이 지원된다. 앞의 <예제 4-5>에서 코드 28라인의 스타일 옵션을 바꿔가면서 비교해 보자

* 스타일의 종류: 'classic', 'bmh', 'dark_backgroud', 'fast', 'grayscale', ' tableau-colorblind10' 등

<예제 4-6>과 같이 현재 실행환경에서 사용 가능한 Matplotlib의 스타일 옵션을 확인할 수 있다. 각자 원하는 스타일을 선택하여 그래프에 적용해 보자.

〈예제 4-6〉 Matplotlib 스타일 리스트 출력 (File: part4/4.6_matplotlib_style.ipynb)

```
# 라이브러리 불러오기
import matplotlib.ipynbplot as plt

# 스타일 리스트 출력
print(plt.style.available)
```

<실행 결과>

```
['Solarize_Light2', '_classic_test_patch', '_mpl-gallery', '_mpl-gallery-nogrid', 'bmh', 'classic', 'dark_background', 'fast', 'fivethirtyeight', 'ggplot', 'grayscale', 'seaborn-v0_8', 'seaborn-v0_8-bright', 'seaborn-v0_8-colorblind', 'seaborn-v0_8-dark', 'seaborn-v0_8-dark-palette', 'seaborn-v0_8-darkgrid', 'seaborn-v0_8-deep', 'seaborn-v0_8-muted', 'seaborn-v0_8-notebook', 'seaborn-v0_8-paper', 'seaborn-v0_8-pastel', 'seaborn-v0_8-poster', 'seaborn-v0_8-talk', 'seaborn-v0_8-ticks', 'seaborn-v0_8-white', 'seaborn-v0_8-whitegrid', 'tableau-colorblind10']
```

스타일이 어떻게 적용되는지 상세한 정보가 필요하다면 다음 링크를 참조한다.
* 참조: https://matplotlib.org/stable/gallery/style_sheets/style_sheets_reference.html

그래프에 대한 설명을 덧붙이는 주석에 대해 알아보자. annotate() 함수를 사용한다. 주석 내용(텍스트)을 넣을 위치와 정렬 방법 등을 annotate() 함수에 함께 전달한다. arrowprops 옵션을 사용하면 텍스트 대신 화살표가 표시된다. 화살표 스타일, 시작점과 끝점의 좌표를 입력한다.

〈예제 4-7〉에서는 주석을 넣을 여백 공간을 충분히 확보하기 위해 ylim() 함수를 사용하여 y축 범위를 먼저 늘려준다. 그리고 annotate() 함수로 화살표와 텍스트 위치를 잡아서 배치한다. 위치를 나타내는 (x, y) 좌표에서 x값은 인덱스 번호를 사용한다. y 값에 들어갈 인구 수 데이터는 숫자값이므로 그대로 사용할 수 있다.

annotate() 함수의 rotation 옵션에서 양(+)의 회전 방향은 반시계 방향이다. 글자를 위아래 세로 방향으로 정렬하는 va 옵션은 'center', 'top', 'bottom', 'baseline'이 있다. 좌우 가로 방향으로 정렬하는 ha 옵션에는 'center', 'left', 'right'가 있다. 상세 옵션에 대한 정보는 다음의 링크를 참조한다.

※ 참조: https://matplotlib.org/stable/api/_as_gen/matplotlib.pyplot.annotate.html

〈예제 4-7〉 matplotlib 스타일 리스트 출력 (File: part4/4.7_matplotlib_annotate.ipynb)

```
~~ 생략 (예제 4-5와 동일) ~~

# 스타일 서식 지정
plt.style.use('ggplot')

# 그림 사이즈 늘리기
plt.figure(figsize=(14, 5))

# x축 눈금 레이블 회전하기
plt.xticks(size=10, rotation='vertical')

# x, y축 데이터를 plot 함수에 입력
plt.plot(sr_one.index, sr_one.values, marker='o', markersize=10)

plt.title('서울 -> 경기 인구 이동', size=30)      # 차트 제목
plt.xlabel('기간', size=20)                       # x축 이름
plt.ylabel('이동 인구수', size=20)                # y축 이름

# 범례 표시
plt.legend(labels=['서울 -> 경기'], loc='best', fontsize=15)

# y축 범위 지정(최솟값, 최댓값)
plt.ylim(50000, 800000)

# 주석 표시 - 화살표
plt.annotate('',
             xy=(20, 620000),        # 화살표의 머리 부분(끝점)
             xytext=(2, 290000),     # 화살표의 꼬리 부분(시작점)
             xycoords='data',        # 좌표체계
             arrowprops=dict(arrowstyle='->', color='skyblue', lw=5), #화살표 서식
             )

plt.annotate('',
             xy=(47, 450000),        # 화살표의 머리 부분(끝점)
             xytext=(30, 580000),    # 화살표의 꼬리 부분(시작점)
             xycoords='data',        # 좌표체계
```

```
                 arrowprops=dict(arrowstyle='->', color='olive', lw=5),    #화살표 서식
                 )

# 주석 표시 - 텍스트
plt.annotate('인구이동 증가(1970-1995)',        # 텍스트 입력
                 xy=(10, 350000),               # 텍스트 위치 기준점
                 rotation=25,                   # 텍스트 회전각도
                 va='baseline',                 # 텍스트 상하 정렬
                 ha='center',                   # 텍스트 좌우 정렬
                 fontsize=15,                   # 텍스트 크기
                 )

plt.annotate('인구이동 감소(1995-2017)',        # 텍스트 입력
                 xy=(40, 470000),               # 텍스트 위치 기준점
                 rotation=-11,                  # 텍스트 회전각도
                 va='baseline',                 # 텍스트 상하 정렬
                 ha='center',                   # 텍스트 좌우 정렬
                 fontsize=15,                   # 텍스트 크기
                 )

plt.show()  # 변경사항 저장하고 그래프 출력
```

〈실행 결과〉

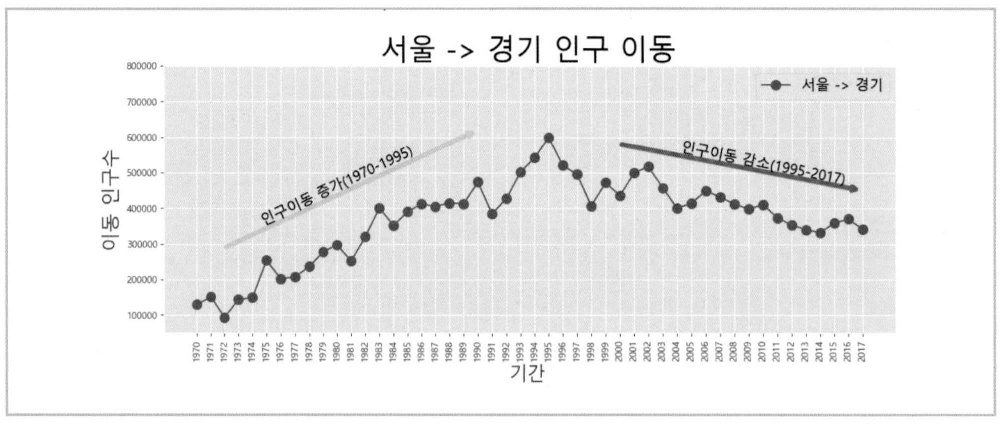

우리나라 인구의 절반이 산다는 서울특별시와 경기도 간의 인구 이동 변화가 화살표 주석과 함께 선 그래프로 표시된다. 1990년대 중반까지 경기도권 5대 신도시(분당, 일산 등) 개발로 서울 인구의 대규모 경기도 유입이 있었음을 추정할 수 있다. 이 시기를 정점으로 서울을 벗어나 경기권으로 이동하는 인구는 현재까지 계속 감소하는 트렌드를 보이고 있다.

● Matplotlib 기본 구조 - Figure 객체 vs Axes 객체

Matplotlib에서 그래프를 그리는 과정은 화가가 그림을 그리는 과정에 비유할 수 있다. 화가는 그림을 그리기 위해 먼저 그림틀(캔버스)을 준비하고, 그 위에 여러 그림(그래프)을 그린다. 여기서 그림틀은 `Figure` 객체에 해당하고, 그 위에 그려지는 각각의 그림들은 `Axes` 객체에 해당한다.

1) 그림틀(캔버스): Figure 객체

`Figure` 객체는 전체 그래프 객체를 담는 하나의 컨테이너를 뜻한다. [그림 4-3]를 보면 `Figure`는 빈 캔버스와 같다. 단일 캔버스 위에는 하나 또는 여러 개의 그림들(Axes)을 그릴 수 있다. [그림 4-3]에는 왼쪽에 2개, 오른쪽에 1개의 그림이 위치할 수 있는 영역(Axes 객체)이 지정되어 있다.

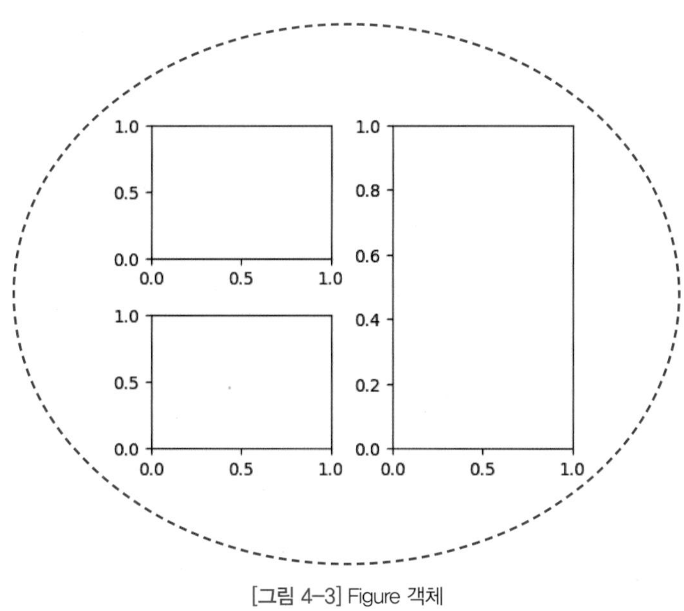

[그림 4-3] Figure 객체

2) 그림: Axes 객체

`Axes` 객체는 그래프가 그려지는 구체적인 영역을 의미하며, 하나의 `Figure` 안에 여러 `Axes` 객체를 포함할 수 있다. 각 `Axes` 객체 내부에는 축(axis), 그래프(plot), 제목(title) 등이 포함된다. [그림 4-4]에는 왼쪽에 2개, 오른쪽에 1개의 그림 영역에 그래프가 표시되어 있다.

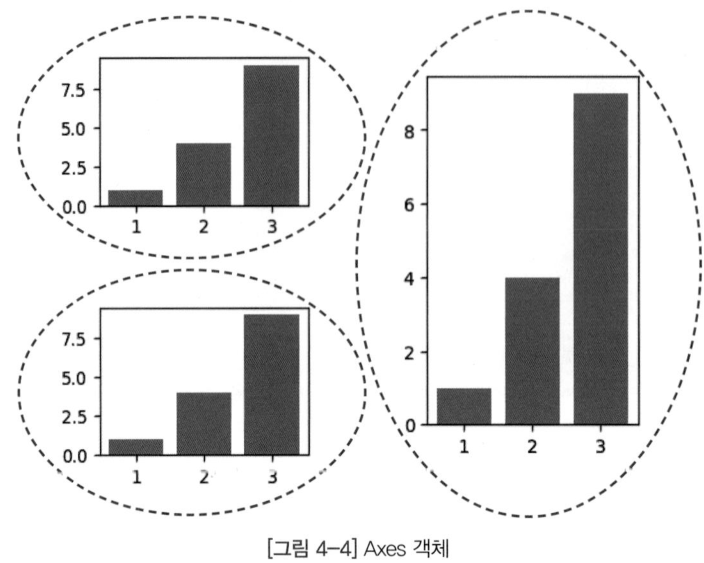

[그림 4-4] Axes 객체

이전 예제들에서는 `Figure`와 `Axes` 객체가 명시적으로 생성되지 않았다. `plt.plot()` 등 Matplotlib의 pyplot 인터페이스(plt)는 사용자가 `Figure`와 `Axes` 객체를 직접 정의하지 않아도 자동으로 생성하기 때문이다. 하지만, 그래프 객체를 세밀하게 조정하고 싶을 때는 명시적으로 `Figure`와 `Axes` 객체를 사용자가 직접 정의하여 생성할 수 있다. 다음 예제를 통해 단계적으로 살펴보자.

먼저, 〈예제 2.7〉의 재무제표 API를 활용하여 삼성전자의 분기별 매출액 데이터를 가져오고, 분기(시간)를 나타내는 `'quarter'` 열을 기준으로 오름차순 정렬한다.

〈예제 4-8〉 Figure 객체, Axes 객체 (File: part4/4.8_matplotlib_layout.ipynb)

```
# 라이브러리 불러오기
import pandas as pd
import matplotlib.pyplot as plt

# 예제 2.7의 재무제표 API를 활용하여 수집한 데이터
samsung_revenue = pd.read_csv("./data/삼성전자_분기별_매출액.csv")
samsung_revenue = samsung_revenue.sort_values('quarter')
samsung_revenue
```

〈실행 결과〉

```
            value    quarter
5   77203607000000   2022-Q2
```

```
4   76781680000000   2022-Q3
3   70464575000000   2022-Q4
2   63745371000000   2023-Q1
1   60005533000000   2023-Q2
0   67404652000000   2023-Q3
```

plt.figure() 함수는 비어 있는 Figure 객체를 생성한다. 출력된 결과는 생성된 Figure의 기본 설정을 보여주는데, 캔버스의 크기가 640×480 픽셀이며, 'with 0 Axes'는 이 Figure 내에 아직 어떠한 그림(Axes 객체)도 추가되지 않았음을 의미한다. 다시 말하면, 이 단계에서는 그림을 담을 준비만 되어 있고 실제로 데이터를 표시하거나 시각화할 그래프는 아직 추가되지 않은 상태다.

〈예제 4-8〉 Figure 객체, Axes 객체 (File: part4/4.8_matplotlib_layout.ipynb(이어서 계속))

```
 9  # 비어 있는 figure 객체 생성(Axes 객체 없음)
10  fig = plt.figure()
11  print(fig)
```

〈실행 결과〉

```
Figure(640x480)
<Figure size 640x480 with 0 Axes>
```

코드 13라인의 plt.subplots() 함수는 Figure 객체 하나와 그 내부에 Axes 객체 하나를 함께 생성한다. Axes(0.125,0.11;0.775x0.77)는 Axes 객체의 위치와 크기를 나타내는데, 이는 Figure 내부에서 Axes가 차지하는 공간을 뜻한다. 여기서 0.125, 0.11은 Axes의 왼쪽 하단 모서리의 위치를 나타내고, 0.775x0.77은 Axes의 너비와 높이를 비율로 나타낸다.

생성된 Figure 내부에는 데이터를 시각화할 준비가 된 Axes 객체가 포함되어 있어, 이 Axes 위에 다양한 시각화를 진행할 수 있다. 현재는 영역만 지정된 상태로, 데이터나 차트가 표시된 상태는 아니다.

〈예제 4-8〉 Figure 객체, Axes 객체 (File: part4/4.8_matplotlib_layout.ipynb(이어서 계속))

```
12  # figure 객체 1개, Axes 객체 1개
13  fig, axe = plt.subplots()
14  print(fig)
15  print(axe)
```

〈실행 결과〉

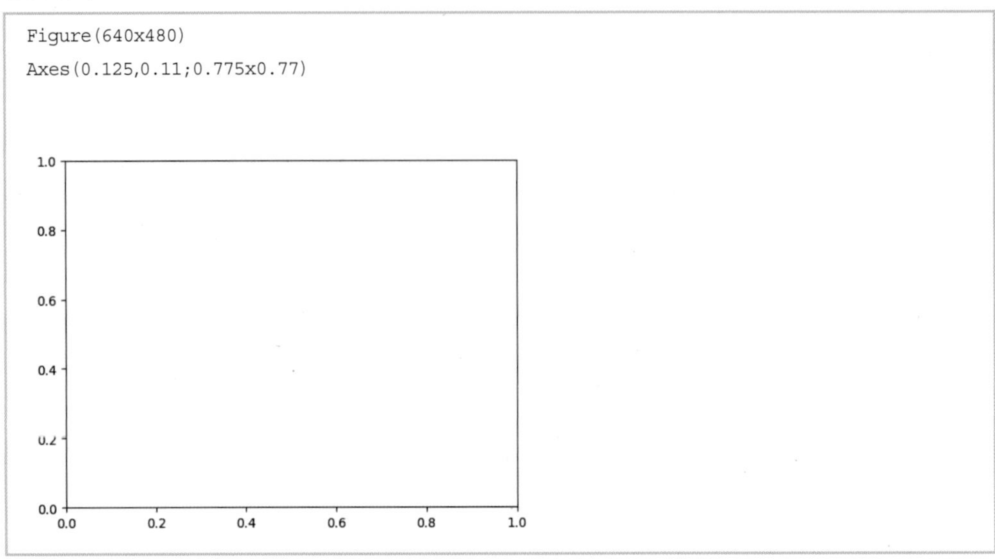

Figure(640x480)
Axes(0.125,0.11;0.775x0.77)

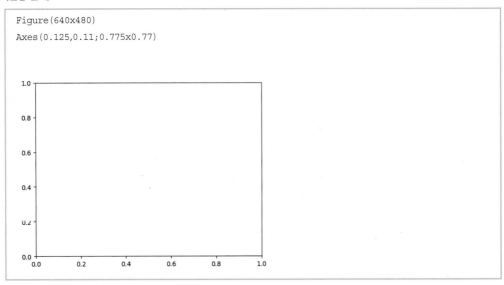

이제 삼성전자의 분기별 매출액 데이터(samsung_revenue)를 Axes 객체에 표시해보자. 여기서 plt.subplots(figsize=(8, 2))는 가로 8인치, 세로 2인치 크기의 Figure 객체와 그 내부에 Axes 객체를 생성한다. axe 객체에 plot() 메소드를 사용하여 생성된 Axes 객체 위에 그래프가 표시된다. samsung_revenue 데이터 프레임에서 'quarter' 열의 데이터를 x축 값으로, 'value' 열의 데이터를 y축 값으로 사용하여 선 그래프를 그린다.

〈예제 4-8〉 Figure 객체, Axes 객체 (File: part4/4.8_matplotlib_layout.ipynb(이어서 계속))

```
# axe 객체에 차트 추가
fig, axe = plt.subplots(figsize=(8, 2))
axe.plot(samsung_revenue['quarter'], samsung_revenue['value'])
plt.show()
```

〈실행 결과〉

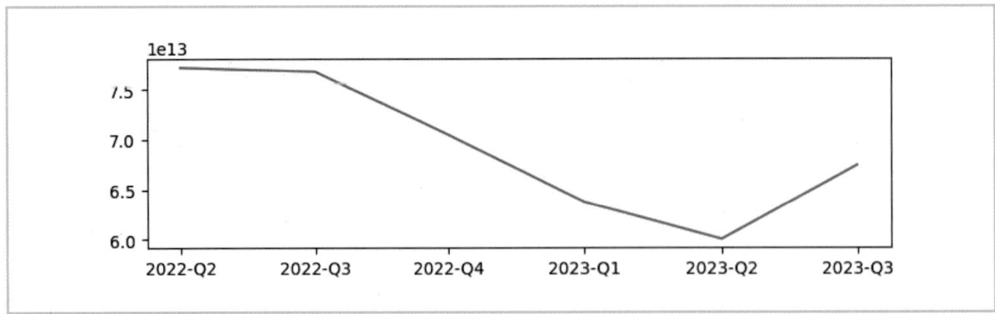

코드 21라인의 fig, axes = plt.subplots(1, 2)는 (1행, 2열) 구조의 grid에 배치된 2개의 Axes 객체(axes)와 이를 담고 있는 하나의 Figure 객체(fig)를 생성한다. 반환된 axes 변수는 2개의 Axes 객체를 포함하는 배열이다(실행 결과의 [<Axes: > <Axes: >]).

이 코드를 통해 생성된 Figure 내부에는 2개의 독립적인 그래프를 그릴 수 있는 공간이 준비된다. 각 공간(Axes 객체)은 서로 다른 데이터를 같은 종류의 차트로 시각화하거나, 서로 다른 종류의 차트를 사용하여 같은 데이터를 시각화하여 다양한 관점에서 분석이 가능하다.

〈예제 4-8〉 Figure 객체, Axes 객체 (File: part4/4.8_matplotlib_layout.ipynb(이어서 계속))

```
20  # figure 객체 1개, Axes 객체 2개(1x2 grid)
21  fig, axes = plt.subplots(1, 2)
22  print(fig)
23  print(axes)
```

〈실행 결과〉

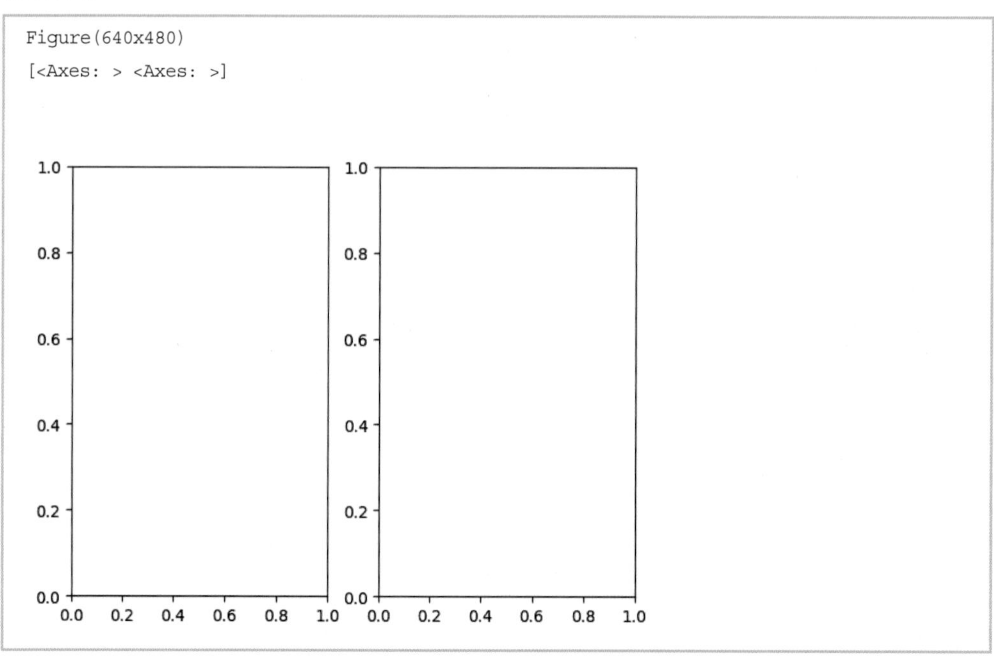

코드 26라인에서 axes[0].plot() 명령어는 axes 배열의 첫 번째 요소(즉, 첫 번째 Axes 객체)에 선 그래프를 그린다. 두 번째 Axes 객체는 판다스 시리즈 객체에 plot() 메소드를 적용하고, ax 옵션에 axes 배열의 두 번째 요소를 참조하도록 설정하는 방법을 보여준다.

〈예제 4-8〉 Figure 객체, Axes 객체 (File: part4/4.8_matplotlib_layout.ipynb(이어서 계속))

```
24 # axe 객체에 차트 추가
25 fig, axes = plt.subplots(1, 2, figsize=(12, 2))
26 axes[0].plot(samsung_revenue['quarter'], samsung_revenue['value'])
27 samsung_revenue['value'].plot(ax=axes[1])
28 plt.show()
```

〈실행 결과〉

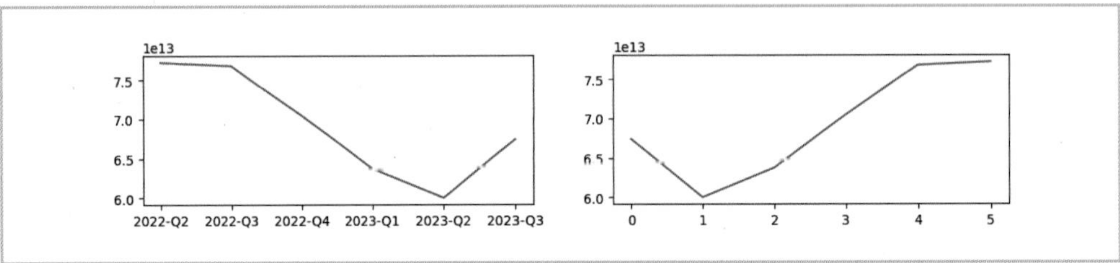

코드 30라인의 `fig, axes = plt.subplots(2, 2)`는 (2행, 2열)의 grid 형태로 배치된 4개의 Axes 객체와 이를 담는 하나의 Figure 객체를 생성한다. Axes 객체 배열은 2×2 구조로, 독립적으로 그래프를 그릴 수 있는 4개의 공간이 준비된다.

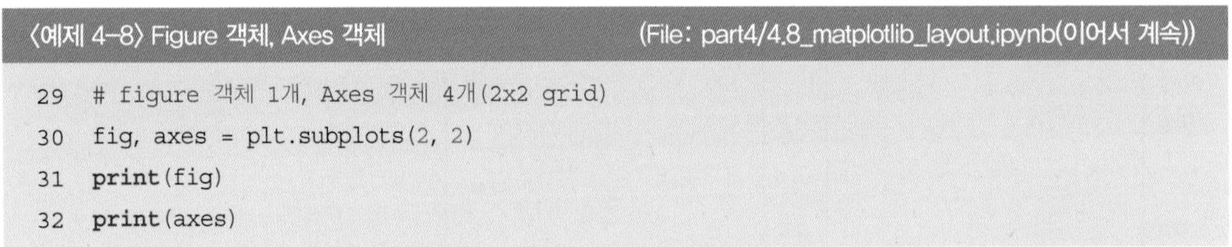

〈예제 4-8〉 Figure 객체, Axes 객체 (File: part4/4.8_matplotlib_layout.ipynb(이어서 계속))

```
29 # figure 객체 1개, Axes 객체 4개(2x2 grid)
30 fig, axes = plt.subplots(2, 2)
31 print(fig)
32 print(axes)
```

〈실행 결과〉

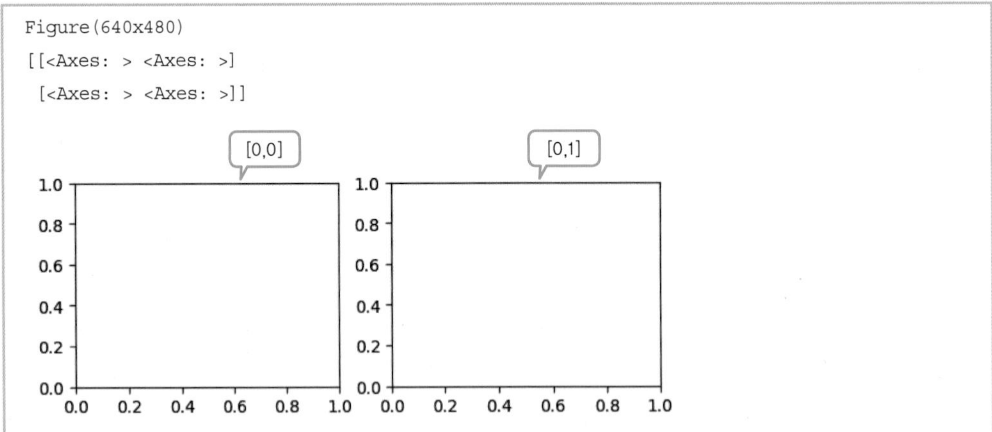

```
Figure(640x480)
[[<Axes: > <Axes: >]
 [<Axes: > <Axes: >]]
```

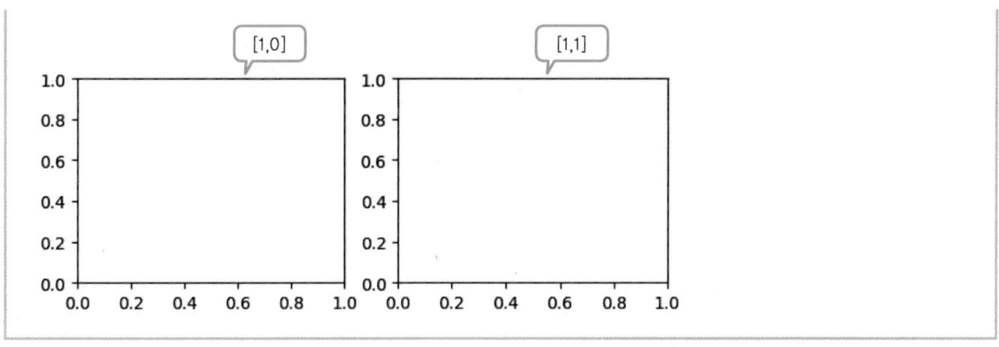

다음 코드는 (2행, 2열)의 grid에 4개의 Axes 객체를 포함하는 Figure 객체를 생성하고, 그 중 하나에 차트를 추가하는 예이다. constrained_layout=True 옵션은 4개의 subplot들 사이의 간격을 자동으로 조정하여 축 레이블, 타이틀 등이 서로 겹치지 않도록 하는 설정이다.

axes[0, 1].plot() 명령은 2차원 Axes 배열의 첫 번째 행(인덱스 0), 두 번째 열(인덱스 1)에 위치한 Axes 객체(즉, 상단 오른쪽 위치)에 차트를 그린다. 나머지 3개의 Axes 객체는 비어 있게 된다.

〈예제 4-8〉 Figure 객체, Axes 객체 (File: part4/4.8_matplotlib_layout.ipynb(이어서 계속))

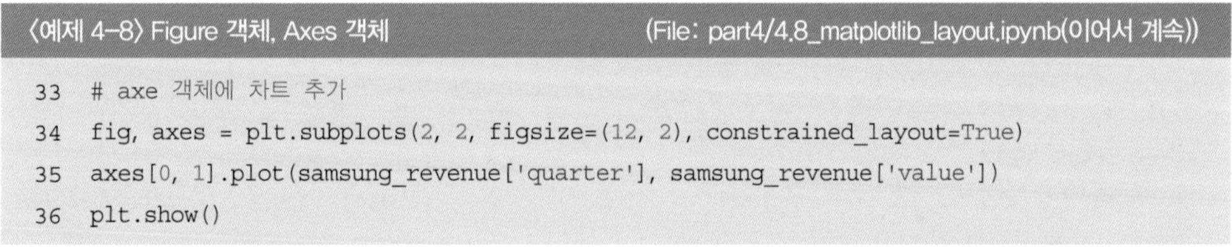

```
# axe 객체에 차트 추가
fig, axes = plt.subplots(2, 2, figsize=(12, 2), constrained_layout=True)
axes[0, 1].plot(samsung_revenue['quarter'], samsung_revenue['value'])
plt.show()
```

〈실행 결과〉

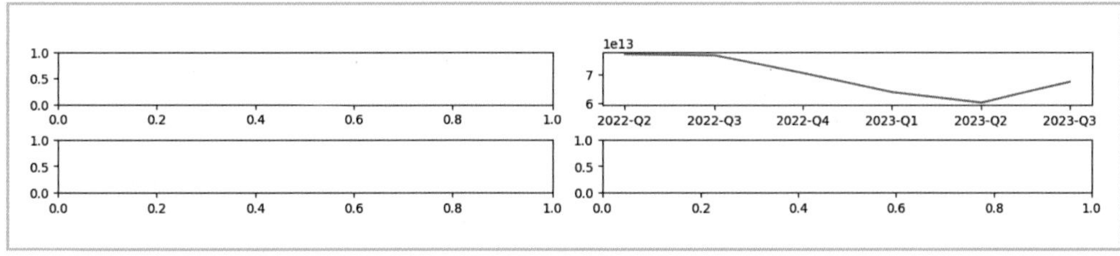

코드 38라인의 plt.subplot_mosaic() 함수는 입력된 배열 구조에 따라 Axes 객체들을 배치한다. 여기서 'top_left'와 'bottom_left'는 Figure 내부의 왼쪽에 2개의 Axes 객체를 생성한다. 'right'는 Figure 내부의 오른쪽에 하나의 Axes 객체를 두 번 반복하여 같은 위치를 참조하여 공유한다. 실제로는 'right' 위치에 Axes 객체가 하나만 생성된다.

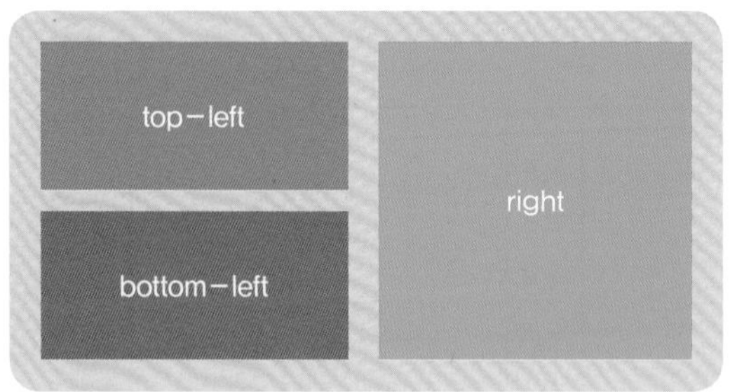

[그림 4-5] Axes 객체들의 딕셔너리 키

print(axes) 명령은 생성된 Axes 객체들의 딕셔너리를 출력한다. 딕셔너리의 키는 'top_left', 'bottom_left', 'right'고, 딕셔너리의 값은 해당 이름에 해당하는 Axes 객체이다.

〈예제 4-8〉 Figure 객체, Axes 객체 (File: part4/4.8_matplotlib_layout.ipynb(이어서 계속))

```
# figure 객체 1개, Axes 객체 3개(왼쪽 2개, 오른쪽 1개)
fig, axes = plt.subplot_mosaic([['top_left', 'right'],
                                ['bottom_left', 'right']])
print(fig)
print(axes)
```

〈실행 결과〉

```
Figure(640x480)
{'top_left': <Axes: label='top_left'>, 'right': <Axes: label='right'>, 'bottom_left':
<Axes: label='bottom_left'>}
```

subplot_mosaic 함수를 통해 생성된 레이아웃은 왼쪽에 2개의 Axes 객체('top_left', 'bottom_left')를, 오른쪽에 하나의 Axes 객체('right')를 배치하는 형태이다. axes['right'].plot() 명령은 3개의 Axes 객체 중에서 'right' 키를 가진 Axes 객체에 차트를 그린다.

〈예제 4-8〉 Figure 객체, Axes 객체 (File: part4/4.8_matplotlib_layout.ipynb(이어서 계속))

```
# axe 객체에 차트 추가
fig, axes = plt.subplot_mosaic([['top_left', 'right'],
                               ['bottom_left', 'right']],
                                figsize=(12, 4))
axes['right'].plot(samsung_revenue['quarter'], samsung_revenue['value'])
plt.show()
```

〈실행 결과〉

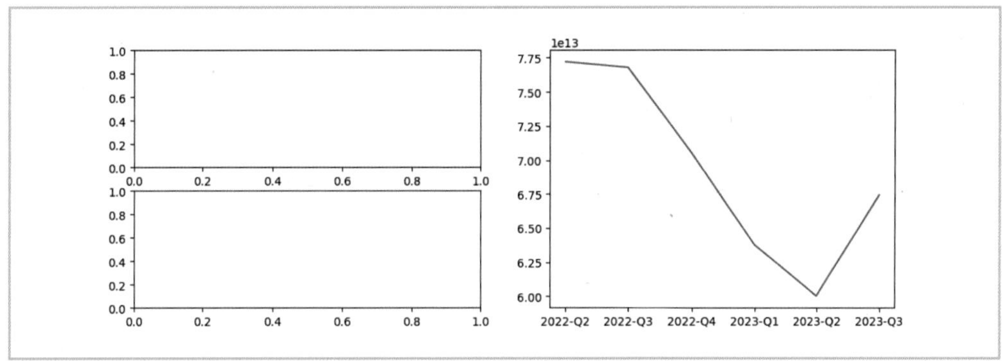

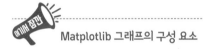

Matplotlib 그래프의 구성 요소

Matplotlib을 사용하여 생성된 그래프는 다음과 같은 요소들로 구성된다.

1. Figure: 그래프를 담는 전체 컨테이너를 나타내며, plt.figure를 통해 생성된다. 여기에는 모든 plot 요소들이 포함된다.
2. Axes: 실제 그림이 그려지는 영역으로, fig.subplots와 같은 명령어를 통해 생성된다. Axes 안에는 축 레이블(xlabel, ylabel), 차트 제목(title), 그리드(grid), 데이터를 나타내는 선(line)과 마커(markers) 등이 포함된다.
3. Axis: 실제 수치가 표시되는 축을 의미하며 x축과 y축이 있다.
4. Tick: 축에 존재하는 눈금으로, 데이터의 위치를 나타낸다. 큰 눈금(major tick)과 작은 눈금(minor tick)이 있다.
5. Tick Label: 각 눈금에 해당하는 수치나 문자열을 나타낸다.
6. Grid: Axes 내부에 표시되는 격자선으로, 데이터의 위치 파악을 돕는다.
7. Spine: Axes의 테두리를 구성하는 선으로, 일반적으로 데이터 영역의 외곽을 나타낸다.
8. Legend: 범례를 뜻하며, 그래프의 여러 요소를 구별하기 위한 설명을 제공한다.
9. Title: 전체 Axes의 제목을 나타낸다.
10. Axis Label: 각 축의 이름을 나타낸다.
11. Line/Markers: 데이터를 나타내는 선이나 점을 나타낸다.

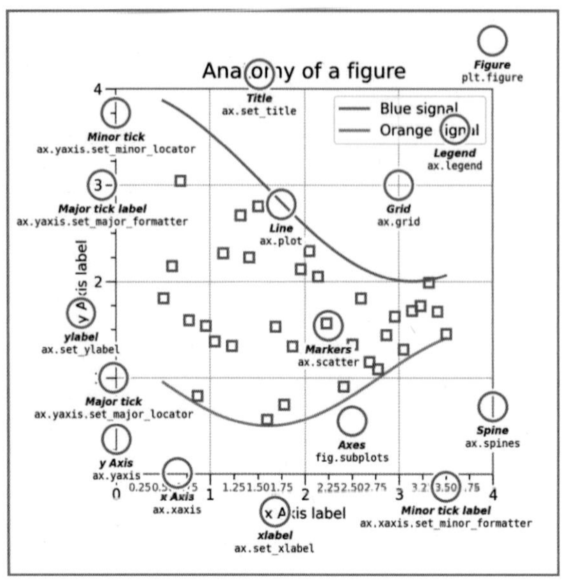

[그림 4-6] Matplotlib 그래프의 구성 요소
(이미지 출처: https://matplotlib.org/stable/users/explain/quick_start.html)

● Axes 객체 그래프 꾸미기

앞에서 화면(Figure 객체)을 여러 개의 영역(Axes 객체)으로 분할하고, 분할된 각 영역에 그래프를 그리는 방법을 살펴봤다. 한 화면에서 여러 개의 그래프를 비교하거나 다양한 정보를 동시에 보여줄 때 사용하면 좋다. 이번에는 실제 그림이 그려지는 영역인 Axes 객체의 여러 요소를 설정하는 방법을 알아보자.

plt.figure() 함수를 사용하여 그래프를 그리는 그림틀(Figure 객체)을 만들고, 그림틀에 add_subplot() 메소드를 적용하여 여러 개의 그림 영역인 Axes 객체로 분할한다.[3] add_subplot() 메소드의 인자에 "행의 크기, 열의 크기, 서브플롯 순서"를 순서대로 입력한다. 코드 32라인의 ax1 = fig.add_subplot(1, 1, 1)에서 괄호 안의 숫자 3개는 의미가 서로 다르다. 앞의 두 숫자는 각각 행의 개수, 열의 개수를 나타낸다. 즉, fig를 1개의 Axes 영역(1행×1열)으로 분할한다는 뜻이다. 세 번째 숫자 1은 첫 번째 Axes 객체를 나타낸다. 생성된 Axes 객체를 변수 ax에 할당하고, plot() 메소드를 이용하여 그래프를 그린다. 여기에 marker='o' 옵션을 사용하면 원 모양의 마커를 가진 선 그래프가 된다. 코드 37라인의 legend() 메소드를 적

3) 여기서는 add_subplot() 메소드를 사용했지만, 앞에서 살펴본 plt.subplots() 함수 등 다른 방법을 적용하여 추가로 실습해 보자.

용하여 범례를 포함한다. 범례는 plot() 메소드에 적용한 label='서울 -> 경기' 옵션의 값을 표시한다.

또한, y축의 최솟값, 최댓값 한계를 설정하기 위해 set_ylim() 메소드를 사용한다. set_title() 메소드를 적용하여 제목을 추가한다. set_xlabel() 메소드로 x축 이름을 지정하고, set_ylabel() 메소드로 y축 이름을 지정한다. set_xticklabels() 메소드를 사용하여 연도를 나타내는 x축 눈금 레이블(1970~2017)을 표시하고, 글씨가 서로 겹치지 않도록 글자를 반시계 방향으로 75° 회전시킨다. 마지막으로, tick_params() 메소드로 축 눈금 레이블의 크기를 조절한다.

〈예제 4-9〉 axe 객체 그래프 꾸미기 (File: part4/4.9_matplotlib_lines2.ipynb)

```
~~ 생략 (예제 4-8과 동일) ~~

# 스타일 서식 지정
plt.style.use('ggplot')

# 그래프 객체 생성(figure에 1개의 서브 플롯을 생성)
fig = plt.figure(figsize=(20, 5))
ax = fig.add_subplot(1, 1, 1)

# axe 객체에 plot 함수로 그래프 출력
ax.plot(sr_one, marker='o', markerfacecolor='orange', markersize=10,
        color='olive', linewidth=2, label='서울 -> 경기')
ax.legend(loc='best')

# y축 범위 지정(최솟값, 최댓값)
ax.set_ylim(50000, 800000)

# 차트 제목 추가
ax.set_title('서울 -> 경기 인구 이동', size=20)

# 축 이름 추가
ax.set_xlabel('기간', size=12)
ax.set_ylabel('이동 인구수', size = 12)

# 축 눈금 위치 지정
ax.set_xticks(sr_one.index)

```

```
# 축 눈금 레이블 지정 및 75도 회전
ax.set_xticklabels(sr_one.index, rotation=75)

# 축 눈금 레이블 크기
ax.tick_params(axis="x", labelsize=10)
ax.tick_params(axis="y", labelsize=10)

plt.show()  # 변경사항 저장하고 그래프 출력
```

〈실행 결과〉

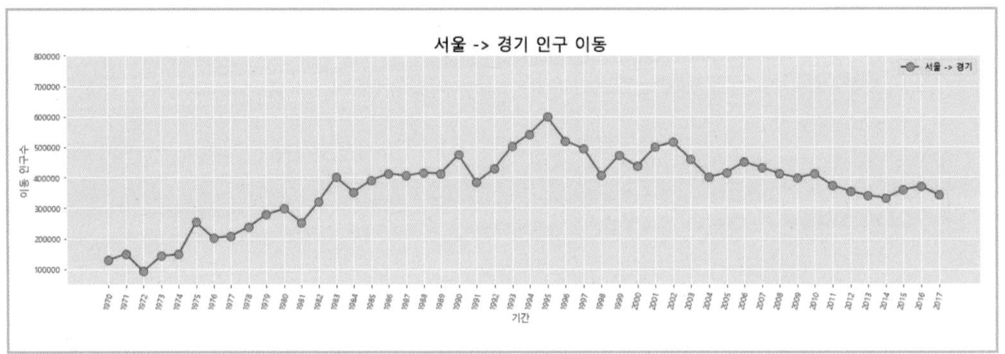

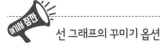

선 그래프의 꾸미기 옵션

<예제 4-9>에 적용한 plot( ) 함수의 선 그래프 꾸미기 옵션에 대한 추가 설명이다.

꾸미기 옵션	설명
'o'	선 그래프가 아니라 점 그래프로 표현
marker='o'	마커 모양(예: 'o', '+', '*', '.')
markerfacecolor='green'	마커 배경색
markersize=10	마커 크기
color='olive'	선이 색
linewidth=2	선의 두께
label='서울 -> 경기'	라벨 지정

[표 4-3] 선 그래프의 꾸미기 옵션

동일한 그림 영역(Axes 객체)에 여러 개의 그래프를 추가하는 것도 가능하다. 〈예제 4-10〉에서는 서울특별시에서 충청남도, 경상북도, 강원도로 이동한 인구 변화 그래프 3개를 하나의 같은 화면에 그린다. 먼저 각 지역에 해당하는 열을 선택하고, 동일한 Axes객체(ax)에 선 그래프로 출력하는 plot() 메소드를 세 번 반복해서 적용한다. 그리고 범례와 차트 제목 등을 표시한다.

〈예제 4-10〉 같은 화면에 그래프 추가 (File: part4/4.10_matplotlib_lines3.ipynb)

```
~~ 생략 (예제 4-9와 동일) ~~

# 서울에서 '충청남도','경상북도', '강원도'로 이동한 인구 데이터 값만 선택
col_years = list(map(str, range(1970, 2018)))
df_3 = df_seoul.loc[['충청남도','경상북도', '강원도'], col_years]

# 스타일 서식 지정
plt.style.use('ggplot')

# 그래프 객체 생성(figure에 1개의 서브 플롯을 생성)
fig = plt.figure(figsize=(20, 5))
ax = fig.add_subplot(1, 1, 1)

# axe 객체에 plot 함수로 그래프 출력
ax.plot(col_years, df_3.loc['충청남도',:], marker='o', markerfacecolor='green',
        markersize=10, color='olive', linewidth=2, label='서울 -> 충남')
ax.plot(col_years, df_3.loc['경상북도',:], marker='o', markerfacecolor='blue',
         markersize=10, color='skyblue', linewidth=2, label='서울 -> 경북')
ax.plot(col_years, df_3.loc['강원도',:], marker='o', markerfacecolor='red',
         markersize=10, color='magenta', linewidth=2, label='서울 -> 강원')

# 범례 표시
ax.legend(loc='best')

# 차트 제목 추가
ax.set_title('서울 -> 충남, 경북, 강원 인구 이동', size=20)

# 축 이름 추가
ax.set_xlabel('기간', size=12)
ax.set_ylabel('이동 인구수', size = 12)

# 축 눈금 위치 지정
ax.set_xticks(range(len(col_years)))

# 축 눈금 레이블 지정 및 90도 회전
ax.set_xticklabels(col_years, rotation=90)
```

```
# 축 눈금 레이블 크기
ax.tick_params(axis="x", labelsize=10)
ax.tick_params(axis="y", labelsize=10)

plt.show()  # 변경사항 저장하고 그래프 출력
```

〈실행 결과〉

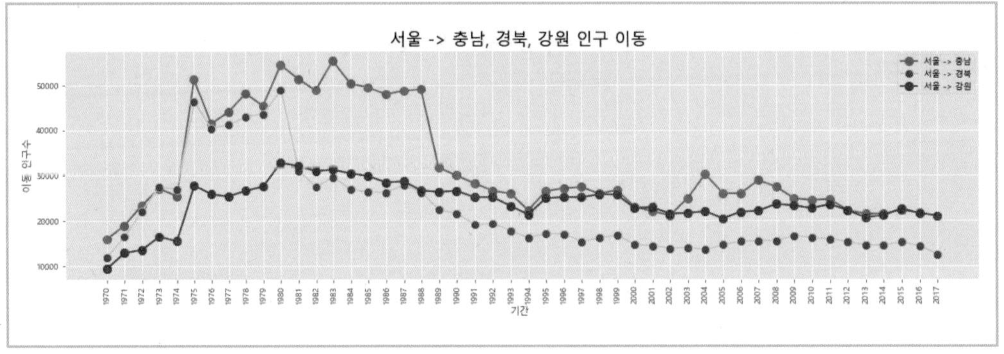

이처럼 같은 Axes 객체에 그래프 여러 개를 동시에 표시할 수 있다. 그러면 서울에서 서로 다른 3개 지역으로 빠져나간 인구 이동을 비교 파악하기가 쉽다. 지리적으로 가까운 충남 지역으로 이동한 인구가 다른 두 지역에 비해 많은 편이다. 전반적으로 1970~80년대에는 서울에서 지방으로 전출하는 인구가 많았으나, 1990년 이후로는 줄곧 감소하는 패턴을 보이고 있다.

서울특별시에서 충청남도, 경상북도, 강원도, 전라남도 4개 지역으로 이동한 인구 변화 그래프를 그려보자. ax1~ax4까지 4개의 Axes 객체를 생성한다. `ax1 = fig.add_subplot(2, 2, 1)`에서 괄호 안의 숫자들은 순서대로 2는 행의 개수를, 2는 열의 개수를, 1은 4개의 Axes 객체 중에서 첫 번째 객체를 나타낸다. 즉, 두 부분(2행×2열)으로 분할한 fig의, 왼쪽 상단 첫 번째 그림 영역을 의미한다. 데이터프레임에서 각 지역에 해당하는 4개의 열을 선택하고, axe 객체에 하나씩 plot() 메소드를 적용한다. 그리고 범례와 차트 제목 등을 표시한다.

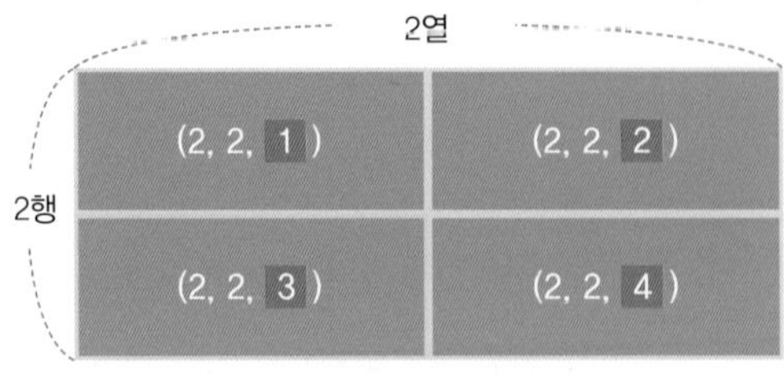

[그림 4-7] 2행×2열의 Axes 객체

〈예제 4-11〉 화면 4분할 그래프 (File: part4/4.11_matplotlib_lines4.ipynb)

```
~~ 생략 (예제 4-10과 동일) ~~

# 서울에서 '충청남도','경상북도', '강원도', '전라남도'로 이동한 인구 데이터 값만 선택
col_years = list(map(str, range(1970, 2018)))
df_4 = df_seoul.loc[['충청남도','경상북도', '강원도', '전라남도'], col_years]

# 스타일 서식 지정
plt.style.use('ggplot')

# 그래프 객체 생성(figure에 1개의 서브 플롯을 생성)
fig = plt.figure(figsize=(20, 10))
ax1 = fig.add_subplot(2, 2, 1)
ax2 = fig.add_subplot(2, 2, 2)
ax3 = fig.add_subplot(2, 2, 3)
ax4 = fig.add_subplot(2, 2, 4)

# axe 객체에 plot 함수로 그래프 출력
ax1.plot(col_years, df_4.loc['충청남도',:], marker='o', markerfacecolor='green',
         markersize=10, color='olive', linewidth=2, label='서울 -> 충남')
ax2.plot(col_years, df_4.loc['경상북도',:], marker='o', markerfacecolor='blue',
         markersize=10, color='skyblue', linewidth=2, label='서울 -> 경북')
ax3.plot(col_years, df_4.loc['강원도',:], marker='o', markerfacecolor='red',
         markersize=10, color='magenta', linewidth=2, label='서울 -> 강원')
ax4.plot(col_years, df_4.loc['전라남도',:], marker='o', markerfacecolor='orange',
         markersize=10, color='yellow', linewidth=2, label='서울 -> 전남')

# 범례 표시
ax1.legend(loc='best')
ax2.legend(loc='best')
ax3.legend(loc='best')
ax4.legend(loc='best')

# 차트 제목 추가
ax1.set_title('서울 -> 충남 인구 이동', size=15)
ax2.set_title('서울 -> 경북 인구 이동', size=15)
ax3.set_title('서울 -> 강원 인구 이동', size=15)
ax4.set_title('서울 -> 전남 인구 이동', size=15)

# 축 눈금 위치 지정
ax1.set_xticks(range(len(col_years)))
ax2.set_xticks(range(len(col_years)))
```

```python
ax3.set_xticks(range(len(col_years)))
ax4.set_xticks(range(len(col_years)))

# 축 눈금 라벨 지정 및 90도 회전
ax1.set_xticklabels(col_years, rotation=90)
ax2.set_xticklabels(col_years, rotation=90)
ax3.set_xticklabels(col_years, rotation=90)
ax4.set_xticklabels(col_years, rotation=90)

plt.show()  # 변경사항 저장하고 그래프 출력
```

〈실행 결과〉

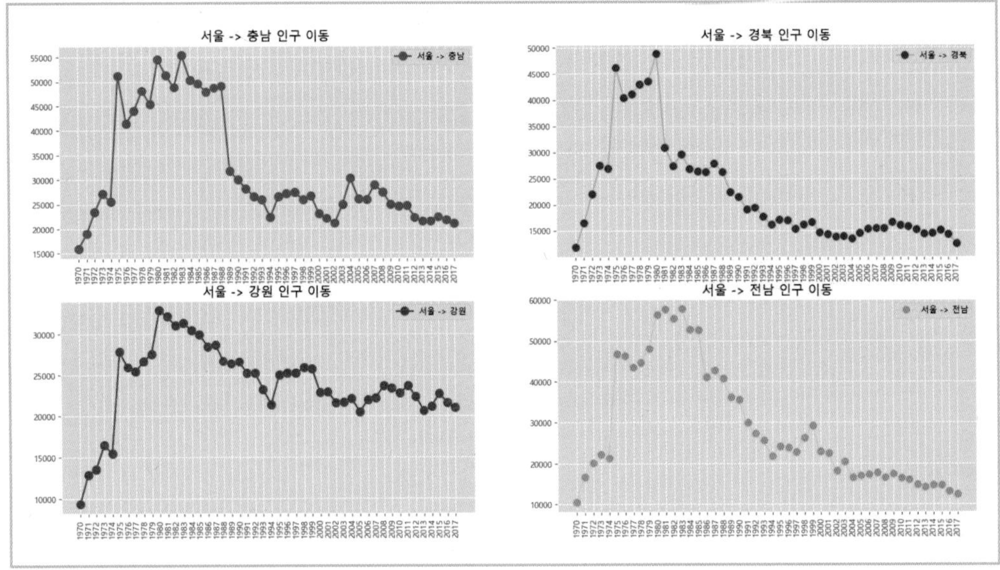

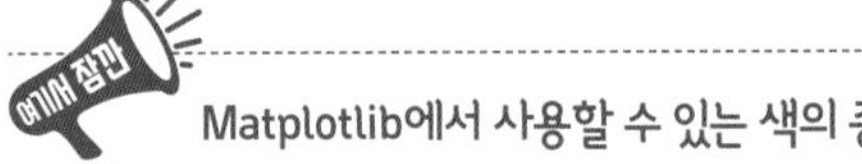

Matplotlib에서 사용할 수 있는 색의 종류

Matplotlib 라이브러리를 사용할 때 색상(컬러)을 지정하는 경우가 있다. 사용할 수 있는 색상의 종류를 확인할 수 있다면 매우 유용하다.

〈예제 4-12〉 matplotlib 스타일 리스트 출력 (File: part4/4.12_matplotlib_color.ipynb)

```python
# 라이브러리 불러오기
import matplotlib

```

```
# 컬러 정보를 담을 빈 딕셔너리 생성
colors={}

# 컬러 이름과 헥사코드를 확인하여 딕셔서리에 입력
for name, hex in matplotlib.colors.cnames.items():
    colors[name] = hex

# 딕셔너리 출력
print(colors)
```

〈실행 결과〉

```
{'aliceblue': '#F0F8FF', 'antiquewhite': '#FAEBD7', 'aqua': '#00FFFF', 'aquamarine':
'#7FFFD4', 'azure': '#F0FFFF', 'beige': '#F5F5DC', 'bisque': '#FFE4C4', 'black': '#000000',
'blanchedalmond': '#FFEBCD', 'blue': '#0000FF', 'blueviolet': '#8A2BE2', 'brown':
'#A52A2A', 'burlywood': '#DEB887', 'cadetblue': '#5F9EA0', 'chartreuse': '#7FFF00', 'choc-
olate': '#D2691E', 'coral': '#FF7F50', 'cornflowerblue': '#6495ED', 'cornsilk': '#FFF8DC',
'crimson': '#DC143C', 'cyan': '#00FFFF', ---<생략>---  }
```

1-2 면적 그래프

면적 그래프(area plot)는 각 열의 데이터를 선 그래프로 구현하는데, 선 그래프와 x축 사이의 공간에 색이 입혀진다. 선 그래프를 그리는 plot() 메소드에 kind='area' 옵션을 추가하면 면적 그래프를 간단하게 그릴 수 있다.

〈예제 4-13〉에서 면적 그래프를 그려보자. 서울에서 전출하여 충남, 경북, 강원, 전남 지역으로 전입한 인구 데이터를 선택한다. 데이터프레임의 행 인덱스에는 전입지 네 곳이 지정되고, 각 연도가 열 이름의 배열을 구성하고 있다.

〈예제 4-13〉 면적 그래프(stacked=False) 그리기 (File: part4/4.13_matplotlib_area1.ipynb)

```
~~ 생략 (예제 4-11과 동일) ~~

# 서울에서 '충청남도','경상북도', '강원도', '전라남도'로 이동한 인구 데이터 값만 선택
col_years = list(map(str, range(1970, 2018)))
df_4 = df_seoul.loc[['충청남도','경상북도', '강원도', '전라남도'], col_years]

# 인구 수 데이터를 문자열(object)에서 정수형(int)으로 변환
df_4 = df_4.astype(int)
df_4
```

〈실행 결과〉

	1970	1971	1972	1973	1974	1975	...	2012	2013	2014	2015	2016	2017
전입지													
충청남도	15954	18943	23406	27139	25509	51205	...	22269	21486	21473	22299	21741	21020
경상북도	11868	16459	22073	27531	26902	46177	...	15191	14420	14456	15113	14236	12464
강원도	9352	12885	13561	16481	15479	27837	...	22332	20601	21173	22659	21590	21016
전라남도	10513	16755	20157	22160	21314	46610	...	14765	14187	14591	14598	13065	12426

4rows x 48 columns

그래프를 간단하게 그리기 위해서 데이터프레임에 바로 plot() 메소드[4]를 적용하려고 한다. plot() 메소드는 데이터프레임의 행 인덱스를 x축에 배치하고 각 열의 데이터를 독립적으로 그래프로 표시한다. 하지만, 연도별 인구 이동의 변화를 그리기 위해서는 연도를 x축에 위치시켜야 하고, 현재의 데이터프레임 구조를 그대로 사용할 수 없다. 따라서, 데이터프레임을 전치(transpose)하여 행 인덱스에 연도 값을, 열 이름에 네 곳의 전입지를 나타내는 구조로 변환한다.

〈예제 4-13〉 면적 그래프(stacked=False) 그리기 (File: part4/4.13_matplotlib_area1.ipynb(계속))

```
~  ~~ 생략 (예제 4-11과 동일) ~~

# 연도를 행 인덱스로 하고, 각 지역별 데이터로 열을 구성
df_4 = df_4.transpose()
df_4.head(7)
```

〈실행 결과〉

전입지	충청남도	경상북도	강원도	전라남도
1970	15954	11868	9352	10513
1971	18943	16459	12885	16755
1972	23406	22073	13561	20157
1973	27139	27531	16481	22160
1974	25509	26902	15479	21314
1975	51205	46177	27837	46610
1976	41447	40376	25927	46251

데이터프레임의 plot() 메소드에 kind='area' 옵션을 적용하여 면적 그래프를 그릴 때 데이터를 누적할지 여부를 설정할 수 있다. stacked=False 옵션을 지정하면, 각 열의 선 그래

4) Matplotlib 라이브러리의 함수로 구현하는 과정은 다소 복잡할 수 있다. 판다스에 내장된 plot() 메소드를 이용하면 면적 그래프를 쉽게 구현할 수 있다.

프들이 누적되지 않고 서로 겹치도록 표시되어 선 그래프를 동일한 화면에 여러 개 그린 것과 같은 결과가 된다. 서로 겹쳐지는 부분이 잘 투과되어 보이도록 색의 투명도(alpha) 옵션을 alpha=0.2로 적용한다(기본값: 0.5, 투명도: 0~1 범위).

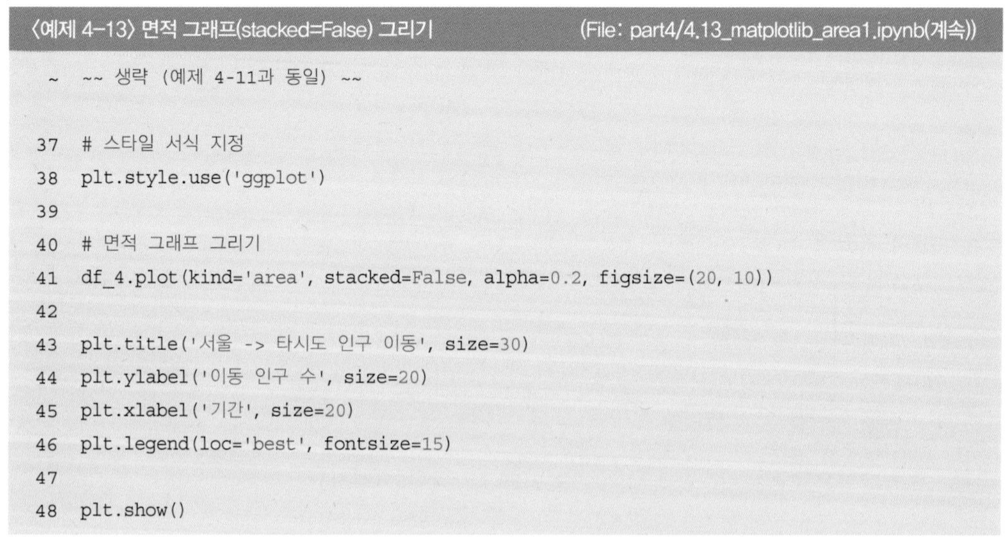

〈예제 4-13〉 면적 그래프(stacked=False) 그리기 (File: part4/4.13_matplotlib_area1.ipynb(계속))

```
~~ 생략 (예제 4-11과 동일) ~~

# 스타일 서식 지정
plt.style.use('ggplot')

# 면적 그래프 그리기
df_4.plot(kind='area', stacked=False, alpha=0.2, figsize=(20, 10))

plt.title('서울 -> 타시도 인구 이동', size=30)
plt.ylabel('이동 인구 수', size=20)
plt.xlabel('기간', size=20)
plt.legend(loc='best', fontsize=15)

plt.show()
```

〈실행 결과〉

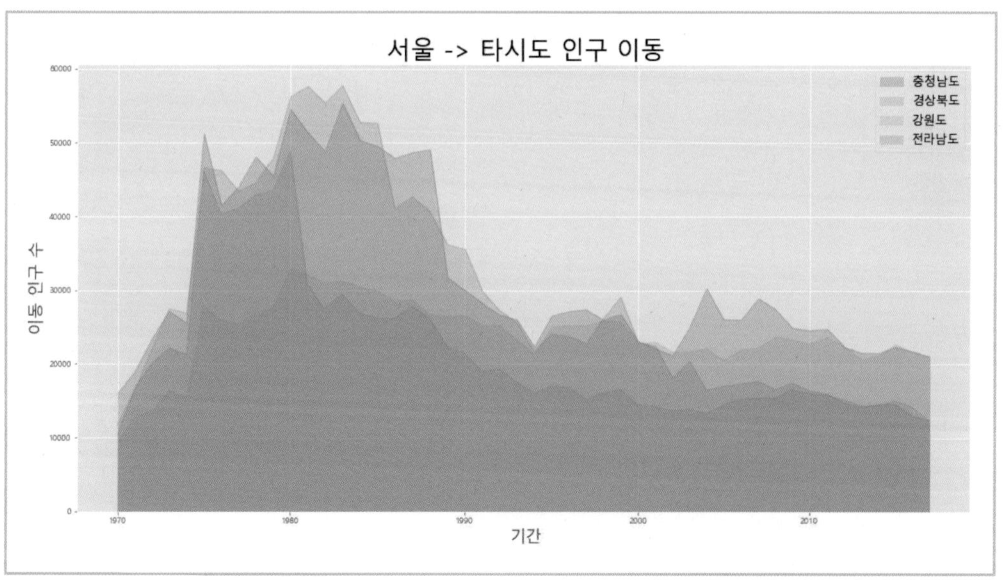

이번에는 stacked=True 옵션을 지정하여 선 그래프들이 서로 겹치지 않고 위 아래로 데이터가 누적(stacked)되는 면적 그래프를 그려보자. 각 열의 선 그래프를 다른 열의 선 그래프 위로 쌓

아 올리는 방식으로 표현된다. 각 열의 패턴과 함께 열 전체의 합계가 어떻게 변하는지 트렌드를 파악할 수 있게 된다. 면적 그래프를 선 그래프로 확장한 개념으로, 누적 선 그래프(stacked line plot)라고 부르기도 한다.

〈예제 4-14〉 면적 그래프(stacked=False) 그리기 (File: part4/4.14_matplotlib_area2.ipynb)

```
~~ 생략 (예제 4-13과 동일) ~~

# 서울에서 '충청남도','경상북도', '강원도', '전라남도'로 이동한 인구 데이터 값만 선택
col_years = list(map(str, range(1970, 2018)))
df_4 = df_seoul.loc[['충청남도','경상북도', '강원도', '전라남도'], col_years]
df_4 = df_4.astype(int)
df_4 = df_4.transpose()

# 스타일 서식 지정
plt.style.use('ggplot')

# 면적 그래프 그리기
df_4.plot(kind='area', stacked=True, alpha=0.2, figsize=(20, 10))

plt.title('서울 -> 타시도 인구 이동', size=30)
plt.ylabel('이동 인구 수', size=20)
plt.xlabel('기간', size=20)
plt.legend(loc='best', fontsize=15)

plt.show()
```

〈실행 결과〉

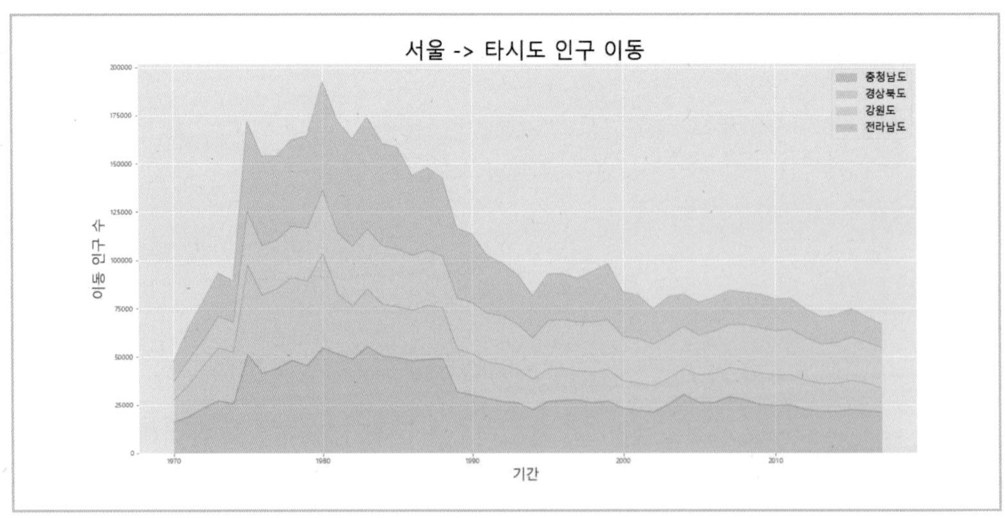

〈예제 4-14〉에서는 df_4.plot() 메소드로 만든 그래프를 pyplot 모듈(plt)이 자동으로 객체를 관리하였지만, 다음 〈예제 4-15〉에서는 df_4.plot() 메소드로 생성한 그래프 객체를 ax 변수에 저장하여 사용자가 직접 관리한다. 여기서 plot() 메소드로 생성한 그래프는 Axes 객체이므로, 〈예제 4-11〉에서 살펴본 Axes 객체를 꾸미는 메소드를 사용하여 Axes 객체(ax)의 세부적인 요소를 설정해야 한다. Axes 객체의 속성을 이용하여 제목, 축 이름 등을 설정한다.

〈예제 4-15〉 axes 객체 속성 변경하기 (File: part4/4.15_matplotlib_area3.ipynb)

```
~~ 생략 (예제 4-14와 동일) ~~

# 스타일 서식 지정
plt.style.use('ggplot')

# 면적 그래프 axe 객체 생성
ax = df_4.plot(kind='area', stacked=True, alpha=0.2, figsize=(20, 10))
print(type(ax))

# axe 객체 설정 변경
ax.set_title('서울 -> 타시도 인구 이동', size=30, color='brown', weight='bold')
ax.set_ylabel('이동 인구 수', size=20, color='blue')
ax.set_xlabel('기간', size=20, color='blue')
ax.legend(loc='best', fontsize=15)

plt.show()
```

〈실행 결과〉

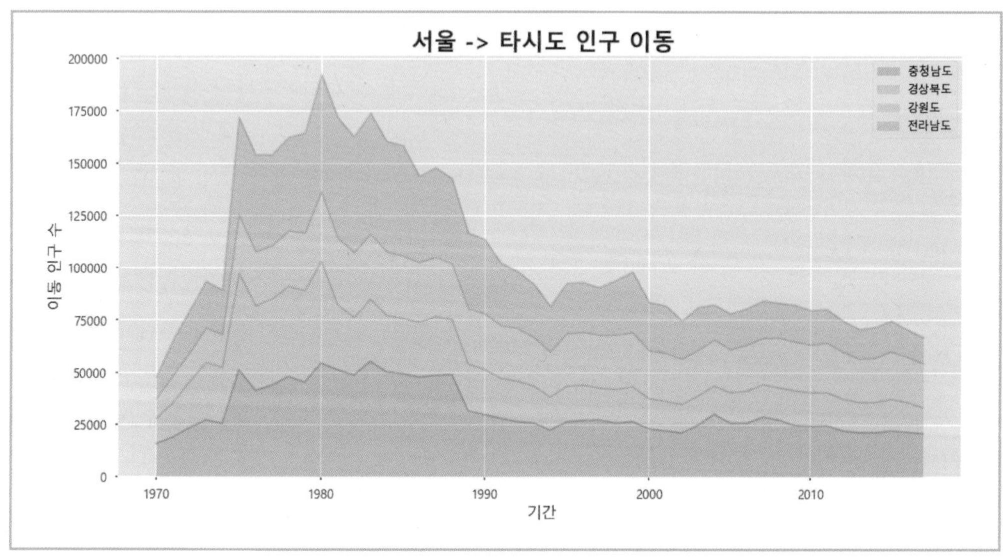

1-3 막대 그래프

막대 그래프(bar plot)는 데이터 값의 크기에 비례하여 높이를 갖는 직사각형 막대로 표현한다. 막대 높이의 상대적 길이 차이를 통해 값의 크고 작음을 설명한다. 세로형과 가로형 막대 그래프 두 종류가 있다.

세로형 막대 그래프는 시간적으로 차이가 나는 두 점에서 데이터 값의 차이를 잘 설명한다. 그러므로 시계열 데이터를 표현하는데 적합하다. `plot()` 메소드에 `kind='bar'` 옵션을 입력한다.

2010~2017년에 해당하는 데이터를 추출하기 위해, 코드 28라인의 `col_years` 변수에 저장하는 값의 범위를 변경한다. `plot()` 메소드의 `color` 옵션을 추가하여, 막대 색상을 다르게 설정한다.

〈예제 4-16〉 세로형 막대 그래프 (File: part4/4.16_matplotlib_bar1.ipynb)

```
 ~  ~~ 생략 (예제 4-15와 동일) ~~

27  # 서울에서 '충청남도', '경상북도', '강원도', '전라남도'로 이동한 인구 데이터 값만 선택
28  col_years = list(map(str, range(2010, 2018)))
29  df_4 = df_seoul.loc[['충청남도', '경상북도', '강원도', '전라남도'], col_years]
30  df_4 = df_4.transpose()
31
32  # 스타일 서식 지정
33  plt.style.use('ggplot')
34
35  # 데이터프레임의 인덱스를 정수형으로 변경(x축 눈금 라벨 표시)
36  df_4.index = df_4.index.map(int)
37
38  # 막대 그래프 그리기
39  df_4.plot(kind='bar', figsize=(20, 10), width=0.7,
40            color=['orange', 'green', 'skyblue', 'blue'])
41
42  plt.title('서울 -> 타시도 인구 이동', size=30)
43  plt.ylabel('이동 인구 수', size=20)
44  plt.xlabel('기간', size=20)
45  plt.ylim(5000, 30000)
46  plt.legend(loc='best', fontsize=15)
47
48  plt.show()
```

〈실행 결과〉

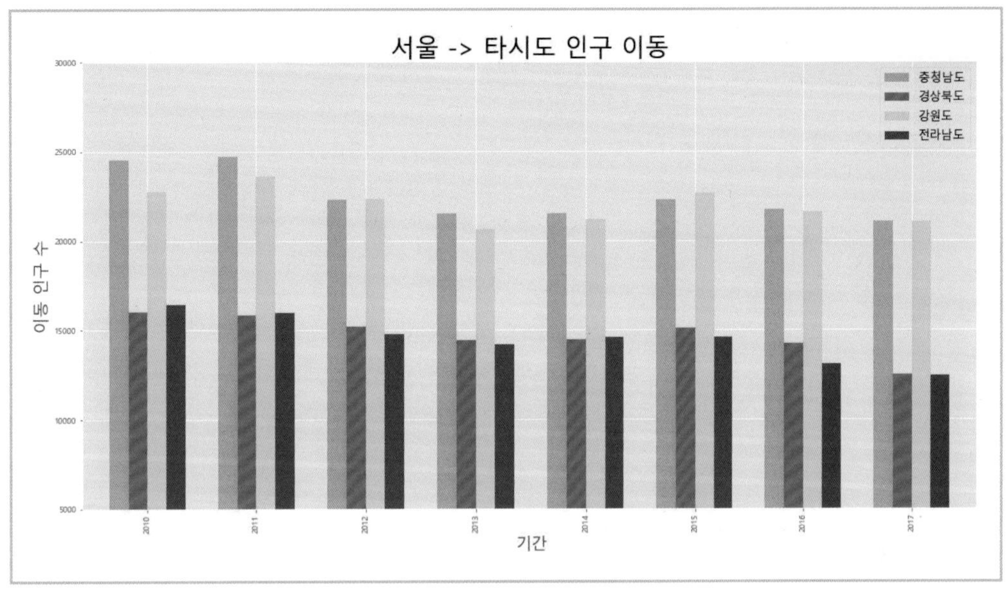

가로형 막대 그래프는 각 변수 사이 값의 크기 차이를 설명하는데 적합하다. `plot()` 메소드의 옵션으로 `kind='barh'`를 입력한다. 다음의 예제에서는 2010~2017년의 기간 동안 서울에서 각 시도로 이동한 인구의 합계를 구하여 시도별로 비교하는 그래프를 그린다.

코드 35라인에서 시도별 합계를 기준으로 오름차순 정렬을 하여 가로 축에 표시되는 행 인덱스 배열을 만든다.

〈예제 4-17〉 가로형 막대 그래프 (File: part4/4.17_matplotlib_barh1.ipynb)

```
~  ~~ 생략 (예제 4-16과 동일) ~~

27  # 서울에서 '충청남도', '경상북도', '강원도', '전라남도'로 이동한 인구 데이터 값만 선택
28  col_years = list(map(str, range(2010, 2018)))
29  df_4 = df_seoul.loc[['충청남도', '경상북도', '강원도', '전라남도'], col_years]
30
31  # 2010-2017년 이동 인구 수를 합계하여 새로운 열로 추가
32  df_4['합계'] = df_4.sum(axis=1)
33
34  # 가장 큰 값부터 정렬
35  df_total = df_4[['합계']].sort_values(by='합계', ascending=True)
36
37  # 스타일 서식 지정
38  plt.style.use('ggplot')
39
```

```
# 수평 막대 그래프 그리기
df_total.plot(kind='barh', color='cornflowerblue', width=0.5, figsize=(10, 5))

plt.title('서울 -> 타시도 인구 이동')
plt.ylabel('전입지')
plt.xlabel('이동 인구 수')

plt.show()
```

〈실행 결과〉

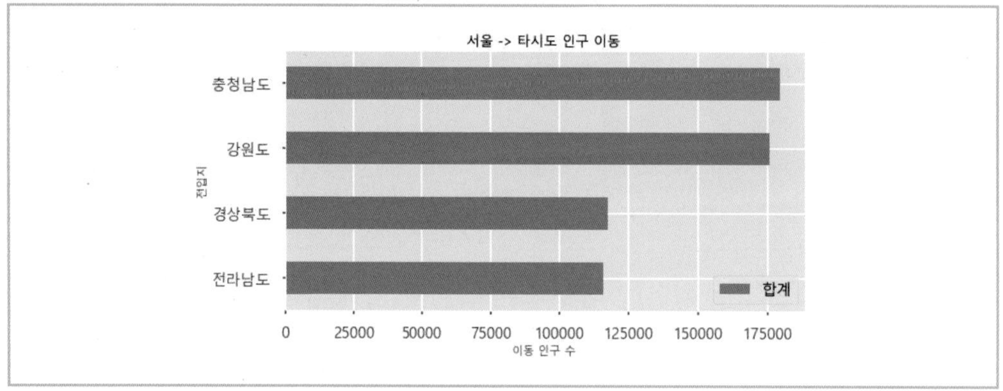

2010~2017년에 이동 인구 합계를 기준으로 서울에서 충청남도로 이동한 사람이 제일 많다. 다음으로 강원도, 경상북도, 전라남도 순으로 나타난다.

보조 축 활용하기(2축 그래프 그리기)

지금까지 그래프를 그릴 때 y축을 1개만 사용했지만 Excel에서 차트를 그릴 때처럼 보조 축을 추가하여 2개의 y축을 갖는 그래프를 그릴 수 있다.

남북한 발전량 데이터셋†을 사용하여 보조축을 설정하는 방법을 살펴보자. 자료실에서 Excel파일‡을 다운로드해 파이썬 파일의 하위 폴더(data)에 저장한다. 기존 축에는 막대 그래프의 값을 표시하고, 보조축에는 선 그래프의 값을 표시한다. 막대 그래프는 연도별 북한의 발전량을 나타내고, 선 그래프는 북한 발전량의 전년 대비 증감율을 백분율로 나타낸다.

증감률을 계산하기 위해 `rename()` 메소드로 '합계' 열의 이름을 '총발전량'으로 바꾸고, `shift()` 메소드를 이용하여 '총발전량' 열의 데이터를 1행씩 뒤로 이동시켜서 '총발전량 - 1년' 열을 새로 생성한다. 그리고 두 열의 데이터를 이용하여 전년도 대비 변동율을 계산한 결과를 '증감률' 열에 저장한다.

† [출처] KOSIS(통계청, 북한통계:발전 전력량), 2018.

‡ [저장소] File: part4/data/남북한발전전력량.xlsx

ax1 객체는 막대 그래프에 stacked=True 옵션을 지정하여 '수력', '화력' 열의 값을 위아래로 누적하여 쌓은 형태의 세로형 막대 그래프를 그린다. ax1 객체에 twinx() 메소드를 적용하여 ax1 객체의 쌍둥이 객체를 만들고 쌍둥이 객체를 ax2 변수에 저장한다. ax2 객체에 plot() 메소드를 적용하여 선 그래프를 그린다. 그래프를 그리는데 사용할 데이터는 '증감율' 열에서 가져온다. ls='--' 옵션은 선 스타일(line style)을 점선으로 설정하는 명령이다.

〈예제 4-18〉 2축 그래프 그리기 (File: part4/4.18_matplotlib_secondary_y.ipynb)

```
# 라이브러리 불러오기
import pandas as pd
import matplotlib.pyplot as plt

# matplotlib 한글 폰트 오류 문제 해결
from matplotlib import font_manager, rc
font_path = "./data/malgun.ttf"   # 폰트파일의 위치
font_name = font_manager.FontProperties(fname=font_path).get_name()
rc('font', family=font_name)

plt.style.use('ggplot')   # 스타일 서식 지정
plt.rcParams['axes.unicode_minus']=False   # 마이너스 부호 출력 설정

# Excel 데이터를 데이터프레임 변환
df = pd.read_excel('./data/남북한발전전력량.xlsx')
df = df.loc[5:9]
df.drop('전력량 (억kWh)', axis='columns', inplace=True)
df.set_index('발전 전력별', inplace=True)
df = df.T

# 원자력 열의 "-" 값을 "0"으로 변경하고, 자료형을 실수형으로 변환
for col in df.columns:
    df[col] = df[col].replace("-", "0")

df = df.astype(float)

# 증감율(변동률) 계산
df = df.rename(columns={'합계':'총발전량'})
df['총발전량 - 1년'] = df['총발전량'].shift(1)
df['증감율'] = ((df['총발전량'] / df['총발전량 - 1년']) - 1) * 100

# 2축 그래프 그리기
ax1 = df[['수력','화력']].plot(kind='bar', figsize=(20, 10), width=0.7, stacked=True)
ax2 = ax1.twinx()
```

```
ax2.plot(df.index, df.증감율, ls='--', marker='o', markersize=20,
         color='green', label='전년대비 증감율(%)')

ax1.set_ylim(0, 500)
ax2.set_ylim(-50, 50)

ax1.set_xlabel('연도', size=20)
ax1.set_ylabel('발전량(억 KWh)')
ax2.set_ylabel('전년 대비 증감율(%)')

plt.title('북한 전력 발전량 (1990~2016)', size=30)
ax1.legend(loc='upper left')

plt.show()
```

<실행 결과>

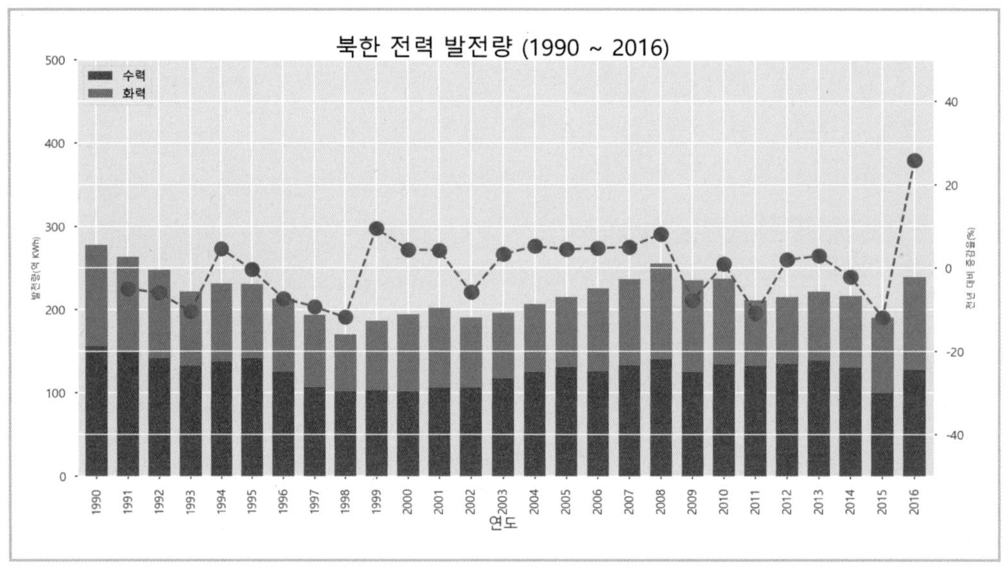

2015년 수력 발전량이 일시적으로 급감한 사실이 있다. 기사를 검색해 보면 2015년에 북한의 가뭄이 심각했다는 뉴스를 찾아볼 수 있다.

1-4 히스토그램

히스토그램(histogram)은 변수가 하나인 단변수 데이터의 빈도수를 그래프로 표현한다. x축을 같은 크기의 여러 구간으로 나누고 각 구간에 속하는 데이터 값의 개수(빈도)를 y축에 표시한다. 구간을 나누는 간격의 크기에 따라 빈도가 달라지고 히스토그램의 모양이 변한다.

〈예제 4-19〉를 통해 히스토그램을 그린다. 앞에서 다룬 UCI 자동차 연비 데이터셋[†]을 사용한다. 자료실에서 CSV 파일[‡]을 다운로드한다. `plot()` 메소드에 `kind='hist'` 옵션을 넣고, `bins=10` 옵션을 지정하여 10개 구간으로 나눈다. 실행 결과를 보면, 자동차 연비 값은 대부분 좌측으로 편향되어 있어서 연비가 낮은 구간에 집중되어 있는 경향을 보인다.

〈예제 4-19〉 히스토그램 (File: part4/4.19_matplotlib_hist.ipynb)

```python
# 라이브러리 불러오기
import pandas as pd
import matplotlib.pyplot as plt

plt.style.use('classic')    # 스타일 서식 지정

# read_csv() 함수로 df 생성
df = pd.read_csv('./ data/auto-mpg.csv', header=None)

# 열 이름 지정
df.columns = ['mpg','cylinders','displacement','horsepower','weight',
              'acceleration','model year','origin','name']

# 연비(mpg) 열에 대한 히스토그램 그리기
df['mpg'].plot(kind='hist', bins=10, color='coral', figsize=(10, 5))

# 그래프 꾸미기
plt.title('HIstogram')
plt.xlabel('mpg')
plt.show()
```

† [출처] https://archive.ics.uci.edu/ml/datasets/auto+mpg(Dua, D. and Karra Taniskidou, E(2017). UCI Machine Learning Repository[http://archive.ics.uci.edu/ml]. Irvine, CA: University of California, School of Information and Computer Science)

‡ [저장소] File: part4/auto-mpg.csv

〈실행 결과〉

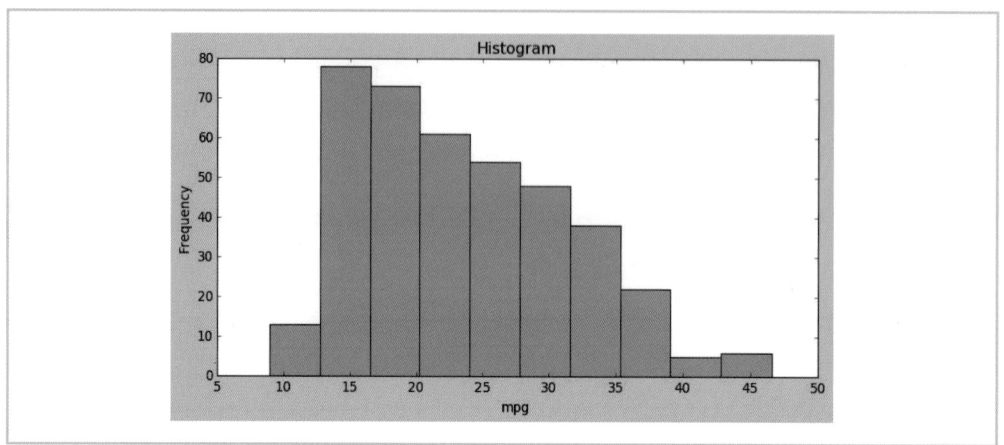

판다스 1.4.0 부터 `plot()` 메소드에 `by` 옵션을 사용하여 데이터를 여러 그룹으로 구분하여 히스토그램을 그리는 기능을 지원한다. `'origin'` 열의 고유한 값을 기준으로 데이터를 그룹화하고, 각 그룹에 대해 `'mpg'` 열의 값의 분포를 나타내는 히스토그램을 각각 그린다.

〈예제 4-19〉 히스토그램 (File: part4/4.19_matplotlib_hist.ipynb(이어서 계속))

```
# 원산지 국가(origin) 열을 기준으로 그룹별로 히스토그램 그리기
df[['mpg', 'origin']].plot(by=['origin'], kind='hist', figsize=(8, 10));
```

〈실행 결과〉[5]

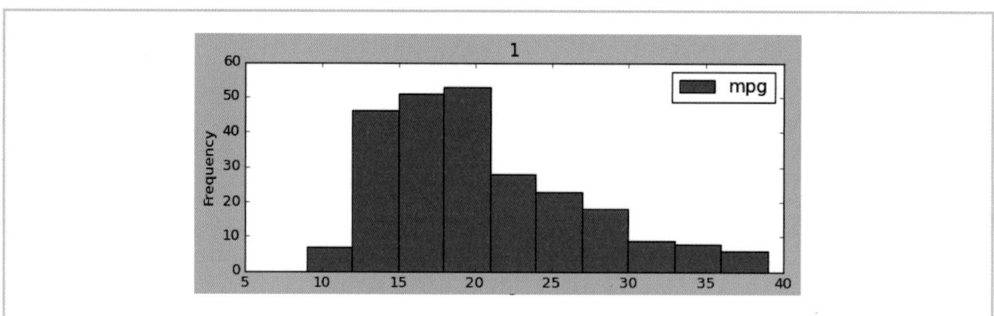

5) 원산지 1의 경우 분포의 중심부(막대의 높이가 높은 범위)가 2, 3에 비하여 값이 작은 편이다. 즉, 원산지 1에서 생산된 자동차들의 연비가 상대적으로 효율이 낮다고 해석된다.

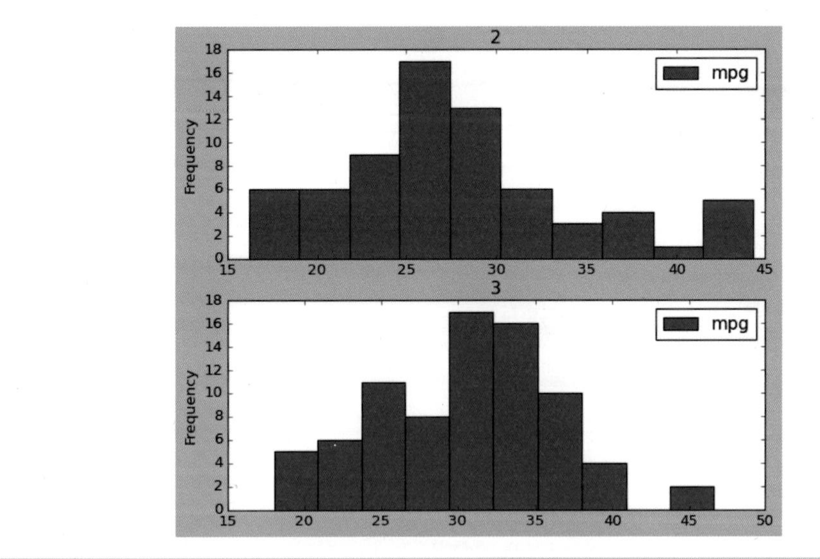

by=['origin', 'cylinders'] 옵션을 적용하여 다중 그룹화를 기반으로 히스토그램을 그린다. 내부적으로 'origin'과 'cylinders'열을 기준으로 데이터를 그룹화하면 총 9개의 경우의 수에 따라 그룹이 나눠진다. 각 그룹별로 mpg의 히스토그램을 그리면, 각 조합에 따른 연비 효율을 비교할 수 있다.

〈예제 4-19〉 히스토그램 (File: part4/4.19_matplotlib_hist.ipynb(이어서 계속))

```
# 원산지 국가(origin), 실린더 개수(cylinders) 열을 기준으로 그룹 구분
df[['mpg', 'origin', 'cylinders']].plot(by=['origin', 'cylinders'], kind='hist',
figsize=(8, 30));
```

〈실행 결과〉

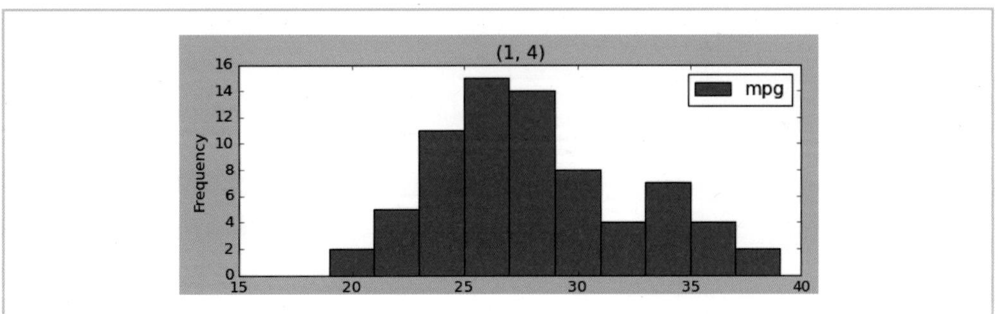

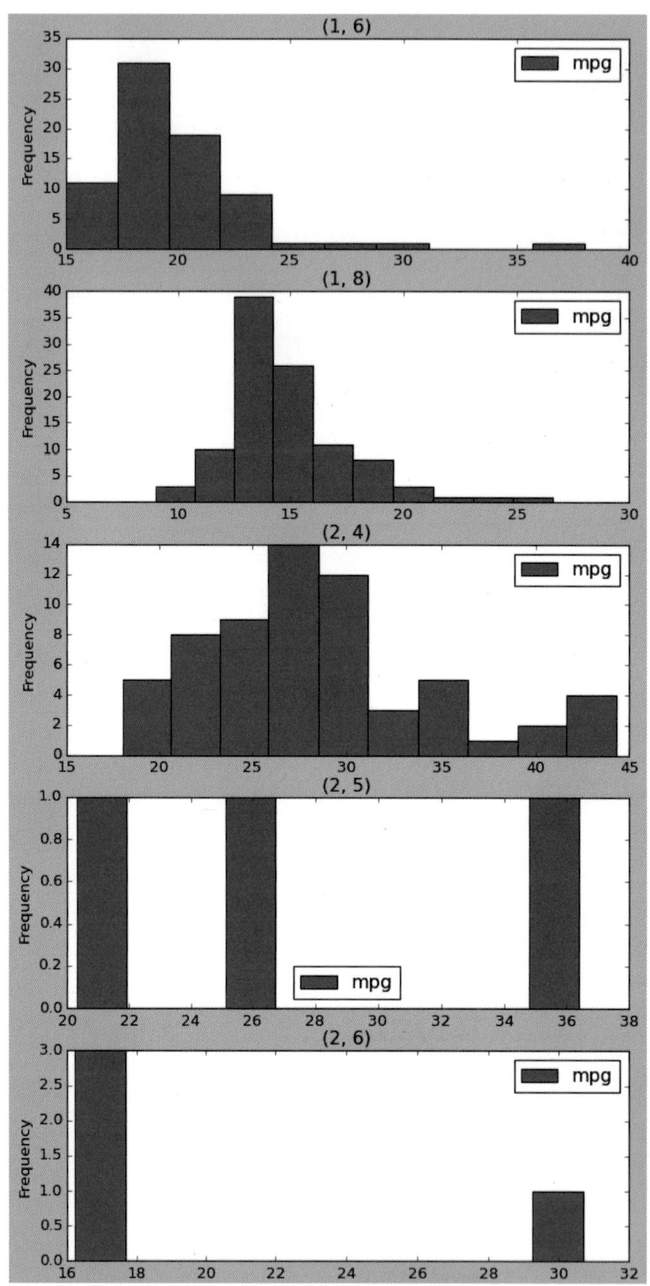

(1, 6)
mpg
Frequency
(1, 8)
mpg
Frequency
(2, 4)
mpg
Frequency
(2, 5)
mpg
Frequency
(2, 6)
mpg
Frequency

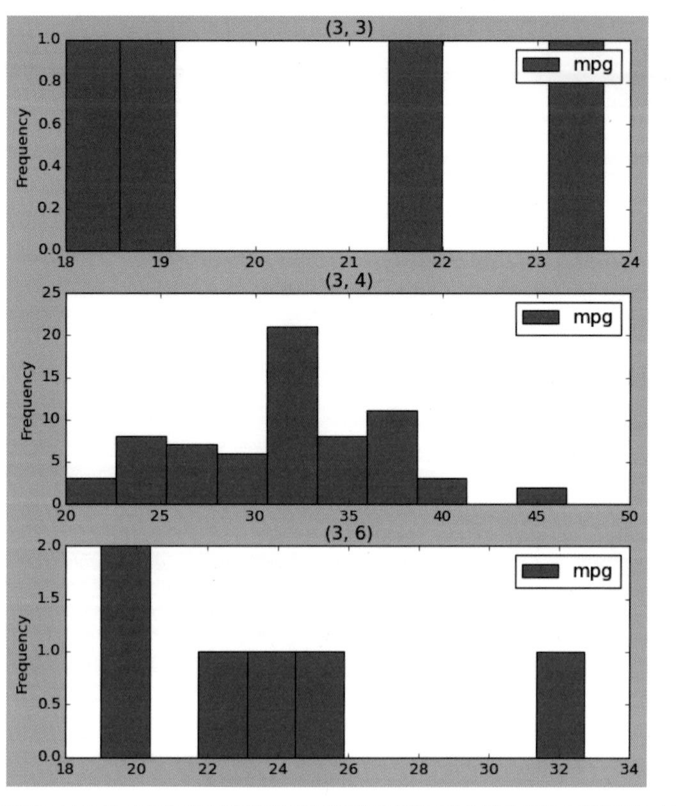

1-5 산점도

산점도(scatter plot)는 서로 다른 두 변수 사이의 관계를 나타낸다. 이때 각 변수는 연속되는 값을 갖는다. 일반적으로 정수형(int) 또는 실수형(float) 값이다. 2개의 연속 변수를 각각 x축과 y축에 하나씩 놓고, 데이터 값이 위치하는 (x, y) 좌표를 찾아서 점으로 표시한다.

`plot()` 메소드에 `kind='scatter'` 옵션을 사용하여 산점도를 그린다. `x='weight'` 옵션을 사용하여 x축에 위치할 변수(데이터프레임의 열)를 선택한다. 마찬가지로 `y='mpg'` 옵션을 지정하여 `'mpg'` 열을 y축에 놓을 변수로 선택한다. 점의 색상(c)과 크기(s)를 설정하는 옵션을 추가한다.

〈예제 4-20〉 산점도 (File: part4/4.20_matplotlib_scatter.ipynb)

```
# 라이브러리 불러오기
import pandas as pd
import matplotlib.pyplot as plt
```

```
plt.style.use('default')    # 스타일 서식 지정

# read_csv() 함수로 df 생성
df = pd.read_csv('./data/auto-mpg.csv', header=None)

# 열 이름 지정
df.columns = ['mpg','cylinders','displacement','horsepower','weight',
              'acceleration','model year','origin','name']

# 연비(mpg)와 차중(weight) 열에 대한 산점도 그리기
df.plot(kind='scatter', x='weight', y='mpg', c='coral', s=10, figsize=(10, 5))
plt.title('Scatter Plot - mpg vs weight')
plt.show()
```

〈실행 결과〉[6]

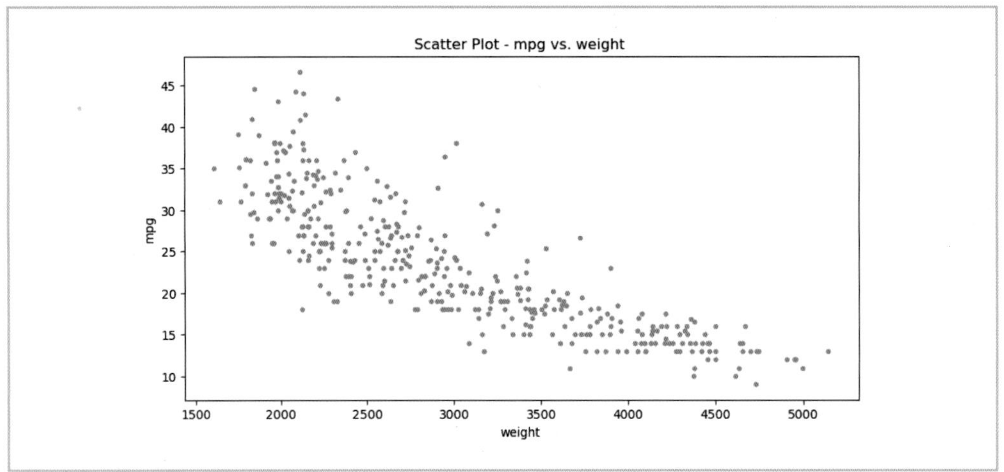

앞에서 자동차 무게와 연비 사이의 관계를 산점도로 표현하였다. 여기에 새로운 변수를 추가해서 점의 크기 또는 색상으로 표현할 수 있다. 여기서는 세 번째 변수로 실린더 개수('cylinders' 열)를 추가해 보자.

실린더 개수를 나타내는 정수를 그대로 쓰는 대신, 해당 열의 최댓값 대비 상대적 크기를 나타내는 비율을 계산하여 cylinders_size 변수에 저장한다. cylinders_size는 0~1 범위의 실

6) 산점도는 두 연속 변수의 관계를 보여준다는 점에서 선 그래프와 비슷하다. 선 그래프를 그리는 plot() 메소드에 'o' 옵션을 사용하면 선 없이 마커(원형의 점)로만 표현되는데, 사실상 산점도라고 볼 수 있다. 이런 방식으로 산점도를 표현할 수도 있다.

수 값의 배열(시리즈)이다. 점의 크기를 정하는 s 옵션에 cylinders_size를 입력하여 값의 크기에 따라 점의 크기를 다르게 표시한다. 이처럼 점의 크기에 변화를 주면 모양이 비눗방울 같다고 해서 버블(bubble) 차트라고 부르기도 한다.

〈예제 4-21〉 버블 차트 (File: part4/4.21_matplotlib_bubble.ipynb)

```
~~ 생략 (예제 4-20과 동일) ~~

# cylinders 개수의 상대적 비율을 계산하여 시리즈 생성
cylinders_size = (df.cylinders/df.cylinders.max()) * 300

# 3개의 변수로 산점도 그리기
df.plot(kind='scatter', x='weight', y='mpg', c='coral', figsize=(10, 5),
        s=cylinders_size, alpha=0.3)
plt.title('Scatter Plot: mpg-weight-cylinders')
plt.show()
```

〈실행 결과〉

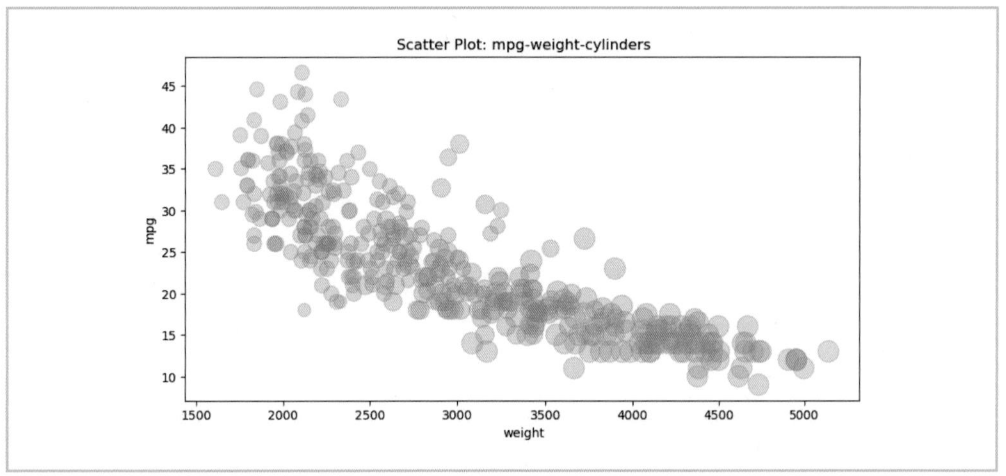

여기서 잠깐 그래프를 그림 파일로 저장

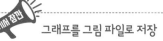

Matplotlib 라이브러리로 생성한 그래프를 그림 파일로 저장하는 방법이다. savefig() 함수에 저장하려는 파일의 이름과 파일 경로를 설정한다. 앞에서 그린 산점도를 "scatter.png"라는 파일명으로 저장한다. 그리고 이와 별도로 transparent=True 옵션으로 그림 배경을 투명하게 지정하여 "scatter_transparent.png"라는 파일명으로 저장한다.

여기서는 <예제 4-21>의 산점도와 일부 다른 옵션을 적용한다. `marker='+'` 옵션으로 점의 모양을 십자(+)로 표시한다. c 옵션에 `cylinders_size`를 할당하여 값에 따라 다른 색상으로 표현한다. 색상을 정하는 컬러맵(cmap)으로 `'viridis'` 옵션을 사용한다.

* Matplotlib 색상(color): https://matplotlib.org/stable/users/explain/colors/index.html

〈예제 4-22〉 그림파일로 저장 (File: part4/4.22_matplotlib_bubble2.ipynb)

```
~~ 생략 (예제 4-21과 동일) ~~

# cylinders 개수의 상대적 비율을 계산하여 시리즈 생성
cylinders_size = (df['cylinders'] / df['cylinders'].max()) * 300

# 3개의 변수로 산점도 그리기
df.plot(kind='scatter', x='weight', y='mpg', marker='+', figsize=(10, 5),
        cmap='viridis', c=cylinders_size, s=50, alpha=0.3)
plt.title('Scatter Plot: mpg-weight-cylinders')

plt.savefig("./data/scatter.png")
plt.savefig("./data/scatter_transparent.png", transparent=True)

plt.show()
```

<실행 결과>

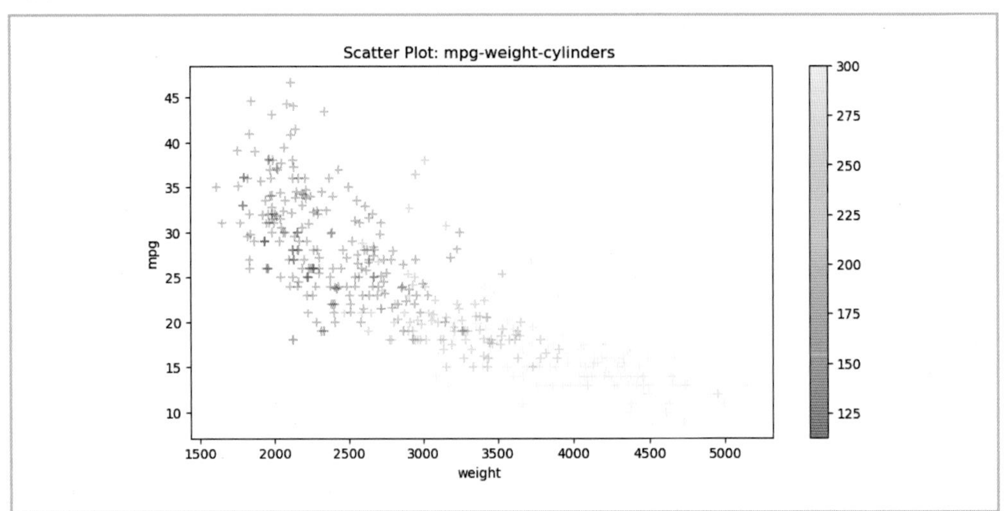

파이썬 실행파일이 위치한 폴더에 2개의 그림 파일이 저장된다. 이미지 편집 프로그램으로 그림 파일을 열어서 배경색이 투명한지 확인해 보자.

1-6 파이 차트

파이 차트(pie chart)는 원을 파이 조각처럼 나누어서 표현한다. 조각의 크기는 해당 변수에 속하는 데이터 값의 크기에 비례한다. `plot()` 메소드에 `kind='pie'` 옵션을 사용하여 그린다.

예제에서는 데이터 개수를 세기 위해 숫자 1을 원소로 갖는 `'count'` 열을 먼저 만든다. 그리고 `groupby()` 메소드를 사용하여 데이터프레임 `df`의 모든 데이터를 `'origin'` 열 값인 '1'(=USA), '2'(=EU), '3'(=JPN)을 기준으로 3개의 그룹으로 나눈다. **`sum()`** 메소드로 각 그룹별 합계를 집계하여 `df_origin` 변수에 저장한다. 그룹 연산에 대해서는 [Part 6]에서 다룬다.

〈예제 4-23〉 파이 차트 (File: part4/4.23_matplotlib_pie.ipynb)

```python
# 라이브러리 불러오기
import pandas as pd
import matplotlib.pyplot as plt

# read_csv() 함수로 df 생성
df = pd.read_csv('./data/auto-mpg.csv', header=None)

plt.style.use('default')    # 스타일 서식 지정

# 열 이름을 지정
df.columns = ['mpg','cylinders','displacement','horsepower','weight',
              'acceleration','model year','origin','name']

# 데이터 개수 카운트를 위해 값 1을 가진 열을 추가
df['count'] = 1
df_origin = df.groupby('origin').sum(numeric_only=True) # origin 열을 기준으로 그룹화, 합계 연산
df_origin.head()                                        # 그룹 연산 결과 출력
```

〈실행 결과〉

```
           mpg  cylinders  displacement    weight  acceleration  model year  count
origin
     1  5000.8       1556       61229.5  837121.0        3743.4       18827    249
     2  1952.4        291        7640.0  169631.0        1175.1        5307     70
     3  2405.6        324        8114.0  175477.0        1277.6        6118     79
```

앞에서 출력된 데이터프레임의 행 인덱스는 `'origin'` 열의 고유값인 1, 2, 3 이다. 각 고유값에 해당하는 국가명을 실제 값으로 변경한다.

〈예제 4-23〉 파이 차트 (File: part4/4.23_matplotlib_pie.ipynb(이어서 계속))

```
# 제조국가(origin) 값을 실제 지역명으로 변경
df_origin.index = ['USA', 'EU', 'JAPAN']
df_origin.head()
```

〈실행 결과〉

	mpg	cylinders	displacement	weight	acceleration	model year	count
USA	5000.8	1556	61229.5	837121.0	3743.4	18827	249
EU	1952.4	291	7640.0	169631.0	1175.1	5307	70
JAPAN	2405.6	324	8114.0	175477.0	1277.6	6118	79

각 제주국가별로 데이터 값들이 합계 중에서 우리가 사용할 데이터는 'count' 열이다. 여기에 plot() 메소드를 적용하면, 국가별 점유율을 나타내는 파이 차트를 그린다. '%1.1f%%' 옵션은 숫자를 퍼센트(%)로 나타내는데, 소수점 이하 첫째 자리까지 표기한다는 뜻이다.

〈예제 4-23〉 파이 차트 (File: part4/4.23_matplotlib_pie.ipynb(이어서 계속))

```
# 제조국가(origin) 열에 대한 파이 차트 그리기 - count 열 데이터 사용
df_origin['count'].plot(kind='pie',
                        figsize=(7, 5),
                        autopct='%1.1f%%',                          # 퍼센트 % 표시
                        startangle=10,        # 파이 조각을 나누는 시작 위치(각도 표시)
                        colors=['chocolate', 'bisque', 'cadetblue']  # 색상 리스트
                        )

plt.title('Model Origin', size=20)
plt.axis('equal')                    # 파이 차트의 비율을 같게 (원에 가깝게) 조정
plt.legend(labels=df_origin.index, loc='upper right')                # 범례 표시
plt.show()
```

〈실행 결과〉

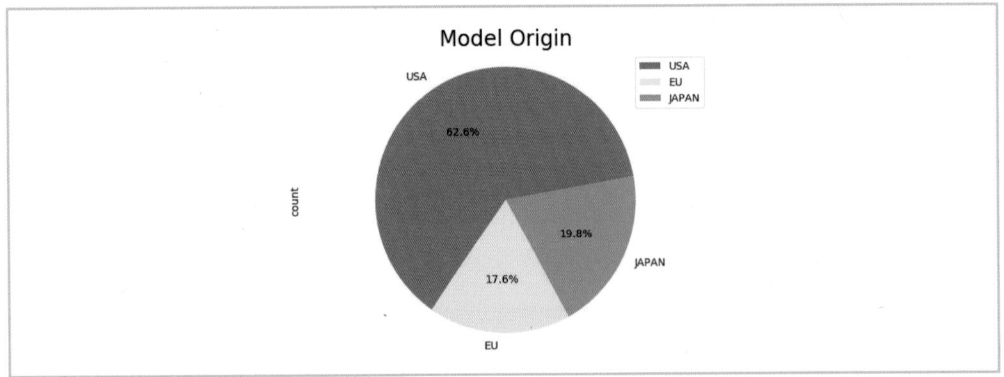

autopct='%1.1f%%' (포맷 문자열)

autopct 옵션은 문자열 포맷 코드를 사용하여 파이 차트의 각 조각에 대한 비율을 표시하는 형식을 지정한다. 예를 들어, 파이 차트의 한 조각이 전체 데이터 중 22.5%를 차지한다면, autopct='%1.1f%%' 옵션을 사용하면 해당 조각에는 "22.5%" 라는 텍스트가 표시된다. 데이터 포인트의 상대적 크기를 시각적으로 쉽게 이해하는데 도움이 된다.

1. %1.1f 부분: 비율을 부동소수점 형식으로 표시하되, 최소한 하나의 숫자를 정수 부분으로 가지며 (%1), 소수점 아래로는 하나의 숫자만 표시하도록 (%.1f) 설정한다.

2. %% 부분: 퍼센트 기호(%)를 문자열에 포함시키기 위한 이스케이프 시퀀스이다. 파이썬에서는 % 문자 자체를 출력하고자 할 때 %%와 같이 두 번 입력한다.

1-7 박스 플롯

박스 플롯(box plot)은 범주형 데이터의 분포를 파악하는 데 적합하다. [그림 4-8]을 보면 박스 플롯은 5개의 통계 지표(최솟값, 1분위수, 중앙값, 3분위수, 최댓값)와 이상치(outlier)를 표시한다.

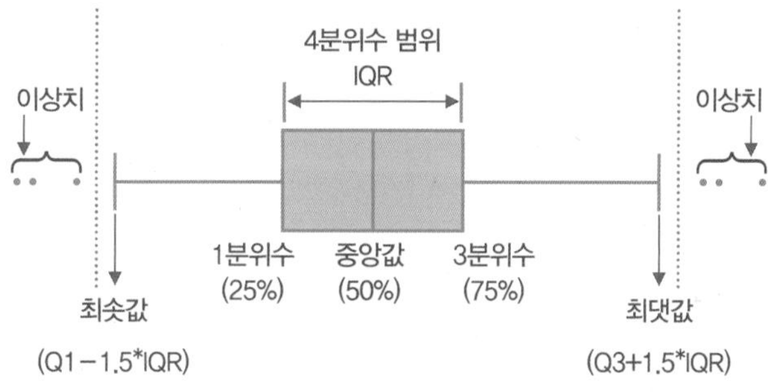

[그림 4-8] 박스 플롯 구조

다음 예제에서 제조국가별 연비 분포를 보여주는 박스 플롯을 그린다. `plt.subplots()` 함수로 하나의 `Figure` 객체와 2개의 `Axes` 객체를 만든다. `figsize=(15, 5)` 옵션을 사용하여 `Figure`의 크기를 가로 15인치, 세로 5인치로 설정한다. 2개의 `Axes` 객체를 각각 `ax1`, `ax2` 변수에 할당한다.

각 `Axes` 객체에 박스 플롯을 그리는 `boxplot()` 메소드를 적용한다. `'origin'` 값이 1인 `'mpg'` 열, `'origin'` 값이 2인 `'mpg'` 열, `'origin'` 값이 3인 `'mpg'` 열의 데이터 분포를 출력한다. 박스 플롯에 넣을 열 3개를 리스트에 담아서 `x` 옵션에 할당한다. `labels` 옵션을 이용하여 각 열을 나타내는 라벨을 정의한다. 화면 오른쪽 `ax2` 객체에 `vert=False` 옵션을 사용하여 수평 박스 플롯을 그린다.

〈예제 4-24〉 박스 플롯 (File: part4/4.24_matplotlib_box.ipynb)

```
# 라이브러리 불러오기
import pandas as pd
import matplotlib.pyplot as plt

# matplotlib 한글 폰트 오류 문제 해결
from matplotlib import font_manager, rc
font_path = "./data/malgun.ttf"          # 폰트 파일 위치
font_name = font_manager.FontProperties(fname=font_path).get_name()
rc('font', family=font_name)

plt.style.use('grayscale')                  # 스타일 서식 지정
plt.rcParams['axes.unicode_minus']=False  # 마이너스 부호 출력 설정

# read_csv() 함수로 df 생성
df = pd.read_csv('./data/auto-mpg.csv', header=None)

# 열 이름을 지정
df.columns = ['mpg','cylinders','displacement','horsepower','weight',
              'acceleration','model year','origin','name']

# 그래프 객체 생성(figure에 2개의 서브 플롯을 생성)
fig, (ax1, ax2) = plt.subplots(1, 2, figsize=(15, 5))

# axe 객체에 boxplot 메소드로 그래프 출력
ax1.boxplot(x=[df[df['origin']==1]['mpg'],
               df[df['origin']==2]['mpg'],
               df[df['origin']==3]['mpg']],
               labels=['USA', 'EU', 'JAPAN'])

ax2.boxplot(x=[df[df['origin']==1]['mpg'],
               df[df['origin']==2]['mpg'],
               df[df['origin']==3]['mpg']],
               labels=['USA', 'EU', 'JAPAN'],
               vert=False)

ax1.set_title('제조국가별 연비 분포(수직 박스 플롯)')
ax2.set_title('제조국가별 연비 분포(수평 박스 플롯)')

plt.show()
```

〈실행 결과〉

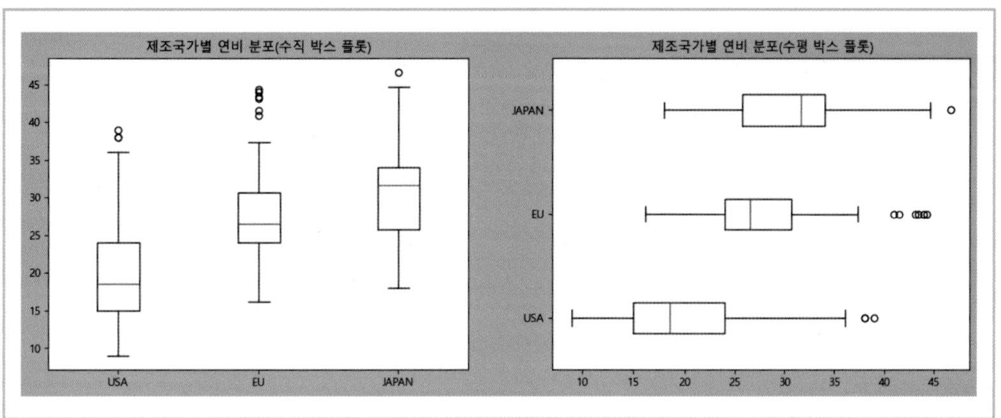

판다스 plot() 메소드를 사용해서 'origin' 별로 박스 플롯을 구분하여 그릴 수도 있다. column과 by 인자를 사용하여 'origin' 별로 데이터를 그룹화하고, 각 그룹에 대해 'mpg'와 'weight' 열의 박스 플롯을 별도의 서브 플롯에 구분하여 그린다.

〈예제 4-24〉 박스 플롯 (File: part4/4.24_matplotlib_box.ipynb(이어서 계속))

```
# 판다스 plot 메소드 활용 - 원산지 제조국가별 구분
df.plot(kind='box', column=['mpg', 'weight'], by=['origin'], figsize=(15, 5));
```

〈실행 결과〉

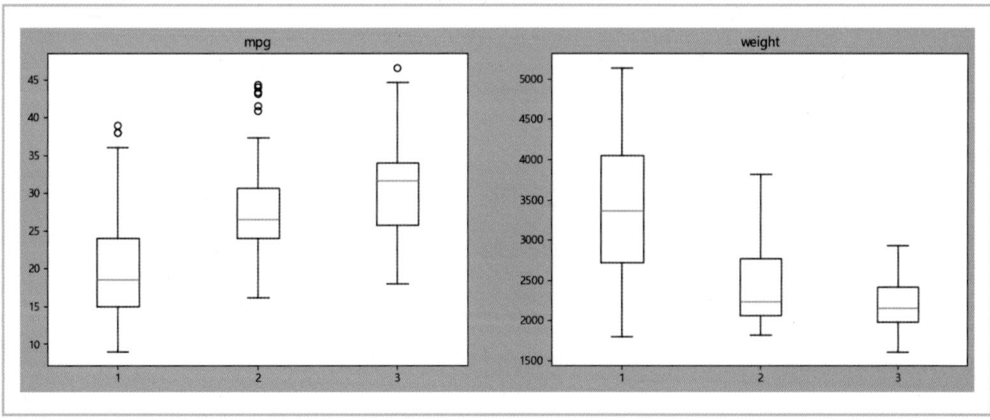

color 매개변수에 박스 플롯의 구성 요소에 대한 색상을 구분하여 지정할 수 있다. sym="r+" 인자는 이상치(outlier)의 표시 방식을 설정한다. 그리고, vert=False 옵션에 의해 수평 방향으로 막대를 표시한다.

〈예제 4-24〉 박스 플롯 (File: part4/4.24_matplotlib_box.ipynb(이어서 계속))

```
# 판다스 plot 메소드 활용 - 색상 지정, 방향 설정
color = {
    "boxes": "SeaGreen",
    "whiskers": "Olive",
    "medians": "Teal",
    "caps": "SlateGray",
}

df.plot(kind='box', column=['mpg'], by=['origin'], figsize=(15, 5),
      color=color, sym="r+", vert=False);
```

〈실행 결과〉

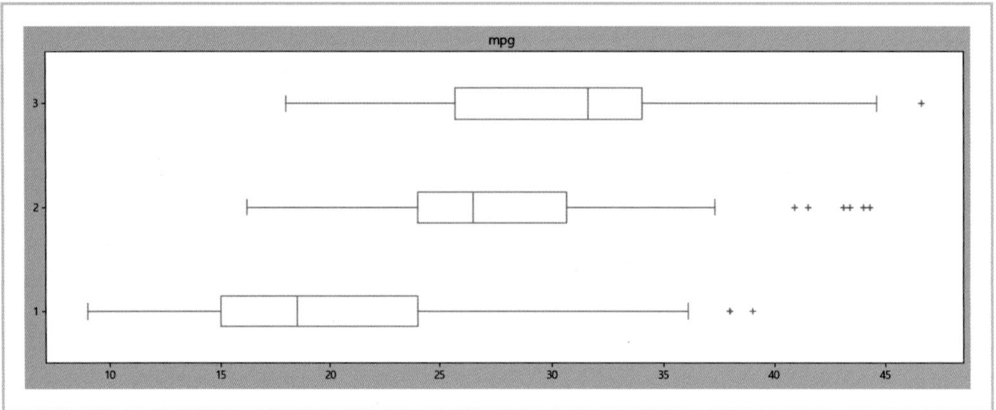

파이썬 그래프 갤러리

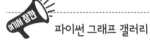

파이썬으로 그릴 수 있는 다양한 그래프와 설정 옵션을 참조할 수 있는 사이트(The Python Graph Gallery)를 소개한다. 여러 가지 유용한 그래프 샘플과 실행 코드를 많이 담고 있다.

* 참조: https://python-graph-gallery.com

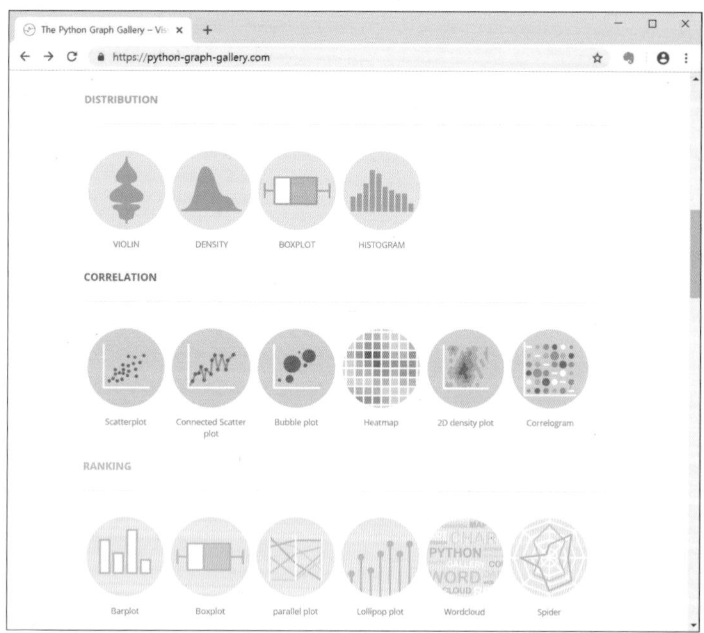

[그림 4-9] 파이썬 그래프 갤러리

❷ Seaborn 라이브러리 - 고급 그래프 도구

Seaborn은 Matplotlib의 기능과 스타일을 확장한 파이썬 시각화 도구의 고급 버전이다. 특히 강력한 통계 기능을 제공하기 때문에 데이터 분석 분야에서 많이 사용된다. 비교적 단순한 인터페이스를 제공해 초보자도 어렵지 않게 배울 수 있다.

실습 환경에 Seaborn 라이브러리를 설치해야 한다. 파이썬 실행파일에 Seaborn 라이브러리를 임포트할 때는 'sns'라는 약칭을 주로 사용한다.

● 데이터셋 가져오기

Seaborn 라이브러리에서 제공하는 `'titanic'` 데이터셋을 사용한다. Seaborn의 `load_dataset()` 함수를 사용하여 데이터프레임으로 가져온다. 모두 891명의 탑승객 정보가 담겨 있다.

〈예제 4-25〉 titanic 데이터셋 (File: part4/4.25_seaborn_dataset.ipynb)

```
# 라이브러리 불러오기
import seaborn as sns

# titanic 데이터셋 가져오기
titanic = sns.load_dataset('titanic')

# titanic 데이터셋 살펴보기
titanic.head()
```

〈실행 결과〉

```
   survived  pclass     sex   age  sibsp  parch     fare  enbarked  class     \
0         0       3    male  22.0      1      0   7.2500         S  Third
1         1       1  female  38.0      1      0  71.2833         C  First
2         1       3  female  26.0      0      0   7.9250         S  Third
3         1       1  female  35.0      1      0  53.1000         S  First
4         0       3    male  35.0      0      0   8.0500         S  Third

     who  adult_male  deck  embark_town  alive  alone
0    man        True   NaN  Southampton     no  False
1  woman       False     C    Cherbourg    yes  False
2  woman       False   NaN  Southampton    yes   True
3  woman       False     C  Southampton    yes  False
4    man        True   NaN  Southampton     no   True
```

info() 메소드로 데이터프레임 개요를 확인해 보면 891개의 데이터가 있고 15개의 열이 있다. 그리고 정수형(int), 실수형(float), 문자열(object), 불린(bool), 카테고리(category) 자료형이 확인된다.

〈예제 4-25〉 titanic 데이터셋 (File: part4/4.25_seaborn_dataset.ipynb(이어서 계속))

```
# titanic 데이터셋 기본개요
titanic.info()
```

〈실행 결과〉[7]

```
<class 'pandas.core.frame.DataFrame'>
RangeIndex: 891 entries, 0 to 890
Data columns (total 15 columns):
 #   Column        Non-Null Count   Dtype
---  ------        --------------   -----
 0   survived      891 non-null     int64
 1   pclass        891 non-null     int64
 2   sex           891 non-null     object
 3   age           714 non-null     float64
 4   sibsp         891 non-null     int64
 5   parch         891 non-null     int64
 6   fare          891 non-null     float64
 7   embarked      889 non-null     object
 8   class         891 non-null     category
 9   who           891 non-null     object
 10  adult_male    891 non-null     bool
 11  deck          203 non-null     category
 12  embark_town   889 non-null     object
 13  alive         891 non-null     object
 14  alone         891 non-null     bool
dtypes: bool(2), category(2), float64(2), int64(4), object(5)
memory usage: 80.7+ KB
```

● 회귀선이 있는 산점도

regplot() 함수는 서로 다른 2개의 연속 변수 사이의 산점도를 그리고 선형회귀분석에 의한 회귀선을 함께 나타낸다. fit_reg=False 옵션을 설정하면 회귀선이 안 보이게 할 수 있다. 다음의 예제에서 왼쪽 그래프는 선형회귀선을 표시하고 오른쪽 그래프는 표시하지 않는다.

〈예제 4-26〉 회귀선이 있는 산점도 (File: part4/4.26_seaborn_regplot.ipynb)

```
# 라이브러리 불러오기
import matplotlib.pyplot as plt
import seaborn as sns
```

7) 판다스의 카테고리(category) 자료형은 범주형 데이터를 위한 특수한 데이터 타입이다. 범주형 데이터는 특정한 몇 개의 범주로만 구분되는 값을 가지는 데이터 유형을 말한다. 예를 들어, '남성'과 '여성'과 같이 두 가지 값만을 가질 수 있는 성별, '봄', '여름', '가을', '겨울'과 같이 네 가지 값만을 가질 수 있는 계절 등이 있다. 범주형 자료는 문자열, 숫자형 데이터로 표현할 수도 있지만, 판다스에서 카테고리 자료형을 사용하면 여러 가지 장점이 있다. 특히 메모리 사용량을 줄이고 데이터 처리 속도를 높이는 데 유용하다.

```python

# Seaborn 제공 데이터셋 가져오기
titanic = sns.load_dataset('titanic')

# 스타일 테마 설정 (5가지: darkgrid, whitegrid, dark, white, ticks)
sns.set_style('darkgrid')

# 그래프 객체 생성(figure에 2개의 서브 플롯을 생성)
fig, axes = plt.subplots(1, 2, figsize=(15, 5))

# 그래프 그리기 - 선형회귀선 표시(fit_reg=True)
sns.regplot(x='age',          # x축 변수
            y='fare',         # y축 변수
            data=titanic,     # 데이터프레임
            ax=axes[0])       # Axes 객체 - 첫 번째 그래프

# 그래프 그리기 - 선형회귀선 미표시(fit_reg=False)
sns.regplot(x='age',          # x축 변수
            y='fare',         # y축 변수
            data=titanic,     # 데이터프레임
            ax=axes[1],       # Axes 객체 - 두 번째 그래프
            fit_reg=False)    # 회귀선 미표시

plt.show()
```

〈실행 결과〉

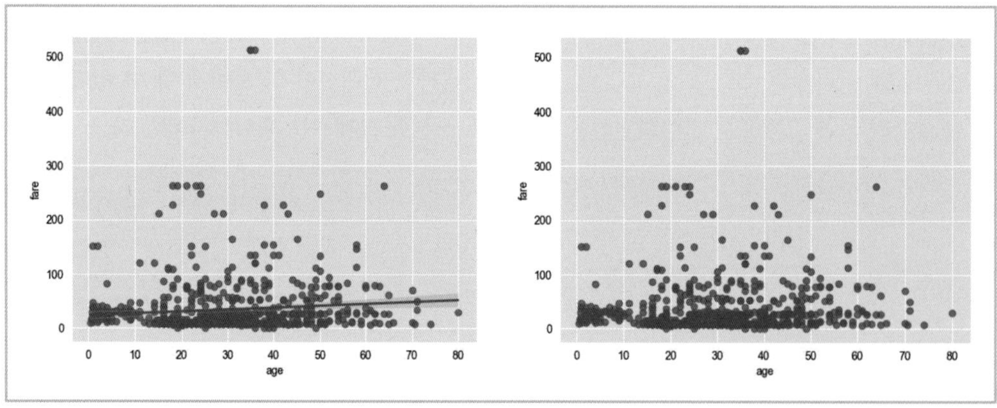

● 히스토그램/커널 밀도 그래프

연속형 데이터의 값의 크기 차이에 따른 분포를 확인할 때 히스토그램과 커널 밀도 함수[8]를 이용한 커널 밀도 그래프를 주로 사용한다. Seaborn 라이브러리는 히스토그램을 그릴 때는 histplot 함수를 사용하고, 커널 밀도 그래프를 그릴 때는 kdeplot 함수를 사용한다.

히스토그램은 데이터를 일정한 간격의 구간(bin)으로 나누고 각 구간에 속하는 데이터의 빈도수(frequency)를 막대로 표현한 그래프이다. 히스토그램을 통해 데이터의 중심 경향성, 퍼짐 정도(변동성), 이상치, 분포의 모양 등을 대략적으로 파악할 수 있다.

다음 코드에서는 〈예제 4-8〉에서 살펴본 plt.subplot_mosaic 함수를 사용하여 Figure 객체 내에 5개의 Axes 객체를 상단에 2개, 중간에 2개, 하단에 크게 1개가 위치하도록 배치한다. 각 영역에 Seaborn의 histplot 함수를 사용하여 다른 옵션을 적용하여 다양한 히스토그램을 그린다.

20라인에서 'titanic' 데이터셋의 'age' 열 데이터를 사용하여 상단 왼쪽의 Axes 객체에 히스토그램을 그린다. 타이타닉 승객의 나이 분포를 보여준다.
23라인에서 'age' 데이터를 x축으로, 'survived' 열을 hue 매개변수로 사용하여, 생존 여부에 따른 나이 분포의 차이를 상단 오른쪽의 Axes 객체에 히스토그램으로 나타낸다. 즉, 각 나이대에서 생존한 사람과 사망한 사람의 수를 서로 다른 색으로 구분하여 보여준다.
26라인에서 multiple='dodge' 옵션은 두 그룹('survived')의 막대를 나란히 배치하여 서로 겹치지 않게 표시한다. 각 생존 그룹의 나이 분포를 명확히 구분해주어 비교하기 쉽게 만든다.
29라인에서 multiple='stack' 옵션은 하나의 막대 위에 다른 막대를 쌓아서 표시한다. 전체 분포의 모양을 유지하면서도 각 그룹의 비율을 쉽게 비교할 수 있다.
32라인에서 multiple='fill' 옵션은 막대를 위아래로 쌓아서 표시를 하지만 전체 높이를 1로 정규화하여 상대적인 비율로 표시한다. 각 구간에서 각 그룹의 비율을 비교하는 데 유용한다. bins=10은 나이 데이터를 10개의 구간으로 나누어 표시하라는 의미이다.

8) 커널 밀도 함수는 그래프와 x축 사이의 면적이 1이 되도록 그리는 분포함수이다.

〈예제 4-27〉 히스토그램/커널밀도함수 (File: part4/4.27_seaborn_displot.ipynb)

```
~~ 생략(예제 4-26과 동일) ~~

# figure 객체 1개, Axes 객체 5개(Top 2개, Middle 2개, Bottom 1개)
fig, axes = plt.subplot_mosaic([['top_left', 'top_right'],
                                ['middle_left', 'middle_right'],
                                ['bottom', 'bottom']],
                                figsize=(15, 6),
                                constrained_layout=True)


# histplot
sns.histplot(x='age', data=titanic,  ax=axes['top_left'])

# histplot - hue 옵션 추가
sns.histplot(x='age', hue='survived', data=titanic,  ax=axes['top_right'])

# histplot - multiple(dodge) 적용
sns.histplot(x='age', hue='survived', multiple='dodge', data=titanic,  ax=axes['middle_left'])

# histplot - multiple(stack) 적용
sns.histplot(x='age', hue='survived', multiple='stack', data=titanic,  ax=axes['middle_right'])

# histplot - multiple(fill) 적용
sns.histplot(x='age', hue='survived', multiple='fill', bins=10, data=titanic,  ax=axes['bottom'])

# Figure 객체 제목 표시
fig.suptitle('Titanic - Age Distribution')

# Axes 객체 제목 표시
axes['top_left'].set_title('Histogram')
axes['top_right'].set_title('Histogram (hue)')
axes['middle_left'].set_title('Histogram (multiple - dodge)')
axes['middle_right'].set_title('Histogram (multiple - stack)')
axes['bottom'].set_title('Histogram (multiple - fill)')

plt.show()
```

〈실행 결과〉[9)]

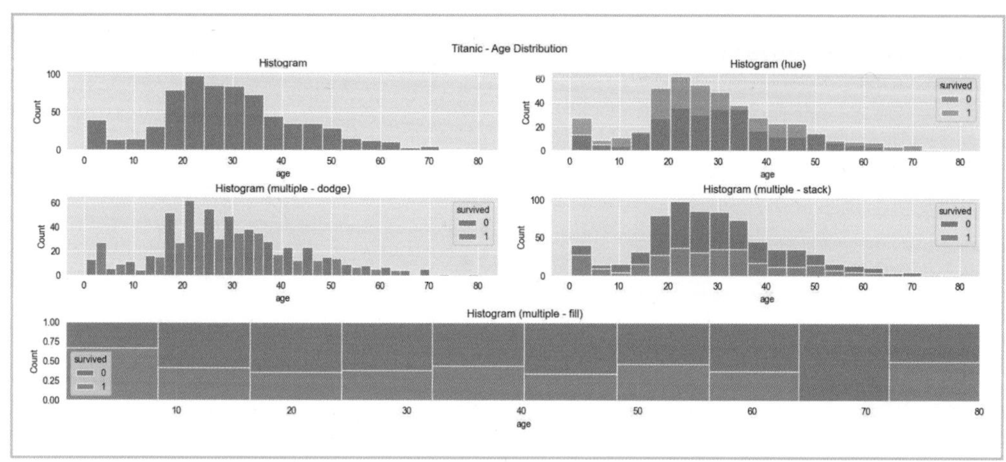

커널 밀도 그래프인 KDE 플롯은 주어진 데이터 포인트를 매끄러운 연속 확률 분포로 나타낸다. 데이터의 확률 밀도 함수를 추정하는 비모수적인 방법인 커널 밀도 추정을 이용한다. 이를 통해 데이터 포인트가 나타내는 분포의 모양을 부드러운 곡선으로 그린다.

다음 코드에서는 5개의 Axes 객체를 만들고, Seaborn의 kdeplot() 함수에 다양한 옵션을 적용하여 연속적인 분포를 시각화한다.

53라인에서 'age' 분포에 대한 KDE 플롯을 상단 왼쪽의 Axes 객체에 표시한다.
56라인에서 hue 옵션에 추가된 'survived' 열의 각 범주로 데이터를 두 그룹으로 구분하고, 각 그룹의 'age' 분포를 서로 다른 색상으로 그리고 겹치게 표시한다.
59라인에서 fill=True 매개변수를 추가하여 KDE 곡선 아래 영역을 채워서 표현한다.
62라인에서 multiple='stack'은 'survived' 카테고리별 KDE 플롯을 서로 겹치지 않게 위아래로 쌓아서 그린다.
65라인에서 multiple='fill'은 각 나이 대역에서 'survived' 카테고리의 상대적인 구성비율을 총합이 1이 되도록 표현한다. 여기서 bw_adjust는 KDE 곡선의 부드러움을 제어하는 대역폭을 결정한다. 값이 클수록 곡선은 더 부드럽게 표현된다(histplot의 bins 옵션과 비슷하다).

9) 앞의 코드에서 fig.suptitle() 함수는 전체 Figure에 대한 제목을 설정하며, set_title() 메소드는 각각의 Axes 객체에 개별적인 제목을 설정한다.

〈예제 4-27〉 히스토그램/커널밀도함수 (File: part4/4.27_seaborn_displot.ipynb(이어서 계속))

```
# figure 객체 1개, Axes 객체 5개(Left 2개, Center 2개, Right 1개)
fig, axes = plt.subplot_mosaic([['top_left', 'top_center', 'right'],
                                ['bottom_left', 'bottom_center', 'right']],
                                figsize=(15, 6),
                                constrained_layout=True)


# kdeplot
sns.kdeplot(x='age', data=titanic,  ax=axes['top_left'])

# kdeplot - hue 옵션 추가
sns.kdeplot(x='age', hue='survived', data=titanic,  ax=axes['bottom_left'])

# kdeplot - fill=True 적용
sns.kdeplot(x='age', hue='survived', fill=True, data=titanic,  ax=axes['top_center'])

# kdeplot - multiple(stack) 적용
sns.kdeplot(x='age', hue='survived', multiple='stack', data=titanic,
ax=axes['bottom_center'])

# kdeplot - multiple(fill) 적용
sns.kdeplot(x='age', hue='survived', multiple='fill', bw_adjust=2.0,
data=titanic,  ax=axes['right'])

# Figure 객체 제목 표시
fig.suptitle('Titanic - Age Distribution')

# Axes 객체 제목 표시
axes['top_left'].set_title('KDE')
axes['bottom_left'].set_title('KDE (hue)')
axes['top_center'].set_title('KDE (fill=True)')
axes['bottom_center'].set_title('KDE (multiple - stack)')
axes['right'].set_title('KDE (multiple - fill)')

plt.show()
```

〈실행 결과〉

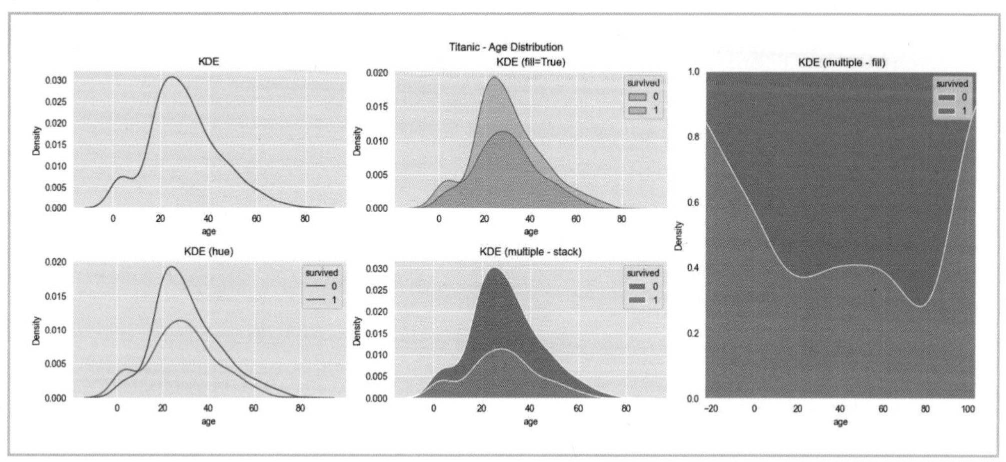

히스토그램과 커널 밀도 그래프를 모두 구현 가능한 displot() 함수를 살펴보자. kind='hist' 옵션이 기본 옵션이므로 kind 옵션을 설정하지 않으면 히스토그램을 그린다. kind='kde' 옵션을 전달하면 커널 밀도 그래프를 표시한다. 이 함수는 이런 유연함 외에도 데이터의 분포를 독립적인 차트로 빠르게 시각화하고 싶을 때 특히 유용하다. 기본적으로 새로운 Figure 객체를 생성하여 그래프를 그리기 때문에 plt.figure() 함수 등으로 Figure 객체를 미리 선언할 필요가 없다.

〈예제 4-27〉 히스토그램/커널밀도함수 (File: part4/4.27_seaborn_displot.ipynb(이어서 계속))

```
# displot(figure 객체 생성)
sns.displot(titanic['fare'], kind='hist')
plt.show()

# displot(차트 종류 설정)
sns.displot(titanic['fare'], kind='kde')
plt.show()
```

〈실행 결과〉[10]

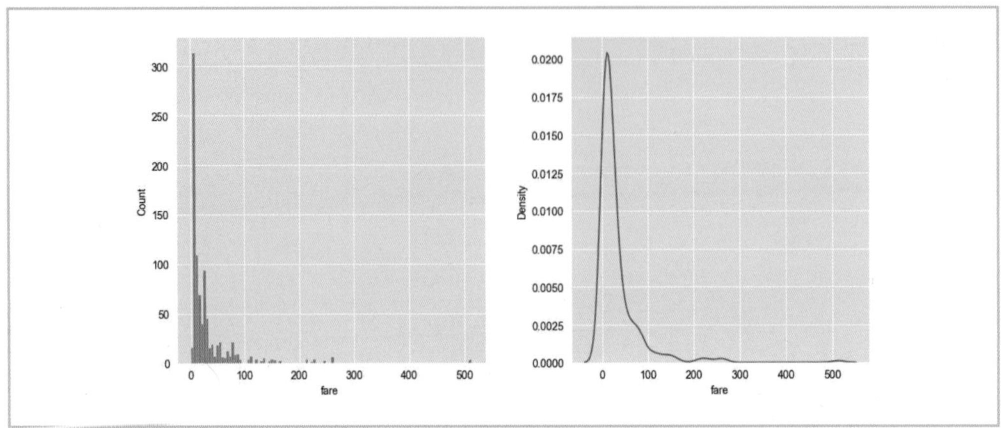

Seaborn의 Figure−level 그래프는 `col`과 `row` 매개변수를 사용하여 서브플롯(Axes)을 생성하는 기능을 제공한다. `col='pclass'` 옵션은 데이터를 `'pclass'` 값에 따라 구분하고, 각 클래스에 대한 `'fare'` 분포를 별도의 열(column)로 나타내는 서브플롯을 생성한다. 이를 통해 각 클래스별 요금 분포의 차이를 쉽게 비교할 수 있다.

〈예제 4-27〉 히스토그램/커널밀도함수 (File: part4/4.27_seaborn_displot.ipynb(이어서 계속))

```
# displot(figure 객체 - col 구분하여 서브플롯 생성)
sns.displot(data=titanic, x='fare', col='pclass', kind='hist')
plt.show()
```

〈실행 결과〉

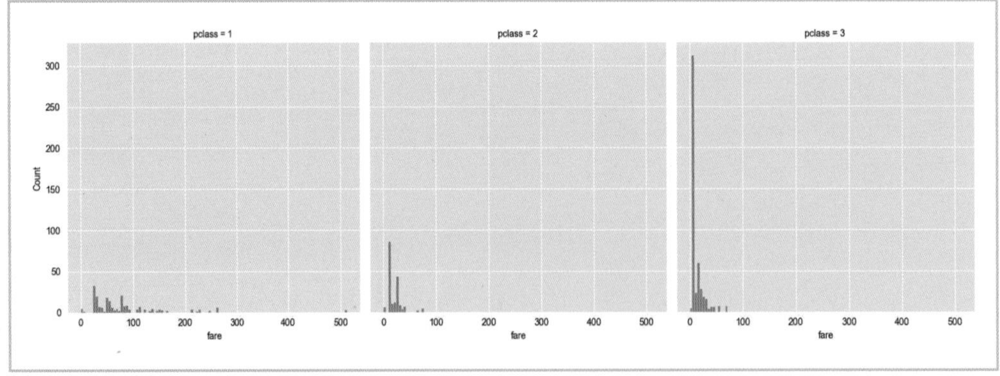

10) Seaborn에서 제공하는 그래프 객체는 `histplot`, `kdeplot` 함수 등이 반환하는 Axes−level 객체와 `displot` 함수 등이 반환하는 Figure−level 객체로 구분된다. Axes−level 그래프는 다른 `Figure` 객체에 담을 수 있지만, Figure−level 그래프는 구조상 허용되지 않는다.

row='survived' 옵션은 생존 여부에 따라 데이터를 구분하고, 각 그룹에 대한 'fare' 분포를 별도의 행(row)으로 나타내는 서브플롯을 생성한다. 생존한 승객과 사망한 승객의 요금 분포를 직관적으로 비교할 수 있게 한다.

〈예제 4-27〉 히스토그램/커널밀도함수 (File: part4/4.27_seaborn_displot.ipynb(이어서 계속))

```
# displot(figure 객체 - row 구분하여 서브플롯 생성)
sns.displot(data=titanic, x='fare', row='survived', kind='kde', fill=True)
plt.show()
```

〈실행 결과〉

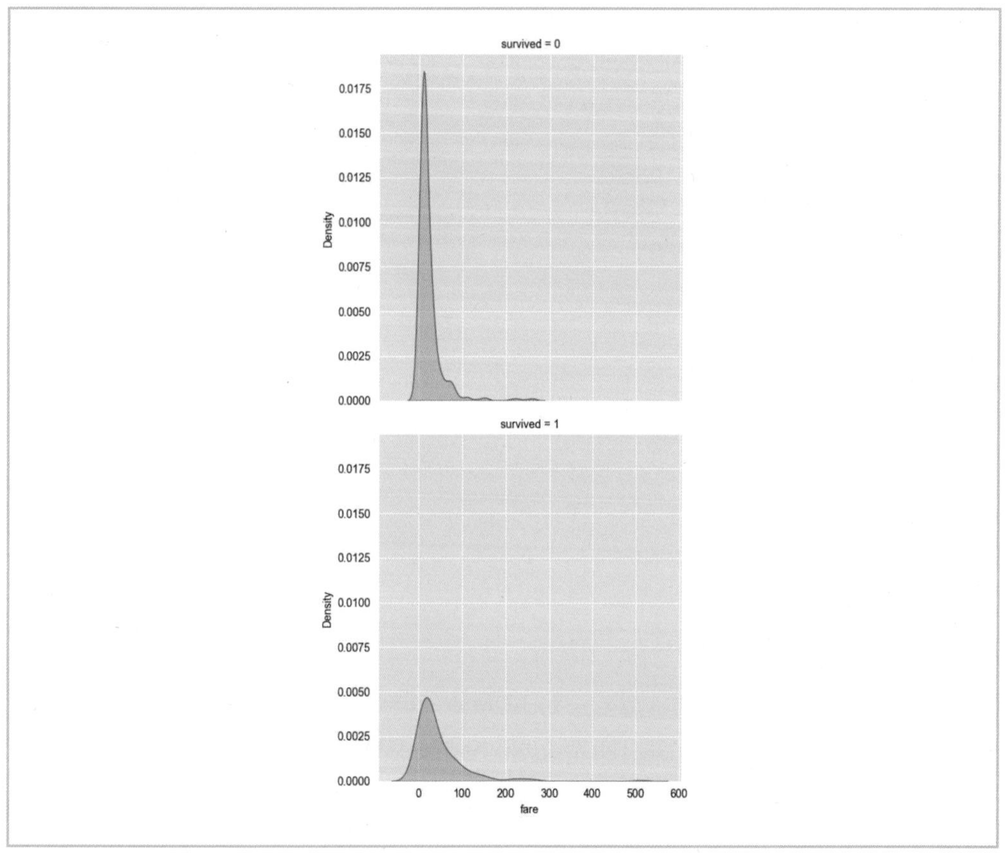

다음 코드는 col='pclass', row='survived' 옵션을 모두 적용하여 각기 다른 변수('pclass'와 'survived')에 따라 데이터를 분할하고, 각 그룹의 'fare' 분포를 시각화한다. 이처럼 displot은 각 서브플롯을 자동으로 생성하고 관리하는 기능을 제공하여, 데이터의 다양한 측면을 한번에 살펴보기 편리하다.

〈예제 4-27〉 히스토그램/커널밀도함수 (File: part4/4.27_seaborn_displot.ipynb(이어서 계속))

```
# displot(figure 객체 - col, row 구분하여 서브플롯 생성)
sns.displot(data=titanic, x='fare', col='pclass', row='survived')
plt.show()
```

〈실행 결과〉

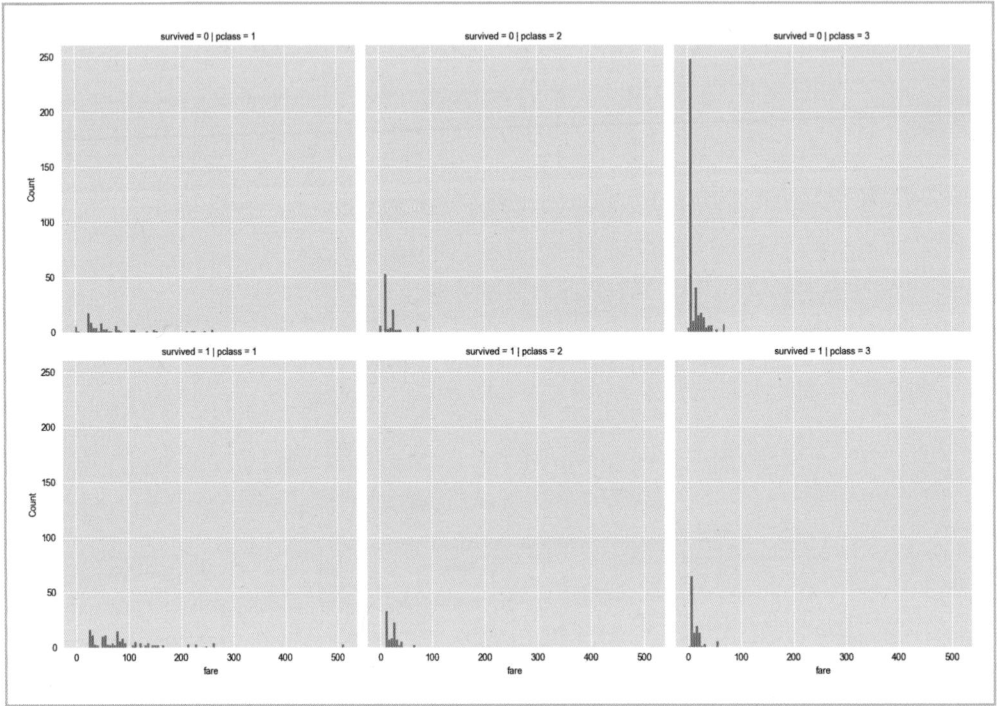

● 등고선 차트/2D 히스토그램

Seaborn의 커널 밀도 그래프(커널 밀도 추정, KDE)를 2개의 변수에 대해서 적용하면 등고선 형태로 두 변수 간의 밀도 분포를 표시할 수 있다. 데이터 포인트들의 공간상에서 분포를 시각화하는 방법이다. 등고선의 고도가 높을수록 데이터가 밀집되어 있고, 서로 다른 등고선 사이의 거리는 밀도의 변화를 나타낸다고 해석한다.

다음 코드는 Seaborn의 `displot` 함수를 사용하여 `'titanic'` 데이터셋에 대한 `'fare'`와 `'age'` 변수의 분포를 등고선 차트로 시각화하는 방법을 소개한다. x축, y축 옵션에 각 변수를 설정한다. `fill=True` 옵션은 등고선 사이의 영역을 색으로 채워 밀도를 더욱 명확하게 표현하는 방법이다.

〈예제 4-27〉 히스토그램/커널밀도함수 (File: part4/4.27_seaborn_displot.ipynb(이어서 계속))

```
# 등고선 차트
sns.displot(x='fare', y='age', data=titanic, kind='kde')
plt.show()

sns.displot(x='fare', y='age', data=titanic, kind='kde', fill=True)
plt.show()
```

〈실행 결과〉[11]

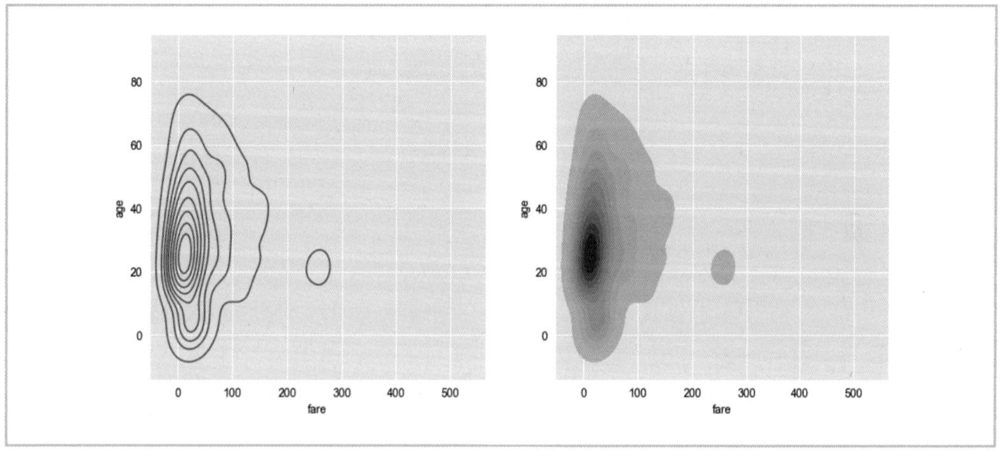

다음은 kind='hist' 매개변수를 적용하여 'fare'와 'age' 간의 분포를 이변량 히스토그램으로 표시하는 예제이다. 2개의 수치형 변수 간의 관계를 시각화하는 방법이다. 색상이 진할수록 데이터의 밀집도가 높다고 해석한다.

〈예제 4-27〉 히스토그램/커널밀도함수 (File: part4/4.27_seaborn_displot.ipynb(이어서 계속))

```
# 2D 히스토그램
sns.displot(x='fare', y='age', data=titanic, kind='hist')
plt.show()
```

11) KDE 플롯을 그리는 Axes-level 함수인 kdeplot() 함수를 사용해도 등고선 차트를 그릴 수 있다.

〈실행 결과〉

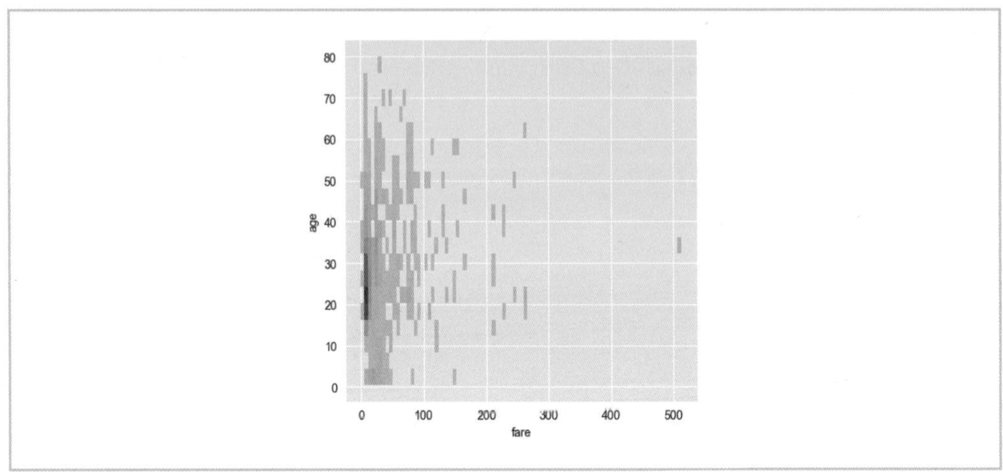

● 히트맵

히트맵(Heatmap)은 데이터의 행렬 구조를 유지한 상태에서 행렬의 숫자 값을 색상의 진한 강도로 표현한다. 데이터의 패턴, 변화, 밀도 등을 한눈에 파악하는 데 유용하다. 히트맵은 상관관계 분석, 클러스터링 결과 시각화, 시간에 따른 변화의 흐름 등 다양한 데이터 분석 작업에서 활용된다.

히트맵을 구현하기 위해서 2개의 범주형 변수를 각각 x, y축에 놓고 데이터를 행렬(matrix) 형태로 재정리한다. `'titanic'` 데이터프레임을 피벗테이블로 집계할 때, 한 변수(`'sex'` 열)를 행 인덱스로, 나머지 변수(`'class'` 열)를 열 이름으로 설정한다. `aggfunc='size'` 옵션은 데이터 값의 개수를 기준으로 집계한다는 뜻이다. 성별, 객실 등급에 따라 전체 데이터를 6개 그룹으로 나누고, 각 그룹에 속한 데이터의 수를 집계할 수 있다. 피벗테이블에 대해서는 다음 [Part 6]에서 자세히 알아보자.

〈예제 4-28〉 히트맵 (File: part4/4.28_seaborn_heatmap.ipynb)

```
# 라이브러리 불러오기
import matplotlib.pyplot as plt
import seaborn as sns

# Seaborn 제공 데이터셋 가져오기
titanic = sns.load_dataset('titanic')

```

```
# 스타일 테마 설정(5가지: darkgrid, whitegrid, dark, white, ticks)
sns.set_style('darkgrid')

# 피벗테이블로 범주형 변수를 각각 행, 열로 재구분하여 정리
table = titanic.pivot_table(index=['sex'], columns=['class'], aggfunc='size', observed=False)
table
```

〈실행 결과〉

```
 class  First  Second  Third
   sex
female     94      76    144
  male    122     108    347
```

Seaborn 라이브러리의 heatmap 함수를 사용하여 히트맵을 그릴 수 있으며, 다음과 같은 주요 매개변수를 포함한다.

1. data: 데이터프레임. 히트맵에 표시할 데이터의 행렬.
2. annot: 데이터 값을 각 셀에 표시할지 여부. True로 설정하면 각 셀에 데이터 값을 표시.
3. fmt: annot=True일 때, 데이터 값의 포맷을 지정. 'd'는 정수형 포맷을 의미.
4. cmap: 히트맵에 사용할 컬러맵을 지정. 'YlGnBu'는 노랑-초록-파랑으로 변하는 컬러맵.
5. linewidth: 히트맵의 각 셀을 구분하는 선의 너비.
6. cbar: 컬러 바(오른쪽에 표시되는 색상의 범위를 나타내는 바) 표시 여부.

〈예제 4-28〉 히트맵 (File: part4/4.28_seaborn_heatmap.ipynb(이어서 계속))

```
# 히트맵 그리기
sns.heatmap(table,                      # 데이터프레임
            annot=True, fmt='d',        # 데이터 값 표시 여부, 정수형 포맷
            cmap='YlGnBu',              # 컬러 맵
            linewidth=.5,               # 구분 선
            cbar=False)                 # 컬러 바 표시 여부

plt.show()
```

〈실행 결과〉[12]

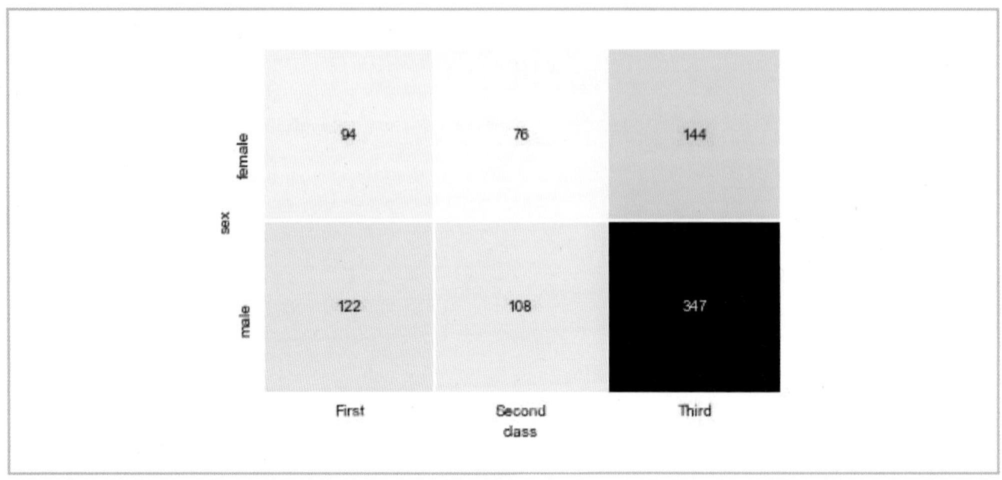

● 범주형 데이터의 산점도

범주형 변수에 들어 있는 각 카테고리별 데이터의 분포를 확인하는 방법이다. stripplot() 함수와 swarmplot() 함수를 사용할 수 있다. stripplot() 함수는 카테고리별로 데이터를 점으로 표현하여 분포를 나타낸다. 단, 각 데이터 포인트들이 겹칠 수 있어 데이터의 밀도를 정확하게 파악하는 데 한계가 있다. 반면 swarmplot() 함수는 데이터의 분산까지 고려하여, 데이터 포인트가 서로 겹치지 않도록 조정하여 표시한다. 따라서 데이터가 퍼져 있는 정도를 입체적으로 볼 수 있다. 단, 데이터 포인트의 위치를 조정하는데 상당한 연산이 필요하기 때문에 실행 속도가 느리다.

〈예제 4-29〉 범주형 데이터의 산점도 (File: part4/4.29_seaborn_strip.ipynb)

```
# 라이브러리 불러오기
import matplotlib.pyplot as plt
import seaborn as sns

# Seaborn 제공 데이터셋 가져오기
titanic = sns.load_dataset('titanic')

# 스타일 테마 설정(5가지: darkgrid, whitegrid, dark, white, ticks)
sns.set_style('whitegrid')

```

12) 히트맵을 그려 보면, 타이타닉호에는 여자(female) 승객보다 남자(male) 승객이 상대적으로 많은 편이다. 특히, 3등석 남자 승객의 수가 압도적으로 많은 것을 알 수 있다.

```
# 그래프 객체 생성(figure에 2개의 서브 플롯을 생성)
fig, axes = plt.subplots(1, 2, figsize=(15, 5))

# 이산형 변수의 분포 - 데이터 분산 미고려
sns.stripplot(x="class",          # x축 변수
              y="age",            # y축 변수
              data=titanic,       # 데이터셋 - 데이터프레임
              ax=axes[0])         # axe 객체 - 1번째 그래프

# 이산형 변수의 분포 - 데이터 분산 고려(중복 X)
sns.swarmplot(x="class",          # x축 변수
              y="age",            # y축 변수
              data=titanic,       # 데이터셋 - 데이터프레임
              ax=axes[1],         # axe 객체 - 2번째 그래프
              hue="class",        # 색상 구분
              size=4)             # 마커 크기

# 차트 제목 표시
axes[0].set_title('Strip Plot')
axes[1].set_title('Swarm Plot')

plt.show()
```

〈실행 결과〉

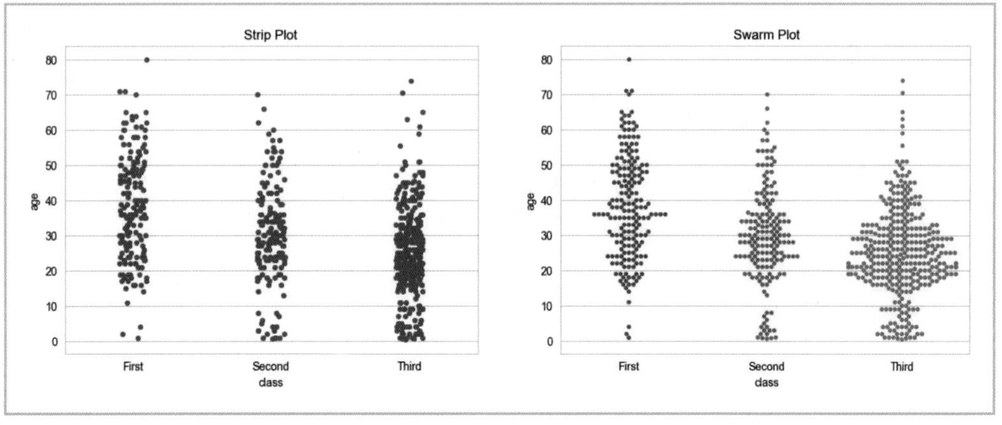

Seaborn은 내부적으로 색상 팔레트를 관리하며, hue 매개변수를 사용하여 각 카테고리별로 색상을 다르게 설정할 수 있다. 앞의 예제에서 `hue='class'` 옵션을 적용한 오른쪽 차트의 경우, `'class'` 별로 다른 색상을 자동으로 적용한다. 이를 통해 `'First'`, `'Second'`, `'Third'` 클래

스 각각을 쉽게 구분할 수 있다. 만약 hue='sex' 옵션을 적용한다면, 'sex' 열의 데이터 값인 남녀 성별을 다른 색상으로 구분하여 점을 표시하게 된다.

● 막대 그래프

Seaborn 라이브러리의 barplot() 함수는 막대 그래프를 그린다. 4개의 Axes 객체(서브플롯)를 만들고 옵션에 변화를 주면서 차이를 살펴보자. 'titanic' 데이터셋에서 성별('sex' 열)과 생존 여부('survived' 열) 변수 간의 관계를 다양한 방식으로 비교 분석한다.

15라인에서 기본 막대 그래프를 출력한다. 성별('sex' 열)을 x축에, 생존률('survived' 열의 평균)을 y축에 배치한다. 기본적으로 y축 변수의 평균(mean)을 계산하며, 검정색 오차 막대는 평균 모수추정의 신뢰 구간을 나타낸다. 이와 같은 통계 연산이 Seaborn 라이브러리의 특징이다.

18라인에서 errorbar=None 옵션을 통해 오차 막대를 표시하지 않는다. 막대의 높이만 사용하여 생존률을 비교하는 데 유용하다.

21라인에서 hue='class' 옵션을 추가하여 객실 등급에 따라 그룹을 나누고 다른 색상의 막대로 표시하여 생존률을 비교할 수 있다. estimator='median'은 생존률의 중앙값을 계산하도록 설정하고, errorbar=('ci', 95)는 95% 신뢰 구간을 오차 막대로 표시한다.

25라인에서 hue 옵션을 사용했을 때 dodge 옵션을 사용하여 구분된 막대들이 서로 겹치게 그릴지 여부를 선택할 수 있다. dodge=False 옵션을 적용하면 각 객실 등급별 막대가 서로 겹치게 표시된다. 막대의 높이를 직접 비교할 수 있다. dodge=True 옵션을 적용하면 코드 21라인의 출력 결과와 같이 각 막대가 서로 겹치지 않게 나란히 위치하게 된다.

〈예제 4-30〉 막대 그래프 (File: part4/4.30_seaborn_bar.ipynb)

```
 ~  ~~ 생략(예제 4-29와 동일) ~~

 8  # 스타일 테마 설정(5가지: darkgrid, whitegrid, dark, white, ticks)
 9  sns.set_style('ticks')
10
11  # 그래프 객체 생성(figure에 4개의 서브 플롯을 생성)
12  fig, axes = plt.subplots(2, 2, figsize=(10, 6), constrained_layout=True)
13
```

```
# x축, y축에 변수 할당
sns.barplot(x='sex', y='survived', data=titanic, ax=axes[0,0])

# x축, y축에 변수 할당(error bar 미표시)
sns.barplot(x='sex', y='survived', data=titanic, errorbar=None, ax=axes[0,1])

# x축, y축에 변수 할당하고 hue 옵션 추가
sns.barplot(x='sex', y='survived', hue='class', data=titanic, ax=axes[1,0],
errorbar=('ci', 95), estimator='median')

# x축, y축에 변수 할당하고 hue 옵션을 추가(막대가 겹치게 출력)
sns.barplot(x='sex', y='survived', hue='class', dodge=False, data=titanic, ax=axes[1,1])

# 차트 제목 표시
axes[0,0].set_title('titanic survived - sex')
axes[0,1].set_title('titanic survived - sex(w/o errorbar)')
axes[1,0].set_title('titanic survived - sex/class(median)')
axes[1,1].set_title('titanic survived - sex/class(dodge)')

plt.show()
```

〈실행 결과〉

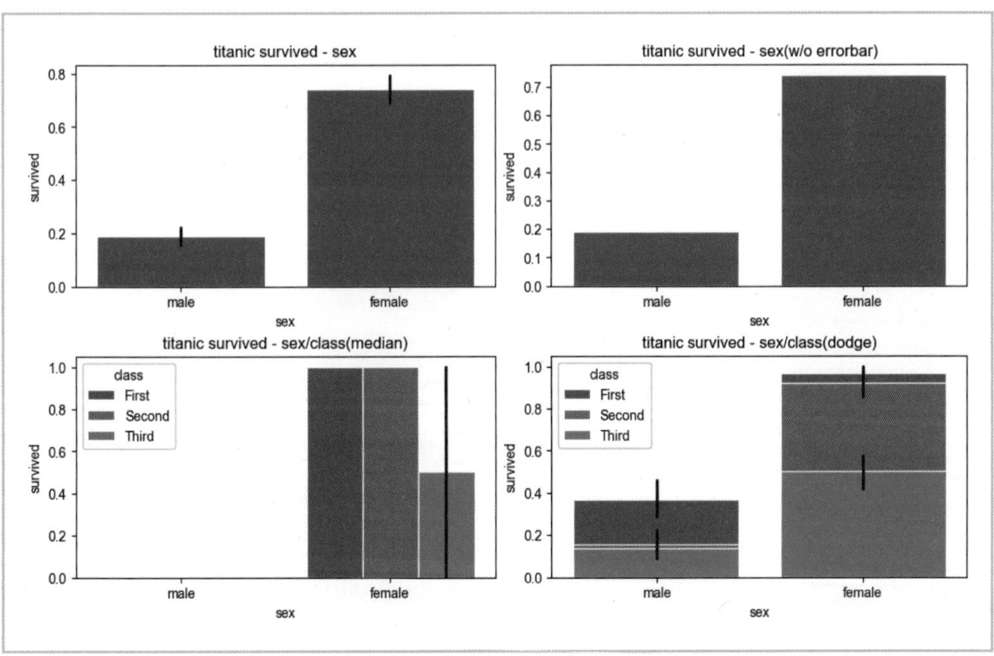

● 빈도 그래프

각 범주에 속하는 데이터의 개수(빈도)를 막대의 높이로 나타내는 countplot() 함수를 소개한다. 'titanic' 데이터셋에서 'class' 변수를 기준으로 데이터의 빈도를 막대 그래프로 표현한다.

15라인에서 'class' 변수의 객실 등급별 승객 수를 나타내는 막대 그래프를 그린다. 전체 승객 중에서 각 클래스별 승객 수를 표시한다. 3등석 승객이 1등석, 2등석 승객보다 훨씬 많다.
18라인에서 hue 옵션에 'who' 변수(승객이 남자, 여자, 아이 중 어디에 속하는지 나타냄)를 사용하여 데이터를 구분하는 기준을 추가한다. 각 'class' 그룹 안에서 'who' 값에 따라 분포를 더 상세하게 구분하여 표시한다. dodge=True 옵션은 'who' 변수의 각 범주별 막대가 서로 병렬로 나란히 표시되도록 한다.
21라인에서 dodge=False 옵션을 설정하여 'who' 변수의 각 범주별 막대가 서로 겹치게 표시된다. 겹쳐진 막대를 통해, 한 눈에 어떤 범주가 우세한지 파악할 수 있다.
24라인에서 'class' 변수 자체를 hue로 사용하여, 사실상 같은 정보를 x축과 색상으로 두 번 표현한다. 코드 15라인에서는 3개의 막대가 같은 색상이지만, 이 방식을 적용하면 각 클래스별 막대는 서로 다른 색상이 적용된다.

〈예제 4-31〉 빈도 그래프 (File: part4/4.31_seaborn_count.ipynb)

```
 ~  ~~ 생략 (예제 4-30과 동일) ~~

 8  # 스타일 테마 설정(5가지: darkgrid, whitegrid, dark, white, ticks)
 9  sns.set_style('whitegrid')
10
11  # 그래프 객체 생성(figure에 4개의 서브 플롯을 생성)
12  fig, axes = plt.subplots(1, 4, figsize=(15, 5))
13
14  # 기본값
15  sns.countplot(x='class', data=titanic, ax=axes[0])
16
17  # hue 옵션에 'who' 추가,  dodge=True 옵션 추가
18  sns.countplot(x='class', hue='who', palette='Set1', dodge=True, data=titanic, ax=axes[1])
19
20  # hue 옵션에 'who' 추가, dodge=False 옵션 추가
21  sns.countplot(x='class', hue='who', palette='Set2', dodge=False, data=titanic, ax=axes[2])
22
```

```
# hue 옵션에 x축 변수 추가
sns.countplot(x='class', hue='class', palette='Set3', data=titanic, ax=axes[3])

# 차트 제목 표시
axes[0].set_title('titanic class')
axes[1].set_title('titanic class - who')
axes[2].set_title('titanic class - who(dodge)')
axes[3].set_title('titanic class - color')

plt.show()
```

〈실행 결과〉

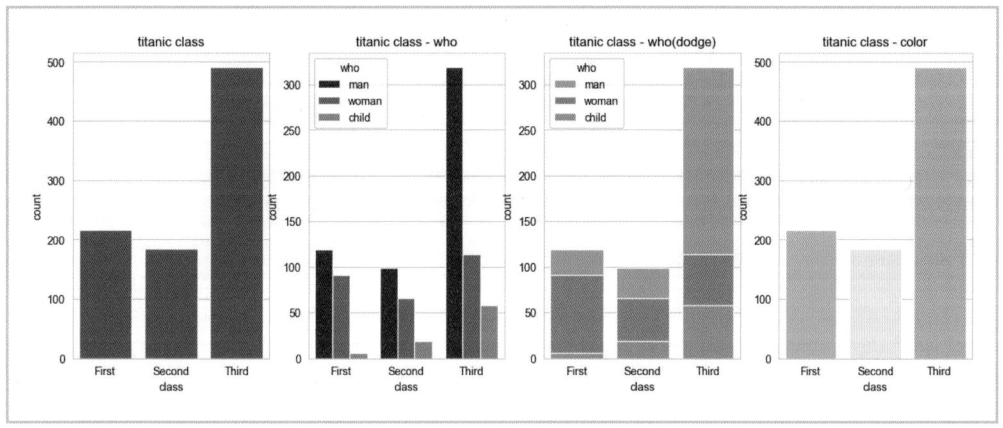

● 박스 플롯/바이올린 그래프

박스 플롯과 바이올린 그래프는 데이터의 분포와 중심 경향, 이상치 등을 시각적으로 탐색하는 데 유용하다. 박스 플롯은 범주형 데이터 분포와 주요 통계 지표를 함께 제공한다. 다만, 박스 플롯만으로는 데이터가 퍼져 있는 분산 정도를 정확하게 알기 어렵기 때문에, 커널밀도함수 그래프를 y축 방향에 추가하여 바이올린 그래프를 그리는 경우도 있다.

박스 플롯은 boxplot() 함수로 그리고, 바이올린 그래프는 violinplot() 함수로 그린다. Seaborn의 다른 함수와 마찬가지로 hue 매개변수를 사용하면 추가적인 범주별로 데이터를 분할하여 그룹 간 비교를 보다 쉽게 할 수 있다.

예제에서는 타이타닉 생존자의 분포를 파악한다. 'titanic' 데이터셋의 'alive'(생존 여부)와 'age'(나이) 변수에 대한 박스 플롯과 바이올린 그래프를 시각화한다. 비교의 기준이 되는 'alive' 변수를 x축에, 비교의 대상이 되는 'age' 변수를 y축에 배치한다.

15라인에서 'alive'에 따른 'age'의 분포를 박스 플롯으로 표시한다. 데이터의 중앙값, 사분위수, 이상치 등을 시각적으로 표현한다.
18라인에서 'sex'(성별) 변수를 추가하여, 생존 여부와 성별에 따른 'age'의 분포를 추가하여 비교한다. hue='sex'는 성별에 따라 색상을 다르게 하여 각 그룹을 구분한다.
21라인에서 바이올린 그래프는 박스 그래프의 정보에 커널 밀도 추정을 추가하여, 'age'의 분포가 생존 여부에 따라 어떻게 다른지를 연속적으로 보여준다.
24라인에서 hue 매개변수에 'sex' 변수를 추가하여, 생존 여부와 성별에 따른 'age'의 분포를 바이올린 그래프로 표현한다. 'age' 데이터의 분포뿐만 아니라 성별에 따른 차이도 함께 시각화한다.

〈예제 4-32〉 박스 플롯/바이올린 그래프 (File: part4/4.32_seaborn_box_violin.ipynb)

```
 ~  ~~ 생략 (예제 4-31과 동일) ~~

11  # 그래프 객체 생성(figure에 4개의 서브 플롯을 생성)
12  fig, axes = plt.subplots(2, 2, figsize=(15, 10))
13
14  # 박스 그래프 - 기본값
15  sns.boxplot(x='alive', y='age', data=titanic, ax=axes[0,0])
16
17  # 박스 그래프 - hue 변수 추가
18  sns.boxplot(x='alive', y='age', hue='sex', data=titanic, ax=axes[0,1])
19
20  # 바이올린 그래프 - 기본값
21  sns.violinplot(x='alive', y='age', data=titanic, ax=axes[1,0])
22
23  # 바이올린 그래프 - hue 변수 추가
24  sns.violinplot(x='alive', y='age', hue='sex', data=titanic, ax=axes[1,1])
25
26  plt.show()
```

〈실행 결과〉

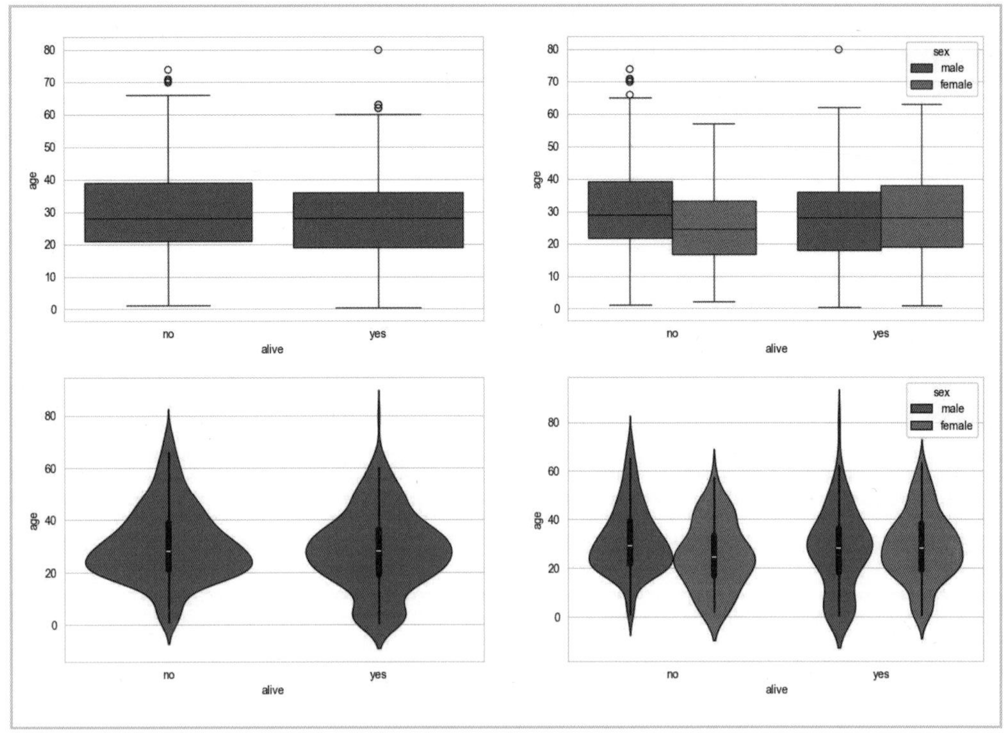

● 조인트 그래프

jointplot() 함수는 두 변수 간의 관계를 중앙에 크게 기본 차트로 표시하고, x-y축의 마진(marginal) 영역에 각 변수의 분포를 보여주는 히스토그램 또는 KDE 플롯을 동시에 보여준다. 두 변수의 관계와 각 변수의 분포를 한눈에 파악하기 좋다. 예제에서는 'titanic' 데이터셋의 'fare'와 'age' 변수 간의 관계와 분포를 시각화하는 다양한 방식을 살펴보자.

12라인에서 기본 설정으로 중앙에 산점도를 표시한다. 오른쪽과 위쪽의 마진 플롯은 히스토그램이 표시된다.

15라인에서 kind='reg' 옵션을 설정하여 중앙에 선형 회귀선을 포함한 산점도를 그린다. 두 변수 간의 선형 관계를 시각화하고, 데이터의 추세를 파악하는 데 유용하다.

18라인에서 kind='hex' 옵션 때문에 육각형을 사용하여 데이터의 밀도를 나타내는 육각 그래프를 표시한다. 더 많은 데이터 포인트가 있는 밀도가 높은 영역은 더 진한 색으로 표시된다. 21라인에서 kind='kde' 옵션은 두 변수 간의 밀도를 표현하는데 커널 밀도 추정을 사용한다. 두 변수의 분포를 연속적인 부드러운 곡선으로 보여준다. 오른쪽과 위쪽의 마진 플롯에도 커널 밀도 그래프가 표시된다.

〈예제 4-33〉 조인트 그래프 (File: part4/4.33_seaborn_joint.ipynb)

```
 ~  ~~ 생략 (예제 4-32와 동일) ~~

11  # 조인트 그래프 - 산점도(기본값)
12  j1 = sns.jointplot(x='fare', y='age', data=titanic)
13
14  # 조인트 그래프 - 회귀선
15  j2 = sns.jointplot(x='fare', y='age', kind='reg', data=titanic)
16
17  # 조인트 그래프 - 육각 그래프
18  j3 = sns.jointplot(x='fare', y='age', kind='hex', data=titanic)
19
20  # 조인트 그래프 - 커널 밀도 그래프
21  j4 = sns.jointplot(x='fare', y='age', kind='kde', data=titanic)
22
23  # 차트 제목 표시
24  j1.fig.suptitle('titanic fare - scatter', size=15)
25  j2.fig.suptitle('titanic fare - reg', size=15)
26  j3.fig.suptitle('titanic fare - hex', size=15)
27  j4.fig.suptitle('titanic fare - kde', size=15)
28
29  plt.show()
```

〈실행 결과〉[13]

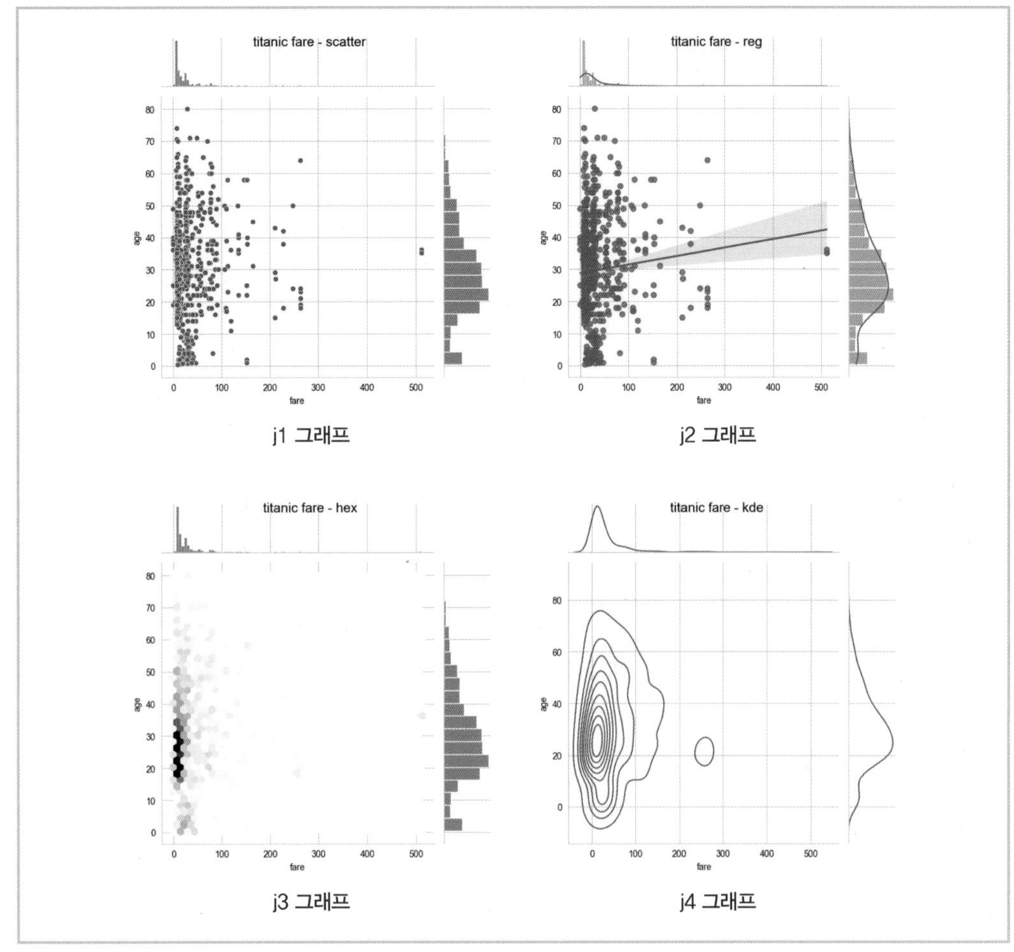

● 조건을 적용하여 화면을 그리드로 분할하기

FacetGrid() 함수는 행, 열 방향으로 서로 다른 조건을 적용하여 여러 개의 그리드를 만든다. 각 그리드는 그래프가 그려지는 서브 플롯이다. 예제에서는 열 방향으로는 'who' 열의 탑승객(man, woman, child) 값으로 구분하고, 행 방향으로는 'survived' 열의 구조 여부(구조 survived=1, 구조실패 survived=0) 값으로 구분하여 2행×3열 모양의 분할된 그리드를 만든다. 이렇게 하면 승객 구분별로 생존한 사람과 사망한 사람의 나이 분포를 비교할 수 있다.

---

13) 각 조인트 그래프들은 별도의 Figure 객체를 내부적으로 포함한다. 조인트 그래프 객체의 fig 속성을 사용하여 내부의 Figure 객체에 접근할 수 있다. 예제에서는 fig.suptitle() 메소드를 사용하여 제목을 추가하고, size=15로 제목의 크기를 설정하고 있다.

다음으로 map() 메소드를 이용하여 각 서브 플롯(각 그리드의 셀)에 히스토그램을 적용한다. 여기서 plt.hist는 Matplotlib의 히스토그램 시각화 함수이고, 'age' 열을 인자로 전달하여 승객 나이의 분포를 히스토그램으로 그린다.

FacetGrid() 함수와 map() 메소드를 사용하는 이 방식은 복잡한 데이터셋 내에서 여러 변수의 관계를 동시에 탐색하고 비교하는 데 유용하다. 특히 서로 다른 범주별로 데이터의 분포를 비교할 때 효과적이다.

〈예제 4-34〉 조건에 맞게 화면 분할 (File: part4/4.34_seaborn_facetgrid.ipynb)

```
# 라이브러리 불러오기
import matplotlib.pyplot as plt
import seaborn as sns

# Seaborn 제공 데이터셋 가져오기
titanic = sns.load_dataset('titanic')

# 스타일 테마 설정(5가지: darkgrid, whitegrid, dark, white, ticks)
sns.set_style('whitegrid')

# 조건에 따라 그리드 나누기
g = sns.FacetGrid(data=titanic, col='who', row='survived')

# 그래프 적용하기
g = g.map(plt.hist, 'age')
```

〈실행 결과〉[14]

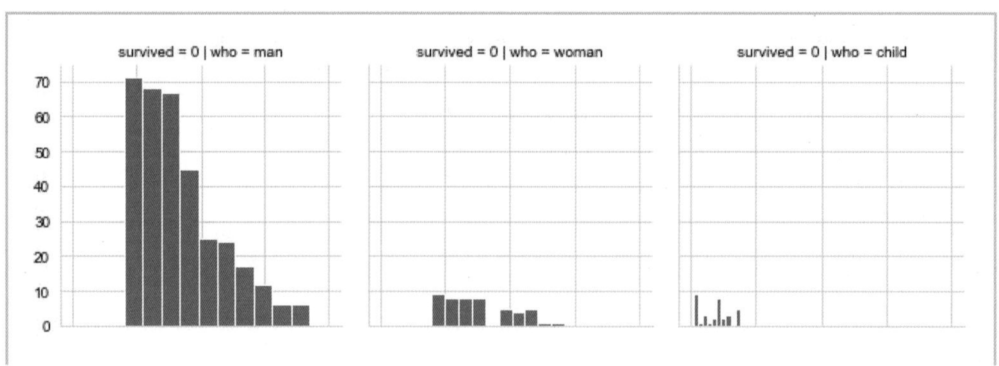

14) 남성에 비해 여성 생존자가 상대적으로 많은 편이고, 성인 중에서는 활동성이 좋은 20~40대의 생존자가 많은 것으로 나타난다.

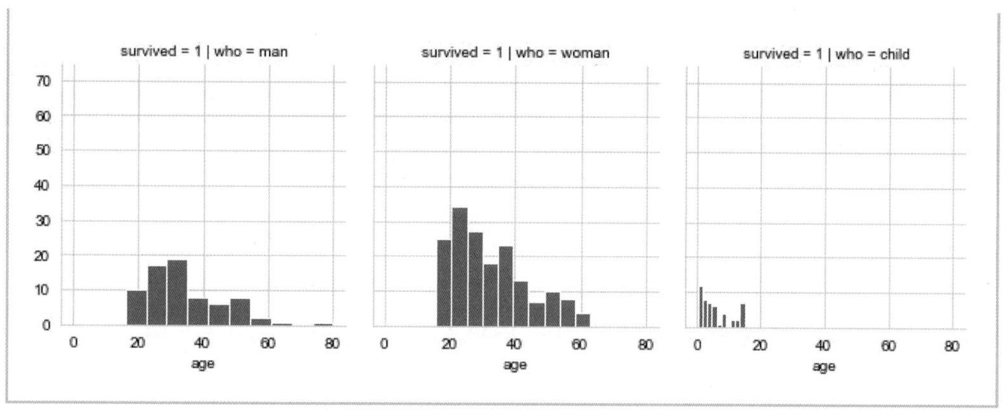

● 이변수 데이터의 분포

pairplot() 함수는 인자로 전달되는 데이터프레임의 열(변수)을 두 개씩 짝을 지을 수 있는 모든 조합에 대해 표현한다. 그래프를 그리기 위해 만들어진 쌍의 개수만큼 화면을 그리드로 나눈다. 다음 예제에서는 3개의 열을 사용하기 때문에 3행×3열 크기로 모두 9개의 그리드를 만든다. 각 그리드에 두 변수 간의 관계를 나타내는 그래프를 하나씩 그린다. 같은 변수끼리 쌍을 이루는 대각 방향으로는 각 변수의 히스토그램을 그리고, 서로 다른 변수 간에는 산점도를 그린다. 결과적으로 변수들 간의 상관관계, 패턴, 이상치 등을 한눈에 파악할 수 있게 해주는 시각적인 그리드를 얻을 수 있다.

pairplot은 데이터 탐색 단계에서 변수들 간의 관계를 빠르게 검토하는 데 유용하다. 추가적으로, 다른 Seaborn의 함수와 마찬가지로 hue, palette, markers 등의 매개변수를 사용하여 스타일을 조정할 수 있다. 예를 들어, hue='survived'를 추가하면, 승객의 생존 여부를 각기 다른 색상으로 구분하여 분석할 수 있다.

〈예제 4-35〉 이변수 데이터 분포 (File: part4/4.35_seaborn_pairplot.ipynb)

```
~~ 생략 (예제 4-34와 동일) ~~

# titanic 데이터셋 중에서 분석 데이터 선택하기
titanic_pair = titanic[['age','pclass', 'fare']]

# 조건에 따라 그리드 나누기
g = sns.pairplot(titanic_pair)
```

〈실행 결과〉[15]

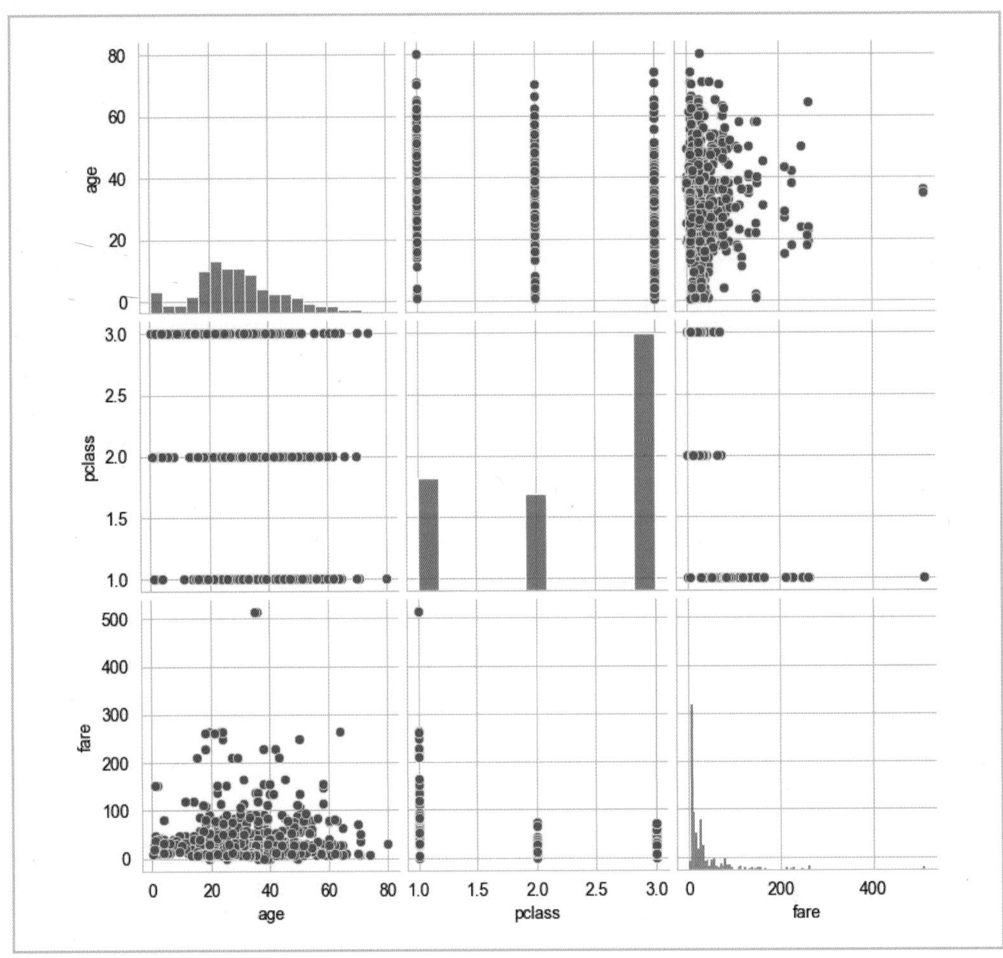

❸ Folium 라이브러리 - 지도 활용

Folium 라이브러리는 지도 위에 시각화할 때 유용한 도구이다. 세계 지도를 기본적으로 지원하고 다양한 스타일의 지도 이미지를 제공하고 있다.

15) 데이터 개수가 많거나 변수의 개수가 많은 경우에는 연산이 많이 필요하므로 처리 속도가 지연될 수 있다.

● Folium 설치하기

Folium을 사용하기 위해서는 먼저 라이브러리를 설치해야 한다. 아나콘다 배포판을 사용하는 경우에도 설치가 필요하다. 설치 방법은 비교적 간단하다.

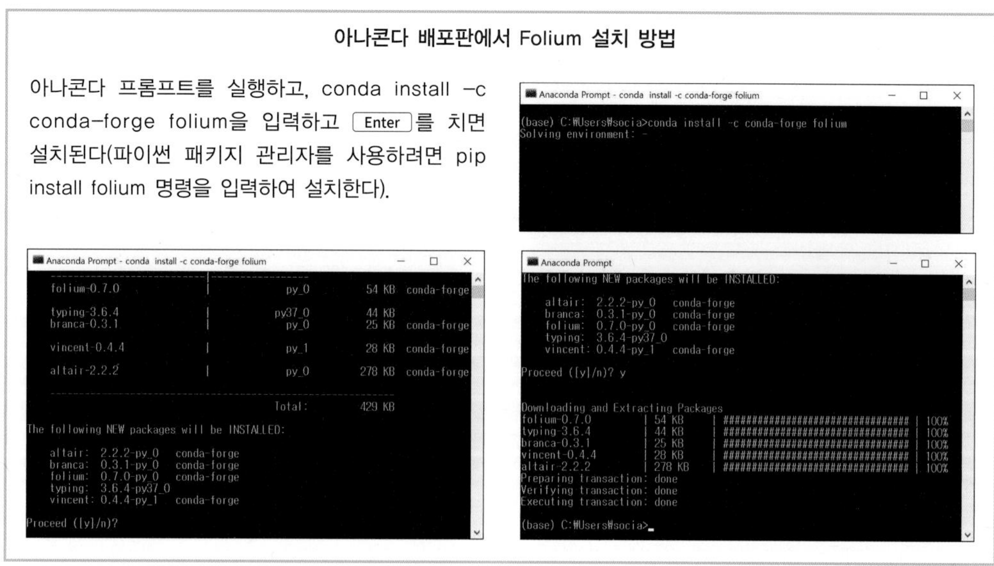

아나콘다 배포판에서 Folium 설치 방법

아나콘다 프롬프트를 실행하고, conda install –c conda–forge folium을 입력하고 Enter를 치면 설치된다(파이썬 패키지 관리자를 사용하려면 pip install folium 명령을 입력하여 설치한다).

● 지도 만들기

Folium 라이브러리의 Map() 함수를 이용하면 간단하게 지도 객체를 만들 수 있다. 지도 화면은 고정된 것이 아니고 줌(zoom) 기능과 화면 이동(scroll)이 모두 사용 가능하다.

지도 객체를 생성하는 Map() 함수의 location 옵션에 [위도, 경도] 수치를 입력하면 그 지점을 중심으로 지도를 보여준다. zoom_start 옵션을 사용하면 화면 확대 비율을 조절할 수 있다.

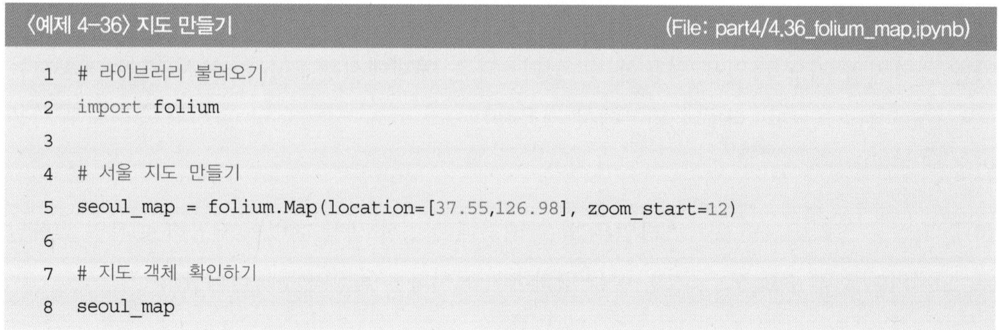

〈예제 4-36〉 지도 만들기 (File: part4/4.36_folium_map.ipynb)

```
# 라이브러리 불러오기
import folium

# 서울 지도 만들기
seoul_map = folium.Map(location=[37.55,126.98], zoom_start=12)

# 지도 객체 확인하기
seoul_map
```

〈실행 결과〉

지도를 HTML 파일로 저장하기

예제 코드를 스파이더(Spyder)와 같은 IDE에서 실행해도 지도가 표시되지 않는다. Folium은 웹 기반 지도를 만들기 때문에 오직 웹 환경에서만 지도를 확인할 수 있다. 따라서, 지도를 보려면 다음 코드와 같이 지도 객체에 save( ) 메소드를 적용하여 HTML 파일로 저장하고, 웹브라우저에서 파일을 열어서 확인해야 한다.

〈예제 4-36〉 지도 만들기 (File : part4/4.36_folium_map.ipynb(이어서 계속))

```
# 지도를 HTML 파일로 저장하기
seoul_map.save('./data/seoul.html')
```

● 지도 스타일 적용하기

Folium 라이브러리를 사용하여 지도를 생성할 때, `Map()` 함수의 `tiles` 매개변수를 통해 다양한 스타일의 지도 타일을 적용할 수 있다. 다음 예제에서는 Folium에서 기본 제공하는 `'Cartodb Positron'` 타일과 외부에서 제공하는 `'Stamen Terrain'` 타일의 스타일과 사용법을 비교한다.

먼저, `'Cartodb Positron'` 스타일은 밝은 배경에 선명한 색상 대비를 제공하는 타일 스타일로, 도시의 구조와 주요 도로, 지형 등을 명확하게 표시하는 특징이 두드러진다.

〈예제 4-37〉 지도 스타일 적용 (File: part4/4.37_folium_map_tiles.ipynb)

```
# 라이브러리 불러오기
import folium

# 서울 지도 만들기(Cartodb Positron 타일 적용)
seoul_map2 = folium.Map(location=[37.55,126.98], tiles="Cartodb Positron",
                        zoom_start=12)

# 지도 객체 확인하기
seoul_map2
```

〈실행 결과〉[16]

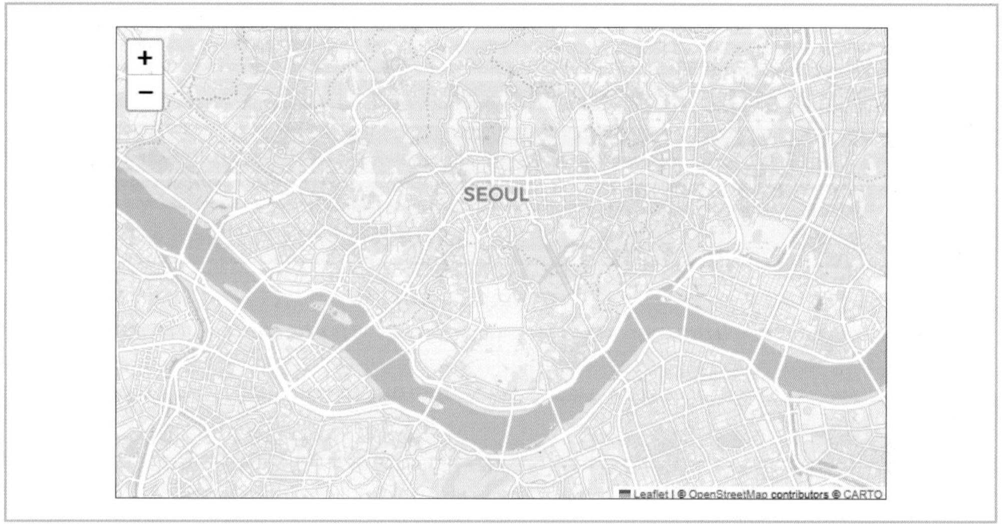

'Stamen Terrain' 타일은 지형 정보에 초점을 맞춘 맵 스타일로 산악 지형, 강, 도시 영역 등을 시각적으로 구분하기 쉬워 지형 분석 등에 유용하다. 단, 이 스타일은 Folium에 내장되어 있지 않고, 외부 링크(https://leaflet-extras.github.io/leaflet-providers/preview/)에서 타일 속성 정보를 가져와야 한다. 가져온 정보를 Map() 함수의 tiles 와 attr 매개변수에 설정한다. 다음 그림에서 오른쪽 스크롤 바를 이동하면서 스타일을 찾아서 클릭하면 왼쪽 프리뷰 팝업에 정보가 표시된다. tileLayer 속성 값을 Map() 함수의 tiles 매개변수에 지정하고, attribution(ext 포함) 속성 값을 Map() 함수의 attr 매개변수에 설정한다.

16) 스파이더 IDE 등을 사용하는 경우에는 seoul_map2.save('./data/seoul2.html')과 같이 지도를 HTML 파일로 저장하고 웹브라우저에서 실행할 수 있다.

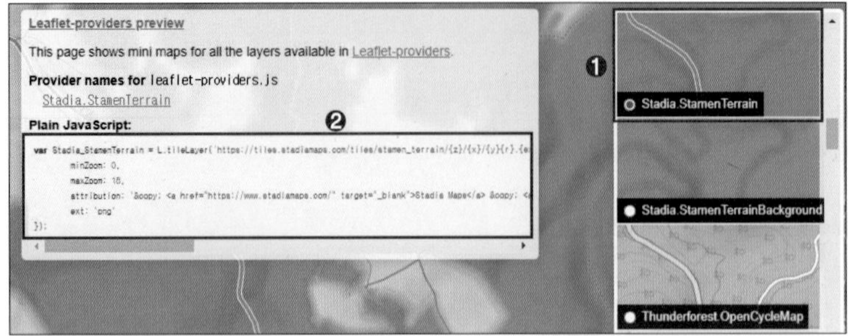

[그림 4-10] Stamen Terrain 스타일 가져오기
(출처: http://leaflet-extras.github.io/leaflet-providers/preview)

〈예제 4-37〉 지도 스타일 적용 (File: part4/4.37_folium_map_tiles.ipynb(이어서 계속))

```
# 서울 지도 만들기(커스텀 타일 적용 - Stamen Terrain)
# https://leaflet-extras.github.io/leaflet-providers/preview/

attr = (
    '&copy; <a href="https://www.stadiamaps.com/" …<중략>… </a> contributors'
)

tiles = 'https://tiles.stadiamaps.com/tiles/stamen_terrain/{z}/{x}/{y}{r}.png'

seoul_map3 = folium.Map(location=[37.55,126.98], tiles=tiles, attr=attr,
                        zoom_start=12)

# 지도 객체 확인하기
seoul_map3
```

〈실행 결과〉[17]

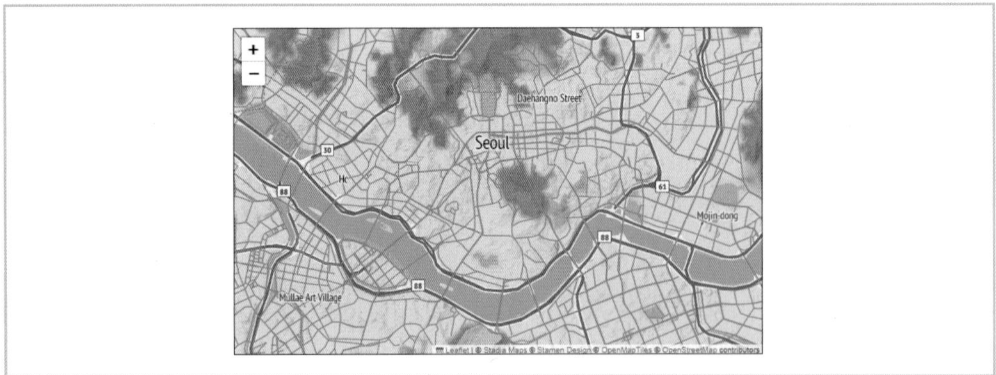

17) 스파이더 IDE 등을 사용하는 경우에는 seoul_map3.save('./data/seoul3.html')과 같이 지도를 HTML 파일로 저장하고 웹브라우저에서 실행할 수 있다.

● 지도에 마커 표시하기

서울 시내 주요 대학교의 위치 데이터†를 데이터프레임으로 변환하고 Folium 지도에 위치를 표시해 보자. 마커 위치를 표시하려면 `Marker()` 함수에 위도, 경도 정보를 전달한다. popup 옵션을 추가하면 마커를 클릭했을 때 팝업창에 표시해 주는 텍스트를 넣을 수 있다. 실행된 지도를 보면 서울의 주요 대학 위치에 마커가 표시된다. 숙명여자대학교 위치의 마커를 클릭했을 때 팝업 메시지가 나타나는 모습을 볼 수 있다.

〈예제 4-38〉 지도에 마커 표시하기 (File: part4/4.38_folium_map_marker.ipynb)

```python
# 라이브러리 불러오기
import pandas as pd
import folium

# 대학교 리스트를 데이터프레임으로 변환
df = pd.read_excel('./data/서울지역_대학교_위치.xlsx')

# 서울 지도 만들기
seoul_map = folium.Map(location=[37.55,126.98], tiles="Cartodb Positron",
                       zoom_start=12)

# 대학교 위치정보를 Marker로 표시
for name, lat, lng in zip(df.index, df['위도'], df['경도']):
    folium.Marker([lat, lng], popup=name).add_to(seoul_map)

# 지도 객체 확인하기
seoul_map
```

〈실행 결과〉[18]

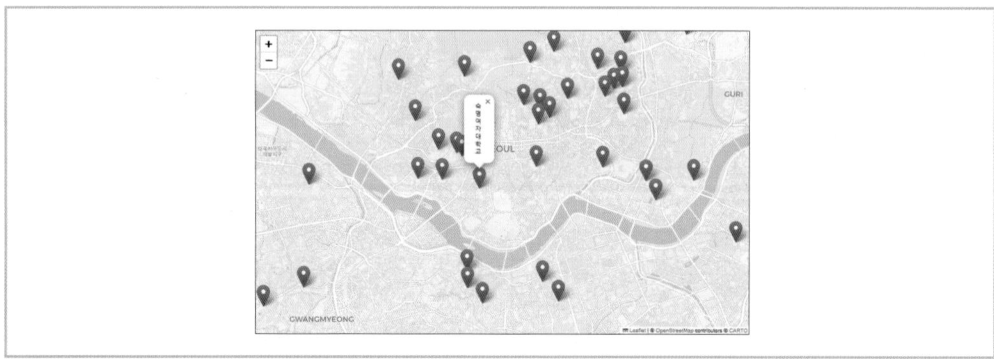

---

† [저장소] File: part4/data/서울지역 대학교 위치.xlsx

18) 스파이더 IDE 등을 사용하는 경우에는 `seoul_map.save('./data/seoul_colleges.html')`과 같이 지도를 HTML 파일로 저장하고 웹브라우저에서 실행할 수 있다.

이번에는 원형 마커를 표시해 보자. 앞의 예제에서 Marker() 함수 대신에 CircleMarker() 함수를 사용한다. 원형 마커의 크기, 색상, 투명도 등을 설정할 수 있다.

〈예제 4-39〉 지도에 원형 마커 표시 (File: part4/4.39_folium_map_circlemarker.ipynb)

```
~~ 생략 (예제 4-38과 동일) ~~

# 대학교 위치정보를 CircleMarker로 표시
for name, lat, lng in zip(df.index, df['위도'], df['경도']):
    folium.CircleMarker([lat, lng],
                        radius=10,              # 원의 반지름
                        color='brown',          # 원의 둘레 색상
                        fill=True,
                        fill_color='coral',     # 원을 채우는 색
                        fill_opacity=0.7,       # 투명도
                        popup=name
    ).add_to(seoul_map)

# 지도 객체 확인하기
seoul_map
```

〈실행 결과〉[19]

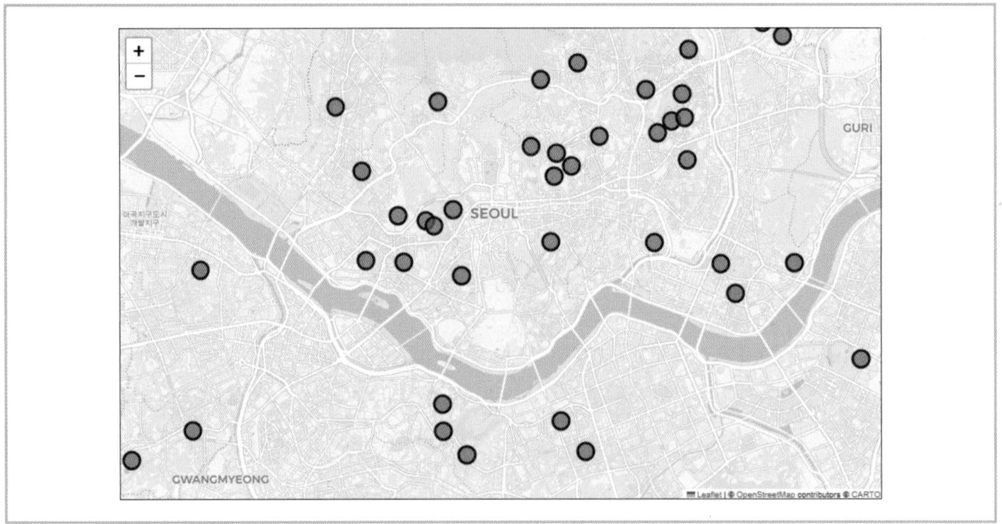

19) 스파이더 IDE 등을 사용하는 경우에는 seoul_map.save('./data/seoul_colleges2.html')과 같이 지도를 HTML 파일로 저장하고 웹브라우저에서 실행할 수 있다.

● 지도 영역에 단계구분도(Choropleth Map) 표시하기

행정구역과 같이 지도 상의 어떤 경계에 둘러싸인 영역에 색을 칠하거나 음영 등으로 정보를 나타내는 시각화 방법이다. 전달하려는 정보의 값이 커지면 영역에 칠해진 색이나 음영이 진해진다. 예제에서는 경기도 지역의 시군구별 인구 변화 데이터(2007–2017년)[†], 경기도 행정구역 경계 지리 정보[‡]를 사용한다. `Choropleth()` 함수를 이용한다.

〈예제 4-40〉 지도 영역에 단계구분도 표시하기 (File: part4/4.40_folium_choropleth.ipynb)

```python
# 라이브러리 불러오기
import pandas as pd
import folium
import json

# 경기도 인구변화 데이터를 불러와서 데이터프레임으로 변환
file_path = './data/경기도인구데이터.xlsx'
df = pd.read_excel(file_path, index_col='구분')
df.columns = df.columns.map(str)

# 경기도 시군구 경계 정보를 가진 geo-json 파일 불러오기
geo_path = './data/경기도행정구역경계.json'
try:
    geo_data = json.load(open(geo_path, encoding='utf-8'))
except:
    geo_data = json.load(open(geo_path, encoding='utf-8-sig'))

# 경기도 지도 만들기(커스텀 타일 적용 - Stamen Terrain)
attr = (
    '&copy; <a href="https://www.stadiamaps.com/" …<중략>… </a> contributors'
)

tiles = 'https://tiles.stadiamaps.com/tiles/stamen_terrain/{z}/{x}/{y}{r}.png'

g_map = folium.Map(location=[37.5502,126.982], tiles=tiles, attr=attr, zoom_start=9)

# 출력할 연도 선택(2007~2017년 중에서 선택)
year = '2007'

```

† [저장소] File: part4/data/경기도인구데이터.xlsx

‡ [저장소] File: part4/data/경기도행정구역경계.json

```
30  # Choropleth 클래스로 단계구분도 표시하기
31  folium.Choropleth(geo_data=geo_data,                  # 지도 경계
32                    data = df[year],                    # 표시하려는 데이터
33                    columns = [df.index, df[year]],     # 열 지정
34                    fill_color='YlOrRd', fill_opacity=0.7, line_opacity=0.3,
35                    threshold_scale=[10000, 100000, 300000, 500000, 700000],
36                    key_on='feature.properties.name',
37                    ).add_to(g_map)
38
39  # 지도 객체 확인하기
40  g_map
```

〈실행 결과〉[20]

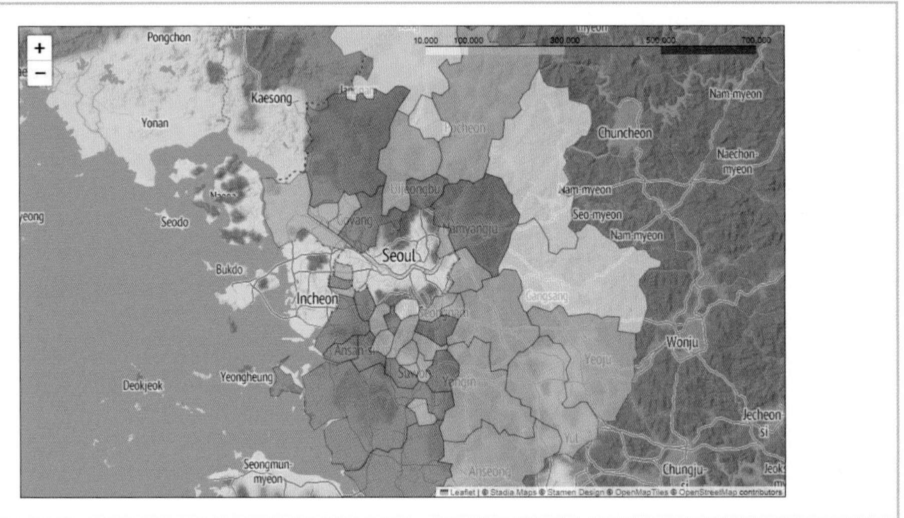

앞의 실행 결과는 코드 28라인에 `year = '2007'`라고 입력하여 2007년도 경기도 지역의 인구수를 지도에 표시하였다. 동북부 지역을 제외하고 비교적 균일한 분포를 나타낸다. 한편, 다음의 실행 결과는 코드 28라인에 `year = '2017'`라고 입력하여, 2017년도 경기도 지역의 인구수를 지도에 표시한 것이다. 2007년과 비교하면 남양주, 분당, 화성(동탄) 지역의 신도시 개발과 인구 유입으로 인구가 집중되는 현상이 심화된 것을 볼 수 있다.

20) 스파이더 IDE 등을 사용하는 경우에는 `g_map.save('./gyonggi_population_2007.html')`과 같이 지도를 HTML 파일로 저장하고 웹브라우저에서 실행할 수 있다.

〈실행 결과〉[21] 2017년도 경기도 인구 분포 (File: part4/gyonggi_population_2017.html)

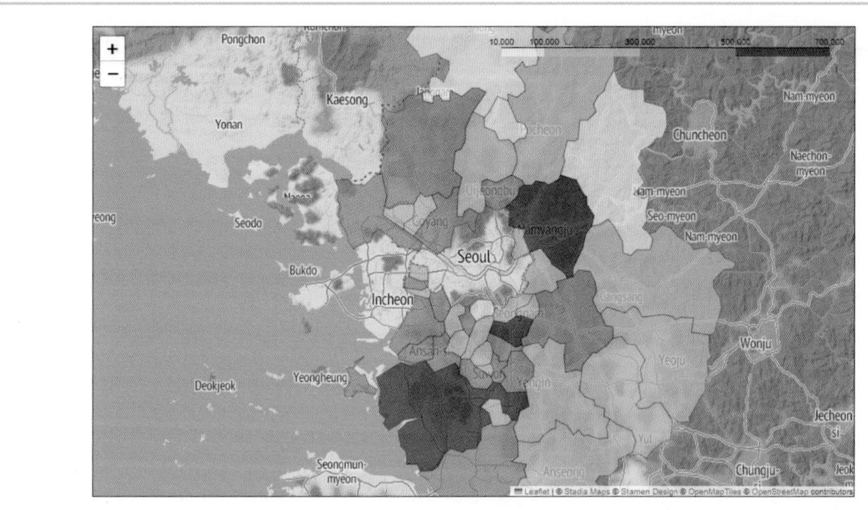

---

21) 스파이더 IDE 등을 사용하는 경우에는 `g_map.save('./gyonggi_population_2017.html')`과 같이 지도를 HTML 파일로 저장하고 웹브라우저에서 실행할 수 있다.

PANDAS

PART 5

데이터 사전 처리

1 누락 데이터 처리

머신러닝 등 데이터 분석의 정확도는 분석 데이터의 품질에 의해 좌우된다. 데이터 품질을 높이기 위해서는 누락 데이터, 중복 데이터 등 오류를 수정하고 분석 목적에 맞게 변형하는 과정이 필요하다. 수집한 데이터를 분석에 적합하도록 사전 처리(Preprocessing)하는 방법을 살펴보자.

데이터프레임에는 원소 데이터 값이 종종 누락되는 경우가 있다. 데이터를 파일로 입력할 때 빠트리거나 파일 형식을 변환하는 과정에서 데이터가 소실되는 것이 주요 원인이다. 일반적으로 유효한 데이터 값이 존재하지 않는 누락 데이터를 NaN[1](Not a Number)으로 표시한다.

머신러닝 분석 모형에 데이터를 입력하기 전에 반드시 누락 데이터를 제거하거나 다른 적절한 값으로 대체하는 과정이 필요하다. 누락 데이터가 많아지면 데이터의 품질이 떨어지고, 머신러닝 분석 알고리즘을 왜곡하는 현상이 발생하기 때문이다.

특히, 대부분의 머신러닝 알고리즘은 누락 데이터가 입력되면 에러가 발생하기 때문에 누락 데이터를 사전에 처리할 필요가 있다.

● 누락 데이터 확인

Seaborn 라이브러리의 'titanic' 데이터셋을 사용한다. head() 메소드로 첫 5행을 출력하면, 'deck' 열의 0행, 2행, 4행에 누락 데이터를 의미하는 NaN 값이 총 3개가 있다. 이 승객들의 경우 몇 번 데크에 승선했는지 데이터가 없다는 뜻이다.

〈예제 5-1〉 누락 데이터 확인 (File: part5/5.1_isnull_notnull.ipynb)

```
# 라이브러리 불러오기
import seaborn as sns

# titanic 데이터셋 가져오기
df = sns.load_dataset('titanic')

# 첫 5행 출력
df.head()
```

1) NumPy 라이브러리의 numpy.nan 사용(np라는 약칭을 사용하는 경우 np.nan으로 부른다)

〈실행 결과〉

```
   survived  pclass     sex   age  sibsp  parch     fare  embarked  class    \
0         0       3    male  22.0      1      0   7.2500         S   Third
1         1       1  female  38.0      1      0  71.2833         C   First
2         1       3  female  26.0      0      0   7.9250         S   Third
3         1       1  female  35.0      1      0  53.1000         S   First
4         0       3    male  35.0      1      0   8.0500         S   Third

     who  adult_male  deck  embark_town  alive  alone
0    man        True   NaN  Southampton     no  False
1  woman       False     C    Cherbourg    yes  False
2  woman       False   NaN  Southampton    yes   True
3  woman       False     C  Southampton    yes  False
4    man        True   NaN  Southampton     no   True
```

info() 메소드로 데이터프레임의 요약 정보를 출력하면 각 열에 속하는 데이터 중에서 유효한(non-null, 즉 NaN 값이 아닌) 값의 개수를 보여준다. RangeIndex를 보면 각 열에 891개의 데이터가 있다. 그리고 'deck' 열에는 203개의 유효한(non-null) 범주형(category) 데이터가 있다. 따라서 'deck' 열에 있는 누락 데이터가 688개라는 사실을 알 수 있다(계산식: 891 − 203 = 688).

〈예제 5-1〉 누락 데이터 확인 (File: part5/5.1_isnull_notnull.ipynb(이어서 계속))

```
# 데이터프레임 개요
df.info()
```

〈실행 결과〉

```
<class 'pandas.core.frame.DataFrame'>
RangeIndex: 891 entries, 0 to 890
Data columns (total 15 columns):
 #   Column       Non-Null Count   Dtype
---  -------      --------------   -----
 0   survived     891 non-null     int64
 1   pclass       891 non-null     int64
 2   sex          891 non-null     object
 3   age          714 non-null     float64
 4   sibsp        891 non-null     int64
 5   parch        891 non-null     int64
 6   fare         891 non-null     float64
 7   embarked     889 non-null     object
```

```
 8   class          891 non-null     category
 9   who            891 non-null     object
 10  adult_male     891 non-null     bool
 11  deck           203 non-null     category
 12  embark_town    889 non-null     object
 13  alive          891 non-null     object
 14  alone          891 non-null     bool
dtypes: bool(2), category(2), float64(2), int64(4), object(5)
memory usage: 80.7+ KB
```

value_counts() 메소드를 이용하여 'deck' 열에 688개의 누락 데이터가 있는 것을 파악할 수도 있다. 단, 이때 누락 데이터의 개수를 확인하려면 반드시 dropna= False 옵션을 사용한다. 그렇지 않으면 NaN 값을 제외하고 유효한 데이터의 개수만를 구하기 때문이다.

〈예제 5-1〉 누락 데이터 확인 (File: part5/5.1_isnull_notnull.ipynb(이어서 계속))

```
# deck 열의 NaN 개수 계산하기
df['deck'].value_counts(dropna=False)
```

〈실행 결과〉

```
NaN    688
C       59
B       47
D       33
E       32
A       15
F       13
G        4
Name: deck, dtype: int64
```

누락 데이터를 찾는 직접적인 방법으로 isnull() 메소드와 notnull() 메소드가 있다. 같은 기능을 수행하는 isna() 메소드와 notna() 메소드를 사용해도 된다.

- **isnull() 또는 isna()**: 누락 데이터이면 True를 반환하고, 유효한 데이터가 존재하면 False를 반환한다.
- **notnull() 또는 notna()**: 유효한 데이터가 존재하면 True를 반환하고, 누락 데이터이면 False를 반환한다.

먼저 데이터프레임에 head() 메소드를 적용하면 첫 5행으로 구성된 데이터프레임 객체를 반환한다. 예제에서는 첫 5행의 원소들이 누락 데이터인지 여부를 isnull() 메소드를 적용하여 판별한다. 예를 들면, 'deck' 열의 0행에 있는 원소는 True 값이므로 누락 데이터이다.

〈예제 5-1〉 누락 데이터 확인 (File: part5/5.1_isnull_notnull.ipynb(이어서 계속))

```
# isnull() 메소드로 누락 데이터 찾기
df.head().isnull()
```

〈실행 결과〉

```
   survived  pclass    sex    age  sibsp  parch   fare  embarked  class      \
0     False   False  False  False  False  False  False     False  False
1     False   False  False  False  False  False  False     False  False
2     False   False  False  False  False  False  False     False  False
3     False   False  False  False  False  False  False     False  False
4     False   False  False  False  False  False  False     False  False

     who  adult_male   deck  embark_town  alive  alone
0  False       False   True        False  False  False
1  False       False  False        False  False  False
2  False       False  False        False  False  False
3  False       False  False        False  False  False
4  False       False  False        False  False  False
```

notnull() 메소드를 적용하면 유효한 값이 있는 경우 True를 반환하고, 누락 데이터가 있는 경우 False를 반환한다. 'deck' 열의 0행에 위치한 원소는 False 값을 갖기 때문에 누락 데이터이다.

〈예제 5-1〉 누락 데이터 확인 (File: part5/5.1_isnull_notnull.ipynb(이어서 계속))

```
# notnull() 메소드로 누락 데이터 찾기
df.head().notnull()
```

〈실행 결과〉

```
   survived  pclass   sex  age  sibsp  parch  fare  embarked  class
0      True    True  True True   True   True  True      True   True
1      True    True  True True   True   True  True      True   True
2      True    True  True True   True   True  True      True   True
3      True    True  True True   True   True  True      True   True
4      True    True  True True   True   True  True      True   True

    who  adult_male   deck  embark_town  alive  alone     \
0  True        True  False         True   True   True
1  True        True   True         True   True   True
2  True        True   True         True   True   True
```

```
3  True        True  True        True   True   True
4  True        True  True        True   True   True
```

누락 데이터의 개수를 구할 때 isnull() 메소드와 notnull() 메소드를 활용할 수 있다. isnull() 메소드의 경우 반환되는 값이 참이면 1이고 거짓이면 0으로 판별한다. 따라서 isnull() 메소드를 실행하고 sum(axis=0) 메소드를 적용하면 참(1)의 합을 구한다. 이렇게 각 열의 누락 데이터(NaN) 개수를 구할 수 있다. 계산 결과를 보면, 'deck' 열에만 3개의 누락 데이터가 존재한다.

〈예제 5-1〉 누락 데이터 확인 (File: part5/5.1_isnull_notnull.ipynb(이어서 계속))

```python
# isnull() 메소드로 누락 데이터 개수 구하기
df.head().isnull().sum(axis=0)
```

〈실행 결과〉

```
survived       0
pclass         0
sex            0
age            0
sibsp          0
parch          0
fare           0
embarked       0
class          0
who            0
adult_male     0
deck           3
embark_town    0
alive          0
alone          0
dtype: int64
```

missingno 라이브러리는 데이터프레임 내부에 포함된 누락 데이터의 분포와 패턴을 쉽게 파악할 수 있는 시각화 도구이다. 먼저 가상환경을 활성화하고, pip install missingno 명령어를 입력해서 라이브러리를 분석 환경에 설치한다.

1. 매트릭스(Matrix) 그래프: 데이터프레임의 누락 데이터 분포를 매트릭스 형태로 시각화한다. 각 행과 열이 데이터프레임의 관측치와 변수를 나타내며, 누락 데이터는 흰색으로 표시된다. 행 인덱스가 순서대로 표시되어 있어 누락 데이터가 어느 부분에 집중되는지 파악하기 쉽다.

〈예제 5-1〉 누락 데이터 확인 (File: part5/5.1_isnull_notnull.ipynb(이어서 계속))

```
# missingno 라이브러리 활용
import missingno as msno
import matplotlib.pyplot as plt

# 매트릭스 그래프
msno.matrix(df)
plt.show()
```

〈실행 결과〉

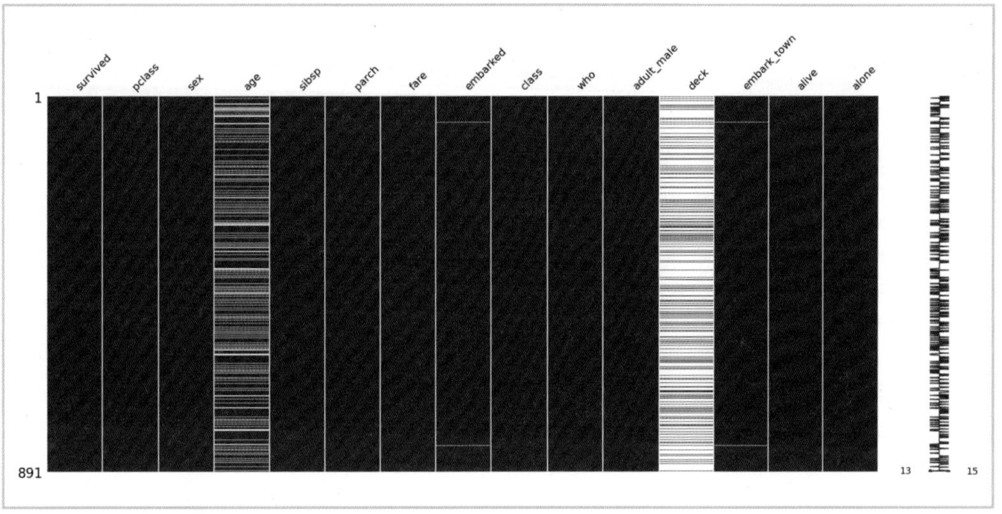

2. 막대(Bar) 그래프: 각 변수(열)에서 누락 데이터가 아닌 유효한 데이터의 수를 막대 높이로 표시한다. 'deck' 열의 막대 높이가 가장 낮기 때문에 누락 데이터가 가장 많다는 것을 쉽게 알 수 있다. 유효한 데이터의 수는 막대 그래프 위쪽에 숫자로 표시된다('deck' 열: 203개).

〈예제 5-1〉 누락 데이터 확인 (File: part5/5.1_isnull_notnull.ipynb(이어서 계속))

```
# 막대 그래프
msno.bar(df)
plt.show()
```

〈실행 결과〉

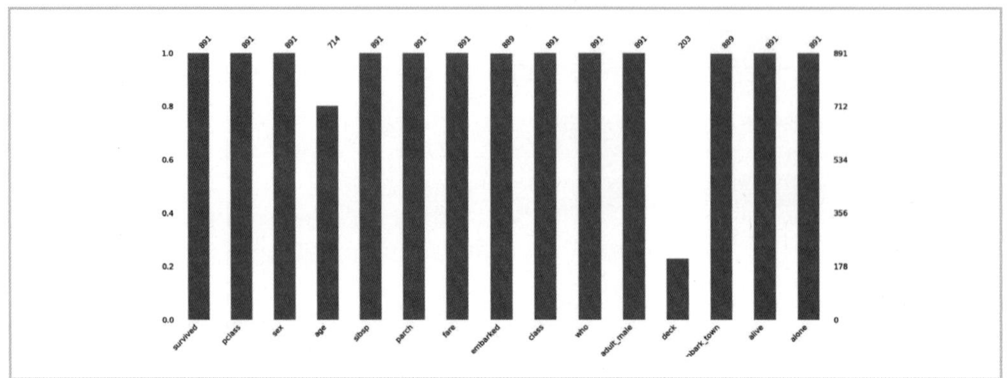

3. 히드맵(Heatmap): 변수 간 누락 데이터의 상관관계를 시각화하여, 어떤 변수들이 함께 누락 데이터를 갖는 경향이 있는지 확인할 수 있다. `'embark_town'` 열과 `'embarked'` 열의 상관계수가 1이므로, 어느 한 변수가 누락된 행이 있다면 다른 변수의 해당 행에도 데이터가 누락되는 경향이 있다(`'embark_town'` 열과 `'embarked'` 열은 모두 탑승 도시를 나타내기 때문에, 실질적으로 같은 변수라고 생각하면 당연하다고 볼 수 있다).

〈예제 5-1〉 누락 데이터 확인 (File: part5/5.1_isnull_notnull.ipynb(이어서 계속))

```
# 히트맵
msno.heatmap(df)
plt.show()
```

〈실행 결과〉

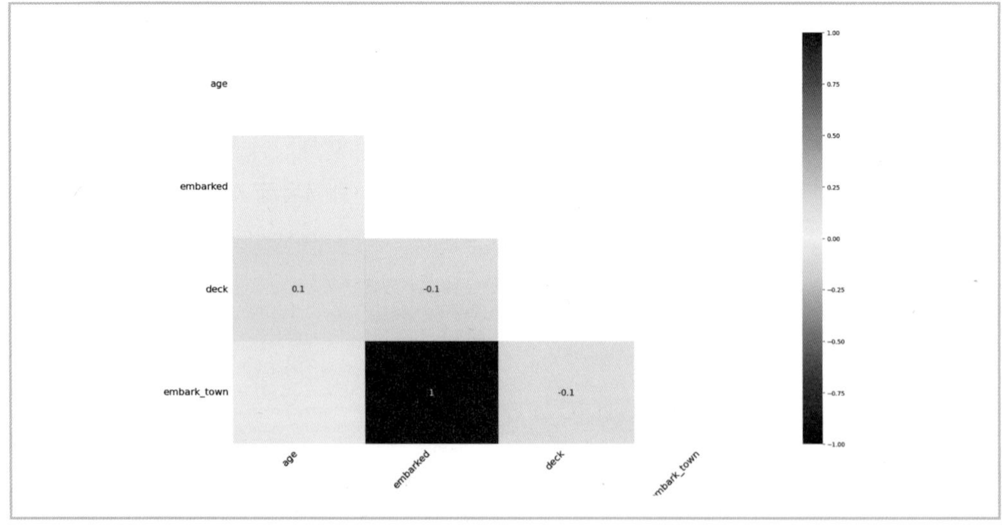

4. 덴드로그램(Dendrogram): 변수 간의 누락 데이터가 발생하는 패턴을 기반으로 계층적 클러스터링을 수행한 결과를 시각화하여 보여준다. 누락 데이터가 유사한 변수들을 그룹화한다. 세로축은 각 변수들 간의 차이를 수치화하여 표현한다. 여기서도 `'embark_town'` 열과 `'embarked'` 열은 같은 계층으로 그룹화되어 있어 누락 데이터 발생 패턴이 서로 비슷한 것을 알 수 있다.

〈예제 5-1〉 누락 데이터 확인 (File: part5/5.1_isnull_notnull.ipynb(이어서 계속))

```
# 덴드로그램
msno.dendrogram(df)
plt.show()
```

〈실행 결과〉

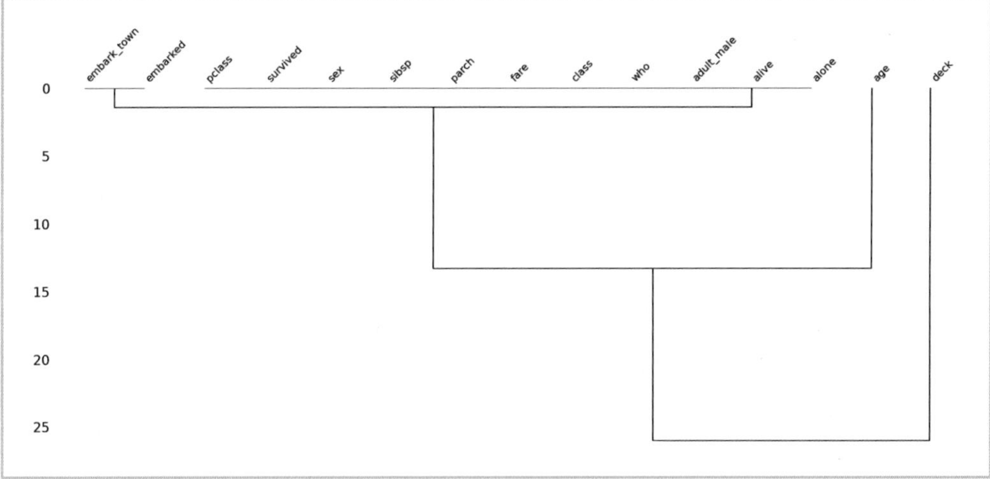

● 누락 데이터 표현

앞에서 `'titanic'` 데이터셋은 누락 데이터(결측값)를 NaN으로 표현하였다. 결측값은 데이터가 존재하지 않거나 누락되었음을 의미하며 `'NA'`(Not Available)라고 부르기도 한다. 판다스는 데이터 타입에 따라 여러 가지 유형의 누락 데이터(결측값) 표현을 지원한다.

구분	설명	특징
NaN (np.nan)	• NumPy 데이터 타입에서 사용	자료형이 np.float64 또는 object로 강제 변환될 수 있는 단점이 있음(예를 들어, np.int64 타입의 시리즈에서 결측값이 발생하면 해당 시리즈는 float64 타입으로 변환됨)

구분	설명	특징
pd.NaT	• NumPy의 np.datetime64, np.timedelta64 • Pandas의 PeriodDtype에서 사용	NaT(Not a Time)는 시간 관련 데이터 타입에서 결측값을 표현할 때 주로 사용됨
pd.NA	• Pandas 1.0.0 이상 • StringDtype, Int64Dtype Float64Dtype, BooleanDtype, ArrowDtype에서 사용	NA는 결측값 표현을 통일하기 위한 방법으로 도입 중이며, 추후 기능이 변경될 가능성이 있음

[표 5-1] 판다스 결측값 유형

이전에는 결측값을 표현하기 위해 주로 float 타입의 NaN이 사용되었으나 이는 정수형(int), 불린(bool), 문자열(string) 데이터에는 적합하지 않았다. 다음 코드와 같이 NaN이 float 타입일 때 정수형 열에 결측값이 포함되면 전체 열이 float으로 변환되는 문제가 있다.

〈예제 5-1〉 누락 데이터 확인 (File: part5/5.1_isnull_notnull.ipynb(이어서 계속))

```
# 기존 방식 (np.nan): 정수형 자료가 float로 변환됨
ser1 = pd.Series([1, 2, None])
ser1
```

〈실행 결과〉

```
0  1.0
1  2.0
2  NaN
dtype: float64
```

이런 문제를 해결하기 위해 판다스 1.0부터 pd.NA와 Nullable[2] 자료형이 실험적으로 도입되었다. 다음 코드에서 Nullable 정수형(Int64)을 dtype으로 지정하면 시리즈 객체의 결측값이 NaN이 아닌 NA로 처리되고 기존 데이터의 자료형이 정수로 유지된다. 판다스의 DataFrame이나 Series에서는 아직 pd.NA를 기본적으로 사용하지 않기 때문에, 다음 코드와 같이 명시적으로 데이터 타입을 지정해야 한다(dtype="Int64", dtype="boolean" 등).

〈예제 5-1〉 누락 데이터 확인 (File: part5/5.1_isnull_notnull.ipynb(이어서 계속))

```
# Nullable 자료형: 정수형이 그대로 유지됨(결측값은 pd.NA로 표현)
ser2 = pd.Series([1, 2, None], dtype="Int64")
ser2
```

---

2) Nullable 자료형: Pandas 1.0.0 버전부터 도입된 결측값 표현이 가능한 새로운 자료형들을 말한다. 대표적으로 "Int64", "boolean", "string" 등이 있다.

〈실행 결과〉[3]

```
0      1
1      2
2   <NA>
dtype: Int64
```

● 누락 데이터 제거

누락 데이터가 들어 있는 열 또는 행을 삭제하는 방법을 알아보자. 열을 삭제하면 분석 대상이 갖는 특성(변수)을 제거하고, 행을 삭제하면 분석 대상의 관측값(레코드)을 제거하게 된다.

먼저 'titanic' 데이터셋의 각 열(변수)에 누락 데이터가 몇 개씩 포함되어 있는지 체크한다. isnull() 메소드와 sum() 메소드를 적용한 결과 'age' 열에 177개, 'embarked' 열에 2개, 'deck' 열에 688개, 'embark_town' 열에 2개가 있다.

〈예제 5-2〉 누락 데이터 제거 (File: part5/5.2_dropna.ipynb)

```python
# 라이브러리 불러오기
import seaborn as sns

# titanic 데이터셋 가져오기
df = sns.load_dataset('titanic')

# isnull() 메소드를 합계로 집계하여 각 열의 NaN 개수 계산하기
df.isnull().sum()
```

〈실행 결과〉

```
survived        0
pclass          0
sex             0
age           177
sibsp           0
parch           0
fare            0
embarked        2
class           0
who             0
adult_male      0
```

3) 누락 데이터를 체크하는 isnull() 또는 notnull() 메소드는 [표 5-1]의 np.nan, NaT, NA 뿐만 아니라 파이썬에서 아무것도 없음을 나타내는 None 상수도 결측값으로 간주한다.

```
deck           688
embark_town      2
alive            0
alone            0
dtype: int64
```

전체 891명의 승객 중에서 688명의 데크('deck' 열) 데이터가 누락되어 있다. 누락 데이터가 차지하는 비율이 매우 높기 때문에 'deck' 열의 누락 데이터를 삭제하여 분석에서 제외하는 것이 의미가 있다. 다음 예제에서는 thresh=500 옵션을 적용하여, NaN 값을 500 개 이상 갖는 모든 열을 삭제한다. 'deck' 열만 이 조건에 해당되어 데이터프레임에서 제거된다. 열 이름을 출력해보면 'deck' 열이 제외된 것을 확인할 수 있다.

〈예제 5-2〉 누락 데이터 제거 (File: part5/5.2_dropna.ipynb(이어서 계속))

```
# NaN 값이 500개 이상인 열을 모두 삭제 - deck 열(891개 중 688개의 NaN 값)
df_thresh = df.dropna(axis=1, thresh=500)
print(df_thresh.columns)
```

〈실행 결과〉

```
Index(['survived', 'pclass', 'sex', 'age', 'sibsp', 'parch', 'fare',
       'embarked', 'class', 'who', 'adult_male', 'embark_town', 'alive',
       'alone'],
       dtype='object')
```

891명의 승객 중에서 177명은 나이(age)에 대한 데이터가 없다. 승객의 나이가 데이터 분석의 중요한 변수라면 나이 데이터가 없는 승객의 레코드(행)를 제거하는 것도 고려할 수 있는 옵션이다. subset을 'age' 열로 한정하면 'age' 열의 행 중에서 NaN 값이 있는 모든 행(axis=0)을 삭제한다. 기본값으로 how='any' 옵션이 적용되는데 NaN 값이 하나라도 존재하면 삭제한다는 뜻이다. 예제에서는 891개의 행 중에서 나이 데이터가 누락된 177개 행을 삭제하고 나머지 714개의 행을 df_age에 저장한다.

〈예제 5-2〉 누락 데이터 제거 (File: part5/5.2_dropna.ipynb(이어서 계속))

```
# age 열에 나이 데이터가 없는 모든 행 삭제 - age 열(891개 중 177개의 NaN 값)
df_age = df.dropna(subset=['age'], how='any', axis=0)
print(len(df_age))
```

〈실행 결과〉

```
714
```

how='all' 옵션으로 입력하면 subset에 지정한 모든 변수의 데이터가 NaN 값인 행을 삭제한다. 여기서 subset을 'age' 열과 'deck' 열로 지정했기 때문에 두 열이 모두 NaN 값이 있는 경우 해당 행을 삭제한다. 733개의 행이 남는다.

〈예제 5-2〉 누락 데이터 제거 (File: part5/5.2_dropna.ipynb(이어서 계속))

```
# age 열, deck 열 양쪽 모두 데이터가 없는 행 삭제
df_age_deck = df.dropna(subset=['age', 'deck'], how='all', axis=0)
print(len(df_age_deck))
```

〈실행 결과〉

```
733
```

● 누락 데이터 대체

데이터셋의 품질을 높일 목적으로 누락 데이터를 무작정 삭제해 버린다면 어렵게 수집한 데이터를 활용하지 못하게 된다. 데이터 분석의 정확도는 데이터의 품질 외에도 제공되는 데이터의 양에 상당한 영향을 받는다. 따라서 데이터 중에서 일부가 누락되어 있더라도 나머지 데이터를 최대한 살려서 데이터 분석에 활용하는 것이 좋은 결과를 얻는 경우가 많다.

누락 데이터를 바꿔서 대체할 값으로는 데이터의 분포와 특성을 잘 나타낼 수 있는 평균값, 최빈값 등을 많이 활용한다.

〈예제 5-3〉 평균으로 누락 데이터 바꾸기 (File: part5/5.3_replace_nan.ipynb)

```
# 라이브러리 불러오기
import seaborn as sns

# titanic 데이터셋 가져오기
df = sns.load_dataset('titanic')

# age 열의 첫 10개 데이터 출력(5행에 NaN 값)
df['age'].head(10)
```

〈실행 결과〉

```
0    22.0
1    38.0
2    26.0
3    35.0
4    35.0
5     NaN
6    54.0
7     2.0
8    27.0
9    14.0
Name: age, dtype: float64
```

누락 데이터를 채우는 작업을 판다스 fillna() 메소드로 편리하게 처리할 수 있다. fillna() 메소드는 새로운 객체를 반환하기 때문에 원본 객체를 변경하려면 원본에 재할당 처리가 필요하다.

평균(mean)으로 누락 데이터를 바꿔주는 방법을 알아보자. 승객의 나이 데이터가 누락된 행을 제거하지 않고 대신 'age' 열의 나머지 승객의 평균나이로 치환한다. 먼저 'age' 열에 들어 있는 값들의 평균을 계산하여 mean_age에 저장한다. mean() 메소드를 적용하면 NaN을 제외하고 평균을 계산한다.[4]

fillna() 메소드에 mean_age를 인자로 전달하면 NaN을 찾아서 mean_age 값으로 치환한다. 예제의 실행 결과에서 5행의 NaN 값이 'age' 열의 유효 데이터의 평균(29.699118)으로 바뀐다. 평균 대신 중앙값을 사용하려면 median() 메소드를 적용한다.

〈예제 5-3〉 평균으로 누락 데이터 바꾸기 (File: part5/5.3_replace_nan.ipynb(이어서 계속))

```
# age 열의 NaN값을 다른 나이 데이터의 평균으로 변경하기
mean_age = df['age'].mean(axis=0)      # age 열의 평균 계산(NaN 값 제외)
df['age'] = df['age'].fillna(mean_age)

# age 열의 첫 10개 데이터 출력(5 행에 NaN 값이 평균으로 대체)
df['age'].head(10)
```

〈실행 결과〉

```
0    22.000000
1    38.000000
```

4) mean() 메소드에 skipna=True 옵션이 기본 적용되기 때문이다. skipna=False 옵션을 적용하면 평균을 계산할 때 NaN을 포함하고, 이 경우 NaN으로 계산된다.

```
2     26.000000
3     35.000000
4     35.000000
5     29.699118
6     54.000000
7      2.000000
8     27.000000
9     14.000000
Name: age, dtype: float64
```

승선도시를 나타내는 'embark_town' 열에 있는 NaN을 최빈값으로 바꿔보자. 먼저, 데이터를 출력해서 829행의 누락 데이터를 확인한다.

〈예제 5-4〉 가장 많이 나타나는 값으로 바꾸기 (File: part5/5.4_replace_nan2.ipynb)

```
# 라이브러리 불러오기
import seaborn as sns

# titanic 데이터셋 가져오기
df = sns.load_dataset('titanic')

# embark_town 열의 829행의 NaN 데이터 출력
df['embark_town'][825:830]
```

〈실행 결과〉

```
825      Queenstown
826     Southampton
827       Cherbourg
828      Queenstown
829             NaN
Name: embark_town, dtype: object
```

먼저 승객들이 가장 많이 승선한 도시의 이름을 최빈값으로[5] 찾는다. 다음 예제서는 두 가지 방법을 살펴보자. 하나는 value_counts() 메소드를 사용하여 승선도시별 승객 수를 찾고, idxmax() 메소드로 가장 큰 값을 갖는 도시(Southampton)를 찾는 것이다. 다른 하나는 mode() 메소드를 사용하는 방법이다.

5) 최빈값(Mode)은 통계학에서 데이터 셋에서 가장 자주 등장하는 값을 의미한다.

〈예제 5-4〉 가장 많이 나타나는 값으로 바꾸기 (File: part5/5.4_replace_nan2.ipynb(이어서 계속))

```
# embark_town 열의 최빈값(승선도시 중에서 가장 많이 출현한 값) 찾기
most_freq = df['embark_town'].value_counts(dropna=True).idxmax()
print(most_freq)

# embark_town 열의 최빈값(승선도시 중에서 가장 많이 출현한 값) 찾기
most_freq2 = df['embark_town'].mode()[0]
print(most_freq2)
```

〈실행 결과〉

```
Southampton
Southampton
```

앞에서 찾은 최빈값(Southampton)을 사용하여 누락 데이터인 NaN을 대체한다. 실행 결과에서 829행의 NaN 값을 포함해서, 누락 데이터들은 Southampton으로 변경된다.

〈예제 5-4〉 가장 많이 나타나는 값으로 바꾸기 (File: part5/5.4_replace_nan2.ipynb(이어서 계속))

```
# embark_town 열의 NaN값을 최빈값으로 대체하기
df['embark_town'] = df['embark_town'].fillna(most_freq)

# embark_town 열 829행의 NaN 데이터 출력(NaN 값이 most_freq 값으로 대체)
df['embark_town'][825:830]
```

〈실행 결과〉

```
825      Queenstown
826     Southampton
827       Cherbourg
828      Queenstown
829     Southampton
Name: embark_town, dtype: object
```

누락 데이터가 NaN으로 표시되지 않은 경우

데이터셋 중에는 누락 데이터가 NaN으로 입력되지 않은 경우도 많다. 숫자 0, -99 또는 문자 '-', '?' 같은 값으로 입력되기도 한다. 판다스에서 누락 데이터를 다루려면 `replace()` 메소드를 활용하여 numpy에서 지원하는 `np.nan`으로 변경해 주는 것이 좋다. 단, `np.nan`을 사용하기 위해서는 `'import numpy as np'`와 같이 numpy 라이브러리를 먼저 임포트해야 한다

* 사용법 예시('?'을 `np.nan`으로 치환): `df.replace('?', np.nan)`

데이터셋에 따라서 서로 이웃하고 있는 데이터끼리 유사성을 가질 가능성이 높다. 이럴 때는 앞이나 뒤에서 이웃하고 있는 값으로 치환해 주는 것이 좋다. 다음 예제를 통해 829행의 NaN 값을 바로 앞에 위치한 828행의 Queenstown이나 830행의 Cherbourg로 대체해보자.

〈예제 5-5〉 이웃하고 있는 값으로 바꾸기 (File: part5/5.5_replace_nan3.ipynb)

```
# 라이브러리 불러오기
import seaborn as sns

# titanic 데이터셋 가져오기
df = sns.load_dataset('titanic')

# 데이터프레임 복제하기
df2 = df.copy()

# embark_town 열의 829행의 NaN 데이터 출력
df['embark_town'][825:831]
```

〈실행 결과〉

```
825     Queenstown
826    Southampton
827      Cherbourg
828     Queenstown
829            NaN
830      Cherbourg
Name: embark_town, dtype: object
```

"forward fill"을 의미하는 ffill() 메소드를 사용하면 NaN이 있는 행의 직전 행에 있는 값으로 NaN을 대체한다. 829행의 NaN 값을 바로 앞에 위치한 828행의 Queenstown으로 변경한다.

〈예제 5-5〉 이웃하고 있는 값으로 바꾸기 (File: part5/5.5_replace_nan3.ipynb(이어서 계속))

```
# embark_town 열의 NaN값을 바로 앞에 있는 828행의 값으로 변경하기
df['embark_town'] = df['embark_town'].ffill()
df['embark_town'][825:831]
```

〈실행 결과〉

```
825     Queenstown
826    Southampton
827      Cherbourg
```

```
828      Queenstown
829      Queenstown
830       Cherbourg
Name: embark_town, dtype: object
```

"backward fill"을 의미하는 `bfill()` 메소드를 사용하면, `NaN`이 있는 행의 바로 다음 행에 있는 값을 가지고 치환한다. 829행의 `NaN` 값을 바로 뒤에 위치한 830행의 `Cherbourg`로 변경한다.

〈예제 5-5〉 이웃하고 있는 값으로 바꾸기 (File: part5/5.5_replace_nan3.ipynb(이어서 계속))

```
# embark_town 열의 NaN값을 바로 뒤에 있는 831행의 값으로 변경하기
df2['embark_town'] = df2['embark_town'].bfill()
df2['embark_town'][825:831]
```

〈실행 결과〉[6]

```
825      Queenstown
826     Southampton
827       Cherbourg
828      Queenstown
829       Cherbourg
830       Cherbourg
Name: embark_town, dtype: object
```

❷ 중복 데이터 처리

데이터 분석에서 중복 데이터란 동일한 정보를 가진 행이나 레코드가 두 번 이상 반복되는 것을 말한다. 데이터프레임에서 각 행은 분석 대상이 갖고 있는 모든 속성(변수)에 대한 관측값(레코드)을 뜻한다. 하나의 데이터셋에서 동일한 관측값이 2개 이상 중복되는 경우 중복 데이터를 찾아서 삭제해야 한다. 동일한 대상이 중복으로 존재하는 것이므로 분석 결과를 왜곡하기 때문이다.

6) 시리즈 객체의 `fillna()` 메소드에 `method='ffill'` 옵션이나 `method='bfill'` 옵션을 사용하는 것도 가능하다. 단, 향후 버전이 업데이트될 때 이 기능은 제거될 예정이다(FutureWarnings 참조).

● 중복 데이터 확인

동일한 관측값이 중복되는지 여부, 즉 행의 레코드가 중복되는지 여부를 확인하려면 duplicated() 메소드를 이용한다. 전에 나온 행들과 비교하여 중복되는 행이면 True를 반환하고, 처음 나오는 행에 대해서는 False를 반환한다.

〈예제 5-6〉 중복 데이터 확인 (File: part5/5.6_duplicated.ipynb)

```python
# 라이브러리 불러오기
import pandas as pd

# 중복 데이터를 갖는 데이터프레임 만들기
df = pd.DataFrame({'c1':['a', 'a', 'b', 'a', 'b'],
                   'c2':[1, 1, 1, 2, 2],
                   'c3':[1, 1, 2, 2, 2]})
df
```

〈실행 결과〉

```
  c1  c2  c3
0  a   1   1
1  a   1   1
2  b   1   2
3  a   2   2
4  b   2   2
```

앞의 데이터프레임에 duplicated() 메소드를 적용하면 각 행의 중복 여부를 나타내는 불린 시리즈를 반환한다. 0행의 데이터는 뒤에 나오는 1행의 데이터와 같기 때문에 중복된다. duplicated() 메소드는 keep='first' 옵션이 기본 적용되는데, 이들 2개의 중복행 중에서 가장 처음에 나오는 0행은 중복이 아니라고 판정하고 이후에 나오는 중복행들을 모두 True로 표시하여 중복으로 판정한다. 다시 말하면 여러 행이 중복될 경우에 가장 앞에 있는 행(False)을 제외하고 이후에 나오는 중복 행들을 True로 표시하게 된다.

〈예제 5-6〉 중복 데이터 확인 (File: part5/5.6_duplicated.ipynb(이어서 계속))

```python
# 데이터프레임 전체 행 데이터 중에서 중복값 찾기(기본값, keep='first')
df_dup_first = df.duplicated()
df_dup_first
```

〈실행 결과〉

```
0    False
1     True
2    False
3    False
4    False
dtype: bool
```

keep='last' 옵션을 적용하면, 데이터프레임에서 중복되는 행이면서 가장 마지막 행이 아닌 경우만 True로 판정한다. 중복되는 행들 중에서 마지막 행이거나, 아예 중복되지 않는 고유한 행들의 경우에는 False로 판정한다. 다시 말하면, 중복 행들 중에서 가장 마지막 행은 중복으로 간주하지 않는다는 의미이다. 여기서는 데이터가 중복되는 0행과 1행 중에서 0행은 False가 되고 마지막에 위치한 중복행인 1행과 중복 행이 아닌 2행, 3행 4행은 False로 출력된다.

〈예제 5-6〉 중복 데이터 확인 (File: part5/5.6_duplicated.ipynb(이어서 계속))

```
# 데이터프레임 전체 행 데이터 중에서 중복값 찾기(keep='last')
df_dup_last = df.duplicated(keep='last')
df_dup_last
```

〈실행 결과〉

```
0     True
1    False
2    False
3    False
4    False
dtype: bool
```

keep=False 옵션을 적용하면, 데이터프레임에서 중복되는 모든 행을 찾는다. 첫 번째 행이든 마지막 행이든, 중복되는 모든 행을 True로 표시한다. 다시 말하면 중복된 값이 있는 모든 행이 중복으로 간주된다. 여기서는 0행과 1행 모두 True로 판정된다.

〈예제 5-6〉 중복 데이터 확인 (File: part5/5.6_duplicated.ipynb(이어서 계속))

```
# 데이터프레임 전체 행 데이터 중에서 중복값 찾기(keep=False)
df_dup_false = df.duplicated(keep=False)
df_dup_false
```

〈실행 결과〉

```
0     True
1     True
2    False
3    False
4    False
dtype: bool
```

데이터프레임의 열은 시리즈이므로 시리즈 객체의 duplicated() 메소드를 적용할 수 있다. 데이터프레임 df의 'c2' 열은 정수 1과 2로 구성된다. keep='first' 옵션이 기본 적용되므로 1이 처음 나타난 0행과 2가 처음 나타난 3행은 중복이 아니라고 False로 표시된다. 1, 2, 4행은 이전에 나온 행과 중복되므로 True로 표시된다(여기서 1, 2행은 데이터 1을 가진 0행과 중복되고, 4행은 데이터 2를 가진 3행과 중복된다).

〈예제 5-6〉 중복 데이터 확인 (File: part5/5.6_duplicated.ipynb(이어서 계속))

```
# 데이터프레임의 특정 열 데이터에서 중복값 찾기
col_dup = df['c2'].duplicated()
col_dup
```

〈실행 결과〉

```
0    False
1     True
2     True
3    False
4     True
Name: c2, dtype: bool
```

한편 다음과 같이 데이터프레임의 duplicated() 메소드를 적용하면서, subset=['c2'] 옵션을 적용하여 중복 여부를 체크할 특정 열을 지정할 수 있다. 이전 코드와 동일한 결과를 얻는다.

〈예제 5-6〉 중복 데이터 확인 (File: part5/5.6_duplicated.ipynb(이어서 계속))

```
# 데이터프레임의 특정 열 데이터에서 중복값 찾기
col_dup2 = df.duplicated(subset=['c2'])
col_dup2
```

〈실행 결과〉

```
0    False
1     True
2     True
3    False
4     True
dtype: bool
```

● 중복 데이터 제거

중복 데이터는 데이터 수집, 데이터 통합, 시스템 오류 등 다양한 원인으로 발생할 수 있다. 중복 데이터를 제거하는 것은 데이터의 품질을 보장하고 분석의 정확도를 높이는 데 매우 중요하다. 따라서 데이터 전처리 단계에서 중복 데이터를 적절히 처리하는 것이 필수적이다.

중복 데이터를 제거하는 명령에는 drop_duplicates() 메소드가 있다. 중복되는 행을 제거하고 고유한 관측값을 가진 행들만 남긴다. 중복을 탐지하는 duplicated() 메소드와 비슷하게 keep 매개변수를 사용하여 첫 번째, 마지막, 혹은 모든 중복 행을 어떻게 처리할지 결정할 수 있다.

〈예제 5-7〉 중복 데이터 제거 (File: part5/5.7_drop_duplicates.ipynb)

```
# 라이브러리 불러오기
import pandas as pd

# 중복 데이터를 갖는 데이터프레임 만들기
df = pd.DataFrame({'c1':['a', 'a', 'b', 'a', 'b'],
                   'c2':[1, 1, 1, 2, 2],
                   'c3':[1, 1, 2, 2, 2]})
df
```

〈실행 결과〉

```
  c1  c2  c3
0  a   1   1
1  a   1   1
2  b   1   2
3  a   2   2
4  b   2   2
```

drop_duplicates() 메소드의 기본 동작(keep='first' 적용)에 따라, 중복된 행들 중 첫 번째 행만을 남기고 나머지 중복 행들을 제거한다. 여기서는 0행과 1행이 중복되고 그 중에 첫 번째 행인 0행이 남고 두 번째 행인 1행은 제거된다.

〈예제 5-7〉 중복 데이터 제거 (File: part5/5.7_drop_duplicates.ipynb(이어서 계속))

```python
# 데이터프레임에서 중복 행을 제거(기본값, keep='first')
df2 = df.drop_duplicates()
df2
```

〈실행 결과〉

```
  c1  c2  c3
0  a   1   1
2  b   1   2
3  a   2   2
4  b   2   2
```

여기서 keep='last' 옵션은 중복된 행들 중에서 마지막 행을 제외하고 나머지 행들을 중복으로 간주하여 제거한다. 결과적으로, 첫 번째로 나타나는 중복 행인 0행이 제거되고 마지막 중복 행인 1행은 그대로 남는다.

〈예제 5-7〉 중복 데이터 제거 (File: part5/5.7_drop_duplicates.ipynb(이어서 계속))

```python
# 데이터프레임에서 중복 행을 제거(keep='last')
df3 = df.drop_duplicates(keep='last')
df3
```

〈실행 결과〉

```
  c1  c2  c3
1  a   1   1
2  b   1   2
3  a   2   2
4  b   2   2
```

keep=False 옵션을 사용하면 중복된 모든 행을 제거한다. 따라서, 0행과 1행이 모두 제거된다.

〈예제 5-7〉 중복 데이터 제거 (File: part5/5.7_drop_duplicates.ipynb(이어서 계속))

```python
# 데이터프레임에서 중복 행을 제거(keep=False)
df4 = df.drop_duplicates(keep=False)
df4
```

〈실행 결과〉

```
   c1  c2  c3
2  b   1   2
3  a   2   2
4  b   2   2
```

특정 열을 기준으로 중복을 제거하려면 `drop_duplicates()` 메소드의 `subset` 매개변수에 '열 이름의 리스트'를 전달할 수 있다. 데이터의 중복 여부를 판별할 때, `subset` 옵션에 해당하는 열을 기준으로 판단한다. 데이터프레임 `df`의 `'c2'`, `'c3'` 열을 기준으로 판별하면 0행과 1행이 중복되고, 3행과 4행의 데이터가 중복된다. 0행과 3행은 처음 나타난 데이터라서 남기고, 1행과 4행의 데이터만 중복으로 판별하고 삭제한다(`keep='first'` 적용).

〈예제 5-7〉 중복 데이터 제거 (File: part5/5.7_drop_duplicates.ipynb(이어서 계속))

```
# c2, c3열을 기준으로 중복 행을 제거
df5 = df.drop_duplicates(subset=['c2', 'c3'])
df5
```

〈실행 결과〉

```
   c1  c2  c3
0  a   1   1
2  b   1   2
3  a   2   2
```

`keep=False` 옵션은 `'c2'`, `'c3'` 열의 조합이 유일한 행만을 남기며, 나머지 중복된 조합을 가진 행들은 모두 제거한다. 결과적으로 중복 행이 아닌 2행의 데이터만 남는다.

〈예제 5-7〉 중복 데이터 제거 (File: part5/5.7_drop_duplicates.ipynb(이어서 계속))

```
# c2, c3열을 기준으로 중복 행을 제거(중복 데이터를 모두 제거)
df6 = df.drop_duplicates(subset=['c2', 'c3'], keep=False)
df6
```

〈실행 결과〉

```
   c1  c2  c3
2  b   1   2
```

③ 데이터 정규화

실무에서 접하는 데이터셋은 다양한 사람들의 손을 거쳐 만들어진다. 여러 곳에서 수집한 자료들은 단위 선택, 대소문자 구분, 약칭 활용 등 여러 가지 원인에 의해 다양한 형태로 표현된다. 잘 정리된 것으로 보이는 자료를 자세히 들여다보면, 서로 다른 단위가 섞여 있거나 같은 대상을 다른 형식으로 표현한 경우가 의외로 많다.

이처럼 동일한 대상을 표현하는 방법에 차이가 있으면 분석의 정확도는 현저히 낮아진다. 정확하게 정규화된 데이터는 분석 모델의 성능을 향상시키고 데이터 기반 의사 결정 과정에서 더 나은 결과를 도출할 수 있도록 돕는다. 따라서 데이터 분석 과정에서 데이터 포맷을 일관성 있게 정규화하는 작업이 매우 중요하다.

3-1 단위 환산

같은 데이터셋 안에서 서로 다른 측정 단위(예: 킬로미터 vs. 마일, 섭씨 vs. 화씨 등)를 사용한다면 전체 데이터의 일관성 측면에서 문제가 발생한다. 따라서, 측정 단위를 동일하게 맞출 필요가 있다. 이를 통해 모든 데이터가 동일한 기준으로 측정되었음을 보장할 수 있다.

또한 단일 측정 단위를 사용하더라도 외국 데이터를 가져오면 국내에서 잘 사용하지 않는 도량형 단위를 사용하는 경우가 많다. 영미권에서 주로 사용하는 마일, 야드, 온스 등은 한국에서 사용하는 미터, 평, 그램 등으로 변환하는 것이 좋다.

UCI 자동차 연비 데이터†을 사용하기 위하여 CSV 파일‡을 다운로드한다. 데이터프레임으로 변환해서 확인한다.

〈예제 5-8〉 단위 환산 (File: part5/5.8_unit_conversion.ipynb)

```
# 라이브러리 불러오기
import pandas as pd

```

† [출처] https://archive.ics.uci.edu/ml/datasets/auto+mpg (Dua, D. and Karra Taniskidou, E. (2017). UCI Machine Learning Repository [http://archive.ics.uci.edu/ml]. Irvine, CA: University of California, School of Information and Computer Science.)

‡ [저장소] File: part5/data/auto-mpg.csv

```
# read_csv() 함수로 df 생성
df = pd.read_csv('./data/auto-mpg.csv', header=None)

# 열 이름을 지정
df.columns = ['mpg','cylinders','displacement','horsepower','weight',
              'acceleration','model year','origin','name']

# 데이터프레임의 첫 3행을 출력
df.head(3)
```

〈실행 결과〉

```
    mpg  cylinders  displacement  horsepower  weight  acceleration  \
0  18.0          8         307.0       130.0  3504.0          12.0
1  15.0          8         350.0       165.0  3693.0          11.5
2  18.0          8         318.0       150.0  3436.0          11.0

   modelyear  origin                       name
0         70       1  chevrolet chevelle malibu
1         70       1          buick skylark 320
2         70       1         plymouth satellite
```

여기서 'mpg' 열은 영미권에서 사용하는 '갤런당 마일(mile per gallon)' 단위로 연비를 표시하고 있다. 한국에서 사용하는 익숙한 표기법인 '리터당 킬로미터(km/L)' 단위로 변환해 보자. 1마일은 1.60934km이고, 1갤런은 3.78541리터이다. 따라서, 1 mpg는 0.425 km/L이다.

〈예제 5-8〉 단위 환산 (File: part5/5.8_unit_conversion.ipynb(이어서 계속))

```
# mpg(mile per gallon)를 kpl(kilometer per liter)로 변환(mpg_to_kpl = 0.425)
mpg_to_kpl = 1.60934 / 3.78541

# mpg 열에 0.425를 곱한 결과를 새로운 열(kpl)에 추가
df['kpl'] = df['mpg'] * mpg_to_kpl

# 데이터프레임의 첫 3행을 출력
df.head(3)
```

〈실행 결과〉

```
    mpg  cylinders  displacement  horsepower  weight  acceleration  \
0  18.0          8         307.0       130.0  3504.0          12.0
1  15.0          8         350.0       165.0  3693.0          11.5
```

```
2  18.0          8        318.0       150.0  3436.0          11.0

   modelyear  origin                      name       kpl
0         70       1  chevrolet chevelle malibu  7.652571
1         70       1          buick skylark 320  6.377143
2         70       1         plymouth satellite  7.652571
```

0행에 들어 있는 차량의 연비는 18mpg다. 한국식 연비 표현으로 변환한 'kpl' 열의 0행에 해당하는 값은 리터 당 7.65킬로미터이다. **round**(2) 명령은 소수점 아래 둘째 자리 반올림을 뜻한다.

〈예제 5-8〉 단위 환산 (File: part5/5.8_unit_conversion.ipynb(이어서 계속))

```
# kpl 열을 소수점 아래 둘째 자리에서 반올림
df['kpl'] = df['kpl'].round(2)

# 데이터프레임의 첫 3행을 출력
df.head(3)
```

〈실행 결과〉

```
    mpg  cylinders  displacement  horsepower  weight  acceleration    \
0  18.0          8        307.0       130.0  3504.0          12.0
1  15.0          8        350.0       165.0  3693.0          11.5
2  18.0          8        318.0       150.0  3436.0          11.0

   modelyear  origin                      name   kpl
0         70       1  chevrolet chevelle malibu  7.65
1         70       1          buick skylark 320  6.38
2         70       1         plymouth satellite  7.65
```

3-2 자료형 변환

숫자가 문자열(object)로 저장된 경우에는 숫자형(int 또는 float)으로 변환해야 한다. 먼저 dtypes 속성을 사용하여 데이터프레임을 구성하는 각 열의 자료형을 확인한다. dtypes 속성 대신 info() 메소드를 사용해도 각 열의 자료형을 확인할 수 있다. 예제에서 엔진 출력을 나타내는 'horsepower' 열은 숫자형이 적절하고, 출시연도를 나타내는 'model year' 열과 출시국가를 뜻하는 'origin' 열은 카테고리를 나타내는 범주형이 적절하다. 적절한 자료형으로 변환한다.

〈예제 5-9〉 자료형 변환 (File: part5/5.9_dtype_conversion.ipynb)

```
# 라이브러리 불러오기
import pandas as pd

# read_csv() 함수로 df 생성
df = pd.read_csv('./data/auto-mpg.csv', header=None)

# 열 이름을 지정
df.columns = ['mpg','cylinders','displacement','horsepower','weight',
              'acceleration','model year','origin','name']

# 각 열의 자료형 확인
print(df.dtypes)
```

〈실행 결과〉

```
mpg             float64
cylinders         int64
displacement    float64
horsepower       object
weight          float64
acceleration    float64
model year        int64
origin            int64
name             object
dtype: object
```

'horsepower' 열은 문자열을 뜻하는 object 자료형이다. 그러나 엔진 출력의 크기를 나타내는 데이터인 만큼 숫자형으로 변환해 주는 것이 적절하다. 엔진 출력이 문자열로 저장된 이유는 'horsepower' 열의 고유값을 출력해 보면 알 수 있다. 3번째 줄 중간에 문자열 '?'가 보인다. 고유값 중에 문자 '?'가 섞여 있어, CSV 파일을 데이터프레임으로 변환하는 과정에서 문자열로 인식된 것으로 보인다. 나머지 값은 모두 숫자형으로 변환하는 것이 적절하다.

〈예제 5-9〉 자료형 변환 (File: part5/5.9_dtype_conversion.ipynb(이어서 계속))

```
# horsepower 열의 고유값 확인
print(df['horsepower'].unique())
```

〈실행 결과〉

```
['130.0' '165.0' '150.0' '140.0' '198.0' '220.0' '215.0' '225.0' '190.0'
 '170.0' '160.0' '95.00' '97.00' '85.00' '88.00' '46.00' '87.00' '90.00'
 '113.0' '200.0' '210.0' '193.0' '?' '100.0' '105.0' '175.0' '153.0'
 '180.0' '110.0' '72.00' '86.00' '70.00' '76.00' '65.00' '69.00' '60.00'
 '80.00' '54.00' '208.0' '155.0' '112.0' '92.00' '145.0' '137.0' '158.0'
 '167.0' '94.00' '107.0' '230.0' '49.00' '75.00' '91.00' '122.0' '67.00'
 '83.00' '78.00' '52.00' '61.00' '93.00' '148.0' '129.0' '96.00' '71.00'
 '98.00' '115.0' '53.00' '81.00' '79.00' '120.0' '152.0' '102.0' '108.0'
 '68.00' '58.00' '149.0' '89.00' '63.00' '48.00' '66.00' '139.0' '103.0'
 '125.0' '133.0' '138.0' '135.0' '142.0' '77.00' '62.00' '132.0' '84.00'
 '64.00' '74.00' '116.0' '82.00']
```

'horsepower' 열의 문자열 '?'를 NaN값으로 변환한다. dropna(axis=0) 메소드로 NaN값이 들어 있는 모든 행을 삭제한다. 이제 'horsepower' 열에는 숫자형으로 변환 가능한 값들만 남는다. astype('float') 명령을 이용하여 문자열을 실수형으로 변환한다. 실수형 대신 정수형으로 변환하려면 'float' 대신 'int'를 입력한다. dtypes 속성을 사용하여 변환된 결과가 맞는지 확인한다.

〈예제 5-9〉 자료형 변환 (File: part5/5.9_dtype_conversion.ipynb(이어서 계속))

```
# 누락 데이터('?') 삭제
import numpy as np
df['horsepower'] = df['horsepower'].replace('?', np.nan)      # '?'를 np.nan으로 변경
df = df.dropna(subset=['horsepower'], axis=0)                 # 누락데이터 행을 삭제
df['horsepower'] = df['horsepower'].astype('float')           # 문자열을 실수형으로 변환

# horsepower 열의 자료형 확인
print(df['horsepower'].dtypes)
```

〈실행 결과〉

```
float64
```

'origin' 열에는 정수형 데이터 1, 2, 3이 들어 있지만, 실제로는 국가이름인 'USA, EU, JPN'을 뜻한다. replace() 메소드를 사용하여 각 숫자 데이터를 국가이름으로 바꿔주면 문자열을 나타내는 object 자료형으로 자동 변경된다.

〈예제 5-9〉 자료형 변환 (File: part5/5.9_dtype_conversion.ipynb(이어서 계속))

```
# origin 열의 고유값 확인
print(df['origin'].unique())

# 정수형 데이터를 문자형 데이터로 변환
df['origin'] = df['origin'].replace({1:'USA', 2:'EU', 3:'JAPAN'})

# origin 열의 고유값과 자료형 확인
print(df['origin'].unique())
print(df['origin'].dtypes)
```

〈실행 결과〉

```
[1 3 2]
['USA' 'JPN' 'EU']
object
```

앞에서 'origin' 열의 국가이름은 문자열 데이터(object)이다. 값을 확인해 보면 3개의 국가이름이 계속 반복된다. 이처럼 유한 개의 고유값이 반복적으로 나타나는 경우에는 범주형(category) 데이터로 표현하는 것이 효율적이다. astype('category') 메소드를 이용하면 범주형 데이터로 변환한다. 범주형을 다시 문자열로 변환하려면 astype('str') 메소드를 사용한다.

〈예제 5-9〉 자료형 변환 (File: part5/5.9_dtype_conversion.ipynb(이어서 계속))

```
# origin 열의 문자열 자료형을 범주형으로 변환
df['origin'] = df['origin'].astype('category')
print(df['origin'].dtypes)

# 범주형을 문자열로 다시 변환
df['origin'] = df['origin'].astype('str')
print(df['origin'].dtypes)
```

〈실행 결과〉

```
category
object
```

마지막으로 'model year' 열의 자료형을 살펴보자. 먼저 sample() 메소드로 'model year' 열에서 무작위로 3개의 행을 선택해서 출력해 본다. 81, 71, 77과 같이 모델 출시연도가 숫자로 기록되어 있고, 자료형은 정수형을 나타내는 int64이다. 연도를 뜻하기 때문에 숫자형으로 남겨둬도 무방하지만 연도는 시간적인 순서의 의미는 있으나 숫자의 상대적인 크기는 별 의미가 없다. 따라서 데이터는 숫자 형태를 갖더라도 자료형은 범주형으로 표현하는 것이 적절하다.

〈예제 5-9〉 자료형 변환 (File: part5/5.9_datatype_conversion.ipynb(이어서 계속))

```
# model year 열의 정수형을 범주형으로 변환
print(df['model year'].sample(3))
df['model year'] = df['model year'].astype('category')
print(df['model year'].sample(3))
```

〈실행 결과〉[7]

```
365    81
44     71
218    77
Name: model year, dtype: int64
332    80
21     70
360    81
Name: model year, dtype: category
Categories (13, int64): [70, 71, 72, 73, ..., 79, 80, 81, 82]
```

4 범주형(카테고리) 데이터 처리

4-1 구간 분할

데이터 분석 알고리즘에 따라서는 연속 데이터를 그대로 사용하기 보다는 일정한 구간(bin)으로 나눠서 분석하는 것이 효율적인 경우가 있다. 가격, 비용, 효율 등 연속적인 값을 일정한 수준이나 정도를 나타내는 이산적인 값으로 나타내어 구간별 차이를 드러내는 것이다.

7) 이외에도 형식 표준화, 대소문자 일치, 약줄임말 처리 등의 정규화 작업이 있다. 형식 표준화는 날짜, 시간, 주소 등의 데이터 형식을 통일하는 작업이다. 예를 들어, '2024-01-01', '1 Jan 2024', 'January 1, 2024', '2024년 1월 1일' 등 다양한 형식으로 표현된 날짜 데이터를 모두 같은 형식으로 변환한다. 날짜 데이터 처리는 [Part 5] 뒷부분에서 상세하게 살펴볼 예정이다. 대소문자 일치 작업은 문자열 함수를 사용하면 쉽게 처리할 수 있다. 예를 들어, 'apple', 'Apple', 'APPLE' 등이 모두 같은 항목을 지칭한다면, 이들을 대문자 또는 소문자로 통일한다. 텍스트 데이터에 약어나 줄임말이 있을 때 줄임말을 풀어 쓰면 줄임말과 풀어쓴 말이 모두 같은 대상을 나타낼 수 있다. 예를 들어, 'Dr.'를 'Doctor'로, '㈜'를 '주식회사'로 변경한다.

이처럼 연속 변수를 일정한 구간으로 나누고 각 구간을 범주형 이산 변수로 변환하는 과정을 구간 분할(binning)이라고 한다. 판다스 cut() 함수를 이용하면 연속 데이터를 여러 구간으로 나누고 범주형 데이터로 변환할 수 있다.

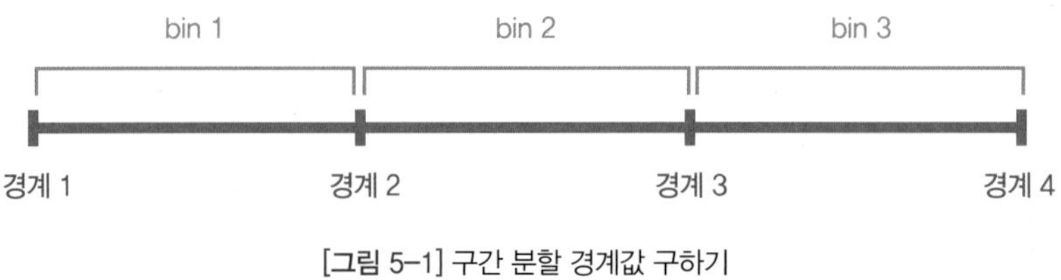

[그림 5-1] 구간 분할 경계값 구하기

다음의 예제에서 'horsepower' 열은 엔진 출력을 나타낸다. 경우에 따라서는 엔진 출력을 숫자로 표시하는 대신 '저출력', '보통출력', '고출력' 등 구간으로 나누어서 표시하는 것이 효율적일 수 있다. 판다스 cut() 메소드를 활용하려면 먼저 구간을 나누어야 한다. '저출력', '보통출력', '고출력'이라는 3개의 구간으로 구분하려면 [그림 5-1]과 같이 총 4개의 경계값이 필요하다.

경계값을 구하는 방법 중에서 NumPy 라이브러리의 histogram() 함수를 활용하는 방법을 설명한다. 나누려는 구간(bin) 개수를 bins 옵션에 입력하면 각 구간에 속하는 값의 개수(count)와 경계값 리스트(bin_dividers)를 반환한다. 예제에서는 모두 4개의 경계값을 생성하고 3개의 구간이 만들어진다(46~107.3 구간, 107.3~168.6 구간, 168.6~230 구간).

〈예제 5-10〉 데이터 구간 분할 (File: part5/5.10_data_binning.ipynb)

```
# 라이브러리 불러오기
import pandas as pd
import numpy as np

# read_csv() 함수로 df 생성
df = pd.read_csv('./data/auto-mpg.csv', header=None)

# 열 이름을 지정
df.columns = ['mpg','cylinders','displacement','horsepower','weight',
              'acceleration','model year','origin','name']

# horsepower 열의 누락 데이터('?')를 삭제하고 실수형으로 변환
df['horsepower'] = df['horsepower'].replace('?', np.nan)    # '?'을 np.nan으로 변경
df = df.dropna(subset=['horsepower'], axis=0)               # 누락데이터 행을 삭제
df['horsepower'] = df['horsepower'].astype('float')         # 문자열을 실수형으로 변환
```

```
# np.histogram 함수로 3개의 bin으로 나누는 경계 값의 리스트 구하기
count, bin_dividers = np.histogram(df['horsepower'], bins=3)
print(bin_dividers)
```

〈실행 결과〉

```
[ 46.     107.33333333    168.66666667    230.        ]
```

판다스 cut() 함수의 옵션을 설정한다. 앞에서 구한 경계값의 리스트(bin_dividers)를 bins 옵션에 할당하고 각 구간의 이름(bin_names)을 labels 옵션에 할당한다. include_lowest=True 옵션을 사용하면 각 구간의 낮은 경계값을 포함한다. 'horsepower' 열의 숫자 데이터를 3개의 구간에 할당하고, 각 구간의 이름('저출력', '보통출력', '고출력')으로 입력하여 'hp_bin' 열에 저장한다.

〈예제 5-10〉 데이터 구간 분할 (File: part5/5.10_data_binning.ipynb(이어서 계속))

```
# 3개의 bin에 이름 지정
bin_names = ['저출력', '보통출력', '고출력']

# pd.cut 함수로 각 데이터를 3개의 bin에 할당
df['hp_bin'] = pd.cut(x=df['horsepower'],       # 데이터 배열
                      bins=bin_dividers,        # 경계값 리스트
                      labels=bin_names,         # bin 이름
                      include_lowest=True)      # 첫 경계값 포함

# horsepower 열, hp_bin 열의 첫 15행 출력
df[['horsepower', 'hp_bin']].head(15)
```

〈실행 결과〉[8]

	horsepower	hp_bin
0	130.0	보통출력
1	165.0	보통출력
2	150.0	보통출력
3	150.0	보통출력
4	140.0	보통출력
5	198.0	고출력

8) bins 옵션에 경계값의 리스트(bin_dividers)를 예제처럼 계산하지 않고 경계값의 배열을 리스트로 직접 만들어서 할당하는 것도 가능하다.

```
6        220.0        고출력
7        215.0        고출력
8        225.0        고출력
9        190.0        고출력
10       170.0        고출력
11       160.0        보통출력
12       150.0        보통출력
13       225.0        고출력
14        95.0        저출력
```

4-2 더미 변수

앞에서 'horsepower' 열의 숫자형 연속 데이터를 'hp_bin' 열의 범주형 데이터로 변환하였다. 하지만 이처럼 카테고리를 나타내는 범주형 데이터를 회귀분석 등 머신러닝 알고리즘에 바로 사용할 수 없는 경우가 있는데, 이럴 때에는 컴퓨터가 인식 가능한 입력값으로 변환해야 한다.

이럴 때 숫자 0 또는 1로 표현되는 더미 변수(dummy variable)를 사용한다. 여기서 0과 1은 수의 크고 작음을 나타내지 않고, 어떤 특성(feature)이 있는지 없는지 여부만을 표시한다. 해당 특성이 존재하면 1로 표현하고, 존재하지 않으면 0으로 구분하는 개념이다.

이처럼 범주형 데이터를 컴퓨터가 인식할 수 있도록 숫자 0과 1로만 구성되는 원핫벡터(one hot vector)로 변환한다고 해서 원핫인코딩(one－hot－encoding)이라고도 부른다.

과일
Cherry
Banana
Apple
Apple

➡

Apple	Banana	Cherry
0	0	1
0	1	0
1	0	0
1	0	0

[그림 5-2] 원핫인코딩 예시

판다스 get_dummies() 함수를 사용하면 범주형 변수의 모든 고유값을 각각 새로운 더미 변수로 변환한다. 예제에서 'hp_bin' 열의 고유값 3개가 각각 새로운 더미 변수 열의 이름이 된다. 각 더미 변수가 본래 속해 있던 행에는 True(1)가 입력되고, 속하지 않았던 다른 행에는 False(0)가 입력된다.

〈예제 5-11〉 더미 변수 (File: part5/5.11_get_dummies.ipynb)

```
~~ 생략(예제 5-10과 동일) ~~

# np.histogram 함수로 3개의 bin으로 구분할 경계값의 리스트 구하기
count, bin_dividers = np.histogram(df['horsepower'], bins=3)

# 3개의 bin에 이름 지정
bin_names = ['저출력', '보통출력', '고출력']

# pd.cut으로 각 데이터를 3개의 bin에 할당
df['hp_bin'] = pd.cut(x=df['horsepower'],      # 데이터 배열
                      bins=bin_dividers,       # 경계값 리스트
                      labels=bin_names,        # bin 이름
                      include_lowest=True)     # 첫 경계값 포함

# hp_bin 열의 범주형 데이터를 더미 변수로 변환
horsepower_dummies = pd.get_dummies(df['hp_bin'])
print(horsepower_dummies.head(15))
```

〈실행 결과〉

```
      저출력  보통출력   고출력
0    False   True  False
1    False   True  False
2    False   True  False
3    False   True  False
4    False   True  False
5    False  False   True
6    False  False   True
7    False  False   True
8    False  False   True
9    False  False   True
10   False  False   True
11   False   True  False
12   False   True  False
13   False  False   True
14    True  False  False
```

dtype=**float** 매개변수는 생성된 더미 변수의 데이터 타입을 float으로 지정한다.

〈예제 5-11〉 더미 변수 (File: part5/5.11_get_dummies.ipynb)

```
# hp_bin 열의 범주형 데이터를 더미 변수로 변환(dtype 지정)
horsepower_dummies_float = pd.get_dummies(df['hp_bin'], dtype=float)
horsepower_dummies_float.head()
```

〈실행 결과〉

	저출력	보통출력	고출력
0	0.0	1.0	0.0
1	0.0	1.0	0.0
2	0.0	1.0	0.0
3	0.0	1.0	0.0
4	0.0	1.0	0.0

drop_first=**True** 옵션은 더미 변수로 변환할 때 첫 번째 열을 제거한다. 다중공선성(multicollinearity) 문제를 방지하기 위해 머신러닝 모델링 과정에서 고려할 수 있는 방법이다.

〈예제 5-11〉 더미 변수 (File: part5/5.11_get_dummies.ipynb)

```
# hp_bin 열의 범주형 데이터를 더미 변수로 변환(첫 번째 열 제외)
horsepower_dummies_drop = pd.get_dummies(df['hp_bin'], dtype=float,
                                         drop_first=True)
horsepower_dummies_drop.head()
```

〈실행 결과〉

	보통출력	고출력
0	1.0	0.0
1	1.0	0.0
2	1.0	0.0
3	1.0	0.0
4	1.0	0.0

사이킷런(sklearn) 라이브러리의 LabelEncoder와 OneHotEncoder를 사용하여 데이터프레임 df의 'hp_bin' 열에 들어 있는 범주형 데이터를 숫자형으로 변환한다. LabelEncoder는 'hp_bin' 열의 문자열 범주를 숫자형 범주로 변환하는 레이블 인코딩을 처리하고, fit_transform() 메소드는 정수로 이루어진 1차원 배열을 반환한다. 원-핫 인코딩을 위해서는 입력 데이터가 2차원 형태여야 하기 때문에 1차원 배열에 reshape 메소드를 적용하여 2차원 배

열로 변환한다. OneHotEncoder는 이 데이터를 원-핫 데이터로 변환하여 2차원 구조의 희소 행렬(sparse matrix)을 반환한다.

〈예제 5-12〉 원핫인코딩 (File: part5/5.12_one_hot_encoding.ipynb)

```
~~ 생략(예제 5-11과 동일) ~~

# sklern 라이브러리 불러오기
from sklearn import preprocessing

# 전처리를 위한 encoder 객체 만들기
label_encoder = preprocessing.LabelEncoder()       # label encoder 생성
onehot_encoder = preprocessing.OneHotEncoder()     # one hot encoder 생성

# label encoder로 문자열 범주를 숫자형 범주로 변환
onehot_labeled = label_encoder.fit_transform(df['hp_bin'].head(15))
print(onehot_labeled)
print(type(onehot_labeled))

# 원핫인코딩을 위해 2차원 행렬로 형태 변경
onehot_reshaped = onehot_labeled.reshape(len(onehot_labeled), 1)
print(onehot_reshaped)
print(type(onehot_reshaped))

# 희소행렬로 변환
onehot_fitted = onehot_encoder.fit_transform(onehot_reshaped)
print(onehot_fitted)
print(type(onehot_fitted))
```

〈실행 결과〉

```
[1 1 1 1 1 0 0 0 0 0 0 1 1 0 2]
<class 'numpy.ndarray'>
[[1]
 [1]
 [1]
 [1]
 [1]
 [0]
 [0]
 [0]
 [0]
 [0]
```

```
 [0]
 [1]
 [1]
 [0]
 [2]]
<class 'numpy.ndarray'>
  (0, 1)        1.0
  (1, 1)        1.0
  (2, 1)        1.0
  (3, 1)        1.0
  (4, 1)        1.0
  (5, 0)        1.0
  (6, 0)        1.0
  (7, 0)        1.0
  (8, 0)        1.0
  (9, 0)        1.0
  (10, 0)       1.0
  (11, 1)       1.0
  (12, 1)       1.0
  (13, 0)       1.0
  (14, 2)       1.0
<class 'scipy.sparse.csr.csr_matrix'>
```

❺ 피처 스케일링

각 변수(데이터프레임의 열)에 들어 있는 숫자 데이터의 상대적 크기 차이 때문에 머신러닝 분석 결과가 달라질 수 있다. 예를 들어, A 변수는 0~1000 범위의 값을 갖고, B 변수는 0~1 범위의 값을 갖는다고 하자. 이 경우 상대적으로 큰 숫자 값을 갖는 A 변수의 영향이 더 커진다. 따라서 숫자 데이터들의 상대적인 크기 차이를 제거할 필요가 있다.

피처 스케일링(Feature scaling)은 데이터의 특성(Feature)들이 가지는 값의 범위를 일정한 수준으로 맞추는 전처리 과정을 말한다. 대표적으로 데이터의 범위를 0~1 사이의 범위로 맞추는 Min-Max Scaling 방식과 평균 0, 표준편차 1인 정규분포 형태로 맞추는 Standard Scaling 방식이 있다.

〈예제 5-13〉 Min-Max Scaling (File: part5/5.13_minmax_scaling.ipynb)

```
# 라이브러리 불러오기
import pandas as pd
import numpy as np

# read_csv() 함수로 df 생성
df = pd.read_csv('./data/auto-mpg.csv', header=None)

# 열 이름을 지정
df.columns = ['mpg','cylinders','displacement','horsepower','weight',
              'acceleration','model year','origin','name']

# horsepower 열의 누락 데이터('?')를 삭제하고 실수형으로 변환
df['horsepower'] = df['horsepower'].replace('?', np.nan)      # '?'을 np.nan으로 변경
df = df.dropna(subset=['horsepower'], axis=0)                  # 누락데이터 행을 삭제
df['horsepower'] = df['horsepower'].astype('float')            # 문자열을 실수형으로 변환

# horsepower 열의 통계 요약정보로 최댓값(max)을 확인
df['horsepower'].describe()
```

〈실행 결과〉

```
count    392.000000
mean     104.469388
std       38.491160
min       46.000000
25%       75.000000
50%       93.500000
75%      126.000000
max      230.000000
Name: horsepower, dtype: float64
```

Min－Max Scaling 방식은 각 열(변수)의 데이터 중에서 최댓값(max)과 최솟값(min)을 뺀 값으로 나누는 방법이다. 열 데이터에서 해당 열의 최솟값을 뺀 값을 분자로 하고, 해당 열의 최댓값과 최솟값의 차를 분모로 하는 수를 계산하면 가장 큰 값은 1이 된다. 예제에서 'horsepower' 열의 최댓값은 230이고, 최솟값은 46이다. 최댓값과 최솟값의 차인 184(230－46)를 이용하여 정규화하면 최소 0부터 최대 1 사이의 범위로 변환된다.

〈예제 5-13〉 Min-Max Scaling (File: part5/5.13_minmax_scaling.ipynb(이어서 계속))

```python
# horsepower 열을 Min-Max Scaling 적용(판다스)
df['horsepower_minmax'] = (df['horsepower'] - df['horsepower'].min()) / \
                          (df['horsepower'].max() - df['horsepower'].min())

df['horsepower_minmax'].head()
```

〈실행 결과〉

```
0     0.456522
1     0.646739
2     0.565217
3     0.565217
4     0.510870
Name: horsepower_minmax, dtype: float64
```

사이킷런의 MinMaxScaler를 사용해도 된다. MinMaxScaler 인스턴스를 생성하고, fit_transform 메소드를 사용한다. 이 메소드는 'horsepower' 열의 최솟값과 최댓값을 계산하고, 이 정보를 사용하여 데이터를 0과 1 사이의 값으로 변환한다.

〈예제 5-13〉 Min-Max Scaling (File: part5/5.13_minmax_scaling.ipynb(이어서 계속))

```python
# horsepower 열을 Min-Max Scaling 적용(사이킷런)
from sklearn.preprocessing import MinMaxScaler

scaler = MinMaxScaler()
df['horsepower_minmax'] = scaler.fit_transform(df[['horsepower']])
df['horsepower_minmax'].head()
```

〈실행 결과〉

```
0     0.456522
1     0.646739
2     0.565217
3     0.565217
4     0.510870
Name: horsepower_minmax, dtype: float64
```

Standard Scaling 방식은 데이터의 평균을 0, 표준편차를 1로 조정하는 방식으로 데이터의 범위를 맞춘다. 특히 데이터가 정규분포를 가정하는 경우 의미가 있다. 'horsepower' 열의 각 데이터에서 평균(mean)을 빼고 다시 표준편차(std)로 나눈다.

〈예제 5-14〉 Standard Scaling (File: part5/5.14_standard_scaling.ipynb)

```
~ ~~ 생략 (예제 5-13과 동일) ~~

# horsepower 열을 Standard Scaling 적용 (판다스)
df['horsepower_standard'] = (df['horsepower'] - df['horsepower'].mean()) / \
                             df['horsepower'].std()

df['horsepower_standard'].head()
```

〈실행 결과〉

```
0    0.663285
1    1.572585
2    1.182885
3    1.182885
4    0.923085
Name: horsepower_standard, dtype: float64
```

사이킷런의 StandardScaler를 사용하는 방식을 보자. StandardScaler 인스턴스를 생성하고, `fit_transform` 메소드를 사용한다. 데이터들의 분포가 평균 0, 표준편차 1이 되도록 조정한다.

〈예제 5-14〉 Standard Scaling (File: part5/5.14_standard_scaling.ipynb(이어서 계속))

```
# horsepower 열을 Standard Scaling 적용(사이킷런)
from sklearn.preprocessing import StandardScaler

scaler = StandardScaler()
df['horsepower_standard'] = scaler.fit_transform(df[['horsepower']])
df['horsepower_standard'].head()
```

〈실행 결과〉

```
0    0.663285
1    1.572585
2    1.182885
3    1.182885
4    0.923085
Name: horsepower_standard, dtype: float64
```

❻ 시계열 데이터

주식, 환율 등 금융 데이터를 다루기 위해 개발된 판다스는 시계열(time series) 데이터를 다루는 여러 가지 유용한 기능을 제공한다. 특히 시계열 데이터를 데이터프레임의 행 인덱스로 사용하면, 시간으로 기록된 데이터를 분석하는 것이 매우 편리하다.

판다스의 시간 표시 방식 중에서 시계열 데이터 표현에 자주 이용되는 두 가지 유형을 알아보자. 특정한 시점을 기록하는 Timestamp와 두 시점 사이의 일정한 기간을 나타내는 Period가 있다.

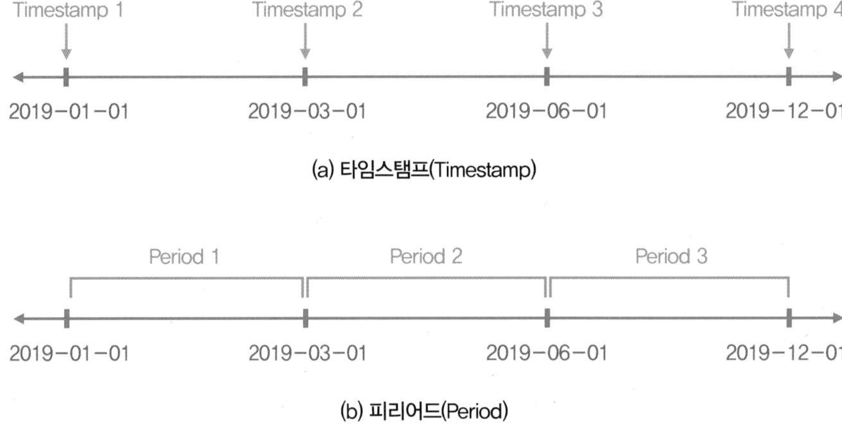

[그림 5-3] 판다스 시간 표시

6-1 다른 자료형을 시계열 객체로 변환

우리가 접하는 많은 시간 데이터들은 별도의 시간 자료형(파이썬 datetime 라이브러리 등)으로 기록되지 않고 문자열 또는 숫자로 저장되는 경우가 많다. 판다스는 다른 자료형으로 저장된 시간 데이터를 판다스 시계열 객체인 Timestamp로 변환하는 함수를 제공하고 있다.

● 문자열을 Timestamp로 변환

판다스 `to_datetime()` 함수를 사용하면 문자열 등 다른 자료형을 판다스 Timestamp를 나타내는 `datetime64` 자료형으로 변환 가능하다.

주식 시장에서 거래되는 A 종목의 거래 데이터를 정리한 CSV 파일†을 read_csv() 함수를 이용하여 불러온다. head() 메소드로 데이터프레임의 일부를 살펴보면 'Date' 열에 날짜 데이터가 들어있다. info() 메소드로 해당 열의 자료형을 확인하면 문자열(object)임을 알 수 있다.

〈예제 5-15〉 문자열을 Timestamp로 변환 (File: part5/5.15_time_series.ipynb)

```
# 라이브러리 불러오기
import pandas as pd

# read_csv() 함수로 CSV 파일을 가져와서 df로 변환
df = pd.read_csv('stock-data.csv')

# 데이터 내용 및 자료형 확인
print(df.head())
print('\n')
print(df.info())
```

〈실행 결과〉

```
         Date  Close  Start   High    Low  Volume
0  2018-07-02  10100  10850  10900  10000  137977
1  2018-06-29  10700  10550  10900   9990  170253
2  2018-06-28  10400  10900  10950  10150  155769
3  2018-06-27  10900  10800  11050  10500  133548
4  2018-06-26  10800  10900  11000  10700   63039


<class 'pandas.core.frame.DataFrame'>
RangeIndex: 20 entries, 0 to 19
Data columns (total 6 columns):
Date      20 non-null object
Close     20 non-null int64
Start     20 non-null int64
High      20 non-null int64
Low       20 non-null int64
Volume    20 non-null int64
dtypes: int64(5), object(1)
memory usage: 920.0+ bytes
None
```

† [저장소] File: part5/stock-data.csv

'Date' 열의 날짜 데이터를 판다스 Timestamp 객체로 바꿔본다. 'Date' 열을 to_datetime() 함수의 인자로 전달하면 문자열(object) 데이터를 datetime64 자료형으로 변환한다. 변환된 데이터를 'new_Date' 열에 담아서 데이터프레임 df에 추가한다.

info() 메소드로 'new_Date' 열에 들어 있는 데이터 값들이 datetime64 자료형임을 확인할 수 있다. 개별 원소 데이터를 **type**() 함수로 확인하면 Timestamp 객체라는 것을 알 수 있다.

〈예제 5-15〉 문자열을 Timestamp로 변환 (File: part5/5.15_time_series.ipynb(이어서 계속))

```
# 문자열 데이터(시리즈 객체)를 판다스 Timestamp로 변환
df['new_Date'] = pd.to_datetime(df['Date'])    # df에 새로운 열로 추가

# 데이터 내용 및 자료형 확인
print(df.head())
print('\n')
print(df.info())
print('\n')
print(type(df['new_Date'][0]))
```

〈실행 결과〉

```
         Date  Close  Start   High    Low  Volume   new_Date
0  2018-07-02  10100  10850  10900  10000  137977 2018-07-02
1  2018-06-29  10700  10550  10900   9990  170253 2018-06-29
2  2018-06-28  10400  10900  10950  10150  155769 2018-06-28
3  2018-06-27  10900  10800  11050  10500  133548 2018-06-27
4  2018-06-26  10800  10900  11000  10700   63039 2018-06-26


<class 'pandas.core.frame.DataFrame'>
RangeIndex: 20 entries, 0 to 19
Data columns (total 7 columns):
Date        20 non-null object
Close       20 non-null int64
Start       20 non-null int64
High        20 non-null int64
Low         20 non-null int64
Volume      20 non-null int64
new_Date    20 non-null datetime64[ns]
dtypes: datetime64[ns](1), int64(5), object(1)
memory usage: 1.1+ KB
None
```

```
<class 'pandas._libs.tslibs.timestamps.Timestamp'>
```

'new_Date' 열을 데이터프레임 df의 행 인덱스로 설정하고 'Date' 열을 제거한다. 이렇게 시계열 값을 행 인덱스로 지정하면 판다스는 DatetimeIndex[9]로 저장한다. 이처럼 시계열 인덱스 클래스를 지원하기 때문에 시간 순서에 맞춰 인덱싱 또는 슬라이싱하기 편리하다. 시간 인덱싱에 대해서는 316쪽 〈예제 5-20〉을 통해서 상세하게 살펴본다.

〈예제 5-15〉 문자열을 Timestamp로 변환 (File: part5/5.15_time_series.ipynb(이어서 계속))

```
# 시계열 값으로 변환된 열을 새로운 행 인덱스로 지정. 기존 날짜 열은 삭제
df = df.set_index('new_Date')
df = df.drop('Date', axis=1)

# 데이터 내용 및 자료형 확인
print(df.head())
print('\n')
print(df.info())
```

〈실행 결과〉

```
             Close  Start   High    Low  Volume
new_Date
2018-07-02   10100  10850  10900  10000  137977
2018-06-29   10700  10550  10900   9990  170253
2018-06-28   10400  10900  10950  10150  155769
2018-06-27   10900  10800  11050  10500  133548
2018-06-26   10800  10900  11000  10700   63039


<class 'pandas.core.frame.DataFrame'>
DatetimeIndex: 20 entries, 2018-07-02 to 2018-06-01
Data columns (total 5 columns):
Close     20 non-null int64
Start      20 non-null int64
High       20 non-null int64
Low       20 non-null int64
```

9) DatetimeIndex는 시계열 데이터를 인덱싱할 때 사용되는 시간 인덱스이다. 시계열 데이터를 그룹화, 정렬, 필터링할 때도 사용된다.

```
Volume    20 non-null int64
dtypes: int64(5)
memory usage: 960.0 bytes
None
```

DatetimeIndex 배열을 직접 만들 수도 있다. DatetimeIndex() 함수의 매개변수로 날짜 문자열의 배열을 전달한다.

〈예제 5-15〉 문자열을 Timestamp로 변환 (File: part5/5.15_time_series.ipynb(이어서 계속))

```
# DatetimeIndex
pd.DatetimeIndex(["2022-12-25", "2023/01/25"])
```

〈실행 결과〉

```
DatetimeIndex(['2022-12-25', '2023-01-25'], dtype='datetime64[ns]', freq=None)
```

판다스는 특정 시점의 데이터를 나타내는 Timestamp를 생성하는 Timestamp() 함수를 지원한다. 사용하려면 날짜 형식의 문자열을 입력한다. 이 경우 to_datetime() 함수를 사용해도 같은 결과를 얻는다.

〈예제 5-15〉 문자열을 Timestamp로 변환 (File: part5/5.15_time_series.ipynb(이어서 계속))

```
# Timestamp
pd.Timestamp("2023-12-25")
```

〈실행 결과〉

```
Timestamp('2023-12-25 00:00:00')
```

to_datetime() 함수와 format 매개변수를 사용하여 특정 문자열 포맷의 날짜를 Timestamp 객체로 변환할 수 있다. 코드 35라인은 "2023년 12월 25일"이라는 문자열을 Timestamp 객체로 변환한다. 여기서 "%Y년 %m월 %d일" 포맷을 통해, 날짜 문자열에서 %Y 위치를 연도, %m 위치를 월, %d 위치를 일로 인식한다. 그리고, 이 시간 데이터를 Timestamp 객체를 생성하는데 활용한다. 날짜 문자열의 형식과 구조에 맞춰서 format 매개변수를 지시자(%Y, %m, %d 등)로 조합해서 사용한다.

〈예제 5-15〉 문자열을 Timestamp로 변환 (File: part5/5.15_time_series.ipynb(이어서 계속))

```
# 문자열 포맷
pd.to_datetime("2023년 12월 25일", format="%Y년 %m월 %d일")
```

〈실행 결과〉

```
Timestamp('2022-12-12 00:00:00')
```

코드 35라인은 "12-12-2023 23:59:59"라는 문자열을 `Timestamp` 객체로 변환한다. "%d-%m-%Y %H:%M:%S" 포맷에서 %Y, %m, %d, %H, %M, %S는 각각 연도, 월, 일, 시, 분, 초를 나타낸다.

〈예제 5-15〉 문자열을 Timestamp로 변환 (File: part5/5.15_time_series.ipynb(이어서 계속))

```
34  # 문자열 포맷
35  pd.to_datetime("12-12-2023 23:59:59", format="%d-%m-%Y %H:%M:%S")
```

〈실행 결과〉

```
Timestamp('2023-12-12 23:59:59')
```

지시자	설명	예시
%Y	4자리 연도	2023
%m	2자리 월 (01~12)	7
%d	2자리 일 (01~31)	15
%H	24시간 형식의 2자리 시간 (00~23)	21
%M	2자리 분 (00~59)	30
%S	2자리 초 (00~59)	45

[표 5-2] 지시자 종류

* 포맷 지시자 참조 링크: 1989 C 표준이 요구하는 모든 포맷 코드 목록을 링크의 파이썬 문서에서 검색한다(https://docs.python.org/ko/3.10/library/datetime.html).

● Timestamp를 Period로 변환

판다스 `to_period()` 함수를 이용하면 `Timestamp` 객체를 일정한 기간을 나타내는 `Period` 객체로 변환할 수 있다. 이처럼 `Timestamp` 객체를 `Period` 객체로 변환하는 것은 시간 범위를 특정 주기로 나타내고 싶을 때 유용하다. to_period() 메소드는 Timestamp 객체를 받아 지정된 빈도(freq)에 따라 Period 객체로 변환한다. freq 매개변수에 변환하려는 주기를 지정한다. 예를 들어, 'D'는 일(day), 'M'은 월(month), 'Y'는 연(year)을 나타낸다.

다음 예제에서 3개의 날짜 데이터를 Timestamp로 변환하고, 주기 옵션을 달리 하여 Period 객체를 지정해보자. Timestamp 객체(datetime64)를 원소로 갖는 DatetimeIndex 배열을 다양한 주기의 period 데이터를 원소로 갖는 PeriodIndex 배열로 변환한다. freq 옵션을 'D'로 지정할 경우 1일 주기의 시계열이 되고, 'M'은 1개월 주기의 시계열을 만든다. 'Y'는 1년 주기의 시간 데이터를 만드는데, 1년이 끝나는 12월(dtype='period[Y-DEC]')을 기준으로 반복된다.

〈예제 5-16〉 Timestamp를 Period로 변환 (File: part5/5.16_time_series_period.ipynb)

```
# 라이브러리 불러오기
import pandas as pd

# 날짜 형식의 문자열로 구성되는 리스트 정의
dates = ['2019-01-01', '2020-03-01', '2021-06-01']

# 문자열의 배열(시리즈 객체)을 판다스 Timestamp로 변환
ts_dates = pd.to_datetime(dates)
print(ts_dates)

# Timestamp를 Period로 변환
pr_day = ts_dates.to_period(freq='D')
print(pr_day)
pr_month = ts_dates.to_period(freq='M')
print(pr_month)
pr_year = ts_dates.to_period(freq='Y')
print(pr_year)
```

〈실행 결과〉

```
DatetimeIndex(['2019-01-01', '2020-03-01', '2021-06-01'], dtype='datetime64[ns]', freq=
None)
PeriodIndex(['2019-01-01', '2020-03-01', '2021-06-01'], dtype='period[D]')
PeriodIndex(['2019-01', '2020-03', '2021-06'], dtype='period[M]')
PeriodIndex(['2019', '2020', '2021'], dtype='period[Y-DEC]')
```

Period 객체의 freq 옵션

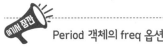

Period 객체는 단일 시점보다는 시간의 특정 구간(예: 특정 일, 특정 월, 특정 분기 등)을 나타내는 데 초점을 맞춘다. Period 객체를 사용하면 시간 구간을 명확하게 정의하고, 이를 기반으로 데이터를 그룹화하거나 필터링하는 등 다양한 시계열 분석 작업을 처리할 수 있다. 여기서 freq는 해당 Period 객체가 어떤 시간의 주기(예: 일, 월, 분기)를 나타내는지 정의한다.

옵션	설명	옵션	설명
D	day(1일)	B	business day(휴일 제외)
W	week(1주)	h	hour(1시간)
M	month end(월말)	min	minute(1분)
MS	month begin(월초)	s	second(1초)
Q	quarter end(분기말)	ms	millisecond(1/1,000초)
QS	quarter begin(분기초)	us	microsecond(1/1,000,000초)
Y	year end(연말)	ns	nanosecond(1/1,000,000,000초)
YS	year begin(연초)	…	…

[표 5-3] Period 객체의 freq 옵션 종류

6-2 시계열 데이터 만들기

● Timestamp 배열

판다스 date_range() 함수를 사용하면 기간의 시작과 종료 시점을 지정하고 그 사이에 일정한 시간 간격을 갖는 날짜(Timestamp)들의 배열을 만들 수 있다. 파이썬 range() 함수로 숫자 배열을 만드는 것과 비슷하다.

다음 예제에서는 날짜 범위의 시작점으로 '2024-01-01'을 설정하고, 날짜 범위의 끝을 따로 정하지 않는다(end=None). 날짜 범위의 끝을 지정하지 않는 대신 periods=6 옵션을 지정하여 생성할 Timestamp의 개수를 직접 지정한다. freq='MS'에서 'M'은 월을 뜻하고 'S'는 시작일을 나타낸다. tz='Asia/Seoul'은 한국 시간대를 설정하는 옵션이다. 이를 통해 특정 시간대(Asia/Seoul)에 대해 2024년 1월 1일부터 시작하는, 월의 시작일을 기준으로 하는 6개의 Timestamp 객체를 생성한다.

〈예제 5-17〉 Timestamp 배열 만들기 (File: part5/5.17_date_range.ipynb)

```
# 라이브러리 불러오기
import pandas as pd

# Timestamp의 배열 만들기 - 월 간격, 월의 시작일 기준
ts_ms = pd.date_range(start='2024-01-01',     # 날짜 범위 시작
                      end=None,               # 날짜 범위 끝
                      periods=6,              # 생성할 Timestamp 개수
                      freq='MS',              # 시간 간격(MS: 월의 시작일)
                      tz='Asia/Seoul')        # 시간대(timezone)
print(ts_ms)
```

〈실행 결과〉

```
DatetimeIndex(['2024-01-01 00:00:00+09:00', '2024-02-01 00:00:00+09:00',
               '2024-03-01 00:00:00+09:00', '2024-04-01 00:00:00+09:00',
               '2024-05-01 00:00:00+09:00', '2024-06-01 00:00:00+09:00'],
              dtype='datetime64[ns, Asia/Seoul]', freq='MS')
```

이번에는 시간 간격을 다르게 설정해 보자. 먼저, freq='ME'으로 입력하면 각 월의 마지막 날을 기준으로 날짜를 생성한다. 2024년 1월부터 시작하여 각 월의 마지막 날에 해당하는 6개의 날짜를 포함한다.

〈예제 5-17〉 Timestamp 배열 만들기 (File: part5/5.17_date_range.ipynb(이어서 계속))

```
# 월 간격, 월의 마지막 날 기준
ts_me = pd.date_range('2024-01-01', periods=6,
                      freq='ME',                # 시간 간격(ME: 월의 마지막 날)
                      tz='Asia/Seoul')          # 시간대(timezone)
print(ts_me)
```

〈실행 결과〉

```
DatetimeIndex(['2024-01-31 00:00:00+09:00', '2024-02-29 00:00:00+09:00',
               '2024-03-31 00:00:00+09:00', '2024-04-30 00:00:00+09:00',
               '2024-05-31 00:00:00+09:00', '2024-06-30 00:00:00+09:00'],
              dtype='datetime64[ns, Asia/Seoul]', freq='ME')
```

freq='3MS' 옵션은 3개월 간격으로 각 분기의 첫째 날을 기준으로 날짜를 생성한다. 2024년 1월 1일부터 시작하여 3개월 간격의 첫째 날에 해당하는 6개의 날짜를 포함한다.

〈예제 5-17〉 Timestamp 배열 만들기 (File: part5/5.17_date_range.ipynb(이어서 계속))

```
# 분기(3개월) 간격, 월의 마지막 날 기준
ts_3m = pd.date_range('2024-01-01', periods=6,
                      freq='3MS',                # 시간 간격(3MS: 3개월)
                      tz='Asia/Seoul')           # 시간대(timezone)
print(ts_3m)
```

〈실행 결과〉

```
DatetimeIndex(['2024-01-01 00:00:00+09:00', '2024-04-01 00:00:00+09:00',
               '2024-07-01 00:00:00+09:00', '2024-10-01 00:00:00+09:00',
               '2025-01-01 00:00:00+09:00', '2025-04-01 00:00:00+09:00'],
              dtype='datetime64[ns, Asia/Seoul]', freq='3MS')
```

Offeset 객체의 freq 옵션

Offset 객체는 주로 date_range 등 시계열 데이터 생성 함수에서 날짜 및 시간의 연속적인 시퀀스를 생성할 때 사용된다. 특정 날짜로부터의 상대적인 이동(예: 다음 달의 같은 날, 내일의 같은 시각 등)을 계산하는 것이다. 여기서 freq는 각 날짜/시간 간의 간격을 지정한다.

옵션	설명	옵션	설명
B	업무일	min	분
D	달력일	s	초
W	주간	ms	밀리초 (1/1,000초)
h	시간	us	마이크로초 (1/1,000,000초)
bh	업무 시간	ns	나노초 (1/1,000,000,000초)
ME	월말	MS	월초
SME	반월말 (15일과 월말)	SMS	반월초 (1일과 15일)
BME	업무 월말	BMS	업무 월초
QE	분기말	QS	분기초
BQE	업무 분기말	BQS	업무 분기초
YE	연말	YS	연초
BYE	업무 연말	BYS	업무 연초

[표 5-4] Offset 객체의 freq 옵션 종류

● Period 배열

판다스 period_range() 함수는 여러 개의 기간(Period)이 들어 있는 시계열 데이터를 만든다. 예제에서 날짜 범위의 시작점인 '2024－01－01'부터 1개월 주기로 총 3개의 Period 객체를 생성한다. freq='M'에서 각 기간의 주기를 한 달로 설정한다. end=None 설정으로 날짜 범위의 끝은 지정되지 않고, 대신 periods=3에 지정된 기간의 수에 따라 날짜 범위가 결정된다. 출력된 PeriodIndex 객체는 2024년 1월부터 3월까지 각각의 월을 나타내는 Period 객체를 포함한다.

〈예제 5-18〉 Period 배열 만들기 (File: part5/5.18_period_range.ipynb)

```
# 라이브러리 불러오기
import pandas as pd

# Period 배열 만들기 - 1개월 길이
pr_m = pd.period_range(start='2024-01-01',        # 날짜 범위의 시작
                       end=None,                  # 날짜 범위의 끝
                       periods=3,                 # 생성할 Period 개수
                       freq='M')                  # 기간의 길이(M: 월)
print(pr_m)
```

〈실행 결과〉

```
PeriodIndex(['2024-01', '2024-02', '2024-03'], dtype='period[M]')
```

freq='h' 옵션은 1시간 주기를 나타낸다. 2024년 1월 1일 00시부터 시작하여, 각각 1시간 간격으로 총 3개의 Period 객체를 생성한다.

〈예제 5-18〉 Period 배열 만들기 (File: part5/5.18_period_range.ipynb(이어서 계속))

```
# Period 배열 만들기 - 1시간 주기
pr_h = pd.period_range(start='2024-01-01',        # 날짜 범위의 시작
                       end=None,                  # 날짜 범위의 끝
                       periods=3,                 # 생성할 Period 개수
                       freq='h')                  # 주기(h: 시간)
print(pr_h)
```

〈실행 결과〉

```
PeriodIndex(['2024-01-01 00:00', '2024-01-01 01:00', '2024-01-01 02:00'], dtype=
'period[h]')
```

freq='2d' 옵션은 이틀(2 days) 간격을 의미하며, 2024년 1월 1일부터 시작하여 각각 2일 간격으로 총 3개의 Period 객체를 생성한다.

〈예제 5-18〉 Period 배열 만들기 (File: part5/5.18_period_range.ipynb(이어서 계속))

```
# Period 배열 만들기 - 2일 주기
pr_2h = pd.period_range(start='2024-01-01',        # 날짜 범위의 시작
                        end=None,                  # 날짜 범위의 끝
                        periods=3,                 # 생성할 Period 개수
                        freq='2d')                 # 주기(2d: 2일)
print(pr_2h)
```

〈실행 결과〉

```
PeriodIndex(['2024-01-01', '2024-01-03', '2024-01-05'], dtype='period[2D]')
```

6-3 시계열 데이터 활용

● 날짜 데이터 분리

연－월－일 날짜 데이터에서 일부를 분리하여 추출할 수 있다. 먼저, 연－월－일 정보를 연, 월, 일 각각으로 구분하는 방법부터 알아보자. 앞에서 사용한 A 주식의 거래 데이터[†]를 다시 사용한다. 날짜 정보가 있는 'Date' 열을 to_datetime() 함수에 전달하면 날짜 형식의 문자열이 Timestamp 객체로 변환된다. 변환된 결과를 'new_Date' 열에 담아서 데이터프레임에 추가한다.

〈예제 5-19〉 날짜 데이터 분리 (File: part5/5.19_datetime_format.ipynb)

```
# 라이브러리 불러오기
import pandas as pd

# read_csv() 함수로 파일 읽어와서 df로 변환
df = pd.read_csv('./data/stock-data.csv')

# 문자열인 날짜 데이터를 판다스 Timestamp로 변환
df['new_Date'] = pd.to_datetime(df['Date'])      # df에 새로운 열로 추가
df.head()
```

† [저장소] File: part5/data/stock－data.csv

〈실행 결과〉

```
         Date  Close  Start   High    Low  Volume   new_Date
0  2018-07-02  10100  10850  10900  10000  137977 2018-07-02
1  2018-06-29  10700  10550  10900   9990  170253 2018-06-29
2  2018-06-28  10400  10900  10950  10150  155769 2018-06-28
3  2018-06-27  10900  10800  11050  10500  133548 2018-06-27
4  2018-06-26  10800  10900  11000  10700   63039 2018-06-26
```

dt 접근자를 이용하여 'new_Date' 열의 연-월-일 정보에서 연, 월, 일을 개별적으로 추출한다. dt.year로 추출한 연도는 'Year' 열에, dt.month로 추출한 월 데이터는 'Month' 열에, dt.day로 추출한 일 데이터는 'Day' 열에 저장하고, 데이터프레임에 추가한다.

〈예제 5-19〉 날짜 데이터 분리 (File: part5/5.19_datetime_format.ipynb(이어서 계속))

```
# dt 속성을 이용하여 new_Date 열의 년월일 정보를 연, 월, 일로 구분
df['Year'] = df['new_Date'].dt.year
df['Month'] = df['new_Date'].dt.month
df['Day'] = df['new_Date'].dt.day
```

〈실행 결과〉

```
         Date  Close  Start   High    Low  Volume    new_Date  Year  Month  Day
0  2018-07-02  10100  10850  10900  10000  137977  2018-07-02  2018      7    2
1  2018-06-29  10700  10550  10900   9990  170253  2018-06-29  2018      6   29
2  2018-06-28  10400  10900  10950  10150  155769  2018-06-28  2018      6   28
3  2018-06-27  10900  10800  11050  10500  133548  2018-06-27  2018      6   27
4  2018-06-26  10800  10900  11000  10700   63039  2018-06-26  2018      6   26
```

dt 접근자를 활용한 날짜 속성 추출

판다스 시리즈 객체의 각 원소에 대해 날짜 및 시간 관련 속성이나 메소드를 개별적으로 적용하려고 할 때 dt 접근자를 사용한다. 이때 시리즈는 datetime64 데이터 타입을 가진 날짜/시간 정보를 포함해야 한다. 한편, DatetimeIndex를 가진 DataFrame 또는 Series의 경우 dt 접근자를 별도로 사용하지 않고, DatetimeIndex의 날짜 속성에 직접 접근할 수 있다. 두 방법의 가장 큰 차이는 dt 접근자는 Series의 개별 원소를 접근하고, DatetimeIndex에서의 날짜 속성 접근은 인덱스 전체에 대해 날짜/시간 관련 속성이나 메소드를 사용할 수 있게 한다는 점이다.

속성	설명	속성	설명
year	연	dayofyear	연중 몇 번째 날인지 표시
month	월	weekofyear	연중 몇 번째 주인지 표시

속성	설명	속성	설명
day	일	quarter	분기
hour	시	is_month_start	해당 날짜가 월의 시작일인지 여부
minute	분	is_month_end	해당 날짜가 월의 마지막일인지 여부
second	초	is_quarter_start	해당 날짜가 분기의 시작일인지 여부
microsecond	마이크로초	is_quarter_end	해당 날짜가 분기의 마지막일인지 여부
nanosecond	나노초	is_year_start	해당 날짜가 연의 시작일인지 여부
dayofweek	요일(월=0, 일=6)	is_year_end	해당 날짜가 연의 마지막일인지 여부

[표 5-5] dt 접근자 종류

Timestamp 객체를 Period 객체로 변환하는 to_period() 메소드를 적용하여, 연-월-일 중에서 연-월 또는 연도를 추출한다. 이때 'new_Date' 열의 dt 접근자를 이용하여 Timestamp 객체에 접근할 수 있다. 'Date_yr' 열에는 연도 주기(freq='Y')를 갖는 Period 객체가 저장된다. 각 날짜는 해당하는 연도만을 나타내는 Period 객체로 표현된다(예: "2024-01-31" → "2024"). 'Date_m' 열에는 월 주기(freq='M')를 갖는 날짜 배열이 저장된다. 이때 각 날짜는 해당하는 연도와 월을 나타내는 Period 객체로 표현된다(예: "2024-01-31" → "2024-01").

〈예제 5-19〉 날짜 데이터 분리 (File: part5/5.19_datetime_format.ipynb(이어서 계속))

```
# Timestamp를 Period로 변환하여 연월일 표기 변경하기
df['Date_yr'] = df['new_Date'].dt.to_period(freq='Y')
df['Date_m'] = df['new_Date'].dt.to_period(freq='M')
df.head()
```

〈실행 결과〉

```
         Date  Close  Start   High    Low  Volume    new_Date  \
0  2018-07-02  10100  10850  10900  10000  137977  2018-07-02
1  2018-06-29  10700  10550  10900   9990  170253  2018-06-29
2  2018-06-28  10400  10900  10950  10150  155769  2018-06-28
3  2018-06-27  10900  10800  11050  10500  133548  2018-06-27
4  2018-06-26  10800  10900  11000  10700   63039  2018-06-26

   Year  Month  Day  Date_yr   Date_m
0  2018      7    2     2018  2018-07
1  2018      6   29     2018  2018-06
```

```
2  2018      6  28    2018  2018-06
3  2018      6  27    2018  2018-06
4  2018      6  26    2018  2018-06
```

주가 데이터의 날짜 정보를 이용해서 2018년 6월에 해당하는 행들을 필터링하여 추출해 보자. 'Date_m' 열의 Period 객체를 문자열로 변환하고, str 접근자로 문자열 함수인 fullmatch 메소드를 사용하여 '2018-06'과 정확히 일치하는 행만을 선택한다.

〈예제 5-19〉 날짜 데이터 분리 (File: part5/5.19_datetime_format.ipynb(이어서 계속))

```
# 2018년 6월 데이터만 추출(문자열 속성 활용)
df_june = df[df['Date_m'].astype(str).str.fullmatch('2018-06')]
df_june.head()
```

〈실행 결과〉

```
         Date  Close  Start   High    Low  Volume    new_Date     \
1  2018-06-29  10700  10550  10900   9990  170253  2018-06-29
2  2018-06-28  10400  10900  10950  10150  155769  2018-06-28
3  2018-06-27  10900  10800  11050  10500  133548  2018-06-27
4  2018-06-26  10800  10900  11000  10700   63039  2018-06-26
5  2018-06-36  11150  11400  11460  11000   55519  2018-06-25

   Year  Month  Day  Date_yr  Date_m
1  2018      6   29     2018  2018-06
2  2018      6   28     2018  2018-06
3  2018      6   27     2018  2018-06
4  2018      6   26     2018  2018-06
5  2018      6   25     2018  2018-06
```

한편, 'Date_m' 열의 Period 객체를 문자열로 변환하지 않고 Period 객체 속성을 그대로 사용할 수도 있다. 이때는 다음과 같이 '2018-06' 문자열을 pd.Period() 함수를 사용하여 Period 객체로 변환한 다음, 'Date_m' 열의 Period 객체와 일치(==)하는지 여부를 가지고 필터링한다.

〈예제 5-19〉 날짜 데이터 분리 (File: part5/5.19_datetime_format.ipynb(이어서 계속))

```
# 2018년 6월 데이터만 추출(Period 객체 활용)
df_june2 = df[df['Date_m'] == pd.Period('2018-06')]
df_june2.head()
```

〈실행 결과〉

```
         Date  Close  Start   High    Low  Volume    new_Date    \
1  2018-06-29  10700  10550  10900   9990  170253  2018-06-29
2  2018-06-28  10400  10900  10950  10150  155769  2018-06-28
3  2018-06-27  10900  10800  11050  10500  133548  2018-06-27
4  2018-06-26  10800  10900  11000  10700   63039  2018-06-26
5  2018-06-36  11150  11400  11460  11000   55519  2018-06-25

   Year  Month  Day  Date_yr   Date_m
1  2018      6   29     2018  2018-06
2  2018      6   28     2018  2018-06
3  2018      6   27     2018  2018-06
4  2018      6   26     2018  2018-06
5  2018      6   25     2018  2018-06
```

Timestamp 객체를 데이터프레임의 행 인덱스로 지정할 수도 있다. 예제에서는 'new_Date' 열을 데이터프레임의 새로운 행 인덱스로 지정한다.

〈예제 5-19〉 날짜 데이터 분리 (File : part5/5.19_datetime_format.ipynb(이어서 계속))

```
# 원하는 열을 새로운 행 인덱스로 지정
df_june = df_june.set_index('new_Date')
df_june.head()
```

〈실행 결과〉

```
                  Date  Close  Start   High    Low  Volume    \
 new_Date
2018-06-29  2018-06-29  10700  10550  10900   9990  170253
2018-06-28  2018-06-28  10400  10900  10950  10150  155769
2018-06-27  2018-06-27  10900  10800  11050  10500  133548
2018-06-26  2018-06-26  10800  10900  11000  10700   63039
2018-06-25  2018-06-36  11150  11400  11460  11000   55519

            Year  Month  Day  Date_yr  Date_m
new_Date
2018-06-29  2018      6   29     2018  2018-06
2018-06-28  2018      6   28     2018  2018-06
2018-06-27  2018      6   27     2018  2018-06
2018-06-26  2018      6   26     2018  2018-06
2018-06-25  2018      6   25     2018  2018-06
```

● 시간 인덱스 활용

Timestamp로 구성된 열을 행 인덱스로 지정하면 DatetimeIndex라는 판다스 객체로 변환된다. 마찬가지로, Period로 구성된 열을 행 인덱스로 지정하면 PeriodIndex라는 속성을 갖는다. 이와 같은 시간 인덱스를 활용하면 시계열 데이터에 대한 인덱싱과 슬라이싱이 편리하다.

앞에서 사용한 주식 데이터를 불러와서 to_datetime() 메소드를 이용하여 'Date' 열 데이터를 Timestamp로 변환하고 'new_Date' 열에 담는다. 그리고 set_index() 메소드로 'new_Date' 열을 데이터프레임의 행 인덱스로 지정하고 날짜 순서대로 정렬한다. DatetimeIndex 객체로 변환된 행 인덱스 값들의 자료형은 datetime64[ns]다.

〈예제 5-20〉 시간 인덱스 활용 (File: part5/5.20_datetime_indexing.ipynb)

```
# 라이브러리 불러오기
import pandas as pd

# read_csv() 함수로 파일 읽어와서 df로 변환
df = pd.read_csv('./data/stock-data.csv')

# 문자열인 날짜 데이터를 판다스 Timestamp로 변환
df['new_Date'] = pd.to_datetime(df['Date'])     # df에 새로운 열로 추가

# 원하는 열을 새로운 행 인덱스로 지정하고 오름차순 정렬
df = df.set_index('new_Date').sort_index()

print(df.head())
print('\n')
print(df.index)
```

〈실행 결과〉

```
            Date Close Start High Low Volume
new_Date
2018-06-01  2018-06-01  11900  11800  12100  11750  32062
2018-06-04  2018-06-04  11900  11900  12200  11700  25171
2018-06-05  2018-06-05  12150  11800  12250  11800  42485
2018-06-07  2018-06-07  11950  12200  12300  11900  49088
2018-06-08  2018-06-08  11950  11950  12200  11800  59258


DatetimeIndex(['2018-06-01', '2018-06-04', '2018-06-05', '2018-06-07',
               '2018-06-08', '2018-06-11', '2018-06-12', '2018-06-14',
```

```
             '2018-06-15', '2018-06-18', '2018-06-19', '2018-06-20',
             '2018-06-21', '2018-06-22', '2018-06-25', '2018-06-26',
             '2018-06-27', '2018-06-28', '2018-06-29', '2018-07-02'],
            dtype='datetime64[ns]', name=''new_Date', freq=None)
```

데이터프레임의 인덱스가 DatetimeIndex로 설정된 경우에는 날짜 형식의 문자열을 활용하여 지정된 날짜에 해당하는 행을 직접 선택할 수 있다. 이 방법을 "부분 문자열 인덱싱"이라고 부른다. 시계열 데이터를 포함하는 데이터프레임에서 특정 기간의 데이터를 쉽게 필터링할 수 있다.

예제에서 `df.loc['2018-06-27']` 코드는 인덱스가 `'2018-06-27'`에 해당하는 모든 데이터를 선택한다는 의미이다. 존재하지 않는 날짜를 참고하려고 하면 KeyError가 발생한다. 지정된 날짜에 해당하는 데이터가 여러 개 있는 경우, 모든 해당 데이터가 선택되며 결과는 데이터프레임으로 반환된다. 하나의 행만 존재하는 경우는 시리즈로 반환된다. 예제에서는 지정된 날짜인 `'2018-06-27'`에 해당하는 데이터가 하나의 행만 존재하고 시리즈로 반환된다.

〈예제 5-20〉 시간 인덱스 활용 (File: part5/5.20_datetime_indexing.ipynb(이어서 계속))

```
16  # 부분 문자열 인덱싱 1
17  df.loc['2018-06-27']
```

〈실행 결과〉

```
Data      2018-06-27
Close          10900
Start          10800
Hight          11050
Low            10500
Volume        133548
Name: 2018-06-27 00:00:00, dtype: object
```

19라인 `df.loc['2018-07']` 코드는 부분 문자열 `'2018-07'`에서 지정된 월(2018년 7월)에 해당하는 모든 데이터를 선택하고, 데이터프레임이 반환된다. 이 경우 인덱스의 개별 타임스탬프는 `'2018-06-27'` 형식으로 일간 빈도를 갖는 반면, 부분 문자열 `'2018-07'`은 월간 빈도로 표현되어 인덱스보다 덜 정확한 시간이다. 이 경우에는 문자열을 범위로 해석하고 2018년 7월에 속하는 모든 날짜 데이터를 슬라이싱 방식으로 추출한다. 하나의 데이터만 추출됨에도 불구하고 시리즈가 아니라 데이터프레임이 반환된다. 앞에서 살펴본 17라인의

df.loc['2018-06-27'] 코드는 인덱스와 동일한 수준의 시간 문자열을 사용했기 때문에, 해당 날짜와 정확하게 일치하는 데이터를 찾는다.

〈예제 5-20〉 시간 인덱스 활용 (File: part5/5.20_datetime_indexing.ipynb(이어서 계속))

```
# 부분 문자열 인덱싱 2
df.loc['2018-07']
```

〈실행 결과〉

```
                  Date  Close  Start  High    Low  Volume
new_Date
2018-07-02  2018-07-02  10100  10850  10900  10000  137977
```

다음은 특정 기간의 범위를 날짜 형식의 문자열로 지정하고, 지정된 시작 날짜와 종료 날짜 사이에 있는 모든 데이터를 선택하는 방법이다. 예제에서는 지정된 날짜 범위('2018-06-27'~'2018-07-02')에 해당하는 데이터를 모두 포함하는 데이터프레임으로 반환된다.

〈예제 5-20〉 시간 인덱스 활용 (File: part5/5.20_datetime_indexing.ipynb(이어서 계속))

```
# 부분 문자열 인덱싱 3
df.loc['2018-06-27':'2018-07-02']
```

〈실행 결과〉

```
                  Date  Close  Start  High    Low  Volume
new_Date
2018-06-27  2018-06-27  10900  10800  11050  10500  133548
2018-06-28  2018-06-28  10400  10900  10950  10150  155769
2018-06-29  2018-06-29  10700  10550  10900   9990  170253
2018-07-02  2018-07-02  10100  10850  10900  10000  137977
```

인덱스가 '2018-06-05'라는 날짜보다 이전인 모든 행을 필터링하여 선택한다. '2018-06-01'부터 '2018-06-04'까지의 데이터가 선택되고, 결과는 데이터프레임으로 반환된다.

〈예제 5-20〉 시간 인덱스 활용 (File: part5/5.20_datetime_indexing.ipynb(이어서 계속))

```
# 부분 문자열 인덱싱 4
df[df.index < '2018-06-05']
```

〈실행 결과〉

```
                  Date  Close  Start  High    Low  Volume
new_Date
2018-06-01  2018-06-01  11900  11800  12100  11750   32062
2018-06-04  2018-06-04  11900  11900  12200  11750   25171
```

보통 날짜까지만 처리하는 부분 문자열 인덱싱 대신 Timestamp를 사용하는 인덱싱은 시간을 포함하여 처리한다. 시작 Timestamp와 종료 Timestamp 사이에 정확히 해당하는 모든 데이터를 포함하는 슬라이싱을 수행한다. 예제에서 pd.Timestamp(2018, 6, 27)와 pd.Timestamp(2018, 7, 2)는 각각 2018년 6월 27일과 2018년 7월 2일을 나타내며, 이 범위에 해당하는 모든 행을 선택한다. 이때 기준 시간은 해당 날짜의 자정(00시 00분 00초)으로 기본 설정된다.

〈예제 5-20〉 시간 인덱스 활용 (File: part5/5.20_datetime_indexing.ipynb(이어서 계속))

```
# 시간 자료형을 활용한 인덱싱 1
df.loc[pd.Timestamp(2018, 6, 27):pd.Timestamp(2018, 7, 2)]
```

〈실행 결과〉

```
                  Date  Close  Start  High    Low  Volume
new_Date
2018-06-27  2018-06-27  10900  10800  11050  10500  133548
2018-06-28  2018-06-28  10400  10900  10950  10150  155769
2018-06-29  2018-06-29  10700  10550  10900   9990  170253
2018-07-02  2018-07-02  10100  10850  10900  10000  137977
```

부분 문자열 인덱싱과 비교했을 때, Timestamp를 사용하는 인덱싱은 구체적이고 정확한 날짜와 시간을 지정할 수 있다는 장점이 있다. 다음 예제에서는 시, 분, 초 단위까지 지정하고 있다. 시작 시점은 2018년 6월 27일 오전 10시 30분 0초를, 종료 시점은 2018년 7월 2일 밤 11시 59분 59초를 나타낸다. 따라서, 2018년 6월 27일 데이터는 해당 날짜의 자정 시각이기 때문에 제외된다.

〈예제 5-20〉 시간 인덱스 활용 (File: part5/5.20_datetime_indexing.ipynb(이어서 계속))

```
# 시간 자료형을 활용한 인덱싱 2
df.loc[pd.Timestamp(2018, 6, 27, 10, 30, 0):pd.Timestamp(2018, 7, 2, 23, 59, 59)]
```

〈실행 결과〉

```
                  Date  Close  Start  High    Low  Volume
new_Date
2018-06-28  2018-06-28  10400  10900  10950  10150  155769
2018-06-29  2018-06-29  10700  10550  10900   9990  170253
2018-07-02  2018-07-02  10100  10850  10900  10000  137977
```

Timestamp 객체로 표시된 두 날짜 사이의 시간 간격을 Timedelta 객체를 사용하여 표현한다. 판다스는 객체 이름과 동일한 이름을 갖는 Timedelta() 함수를 제공하고, 이를 사용하여 시간 간격을 표현하는 Timedelta 객체를 생성할 수 있다. 코드 29라인과 30라인은 1일의 차이를 나타내고, 코드 31라인과 32라인은 1일, 1시간, 1분, 1초의 차이를 나타낸다.

〈예제 5-20〉 시간 인덱스 활용 (File: part5/5.20_datetime_indexing.ipynb(이어서 계속))

```
28 # 날짜, 시간의 절대적 차이 1
29 print(pd.Timedelta("1 days"))
30 print(pd.Timedelta(days=1))
31 print(pd.Timedelta("1 days 1 hours 1 minutes, 1 seconds"))
32 print(pd.Timedelta(days=1, hours=1, minutes=1, seconds=1))
```

〈실행 결과〉

```
1 days 00:00:00
1 days 00:00:00
1 days 01:01:01
1 days 01:01:01
```

to_timedelta() 함수를 사용하여 문자열 리스트를 Timedelta 객체로 쉽게 변환할 수 있으며, 각 문자열이 나타내는 시간 간격을 TimedeltaIndex 형태로 반환한다. 예제는 2개의 Timedelta 객체를 담고 있는 TimedeltaIndex 객체를 생성한다. 첫 번째 원소는 1일의 차이(1 days 00:00:00)를 의미하고, 두 번째 원소는 3시간의 차이(0 days 03:00:00)를 의미한다.

〈예제 5-20〉 시간 인덱스 활용 (File: part5/5.20_datetime_indexing.ipynb(이어서 계속))

```
# 날짜, 시간의 절대적 차이 2
pd.to_timedelta(["1 days", "3 hours"])
```

〈실행 결과〉

```
TimedeltaIndex(['1 days 00:00:00', '0 days 03:00:00'], dtype='timedelta64[ns]',
freq=None)
```

DatetimeIndex 타입으로 날짜 및 시간 정보를 포함하고 있는 데이터프레임의 인덱스를 변수 a에 저장한다. 코드 39라인은 2018년 7월 3일을 나타내는 Timestamp에서 인덱스 a의 각 날짜의 시간 차이를 계산한다. 연산 결과는 TimedeltaIndex 객체로 반환된다. 코드 42라인은 인덱스 a의 각 날짜에서 하루가 추가된 새로운 DatetimeIndex 객체가 된다. 코드 45~46라인은 인덱스 c에서 가장 이른 날짜와 가장 늦은 날짜를 출력한다.

〈예제 5-20〉 시간 인덱스 활용 (File: part5/5.20_datetime_indexing.ipynb(이어서 계속))

```
35  # 날짜, 시간의 절대적 차이 3
36  a = df.index
37  print(a)
38
39  b = pd.Timestamp('2018-07-03') - a
40  print(b)
41
42  c = a + pd.Timedelta(days=1)
43  print(c)
44
45  print(c.min())
46  print(c.max())
```

〈실행 결과〉

```
DatetimeIndex(['2018-06-01', '2018-06-04', '2018-06-05', '2018-06-07',
               '2018-06-08', '2018-06-11', '2018-06-12', '2018-06-14',
               '2018-06-15', '2018-06-18', '2018-06-19', '2018-06-20',
               '2018-06-21', '2018-06-22', '2018-06-25', '2018-06-26',
               '2018-06-27', '2018-06-28', '2018-06-29', '2018-07-02'],
              dtype='datetime64[ns]', name='new_Date', freq=None)
TimedeltaIndex(['32 days;, '29 days;, '28 days;, '26 days;, '25 days;,
                '22 days;, '21 days;, '19 days;, '18 days;, '15 days;,
                '14 days;, '13 days;, '12 days;, '11 days;,  '8 days;,
                 '7 days;,  '6 days;,  '5 days;,  '4 days;,  '1 days;],
              dtype='timedelta64[ns]', name='new_Date', freq=None)
DatetimeIndex(['2018-06-02', '2018-06-05', '2018-06-06', '2018-06-08',
               '2018-06-09', '2018-06-12', '2018-06-13', '2018-06-15',
               '2018-06-16', '2018-06-19', '2018-06-20', '2018-06-21',
               '2018-06-22', '2018-06-23', '2018-06-26', '2018-06-27',
               '2018-06-28', '2018-06-29', '2018-06-30', '2018-07-03'],
              dtype='datetime64[ns]', name='new_Date', freq=None)
2018-06-02 00:00:00
2018-07-03 00:00:00
```

● 시계열 변환

이전 실습에서 사용하고 있는 주가 데이터를 계속 활용한다. 단, 여기서는 날짜 순으로 정렬된 데이터프레임의 상위 10개의 행을 선택하고 변수 ts에 저장한다. 결과적으로 10일에 해당하는 주식 데이터를 보여준다.

〈예제 5-21〉 시계열 변환 (File: part5/5.21_time_series_transform.ipynb)

```
1  # 라이브러리 불러오기
2  import pandas as pd
3
4  # read_csv() 함수로 파일 읽어와서 df로 변환
5  df = pd.read_csv('./data/stock-data.csv')
6
7  # 문자열인 날짜 데이터를 판다스 Timestamp로 변환
8  df['new_Date'] = pd.to_datetime(df['Date'])
9  df = df.drop(columns=['Date'])
10
11 # 원하는 열을 새로운 행 인덱스로 지정하고 오름차순 정렬
12 df = df.set_index('new_Date').sort_index()
13
14 ts = df.head(10)
15 ts
```

〈실행 결과〉

	Close	Start	High	Low	Volume
new_Date					
2018-06-01	11900	11800	12100	11750	32062
2018-06-04	11900	11900	12200	11700	25171
2018-06-05	12150	11800	12250	11800	42485
2018-06-07	11950	12200	12300	11900	49088
2018-06-08	11950	11950	12200	11800	59258
2018-06-11	11950	12000	12250	11950	62293
2018-06-12	13200	12200	13300	12050	558148
2018-06-14	13450	13200	13700	13150	347451
2018-06-15	13400	13600	13600	12900	201376
2018-06-18	12000	13400	13400	12000	309787

판다스의 shift() 메소드는 시계열 데이터에서 시간에 따른 데이터의 변화를 관찰하거나 시차(lag) 기반의 변수를 생성할 때 주로 사용된다. 17라인의 ts.shift(1) 코드가 실행되면, 데이터프레임의 모든 데이터를 한 행씩 아래로 이동시킨다. 이때 날짜 데이터는 그대로 유지되지

만, 해당하는 데이터 값들은 한 행씩 아래로 움직인다. 결과적으로 과거의 데이터를 한 시점 뒤로 이동시키는 효과를 갖는다. 첫 번째 행은 이전 행에서 이동할 값이 없기 때문에 NaN으로 채운다.

〈예제 5-21〉 시계열 변환 (File: part5/5.21_time_series_transform.ipynb(이어서 계속))

```
16  # 배열의 데이터를 이동(날짜 데이터는 그대로 유지)
17  ts.shift(1)
```

〈실행 결과〉

```
              Close    Start     High      Low    Volume
  new_Date
2018-06-01      NaN      NaN      NaN      NaN       NaN
2018-06-04  11900.0  11800.0  12100.0  11750.0   32062.0
2018-06-05  11900.0  11800.0  12200.0  11700.0   25171.0
2018-06-07  12150.0  11800.0  12250.0  11800.0   42485.0
2018-06-08  11950.0  12200.0  12300.0  11900.0   49088.0
2018-06-11  11950.0  11950.0  12200.0  11800.0   59258.0
2018-06-12  11950.0  12000.0  12250.0  11950.0   62293.0
2018-06-14  13200.0  12200.0  13300.0  12050.0  558148.0
2018-06-15  13450.0  13200.0  13700.0  13150.0  347451.0
2018-06-18  13400.0  13600.0  13600.0  12900.0  201376.0
```

반대로 18라인의 ts.shift(-2) 연산은 데이터를 두 단계 위로 이동시킨다. 즉, 미래의 데이터를 두 시점 앞으로 이동시키는 효과를 갖는다. 마지막 두 행은 미래 시점에서 가져올 데이터가 없기 때문에 NaN으로 채운다.

〈예제 5-21〉 시계열 변환 (File: part5/5.21_time_series_transform.ipynb(이어서 계속))

```
18  ts.shift(-2)
```

〈실행 결과〉

```
              Close    Start     High      Low    Volume
  new_Date
2018-06-01  12150.0  11800.0  12250.0  11800.0   42485.0
2018-06-04  11950.0  12200.0  12300.0  11900.0   49088.0
2018-06-05  11950.0  11950.0  12200.0  11800.0   59258.0
2018-06-07  11950.0  12000.0  12250.0  11950.0   62293.0
2018-06-08  13200.0  12200.0  13300.0  12050.0  559148.0
2018-06-11  13450.0  13200.0  13700.0  13150.0  348451.0
```

```
2018-06-12  13400.0  13600.0  13600.0  12900.0  201376.0
2018-06-14  12000.0  13400.0  13400.0  12000.0  309787.0
2018-06-15      NaN      NaN      NaN      NaN       NaN
2018-06-18      NaN      NaN      NaN      NaN       NaN
```

shift() 메소드에 freq 매개변수를 사용하면, 시계열 데이터의 날짜 인덱스를 이동시킨다. 데이터가 위아래로 이동하는 개념이 아니라 인덱스(날짜)가 위아래로 이동한다고 이해하자. 20라인의 ts.shift(3, freq="D") 코드는 인덱스의 모든 날짜를 3일 앞으로 이동시킨다. 따라서, 첫 번째 인덱스 위치에 있던 "2018-06-01" 대신에 "2018-06-04" 값이 위치한다. 가장 마지막 행은 원래 "2018-06-18"이었으나 "2018-06-21" 값이 그 위치를 대신한다. 모든 데이터는 그대로 두고 날짜 인덱스만 이동하기 때문에 데이터에 결측값(NaN)이 발생하지 않는다.

〈예제 5-21〉 시계열 변환 (File: part5/5.21_time_series_transform.ipynb(이어서 계속))

```
19  # 날짜 데이터를 전부 이동
20  ts.shift(3, freq="D")
```

〈실행 결과〉

```
            Close  Start   High    Low  Volume
  new_Date
2018-06-04  11900  11800  12100  11750   32062
2018-06-07  11900  11900  12200  11700   25171
2018-06-08  12150  11800  12250  11800   42485
2018-06-10  11950  12200  12300  11900   49088
2018-06-11  11950  11950  12200  11800   59258
2018-06-14  11950  12000  12250  11950   62293
2018-06-15  13200  12200  13300  12050  558148
2018-06-17  13450  13200  13700  13150  347451
2018-06-18  13400  13600  13600  12900  201376
2018-06-21  12000  13400  13400  12000  309787
```

날짜 인덱스를 이동하는 경우의 활용 예시

이 방법은 시계열 분석에서 특정 이벤트 전후로 어떤 변화가 있는지를 비교 분석할 때 사용된다. 예를 들어, 주식 시장 데이터에서 모든 거래일을 특정 공휴일이나 이벤트가 발생하기 전후로 이동시켜 이벤트의 영향을 분석한다. 날짜를 앞이나 뒤로 이동시키면 이벤트 발생 이전의 데이터와 이벤트 발생 이후의 데이터를 비교하기 편해진다.

예를 들면, 공휴일을 기준으로 그 전후로 일정 기간(예: 5일) 동안의 주식 가격 데이터를 선택한다. 이를 위해 데이터의 날짜를 공휴일 기준으로 앞뒤로 이동시킨다. 이동시킨 날짜를 기준으로 주식 가격의 평균, 거래량 등을 계산하여 공휴일 전후로 어떤 변화가 있는지 분석한다.

---

asfreq 메소드를 시계열 데이터에 적용하면 샘플링(sampling) 빈도를 변경할 수 있다. 여기서는 '5D'로 설정하여 데이터를 5일 간격으로 샘플링한다. 즉, 원본 데이터에서 매 5일째 되는 날짜의 데이터만을 선택하여 새로운 시계열 데이터를 생성한다. 이 방식은 다양한 시계열 분석에서 같은 빈도로 데이터를 정규화하거나, 더 높은 또는 더 낮은 빈도의 데이터를 필요로 할 때 사용한다.

〈예제 5-21〉 시계열 변환 (File: part5/5.21_time_series_transform.ipynb(이어서 계속))

```
# Frequency 전환
ts.asfreq('5D')
```

〈실행 결과〉

```
              Close    Start     High      Low    Volume
  new_Date
2018-06-01  11900.0  11800.0  12100.0  11750.0   32062.0
2018-06-06      NaN      NaN      NaN      NaN       NaN
2018-06-11  11950.0  12000.0  12250.0  11950.0   62293.0
2018-06-16      NaN      NaN      NaN      NaN       NaN
```

앞의 실행 결과와 같이 빈도 전환 과정에서 존재하지 않는 날짜가 있을 경우에는 NaN으로 표시한다. 누락된 데이터를 처리하기 위한 매개변수(method, fill_value 등)를 적용하여 빈도 전환 과정에서 발생할 수 있는 데이터 간의 공백을 채우는 것도 가능하다. 다음 예제에서는 method='bfill'을 적용하여 미래 시점의 데이터를 가져와서 결측값을 채우고 있다.

〈예제 5-21〉 시계열 변환 (File: part5/5.21_time_series_transform.ipynb(이어서 계속))

```
# Frequency 전환
ts.asfreq('5D', method='bfill')
```

〈실행 결과〉

```
            Close  Start   High    Low  Volume
  new_Date
2018-06-01  11900  11800  12100  11750   32062
2018-06-06  11950  12200  12300  11900   49088
```

```
2018-06-11    11950  12000  12250  11950    62293
2018-06-16    12000  13400  13400  12000   309787
```

판다스의 resample() 메소드는 시계열 데이터를 특정 시간 간격으로 재구성하고, 각 시간 간격에 대해 요약 통계(예: 합계, 평균)를 계산한다. 예제에서 "3B"는 3 영업일[10](Business day)을 의미한다. 원본 시계열 데이터를 3 영업일 간격으로 그룹화하고, 각 그룹 내 데이터의 합계를 계산한다.

〈예제 5-21〉 시계열 변환 (File: part5/5.21_time_series_transform.ipynb(이어서 계속))

```
# Resampling
print(ts.resample("3B"))

ts.resample("3B").sum()
```

〈실행 결과〉

```
             Close  Start   High    Low  Volume
  new_Date
2018-06-01    35950  35500  36550  35250    99718
2018-06-06    23900  24150  24500  23700   108346
2018-06-11    25150  24200  25550  24000   620441
2018-06-14    38850  40200  40700  38050   858614
```

날짜 그룹의 인덱스가 결정되는 방식

앞의 예제에서 resample() 메소드로 그룹화할 때, 각 그룹을 대표하는 인덱스는 각 그룹의 시작점에 해당하는 날짜들인 ['2018-06-01', '2018-06-06', '2018-06-11', '2018-06-14'] 배열로 구성된다.

1. 첫 번째 그룹: 2018-06-01에서 시작 (2018-06-01, 2018-06-04, 2018-06-05)
2. 두 번째 그룹: 2018-06-06에서 시작 (2018-06-06, 2018-06-07, 2018-06-08)
3. 세 번째 그룹: 2018-06-11에서 시작 (2018-06-11, 2018-06-12, 2018-06-13)
4. 네 번째 그룹: 2018-06-14에서 시작 (2018-06-14, 2018-06-15, 2018-06-18)

10) 판다스에서 BusinessDay 또는 B로 설정된 영업일은 특정 국가를 기준으로 하지 않고, 일반적인 국제 표준에 따라 주말(토요일과 일요일)을 제외한 평일(월요일부터 금요일까지)을 영업일로 간주한다. 따라서 이 설정은 특정 국가의 공휴일이나 특수한 비영업일을 고려하지 않는다.

rolling() 메소드는 시계열 데이터에 대해 이동평균, 이동합계 등을 구할 때 윈도우(window) 연산[11]을 수행한다. 다음 예제는 시계열에서 3일 이동합계를 구하는데 3일 크기의 이동 윈도우를 사용한다. 첫 3일의 데이터를 합하고 윈도우를 1일씩 이동하면서 그 다음 3일의 합계를 구하는 방식이다. 더 이상 윈도우를 이동시킬 수 없을 때까지 계속 이동하면서 연산을 반복한다.

윈도우를 설정하는 두 가지 방식을 비교해보자. 다음 예제에서 적용한 window=3은 윈도우 크기를 "3개의 데이터 포인트"로 설정하는 방식이다. 즉, 현재 포인트를 포함하여 이전의 2개 데이터 포인트에 대한 합계를 계산한다(총 3개 값의 합계).

〈예제 5-21〉 시계열 변환 (File: part5/5.21_time_series_transform.ipynb(이어서 계속))

```
# Window Operation(데이터 개수를 기준)
ts.rolling(window=3).sum()
```

〈실행 결과〉

new_Date	Close	Start	High	Low	Volume
2018-06-01	NaN	NaN	NaN	NaN	NaN
2018-06-04	NaN	NaN	NaN	NaN	NaN
2018-06-05	35950.0	35500.0	36550.0	35250.0	99718.0
2018-06-07	36000.0	35900.0	36750.0	35400.0	116744.0
2018-06-08	36050.0	35950.0	36750.0	35500.0	150831.0
2018-06-11	35850.0	36150.0	36750.0	35650.0	170639.0
2018-06-12	37100.0	36150.0	37750.0	35800.0	679699.0
2018-06-14	38600.0	37400.0	39250.0	37150.0	967892.0
2018-06-15	40050.0	39000.0	40600.0	38100.0	1106975.0
2018-06-18	38850.0	40200.0	40700.0	38050.0	858614.0

window='3D'는 시간 기반의 윈도우를 의미한다. 3일이라는 실제 시간을 나타내며, 현재 포인트로부터 이전 3일 동안의 데이터에 대해 합계를 계산한다. 이 방식은 시계열 데이터가 불규칙한 시간 간격을 가지고 있거나, 특정한 시간 간격을 기준으로 데이터를 분석할 때 유용하다. 예를 들어, 공휴일이 있어 데이터 포인트가 누락된 경우에는 3일간의 데이터가 아니라 3일 동안 실제로 존재하는 데이터만 합산된다(총 0~3개 값의 합계).

11) 판다스에서 지원하는 윈도우(window) 연산에는 이동(rolling), 확장(expanding), 지수 가중(exponentially weighted) 등의 방식이 있다. 시리즈 또는 데이터프레임 객체에 윈도우(window) 메소드(rolling, expanding, ewm 등)를 적용하고, 이를 다시 집계 함수를 통해 평균이나 합계 등을 구한다.

〈예제 5-21〉 시계열 변환 (File: part5/5.21_time_series_transform.ipynb(이어서 계속))

```
# Window Operation(날짜 수를 기준)
ts.rolling(window='3D').sum()
```

〈실행 결과〉

new_Date	Close	Start	High	Low	Volume
2018-06-01	11900.0	11800.0	12100.0	11750.0	32062.0
2018-06-04	11900.0	11900.0	12200.0	11700.0	25171.0
2018-06-05	24050.0	23700.0	24450.0	23500.0	67656.0
2018-06-07	24100.0	24000.0	24550.0	23700.0	91573.0
2018-06-08	23900.0	24150.0	24500.0	23700.0	108346.0
2018-06-11	11950.0	12000.0	12250.0	11950.0	62293.0
2018-06-12	25150.0	24200.0	25550.0	24000.0	620441.0
2018-06-14	26650.0	25400.0	27000.0	25200.0	905599.0
2018-06-15	26850.0	26800.0	27300.0	26050.0	548827.0
2018-06-18	12000.0	13400.0	13400.0	12000.0	309787.0

6-4 시계열 데이터 시각화

● 차트 시각화

차트 시각화를 위해 주가 데이터를 가져와서 날짜를 Timestamp 객체로 변환하고 오름차순으로 정렬한다.

〈예제 5-22〉 차트 시각화 (File: part5/5.22_chart_visualization.ipynb)

```
# 라이브러리 불러오기
import pandas as pd
import matplotlib.pyplot as plt
import matplotlib.dates as mdates

# read_csv() 함수로 파일 읽어와서 df로 변환
df = pd.read_csv('./data/stock-data.csv')

# 문자열인 날짜 데이터를 판다스 Timestamp로 변환
df['new_Date'] = pd.to_datetime(df['Date'])
df = df.drop(columns=['Date'])

```

```
# 원하는 열을 새로운 행 인덱스로 지정하고 오름차순 정렬
df = df.set_index('new_Date').sort_index()

df.head()
```

〈실행 결과〉

	Close	Start	High	Low	Volume
new_Date					
2018-06-01	11900	11800	12100	11750	32062
2018-06-04	11900	11900	12200	11700	25171
2018-06-05	12150	11800	12250	11800	42485
2018-06-07	11950	12200	12300	11900	49088
2018-06-08	11950	11950	12200	11800	59258

예제와 같이 Tmestamp 객체를 시리즈 객체의 행 인덱스로 설정하면 plot() 메소드로 시각화할 때 행 인덱스가 x축에 설정되는 시간을 자동으로 인식한다. 데이터프레임의 'Close' 열을 선택하면 시리즈 객체가 선택된다. 시간 축에 따라 데이터의 변화를 보여주는 선 그래프를 생성한다.

〈예제 5-22〉 차트 시각화 (File: part5/5.22_chart_visualization.ipynb(이어서 계속))

```
# 종가(Close) 변화를 시각화(시리즈 객체)
df['Close'].plot(figsize=(8, 3));
```

〈실행 결과〉

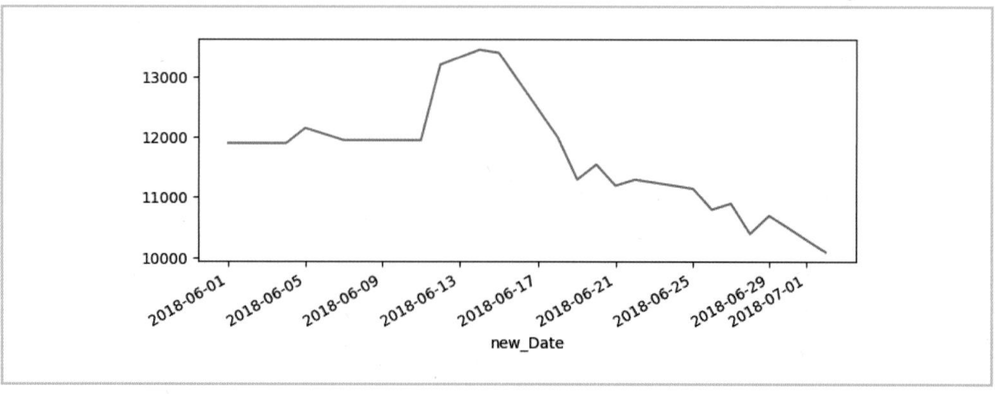

다음은 데이터프레임 df의 모든 열을 한번에 시각화하고 있다. 각 열을 다른 선으로 표현하는 선 그래프를 생성한다. 이처럼 데이터프레임에 plot() 메소드를 적용하면, 숫자형 변수(열)의 시리즈 데이터를 각각 독립적으로 y축에 표시한다.

〈예제 5-22〉 차트 시각화 (File: part5/5.22_chart_visualization.ipynb(이어서 계속))

```
# 데이터프레임 전체 시각화
df.plot(figsize=(8, 3));
```

〈실행 결과〉

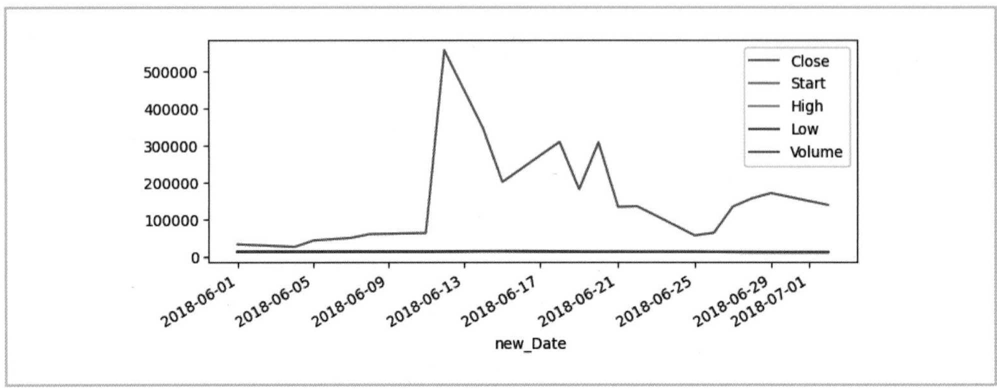

이처럼 모든 열을 한번에 시각화할 때 열의 수가 지나치게 많은 경우, 각 선의 색상이 서로 구분되기 어렵거나 겹쳐지는 등 그래프가 너무 복잡해질 수 있다. 이 경우에는 비교 대상이 되는 열을 한정할 필요가 있다. 여기서는 데이터프레임에서 가격('Close')과 거래량('Volume') 열을 선택하여 그린다.

〈예제 5-22〉 차트 시각화 (File: part5/5.22_chart_visualization.ipynb(이어서 계속))

```
# 종가(Close)와 거래량(volume) 변화를 함께 시각화
df[['Close', 'Volume']].plot(figsize=(8, 3)));
```

〈실행 결과〉

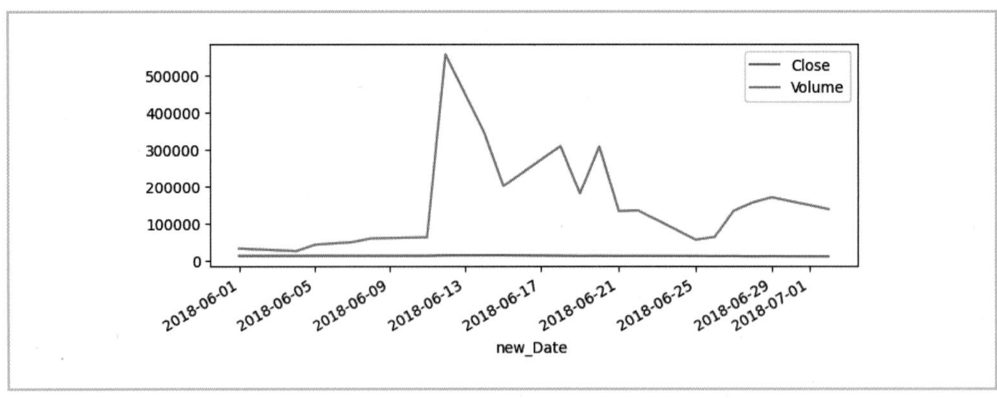

데이터프레임에 포함된 열들이 서로 다른 스케일을 가지고 있다면 한 그래프에 모두 표현할 때 일부 데이터의 변화가 눈에 띄지 않을 수 있다. 앞의 그래프를 보면 거래량(Volume)이 종가(Close)에 비해 값의 범위가 커서 그래프 상에서는 종가의 변화가 거의 없는 것으로 보인다.

plot() 메소드는 기본적으로 인덱스를 x축으로, 선택된 열의 값들을 y축으로 사용하여 그래프를 그린다. y축에 표시되는 변수들의 데이터 범위가 매우 다른데 두 데이터 시리즈가 같은 y축을 공유하면 이런 문제가 발생한다. 이 경우, secondary_y=True 옵션으로 새로운 y축을 보조축[12]으로 추가하여 가격과 거래량의 척도를 다르게 적용하는 방법이 있다.

〈예제 5-22〉 차트 시각화 (File: part5/5.22_chart_visualization.ipynb(이어서 계속))

```
# 보조 축 표시
df["Close"].plot(label='Close', legend=True, figsize=(8, 3))
df["Volume"].plot(secondary_y=True, style="r", label='Volume', legend=True);
```

〈실행 결과〉

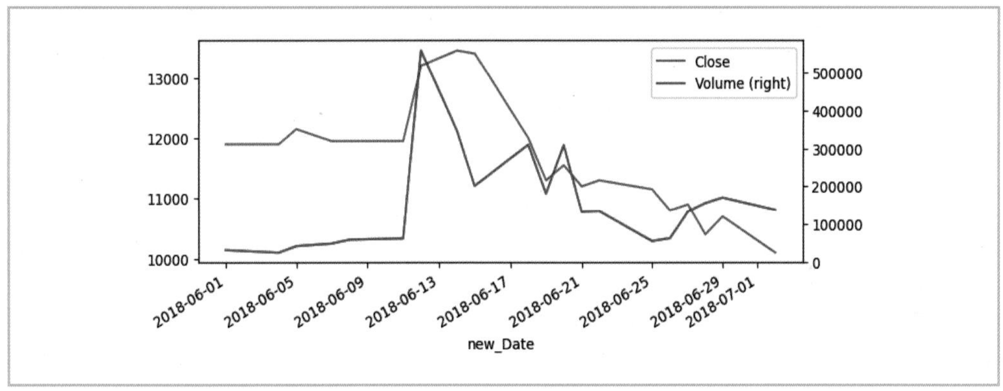

colormap 매개변수를 사용하면 그래프의 색상을 지정할 수 있다. tab20 색상 맵은 주로 범주형 데이터를 시각화하는 데 유용하며, 각 범주를 명확하게 구분해 주는 효과가 있다.

〈예제 5-22〉 차트 시각화 (File: part5/5.22_chart_visualization.ipynb(이어서 계속))

```
# 색상 맵
df.plot(figsize=(8, 3), colormap="tab20");
```

12) Matplotlib 라이브러리의 보조축 활용에 대해서는 [Part4]의 〈예제4-18〉 보조축 활용하기를 참고한다.

〈실행 결과〉[13]

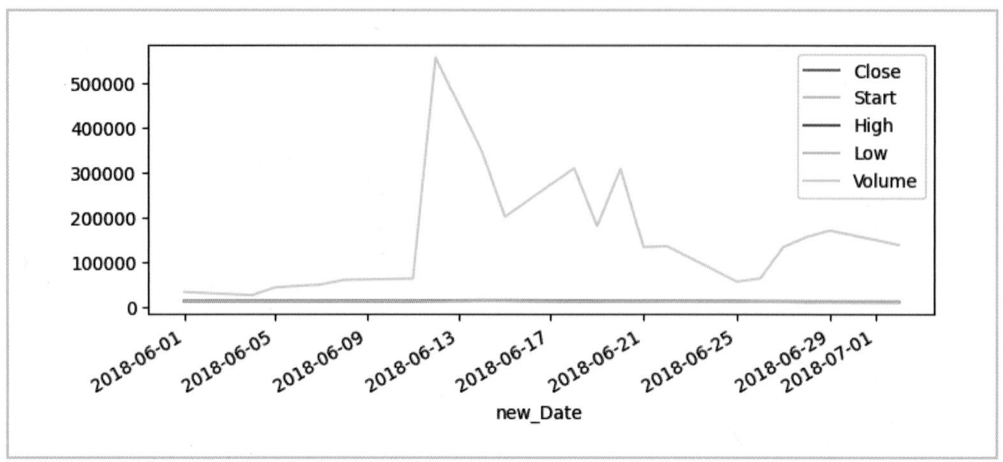

코드 29라인은 데이터프레임에 포함된 5개의 열을 서로 다른 서브플롯에 그린다. `subplots=True` 옵션과 `layout=(2, 3)` 옵션을 통해 열의 수보다 많은 6개의 그림 영역을 2행 3열의 그리드 형태로 만든다. `sharex=True`는 모든 서브플롯이 x축을 공유하게 하며, `sharey=False`는 y축은 공유하지 않도록 설정한다. 코드 32라인의 `MaxNLocator(5)` 클래스를 사용하여 서브플롯의 x축에 적용하여 눈금(xtick)의 개수를 최대 5개로 제한한다. x축의 날짜가 복잡해 보이지 않는 효과가 있다.

〈예제 5-22〉 차트 시각화 (File: part5/5.22_chart_visualization.ipynb(이어서 계속))

```
28  # 그리드 레이아웃 - 서브 플롯
29  axes = df.plot(subplots=True, layout=(2, 3), figsize=(18, 6), sharex=True, sharey=False)
30
31  # x 축의 주요 레이블 위치를 최대 5개로 제한
32  axes[0, 0].xaxis.set_major_locator(plt.MaxNLocator(5))
```

13) 변수 간의 범위 차이가 커서 Volume을 제외한 나머지 4개 변수들이 구분이 안되고 있다. 이런 경우 보조축을 적용할 수도 있고, Volume을 제외한 상태에서 4가지 가격 변수만을 시각화할 수도 있다.

〈실행 결과〉

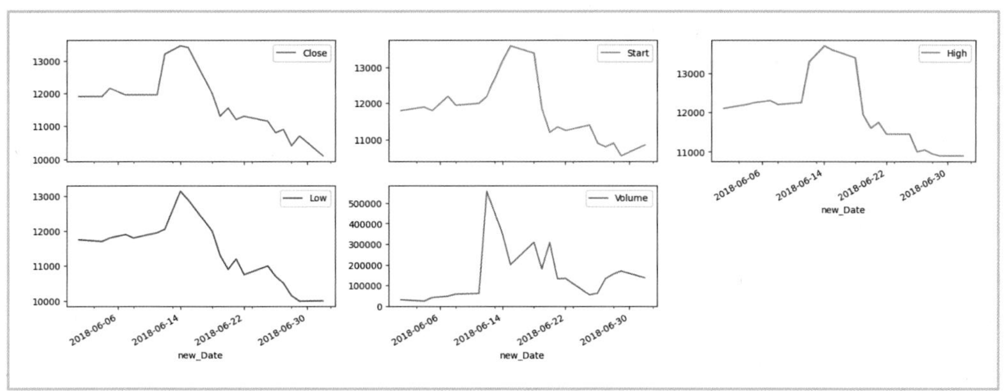

다음 코드는 Matplotlib의 `subplots()` 함수를 사용하여 2행×2열의 그리드를 생성하고, 판다스 `plot()` 메소드로 각 서브플롯에 다른 시각화 방식을 적용한다. 첫 번째 서브플롯(axes[0, 0])은 `'Close'` 열을 선 스타일 `"r-."`(빨간색 dashdot) 지정하여 시각화한다. 두 번째 서브플롯(axes[0, 1])은 `'Close'` 열을 로그 스케일로 변환하여 표시한다. 세 번째 서브플롯(axes[1, 0])은 `'Close'` 열을 면적 그래프로 표현한다(투명도 alpha=0.5). 네 번째 서브플롯(axes[1, 1])은 거래량을 뜻하는 `'Volume'` 열을 보조축에 적용한다. 가격 데이터와 거래량 데이터를 동시에 비교할 수 있다.

〈예제 5-22〉 차트 시각화 (File: part5/5.22_chart_visualization.ipynb(이어서 계속))

```
# Figure, Axes 객체
fig, axes = plt.subplots(nrows=2, ncols=2,
                         figsize=(16, 8),
                         constrained_layout=True)

# 선 스타일
df['Close'].plot(ax=axes[0, 0], style="r-.")
axes[0, 0].set_title('Close')

# 로그 스케일 변환
df['Close'].plot(ax=axes[0, 1], logy=True)
axes[0, 1].set_title('Close (log)')

# 면적 그래프
df['Close'].plot(ax=axes[1, 0], kind='area', alpha=0.5)
axes[1, 0].set_title('Close (area)')
```

```
# 보조 축 적용
df[['Start', 'High', 'Low', 'Close']].plot(ax=axes[1, 1], legend=True)
df['Volume'].plot(ax=axes[1, 1], legend=True, secondary_y=True)
axes[1, 1].set_title('Price/Volume')

plt.show()
```

〈실행 결과〉

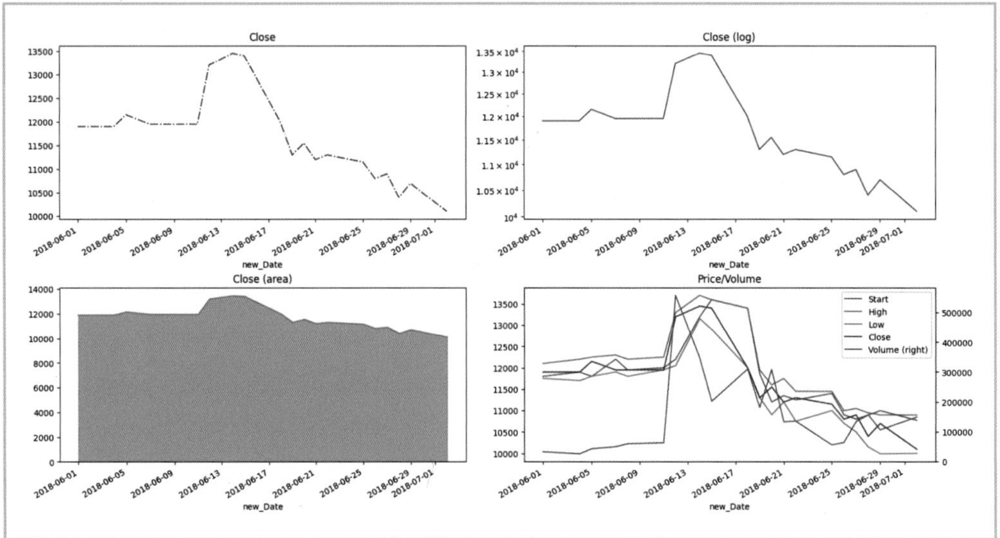

● 테이블 시각화

판다스 데이터프레임의 테이블(표) 출력 스타일을 지정하는 `Styler` 객체를 살펴보자. Jupyter Notebook과 같이 HTML 렌더링을 지원하는 환경에서 유용하다. 데이터프레임의 `style` 접근자를 통해 원본이 아닌 스타일을 적용할 `Styler` 객체를 생성한다. `Styler` 객체를 이용해서 데이터프레임의 디스플레이 출력을 다양하게 적용할 수 있다.

실습을 위해 〈예제 2-7〉에서 사용한 API 호출 함수를 다시 사용한다. 삼성전자(005930)와 SK 하이닉스(000660)의 연결 재무제표에서 분기별 '영업이익' 항목의 데이터를 받아서 저장한다. `pct_change()` 메소드를 사용하여 각 회사의 영업이익 증가율을 계산해 새로운 열로 추가한다.

〈예제 5-23〉 테이블 시각화 (File: part5/5.23_table_visualization.ipynb)

```
# 라이브러리 불러오기
import requests
import pandas as pd
import numpy as np
import matplotlib.pyplot as plt
from copy import deepcopy

# 예제 2.7의 get_financials() 함수 사용(Dapada apiKey 필요)
my_key = "----발급받은 API 키 입력-----"

# 특정 종목(stockCode)의 재무항목(indicatorName) 데이터를 가져오는 함수 정의
def get_financials(stockCode, indicatorName, apiKey, consolidated=True, ttm=True):
                                … 중략 …
    response = requests.get(url, headers=headers)
    result = response.json()
    return pd.DataFrame(result)

# 삼성전자(005930)의 연결 재무제표(분기 기준)에서 '영업이익' 항목의 데이터 수집
df_samsung = get_financials(stockCode='005930',
                            indicatorName='영업이익',
                            apiKey=my_key,
                            consolidated=True,
                            ttm=False)

# 영업이익의 변화율을 계산
df_samsung['change'] = df_samsung['value'].pct_change()

# quarter 열을 인덱스로 설정
df_samsung = df_samsung.set_index('quarter')

# SK하이닉스(000660)의 연결 재무제표(분기 기준)에서 '영업이익' 항목의 데이터 수집
df_skhynix = get_financials(stockCode='000660',
                           indicatorName='영업이익',
                           apiKey=my_key,
                           consolidated=True,
                           ttm=False)

# 영업이익의 변화율을 계산
df_skhynix['change'] = df_skhynix['value'].pct_change()
```

```
# quarter 열을 인덱스로 설정
df_skhynix = df_skhynix.set_index('quarter')

df_samsung
```

〈실행 결과〉[14)]

```
                value    change
quarter
2023-Q3  2433534000000        NaN
2023-Q2   668547000000  -0.725277
2023-Q1   640178000000  -0.042434
2022-Q4  4306131000000   5.726459
2022-Q3  9389198000000   1.180426
2022-Q2 11098805000000   0.182082
```

앞의 실행 결과에서 삼성전자의 영업이익 데이터의 표시 형식을 지정한다. 금액과 비율은 각각 정수형, 실수형으로 표시되는데, 다음과 같이 판다스 Styler 객체의 **format()** 메소드를 적용한다. 소수점 이하 둘째 자리까지 표시하고 천 단위마다 콤마를 사용하며, 소수점은 점으로 표시한다.

〈예제 5-23〉 테이블 시각화 (File: part5/5.23_table_visualization.ipynb(이어서 계속))

```
# 데이터 값 형식 지정(소수정 이하 둘째 자리, 천 단위, 소수점 표시)
df_samsung.style.format(precision=2, thousands=',', decimal='.')
```

〈실행 결과〉

```
                      value  change
quarter
2023-Q3   2,433,534,000,000     nan
2023-Q2     668,547,000,000   -0.73
2023-Q1     640,178,000,000   -0.04
2022-Q4   4,306,131,000,000    5.73
2022-Q3   9,389,198,000,000    1.18
2022-Q2  11,098,805,000,000    0.18
```

---

14) API 키를 발급받지 않거나, 서버 에러 등의 이유로 작동이 안되는 경우에는 자료실에서 제공하는 CSV[†] 파일을 참조한다.

† 자료실: part5/data/삼성전자_분기별_영업이익.csv, part5/data/SK하이닉스_분기별_영업이익.csv

Styler 객체의 format_index() 메소드에 axis=1 인자를 적용하면 열 이름의 값들이 표시되는 형식을 지정할 수 있다. **str**.upper 옵션을 적용하여 대문자로 변환하다.

〈예제 5-23〉 테이블 시각화 (File: part5/5.23_table_visualization.ipynb(이어서 계속))

```
# 데이터 값 형식 지정(열 이름 대문자로 변환)
df_samsung.style.format_index(str.upper, axis=1)
```

〈실행 결과〉

```
                 VALUE      CHANGE
quarter
2023-Q3   2433534000000        nan
2023-Q2    668547000000  -0.725277
2023-Q1    640178000000  -0.042434
2022-Q4   4306131000000   5.726459
2022-Q3   9389198000000   1.180426
2022-Q2  11098805000000   0.182082
```

axis=0 옵션을 통해 행 인덱스의 표시 형식을 지정하고, **str**.lower 인자로 소문자 변환을 처리한다.

〈예제 5-23〉 테이블 시각화 (File: part5/5.23_table_visualization.ipynb(이어서 계속))

```
# 데이터 값 형식 지정(행 인덱스를 소문자로 변환)
df_samsung.style.format_index(str.lower, axis=0)
```

〈실행 결과〉

```
                 value      change
quarter
2023-q3   2433534000000        nan
2023-q2    668547000000  -0.725277
2023-q1    640178000000  -0.042434
2022-q4   4306131000000   5.726459
2022-q3   9389198000000   1.180426
2022-q2  11098805000000   0.182082
```

Styler 객체를 생성하면서 열 이름 부분의 배열을 사용자가 원하는 값으로 직접 지정할 수 있다. axis=1 옵션이 열 이름에 대한 작업이라는 것을 설정하는 부분이다.

〈예제 5-23〉 테이블 시각화 (File: part5/5.23_table_visualization.ipynb(이어서 계속))

```
# 데이터 값 형식 지정(열 이름 재지정)
df_samsung.style.relabel_index(['영업이익', '영업이익증가율'], axis=1)
```

〈실행 결과〉

	영업이익	영업이익증가율
quarter		
2023-Q3	2433534000000	nan
2023-Q2	668547000000	-0.725277
2023-Q1	640178000000	-0.042434
2022-Q4	4306131000000	5.726459
2022-Q3	9389198000000	1.180426
2022-Q2	11098805000000	0.182082

이번에는 행 인덱스의 레이블을 사용자 정의 배열로 재지정하는 예시이다. axis=0 옵션이 적용되어 행 인덱스를 대상으로 처리된다.

〈예제 5-23〉 테이블 시각화 (File: part5/5.23_table_visualization.ipynb(이어서 계속))

```
# 데이터 값 형식 지정(행 인덱스 재지정)
new_dates = ['2023.09', '2023.06', '2023.03', '2022.12', '2022.09', '2022.06']
df_samsung.style.relabel_index(new_dates, axis=0)
```

〈실행 결과〉

	value	change
quarter		
2023.09	2433534000000	nan
2023.06	668547000000	-0.725277
2023.03	640178000000	-0.042434
2022.12	4306131000000	5.726459
2022.09	9389198000000	1.180426
2022.06	11098805000000	0.182082

서로 다른 2개의 Styler 객체를 위 아래 방향으로 연결할 수 있다. 단, 이때 각 Styler 객체의 열 이름이 같아야 한다. 삼성전자 영업이익 데이터프레임의 Styler 객체를 data_styler 변수에 저장하고, 삼성전자 데이터의 요약통계 데이터프레임의 Styler 객체를 stat_styler 변수에 저장한다. concat 메소드로 결합한다.

〈예제 5-23〉 테이블 시각화 (File: part5/5.23_table_visualization.ipynb(이어서 계속))

```
# 연결하기(concat)
data_styler = df_samsung.style.format(precision=2, thousands=',', decimal='.')
stat_styler = df_samsung.describe().style.format(precision=2, thousands=',', decimal='.')

data_styler.concat(stat_styler)
```

〈실행 결과〉

```
                       value  change
quarter
2023-Q3    2,433,534,000,000     nan
2023-Q2      668,547,000,000   -0.73
2023-Q1      640,178,000,000   -0.04
2022-Q4    4,306,131,000,000    5.73
2022-Q3    9,389,198,000,000    1.18
2022-Q2   11,098,805,000,000    0.18
  count                 6.00    5.00
   mean  4,756,065,500,000.00   1.26
    std  4,493,132,362,855.51   2.59
    min    640,178,000,000.00  -0.73
    25%  1,109,793,750,000.00  -0.04
    50%  3,369,832,500,000.00   0.18
    75%  8,118,431,250,000.00   1.18
    max 11,098,805,000,000.00   5.73
```

Styler 객체는 데이터프레임의 디스플레이 목적을 가지고 정의된 데이터프레임과 별개의 객체로 생성된다. 다만, Styler 객체의 data 속성에 원본 데이터프레임이 저장되어 있기 때문에, 다음과 같이 원본 데이터프레임에 접근할 수 있다.

〈예제 5-23〉 테이블 시각화 (File: part5/5.23_table_visualization.ipynb(이어서 계속))

```
# Styler 객체를 통해 원본 DataFrame 얻기
df_stat_original = stat_styler.data
df_stat_original
```

〈실행 결과〉

```
              value     change
count  6.000000e+00   5.000000
 mean  4.756066e+12   1.264251
  std  4.493132e+12   2.556265
```

```
min    6.401780e+11   -0.725277
25%    1.109794e+12   -0.042434
50%    3.369832e+12    0.182082
75%    8.118431e+12    1.180426
max    1.109880e+13    5.726459
```

Styler 객체의 hide() 메소드는 일부 데이터를 숨겨서 보이지 않도록 하는 역할을 한다. axis=1 옵션은 열을 안보이게 한다는 의미이고, 배열에 전달된 'value' 열이 보이지 않게 가려진다.

〈예제 5-23〉 테이블 시각화 (File: part5/5.23_table_visualization.ipynb(이어서 계속))

```
# 데이터 숨기기(열 제외)
df_samsung.style.hide(['value'], axis=1)
```

〈실행 결과〉

```
             change
quarter
2023-Q3         nan
2023-Q2   -0.725277
2023-Q1   -0.042434
2022-Q4    5.726459
2022-Q3    1.180426
2022-Q2    0.182082
```

이번에는 hide() 메소드에 axis=0 옵션을 설정하여 일부 행을 보이지 않게 숨긴다. 배열에 전달된 2023년 3분기와 2022년 3분기 데이터가 가려져 보이지 않게 된다.

〈예제 5-23〉 테이블 시각화 (File: part5/5.23_table_visualization.ipynb(이어서 계속))

```
# 데이터 숨기기(행 제외)
df_samsung.style.hide(['2023-Q3', '2022-Q3'], axis=0)
```

〈실행 결과〉

```
                  value      change
quarter
2023-Q2     668547000000  -0.725277
2023-Q1     640178000000  -0.042434
2022-Q4    4306131000000   5.726459
2022-Q2   11098805000000   0.182082
```

Styler 객체를 활용하면 데이터프레임의 원소 중에서 특정한 조건에 따라 서식을 다르게 적용할 수 있다. highlight_max() 메소드는 각 열에서 최댓값을 찾아 특정 색(color='lightgreen')으로 하이라이트 효과를 적용하여 강조한다.

〈예제 5-23〉 테이블 시각화 (File: part5/5.23_table_visualization.ipynb(이어서 계속))

```
# 조건부 포맷팅(각 열의 최댓값)
df_samsung.style.highlight_max(color='lightgreen')
```

〈실행 결과〉

	value	change
quarter		
2023-Q3	2433534000000	nan
2023-Q2	668547000000	-0.725277
2023-Q1	640178000000	-0.042434
2022-Q4	4306131000000	5.726459
2022-Q3	9389198000000	1.180426
2022-Q2	11098805000000	0.182082

highlight_min() 메소드는 각 열의 최솟값에 하이라이트 효과를 적용한다.

〈예제 5-23〉 테이블 시각화 (File: part5/5.23_table_visualization.ipynb(이어서 계속))

```
# 조건부 포맷팅(각 열의 최솟값)
df_samsung.style.highlight_min(color='orange')
```

〈실행 결과〉

	value	change
quarter		
2023-Q3	2433534000000	nan
2023-Q2	668547000000	-0.725277
2023-Q1	640178000000	-0.042434
2022-Q4	4306131000000	5.726459
2022-Q3	9389198000000	1.180426
2022-Q2	11098805000000	0.182082

axis=1 옵션을 적용하면 각 행의 최솟값을 찾아서 강조할 수 있다. highlight_max() 메소드에도 마찬가지로 적용 가능하다.

〈예제 5-23〉 테이블 시각화 (File: part5/5.23_table_visualization.ipynb(이어서 계속))

```
# 조건부 포맷팅(각 행의 최솟값)
df_samsung.style.highlight_min(color='lightblue', axis=1)
```

〈실행 결과〉

	value	change
quarter		
2023-Q3	2433534000000	nan
2023-Q2	668547000000	-0.725277
2023-Q1	640178000000	-0.042434
2022-Q4	4306131000000	5.726459
2022-Q3	9389198000000	1.180426
2022-Q2	11098805000000	0.182082

각 열의 누락 데이터를 찾아서 특정 색으로 강조하는 highlight_null() 메소드를 제공한다.

〈예제 5-23〉 테이블 시각화 (File: part5/5.23_table_visualization.ipynb(이어서 계속))

```
# 조건부 포맷팅(누락 데이터)
df_samsung.style.highlight_null(color='red')
```

〈실행 결과〉

	value	change
quarter		
2023-Q3	2433534000000	nan
2023-Q2	668547000000	-0.725277
2023-Q1	640178000000	-0.042434
2022-Q4	4306131000000	5.726459
2022-Q3	9389198000000	1.180426
2022-Q2	11098805000000	0.182082

막대 그래프를 데이터프레임의 내부에 포함하여 출력하는 것도 가능하다. bar() 메소드를 적용한다. 이때 적용할 열을 subset 매개변수에 부분적으로 설정할 수 있다.

〈예제 5-23〉 테이블 시각화 (File: part5/5.23_table_visualization.ipynb(이어서 계속))

```
# 막대 그래프
df_samsung.style.bar(subset=['change'], color='#d65f5f')
```

〈실행 결과〉

	value	change
quarter		
2023-Q3	2433534000000	nan
2023-Q2	668547000000	-0.725277
2023-Q1	640178000000	-0.042434
2022-Q4	4306131000000	5.726459
2022-Q3	9389198000000	1.180426
2022-Q2	11098805000000	0.182082

이번에는 두 회사(삼성전자, SK하이닉스)의 영업이익 증가율을 비교하기 위해 데이터프레임을 먼저 정리한다. 각 회사의 데이터에서 증가율('change') 열을 선택하고 판다스 concat() 함수[15]로 하나의 데이터프레임으로 결합한다.

〈예제 5-23〉 테이블 시각화 (File: part5/5.23_table_visualization.ipynb(이어서 계속))

```
# 삼성전자, SK하이닉스 영업이익 증가율 데이터 정리
df_opm = pd.concat([df_samsung['change'], df_skhynix['change']], axis=1)
df_opm.columns=['samsung', 'skhynix']
df_opm
```

〈실행 결과〉

	samsung	skhynix
quarter		
2023-Q3	NaN	NaN
2023-Q2	-0.725277	0.608341
2023-Q1	-0.042434	0.180501
2022-Q4	5.726459	-0.442032
2022-Q3	1.180426	-1.872093
2022-Q2	0.182082	1.532448

Styler 객체의 **map**() 메소드를 사용하여 데이터프레임의 모든 원소에 조건부 스타일을 적용할 수 있다. **map**() 메소드는 데이터프레임의 각 원소에 대해 지정된 show_negative() 함수를 적용하며, 값이 음수일 경우 정의된 CSS 스타일('color:red;')을 반환한다. 따라서 음수는 텍스트 색상이 빨간색으로 지정된다.

15) concat() 함수에 대해서는 [Part6]에서 자세하게 설명한다.

〈예제 5-23〉 테이블 시각화 (File: part5/5.23_table_visualization.ipynb(이어서 계속))

```python
# 모든 원소에 대해서 각각 스타일 적용
def show_negative(value, props=''):
    return props if value < 0 else None

style_opm = df_opm.style.map(show_negative, props='color:red;')
style_opm
```

〈실행 결과〉

```
              samsung     skhynix
quarter
2023-Q3           nan         nan
2023-Q2     -0.725277    0.608341
2023-Q1     -0.042434    0.180501
2022-Q4      5.726459   -0.442032
2022-Q3      1.180426   -1.872093
2022-Q2      0.182082    1.532448
```

Styler 객체의 **apply()** 메소드를 사용하여 데이터프레임 전체에 대해 조건부 스타일을 적용할 수 있다. 여기서는 highlight_min() 함수를 정의하여 전달받은 데이터프레임 전체에서 최솟값을 찾고, 해당 값이 있는 셀에 사용자가 지정한 스타일을 적용한다. highlight_min() 함수에서 최솟값을 찾을 때 np.nanmin을 사용하여 NaN 값을 무시하고 최솟값을 찾을 수 있다.

〈예제 5-23〉 테이블 시각화 (File: part5/5.23_table_visualization.ipynb(이어서 계속))

```python
def highlight_min(style, props=''):
    return np.where(style == np.nanmin(style.values), props, '')

# 데이터프레임 전체 중에서 최솟값
style_opm_df = df_opm.style.apply(highlight_min,
                                  props='color:white;background-color:darkred',
                                  axis=None)
style_opm_df
```

〈실행 결과〉

```
              samsung     skhynix
quarter
2023-Q3           nan         nan
2023-Q2     -0.725277    0.608341
```

2023-Q1	-0.042434	0.180501
2022-Q4	5.726459	-0.442032
2022-Q3	1.180426	-1.872093
2022-Q2	0.182082	1.532448

다음은 axis=0 옵션을 **apply**() 메소드에 설정하여 highlight_min() 내부에서 각 열의 최솟값을 찾게 한다. 각 열의 최솟값에 해당하는 셀에 지정된 스타일이 적용된다.

〈예제 5-23〉 테이블 시각화 (File: part5/5.23_table_visualization.ipynb(이어서 계속))

```
# 데이터프레임 각 열의 최솟값
style_opm_col = df_opm.style.apply(highlight_min,
                                   props='color:white;background-color:darkred',
                                   axis=0)
style_opm_col
```

〈실행 결과〉

	samsung	skhynix
quarter		
2023-Q3	nan	nan
2023-Q2	-0.725277	0.608341
2023-Q1	-0.042434	0.180501
2022-Q4	5.726459	-0.442032
2022-Q3	1.180426	-1.872093
2022-Q2	0.182082	1.532448

이번에는 **apply**() 메소드에 axis=1 옵션을 설정한다. 여기서는 각 행의 최솟값을 찾고 지정된 CSS 스타일을 적용한다.

〈예제 5-23〉 테이블 시각화 (File: part5/5.23_table_visualization.ipynb(이어서 계속))

```
# 데이터프레임 각 행의 최솟값
style_opm_row = df_opm.style.apply(highlight_min,
                                   props='color:white;background-color:darkred',
                                   axis=1)
style_opm_row
```

〈실행 결과〉

	samsung	skhynix
quarter		
2023-Q3	nan	nan

2023-Q2	-0.725277	0.608341
2023-Q1	-0.042434	0.180501
2022-Q4	5.726459	-0.442032
2022-Q3	1.180426	-1.872093
2022-Q2	0.182082	1.532448

이번에는 사용자 정의 조건식을 활용해 보자. 먼저 profit_condition() 함수를 사용해 'change' 열의 이익과 손실 조건을 문자열로 변환하고, apply_condition() 함수를 통해 스타일을 적용한다. df_samsung 데이터프레임에 apply_condition 함수를 적용하여 'change' 열에 배경 그라데이션을 적용하고, 데이터프레임의 상단에 "Gain/Loss"라는 제목을 추가한다. 'change' 열의 값의 범위에 따라 구간이 나누어지고, 구간에 따라 다른 색상이 적용된다.

〈예제 5-23〉 테이블 시각화 (File: part5/5.23_table_visualization.ipynb(이어서 계속))

```
119 # 조건에 따라 다르게 적용
120
121 def profit_condition(value):
122     if value < 0:
123         return "Loss"
124     elif value> 0:
125         return "Gain"
126     else:
127         return "No"
128
129 def apply_condition(styler):
130     styler.set_caption("Gain/Loss")
131     styler = styler.format(profit_condition, subset=['change'])
132     styler = styler.background_gradient(subset=['change'], axis=None,
133                                         vmin=-10, vmax=10, cmap="RdYlBu_r")
134     return styler
135
136 df_samsung.style.pipe(apply_condition)
```

〈실행 결과〉[16]

Gain/Loss

	value	change
quarter		
2023-Q3	2433534000000	No

16) 코드 136라인의 pipe() 메소드는 테이블 형태의 객체에 함수를 매핑할 때 사용한다. 자세한 사용방법은 [part 6]의 데이터프레임 객체에 함수 매핑 부분을 참고한다.

2023-Q2	668547000000	Loss
2023-Q1	640178000000	Loss
2022-Q4	4306131000000	Gain
2022-Q3	9389198000000	Gain
2022-Q2	11098805000000	Gain

Styler 객체를 사용하여 데이터프레임의 HTML 표현에 CSS 스타일을 적용할 수 있다. 여기서는 cell_hover 스타일을 정의하고, set_table_styles() 메소드를 사용하여 Styler 객체에 적용한다. 사용자가 테이블의 행 위로 마우스를 이동할 때 배경색이 '#ffffb3'(연한 노란색)으로 변경된다.

〈예제 5-23〉 테이블 시각화 (File: part5/5.23_table_visualization.ipynb(이어서 계속))

```
# HTML CSS 스타일링
cell_hover = {
    'selector': 'tr:hover',
    'props': [('background-color', '#ffffb3')]
}

stat_styler.set_table_styles([cell_hover])
```

〈실행 결과〉

	value	change
count	6.00	5.00
mean	4,756,065,500,000.00	1.26
std	4,493,132,362,855.51	2.59
min	640,178,000,000.00	-0.73
25%	1,109,793,750,000.00	-0.04
50%	3,369,832,500,000.00	0.18
75%	8,118,431,250,000.00	1.18
max	11,098,805,000,000.00	5.73

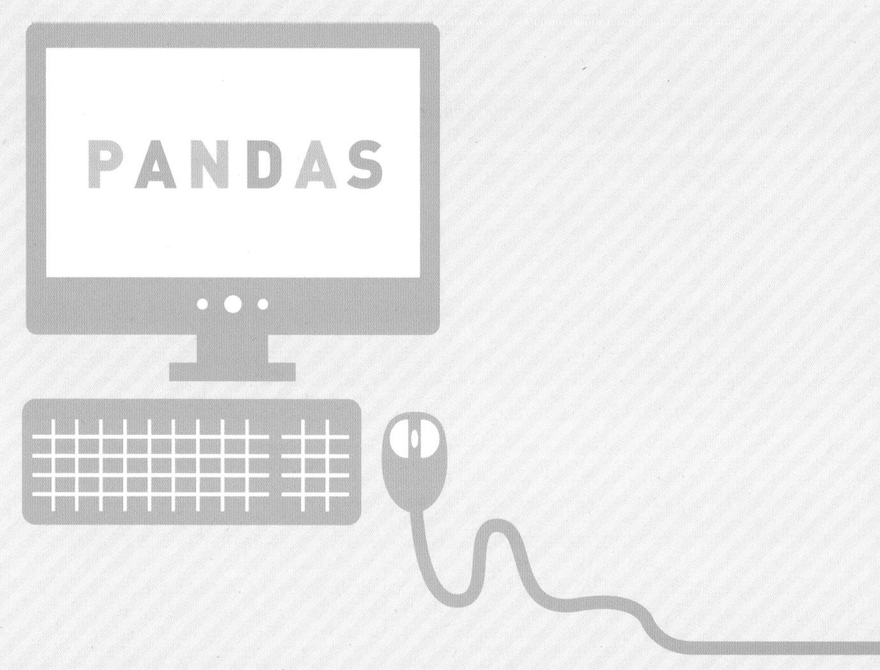
PANDAS

PART 6

데이터프레임의 다양한 응용

❶ 함수 매핑

데이터프레임에 함수를 매핑하는 방법, 데이터를 집계하는 그룹 연산, 데이터프레임을 합치거나 다양한 형태로 구조를 변경하는 방법 등에 관해 차례대로 알아보자.

함수 매핑은 시리즈 또는 데이터프레임의 일부(또는 전체) 데이터를 특정 함수에 일대일 대응시키는 과정을 뜻한다. 사용자가 직접 만든 함수(lambda 함수 포함)를 적용할 수 있기 때문에, 판다스 기본 함수로 처리하기 어려운 복잡한 연산을 데이터프레임 등의 판다스 객체에 적용하는 것이 가능하다.[1)]

1-1 개별 원소에 함수 매핑

● 시리즈 원소에 함수 매핑

시리즈 객체에 **apply()** 메소드를 적용하면 인자로 전달하는 매핑 함수에 시리즈의 모든 원소를 하나씩 입력하고 함수의 리턴값을 돌려받는다. 시리즈 원소의 개수만큼 리턴값을 받아서 같은 크기의 시리즈 객체로 반환한다.

시리즈의 원소에 함수 매핑: Series객체.apply(매핑 함수)

먼저 'titanic' 데이터셋에서 숫자 데이터로 구성된 2개 열('age', 'fare')을 선택하여 데이터프레임을 변수 df에 저장한다.

〈예제 6-1〉 시리즈의 원소에 apply( ) 적용 (File: part6/6.1_series_apply.ipynb)

```
# 라이브러리 불러오기
import seaborn as sns
import pandas as pd

# titanic 데이터셋에서 age, fare 2개 열을 선택하여 데이터프레임 만들기
titanic = sns.load_dataset('titanic')
df = titanic.loc[:, ['age','fare']]

df.head()
```

1) [Part 5]에서 판다스 Styler 객체에 조건부 스타일을 적용할 때 비슷한 과정을 처리하였다.

〈실행 결과〉

```
    age     fare
0  22.0   7.2500
1  38.0  71.2833
2  26.0   7.9250
3  35.0  53.1000
4  35.0   8.0500
```

다음에는 두 가지 사용자 함수를 정의한다. 임의의 객체 n에 숫자 10을 더하는 `add_10(n)` 함수와 객체 a와 b를 더하는 `add_two_obj(a, b)` 함수이다. 두 함수를 다음과 같이 실행하는 경우 숫자 10을 두 번 더한 값인 20을 출력하는 점에서 같은 결과를 얻는다.

〈예제 6-1〉 시리즈의 원소에 apply( ) 적용 (File: part6/6.1_series_apply.ipynb(이어서 계속))

```python
# 사용자 함수 정의
def add_10(n):
    return n + 10

def add_two_obj(a, b):
    return a + b

print(add_10(10))
print(add_two_obj(10, 10))
```

〈실행 결과〉

```
20
20
```

apply() 메소드를 이용하여 `df['age']` 열에 `add_10` 함수를 적용하면 모든 원소에 숫자 10을 더한 새로운 시리즈를 생성한다. 이 결과를 변수 `sr1`에 저장한다. `'age'` 열의 이름이 새로 생성된 시리즈 객체의 이름(Name 속성)으로 유지되는 것을 확인할 수 있다.

〈예제 6-1〉 시리즈의 원소에 apply( ) 적용 (File: part6/6.1_series_apply.ipynb(이어서 계속))

```python
# 시리즈 객체에 적용
sr1 = df['age'].apply(add_10)
sr1.head()
```

〈실행 결과〉

```
0    32.0
1    48.0
2    36.0
3    45.0
4    45.0
Name: age, dtype: float64
```

이번에는 람다 함수[2]를 정의해서 **apply**() 메소드에 적용한다. df['age'] 열의 모든 값에 숫자 10을 더해서 새로운 시리즈를 생성한다. 코드 23라인의 실행 결과와 같다.

〈예제 6-1〉 시리즈의 원소에 apply( ) 적용 (File: part6/6.1_series_apply.ipynb(이어서 계속))

```
22 # 람다 함수 활용: 시리즈 객체에 적용
23 sr2 = df['age'].apply(lambda n: n + 10)
24 sr2.head()
```

〈실행 결과〉

```
0    32.0
1    48.0
2    36.0
3    45.0
4    45.0
Name: age, dtype: float64
```

다음으로 add_two_obj 함수를 df['age'] 열에 적용하면 'age' 열의 값이 변수 a에 매핑되고, 두 번째 매개변수 b에 할당된 숫자 10(b=10)을 함수에 전달한다. 결과적으로 'age' 열의 모든 원소에 숫자 10을 더한 시리즈가 생성된다.

〈예제 6-1〉 시리즈의 원소에 apply( ) 적용 (File: part6/6.1_series_apply.ipynb(이어서 계속))

```
# 함수의 매개변수가 2개 이상인 경우(예: 시리즈 + 숫자)
sr3 = df['age'].apply(add_two_obj, b=10)
sr3.head()
```

2) 람다 함수는 파이썬에서 간단한 함수를 한 줄로 작성할 수 있는 방법으로, lambda 키워드를 사용하여 lambda arguments: expression 구조로 정의한다. arguments는 함수에 전달할 인자를 의미하고, expression은 함수의 반환값을 나타낸다. 람다 함수는 arguments를 사용해서 expression을 계산한 결과를 반환한다. 함수를 한 번만 사용하고 다시 사용할 필요가 없을 때 유용하다.

〈실행 결과〉

```
0     32.0
1     48.0
2     36.0
3     45.0
4     45.0
Name: age, dtype: float64
```

이번에는 2개의 매개변수가 있는 람다 함수를 정의해서 같은 작업을 수행해 보자.

〈예제 6-1〉 시리즈의 원소에 apply( ) 적용 (File: part6/6.1_series_apply.ipynb(이어서 계속))

```
# 함수의 매개변수가 2개 이상인 경우(람다 함수 활용)
sr4 = df['age'].apply(lambda a, b: a + b, b=10)
sr4.head()
```

〈실행 결과〉

```
0     32.0
1     48.0
2     36.0
3     45.0
4     45.0
Name: age, dtype: float64
```

시리즈 원소에 함수 매핑 (map 메소드와 비교)

판다스 시리즈의 각 원소에 함수를 매핑할 때 apply와 map 메소드를 사용할 수 있다. apply 메소드는 데이터프레임의 행 또는 열에 대해 함수를 적용할 수 있으며, 시리즈에 대해서도 사용할 수 있다. 이런 관점에서 보면 apply 메소드가 일반적으로 더 넓은 범위에 적용된다.

다음은 map 메소드를 적용하는 예제이다. 'age' 열의 값이 각 원소에 over_thirty 함수를 적용한 결과 30보다 큰 나이 값을 가진 원소는 True로, 그렇지 않은 원소는 False로 표시된다.

〈예제 6-1〉 시리즈의 원소에 map( ) 적용 (File: part6/6.1_series_apply.ipynb(이어서 계속))

```
# 시리즈 객체에 함수를 적용
def over_thirty(age):
    return age > 30

sr_map = df['age'].map(over_thirty)
sr_map.head()
```

〈실행 결과〉

```
0    False
1     True
2    False
3     True
4     True
Name: age, dtype: bool
```

이번에는 람다 함수를 정의하여 'age' 열의 값이 30보다 크면 True를, 작거나 같으면 False를 반환하게 처리한다. 그 결과로 시리즈가 생성된다.

〈예제 6-1〉 시리즈의 원소에 map( ) 적용 (File: part6/6.1_series_apply.ipynb(이어서 계속))

```
# 시리즈 객체에 함수를 적용(람다 함수 활용)
sr_map2 = df['age'].map(lambda age: True if age > 30 else False)
sr_map2.head()
```

〈실행 결과〉

```
0    False
1     True
2    False
3     True
4     True
Name: age, dtype: bool
```

또한 map 메소드는 함수 이외에 딕셔너리나 시리즈를 인자로 받아서 값을 치환하는데 주로 사용된다. 이런 기능이 없는 apply 메소드와 차이가 있다.

'sex' 열의 고유값은 'male'과 'female'이 있다. 이를 각각 숫자 0과 1로 변환하기 위해서 over_forty_dict 딕셔너리를 정의한다. map 메소드는 'sex' 열의 모든 원소에 대하여 전달받은 딕셔너리의 관계를 매핑한다. 'male'의 경우 딕셔너리의 키 'male' 에 대응되는 값인 0으로 변환하고, 'female'은 딕셔너리에서 대응되는 값인 1로 변환한다.

〈예제 6-1〉 시리즈의 원소에 map( ) 적용 (File: part6/6.1_series_apply.ipynb(이어서 계속))

```
# titanic 데이터의 성별 데이터의 고유값
print(titanic['sex'].unique())
print(titanic['sex'].head())

# 딕셔너리 정의하여 값을 변환(문자열 -> 정수)
over_forty_dict = {'male': 0, 'female':1}
titanic['gender'] = titanic['sex'].map(over_forty_dict)
print(titanic['gender'].head())
```

〈실행 결과〉

```
['male' 'female']
0      male
1    female
2    female
3    female
4      male
Name: sex, dtype: object
0    0
1    1
2    1
3    1
4    0
Name: gender, ftype: int64
```

● 데이터프레임 원소에 함수 매핑

데이터프레임의 개별 원소에 특정 함수를 매핑하려면 map() 메소드[3]를 활용한다. 매핑 함수에 데이터프레임의 각 원소를 하나씩 넣어서 리턴값으로 돌려받는다. 원소의 원래 위치에 매핑 함수의 리턴값을 입력하여 동일한 형태의 새로운 데이터프레임이 만들어진다.

데이터프레임의 원소에 함수 매핑: `DataFrame객체.map(매핑 함수)`

〈예제 6-2〉에서는 'titanic' 데이터셋에서 숫자 데이터로 구성된 2개의 열('age', 'fare')을 선택하여 만든 데이터프레임 df를 다시 활용한다. 인수 n을 입력 받아 숫자 10을 더한 결과를 반환하는 add_10(n) 함수와, 객체 a와 b를 더하는 add_two_obj(a, b) 함수도 다시 사용한다. **map()** 메소드를 이용하여 add_10(n) 함수를 df에 적용하면, 모든 원소에 숫자 10을 더한 값을 원소로 갖는 새로운 데이터프레임이 만들어진다.

〈예제 6-2〉 데이터프레임 원소에 map( ) 적용 (File: part6/6.2_df_map.ipynb)

```python
# 라이브러리 불러오기
import seaborn as sns
import pandas as pd

```

3) 이전 버전에서는 applymap() 메소드를 사용하였으나, 공식적으로 더 이상 지원하지 않을 예정이다. 한편, apply() 메소드는 데이터프레임의 행이나 열에 함수를 적용하고, 모든 원소에 직접 사용할 수 없다.

```
# titanic 데이터셋에서 age, fare 2개 열을 선택하여 데이터프레임 만들기

titanic = sns.load_dataset('titanic')
df = titanic.loc[:, ['age','fare']]

# 사용자 함수 정의
def add_10(n):
    return n + 10

def add_two_obj(a, b):
    return a + b

# 데이터프레임의 모든 원소를 add_10() 함수에 매핑
df1 = df.map(add_10)
df1.head()
```

〈실행 결과〉

	age	fare
0	32.0	17.2500
1	48.0	81.2833
2	36.0	17.9250
3	45.0	63.1000
4	45.0	18.0500

lambda n: n + 10은 입력으로 n을 받아 n + 10을 반환하는 람다 함수이다. 이 함수를 데이터프레임의 각 원소에 적용하여 모든 원소에 10을 더한 새로운 데이터프레임을 생성한다.

〈예제 6-2〉 데이터프레임 원소에 map( ) 적용 (File: part6/6.2_df_map.ipynb(이어서 계속))

```
# 람다 함수 활용
df2 = df.map(lambda n: n + 10)
df2.head()
```

〈실행 결과〉

	age	fare
0	32.0	17.2500
1	48.0	81.2833
2	36.0	17.9250
3	45.0	63.1000
4	45.0	18.0500

map() 메소드를 사용할 때 매핑 함수의 매개변수가 2개 이상인 경우, 추가적인 매개변수를 전달하는 방법이 필요하다. 첫 번째 매개변수 a에는 데이터프레임의 각 원소에 적용하고, 두 번째 매개변수 b에는 10이라는 값을 전달한다. 모든 원소에 숫자 10이 더해진 데이터프레임이 반환된다.

〈예제 6-2〉 데이터프레임 원소에 map( ) 적용 (File: part6/6.2_df_map.ipynb(이어서 계속))

```
# 함수의 매개변수가 2개 이상인 경우
df3 = df.map(add_two_obj, b=10)
df3.head()
```

〈실행 결과〉

```
    age     fare
0  32.0  17.2500
1  48.0  81.2833
2  36.0  17.9250
3  45.0  63.1000
4  45.0  18.0500
```

앞의 예제 코드를 람다 함수를 사용하여 적용하는 방법이다. 실행 결과는 사용자 정의 함수를 사용할 때와 같다.

〈예제 6-2〉 데이터프레임 원소에 map( ) 적용 (File: part6/6.2_df_map.ipynb(이어서 계속))

```
# 함수의 매개변수가 2개 이상인 경우(람다 함수 활용)
df4 = df.map(lambda a, b: a + b, b=10)
df4.head()
```

〈실행 결과〉

```
    age     fare
0  32.0  17.2500
1  48.0  81.2833
2  36.0  17.9250
3  45.0  63.1000
4  45.0  18.0500
```

1-2 시리즈 객체에 함수 매핑

● 데이터프레임의 각 열에 함수 매핑

판다스 데이터프레임의 **apply()** 메소드는 시리즈 객체에 데이터프레임의 축(axis)을 따라 함수를 매핑하여 적용한다. 시리즈의 모든 원소를 입력하고 함수의 리턴값을 돌려받는다. axis=0 옵션을 적용하면 데이터프레임의 모든 열을 하나씩 분리하여 매핑 함수의 인자로 각 열(시리즈)이 전달된다. 이때 axis=0 옵션의 경우 따로 설정하지 않아도 **apply()** 함수에서 기본 적용된다.

데이터프레임의 열에 함수 매핑: DataFrame 객체**.apply(매핑 함수, axis=0)**

〈예제 6-3〉 데이터프레임에 apply(axis=0) 적용 (File: part6/6.3_df_apply.ipynb)

```
# 라이브러리 불러오기
import seaborn as sns
import pandas as pd

# titanic 데이터셋에서 age, fare 2개 열을 선택하여 데이터프레임 만들기

titanic = sns.load_dataset('titanic')
df = titanic.loc[:, ['age','fare']]

df.head()
```

〈실행 결과〉

	age	fare
0	22.0	7.2500
1	38.0	71.2833
2	26.0	7.9250
3	35.0	53.1000
4	35.0	8.0500

매핑 함수에 따라서 반환되는 객체의 종류가 다르다. 시리즈를 입력받고 시리즈를 반환하는 함수를 매핑하면 데이터프레임을 반환한다. 예제에서는 시리즈를 입력받아서 시리즈를 반환하는 calculate_stats() 함수를 정의하여 사용한다. 데이터프레임의 열을 시리즈 형태로 매핑 함수에 전달하면 각 열의 리턴값은 개별 시리즈 형태로 반환된다. 그리고 이들 시리즈가 하나의 데이터프레임으로 통합되는 과정을 거쳐서 새로운 데이터프레임으로 반환된다.

〈예제 6-3〉 데이터프레임에 apply(axis=0) 적용 (File: part6/6.3_df_apply.ipynb(이어서 계속))

```python
# 각 열에 대해 최댓값, 최솟값, 평균, 중앙값을 계산하는 함수
def calculate_stats(col):

    max_val = col.max()
    min_val = col.min()
    mean_val = col.mean()
    median_val = col.median()

    # 새로운 시리즈 반환
    return pd.Series([max_val, min_val, mean_val, median_val], index=['Max', 'Min', 'Mean', 'Median'])

# 각 열에 calculate_stats 함수 적용(데이터프레임을 반환)
result_df = df.apply(calculate_stats, axis=0)

result_df
```

〈실행 결과〉[4]

```
              age        fare
   Max  80.000000  512.329200
   Min   0.420000    0.000000
  Mean  29.699118   32.204208
Median  28.000000   14.454200
```

한편, 시리즈를 입력받아서 하나의 값을 반환하는 함수를 매핑하면 시리즈를 반환한다. 예제에서는 시리즈의 최댓값과 최솟값의 차이를 계산하여 값을 반환하는 람다 함수를 사용한다. 데이터프레임의 각 열을 매핑 함수에 전달하면, 각 열의 리턴값은 하나의 값으로 반환된다. 마지막으로 이들 값을 하나의 시리즈로 통합하는 과정을 거친다. 이때, 각 열의 이름이 시리즈의 인덱스가 되고 함수가 반환하는 값이 각 인덱스에 매칭되는 데이터 값이 된다.

〈예제 6-3〉 데이터프레임에 apply(axis=0) 적용 (File: part6/6.3_df_apply.ipynb(이어서 계속))

```python
# 각 열에 람다 함수 적용(시리즈를 반환)
result_sr = df.apply(lambda x: x.max() - x.min(), axis=0)

result_sr
```

4) 각 열의 최댓값, 최솟값, 평균, 중앙값을 계산하고 데이터프레임으로 반환하고 있다.

〈실행 결과〉

```
age      79.5800
fare    512.3292
dtype: float64
```

● 데이터프레임의 각 행에 함수 매핑

데이터프레임 객체에 **apply**(axis=1) 메소드를 적용하면, 데이터프레임의 각 행을 매핑 함수의 인자로 전달한다. 데이터프레임의 행 인덱스가 매핑 결과로 반환되는 시리즈의 인덱스가 된다. 시리즈의 인덱스에 매칭되는 데이터 값에는 각 행의 데이터를 함수에 적용한 리턴값을 가져온다.

데이터프레임의 행에 함수 매핑: `DataFrame객체.apply(매핑 함수, axis=1)`

calculate_diff_avg() 함수는 데이터프레임의 각 행에 대해 두 가지 계산을 수행한다. 해당 행의 값들 중 최댓값과 최솟값의 차이 및 평균값을 계산하고, 그 결과로 새로운 시리즈를 반환한다. 인덱스를 '차이'와 '평균'으로 설정한다.

이 함수를 **apply**(axis=1) 메소드로 매핑하면 데이터프레임의 각 행을 calculate_diff_avg() 함수에 순서대로 전달한다. 결과적으로 각 행에 대한 '차이'와 '평균' 계산값이 포함된 새로운 데이터프레임이 반환된다. 이 데이터프레임의 각 행은 원본 데이터프레임의 해당 행에 대한 계산 결과이다.

〈예제 6-3〉 데이터프레임에 apply(axis=1) 적용 (File: part6/6.3_df_apply.ipynb(이어서 계속))

```python
# 각 행에 대해 최댓값과 최솟값의 차이와 평균을 계산하는 함수
def calculate_diff_avg(row):
    diff = row.max() - row.min()
    avg = row.mean()
    # 새로운 시리즈 반환
    return pd.Series([diff, avg], index=['차이', '평균'])

# apply 함수를 사용하여 각 행에 calculate_diff_avg 함수 적용
result_df2 = df.apply(calculate_diff_avg, axis=1)

result_df2
```

〈실행 결과〉

```
           차이         평균
  0   14.7500   14.62500
  1   33.2833   54.64165
  2   18.0750   16.96250
  3   18.1000   44.05000
  4   26.9500   21.52500
...       ...        ...
886   14.0000   20.00000
887   11.0000   24.50000
888    0.0000   23.45000
889    4.0000   28.00000
890   24.2500   19.87500
```

apply() 메소드에 람다 함수를 사용하고 추가적인 매개변수를 전달하는 방식도 가능하다. 다음은 multiplier 매개변수를 사용하여 각 행에 대해 최댓값과 최솟값의 차이에 multiplier를 곱하고 평균을 계산하는 수정된 예제이다.

〈예제 6-3〉 데이터프레임에 apply(axis=1) 적용 (File: part6/6.3_df_apply.ipynb(이어서 계속))

```
# 람다 함수를 사용하여 각 행에 대해 계산 적용(multiplier 매개변수를 추가)
result_df3 = df.apply(lambda row: pd.Series([(row.max() - row.min()) * multiplier, row.mean()],
                                            index=['차이', '평균']),
                      multiplier = 2, axis=1)

result_df3
```

〈실행 결과〉

```
           차이         평균
  0   29.5000   14.62500
  1   66.5666   54.64165
  2   18.0750   16.96250
  3   36.2000   44.05000
  4   53.9000   21.52500
...       ...        ...
886   28.0000   20.00000
887   22.0000   24.50000
888    0.0000   23.45000
889    8.0000   28.00000
890   48.5000   19.87500

891 rows x 2 columns
```

● 함수 매핑 응용 – 조건식을 만족하는 열을 필터링

데이터프레임의 **apply()** 메소드를 사용하여 각 열의 평균값이 30을 초과하는지 여부를 불린(Boolean) 시리즈로 반환한다. 이를 filtered_columns 변수에 저장하고 출력해서 확인한다. 여기서 True는 해당 열의 평균이 30을 초과함을, False는 그렇지 않음을 나타낸다.

filtered_columns 시리즈를 사용하여 원본 데이터프레임 df에서 평균값이 30을 초과하는 열만을 선택한다. loc 인덱서에 전달되는 filtered_columns에서 True로 표시된 열만을 선택하게 된다.

〈예제 6-3〉 조건식을 만족하는 열을 필터링 (File: part6/6.3_df_apply.ipynb(이어서 계속))

```
# 평균값이 30을 초과하는 열만 필터링
filtered_columns = df.apply(lambda x: x.mean() > 30)
print(filtered_columns, "\n")

# 필터링된 열을 기반으로 새로운 데이터프레임 생성
filtered_df = df.loc[:, filtered_columns]

filtered_df
```

〈실행 결과〉

```
age    False
fare    True
dtype: bool

        fare
  0   7.2500
  1  71.2833
  2   7.8250
  3  53.1000
  4   8.0500
 ...     ...
886  13.0000
887  30.0000
888  23.4500
889  30.0000
890   7.7500

891 rows x 1 columns
```

● 함수 매핑 응용 - 조건부 열 추가

다음 예제에서는 **apply()** 메소드를 사용하여 데이터프레임의 각 행을 대상으로 평균값을 계산하고, 이 평균값이 50을 초과하는지 여부에 따라 각 행에 대한 새로운 열('High')을 추가한다. 행의 평균값이 50을 초과하면 'High' 열에 'Yes'를 할당하고, 그렇지 않으면 'No'를 할당한다. 각 행이 특정 조건을 충족하는지 여부에 따라 해당 열을 분류 또는 범주화하는 작업이 가능하다.

예를 들어 각 열은 여러 센서에서 측정한 온도, 습도 등을 나타내고, 각 행은 일별 평균 측정값이라고 가정해보자. 이때, 'High' 열을 추가하여 평균 온도가 높은 날('Yes')과 그렇지 않은 날('No')을 구분할 수 있다. 이처럼 특정 조건에 대한 분석에 활용할 수 있다.

〈예제 6-3〉 조건부 열 추가 (File: part6/6.3_df_apply.ipynb(이어서 계속))

```
# 각 행의 평균값이 50을 초과하는지 여부에 따라 'High' 열 추가
df['High'] = df.apply(lambda row: 'Yes' if row.mean() > 50 else 'No', axis=1)

df
```

〈실행 결과〉

```
     age     fare  High
0    22.0   7.2500   No
1    38.0  71.2833  Yes
2    26.0   7.9250   No
3    35.0  53.1000   No
4    35.0   8.0500   No
...   ...      ...  ...
886  27.0  13.0000   No
887  19.0  30.0000   No
888   NaN  23.4500   No
889  26.0  30.0000   No
890  32.0   7.7500   No

891 rows x 3 columns
```

1-3 데이터프레임 객체에 함수 매핑

데이터프레임 객체를 함수에 매핑하려면 pipe() 메소드를 활용한다. 이때 사용하는 함수가 반환하는 리턴값에 따라 pipe() 메소드가 반환하는 객체의 종류가 결정된다. 데이터프레임을 반환하는 경우, 시리즈를 반환하는 경우, 개별 값을 반환하는 경우로 나눌 수 있다.

데이터프레임 객체에 함수 매핑: `DataFrame 객체.pipe(매핑 함수)`

각 케이스에 대해서 다음 예제를 통해 살펴보자. 'titanic' 데이터셋에서 숫자 데이터로 구성된 2개의 열('age', 'fare')을 선택하여 만든 데이터프레임 df1과 문자열 데이터로 구성된 2개의 열('embark_town', ' embarked')을 선택하여 만든 데이터프레임 df2를 사용한다.

첫 번째로 pipe() 메소드가 데이터프레임을 반환하는 케이스부터 살펴보자. missing_value(df) 함수는 데이터프레임을 입력받으면 isnull() 메소드를 이용하여 데이터프레임의 각 원소에서 누락 데이터(NaN) 여부를 True 또는 Flase로 표시하고, 그 결과를 데이터프레임으로 반환한다.

〈예제 6-4〉 데이터프레임 객체에 pipe( ) 적용 (File: part6/6.4_df_pipe.ipynb)

```python
# 라이브러리 불러오기
import seaborn as sns
import pandas as pd

# titanic 데이터셋에서 age, fare 2개 열을 선택하여 데이터프레임 만들기
titanic = sns.load_dataset('titanic')
df1 = titanic.loc[:, ['age','fare']]
df2 = titanic.loc[:, ['embark_town','embarked']]

# 각 열의 NaN 찾기 - 데이터프레임을 전달하면 데이터프레임을 반환
def missing_value(df):
    return df.isnull()

# 데이터프레임에 pipe() 메소드로 함수 매핑
result_df = df1.pipe(missing_value)
result_df

```

〈실행 결과〉

```
       age   fare
  0  False  False
  1  False  False
  2  False  False
  3  False  False
  4  False  False
...    ...    ...
886  False  False
```

```
887  False  False
888  False  False
889  False  False
890  False  False

891 rows x 2 colums
```

두 번째로 pipe() 메소드가 시리즈를 반환하는 케이스를 살펴보자. missing_count(x) 함수는 데이터프레임을 입력받으면 각 열의 누락 데이터 개수를 시리즈 형태로 반환한다.

〈예제 6-4〉 데이터프레임 객체에 pipe( ) 적용 (File: part6/6.4_df_pipe.ipynb(이어서 계속))

```python
# 각 열의 NaN 개수 반환 - 데이터프레임을 전달하면 시리즈 반환
def missing_count(df):
    return missing_value(df).sum()

result_series = df1.pipe(missing_count)
result_series
```

〈실행 결과〉

```
age     177
fare      0
dtype: int64
```

세 번째로 pipe() 메소드가 하나의 값을 반환하는 케이스를 살펴보자. total_number_missing(x) 함수는 데이터프레임을 입력받으면 각 열의 누락 데이터(NaN)의 개수를 합산하여 반환한다.

〈예제 6-4〉 데이터프레임 객체에 pipe( ) 적용 (File: part6/6.4_df_pipe.ipynb(이어서 계속))

```python
# 데이터프레임의 총 NaN 개수 - 데이터프레임을 전달하면 값 반환
def totoal_number_missing(df):
    return missing_count(df).sum()

result_value = df1.pipe(totoal_number_missing)
result_value
```

〈실행 결과〉

```
177
```

메소드 체이닝(method chaining)은 데이터 처리 과정을 연속적으로 연결하는 방식을 말한다. pipe() 메소드를 이용하면 여러 함수를 연쇄적으로 판다스 객체(데이터프레임 또는 시리즈)에 쉽게 적용할 수 있다. 먼저 pipe() 메소드를 사용하지 않고 2개의 함수를 순차적으로 호출하여 데이터프레임 df2를 변형한다. 이 방법에서는 extract_initial() 함수를 먼저 호출하여 embark_town 열의 첫 글자를 추출하고, 그 결과를 verify_initial() 함수에 전달하여 embarked 열과 비교한다.

〈예제 6-4〉 데이터프레임 객체에 pipe( ) 적용 (File: part6/6.4_df_pipe.ipynb(이어서 계속))

```python
# chain method - 함수 활용
def extract_initial(df):
    df['town_initial'] = df['embark_town'].str[0]
    return df

def verify_initial(df):
    df['verified'] = df['embarked'] == df['town_initial']
    return df

verify_initial(extract_initial(df2))
```

〈실행 결과〉

```
     embark_town  embarked  town_intial  verified
  0  Southampton         S            S      True
  1    Cherbourg         C            C      True
  2  Southampton         S            S      True
  3  Southampton         S            S      True
  4  Southampton         S            S      True
...          ...       ...          ...       ...
886  Southampton         S            S      True
887  Southampton         S            S      True
888  Southampton         S            S      True
889    Cherbourg         C            C      True
890   Queenstown         Q            Q      True

891 rowa x 4 columns
```

pipe() 메소드를 사용하여 같은 작업을 보다 읽기 쉽고 간결한 방식으로 수행할 수 있다. 함수를 연쇄적으로 적용할 수 있으며 각 단계에서 반환된 데이터프레임이 다음 함수의 입력으로 자동으로 전달된다. 판다스에서 권장하는 방법이다.

〈예제 6-4〉 데이터프레임 객체에 pipe( ) 적용 (File: part6/6.4_df_pipe.ipynb(이어서 계속))

```
# chain method - pipe 활용
df2.pipe(extract_initial).pipe(verify_initial)
embark_town
```

〈실행 결과〉

```
     embark_town  embarked  town_intial  verified
  0  Southampton         S            S      True
  1    Cherbourg         C            C      True
  2  Southampton         S            S      True
  3  Southampton         S            S      True
  4  Southampton         S            S      True
...          ...       ...          ...       ...
886  Southampton         S            S      True
887  Southampton         S            S      True
888  Southampton         S            S      True
889    Cherbourg         C            C      True
890   Queenstown         Q            Q      True

891 rowa x 4 columns
```

2 열 재구성

2-1 열 순서 변경

데이터프레임의 열 순서를 변경하는 방법을 알아보자. 열 이름을 원하는 순서대로 정리해서 리스트를 만들고 데이터프레임에서 열을 다시 선택하는 방식으로 열 순서를 바꿀 수 있다.

데이터프레임의 열 순서 변경: `DataFrame 객체[재구성한 열 이름의 리스트]`

'titanic' 데이터셋의 일부분(5행×4열)을 선택하여 데이터프레임 df를 만들고 df를 출력해서 내용을 확인한다. 파이썬 리스트 슬라이싱과 다르게 마지막 범위의 값이 포함된다.

〈예제 6-5〉 열 순서 바꾸기 (File: part6/6.5_df_column_order.ipynb)

```
# 라이브러리 불러오기
import seaborn as sns
import pandas as pd

# titanic 데이터셋의 부분을 선택하여 데이터프레임 만들기
titanic = sns.load_dataset('titanic')
df = titanic.loc[:, 'survived':'age']

df.head()
```

〈실행 결과〉

```
   survived  pclass     sex   age
0         0       3    male  22.0
1         1       1  female  38.0
2         1       3  female  26.0
3         1       1  female  35.0
4         0       3    male  35.0
```

데이터프레임의 열 이름 배열을 나타내는 df.columns.values 속성을 선택하여 파이썬 list() 함수에 전달한다. 데이터프레임의 열이 원래 순서를 유지한 상태에서 리스트로 변환된다.

〈예제 6-5〉 열 순서 바꾸기 (File: part6/6.5_df_column_order.ipynb(이어서 계속))

```
# 열 이름의 리스트 만들기
columns = list(df.columns.values)
print(columns)
```

〈실행 결과〉

```
['survived', 'pclass', 'sex', 'age']
```

sorted() 함수에 columns 변수를 입력하면, 열 이름이 알파벳 순으로 정렬된다. reverse=False 옵션을 지정하면 오름차순 정렬이 된다(또는 지정하지 않아도 오름차순이 기본 적용된다). 정렬된 열 이름의 리스트를 이용하여 df에서 해당 열들을 선택한다. df_sorted 변수에는 columns_sorted에 저장된 ['age', 'pclass', 'sex', 'survived'] 순서로 데이터프레임의 열 순서가 변경된다.

〈예제 6-5〉 열 순서 바꾸기 (File: part6/6.5_df_column_order.ipynb(이어서 계속))

```
# 열 이름을 알파벳 순으로 정렬하기
columns_sorted = sorted(columns, reverse=False)
df_sorted = df[columns_sorted]
df_sorted.head()
```

〈실행 결과〉

```
    age  pclass     sex  survived
0  22.0       3    male         0
1  38.0       1  female         1
2  26.0       3  female         1
3  35.0       1  female         1
4  35.0       3    male         0
```

sorted() 함수에 reverse=True 매개변수를 적용하면 내림차순으로 정렬된다. 정렬 결과를 리스트로 변환하고 columns_reversed에 저장한다. 정렬된 열 이름의 리스트를 이용하여 데이터프레임의 열 순서가 ['survived', 'sex', 'pclass', 'age'] 순으로 변경된다.

〈예제 6-5〉 열 순서 바꾸기 (File: part6/6.5_df_column_order.ipynb(이어서 계속))

```
# 열 이름을 기존 순서의 내림차순으로 정렬하기
columns_reversed = sorted(columns, reverse=True)
df_reversed = df[columns_reversed]
df_reversed.head()
```

〈실행 결과〉

```
   survived     sex  pclass   age
0         0    male       3  22.0
1         1  female       1  38.0
2         1  female       3  26.0
3         1  female       1  35.0
4         0    male       3  35.0
```

columns_customed와 같이 임의의 순서로 열 이름을 재배치한 상태로, 데이터프레임 df에서 각 열을 순서에 맞춰서 선택할 수 있다. ['pclass', 'sex', 'age', 'survived'] 순서로 정리된다.

〈예제 6-5〉 열 순서 바꾸기 (File: part6/6.5_df_column_order.ipynb(이어서 계속))

```python
# 열 이름을 사용자가 정의한 임의의 순서로 재배치하기
columns_customed = ['pclass', 'sex', 'age', 'survived']
df_customed = df[columns_customed]
print(df_customed)
```

〈실행 결과〉

```
   pclass     sex   age  survived
0       3    male  22.0         0
1       1  female  38.0         1
2       3  female  26.0         1
3       1  female  35.0         1
4       3    male  35.0         0
```

2-2 열 분리

하나의 열이 여러 가지 정보를 담고 있을 때 각 정보를 서로 분리해서 사용하는 경우가 있다. 어떤 열에 '연월일' 정보가 있을 때 '연', '월', '일'을 구분하여 3개의 열을 만드는 것 또는 사람의 이름이 들어 있는 열을 '성'과 '이름'으로 구분하는 것을 예로 들 수 있다.

다음 예제에서 시리즈의 str 접근자를 이용하여 문자열 데이터에 접근하는 방법을 이용하여 '연월일'에서 '연', '월', '일'을 구분해 보자. 한국 주식시장에 상장된 모 회사의 날짜별 주가를 정리한 데이터†를 사용한다. 자료실에서 '주가데이터.xlsx' 파일을 다운로드하고, read_excel() 함수를 이용하여 데이터프레임으로 변환한다. 첫 5행을 출력하면 '연월일' 열은 '2018-07-02'와 같이 '연-월-일' 정보를 담고 있다.

〈예제 6-6〉 열 분리하기 (File: part6/6.6_df_column_split.ipynb)

```python
# 라이브러리 불러오기
import pandas as pd

# 데이터셋 가져오기
df = pd.read_excel('./data/주가데이터.xlsx', engine= 'openpyxl')

df.head()
```

† [저장소] File: part6/data/주가데이터.xlsx

〈실행 결과〉

	연월일	당일종가	전일종가	시가	고가	저가	거래량
0	2018-07-02	10100	600	10850	10900	10000	137977
1	2018-06-29	10700	300	10550	10900	9990	170253
2	2018-06-28	10400	500	10900	10950	10150	155769
3	2018-06-27	10900	100	10800	11050	10500	133548
4	2018-06-26	10800	350	10900	11000	10700	63039

astype() 메소드를 사용하여 '연월일' 열의 자료형을 문자열로 변경한다. split() 메소드를 '연월일' 열의 문자열 속성에 적용하면, '연-월-일' 형식의 문자열 데이터를 분리하여 ['연', '월', '일'] 형태의 리스트로 정리한다. 반환되는 객체는 시리즈이고 dates 변수에 저장한다.

〈예제 6-6〉 열 분리하기 (File: part6/6.6_df_column_split.ipynb(이어서 계속))

```
# 연, 월, 일 데이터 분리하기
df['연월일'] = df['연월일'].astype('str')      # 문자열 메소드 사용을 자료형 변경
dates = df['연월일'].str.split('-')            # 문자열을 split() 메소드로 분리

dates.head()
```

〈실행 결과〉

```
0    [2018, 07, 02]
1    [2018, 06, 29]
2    [2018, 06, 28]
3    [2018, 06, 27]
4    [2018, 06, 26]
Name: 연월일, dtype: object
```

dates 변수에 저장된 문자열 리스트의 원소를 선택하기 위해 get() 메소드를 활용한다. 각 원소 리스트의 인덱스 0, 1, 2를 전달하여 '연', '월', '일' 데이터를 따로 선택할 수 있다. 순서대로 데이터프레임 df의 새로운 열로 추가한다.

시리즈의 문자열 리스트 인덱싱: `Series 객체.str.get(인덱스)`

〈예제 6-6〉 열 분리하기 (File: part6/6.6_df_column_split.ipynb(이어서 계속))

```
# 분리된 정보를 각각 새로운 열에 담아 df에 추가하기
df['연'] = dates.str.get(0)    # dates 변수의 원소 리스트의 0번째 인덱스 값
df['월'] = dates.str.get(1)    # dates 변수의 원소 리스트의 1번째 인덱스 값
```

```
df['일'] = dates.str.get(2)    # dates 변수의 원소 리스트의 2번째 인덱스 값
df.head()
```

〈실행 결과〉

	연월일	당일종가	전일종가	시가	고가	저가	거래량	연	월	일
0	2018-07-02	10100	600	10850	10900	10000	137977	2018	07	02
1	2018-06-29	10700	300	10550	10900	9990	170253	2018	06	29
2	2018-06-28	10400	500	10900	10950	10150	155769	2018	06	28
3	2018-06-27	10900	100	10800	11050	10500	133548	2018	06	27
4	2018-06-26	10800	350	10900	11000	10700	63039	2018	06	26

expand=True 옵션은 **str**.split() 메소드와 함께 사용될 때 분리된 문자열을 새로운 데이터프레임으로 확장하여 반환한다. 각 문자열이 특정 구분자(예: '-')에 따라 분리되고, 분리된 각 부분이 새로운 데이터프레임의 열을 구성한다.

〈예제 6-6〉 열 분리하기 (File: part6/6.6_df_column_split.ipynb(이어서 계속))

```
# expand 옵션
df_expand = df['연월일'].str.split('-', expand=True)

df_expand.head()
```

〈실행 결과〉

	0	1	2
0	2018	07	02
1	2018	06	29
2	2018	06	28
3	2018	06	27
4	2018	06	26

3 그룹 연산

그룹(group) 연산은 데이터를 특정한 기준에 따라 여러 개의 그룹으로 나눠 각 그룹에 대해 독립적으로 함수를 적용하고, 그 결과를 다시 합쳐서 데이터 구조로 반환하는 과정을 포함한다. 그룹 연산은 특히 데이터를 집계, 변환, 필터링하는 데 효율적이다. "분할 – 적용 – 결합"

(Split-Apply-Combine) 전략이라는 3단계의 과정으로 이루어진다. 데이터를 그룹으로 분할하는 1단계 과정은 판다스 groupby() 메소드를 사용하는데, 그룹 연산을 GroupBy 연산이라고 부르기도 한다.

> **1단계) 분할(split)**: 데이터를 특정 조건에 의해 분할. 주로 특정 열의 값에 따라 데이터를 그룹화하는 것이 일반적임
>
> **2단계) 적용(apply)**: 데이터를 집계, 변환, 필터링하는 데 필요한 메소드를 적용. 각 그룹에 대해 독립적으로 적용함
> - **집계**(Aggregation): 각 그룹에 대한 요약 통계(예: 합계, 평균, 개수) 계산
> - **변환**(Transformation): 그룹별 특정 계산을 수행하고, 원본 데이터와 같은 인덱스를 가진 객체를 반환(예: 각 그룹별로 z-score 표준화 변환)
> - **필터링**(Filtration): 그룹별 계산에 따라 일부 그룹을 제거(예: 그룹 평균이 일정 수준 이하인 그룹에 속하는 데이터를 필터링)
>
> **3단계) 결합(combine)**: 2단계의 처리 결과를 하나의 데이터 구조로 결합(예: 집계 결과, 변환된 데이터셋, 또는 필터링된 데이터셋)

3-1 그룹 객체 만들기(분할 단계)

● 1개 열을 기준으로 그룹화

groupby() 메소드는 데이터프레임의 특정 열을 기준으로 데이터프레임을 분할하여 그룹 객체를 반환한다. 기준이 되는 열은 1개도 가능하고, 여러 열을 리스트로 입력할 수도 있다.

그룹 연산(분할): `DataFrame 객체.groupby(기준이 되는 열)`

다음 예제에서는 'titanic' 데이터셋에서 5개의 열을 선택하여 만든 데이터프레임(df)을 사용한다.

〈예제 6-7〉 그룹 연산 - 분할 (File: part6/6.7_df_groupby.ipynb)

```python
# 라이브러리 불러오기
import pandas as pd
import seaborn as sns

# titanic 데이터셋에서 age, sex 등 5개 열을 선택하여 데이터프레임 만들기
titanic = sns.load_dataset('titanic')
df = titanic.loc[:, ['age','sex', 'class', 'fare', 'survived']]

df.head()
```

〈실행 결과〉

```
    age     sex  class     fare  survived
0  22.0    male  Third   7.2500         0
1  38.0  female  First  71.2833         1
2  26.0  female  Third   7.9250         1
3  35.0  female  First  53.1000         1
4  35.0    male  Third   8.0500         0
```

먼저 열 1개를 기준으로 분할하여 그룹 객체를 만드는 방법이다. 'class' 열을 기준(키: key)으로 하여 그룹으로 나눈다. 그룹 객체를 출력하면 "DataFrameGroupBy object"라는 클래스 객체임을 알 수 있다. 이 상태에서는 데이터 내용을 확인할 수 없다.

〈예제 6-7〉 그룹 연산 - 분할 (File: part6/6.7_df_groupby.ipynb(이어서 계속))

```
# class 열을 기준으로 분할
grouped = df.groupby(['class'], observed=True)
print(grouped)
```

〈실행 결과〉

```
<pandas.core.groupby.generic.DataFrameGroupBy object at 0x000001D3C881A200>
```

observed 옵션의 이해

이 옵션은 groupby 연산 시 범주형 열에서 나타나지 않는 범주를 제외할지 여부를 결정한다. observed=True로 설정하면 실제로 데이터에 나타나는 범주만이 결과에 포함된다. 반면 observed=False로 설정하면 실제로 데이터에 없는 범주까지 모든 가능한 범주가 포함된다. 예를 들면 '성별'이라는 범주형 열의 가능한 값으로 '남성', '여성', '기타'가 있다고 가정하자. 실제 데이터셋에 '기타' 범주에 해당하는 데이터가 없다면, observed=True 옵션에서는 '기타' 그룹을 제외하고 출력한다. observed=False 일 경우에는 '기타' 그룹은 데이터가 없는 상태로 포함되어 표시된다.

반복문을 이용하여 그룹 객체(grouped)의 내용을 출력하면 ('First',) 그룹에 216명, ('Second',) 그룹에 184명, ('Third',) 그룹에 491명의 승객 데이터가 있다. 각 그룹의 키는 'class' 열에 들어 있는 고유값인 'First', 'Second', 'Third'라는 값을 기준으로 생성된다. 이 3개의 값을 기준으로 891명의 승객 데이터가 3개의 그룹으로 나누어지는 것이다. 또한, 각 그룹의 승객 데이터를 보면 원본 행의 인덱스가 그대로 유지되는 것을 알 수 있다.

〈예제 6-7〉 그룹 연산 – 분할 (File: part6/6.7_df_groupby.ipynb(이어서 계속))

```python
# 그룹 객체를 iteration으로 출력: head() 메소드로 첫 5행만을 출력
for key, group in grouped:
    print('* key :', key)
    print('* number :', len(group))
    print(group.head())
    print('\n')
```

〈실행 결과〉

```
* key : ('First',)
* number : 216
     age     sex  class     fare  survived
1   38.0  female  First  71.2833         1
3   35.0  female  First  53.1000         1
6   54.0    male  First  51.8625         0
11  58.0  female  First  26.5500         1
23  28.0    male  First  35.5000         1



* key : ('Second',)
* number : 184
     age     sex   class     fare  survived
9   14.0  female  Second  30.0708         1
15  55.0  female  Second  16.0000         1
17   NaN    male  Second  13.0000         1
20  35.0    male  Second  26.0000         0
21  34.0    male  Second  13.0000         1



* key : ('Third',)
* number : 491
    age     sex  class     fare  survived
0  22.0    male  Third   7.2500         0
2  26.0  female  Third   7.9250         1
4  35.0    male  Third   8.0500         0
5   NaN    male  Third   8.4583         0
7   2.0    male  Third  21.0750         0
```

앞에서 생성한 그룹 객체(grouped)에 연산 메소드를 적용할 수 있다. 다음 예제에서 grouped 객체에 들어 있는 3개 그룹에 대하여 그룹별 평균값을 구하기 위해 mean() 메소드를 적용한다.

이때 numeric_only=True 옵션을 적용하여 연산이 가능한 숫자형 열에 대해서만 선택적으로 연산을 수행한다. 따라서 문자열 데이터를 갖는 'sex', 'class' 열은 제외하고, 숫자형 데이터를 가진 열에 대해서는 평균값을 계산한다. 1등석의 평균 나이가 38세로 가장 많고, 구조 확률도 63% 정도로 가장 높다는 정보를 얻을 수 있다.

〈예제 6-7〉 그룹 연산 – 분할 (File: part6/6.7_df_groupby.ipynb(이어서 계속))

```
# 연산 메소드 적용
average = grouped.mean(numeric_only=True)
average
```

〈실행 결과〉

```
              age        fare    survived
class
First   38.233441   84.154687    0.629630
Second  29.877630   20.662183    0.472826
Third   25.140620   13.675550    0.242363
```

그룹 객체에 get_group() 메소드를 적용하면 특정 그룹만을 선택할 수 있다. grouped 객체의 3개 그룹 중 키 값이 'Third'인 3등석 승객 데이터를 가진 그룹을 따로 선택하여 추출한다. 이때 함수에 전달되는 인자는 가능한 튜플 형태로 입력해야 한다.

〈예제 6-7〉 그룹 연산 – 분할 (File: part6/6.7_df_groupby.ipynb(이어서 계속))

```
# 개별 그룹 선택하기
group3 = grouped.get_group(('Third',))
group3.head()
```

〈실행 결과〉

```
   age     sex  class     fare  survived
0  22.0    male  Third   7.2500         0
2  26.0  female  Third   7.9250         1
4  35.0    male  Third   8.0500         0
5  NaN     male  Third   8.4583         0
7   2.0    male  Third  21.0750         0
```

● 여러 열을 기준으로 그룹화

이번에는 groupby() 메소드에 여러 개의 열을 리스트로 전달하는 방법을 알아보자. 여러 개의 기준 값을 사용하기 때문에 반환되는 그룹 객체의 인덱스는 다중 구조를 갖는다. 다음 장에서 멀티 인덱스(MultiIndex)에 대해 자세히 알아보자.

> **그룹 연산(분할):** `DataFrame 객체.groupby(기준이 되는 열의 리스트)`

groupby() 메소드에 두 열('class', 'sex')을 인자로 전달하면 두 열이 갖는 원소 값들로 만들 수 있는 모든 조합으로 키를 생성한다. 그리고 조합된 키를 기준으로 그룹 객체를 만든다. 'class' 열에는 'First', 'Second', 'Third'라는 3개의 값이 들어 있고, 'sex' 열에는 'male', 'female'이라는 2개의 값이 들어 있다. 가능한 조합은 ('class', 'sex') 형식의 투플로 지정되어 ('First', 'female')을 포함한 6개의 키가 조합으로 만들어진다. 모두 6개의 그룹으로 상세하게 구분할 수 있다.

〈예제 6-7〉 그룹 연산 – 분할 (File: part6/6.7_df_groupby.ipynb(이어서 계속))

```python
# class 열, sex 열을 기준으로 분할
grouped_two = df.groupby(['class', 'sex'], observed=True)

# grouped_two 그룹 객체를 iteration으로 출력
for key, group in grouped_two:
    print('* key :', key)
    print('* number :', len(group))
    print(group.head())
    print('\n')
```

〈실행 결과〉

```
* key : ('First', 'female')
* number : 94
     age     sex  class      fare  survived
1   38.0  female  First   71.2833         1
3   35.0  female  First   53.1000         1
11  58.0  female  First   26.5500         1
31   NaN  female  First  146.5208         1
52  49.0  female  First   76.7292         1


* key : ('First', 'male')
* number : 122
```

```
     age   sex  class       fare  survived
6   54.0  male  First   51.8625         0
23  28.0  male  First   35.5000         1
27  19.0  male  First  263.0000         0
30  40.0  male  First   27.7208         0
34  28.0  male  First   82.1708         0


* key : ('Second', 'female')
* number : 76
     age     sex   class     fare  survived
9   14.0  female  Second  30.0708         1
15  55.0  female  Second  16.0000         1
41  27.0  female  Second  21.0000         0
43   3.0  female  Second  41.5792         1
53  29.0  female  Second  26.0000         1


* key : ('Second', 'male')
* number : 108
     age   sex   class  fare  survived
17   NaN  male  Second  13.0         1
20  35.0  male  Second  26.0         0

21  34.0  male  Second  13.0         1
33  66.0  male  Second  10.5         0
70  32.0  male  Second  10.5         0


* key : ('Third', 'female')
* number : 144
     age     sex  class     fare  survived
2   26.0  female  Third   7.9250         1
8   27.0  female  Third  11.1333         1
10   4.0  female  Third  16.7000         1
14  14.0  female  Third   7.8542         0
18  31.0  female  Third  18.0000         0


* key : ('Third', 'male')
* number : 347
     age   sex  class    fare  survived
0   22.0  male  Third  7.2500         0
```

```
4   35.0  male  Third   8.0500         0
5    NaN  male  Third   8.4583         0
7    2.0  male  Third  21.0750         0
12  20.0  male  Third   8.0500         0
```

grouped_two 객체의 각 그룹에 mean() 메소드를 적용한다. 이때 데이터프레임이 반환되는데, 키가 되는 2개의 열('class', 'sex')의 값으로부터 2중 멀티 인덱스가 지정된다.

실행 결과를 보면 여성의 생존율이 남성에 비해 월등히 높다. 다만, 3등석 여성 승객의 생존율은 50%에 불과하여 1~2등석 여성 승객의 생존률인 90%에 비해 상대적으로 낮다는 사실을 알 수 있다.

〈예제 6-7〉 그룹 연산 – 분할 (File: part6/6.7_df_groupby.ipynb(이어서 계속))

```
# grouped_two 그룹 객체에 연산 메소드 적용
average_two = grouped_two.mean(numeric_only=True)
average_two
```

〈실행 결과〉

```
                        age        fare   survived
class    sex
First   female    34.611765  106.125798   0.968085
          male    41.281386   67.226127   0.368852
Second  female    28.722973   21.970121   0.921053
          male    30.740707   19.741782   0.157407
Third   female    21.750000   16.118810   0.500000
          male    26.507589   12.661633   0.135447
```

멀티 인덱스를 이용하여 특정 그룹만을 골라서 추출하는 방법이다. get_group() 메소드를 활용하는데, 인자로 전달하는 키는 투플로 입력한다. 예제에서 grouped_two 객체의 6개 그룹 중에서 키가 ('Third','female')인 그룹을 추출한다. 'class' 열의 데이터가 'Third'이고, 'sex' 열의 데이터가 'female'인 행 데이터만 추출되어 데이터프레임으로 반환된다.

〈예제 6-7〉 그룹 연산 – 분할 (File: part6/6.7_df_groupby.ipynb(이어서 계속))

```
# grouped_two 그룹 객체에서 개별 그룹 선택하기
group3f = grouped_two.get_group(('Third','female'))
group3f.head()
```

〈실행 결과〉

```
     age     sex  class     fare  survived
2   26.0  female  Third   7.9250         1
8   27.0  female  Third  11.1333         1
10   4.0  female  Third  16.7000         1
14  14.0  female  Third   7.8542         0
18  31.0  female  Third  18.0000         0
```

3-2 그룹 연산 메소드(적용-결합 단계)

● 집계(Aggregation)

앞에서 분할한 그룹 객체에 대하여 각 그룹별 평균을 계산한 것처럼 그룹 객체에 다양한 연산을 적용할 수 있다. 이 과정을 데이터 집계(Aggregation)라고 부른다

집계 기능을 내장하고 있는 판다스 기본 함수에는 mean(), max(), min(), sum(), count(), size(), var(), std(), describe(), info(), first(), last() 등이 있다. 다음의 예제에서는 각 그룹의 표준편차를 집계하는 std() 메소드를 기준으로 설명한다.

표준편차 데이터 집계(내장 함수): `group 객체.std()`

먼저 각 그룹에 대하여 각 열의 표준편차를 계산하고 각 그룹을 행 인덱스로 갖는 데이터프레임을 반환한다. 요금을 나타내는 'fare' 열을 보면 1등석인 'First' 클래스 요금의 표준편차가 2~3등석보다 훨씬 크다.

〈예제 6-8〉 데이터 집계 (File: part6/6.8_df_groupby_agg.ipynb)

```python
# 라이브러리 불러오기
import pandas as pd
import seaborn as sns

# titanic 데이터셋에서 age, sex 등 5개 열을 선택하여 데이터프레임 만들기
titanic = sns.load_dataset('titanic')
df = titanic.loc[:, ['age','sex', 'class', 'fare', 'survived']]

# class 열을 기준으로 분할
grouped = df.groupby(['class'], observed=True)

```

```
# 각 그룹에 대한 모든 열의 표준편차를 집계하여 데이터프레임으로 반환
std_all = grouped.std(numeric_only=True)

std_all
```

〈실행 결과〉

```
              age       fare  survived
class
 First  14.802856  78.380373  0.484026
Second  14.001077  13.417399  0.500623
 Third  12.495398  11.778142  0.428949
```

그룹 객체의 각 그룹에 대하여 숫자형 열들의 표준편차를 계산한다. as_index=False는 그룹화의 기준 열('class' 열)을 데이터 프레임의 새로운 인덱스로 설정하지 않고 데이터프레임의 열로 유지한다는 의미이다. 결과적으로 원본 데이터프레임과 동일한 열 인덱스를 유지한다.

〈예제 6-8〉 데이터 집계 (File: part6/6.8_df_groupby_agg.ipynb(이어서 계속))

```
# 각 그룹에 대한 모든 열의 표준편차를 집계(as_index=False)
std_all_index = df.groupby(['class'], observed=True, as_index=False).std(numeric_
only=True)

std_all_index
```

〈실행 결과〉

```
    class        age       fare  survived
0   First  14.802856  78.380373  0.484026
1  Second  14.001077  13.417399  0.500623
2   Third  12.495398  11.778142  0.428949
```

그룹 객체에 집계 함수를 적용한 결과는 데이터프레임 구조를 갖는다. 여기서 특정한 열을 선택하면 해당 열의 집계 결과를 시리즈로 추출할 수 있다.

〈예제 6-8〉 데이터 집계 (File: part6/6.8_df_groupby_agg.ipynb(이어서 계속))

```
# fare 열의 표준편차를 선택
std_all['fare']
```

〈실행 결과〉

```
class
First        78.380373
Second       13.417399
Third        11.778142
Name: fare, dtype: float64
```

한편, 그룹 객체에서 'fare' 열을 따로 지정하여 집계 연산을 적용해도 앞의 실행 결과와 같은 시리즈를 얻을 수 있다.

〈예제 6-8〉 데이터 집계 (File: part6/6.8_df_groupby_agg.ipynb(이어서 계속))

```
# 각 그룹에 대한 fare 열의 표준편차를 집계하여 시리즈로 반환
std_fare = grouped['fare'].std(numeric_only=True)
std_fare
```

〈실행 결과〉

```
class
First        78.380373
Second       13.417399
Third        11.778142
Name: fare, dtype: float64
```

그룹 객체에서 집계 함수를 적용할 열을 배열 형태로 여러 개 선택할 수 있다. 그룹화된 객체에서 'age'와 'survived' 열을 지정하고 std() 집계 함수로 각 그룹의 표준편차를 계산한다.

〈예제 6-8〉 데이터 집계 (File: part6/6.8_df_groupby_agg.ipynb(이어서 계속))

```
# 각 그룹에 대한 age, survived 열의 표준편차를 집계하여 시리즈로 반환
std_age_survived = grouped[['age', 'survived']].std(numeric_only=True)
std_age_survived
```

〈실행 결과〉

```
              age  survived
 class
  First  14.802856  0.484026
 Second  14.001077  0.500623
  Third  12.495398  0.428949
```

데이터프레임의 요약 통계를 구하는 describe() 메소드를 그룹 객체에도 적용할 수 있다. 여기서는 각 그룹에 대한 기술 통계를 제공한다.

〈예제 6-8〉 데이터 집계 (File: part6/6.8_df_groupby_agg.ipynb(이어서 계속))

```
# 각 그룹에 대한 요약 통계
grouped.describe()
```

〈실행 결과〉[5]

```
                                                   age        \
         count       mean        std   min   25%   50%   75%  max
 class
 First   186.0  38.233441  14.802856  0.92  27.0  37.0  49.0 80.0
Second   173.0  29.877630  14.001077  0.69  23.0  29.0  36.0 70.0
 Third   355.0  25.140620  12.495398  0.42  18.0  24.0  32.0 74.0

                                          fare
         count       mean  ...  75%       max  count
 class
 First   216.0  84.154687  ...  93.5  512.3292  216.0
Second   184.0  20.662183  ...  26.0   73.5000  184.0
 Third   491.0  13.675550  ...  15.5   69.5500  491.0

3 rows x 24 columns
```

그룹 객체에서 특정한 열 또는 열들의 조합에 대해 value_counts() 메소드를 사용하면 고유값의 빈도 수를 계산할 수 있다. 데이터프레임에 직접 value_counts() 메소드를 적용하는 것과 사실상 결과가 같다고 볼 수 있다.

〈예제 6-8〉 데이터 집계 (File: part6/6.8_df_groupby_agg.ipynb(이어서 계속))

```
# 각 그룹에 대한 고유값의 빈도 수
grouped[['class', 'sex']].value_counts()
```

〈실행 결과〉

```
class   sex
First   male      122
        female     94
Second  male      108
```

5) 실행 결과에서는 출력 결과의 일부분을 표시하고 있다. 다른 열들에 대해서도 요약 통계 값을 확인할 수 있다.

```
        female   76
Third   male    347
        female  144
Name: count, dtype: int64
```

집계 연산을 처리하는 aggregate() 메소드 또는 agg() 메소드를 사용할 수 있다.

- **aggregate() 메소드 데이터 집계:** group객체.aggregate(매핑 함수)
- **agg() 메소드 데이터 집계:** group객체.agg(매핑 함수)

코드 34라인은 aggregate() 메소드를 사용하여 각 그룹에 대해 모든 숫자형 열의 평균을 계산한다. 여기서 'mean'은 적용할 집계 함수를 나타낸다.

〈예제 6-8〉 데이터 집계 (File: part6/6.8_df_groupby_agg.ipynb(이어서 계속))

```
33  # 그룹 객체에 aggregate() 메소드 적용(mean 함수를 모든 열에 적용)
34  agg_mean = grouped.aggregate('mean', numeric_only=True)
35  agg_mean
```

〈실행 결과〉

```
              age        fare  survived
 class
 First  38.233441  84.154687  0.629630
Second  29.877630  20.662183  0.472826
 Third  25.140620  13.675550  0.242363
```

aggregate() 메소드 대신 agg() 메소드를 사용해도 된다. 두 함수는 같은 역할을 한다.

〈예제 6-8〉 데이터 집계 (File: part6/6.8_df_groupby_agg.ipynb(이어서 계속))

```
# 그룹 객체에 agg() 메소드 적용(mean 함수를 모든 열에 적용)
agg_mean2 = grouped.agg('mean', numeric_only=True)
agg_mean2
```

〈실행 결과〉

```
              age        fare  survived
 class
 First  38.233441  84.154687  0.629630
Second  29.877630  20.662183  0.472826
 Third  25.140620  13.675550  0.242363
```

동시에 여러 개의 함수를 사용하여 각 그룹별 데이터에 대한 집계 연산을 처리할 수 있다. 각각의 열에 여러 개의 함수를 일괄 적용할 때는 리스트 형태로 인수를 전달하고, 열마다 다른 종류의 함수를 적용하려면 {열 : 함수} 형태의 딕셔너리를 전달한다.

- **모든 열에 여러 함수를 매핑:** `group 객체.agg([함수1, 함수2, 함수3, … ])`
- **각 열마다 다른 함수를 매핑:** `group 객체.agg({'열1' : 함수1, '열2' : 함수2, … })`

예제에서 agg_all 변수는 grouped 객체의 각 열에 2개의 함수('min', 'max')를 일괄 적용하여 그룹별로 집계한 결과이다. 이처럼 2개의 함수를 리스트 형태로 입력하면, 각 열에 대하여 2개 함수의 연산 결과를 각각 집계하여 다른 열로 구분하여 표시한다. 함수명을 열 이름에 추가하여 2중 열 구조를 만든다.

〈예제 6-8〉 데이터 집계 (File: part6/6.8_df_groupby_agg.ipynb(이어서 계속))

```
# 여러 함수를 각 열에 동일하게 적용하여 집계
agg_all = grouped.agg(['min', 'max'])
agg_all
```

〈실행 결과〉

```
          age          sex            fare                survived
          min   max    min     max    min      max        min   max
class
 First   0.92   80.0   female  male   0.0   512.3292      0     1
Second   0.67   70.0   female  male   0.0    73.5000      0     1
 Third   0.42   74.0   female  male   0.0    69.5500      0     1
```

다음 코드에서 agg_sep 변수는 'fare' 열에는 2개 함수('min', 'max')를 적용하고, 'age' 열에는 다른 종류의 함수('mean')를 적용하여 집계한 결과이다.

〈예제 6-8〉 데이터 집계 (File: part6/6.8_df_groupby_agg.ipynb(이어서 계속))

```
# 각 열마다 다른 함수를 적용하여 집계
agg_sep = grouped.agg({'fare':['min', 'max'], 'age':'mean'})
agg_sep
```

〈실행 결과〉

```
                fare         age
        min     max          mean
class
```

```
First   0.0   512.3292      38.233441
Second  0.0    73.5000      29.877630
Third   0.0    69.5500      25.140620
```

다음 예제에서는 최댓값과 최솟값의 차를 계산하는 함수를 정의하여 사용한다. 각 그룹별로 연산이 가능한 열에 대한 최댓값과 최솟값의 차를 구한다. 이를 통해 각 변수에 포함된 데이터 값의 분포 범위를 알 수 있다.

〈예제 6-8〉 데이터 집계 (File: part6/6.8_df_groupby_agg.ipynb(이어서 계속))

```
# 그룹 객체에 agg() 메소드 적용 - 사용자 정의 함수를 인수로 전달
def min_max(x):     # 최댓값 - 최솟값
    return x.max() - x.min()

# 각 그룹의 최댓값과 최솟값의 차이를 계산하여 그룹별로 집계
agg_minmax = grouped[['age', 'fare']].agg(min_max)

agg_minmax
```

〈실행 결과〉

```
          age      fare
class
 First  79.08  512.3292
Second  69.33   73.5000
 Third  73.58   69.5500
```

● 변환(Transformation)

변환(Transformation)은 그룹화된 데이터에 대해 수행되는 연산으로, 원본 데이터와 동일한 행 인덱스와 열 이름을 갖는 데이터프레임을 반환한다는 점에서 그룹별로 연산 결과를 반환하는 집계(Aggregation)와 다르다. 즉, 그룹을 나누고 연산을 한다는 점은 두 방식이 같지만, 연산의 결과에 그룹이 포함되는지 여부에 따라서 구분된다.

변환 기능을 내장하고 있는 판다스 기본 함수에는 `bfill()`, `cumcount()`, `cummax()`, `cummin()`, `cumprod()`, `cumsum()`, `diff()`, `ffill()`, `pct_change()`, `rank()`, `shift()` 등이 있다. 다음 예제에서는 각 그룹의 누적합을 계산하는 `cumsum()` 메소드를 기준으로 설명한다. `'titanic'` 데이터프레임에서 5개의 열을 선택하여 준비한다.

〈예제 6-9〉 데이터 변환 (File: part6/6.9_df_groupby_transform.ipynb)

```
# 라이브러리 불러오기
import pandas as pd
import seaborn as sns

# titanic 데이터셋에서 age, sex 등 5개 열을 선택하여 데이터프레임 만들기
titanic = sns.load_dataset('titanic')
df = titanic.loc[:, ['age','sex', 'class', 'fare', 'survived']]

df
```

〈실행 결과〉

```
      age     sex   class     fare  survived
  0  22.0    male   Third   7.2500         0
  1  38.0  female   First  71.2833         1
  2  26.0  female   Third   7.9250         1
  3  35.0  female   First  53.1000         1
  4  35.0    male   Third   8.0500         0
...   ...     ...     ...      ...       ...
886  27.0    male  Second  13.0000         0
887  19.0  female   First  30.0000         1
888   NaN  female   Thrid  23.4500         0
889  26.0    male   First  30.0000         1
890  32.0    male   Third   7.7500         0

891 rows x 5 columns
```

다음 예제는 'titanic' 데이터프레임에서 'class' 열에 따라 그룹을 나누고 각 그룹 별로 'fare' 열의 누적합을 계산한다. 앞의 데이터프레임에서 'class' 열을 보면 0, 2, 4행에는 'Third' 값이 들어 있고 1, 3행에는 'First' 값이 들어 있다. 다음 예제의 누적 합산 결과를 보면 0행에는 원본 데이터프레임과 같은 7.2500이지만, 2행을 보면 원본의 0행과 2행의 값이 더해진 15.1750이다. 마찬가지로 3행에는 원본 데이터프레임의 1행과 3행의 값이 합산된 124.3833이 표시된다. 이처럼, 각 그룹별로 순서대로 누적하여 합산한 값이 정리된다. 그리고 원본의 행 인덱스가 그대로 유지된다.

〈예제 6-9〉 데이터 변환 (File: part6/6.9_df_groupby_transform.ipynb(이어서 계속))

```
# class 열을 기준으로 분할
grouped = df.groupby(['class'], observed=True)

# fare 열을 그룹별로 누적 합산
grouped['fare'].cumsum()
```

〈실행 결과〉

```
0        7.2500
1       71.2833
2       15.1750
3      124.3833
4       23.2250
         ...
886   3801.8417
887  18147.4125
888   6706.9451
889  18177.4125
890   6714.6951
Name: fare, Length: 891, dtype: float64
```

변환 결과를 원본 데이터프레임에 다시 추가하는 것은 자주 사용되는 방법이다. 다음은 각 행에 그룹 별 'fare' 열의 누적합을 계산한 결과를 저장한 'fare_cumsum' 열을 원본 데이터프레임에 추가한다.

〈예제 6-9〉 데이터 변환 (File: part6/6.9_df_groupby_transform.ipynb(이어서 계속))

```
# 변환 결과를 기존 데이터프레임의 열로 추가
df['fare_cumsum'] = grouped['fare'].cumsum()
df.head()
```

〈실행 결과〉

	age	sex	class	fare	survived	fare_cumsum
0	22.0	male	Third	7.2500	0	7.2500
1	38.0	female	First	71.2833	1	71.2833
2	26.0	female	Third	7.9250	1	15.1750
3	35.0	female	First	53.1000	1	124.3833
4	35.0	male	Third	8.0500	0	23.2250

transform() 메소드는 그룹 객체에 대해 변환 연산을 수행하고 원본 데이터프레임과 같은 형태로 반환한다. 이 메소드는 cumsum() 메소드와 같은 내장 변환 함수나 집계 함수의 문자열 별칭을 인자로 받을 수 있으며, 이러한 함수를 그룹별 데이터에 적용하여 변환된 결과를 데이터프레임으로 생성한다.

데이터 변환 연산: group객체.transform(매핑 함수)

다음은 transform() 메소드에 'cumsum' 문자열 별칭을 전달하여 grouped라는 그룹화된 객체에 대해 누적합 변환을 적용한다. 'fare' 열에 대해서만 변환을 수행한다. 각 그룹 내에서 'fare' 열의 누적합을 계산하고, 그 결과를 원본 데이터프레임과 같은 형태로 반환한다. 결과는 각 행에서 'fare'의 누적합을 나타내며, 이는 그룹 내의 해당 행과 그 이전 행들의 'fare' 값들의 합으로 계산된다. 따라서, 'fare' 값들은 점진적으로 누적되는 과정을 보여준다.

〈예제 6-9〉 데이터 변환 (File: part6/6.9_df_groupby_transform.ipynb(이어서 계속))

```
# fare 열을 그룹별로 누적 합산
grouped[['fare']].transform('cumsum')
```

〈실행 결과〉

```
          fare
0       7.2500
1      71.2833
2      15.1750
3     124.3833
4      23.2250
...        ...
886  3801.8417
887 18147.4125
888  6706.9451
889 18177.4125
890  6714.6951

891 rows x 1 columns
```

이번에는 grouped 객체에 대해 'age'와 'survived' 열의 평균을 계산하는 변환 작업을 수행한다. 각 그룹 내에서 해당 열의 평균값을 계산하고, 이 평균값을 각 그룹 내의 모든 원소에 대해 동일하게 적용한다. 각 행에는 해당 그룹의 'age'와 'survived'에 대한 평균값이 표시된다.

〈예제 6-9〉 데이터 변환 (File: part6/6.9_df_groupby_transform.ipynb(이어서 계속))

```
# age, survived 열을 그룹별로 평균 계산
grouped[['age', 'survived']].transform('mean')
```

〈실행 결과〉

```
           age  survived
  0  25.140620  0.242363
  1  38.233441  0.629630
  2  25.140620  0.242363
  3  38.233441  0.629630
  4  25.140620  0.242363
...        ...       ...
886  29.877630  0.472826
887  38.233441  0.629630
888  25.140620  0.242363
889  38.233441  0.629630
890  25.140620  0.242363

891 rows x 2 columns
```

이번에는 transform() 메소드를 사용하여 'age' 열의 데이터를 z-score로 직접 변환한다. 그룹 객체의 'age' 열의 데이터에 z_score 함수를 적용하여 각 그룹 내에서 'age' 열의 데이터를 해당 그룹의 z-score[6]로 변환한다. z-score를 계산하는 사용자 함수를 정의하고 transform() 메소드의 인자로 전달한다. 각 그룹별 평균과 표준편차를 이용하여 각 원소의 z-score를 계산하게 된다.

〈예제 6-9〉 데이터 변환 (File: part6/6.9_df_groupby_transform.ipynb(이어서 계속))

```
# z-score를 계산하는 사용자 함수 정의
def z_score(x):
    return (x - x.mean()) / x.std()

# transform() 메소드를 이용하여 age 열의 데이터를 z-score로 변환
age_zscore = grouped['age'].transform(z_score)
age_zscore
```

6) z-score 변환은 데이터를 정규화하는 방법 중 하나로, 각 데이터 포인트가 해당 데이터의 평균으로부터 얼마나 떨어져 있는지를 표준편차 단위로 나타낸다.

〈실행 결과〉

```
0      -0.251342
1      -0.015770
2       0.068776
3      -0.218434
4       0.789041
          ...
886    -0.205529
887    -1.299306
888          NaN
889    -0.826424
890     0.548953
Name: age, Length: 891, dtype: float64
```

이번에는 람다 함수를 사용한다. 람다 함수는 각 데이터 포인트에서 해당 그룹의 평균을 빼고, 그 결과를 해당 그룹의 표준편차로 나누어 z-score를 계산한다. transform() 메소드를 사용하면 이 계산이 각 그룹 내의 'age' 열의 데이터에 대해 독립적으로 수행된다.

〈예제 6-9〉 데이터 변환 (File: part6/6.9_df_groupby_transform.ipynb(이어서 계속))

```
# z-score를 계산하는 람다 함수를 사용하여 변환
age_zscore2 = grouped['age'].transform(lambda x: (x - x.mean()) / x.std())
age_zscore2
```

〈실행 결과〉

```
0      -0.251342
1      -0.015770
2       0.068776
3      -0.218434
4       0.789041
          ...
886    -0.205529
887    -1.299306
888          NaN
889    -0.826424
890     0.548953
Name: age, Length: 891, dtype: float64
```

다음은 데이터프레임의 'age' 열의 데이터에 대한 z-score를 계산하는 다른 방법을 살펴보자. 각 데이터 포인트의 'age' 값에서 해당 그룹의 평균(mean)을 차감하고 그 결과를 해당 그룹의 표준편차(std)로 나누어 계산한다.

〈예제 6-9〉 데이터 변환 (File: part6/6.9_df_groupby_transform.ipynb(이어서 계속))

```
# 내장 집계 함수를 사용하여 변환
age_zscore3 = (df['age'] - grouped['age'].transform('mean')) / grouped['age']
.transform('std')
age_zscore3
```

〈실행 결과〉

```
0     -0.251342
1     -0.015770
2      0.068776
3     -0.218434
4      0.789041
      ...
886   -0.205529
887   -1.299306
888         NaN
889   -0.826424
890    0.548953
Name: age, Length: 891, dtype: float64
```

● 필터링(Filtration)

필터링(Filtration)은 원본 데이터프레임의 부분 집합 형태의 새로운 데이터프레임을 생성하는 그룹 연산이다. 원본 데이터프레임 중에서 특정한 조건을 만족하는 행 데이터를 추출하여 반환한다. 이와 같은 필터링 연산을 수행하는 내장 필터링 메소드에는 `head()`, `nth()`, `tail()` 등이 있다.

다음 예제는 `'titanic'` 데이터프레임을 `'class'` 열을 기준으로 그룹으로 나누고, `head(2)` 메소드를 통해 각 그룹에서 첫 2행만을 선택한다. 결과로 grouped_head라는 새로운 데이터프레임을 반환한다. 각 그룹의 첫 번째와 두 번째 데이터를 살펴볼 수 있다.

〈예제 6-10〉 그룹 객체 필터링 (File: part6/6.10_df_groupby_filter.ipynb)

```
# 라이브러리 불러오기
import pandas as pd
import seaborn as sns

# titanic 데이터셋에서 age, sex 등 5개 열을 선택하여 데이터프레임 만들기
titanic = sns.load_dataset('titanic')
```

```
df = titanic.loc[:, ['age','sex', 'class', 'fare', 'survived']]

# class 열을 기준으로 분할
grouped = df.groupby(['class'], observed=True)

# 그룹별로 첫 2행을 확인
grouped_head = grouped.head(2)
grouped_head
```

〈실행 결과〉[7]

	age	sex	class	fare	survived
0	22.0	male	Third	7.2500	0
1	38.0	female	First	71.2833	1
2	26.0	female	Third	7.9250	1
3	35.0	female	First	53.1000	1
9	14.0	female	Second	30.0708	1
15	55.0	female	Second	16.0000	1

nth(1) 메소드를 사용하여 각 그룹의 두 번째 행(인덱스 1)을 필터링하여 선택한다. 'class' 열을 기준으로 3개의 그룹이 있고, 각 그룹에서 선택한 3개의 행을 갖는 데이터프레임이 반환된다.

〈예제 6-10〉 그룹 객체 필터링 (File: part6/6.10_df_groupby_filter.ipynb(이어서 계속))

```
# 각 그룹의 첫 번째 데이터 확인
grouped_first = grouped.nth(1)
grouped_first
```

〈실행 결과〉[8]

	age	sex	class	fare	survived
2	26.0	female	Third	7.9250	1
3	35.0	female	First	53.1000	1
15	55.0	female	Second	16.0000	1

7) 그룹별로 앞부분의 몇 행을 확인하는 것은 데이터 탐색 과정에서 자주 사용되는 기법이다. 이를 통해 데이터의 구조, 값의 범위, 누락 데이터의 유무 등을 빠르게 파악할 수 있다.

8) 그룹화된 데이터셋에서 특정 순서의 데이터 포인트를 직접적으로 참조하는 방식이다. 예를 들어 시계열 데이터를 시간 순서로 그룹화하고, 각 그룹에서 특정 시점의 데이터를 분석하는 데 사용할 수 있다.

다음 코드는 그룹 객체의 특정 열들을 일부 추출(subsetting)하고 이렇게 추출한 부분 데이터프레임에 필터링 연산을 적용한다. 결과적으로 각 그룹에서 두 번째 행에 해당하는 'sex'와 'survived' 열의 정보만을 포함하는 데이터프레임이 반환된다.

〈예제 6-10〉 그룹 객체 필터링 (File: part6/6.10_df_groupby_filter.ipynb(이어서 계속))

```
# 필터링이 적용된 그룹 객체의 열 부분 집합
grouped[["sex", "survived"]].nth(1)
```

〈실행 결과〉[9]

```
       sex  survived
 2  female         1
 3  female         1
15  female         1
```

내장 필터링 함수를 직접 사용하지 않고 그룹 객체에 filter() 메소드를 적용하는 방식을 알아보자. 이 메소드에 조건식을 가진 함수를 전달하면 조건이 True인 그룹만을 필터링하여 새로운 데이터프레임으로 반환한다. 즉, 원본 데이터프레임 중에서 조건을 만족하는 그룹에 속하는 행 데이터가 남고, 그렇지 않은 행 데이터는 제거된 형태가 된다.

그룹 객체 필터링: group객체.filter(조건식 함수)

다음 코드는 'class' 열을 기준으로 구분된 3개의 그룹 중에서 각 그룹의 데이터 개수가 200개 이상인 그룹만을 따로 필터링한다. 결과는 이 조건을 충족하는 2개의 그룹('First'와 'Third'에 해당하는 1등석과 3등석 승객)의 데이터만 추출하여 새로운 데이터프레임으로 반환된다. 원본의 891개 행 중에서 조건을 충족하는 707개 행이 남는다.

〈예제 6-10〉 그룹 객체 필터링 (File: part6/6.10_df_groupby_filter.ipynb(이어서 계속))

```
# 데이터 개수가 200개 이상인 그룹만을 필터링하여 데이터프레임으로 반환
grouped_filter = grouped.filter(lambda x: len(x) >= 200)
grouped_filter
```

9) 데이터셋에서 관심 있는 특정 열들에 대한 그룹별 분석을 통해 특정 조건을 만족하는 데이터를 세밀하게 조사할 수 있는 장점이 있다.

〈실행 결과〉[10]

```
      age     sex  class     fare  survived
  0  22.0    male  Third   7.2500         0
  1  38.0  female  First  71.2833         1
  2  26.0  female  Third   7.9250         1
  3  35.0  female  First  53.1000         1
  4  35.0    male  Third   8.0500         0
...   ...     ...    ...      ...       ...
885  39.0  female  Third  29.1250         0
887  19.0  female  First  30.0000         1
888   NaN  female  Third  23.4500         0
889  26.0    male  First  30.0000         1
890  32.0    male  Third   7.7500         0

707 rows x 5 columns
```

이번에는 'age' 열의 평균값이 30보다 작은 그룹만을 따로 선택한다. 평균나이가 30세가 안되는 그룹은 'class' 값이 'Second'와 'Third'인 2등석과 3등석 승객들이다.

〈예제 6-10〉 그룹 객체 필터링 (File: part6/6.10_df_groupby_filter.ipynb(이어서 계속))

```python
# age 열의 평균이 30보다 작은 그룹만을 필터링하여 데이터프레임으로 반환
age_filter = grouped.filter(lambda x: x['age'].mean() < 30)
age_filter
```

〈실행 결과〉

```
      age     sex   class     fare  survived
  0  22.0    male   Third   7.2500         0
  2  26.0  female   Third   7.9250         1
  4  35.0    male   Third   8.0500         0
  5   NaN    male   Third   8.4583         0
  7   2.0    male   Third  21.0750         0
...   ...     ...     ...      ...       ...
884  25.0    male   Third   7.0500         0
885  39.0  female   Third  29.1250         0
886  27.0    male  Second  13.0000         0
888   NaN  female   Third  23.4500         0
```

10) 대규모 데이터셋에서 특정 기준에 따라 의미 있는 그룹만을 선택하고자 할 때 유용한 방법이다. 예를 들어 특정 조건을 충족하는 고객 그룹, 제품 그룹 등을 분석 대상으로 선정할 때 사용할 수 있다. 데이터의 노이즈를 줄이고, 분석의 정확도를 높이는 효과가 있다.

```
890  32.0    male  Third   7.7500         0

675 rows x 5 columns
```

● 그룹 객체에 함수 매핑

apply() 메소드는 판다스 객체의 개별 원소를 특정 함수에 일대일로 매핑한다. 사용자 정의 함수를 사용하여 그룹 객체에 적용하여 복잡하고 다양한 연산을 처리할 수 있다. 다만, 함수가 처리되는 방식에 따라 예상과 다른 결과를 반환할 수 있다는 점에 유의해야 한다.

범용 메소드: group객체.apply(매핑 함수)

다음 예제는 'class' 열을 기준으로 구분한 3개의 그룹에 요약 통계정보를 나타내는 describe() 메소드를 적용한다. 'age'와 'survived' 열에 대한 각 그룹별 데이터의 개수, 평균, 표준편차, 최솟값, 최댓값 등을 확인할 수 있다.

〈예제 6-11〉 그룹 객체에 함수 매핑 (File: part6/6.11_df_groupby_apply.ipynb)

```
# 라이브러리 불러오기
import pandas as pd
import seaborn as sns

# titanic 데이터셋에서 age, sex 등 5개 열을 선택하여 데이터프레임 만들기
titanic = sns.load_dataset('titanic')
df = titanic.loc[:, ['age','sex', 'class', 'fare', 'survived']]

# class 열을 기준으로 분할
grouped = df.groupby(['class'], observed=True)

# 집계: 각 그룹별 요약 통계정보 집계
agg_grouped = grouped[['age', 'survived']].apply(lambda x: x.describe())
agg_grouped
```

〈실행 결과〉

```
                    age    survived
class
First  count  186.000000  216.000000
       mean    38.233441    0.629630
       std     14.802856    0.484026
```

```
         min        0.920000    0.000000
         25%       27.000000    0.000000
         50%       37.000000    1.000000
         75%       49.000000    1.000000
         max       80.000000    1.000000
Second   count    173.000000  184.000000
         mean      29.877630    0.472826
         std       14.001077    0.500623
         min        0.670000    0.000000
         25%       23.000000    0.000000
         50%       29.000000    0.000000
         75%       36.000000    1.000000
         max       70.000000    1.000000
Third    count    355.000000  491.000000
         mean      25.140620    0.242363
         std       12.495398    0.428949
         min        0.420000    0.000000
         25%       18.000000    0.000000
         50%       24.000000    0.000000
         75%       32.000000    0.000000
         max       74.000000    1.000000
```

다음 코드는 'age'와 'survived' 열에 대해 z-score를 계산하는 사용자 정의 함수를 grouped 객체의 해당 열에 적용한다. **apply()** 메소드는 각 그룹에 대해 z_score 함수를 적용하여, 각 데이터 포인트의 값을 각 그룹별로 계산한 z-score로 변환한다.

〈예제 6-11〉 그룹 객체에 함수 매핑 (File: part6/6.11_df_groupby_apply.ipynb(이어서 계속))

```python
# 변환: z-score 계산
def z_score(x):
    return (x - x.mean()) / x.std()

age_zscore = grouped[['age', 'survived']].apply(z_score)
age_zscore
```

〈실행 결과〉

```
                 age   survived
class
First    1  -0.015770   0.765188
         3  -0.218434   0.765188
         6   1.065103  -1.300819
```

```
          11   1.335321   0.765188
          23  -0.691315   0.765188
...      ...        ...        ...
Third    882  -0.251342  -0.565014
         884  -0.011254  -0.565014
         885   1.109159  -0.565014
         888        NaN  -0.565014
         890   0.548953  -0.565014

891 rows x 2 columns
```

'age' 열의 평균값이 30보다 작은, 즉 평균나이가 30세 미만인 그룹을 판별한다. 조건이 True인 그룹은 'class' 값이 'Second'와 'Third'인 그룹이다. 불린 인덱싱을 적용하여 데이터를 출력한다.

〈예제 6-11〉 그룹 객체에 함수 매핑 (File: part6/6.11_df_groupby_apply.ipynb(이어서 계속))

```python
# 필터링 : age 열의 데이터 평균이 30보다 작은 그룹만을 필터링하여 출력
age_filter = grouped[['age', 'survived']].apply(lambda x: x['age'].mean() < 30)
print(age_filter, '\n')

# 필터링 결과로 조건을 충족하는 데이터프레임 반환
df.loc[df['class'].isin(age_filter[age_filter==True].index), ['age', 'survived']]
```

〈실행 결과〉

```
class
First       False
Second      True
Third       True
dtype: bool


      age  survived
  0  22.0         0
  2  26.0         1
  4  35.0         0
  5   NaN         0
  7   2.0         0
...   ...       ...
884  25.0         0
885  39.0         0
886  27.0         0
```

```
888      NaN         0
890     32.0         0

675 rows x 2columns
```

❹ 멀티 인덱스

다음 예제와 같이, groupby() 메소드에 그룹을 나누는 기준으로 여러 열을 리스트 형태로 전달하면 각 열들이 다중으로 행 인덱스를 구성하게 된다. 이처럼 판다스는 행 인덱스를 여러 레벨로 구현할 수 있도록 멀티 인덱스(MultiIndex) 클래스[11]를 지원한다. 여러 레벨로 구성된 멀티 인덱스를 이용하면 각 레벨의 정보를 이용하여 데이터를 선택할 수 있어서 편리하다.

먼저 'class' 열과 'sex' 열에 들어 있는 객실 등급과 남녀 성별을 기준으로 그룹화한다. 이때 반환되는 객체는 멀티 인덱스를 가진 데이터프레임이고 gdf 변수에 저장한다. 그룹 객체에 agg() 메소드를 적용하여 그룹별로 각 열의 평균과 표준편차를 집계한다.

〈예제 6-12〉 멀티 인덱스 (File: part6/6.12_multi_index.ipynb)

```
# 라이브러리 불러오기
import pandas as pd

# titanic 데이터셋에서 age, sex 등 5개 열을 선택하여 데이터프레임 만들기
import seaborn as sns

titanic = sns.load_dataset('titanic')
df = titanic.loc[:, ['age','sex', 'class', 'fare', 'survived']]

# class 열을 기준으로 분할
grouped = df.groupby(['class', 'sex'], observed=True)

# 그룹 객체에 연산 메소드 적용
gdf = grouped.agg(['mean', 'std'], numeric_only=True)
gdf
```

11) 멀티 인덱스는 고차원 데이터를 낮은 차원의 구조(예: 1차원 시리즈, 2차원 데이터프레임)에서 저장하고 조작할 수 있게 해주는 기능이다. 데이터에 여러 수준의 인덱스를 제공하여, 데이터의 하위 그룹을 구성하여 접근할 수 있다.

〈실행 결과〉

```
                          age                     fare              survived
                   mean         std        mean         std      mean       std
class    sex
First    female  34.611765  13.612052  106.125798  74.259988  0.968085  0.176716
           male  41.281386  15.139570   67.226127  77.548021  0.368852  0.484484
Second   female  28.722973  12.872801   21.970121  10.891796  0.921053  0.271448
           male  30.740707  14.793894   19.741782  14.922235  0.157407  0.365882
Third    female  21.750000  12.729964   16.118810  11.690314  0.500000  0.501745
           male  26.507589  12.159514   12.661633  11.681696  0.135447  0.342694
```

● 멀티 인덱스 구조

그룹 객체를 만들 때 2개의 기준('class' 열과 'sex' 열)을 적용했기 때문에 두 수준의 인덱스(level1, level2)를 가진 데이터프레임을 생성한다. index 속성을 확인하면 다음과 같이 멀티 인덱스 구조를 확인할 수 있다.

〈예제 6-12〉 멀티 인덱스 (File: part6/6.12_multi_index.ipynb(이어서 계속))

```
# 인덱스 속성 확인하기
gdf.index
```

〈실행 결과〉

```
MultiIndex([( 'First', 'female'),
            ( 'First',   'male'),
            ('Second', 'female'),
            ('Second', '  male'),
            ( 'Third', 'female'),
            ( 'Third', '  male')],
           names=['class', 'sex'])
```

이번에는 멀티 인덱스를 직접 만드는 방법들을 알아보자. 먼저, arrays 변수에 멀티 인덱스 구성에 사용할 2개의 리스트가 포함된 배열을 정의한다. 첫 번째 리스트는 문자('a', 'a', 'b', 'b')로, 두 번째 리스트는 숫자(1, 2, 1, 2)로 구성된다. 이후 pd.MultiIndex.from_arrays() 함수에 이 배열을 입력하여 멀티 인덱스를 생성한다. names 매개변수를 사용하여 각 레벨의 인덱스에 이름('letter', 'number')을 할당한다.

〈예제 6-12〉 멀티 인덱스 (File: part6/6.12_multi_index.ipynb(이어서 계속))

```
# 멀티 인덱스 만들기 - 배열의 리스트 이용
arrays = [['a', 'a', 'b', 'b'], [1, 2, 1, 2]]
multi_index_arrays = pd.MultiIndex.from_arrays(arrays, names=('letter', 'number'))
multi_index_arrays
```

〈실행 결과〉[12]

```
MultiIndex([('a', 1),
            ('a', 2),
            ('b', 1),
            ('b', 2),
            names=['letter', 'number'])
```

pd.MultiIndex.from_tuples() 함수는 멀티 인덱스의 각 레벨을 구성하는 값들을 나타내는 튜플 배열을 입력으로 받아 멀티 인덱스를 생성한다. 생성된 결과는 이전 코드와 같다.

〈예제 6-12〉 멀티 인덱스 (File: part6/6.12_multi_index.ipynb(이어서 계속))

```
# 멀티 인덱스 만들기 - 튜플의 배열 이용
tuples = [('a', 1), ('a', 2), ('b', 1), ('b', 2)]
multi_index_tuples = pd.MultiIndex.from_tuples(tuples, names=('letter', 'number'))
multi_index_tuples
```

〈실행 결과〉

```
MultiIndex([('a', 1),
            ('a', 2),
            ('b', 1),
            ('b', 2),
            names=['letter', 'number'])
```

다음으로, 2개의 반복 가능한 객체(여기서는 리스트)의 교차 곱을 사용하여 멀티 인덱스를 생성한다. letters 리스트에는 문자 'a'와 'b'가 포함되어 있고, numbers 리스트에는 숫자 1과 2가 포함되어 있다. pd.MultiIndex.from_product() 함수는 두 리스트의 모든 가능한 조합으로 멀티 인덱스를 생성한다. 결과적으로 ('a', 1), ('a', 2), ('b', 1), ('b', 2)의 네 가지 조합을 포함한다.

---

12) 여기서 각 튜플은 멀티 인덱스의 한 요소를 나타내며, 'letter'와 'number'는 각각의 레벨 이름을 나타낸다. 첫 번째 레벨('a', 'a', 'b', 'b')의 이름은 'letter'로, 두 번째 레벨(1, 2, 1, 2)의 이름은 'number'로 지정된다.

〈예제 6-12〉 멀티 인덱스 (File: part6/6.12_multi_index.ipynb(이어서 계속))

```
# 멀티 인덱스 만들기 - 교차 반복 객체를 이용
letters = ['a', 'b']
numbers = [1, 2]
multi_index_product = pd.MultiIndex.from_product([letters, numbers],
                                                 names=('letter', 'number'))
multi_index_product
```

〈실행 결과〉

```
MultiIndex([('a', 1),
            ('a', 2),
            ('b', 1),
            ('b', 2),
            names=['letter', 'number'])
```

이번에는 데이터프레임을 사용하여 멀티 인덱스를 생성한다. 데이터프레임의 각 행은 멀티 인덱스를 구성하는 조합 중 하나를 나타낸다. pd.MultiIndex.from_frame() 함수는 전달받은 데이터프레임의 각 행에 해당하는 조합('a', 1), ('a', 2), ('b', 1), ('b', 2)을 멀티 인덱스로 변환한다.

〈예제 6-12〉 멀티 인덱스 (File: part6/6.12_multi_index.ipynb(이어서 계속))

```
# 멀티 인덱스 만들기 - 데이터프레임을 이용
df = pd.DataFrame([['a', 1], ['a', 2], ['b', 1], ['b', 2]], columns=['letter', 'number'])
multi_index_frame = pd.MultiIndex.from_frame(df)
multi_index_frame
```

〈실행 결과〉

```
MultiIndex([('a', 1),
            ('a', 2),
            ('b', 1),
            ('b', 2),
            names=['letter', 'number'])
```

멀티 인덱스 객체의 특정 레벨의 값을 추출하기 위해 get_level_values() 메소드를 사용할 수 있다.이 메소드는 인덱스의 레벨을 지정하여 해당 레벨의 모든 값을 가져온다. 레벨은 숫자(레벨의 위치) 또는 문자열(레벨의 이름)로 지정할 수 있다.

다음의 get_level_values(0) 메소드는 숫자 레벨을 지정하여 멀티 인덱스의 첫 번째 레벨 값들을 반환한다. 여기서 0은 첫 번째 레벨을 나타낸다.

〈예제 6-12〉 멀티 인덱스 (File: part6/6.12_multi_index.ipynb(이어서 계속))

```
# 멀티인덱스의 특정 레벨을 추출
multi_index_frame.get_level_values(0)
```

〈실행 결과〉

```
Index(['a', 'a', 'b', 'b'], dtype='object', name='letter')
```

get_level_values('letter') 메소드는 'letter' 라는 이름을 가진 레벨의 모든 값을 반환한다.

〈예제 6-12〉 멀티 인덱스 (File: part6/6.12_multi_index.ipynb(이어서 계속))

```
# 멀티인덱스의 특정 레벨을 추출
multi_index_frame.get_level_values('letter')
```

〈실행 결과〉

```
Index(['a', 'a', 'b', 'b'], dtype='object', name='letter')
```

또한, gdf 데이터프레임의 경우 열 구조가 멀티 인덱스로 구성되어 있다. columns 속성은 데이터프레임의 열 이름의 배열을 나타내고, 이 배열의 levels 속성은 멀티 인덱스 구조에서 각 레벨에 어떤 값들이 있는지 확인할 수 있게 한다. 순서대로 2개의 레벨에 속하는 값들을 배열로 출력한다.

〈예제 6-12〉 멀티 인덱스 (File: part6/6.12_multi_index.ipynb(이어서 계속))

```
# 열 이름의 멀티 인덱스 확인
gdf.columns.levels
```

〈실행 결과〉

```
FrozenList([['age', 'fare', 'survived'], ['mean', 'std']])
```

get_level_values(0) 메소드는 지정된 레벨의 모든 값들을 반환한다. 여기서 0은 첫 번째 레벨을 의미하므로 다중 구조의 열 중에서 첫 번째 레벨의 모든 값을 ['age', 'age', 'fare', 'fare', 'survived', 'survived']와 같이 출력한다. 여기서 각 변수의 값이 두 개씩 중복되는 이유는 각 변수마다 평균(mean)과 표준편차(std)라는 하위 레벨을 갖기 때문이다. 3개의 변수가 각각 2개씩 하위 레벨을 갖기 때문에 총 6개의 값으로 구성된다.

〈예제 6-12〉 멀티 인덱스 (File: part6/6.12_multi_index.ipynb(이어서 계속))

```python
# 레벨을 지정하여 열 인덱스 추출
gdf.columns.get_level_values(0)
```

〈실행 결과〉

```
Index(['age', 'age', 'fare', 'fare', 'survived', 'survived'], dtype='object')
```

이번에는 두 번째 레벨의 열 이름을 출력해보자. `get_level_values(1)` 메소드를 사용한다. 여기서는 하위 레벨의 값들로만 구성된다.

〈예제 6-12〉 멀티 인덱스 (File: part6/6.12_multi_index.ipynb(이어서 계속))

```python
# 레벨을 지정하여 열 인덱스 추출
gdf.columns.get_level_values(1)
```

〈실행 결과〉

```
Index(['mean', 'std', 'mean', 'std', 'mean', 'std'], dtype='object')
```

● 데이터 추출(멀티 인덱싱)

멀티 인데스 구조를 이용하여 인덱스 레벨에 따라 데이터를 구분하고 접근할 수 있다. 먼저 데이터프레임의 열(column)이 다중 구조로 이루어진 경우를 살펴보자. 다음 코드는 'age' 열에 대한 데이터를 추출하는 방법이다. 먼저 gdf['age'] 구문은 열 이름을 지정하여 해당 열의 데이터를 반환한다. 'age' 열에 해당하는 부분이 데이터프레임으로 반환되고 있다.

〈예제 6-12〉 멀티 인덱스 (File: part6/6.12_multi_index.ipynb(이어서 계속))

```python
# age 변수의 데이터를 선택
gdf['age']
```

〈실행 결과〉

```
                     mean        std
class    sex
First    female  34.611765  13.612052
           male  41.281386  15.139570
```

```
Second  female   28.722973  12.872801
          male   30.740707  14.793894
 Third  female   21.750000  12.729964
          male   26.507589  12.159514
```

gdf['age', 'mean'] 구문은 멀티 인덱스의 각 레벨에 해당하는 값을 지정하여 추출하는 방식이다. 'age' 열의 데이터 중에서 'mean' 부분을 선택한다.

〈예제 6-12〉 멀티 인덱스 (File: part6/6.12_multi_index.ipynb(이어서 계속))

```
48  # age 변수의 평균값 데이터를 선택
49  gdf['age', 'mean']
```

〈실행 결과〉

```
 class     sex
 First  female   34.611765
          male   41.281386
Second  female   28.722973
          male   30.740707
 Third  female   21.750000
          male   26.507589
Name: (age, mean), dtype: float64
```

코드 51라인과 비교해 보자

코드 51라인의 gdf['age']['mean'] 구문은 gdf['age'] 구문으로 추출한 데이터프레임에서 다시 'mean' 열을 추출하는 방법이다. 순차적으로 진행한다는 점에서 코드 49라인의 결과와 차이가 있다. 실행 결과의 Name 속성 값이 각각 (age, mean)과 mean으로 다르게 표시된다.

〈예제 6-12〉 멀티 인덱스 (File: part6/6.12_multi_index.ipynb(이어서 계속))

```
50  # age 변수를 먼저 선택하고, 다시 평균값 데이터를 선택
51  gdf['age']['mean']
```

〈실행 결과〉

```
 class     sex
 First  female   34.611765
          male   41.281386
Second  female   28.722973
          male   30.740707
 Third  female   21.750000
          male   26.507589
Name: mean, dtype: float64
```

코드 49라인과 비교해 보자

이번에는 loc 속성을 사용하여 멀티 인덱스를 가진 데이터프레임에서 행 데이터를 추출하는 과정을 살펴보자. 먼저 데이터프레임 gdf의 멀티 인덱스에서 하나의 인덱스만 사용하는 방법을 알아보자. 예제에서는 loc 인덱서를 이용하여 'class' 인덱스에서 'First'라는 값을 가진 모든 행을 선택한다. 여기서 'First'는 멀티 인덱스의 첫 번째 레벨 값 중 하나이다.

〈예제 6-12〉 멀티 인덱스 (File: part6/6.12_multi_index.ipynb(이어서 계속))

```
52 # class 값이 First인 행을 선택
53 gdf.loc['First']
```

〈실행 결과〉

	age		fare		survived	
	mean	std	mean	std	mean	std
sex						
female	34.611765	13.612052	106.125798	74.259988	0.968085	0.176716
male	41.281386	15.139570	67.226127	77.548021	0.368852	0.484484

이번에는 멀티 인덱스에서 2개의 인덱스를 사용하는 방법이다. loc 인덱서를 이용하고, 인자로는 ('First', 'female')과 같이 튜플 형태로 각 레벨의 인덱스에서 찾고자 하는 값을 설정한다. 'class' 인덱스에서 'First'라는 값을 갖고, 'sex' 인덱스에서 'female'에 해당하는 모든 행을 추출한다. 이처럼, 1등석 승객 중에서 여성 탑승자 데이터만 따로 구분하여 처리할 수 있다.

〈예제 6-12〉 멀티 인덱스 (File: part6/6.12_multi_index.ipynb(이어서 계속))

```
54 # class 값이 First고, sex 값이 female인 행을 선택
55 gdf.loc[('First', 'female')]
```

〈실행 결과〉

```
age       mean    34.611765
          std     13.612052
fare      mean   106.125798
          std     74.259988
survived  mean     0.968085
          std      0.176716
Name: (First, female), dtype: float64
```

코드 57라인은 특정한 멀티 인덱스의 조합('First', 'female')에 대해 'age' 열의 값을 선택하여 추출한다.

〈예제 6–12〉 멀티 인덱스 (File: part6/6.12_multi_index.ipynb(이어서 계속))

```
56  # class 값이 First이고, sex 값이 female인 행의 'age' 열을 선택
57  gdf.loc[('First', 'female'), 'age']
```

〈실행 결과〉

```
age       mean    34.611765
          std     13.612052
Name: (First, female), dtype: float64
```

gdf.loc[('First', 'female'), ('age', 'mean')] 구문의 사용은 일반적인 경우에는 적용되지 않는다. 멀티인덱스 컬럼 구조에서 특정 행과 특정 멀티인덱스 열('age', 'mean')의 값을 선택하려면, 데이터프레임이 해당 구조를 가지고 있어야 한다. 즉, 'age' 열의 'mean' 집계 값을 가진 멀티인덱스 열이 있어야 한다.

코드 59라인은 행의 멀티 인덱스 조합('First', 'female')과 열의 멀티 인덱스 조합('age', 'mean')을 모두 만족하는 부분만 추출한다. 결과는 1등석 여성 승객의 평균 나이가 된다.

〈예제 6–12〉 멀티 인덱스 (File: part6/6.12_multi_index.ipynb(이어서 계속))

```
58  # class 값이 First이고, sex 값이 female인 행의 'age' 열의 'mean' 선택
59  gdf.loc[('First', 'female'), ('age', 'mean')]
```

〈실행 결과〉

```
34.61176470588235
```

코드 61라인은 멀티 인덱스에 슬라이싱을 적용하는 구문이다. 'age' 열의 'std'부터 'fare' 열의 'mean'까지의 모든 열을 선택한다.

〈예제 6–12〉 멀티 인덱스 (File: part6/6.12_multi_index.ipynb(이어서 계속))

```
60  # First이고 female인 행의 'age' 열의 'std'부터 'fare' 열의 'mean' 열까지의 범위 선택
61  gdf.loc[('First', 'female'), ('age', 'std'):('fare', 'mean')]
```

〈실행 결과〉

```
age   std    13.612052
fare  mean  106.125798
Name: (First, female), dtype: float64
```

xs 메소드는 교차 섹션(cross-section)을 반환하는 함수로, 멀티 인덱스 데이터프레임에서 특정 레벨의 특정 값을 가진 행이나 열을 선택할 때 사용한다. 예제에서는 'sex' 인덱스 레벨에서 'male' 값을 갖는 행을 모두 추출한다. 남성 승객에 한정하여 객실 등급별로 비교 분석할 수 있다.

〈예제 6-12〉 멀티 인덱스 (File: part6/6.12_multi_index.ipynb(이어서 계속))

```
# 특정 레벨에서 교차 섹션(cross-section) 이용 - sex 값이 male인 데이터를 선택
male_class = gdf.xs('male', level='sex')
male_class
```

〈실행 결과〉[13]

	age		fare		survived	
	mean	std	mean	std	mean	std
class						
First	41.281386	15.139570	67.226127	77.548021	0.368852	0.484484
Second	30.740707	14.793894	19.741782	14.922235	0.157407	0.365882
Third	26.507589	12.159514	12.661633	11.681696	0.135447	0.342694

● 데이터 정렬

데이터프레임의 sort_index() 메소드를 사용하여, 멀티인덱스를 가진 데이터프레임의 인덱스를 기준으로 정렬할 수 있다. level 속성을 사용하여 특정 레벨의 인덱스를 기준으로 정렬할 수도 있다. ascending 매개변수를 사용하면 오름차순 또는 내림차순으로 정렬 방향을 설정할 수 있다.

다음 예제는 멀티인덱스의 첫 번째 레벨(level=0)을 기준으로 데이터프레임을 내림차순(ascending=False)으로 정렬한다.

〈예제 6-12〉 멀티 인덱스 (File: part6/6.12_multi_index.ipynb(이어서 계속))

```
# 멀티인덱스 정렬
gdf.sort_index(level=0, ascending=False)
```

13) 나이가 많을수록 상대적으로 비싼 요금을 지불하고 높은 객실 등급을 이용하는 경향이 있다.

〈실행 결과〉

		age		fare		survived	
		mean	std	mean	std	mean	std
class	sex						
First	female	26.507589	12.159514	12.661633	11.681696	0.135447	0.342694
	male	21.750000	12.729964	16.118810	11.690314	0.500000	0.501745
Second	female	30.740707	14.793894	19.741782	14.922235	0.157407	0.365882
	male	28.722973	12.872702	21.970121	10.891796	0.921053	0.271448
Third	female	41.281386	15.139570	67.226127	77.548021	0.368852	0.484484
	male	34.611765	13.612052	106.125798	74.259988	0.968085	0.176716

여기서는 `'sex'` 라는 이름의 레벨을 기준으로 데이터프레임을 내림차순으로 정렬한다. 이 레벨의 값에 따라 `'male'` 값을 가진 행이 앞에 오고, `'female'` 값을 가진 행이 뒤에 위치한다.

〈예제 6-12〉 멀티 인덱스 (File: part6/6.12_multi_index.ipynb(이어서 계속))

```
# 멀티인덱스 정렬
gdf.sort_index(level='sex', ascending=False)
```

〈실행 결과〉

		age		fare		survived	
		mean	std	mean	std	mean	std
class	sex						
Third	male	34.611765	13.612052	106.125798	74.259988	0.968085	0.176716
Second	male	28.722973	12.872702	21.970121	10.891796	0.921053	0.271448
First	male	21.750000	12.729964	16.118810	11.690314	0.500000	0.501745
Third	female	41.281386	15.139570	67.226127	77.548021	0.368852	0.484484
Second	female	30.740707	14.793894	19.741782	14.922235	0.157407	0.365882
First	female	26.507589	12.159514	12.661633	11.681696	0.135447	0.342694

멀티인덱스의 `'sex'` 레벨과 `'class'` 레벨을 동시에 정렬 기준으로 사용할 수도 있다. ascending 매개변수에 리스트를 전달함으로써 각 레벨에 대한 정렬 방향을 개별적으로 지정할 수 있다. `'sex'` 레벨은 내림차순으로, `'class'` 레벨은 오름차순으로 정렬된다.

〈예제 6-12〉 멀티 인덱스 (File: part6/6.12_multi_index.ipynb(이어서 계속))

```
# 멀티인덱스 정렬
gdf.sort_index(level=['sex', 'class'], ascending=[False, True])
```

〈실행 결과〉

```
                          age                  fare                survived
                   mean         std        mean        std      mean       std
 class   sex
 First   male  21.750000 12.729964  16.118810 11.690314 0.500000 0.501745
Second   male  28.722973 12.872702  21.970121 10.891796 0.921053 0.271448
 Third   male  34.611765 13.612052 106.125798 74.259988 0.968085 0.176716
 First female  26.507589 12.159514  12.661633 11.681696 0.135447 0.342694
Second female  30.740707 14.793894  19.741782 14.922235 0.157407 0.365882
 Third female  41.281386 15.139570  67.226127 77.548021 0.368852 0.484484
```

5 데이터프레임 합치기

데이터가 여러 군데 나누어져 있을 때 하나로 합치거나 데이터를 연결해야 하는 경우가 있다. 판다스에서 데이터프레임을 합치거나 연결할 때 사용하는 함수와 메소드는 여러 가지가 있는데, 대표적으로 concat(), merge(), join() 등을 예로 들 수 있다.

5-1 데이터프레임 연결

서로 다른 데이터프레임들의 구성 형태와 속성이 균일하다면 행 또는 열 중에 어느 한 방향으로 이어 붙여도 데이터의 일관성을 유지할 수 있다. 기존 데이터프레임의 형태를 유지하면서 이어 붙이는 개념으로 판다스 concat() 함수를 활용한다.

데이터프레임 연결: pandas.concat(데이터프레임의 리스트)

concat() 함수에 데이터프레임을 원소로 갖는 리스트를 전달하면 여러 개의 데이터프레임을 서로 연결한다. [그림 6-1]과 같이 축방향을 지정하지 않으면 기본 옵션(axis=0)이 적용되어 위 아래 행 방향으로 연결된다. 이때 각 데이터프레임의 행 인덱스는 본래 형태를 유지한다.

열 이름에 대해서는 join='outer' 옵션이 기본 적용되어, df1의 열 이름 (A, B, C)와 df2의 열 이름 (B, C, D, E)의 합집합으로 연결 데이터프레임의 열 이름 배열 (A, B, C, D, E)를 구성한다. 한편 join='inner' 옵션의 경우 데이터프레임에 공통으로 속하는 교집합 (B, C)가 기준이 된다.

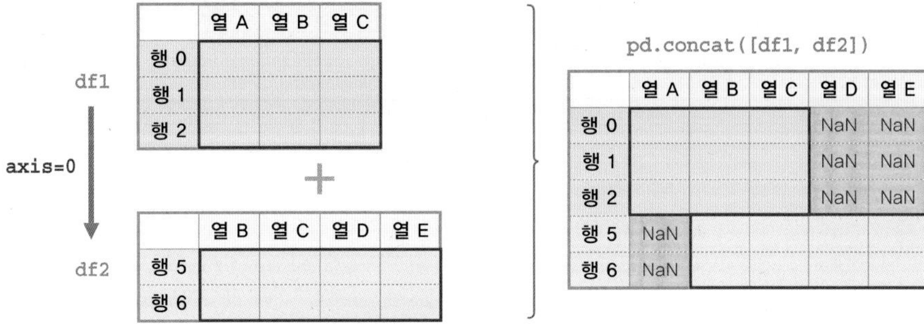

[그림 6-1] 데이터프레임 연결(axis=0)

먼저 데이터프레임을 만들고 df1에 저장한다. 3개의 열('a', 'b', 'c')과 4개의 행이 있으며, 각 열에는 문자열 데이터가 순서대로 저장된다. 인덱스는 0부터 3까지의 정수로 설정한다.

〈예제 6-13〉 데이터프레임 연결(concatenate) (File: part6/6.13_df_concat.ipynb)

```
# 라이브러리 불러오기
import pandas as pd

# 데이터프레임 만들기
df1 = pd.DataFrame({'a': ['a0', 'a1', 'a2', 'a3'],
                    'b': ['b0', 'b1', 'b2', 'b3'],
                    'c': ['c0', 'c1', 'c2', 'c3']},
                    index=[0, 1, 2, 3])

df1
```

〈실행 결과〉

```
    a   b   c
0  a0  b0  c0
1  a1  b1  c1
2  a2  b2  c2
3  a3  b3  c3
```

이번에는 4개의 행과 4개의 열('a', 'b', 'c', 'd')로 이루어진 데이터프레임을 만들고 변수 df2에 저장한다. 인덱스는 [2, 3, 4, 5]로 설정된다.

〈예제 6-13〉 데이터프레임 연결(concat) (File: part6/6.13_df_concat.ipynb(이어서 계속))

```
df2 = pd.DataFrame({'a': ['a2', 'a3', 'a4', 'a5'],
                    'b': ['b2', 'b3', 'b4', 'b5'],
                    'c': ['c2', 'c3', 'c4', 'c5'],
                    'd': ['d2', 'd3', 'd4', 'd5']},
                    index=[2, 3, 4, 5])

df2
```

〈실행 결과〉

```
   a   b   c   d
2  a2  b2  c2  d2
3  a3  b3  c3  d3
4  a4  b4  c4  d4
5  a5  b5  c5  d5
```

다음의 코드 19라인에서 두 데이터프레임 df1과 df2를 연결한다. concat() 함수는 기본적으로 위 아래 방향으로 데이터프레임을 결합한다. 이 때 열 이름이 결합하는 기준이 된다. 별도 옵션을 지정하지 않으면 열 이름의 합집합을 기준으로 새로운 열 이름의 배열이 생성된다. 따라서 두 데이터프레임에서 4개의 열('a', 'b', 'c', 'd')을 가져오게 된다. 단, df1에서 유래한 0, 1, 2, 3 행에는 'd' 열이 없기 때문에 NaN으로 입력된다.

그리고 concat() 함수는 기본적으로 행 인덱스를 유지하면서 데이터를 결합하기 때문에, df1과 df2의 인덱스가 겹치는 부분(인덱스 2와 3)이 있어도 두 데이터프레임은 그대로 연결된다. 즉 새로운 데이터프레임의 인덱스는 [0, 1, 2, 3, 2, 3, 4, 5] 배열이 되어 인데스 2와 3이 중복해서 존재하게 된다.

〈예제 6-13〉 데이터프레임 연결(concat) (File: part6/6.13_df_concat.ipynb(이어서 계속))

```
18  # 2개의 데이터프레임을 위 아래 행 방향으로 이어 붙이듯 연결하기
19  result1 = pd.concat([df1, df2])
20  result1
```

〈실행 결과〉

```
   a   b   c   d
0  a0  b0  c0  NaN
1  a1  b1  c1  NaN
2  a2  b2  c2  NaN
```

```
3  a3  b3  c3  NaN
2  a2  b2  c2   d2
3  a3  b3  c3   d3
4  a4  b4  c4   d4
5  a5  b5  c5   d5
```

ignore_index= True 옵션은 기존 행 인덱스를 무시하고 결합된 데이터프레임에 대해서 0부터 시작하는 새로운 정수 인덱스(0~7 범위)를 설정한다. 따라서 df1과 df2의 모든 행을 포함하면서도 행 인덱스의 중복 문제를 방지할 수 있다. 열 구조에는 df2에서 추가된 'd' 열을 포함하지만, df1 부분에서 'd' 열은 존재하지 않으므로 해당 부분에 NaN으로 채워진다.

〈예제 6–13〉 데이터프레임 연결(concat) (File: part6/6.13_df_concat.ipynb(이어서 계속))

```
# ignore_index=True 옵션 설정하기
result2 = pd.concat([df1, df2], ignore_index=True)
result2
```

〈실행 결과〉

```
    a   b   c    d
0  a0  b0  c0  NaN
1  a1  b1  c1  NaN
2  a2  b2  c2  NaN
3  a3  b3  c3  NaN
4  a2  b2  c2   d2
5  a3  b3  c3   d3
6  a4  b4  c4   d4
7  a5  b5  c5   d5
```

axis=0 매개변수는 행 방향으로 연결하는 것을 의미하며, join='inner'는 두 데이터프레임의 열의 교집합에 해당하는 열만을 결과 데이터프레임에 포함시키는 것을 의미한다. 따라서 두 데이터프레임에 공통으로 존재하는 열('a', 'b', 'c')만을 기준으로 하고, df2의 'd' 열은 df1에 존재하지 않으므로 제외한다.

〈예제 6–13〉 데이터프레임 연결(concat) (File: part6/6.13_df_concat.ipynb(이어서 계속))

```
# join='inner' 옵션 적용하기(교집합)
result2_in = pd.concat([df1, df2] , axis=0, join='inner')
result2_in
```

〈실행 결과〉

```
   a   b   c
0  a0  b0  c0
1  a1  b1  c1
2  a2  b2  c2
3  a3  b3  c3
2  a2  b2  c2
3  a3  b3  c3
4  a4  b4  c4
5  a5  b5  c5
```

axis=1 옵션을 사용하면 데이터프레임을 좌우 열 방향으로 연결한다. 따라서 기존 열 이름 배열이 그대로 유지된다. 연결되는 데이터프레임의 행 인덱스는 join='outer' 옵션이 기본값으로 적용되어 각 데이터프레임의 행 인덱스들의 합집합으로 구성된다.

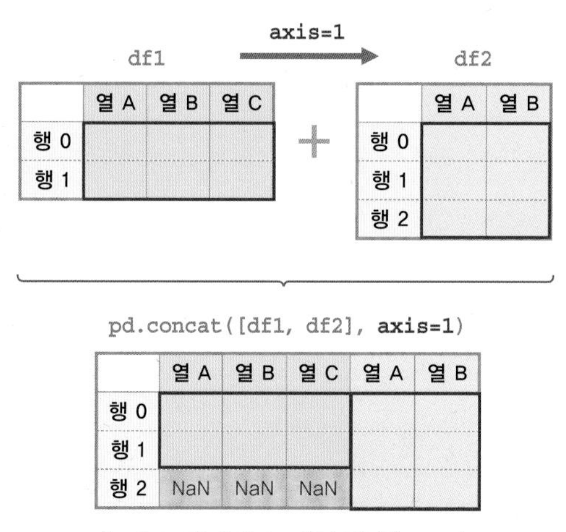

[그림 6-2] 데이터프레임 연결 (axis=1)

다음 예제와 같이 join='outer' 옵션이 기본값으로 설정되므로, 각 데이터프레임의 행 인덱스들의 합집합(0, 1, 2, 3, 4, 5)이 기준이 된다. 2~3행은 두 데이터프레임에 공통으로 속하기 때문에 df1 부분의 열('a', 'b', 'c') 위치와 df2 부분의 열('a', 'b', 'c', 'd') 위치에 모든 데이터가 표시된다. 0~1행은 df1에만 존재하고 4~5행은 df2에만 존재한다. 이처럼, 어느 한 쪽에만 데이터가 존재하는 경우는 유효한 데이터가 없다는 의미로 NaN 값이 설정된다.

〈예제 6-13〉 데이터프레임 연결(concat) (File: part6/6.13_df_concat.ipynb(이어서 계속))

```
# 2개의 데이터프레임을 좌우 열 방향으로 이어 붙이듯 연결하기
result3 = pd.concat([df1, df2], axis=1)
result3, '\n'
```

〈실행 결과〉

```
     a    b    c    a    b    c    d
0   a0   b0   c0  NaN  NaN  NaN  NaN
1   a1   b1   c1  NaN  NaN  NaN  NaN
2   a2   b2   c2   a2   b2   c2   d2
3   a3   b3   c3   a3   b3   c3   d3
4  NaN  NaN  NaN   a4   b4   c4   d4
5  NaN  NaN  NaN   a5   b5   c5   d5
```

join='inner' 옵션을 설정하면 연결할 데이터프레임들의 행 인덱스의 교집합을 기준으로 사용한다. 앞의 df1과 df2에 적용하면 양쪽에 공통으로 존재하는 2~3행의 데이터만을 반환한다.

〈예제 6-13〉 데이터프레임 연결(concat) (File: part6/6.13_df_concat.ipynb(이어서 계속))

```
# join='inner' 옵션 적용하기(교집합)
result3_in = pd.concat([df1, df2], axis=1, join='inner')
result3_in
```

〈실행 결과〉

```
    a   b   c   a   b   c   d
2  a2  b2  c2  a2  b2  c2  d2
3  a3  b3  c3  a3  b3  c3  d3
```

데이터프레임과 시리즈를 좌우 열 방향으로 연결할 수도 있다. 데이터프레임의 오른쪽에 새로운 열을 추가하는 것과 같다. 이때, 시리즈의 이름이 데이터프레임의 열 이름으로 변환된다. 이 경우에는 데이터프레임의 행 인덱스와 시리즈의 인덱스가 같아야 한다. 공통 인덱스가 없을 경우 NaN으로 처리한다.

다음 코드에서 df1 데이터프레임과 sr1 시리즈를 좌우로 결합한다. 이 때 행 인덱스는 [0, 1, 2, 3]으로 df1과 sr1의 인덱스가 일치하여 그대로 유지되고, sr1의 데이터는 df1에 새로운 열 'e'로 추가된다.

〈예제 6-13〉 데이터프레임 연결(concat) (File: part6/6.13_df_concat.ipynb(이어서 계속))

```
# 시리즈 만들기
sr1 = pd.Series(['e0', 'e1', 'e2', 'e3'], name='e')
sr2 = pd.Series(['f0', 'f1', 'f2'], name='f', index=[3, 4, 5])
sr3 = pd.Series(['g0', 'g1', 'g2', 'g3'], name='g')
sr4 = pd.Series(['a6', 'b6', 'c6', 'd6'], index=['a', 'b', 'c', 'd'])

# df1과 sr1을 좌우 열 방향으로 연결하기
result4 = pd.concat([df1, sr1], axis=1)
result4
```

〈실행 결과〉

	a	b	c	e
0	a0	b0	c0	e0
1	a1	b1	c1	e1
2	a2	b2	c2	e2
3	a3	b3	c3	e3

다음은 데이터프레임 df2와 시리즈 sr2를 열 방향(수평)으로 결합한다. axis=1 매개변수는 열 방향으로의 결합을 의미하고, sr2가 새로운 열로 추가된다. df2의 행 인덱스는 [2, 3, 4, 5]이고 sr2의 인덱스는 [3, 4, 5]로 지정되어 서로 일치하지 않는다. 행 인덱스가 df2와 sr2에서 일치하는 행에 대해서만 데이터가 결합되고, 인덱스가 일치하지 않는 행에는 NaN이 채워진다.

〈예제 6-13〉 데이터프레임 연결(concat) (File: part6/6.13_df_concat.ipynb(이어서 계속))

```
# df2과 sr2을 좌우 열 방향으로 연결하기
result5 = pd.concat([df2, sr2], axis=1)
result5
```

〈실행 결과〉

	a	b	c	d	f
2	a2	b2	c2	d2	NaN
3	a3	b3	c3	d3	f0
4	a4	b4	c4	d4	f1
5	a5	b5	c5	d5	f2

데이터프레임 df2와 시리즈 sr4를 수직 방향으로 결합한다. 즉 데이터프레임의 새로운 행을 추가하는 것과 같다. 여기서 sr4.to_frame().T는 시리즈 sr4를 데이터프레임으로 변환한 후 행

과 열을 전치시키는 명령이다. 열 이름이 'a', 'b', 'c', 'd'이고, 단 하나의 행을 가진 데이터프레임으로 변환된다. ignore_index=True로 인해 결과 데이터프레임의 인덱스는 0부터 시작하는 연속적인 정수로 설정된다.

〈예제 6-13〉 데이터프레임 연결(concat) (File: part6/6.13_df_concat.ipynb(이어서 계속))

```
# df2과 sr4을 위 아래 열 방향으로 연결하기
result6 = pd.concat([df2, sr4.to_frame().T], ignore_index=True)
result6
```

〈실행 결과〉

```
    a   b   c   d
0  a2  b2  c2  d2
1  a3  b3  c3  d3
2  a4  b4  c4  d4
3  a5  b5  c5  d5
4  a6  b6  c6  d6
```

시리즈들로 만든 리스트를 concat() 함수에 전달하면 시리즈가 서로 연결된다. axis=1 옵션을 적용하면 좌우 열 방향으로 연결하여 데이터프레임이 된다.

〈예제 6-13〉 데이터프레임 연결(concat) (File: part6/6.13_df_concat.ipynb(이어서 계속))

```
# sr1과 sr3을 좌우 열 방향으로 연결하기
result7 = pd.concat([sr1, sr3], axis=1)
result7
```

〈실행 결과〉

```
    e   g
0  e0  g0
1  e1  g1
2  e2  g2
3  e3  g3
```

두 시리즈를 결합할 때 axis=0 옵션을 적용하면 위 아래 행 방향으로 길게 연결되어 하나의 시리즈가 된다.

〈예제 6-13〉 데이터프레임 연결(concat) (File: part6/6.13_df_concat.ipynb(이어서 계속))

```
# sr1과 sr3을 위아래로 연결하기
result8 = pd.concat([sr1, sr3], axis=0)
result8
```

〈실행 결과〉

```
0    e0
1    e1
2    e2
3    e3
0    g0
1    g1
2    g2
3    g3
dtype: object
```

5-2 데이터프레임 병합

앞에서 살펴본 concat() 함수가 여러 데이터프레임을 이어 붙이듯 연결하는 것이라면, merge() 함수는 SQL과 유사한 조인 연산을 수행하여 두 데이터프레임 객체를 하나로 병합하는 것이다. 이때 병합의 기준이 되는 열 이름이나 인덱스 레벨의 이름을 키(key)라고 부른다. 키가 되는 열이나 인덱스 레벨은 on 매개변수에 설정하고, 지정된 값은 반드시 두 데이터프레임 모두에 존재해야 한다. 만약 on=None 옵션으로 설정되어 있고 행 인덱스를 기준으로 조인하는 것이 아니라면, on 매개변수는 두 데이터프레임에 공통적으로 존재하는 열들의 교집합으로 자동 설정된다.

데이터프레임 병합: pandas.merge(**df_left**, **df_right**, how=**'inner'**, on=**None**)

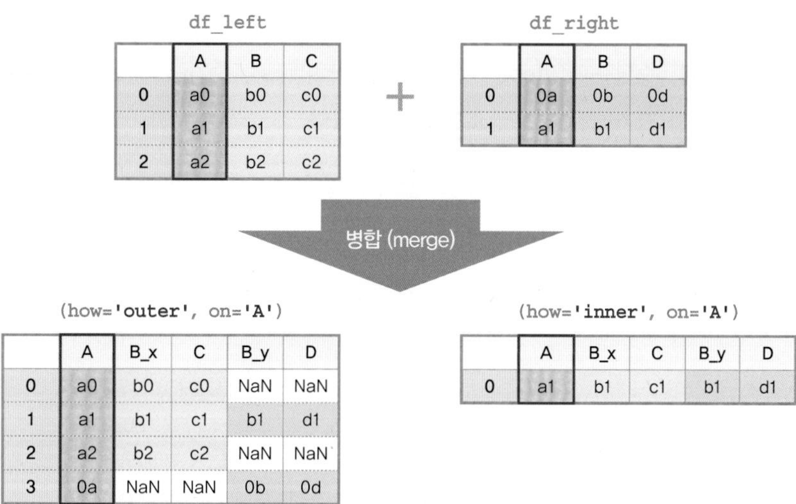

[그림 6-3] 데이터프레임 합치기(merge)

여러 종목의 주가정보를 담고 있는 Excel 파일[†]을 read_excel() 함수로 읽어서 데이터프레임 df1으로 저장한다. 종목코드(id), 회사명(name), 시가총액(value), 주가(price) 열로 구성된다.

〈예제 6-14〉 데이터프레임 합치기(merge) (File: part6/6.14_df_merge.ipynb)

```
import pandas as pd

# 주가 데이터를 가져와서 데이터프레임 만들기
df1 = pd.read_excel('./data/stock_price.xlsx')
df1
```

〈실행 결과〉

	id	stock_name	value	price
0	128940	한미약품	59385.666667	421000
1	130960	CJ E&M	58540.666667	98900
2	138250	엔에스쇼핑	14558.666667	13200
3	139480	이마트	239230.833333	254500
4	142280	녹십자엠에스	468.833333	10200
5	145990	삼양사	82750.000000	82000
6	185750	종근당	40293.666667	100500
7	192400	쿠쿠홀딩스	179204.666667	177500
8	199800	툴젠	-2514.333333	115400
9	204210	모두투어리츠	3093.333333	3475

† [저장소] File: part6/data/stock_price.xlsx

주식의 밸류에이션 정보를 정리한 Excel 파일[†]을 읽어서 데이터프레임 df2로 변환한다. 종목코드(id), 회사명(name), 주당순이익(eps), 주당순자산가치(bps), 주가수익비율(per), 주가자산비율(pbr) 등 주식가치를 평가하는 지표들로 구성되어 있다.

〈예제 6–14〉 데이터프레임 합치기(merge) (File: part6/6.14_df_merge.ipynb)

```
# 주식 가치평가 데이터를 가져와서 데이터프레임 만들기
df2 = pd.read_excel('./data/stock_valuation.xlsx')
df2
```

〈실행 결과〉

	id	name	eps	bps	per	pbr
0	130960	CJ E&M	6301.333333	54068	15.695091	1.829178
1	136480	하림	274.166667	3551	11.489362	0.887074
2	138040	메리츠금융지주	2122.333333	14894	6.313806	0.899691
3	139480	이마트	18268.166667	295780	13.931338	0.860437
4	145990	삼양사	5741.000000	108090	14.283226	0.758627
5	161390	한국타이어	5648.500000	51341	7.453306	0.820007
6	181710	NHN엔터테인먼트	2110.166667	78434	30.755864	0.827447
7	185750	종근당	3990.333333	40684	25.185866	2.470259
8	204210	모두투어리츠	85.166667	5335	40.802348	0.651359
9	207940	삼성바이오로직스	4644.166667	60099	89.790059	6.938551

두 데이터프레임을 내부 조인(Inner Join) 방식으로 결합한다. 여기서, on='id' 매개변수는 'id' 열(여기서는 종목코드를 의미)을 기준으로 조인을 수행하라는 설정이다. how='inner' 옵션은 두 데이터프레임 모두에 'id' 열의 값이 존재하는 행만을 추출한다는 뜻이다. 결과로 두 데이터프레임에 모두 종목코드가 존재하는 5개 종목에 대해 병합된다.

〈예제 6–14〉 데이터프레임 합치기(merge) (File: part6/6.14_df_merge.ipynb(이어서 계속))

```
# 데이터프레임 합치기 - 교집합
merge_inner = pd.merge(df1, df2, how='inner', on='id')
merge_inner
```

〈실행 결과〉

	id	stock_name	value	price	name	eps	bps	per	pbr
0	130960	CJ E&M	58540.666667	98900	CJ E&M	6301.333333	54068	15.695091	1.829178
1	139480	이마트	239230.833333	254500	이마트	18268.166667	295780	13.931338	0.860437

† [저장소] File: part6/data/stock_valuation.xlsx

2	145990	삼양사	82750.000000	82000	삼양사	5741.000000	108090	14.283226	0.758627
3	185750	종근당	40293.666667	100500	종근당	3990.333333	40684	25.185866	2.470259
4	204210	모두투어리츠	3093.333333	3475	모두투어리츠	85.166667	5335	40.802348	0.651359

how='outer' 옵션을 설정하면 두 데이터프레임 df1과 df2를 외부 조인(Outer Join) 방식으로 결합한다. 두 데이터프레임 중 하나라도 'id' 열의 값이 존재하는 모든 행을 포함한다. 따라서, 종목코드를 나타내는 'id' 열 기준으로 모든 종목의 데이터가 포함된다. 한 데이터프레임에는 존재하지만 다른 데이터프레임에는 존재하지 않는 키 값에 대응하는 행은 결과 데이터프레임에서도 포함된다. 이때 데이터가 없는 쪽의 열 값은 NaN으로 표시된다.

〈예제 6-14〉 데이터프레임 합치기(merge) (File: part6/6.14_df_merge.ipynb(이어서 계속))

```
# 데이터프레임 합치기 - 합집합
merge_outer = pd.merge(df1, df2, how='outer', on='id')
merge_outer
```

〈실행 결과〉

	id	stock_name	value	price	name	eps	bps	per	pbr
0	128940	한미약품	59385.666667	421000.0	NaN	NaN	NaN	NaN	NaN
1	130960	CJ E&M	58540.666667	8900.0	CJ E&M	6301.333333	54068.0	15.695091	1.829178
2	136480	NaN	NaN	NaN	하림	274.166667	3551.0	11.489362	0.887074
3	138040	NaN	NaN	NaN	메리츠금융지주	2122.333333	14894.0	6.313806	0.899691
4	138250	엔에스쇼핑	14558.666667	13200.0	NaN	NaN	NaN	NaN	NaN
5	139480	이마트	239230.833333	254500.0	이마트	18268.166667	295780.0	13.931338	0.860437
6	142280	녹십자엠에스	468.833333	10200.0	NaN	NaN	NaN	NaN	NaN
7	145990	삼양사	82750.000000	82000.0	삼양사	5741.000000	108090.0	14.283226	0.758627
8	161390	NaN	NaN	NaN	한국타이어	5648.500000	51341.0	7.453306	0.820007
9	181710	NaN	NaN	NaN	NHN엔터테인먼트	2110.166667	78434.0	30.755864	0.827447
10	185750	종근당	40293.666667	100500.0	종근당	3990.333333	40684.0	25.185866	2.470259
11	192400	쿠쿠홀딩스	179204.666667	177500.0	NaN	NaN	NaN	NaN	NaN
12	199800	툴젠	-2514.333333	115400.0	NaN	NaN	NaN	NaN	NaN
13	204210	모두투어리츠	3093.333333	3475.0	모두투어리츠	85.166667	5335.0	40.802348	0.651359
14	207940	NaN	NaN	NaN	삼성바이오로직스	4644.166667	60099.0	89.790059	6.938551

이번에는 데이터프레임 df1과 df2를 왼쪽 조인(Left Join) 방식으로 결합한다. how='left' 옵션을 설정하면 왼쪽 데이터프레임 df1의 기준 열에 속하는 데이터 값을 기준으로 df2에서 해당하는 행을 찾아 병합한다. 한편, left_on과 right_on 옵션을 사용하여 좌우 데이터프레임에 각각 다르게 키를 지정할 수 있다. 예제에서는 df1의 'id' 열과 'stock_name' 열을 기준으로

하고, 이에 대응되는 df2의 'id' 열과 'name' 열을 기준으로 병합한다. 완쪽 조인을 하면 기준이 되는 데이터프레임(df1)의 모든 행이 결과에 포함된다. df2에 해당하는 정보가 없으면(예: 128940 한미약품 등), 결과 데이터프레임에서 해당 열의 값은 NaN으로 표시된다.

〈예제 6-14〉 데이터프레임 합치기(merge) (File: part6/6.14_df_merge.ipynb(이어서 계속))

```
# 데이터프레임 합치기 - 왼쪽 데이터프레임 기준, 키 값 분리
merge_left = pd.merge(df1, df2, how='left',
                      left_on=['id', 'stock_name'], right_on=['id', 'name'])
merge_left
```

〈실행 결과〉[14]

	id	stock_name	value	price	name	eps	bps	per	pbr
0	128940	한미약품	59385.666667	421000.0	NaN	NaN	NaN	NaN	NaN
1	130960	CJ E&M	58540.666667	8900.0	CJ E&M	6301.333333	54068.0	15.695091	1.829178
2	138250	엔에스쇼핑	14558.666667	13200.0	NaN	NaN	NaN	NaN	NaN
3	139480	이마트	239230.833333	254500.0	이마트	18268.166667	295780.0	13.931338	0.860437
4	142280	녹십자엠에스	468.833333	10200.0	NaN	NaN	NaN	NaN	NaN
5	145990	삼양사	82750.000000	82000.0	삼양사	5741.000000	108090.0	14.283226	0.758627
6	185750	종근당	40293.666667	100500.0	종근당	3990.333333	40684.0	25.185866	2.470259
7	192400	쿠쿠홀딩스	179204.666667	177500.0	NaN	NaN	NaN	NaN	NaN
8	199800	툴젠	-2514.333333	115400.0	NaN	NaN	NaN	NaN	NaN
9	204210	모두투어리츠	3093.333333	3475.0	모두투어리츠	85.166667	5335.0	40.802348	0.651359

how='right' 옵션을 설정하면 df1과 df2를 오른쪽 조인(Right Join) 방식으로 결합한다. 따라서 오른쪽 데이터프레임 df2의 기준 열에 속하는 데이터 값을 기준으로 병합한다. df1의 'id' 열과 'stock_name' 열을 기준으로 하고, 이에 대응되는 df2의 'id' 열과 'name' 열을 기준으로 병합한다. 오른쪽 조인의 결과로 데이터프레임(df2)의 모든 행을 결과에 포함시키고 df1에서 해당하는 행을 찾아 결합한다. df1에 대응되는 행이 없는 경우, 해당 위치는 NaN으로 채운다.

〈예제 6-14〉 데이터프레임 합치기(merge) (File: part6/6.14_df_merge.ipynb(이어서 계속))

```
# 데이터프레임 합치기 - 오른쪽 데이터프레임 기준, 키 값 분리
merge_right = pd.merge(df1, df2, how='right',
                       left_on=['id', 'stock_name'], right_on=['id', 'name'])
merge_right
```

14) 예제와 같이 조인해야 하는 두 데이터프레임의 열 이름이 다를 때 유용하다. df1은 'stock_name' 열로 종목명을 나타내고 df2는 'name' 열에 종목명이 저장되어 있을 때 종목명을 기준으로 조인할 수 있기 때문이다.

〈실행 결과〉

	id	stock_name	value	price	name	eps	bps	per	pbr
0	130960	CJ E&M	58540.666667	8900.0	CJ E&M	6301.333333	54068.0	15.695091	1.829178
1	136480	NaN	NaN	NaN	하림	274.166667	3551.0	11.489362	0.887074
2	138040	NaN	NaN	NaN	메리츠금융지주	2122.333333	14894.0	6.313806	0.899691
3	139480	이마트	239230.833333	254500.0	이마트	18268.166667	295780.0	13.931338	0.860437
4	145990	삼양사	82750.000000	82000.0	삼양사	5741.000000	108090.0	14.283226	0.758627
5	161390	NaN	NaN	NaN	한국타이어	5648.500000	51341.0	7.453306	0.820007
6	181710	NaN	NaN	NaN	NHN엔터테인먼트	2110.166667	78434.0	30.755864	0.827447
7	185750	종근당	40293.666667	100500.0	종근당	3990.333333	40684.0	25.185866	2.470259
8	204210	모두투어리츠	3093.333333	3475.0	모두투어리츠	85.166667	5335.0	40.802348	0.651359
9	207940	NaN	NaN	NaN	삼성바이오로직스	4644.166667	60099.0	89.790059	6.938551

how='cross' 옵션을 사용하는 경우, 두 데이터프레임 간의 교차 조인(Cross Join)을 수행한다. 교차 조인은 두 데이터프레임의 모든 가능한 행 조합을 생성한다. 각 데이터프레임의 모든 행이 서로 결합되어 결과적으로 매우 큰 데이터프레임을 생성할 수 있다. 여기서는 특정 열을 기준으로 결합하는 것이 아니라, 두 데이터프레임의 모든 행을 교차하여 결합한다. df1과 df2가 각각 10개의 행을 가지고 있기 때문에, 결과는 총 100개(10×10)의 행을 갖게 된다.

〈예제 6-14〉 데이터프레임 합치기(merge) (File: part6/6.14_df_merge.ipynb(이어서 계속))

```
# 데이터프레임 합치기 - 교차 조인
merge_cross = pd.merge(df1, df2, how='cross')
merge_cross
```

〈실행 결과〉[15]

	id_x	stock_name	value	price	id_y	name	eps	bps	per	pbr
0	128940	한미약품	59385.666667	421000	130960	CJ E&M	6301.333333	54068	15.695091	1.829178
1	128940	한미약품	59385.666667	421000	136480	하림	274.166667	3551	11.489362	0.887074
2	128940	한미약품	59385.666667	421000	138040	메리츠금융지주	2122.333333	14894	6.313806	0.899691
3	128940	한미약품	59385.666667	421000	139480	이마트	18268.166667	295780	13.931338	0.860437
4	128940	한미약품	59385.666667	421000	145990	삼양사	5741.000000	108090	14.283226	0.758627
...	...	...	...	...	...	...	...	...	...	...
95	204210	모두투어리츠	3093.333333	3475	161390	한국타이어	5648.500000	51341	7.453306	0.820007
96	204210	모두투어리츠	3093.333333	3475	181710	NHN엔터테인먼트	2110.166667	78434	30.755864	0.827447
97	204210	모두투어리츠	3093.333333	3475	185750	종근당	3990.333333	40684	25.185866	2.470259

15) how='cross' 옵션을 사용할 때는 left_on, right_on, left_index, right_index와 같은 조인 키를 지정하는 매개변수를 사용할 수 없다. 교차 조인은 두 데이터프레임 간의 특정 키를 기준으로 결합하는 것이 아니고 단순히 모든 행의 조합을 생성하기 때문이다.

```
98 204210 모두투어리츠  3093.333333   3475 204210     모두투어리츠     85.166667   5335 40.802348 0.651359
98 204210 모두투어리츠  3093.333333   3475 207940 삼성바이오로직스  4644.166667  60099 89.790059 6.938551

100 rows x 100 columns
```

merge() 함수를 불린 인덱싱과 함께 사용하면 원하는 데이터를 추출할 수 있다. 예제를 통해 주가 50,000원 미만인 종목을 찾으면 모두 3개 종목이 추출된다.

〈예제 6-14〉 데이터프레임 합치기(merge) (File: part6/6.14_df_merge.ipynb(이어서 계속))

```
# 불린 인덱싱과 결합하여 원하는 데이터 찾기
price = df1[df1['price'] < 50000]
price
```

〈실행 결과〉

	id	stock_name	value	price
2	138250	엔에스쇼핑	14558.666667	13200
4	142280	녹십자엠에스	468.833333	10200
9	204210	모두투어리츠	3093.333333	3475

밸류에이션 지표는 다른 데이터프레임(df2)에 있기 때문에 merge() 함수를 사용한다. on=None 옵션이 기본 적용되기 때문에 두 데이터프레임에서 이름이 같은 모든 열(id)을 조인의 기준으로 한다. 또한 how='inner' 옵션이 자동 적용되어 기준 열의 값이 두 데이터프레임에 모두 존재하는 행만 남는다. 주가 50,000원 미만인 3개 종목 중에서 df2에 밸류에이션 데이터를 가진 회사는 '204210(모두투어리츠)' 한 종목으로 확인된다.

〈예제 6-14〉 데이터프레임 합치기(merge) (File: part6/6.14_df_merge.ipynb(이어서 계속))

```
value = pd.merge(price, df2)
value
```

〈실행 결과〉

	id	stock_name	value	price	name	eps	bps	per	pbr
0	204210	모두투어리츠	3093.333333	3475.0	모두투어리츠	85.166667	5335.0	40.802348	0.651359

merge() 함수의 조인(JOIN) 유형

판다스의 merge( ) 함수는 SQL과 유사한 조인 연산을 수행하여 두 데이터프레임을 하나로 결합한다. 각 조인 유형에 대해 살펴보자.

1. One-to-One 조인: 두 데이터프레임의 특정 열 또는 인덱스 레벨 이름에 대해 1:1 관계로 조인하는 경우를 뜻한다. 이 경우, 조인의 기준이 되는 값들은 유일해야 한다. `sdf1`과 `sdf2` 데이터프레임이 `'employee'` 열을 기준으로 조인하면, 모든 직원(`'Alice', 'Sam', 'Eva'`)에 대해 소속 부서(`'department'`)와 입사연도(`'start_year'`)를 하나의 데이터프레임으로 결합한다.

〈예제 6-14〉 데이터프레임 합치기(merge) (File: part6/6.14_df_merge.ipynb(이어서 계속))

```
# 데이터프레임 생성
sdf1 = pd.DataFrame({'employee': ['Alice', 'Sam', 'Eva'],
                     'department': ['HR', 'Tech', 'HR']})
sdf2 = pd.DataFrame({'employee': ['Eva', 'Alice', 'Sam'],
                     'start_year': [2018, 2019, 2020]})

# One-to-One 조인
result_one_to_one = pd.merge(sdf1, sdf2, on='employee')
result_one_to_one
```

〈실행 결과〉

```
  employee department  start_year
0    Alice         HR        2019
1      Sam       Tech        2020
2      Eva         HR        2018
```

2. Many-to-One 조인: 하나의 데이터프레임에 있는 열(또는 인덱스 레벨 이름)의 유일한 값이 다른 데이터프레임의 열(또는 인덱스 레벨 이름)에 여러 번 등장하는 경우의 조인이다. 이 경우, 첫 번째 데이터프레임의 각 행은 두 번째 데이터프레임의 해당 값을 기준으로 확장된다. `sdf1`과 `sdf3` 데이터프레임이 `'department'` 열을 기준으로 조인되면, 각 부서에 속한 직원들(`'employee'`)과 해당 부서의 관리자(`'manager'`)를 하나의 데이터프레임으로 결합한다.

   `HR` 부서에 속한 `'Alice'`와 `'Eva'`는 같은 관리자 `'Tina'`를 가지며, `Tech` 부서에 속한 `'Sam'`은 관리자 `'Alex'`를 가진다. 하나의 `'department'` 값에 여러 `'employee'` 값이 대응되며, 이를 통해 관리자 정보가 각 직원 행에 추가된다.

〈예제 6-14〉 데이터프레임 합치기(merge) (File: part6/6.14_df_merge.ipynb(이어서 계속))

```
# 데이터프레임 생성
sdf3 = pd.DataFrame({'department': ['HR', 'Tech'],
                     'manager': ['Tina', 'Alex']})

```

```
# Many-to-One 조인
result_many_to_one = pd.merge(sdf1, sdf3, on='department')
result_many_to_one
```

〈실행 결과〉

```
  employee department manager
0    Alice         HR    Tina
1      Sam       Tech    Alex
2      Eva         HR    Tina
```

3. Many-to-Many 조인: 두 데이터프레임 모두 기준이 되는 열에서 중복된 값들을 가지고 있을 경우의 조인이다. 이 경우, 가능한 모든 조합이 결과에 포함된다. sdf1과 sdf4 데이터프레임이 'department' 열을 기준으로 조인되면, 각 부서에 속한 직원들과 해당 부서에서 수행되는 작업('task')들을 하나의 데이터프레임에 나타낸다.

   HR 부서에 속한 'Alice'와 'Eva'는 'recruiting'과 'payroll' 직무를 수행하고, Tech 부서에 속한 'Sam'은 'development'와 'support' 직무를 수행한다. 하나의 'department' 값에 여러 'task' 값이 대응되고, 이를 통해 여러 직무가 개별 직원의 행에 추가된다. 결과적으로, 부서별 직원과 직무가 결합된 새로운 데이터프레임이 생성된다.

〈예제 6-14〉 데이터프레임 합치기(merge) (File: part6/6.14_df_merge.ipynb(이어서 계속))

```
# 데이터프레임 생성
sdf4 = pd.DataFrame({'department': ['HR', 'HR', 'Tech', 'Tech', 'Finance'],
                     'task': ['recruiting', 'payroll', 'development', 'support',
'budgeting']})

# Many-to-Many 조인
result_many_to_many = pd.merge(sdf1, sdf4, on='department')
result_many_to_many
```

〈실행 결과〉

```
  employee department         task
0    Alice         HR   recruiting
1    Alice         HR      payroll
2      Sam       Tech  development
3      Sam       Tech      support
4      Eva         HR   recruiting
5      Eva         HR      payroll
```

5-3 데이터프레임 조인

판다스 join() 메소드는 merge() 함수를 기반으로 만들어졌기 때문에 기본 작동 방식이 서로 비슷하다. 다만, join() 메소드는 두 데이터프레임의 행 인덱스를 기준으로 결합하는 점에서 merge() 함수와 차이가 있다. 하지만 join() 메소드에 대해서도 on=keys 옵션을 설정하면 행 인덱스 대신 다른 열을 기준으로 결합하는 것이 가능하다.

행 인덱스 기준으로 결합: `DataFrame1.join(DataFrame2, how='left')`

〈예제 2-7〉에서 사용한 API 호출 함수를 다시 사용한다. 삼성전자(005930) 연결 재무제표에서 분기별 '매출액' 데이터를 받아서 df_revenue 변수에 저장한다. 데이터프레임의 구조를 변경하고 2022년 데이터만을 필터링하여 추출한다.

〈예제 6-15〉 데이터프레임 합치기(join) (File: part6/6.15_df_join.ipynb)

```python
# 라이브러리 불러오기
import requests
import pandas as pd

# 예제 2.7의 get_financials() 함수 사용(Dapada apiKey 필요)
my_key = "----발급받은 API 키 입력-----"

# 특정 종목(stockCode)의 재무항목(indicatorName) 데이터를 가져오는 함수 정의
def get_financials(stockCode, indicatorName, apiKey, consolidated=True, ttm=True):
                                    … 중략 …
    response = requests.get(url, headers=headers)
    result = response.json()
    return pd.DataFrame(result)

# 삼성전자(005930)의 연결 재무제표 (분기 기준)에서 '매출액' 항목의 데이터 수집
df_revenue = get_financials(stockCode='005930',
                           indicatorName='매출액',
                            apiKey=my_key,
                            consolidated=True,
                            ttm=False)

# 열 이름 변경
df_revenue.columns = ['매출액', '분기']

```

```
# 분기 열을 인덱스로 설정
df_revenue = df_revenue.set_index('분기', drop=True)

# 2022년 데이터만 선택
df_revenue = df_revenue[df_revenue.index.str.startswith('2022')]

df_revenue
```

〈실행 결과〉[16]

```
                 매출액
    분기
2022-Q4   70464575000000
2022-Q3   76781680000000
2022-Q2   77203607000000
```

삼성전자(005930)의 분기별 '영업이익' 데이터를 가져와서 `df_margin` 변수에 저장한다. 이번에는 3분기(Q3) 데이터만을 필터링하여 추출한다.

〈예제 6-15〉 데이터프레임 합치기(join) (File: part6/6.15_df_join.ipynb(이어서 계속))

```
# 삼성전자(005930)의 연결 재무제표(분기 기준)에서 '영업이익' 항목의 데이터 수집
df_margin = get_financials(stockCode='005930',
                           indicatorName='영업이익',
                           apiKey=my_key,
                           consolidated=True,
                           ttm=False)

# 열 이름 변경
df_margin.columns = ['영업이익', '분기']

# 분기 열을 인덱스로 설정
df_margin = df_margin.set_index('분기', drop=True)

# 3분기 데이터만 선택
df_margin = df_margin[df_margin.index.str.endswith('Q3')]

df_margin
```

16) API 키를 발급받지 않거나, 서버 에러 등의 이유로 작동이 안되는 경우에는 자료실에서 제공하는 CSV 파일†을 참조한다.

† [저장소] part6/data/삼성전자_분기별_매출액.csv, part6/data/삼성전자_분기별_영업이익.csv

〈실행 결과〉

```
                  영업이익
   분기
2023-Q3  2433534000000
2022-Q3  9389198000000
```

데이터프레임 df_revenue에 join() 메소드를 적용하면서 데이터프레임 df_margin을 인자로 전달하면, 왼쪽에 위치한 df_revenue의 행 인덱스를 기준으로 결합하는 how='left' 옵션이 기본 적용된다. 따라서, df_revenue의 행 인덱스에 해당하는 3개 분기 값을 기준으로 결합된다. 이때 데이터프레임 df_margin에 존재하지 않는 분기(2022-Q4, 2022-Q2)의 위치에는 NaN을 채운다.

〈예제 6-15〉 데이터프레임 합치기(join) (File: part6/6.15_df_join.ipynb(이어서 계속))

```
# 데이터프레임 결합(join)
df_revenue_margin = df_revenue.join(df_margin)
df_revenue_margin
```

〈실행 결과〉

```
                    매출액           영업이익
   분기
2022-Q4  70464575000000            NaN
2022-Q3  76781680000000   9.389198e+12
2022-Q2  77203607000000            NaN
```

이번에는 how='inner' 옵션을 적용해서, 두 데이터프레임에 공통으로 존재하는 행 인덱스를 기준으로 추출한다. 양쪽에 모두 존재하는 분기는 2022년 3분기(2022-Q3)가 유일하다.

〈예제 6-15〉 데이터프레임 합치기(join) (File: part6/6.15_df_join.ipynb(이어서 계속))

```
# 데이터프레임 결합(join) - 교집합
df_revenue_margin2 = df_revenue.join(df_margin, how='inner')
df_revenue_margin2
```

〈실행 결과〉

```
                    매출액           영업이익
   분기
2022-Q3  76781680000000  9389198000000
```

❻ 피벗 테이블

판다스 pivot_table() 함수는 엑셀(Excel)에서 사용하는 피벗테이블과 비슷한 기능을 처리한다. 피벗테이블을 구성하는 네 가지 요소(행 인덱스, 열 인덱스, 데이터 값, 데이터 집계 함수)에 적용할 데이터프레임의 열을 각각 지정하여 함수의 인자로 전달한다.

다음 예제의 'titanic' 데이터셋에서 5개의 열을 추출하여 df라는 데이터프레임을 만든다.

〈예제 6-16〉 피벗테이블 (File: part6/6.16_pivot_table.ipynb)

```
# 라이브러리 불러오기
import pandas as pd
import seaborn as sns

# titanic 데이터셋에서 age, sex 등 5개 열을 선택하여 데이터프레임 만들기
titanic = sns.load_dataset('titanic')
df = titanic.loc[:, ['age','sex', 'class', 'fare', 'survived']]
df.head()
```

〈실행 결과〉

```
    age     sex  class     fare  survived
0  22.0    male  Third   7.2500         0
1  38.0  female  First  71.2833         1
2  26.0  female  Third   7.9250         1
3  35.0  female  First  53.1000         1
4  35.0    male  Third   8.0500         0
```

pivot_table() 함수를 사용하여 데이터프레임의 형태를 피벗 테이블로 변환한다. 5개의 열 중에서 행 인덱스로는 'class' 열을 지정하고, 열 인덱스에는 'sex' 열을 지정한다. 'age' 열을 피벗의 데이터 값으로 사용하고, 데이터를 집계하는 함수는 평균값을 계산하는 'mean' 함수를 설정한다.

행 인덱스로는 'class' 열의 세 가지 값이 표시되고, 열 위치에는 'sex' 열의 두 가지 값이 사용된다. 'age' 열의 승객 나이 데이터의 평균값을 계산하여 출력한다.

〈예제 6-16〉 피벗테이블 (File: part6/6.16_pivot_table.ipynb(이어서 계속))

```
# 행, 열, 값, 집계에 사용할 열을 1개씩 지정 - 평균 집계
pdf1 = pd.pivot_table(df,                # 피벗할 데이터프레임
```

```
                    index='class',     # 행 위치에 들어갈 열
                    columns='sex',     # 열 위치에 들어갈 열
                    values='age',      # 데이터로 사용할 열
                    aggfunc='mean',    # 데이터 집계 함수
                    observed=True)
pdf1
```

〈실행 결과〉

```
sex        female       male
class
First   34.611765  41.281386
Second  28.722973  30.740707
Third   21.750000  26.507589
```

'age' 열 대신에 'survived' 열을 피벗의 데이터 값으로 사용하고, 데이터를 집계하는 함수를 2개 사용한다. 'mean', 'sum' 함수를 리스트 형태로 입력한다. 행 인덱스로 'class' 열의 세 가지 값이 표시되고, 열 구조는 2중 멀티 인덱스가 된다. 데이터 집계 함수인 'mean' 함수와 'sum' 함수가 한 층을 이루고, 'sex' 열의 값인 'female'과 'male'이 다음 층으로 사용된다. 여기서 'mean' 함수의 계산 결과는 생존율을 나타내고, 'sum' 함수의 결과는 생존자 수를 나타낸다.

〈예제 6-16〉 피벗테이블 (File: part6/6.16_pivot_table.ipynb(이어서 계속))

```
# 값에 적용하는 집계 함수를 2개 이상 지정 가능 - 생존율, 생존자 수 집계
pdf2 = pd.pivot_table(df,                            # 피벗할 데이터프레임
                    index='class',                   # 행 위치에 들어갈 열
                    columns='sex',                   # 열 위치에 들어갈 열
                    values='survived',               # 데이터로 사용할 열
                    aggfunc=['mean', 'sum'],         # 데이터 집계 함수
                    observed=True)
pdf2
```

〈실행 결과〉

```
             mean                sum
sex        female      male   female  male
class
First    0.968085  0.368852       91    45
Second   0.921053  0.157407       70    17
Third    0.500000  0.135447       72    47
```

pivot_table() 함수에 전달할 인자(행 인덱스, 열 위치, 데이터 값, 집계 함수)에 각각 2개 이상의 열을 입력할 수 있다. 예제에서는 행 인덱스와 데이터 값에 해당하는 열을 각각 2개 지정하고, 열 위치에 해당하는 열은 1개를 지정한다. 또한 데이터 집계 함수를 2개 지정한다.

〈예제 6-16〉 피벗테이블 (File: part6/6.16_pivot_table.ipynb(이어서 계속))

```
# 행, 열, 값에 사용할 열을 2개 이상 지정 가능 - 평균 나이, 최대 요금 집계
pdf3 = pd.pivot_table(df,                              # 피벗할 데이터프레임
                      index=['class', 'sex'],          # 행 위치에 들어갈 열
                      columns='survived',              # 열 위치에 들어갈 열
                      values=['age', 'fare'],          # 데이터로 사용할 열
                      aggfunc=['mean', 'max'],         # 데이터 집계 함수
                      observed=True)
pdf3
```

〈실행 결과〉

```
                    mean                                          max
                    age                   fare                    age          fare
survived                0          1           0          1       0     1        0         1
class  sex
First  female   25.666667  34.939024  110.604167  105.978159   50.0  63.0   151.55  512.3292
       male     44.581967  36.248000   62.894910   74.637320   71.0  80.0   263.00  512.3292
Second female   36.000000  28.080882   18.250000   22.288989   57.0  55.0    26.00   65.0000
       male     33.369048  16.022000   19.488965   21.095100   70.0  62.0    73.50   39.0000
Third  female   23.818182  19.329787   19.773093   12.464526   48.0  63.0    69.55   31.3875
       male     27.255814  22.274211   12.204469   15.579696   74.0  45.0    69.55   56.4958
```

7 스택(stack)

판다스에서 멀티 인덱스를 가진 데이터의 구조를 변경하는 작업을 할 때 stack()와 unstack() 메소드가 주로 사용된다. 데이터의 차원을 변환하는 데 유용하다.

먼저 stack() 메소드를 살펴보자. 이 메소드는 열을 행으로 "쌓는(stack)" 작업을 수행하여 데이터프레임을 저차원으로 변환한다. 데이터프레임의 열 레벨 중 하나를 전환하여, 해당 레벨의 열 이름들을 행 인덱스의 배열로 변환한다. 열 레벨 중 하나를 전환할 때 level 옵션의 기본값은 −1로, 가장 하위 레벨의 열이 선택된다.

스택 연산: `DataFrame객체.stack(level=-1)`

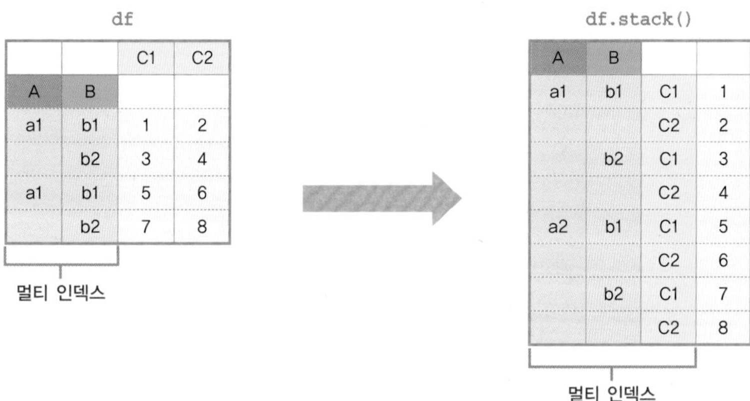

[그림 6-4] stack 연산

stack() 메소드를 사용하기 위해 우선 pivot_table() 함수를 사용하여 멀티인덱스를 가진 데이터프레임을 만든다. 각 그룹에 대한 나이의 평균이 표시된다.

〈예제 6-17〉 데이터프레임에 stack 적용 (File: part6/6.17_df_stack.ipynb)

```
# 라이브러리 불러오기
import pandas as pd
import seaborn as sns

# titanic 데이터셋에서 age, sex 등 5개 열을 선택하여 데이터프레임 만들기
titanic = sns.load_dataset('titanic')
df = titanic.loc[:, ['age','sex', 'class', 'fare', 'survived']]

# 피벗 테이블로 멀티 인덱스를 갖는 데이터프레임 만들기
df2 = pd.pivot_table(df,
                     index=['class', 'survived'],
                     columns='sex',
                     values='age',
                     aggfunc='mean',
                     observed=True)
df2
```

〈실행 결과〉

```
              sex     female       male
  class  survived
  First         0  25.666667  44.581967
                1  34.939024  36.248000
Seconnd         0  36.000000  33.369048
                1  28.080882  16.022000
  Third         0  23.818182  27.255814
                1  19.329787  22.274211
```

stack() 메소드를 호출하여 데이터프레임 df2의 열을 가장 하위 레벨의 행 인덱스로 변환한다. 최상위 레벨의 행 인덱스는 class와 survived로 구성되고, 그 하위 레벨에 성별(sex)이 추가되어 각 그룹에 대한 나이의 평균이 표시된다. 여기서 열 이름의 배열은 하나의 레벨만 존재하기 때문에, 가장 하위 레벨이 적용되더라도 성별(sex)을 나타내는 열의 배열이 전환된다.

〈예제 6-17〉 데이터프레임에 stack 적용 (File: part6/6.17_df_stack.ipynb(이어서 계속))

```
# stack 적용
df_stacked = df2.stack()
df_stacked
```

〈실행 결과〉[17]

```
class   survived  sex
First   0         female  25.666667
                  male    44.581967
        1         female  34.939024
                  male    36.248000
Second  0         female  36.000000
                  male    33.369048
        1         female  28.080882
                  male    16.022000
Third   0         female  23.818182
                  male    27.255814
        1         female  19.329787
                  male    22.274211
dtype: float64
```

17) 데이터프레임 df2의 shape 속성은 (6, 2)이고, 스택 연산의 결과인 df_stacked는 (12,) 형태를 갖는 시리즈 객체가 된다. 스택 연산의 결과로 2차원에서 1차원으로 변환된다.

unstack()은 특정 레벨의 인덱스를 열로 이동시켜 데이터 구조를 재배열하는 작업을 수행한다. stack() 메소드의 역 연산으로, stack()은 열의 레벨을 행 인덱스로 피벗하여 좁고 긴 형식의 데이터를 만들어내는 반면 unstack()은 행 인덱스의 레벨을 열로 피벗하여 넓은 형식의 데이터를 생성한다. 데이터프레임의 행 인덱스 레벨 중 하나를 열 배열로 전환하여 가장 하위 레벨에 위치시킨다. 여기서 level 속성은 전환할 행 인덱스의 레벨을 지정하는데, 기본값은 −1로 가장 하위의 레벨이 선택된다.

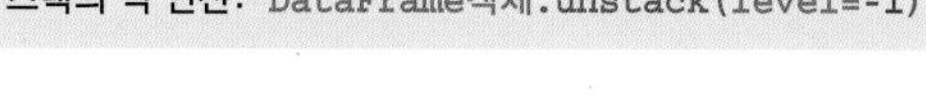

스택의 역 연산: `DataFrame객체.unstack(level=-1)`

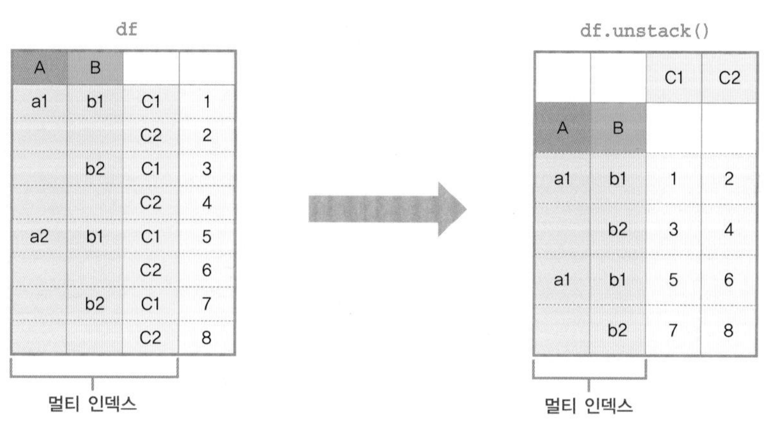

[그림 6-5] unstack 연산

데이터프레임 df2의 가장 하위 레벨의 행 인덱스가 열 축으로 이동한다. 이 연산은 행 인덱스의 가장 하위 레벨을 열 헤더의 가장 하위 레벨로 변경한 새로운 형태의 데이터프레임을 만든다. 데이터프레임 df2는 2개의 행 레벨 중에서 'survived' 인덱스 레벨이 열로 피벗되어, 기존 열 레벨의 하위에 추가돼서 멀티 인덱스 구조의 열을 갖는 데이터프레임이 된다.

〈예제 6-17〉 데이터프레임에 stack 적용 (File: part6/6.17_df_stack.ipynb(이어서 계속))

```
# unstack 적용
df_unstacked = df2.unstack()
df_unstacked
```

〈실행 결과〉

```
     sex          female                male
survived         0         1         0         1
   class
   First 25.666667 34.939024 44.581967 36.248000
 Seconnd 36.000000 28.080882 33.369048 16.022000
   Third 23.818182 19.329787 27.255814 22.274211
```

다음 코드에서 df2 데이터프레임에 지정된 level=0에 해당하는 가장 상위 레벨의 행 인덱스가 열 축으로 이동한다. 이처럼 멀티인덱스를 가진 데이터프레임에서 특정 레벨의 행 인덱스를 열로 피벗할 수 있다. 행 인덱스 중에서 'class' 레벨이 열의 가장 하위 레벨로 이동하고, 'survived' 레벨은 행 인덱스로 남는다.

〈예제 6-17〉 데이터프레임에 stack 적용 (File: part6/6.17_df_stack.ipynb(이어서 계속))

```
# unstack 적용 - level 지정
df_unstacked2 = df2.unstack(level=0)
df_unstacked2
```

〈실행 결과〉

```
     sex                         female                                  male
   class     First   Seconnd     Third     First   Seconnd     Third
survived
       0 25.666667 36.000000 23.818182 44.581967 33.369048 27.255814
       1 34.939024 28.080882 19.329787 36.248000 16.022000 22.274211
```

stack() 메소드에서 level=1을 지정하면, 열 인덱스의 두 번째 레벨을 스택하는 것을 의미한다. 파이썬에서 인덱싱은 0부터 시작하기 때문이다. df_unstacked2 데이터프레임의 열 중 두 번째 레벨을 행 인덱스로 스택하여 구조를 변경한다.

〈예제 6-17〉 데이터프레임에 stack 적용 (File: part6/6.17_df_stack.ipynb(이어서 계속))

```
# stack 적용 - level 지정
df_stacked2 = df_unstacked2.stack(level=1, future_stack=True)
df_stacked2
```

〈실행 결과〉[18]

```
              sex       female        male
survived     class
       0     First   25.666667   44.581967
            Seconnd  36.000000   33.369048
             Third   23.818182   27.255814
       1     First   34.939024   36.248000
            Seconnd  28.080882   16.022000
             Third   19.329787   22.274211
```

8 멜트(melt)

melt() 함수는 데이터프레임을 재구조화하는 판다스 함수이다. 하나 이상의 열을 식별 변수(id_vars)로 설정하고, 측정 변수(value_vars)[19]를 행 축으로 언피벗(unpivoted)하여 데이터를 긴 형식(long-form)으로 변환할 때 사용한다. 이 과정을 거치면 식별 변수를 제외하고 "variable"과 "value"라는 2개의 비식별 열만 남는다. 이 비식별 열들의 이름은 var_name과 value_name 매개변수를 통해 사용자가 지정할 수 있다. 특히 여러 변수가 포함된 열을 하나의 변수로 통합하고자 할 때 또는 시각화를 위해 데이터를 긴 형식으로 변환할 필요가 있을 때 자주 사용된다.

멜트(melt) 연산: `DataFrame객체.melt(id_vars=[], value_vars='')`

df

	code	name	price	volume
0	005930	삼성전자	74,100	20,248,727
1	000660	SK하이닉스	142,800	5,396,970

df.melt(id_vars=['code', 'name'])

	code	name	variable	value
0	005930	삼성전자	price	74,100
1	005930	SK하이닉스	price	142,800
2	005930	삼성전자	value	20,248,727
3	000660	SK하이닉스	volume	5,396,970

[그림 6-6] melt 연산

18) 판다스 2.1.0 버전에서 stack() 메소드의 구현 방식에 변경이 있었다는 경고 문구를 숨기기 위해서는 future_stack=True 매개변수를 추가하여 새로운 구현을 채택한다.

19) 측정 변수를 실징하는 value_vars 옵션을 설정하지 않으면 식별 변수(id_vars)를 제외한 모든 열을 측정 변수로 간주한다.

먼저 두 명의 사람에 대한 정보를 담고 있는 데이터프레임을 정의한다. 이름(Name), 도시(City), 나이(Age), 연봉(Salary) 정보가 포함되어 있다.

〈예제 6-18〉 데이터프레임에 melt 적용 (File: part6/6.18_df_melt.ipynb)

```
# 라이브러리 불러오기
import pandas as pd

# 데이터프레임 만들기
df = pd.DataFrame({
    "Name": ["John", "Mary"],
    "City": ["New York", "Los Angeles"],
    "Age": [28, 32],
    "Salary": [50000, 60000],
})

df
```

〈실행 결과〉

	Name	City	Age	Salary
0	John	New York	28	50000
1	Mary	Los Angeles	32	60000

melt() 함수의 id_vars 매개변수에 "Name"과 "City" 열을 식별 변수로 지정하고 var_name과 value_name 매개변수로 새로운 열 이름을 지정한다. 결과적으로 "Name"과 "City" 열은 식별 변수로 유지되며, "Age"와 "Salary" 열은 Attribute와 Value로 재구성된다. 각 행은 두 사람의 이름과 살고 있는 도시, 나이 또는 연봉 정보 하나를 나타내는 형태로 변환된다.

〈예제 6-18〉 데이터프레임에 melt 적용 (File: part6/6.18_df_melt.ipynb(이어서 계속))

```
# melt() 함수를 사용하여 데이터프레임 변환
df_melted = df.melt(id_vars=["Name", "City"],
                    var_name="Attribute",
                    value_name="Value")

df_melted
```

〈실행 결과〉

	Name	City	Attribute	Value
0	John	New York	Age	28
1	Mary	Los Angeles	Age	32
2	John	New York	Salary	50000
3	Mary	Los Angeles	Salary	60000

넓은 형식(wide-form) 데이터프레임 df_wide를 정의한다. Google과 Yahoo 두 회사의 2019년과 2020년의 수입(Income_2019, Income_2020)과 비용(Expense_2019, Expense_2020) 정보가 포함된다.

〈예제 6-18〉 데이터프레임에 melt 적용 (File: part6/6.18_df_melt.ipynb(이어서 계속))

```
# wide-form 데이터프레임 생성
df_wide = pd.DataFrame({
    "Company": ["Google", "Yahoo"],
    "Income_2019": [100000, 50000],
    "Income_2020": [120000, 55000],
    "Expense_2019": [50000, 30000],
    "Expense_2020": [60000, 35000]
})

df_wide
```

〈실행 결과〉

	Company	Income_2019	Income_2020	Expense_2019	Expense_2020
0	Google	100000	120000	50000	60000
1	Yahoo	50000	55000	30000	35000

wide_to_long() 함수는 판다스에서 넓은 형식(wide-form)의 데이터프레임을 긴 형식(long-form)으로 변환하는 데 사용된다. 특히 열 이름에 패턴이 있고, 이러한 패턴을 기반으로 여러 변수를 긴 형식으로 재구성하고자 할 때 편리하다. 주요 매개변수에 대한 설명은 다음과 같다.

stubnames 매개변수: 긴 형식으로 변환될 때 기준이 되는 열 이름의 접두사 목록이다. ['Income', 'Expense'] 형식으로도 설정되어, 'Income_2019', 'Income_2020', 'Expense_2019', 'Expense_2020' 등과 같은 열들이 이 접두사를 기준으로 변환된다.

i 매개변수는 긴 형식으로 변환된 데이터프레임에서 인덱스로 유지될 열의 이름이다. 식별 변수로 각 행의 고유성을 유지하는 데 사용된다. 'Company'로 설정되어 각 행은 특정 회사를 식별하는 데 사용된다.
j 매개변수는 새롭게 생성될 열의 이름으로, stubnames에 정의된 각 열에 대한 구분자 역할을 한다. 'Year'로 설정되어 원래 열 이름에서 추출된 연도 정보가 이 열에 저장된다.
sep 매개변수는 stubnames와 연도 사이에 있는 구분 기호를 지정한다. sep='_'로 설정되어, 'Income_2019'에서 'Income'과 '2019' 사이의 '_'를 구분자로 인식한다.
suffix 매개변수는 stubnames 뒤에 오는 문자열의 패턴을 지정한다. 정규 표현식을 사용하여 지정할 수 있으며, \d+는 하나 이상의 숫자가 오는 패턴을 의미한다. 여기서는 연도를 나타내는 숫자를 식별한다.

wide_to_long() 함수를 사용하여 변환된 긴 형식의 데이터프레임에는 각 회사(Company)의 연도(Year)별로 수입(Income)과 비용(Expense) 정보가 행 단위로 정리되어 있다.

〈예제 6-18〉 데이터프레임에 melt 적용 (File: part6/6.18_df_melt.ipynb(이어서 계속))

```
# wide_to_long() 함수를 사용하여 긴 형식으로 변환
df_long = pd.wide_to_long(df_wide, stubnames=['Income', 'Expense'],
                          i='Company', j='Year', sep='_', suffix='\d+')
df_long = df_long.reset_index()
df_long
```

〈실행 결과〉

```
  Company  Year  Income  Expense
0  Google  2019  100000    50000
1   Yahoo  2019   50000    30000
2  Google  2020  120000    60000
3   Yahoo  2020   55000    35000
```

PANDAS

PART 7

머신러닝 데이터 분석

1 머신러닝 개요

1-1 머신러닝이란?

머신러닝(machine learning)이란 기계(컴퓨터 알고리즘) 스스로 데이터를 학습하여 서로 다른 변수 간의 관계를 찾아 나가는 과정이라고 정의할 수 있다. 해결하려는 문제에 따라 예측(prediction), 분류(classification), 군집(clustering) 알고리즘 등으로 분류된다. 예를 들어 주가, 환율 등 경제지표 예측, 은행에서 고객을 분류하여 대출을 승인하거나 거절하는 문제, 비슷한 소비패턴을 가진 고객 유형을 군집으로 묶어내는 문제 등이 있다.

머신러닝이 워낙 다양한 영역에 걸쳐 있고, 사용하는 알고리즘과 방법론이 무수히 많기 때문에 체계적으로 이론을 정립해 나가려면 상당한 시간과 노력이 필요하다. 이 과정에서 많은 초심자들이 중간에 포기하거나 흥미를 잃게 된다. 따라서 복잡한 이론보다는 실제 데이터를 가지고 간단한 문제부터 예측해보는 실습을 통해 익혀 나가는 것이 바람직하다.

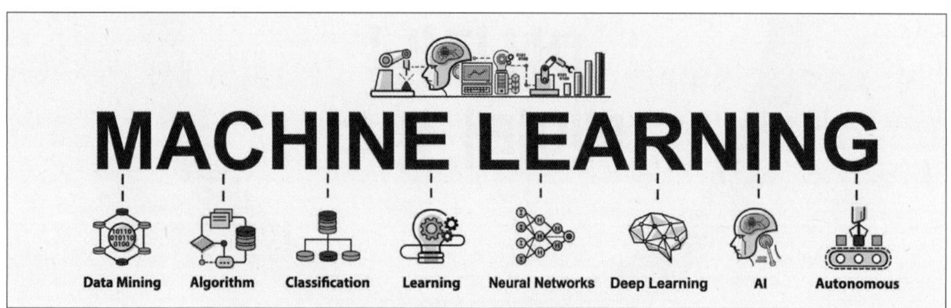

[그림 7-1] 머신러닝 개념

1-2 지도 학습 vs 비지도 학습

머신러닝은 크게 두 가지 유형으로 분류한다. 정답 데이터를 다른 데이터와 함께 컴퓨터 알고리즘에 입력하는 방식을 지도 학습(supervised learning)이라고 하고, 정답 데이터 없이 컴퓨터 알고리즘 스스로 데이터로부터 숨은 패턴을 찾아내는 방식을 비지도 학습(unsupervised learning)이라고 한다.

비유하자면 지도 학습은 정답지가 있어서 정답을 맞춰 보면서 문제를 풀어가는 학습 방법이고, 비지도 학습은 정답지 없이 스스로 답을 찾는 학습 방법이다. 지도 학습에는 회귀분석, 분류 모델이 있고, 비지도 학습 중에는 군집 분석이 대표적인 방법이다.

구 분	지도 학습 (supervised learning)	비지도 학습 (unsupervised learning)
알고리즘 (분석모형)	• 회귀분석 • 분류	• 군집 분석
특징	• 정답을 알고 있는 상태에서 학습 • 모형 평가 방법이 다양한 편	• 정답이 없는 상태에서 서로 비슷한 데이터를 찾아서 그룹화 • 모형 평가 방법이 제한적

[표 7-1] 지도 학습 vs 비지도 학습

1-3 머신러닝 프로세스

머신러닝 데이터 분석을 시작하기 전에 컴퓨터 알고리즘이 이해할 수 있는 형태로 데이터를 변환하는 작업이 선행되어야 한다. 분석 대상에 관해 수집한 관측값(observation)을 속성(feature 또는 variable)을 기준으로 정리한다. 따라서 판다스를 이용하여 데이터프레임으로 정리하는 과정이 필요하다. 데이터프레임의 열은 속성을 나타내는 변수들이 위치하고, 데이터프레임의 행은 하나의 관측값을 나타낸다. 분석 대상에 대한 관측값의 개수만큼 행을 늘리면 된다.

컴퓨터 알고리즘이 이해할 수 있도록 데이터프레임으로 변환한 다음에는 여러 속성(변수) 간의 관계를 분석하여 결과를 예측하는 모형을 학습을 통해 찾는다. 모형 학습에 사용하는 데이터를 훈련 데이터(train data)라고 부른다. 학습을 마친 모형의 예측 능력을 평가하기 위한 데이터를 검증 데이터(test data)라고 부른다. 검증 과정을 통해 학습을 마친 모형의 예측 능력을 평가하고, 평가 결과를 바탕으로 최종 모형을 확정하여 문제 해결에 적용한다.

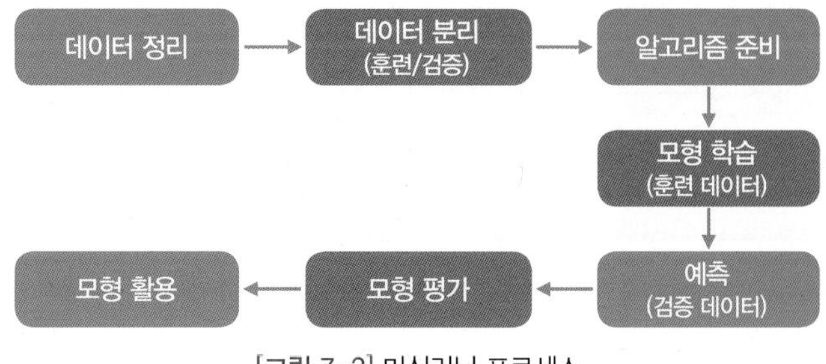

[그림 7-2] 머신러닝 프로세스

2 회귀분석

회귀분석(regression)은 머신러닝 알고리즘 중에서도 비교적 이해하기 쉽고 널리 활용되고 있는 대표적인 알고리즘이다. 가격, 매출, 주가, 환율, 수량 등 연속적인 값을 갖는 연속 변수를 예측하는 데 주로 활용된다. 분석 모형이 예측하고자 하는 목표를 종속(dependent) 변수 또는 예측(predictor) 변수라고 부른다. 그리고 예측을 위해 모형이 사용하는 속성을 독립(independent) 변수 또는 설명(explanatory) 변수라고 한다.

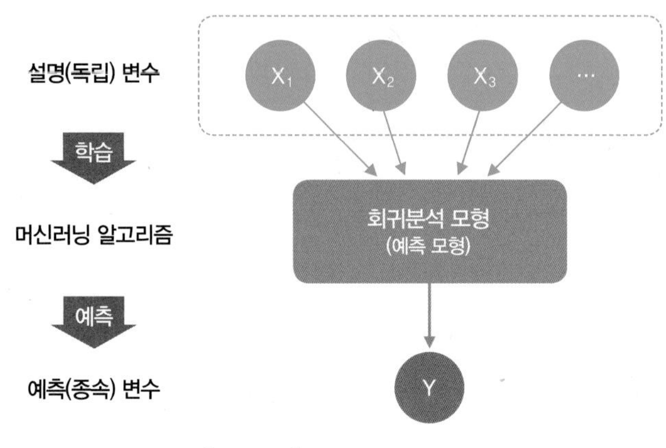

[그림 7-3] 회귀분석 모형

2-1 단순회귀분석

일반적으로 소득이 증가하면 소비도 증가하는 것처럼, 어떤 변수(독립 변수 X)가 다른 변수(종속 변수 Y)에 영향을 준다면 두 변수 사이에 선형 관계가 있다고 이야기한다. 이와 같은 선형관계를 알고 있다면 새로운 독립 변수 X 값이 주어졌을 때 거기에 대응되는 종속 변수 Y 값을 예측할 수 있다. 이처럼 두 변수 사이에 일대일로 대응되는 확률적, 통계적 상관성을 찾는 알고리즘을 단순회귀분석(Simple Linear Regression)이라고 말한다. 대표적인 지도학습 유형이다.

수학적으로는 종속 변수 Y와 독립 변수 X 사이의 관계를 1차함수 Y=aX+b로 나타낸다. 단순회귀분석 알고리즘은 훈련 데이터를 이용하여, 직선의 기울기(a)와 직선이 y축과 교차하는 지점인 y절편(b)을 반복 학습을 통해 찾는다. 다시 말해 변수 X와 Y에 대한 정보를 가지고 일차 방정식의 계수 a, b를 찾는 과정이 단순회귀분석 알고리즘이다.

● Step 1 – 데이터 준비

UCI 자동차 연비 데이터셋[†]을 다시 사용하기 위해 자료실에서 CSV 파일[‡]을 다운로드한다. 그리고 df.head() 명령으로 출력하여 데이터셋의 구성을 확인한다. 모두 9개의 열이 확인되고 첫 5행이 출력된다. 문자열 데이터가 포함된 'name' 열을 제외한 나머지 열은 숫자형으로 추정된다.

〈예제 7-1〉 단순회귀분석 (File: part7/7.1_simple_linear_regression.ipynb)

```
# 기본 라이브러리 불러오기
import pandas as pd
import numpy as np
import matplotlib.pyplot as plt
import seaborn as sns

'''
[Step 1] 데이터 준비 - read_csv() 함수로 자동차 연비 데이터셋 가져오기
'''
# CSV 파일을 데이터프레임으로 변환
df = pd.read_csv('./data/auto-mpg.csv', header=None)

# 열 이름 지정
df.columns = ['mpg','cylinders','displacement','horsepower','weight',
              'acceleration','model year','origin','name']

# 데이터 살펴보기
df.head()
```

〈실행 결과〉

```
    mpg  cylinders  displacement horsepower  weight  acceleration  model year  \
0  18.0          8         307.0      130.0  3504.0          12.0          70
1  15.0          8         350.0      165.0  3693.0          11.5          70
2  18.0          8         318.0      150.0  3436.0          11.0          70
3  16.0          8         304.0      150.0  3433.0          12.0          70
4  17.0          8         302.0      140.0  3449.0          10.5          70
```

† [출처] https://archive.ics.uci.edu/ml/datasets/auto+mpg (Dua, D. and Karra Taniskidou, E. (2017). UCI Machine Learning Repository [http://archive.ics.uci.edu/ml]. Irvine, CA: University of California, School of Information and Computer Science.)

‡ [저장소] File: part7/data/auto-mpg.csv

```
    origin                       name
0        1  chevrolet chevelle malibu
1        1          buick skylark 320
2        1         plymouth satellite
3        1              amc rebel sst
4        1                ford torino
```

● Step 2 – 데이터 탐색

데이터에 대한 기본적인 정보를 확인한다. info() 메소드로 데이터의 자료형과 개수를 확인하고, describe() 메소드를 실행하여 주요 통계정보를 확인한다.

〈예제 7–1〉 단순회귀분석 (File: part7/7.1_simple_linear_regression.ipynb(이어서 계속))

```
'''
[Step 2] 데이터 탐색
'''

# 데이터 자료형 확인
df.info()
```

〈실행 결과〉

```
<class 'pandas.core.frame.DataFrame'>
RangeIndex: 398 entries, 0 to 397
Data columns (total 9 columns):
#    Column         Non-Null Count   Dtype
---  -------        --------------  ------
 0   mpg            398 non-null     float64
 1   cylinders      398 non-null     int64
 2   displacement   398 non-null     float64
 3   horsepower     398 non-null     object
 4   weight         398 non-null     float64
 5   acceleration   398 non-null     float64
 6   model year     398 non-null     int64
 7   origin         398 non-null     int64
 8   name           398 non-null     object
dtypes: float64(4), int64(3), object(2)
memory usage: 28.1+ KB
```

숫자형으로 추정되는 열들은 대부분 정수형(int)과 실수형(float)으로 저장되어 있다. 단, 'horsepower' 열의 경우 숫자형이 아니고 문자열(object) 타입을 갖는 것을 확인할 수 있다. 이 부분에 대해서는 추가 확인이 필요하다. 데이터 개수는 398행이고, 모든 열에 유효한(결측값이 아닌) 데이터의 수가 398개씩 확인된다. 다음 요약 통계를 보면 숫자형 변수들에 대해서만 정리되는 것을 알 수 있다. 각 열을 구성하는 데이터의 중심 경향(mean, 50% median)을 확인하고, 최솟값(min)과 최댓값(max) 범위를 통해 이상치(outlier)를 탐색한다. 여기서는 특이값은 없는 것으로 보인다.

〈예제 7-1〉 단순회귀분석 (File: part7/7.1_simple_linear_regression.ipynb(이어서 계속))

```
# 데이터 통계 요약정보 확인
df.describe()
```

〈실행 결과〉

```
              mpg   cylinders  displacement       weight  acceleration  \
count  398.000000  398.000000    398.000000   398.000000    398.000000
mean    23.514573    5.454774    193.425879  2970.424623     15.568090
std      7.815984    1.701004    104.269838   846.841774      2.757689
min      9.000000    3.000000     68.000000  1613.000000      8.000000
25%     17.500000    4.000000    104.250000  2223.750000     13.825000
50%     23.000000    4.000000    148.500000  2803.500000     15.500000
75%     29.000000    8.000000    262.000000  3608.000000     17.175000
max     46.600000    8.000000    455.000000  5140.000000     24.800000

       model year      origin
count  398.000000  398.000000
mean    76.010050    1.572864
std      3.697627    0.802055
min     70.000000    1.000000
25%     73.000000    1.000000
50%     76.000000    1.000000
75%     79.000000    2.000000
max     82.000000    3.000000
```

데이터프레임에 isnull() 메소드를 적용하면 각 원소의 누락 데이터 여부를 True, False로 판정한다. 여기에 sum() 메소드로 각 열의 부분합을 계산하면 True 값의 개수를 파악할 수 있다. 모든 열에 결측치가 없음을 알 수 있다.

〈예제 7-1〉 단순회귀분석 (File: part7/7.1_simple_linear_regression.ipynb(이어서 계속))

```
# 누락 데이터 확인
df.isnull().sum()
```

〈실행 결과〉

```
mpg             0
cylinders       0
displacement    0
horsepower      0
weight          0
acceleration    0
model year      0
origin          0
name            0
dtypes: int64
```

데이터프레임에 duplicated() 메소드를 적용하면 각 행에 대해서 중복되는 행이 있는지 여부를 True, False로 판정한다. 여기에 **sum**() 메소드로 합계를 계산하면 데이터프레임에서 몇 개의 중복 행이 있는지 알 수 있다. 결과를 보면 데이터셋에 중복 행이 없다는 것을 확인할 수 있다.

〈예제 7-1〉 단순회귀분석 (File: part7/7.1_simple_linear_regression.ipynb(이어서 계속))

```
# 중복 데이터 확인
df.duplicatedl().sum()
```

〈실행 결과〉

```
0
```

변수들 간의 관계와 분포를 Seaborn의 pairplot() 시각화를 통해서 확인한다.

〈예제 7-1〉 단순회귀분석 (File: part7/7.1_simple_linear_regression.ipynb(이어서 계속))

```
# seaborn pairplot
sns.pairplot(df);
```

〈실행 결과〉[1]

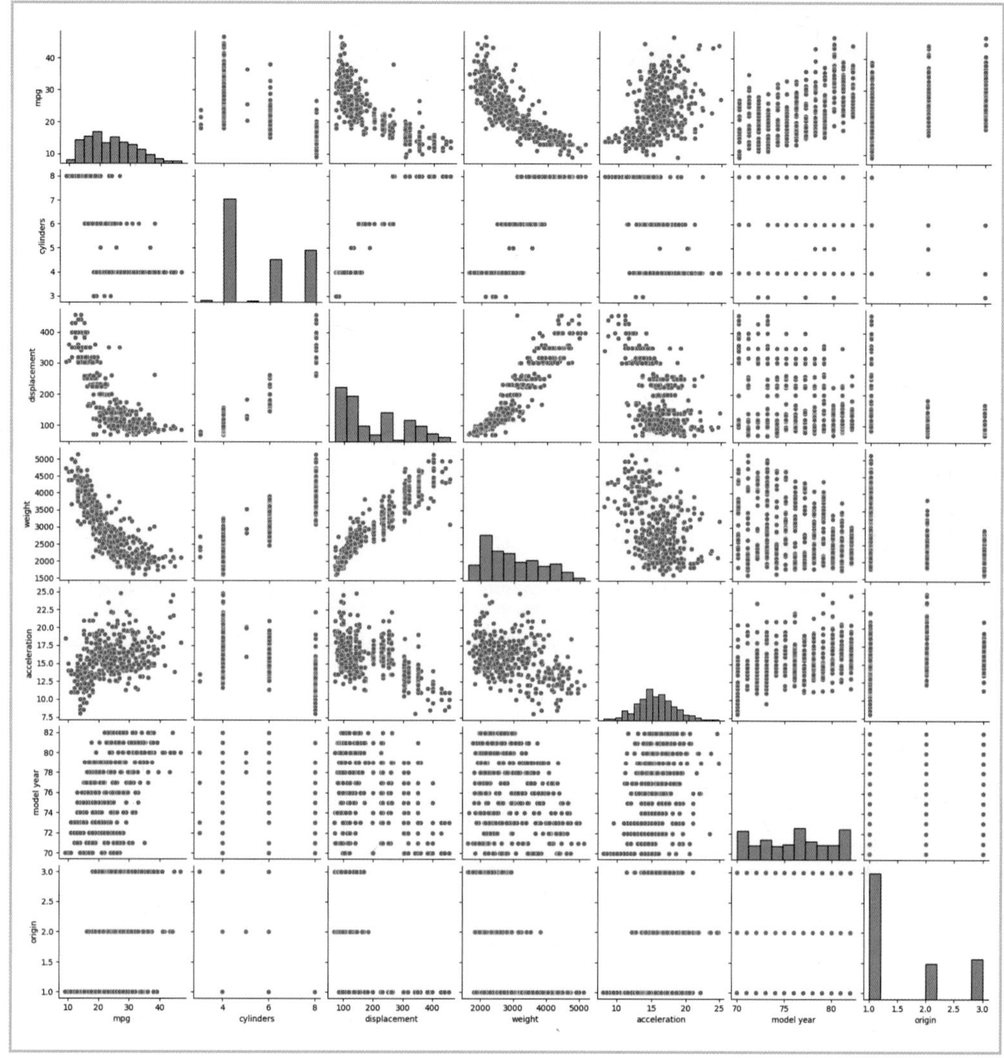

시각화를 통해서 일부 변수들 사이에 강한 선형관계가 확인된다. 구체적인 선형성을 체크하기 위해서 상관계수 표를 생성해서 비교한다.

1) Seaborn 라이브러리의 `pairplot()` 함수는 데이터프레임의 열을 두 개씩 짝을 지을 수 있는 모든 경우의 수에 대하여 두 변수 간의 산점도를 그린다. 단, 자기 자신과의 관계는 히스토그램으로 표시한다. `pairplot()` 함수를 사용하면 모든 경우의 수에 대해 한번에 그릴 수 있다.

〈예제 7-1〉 단순회귀분석 (File: part7/7.1_simple_linear_regression.ipynb(이어서 계속))

```
# 상관계수 분석 - 데이터프레임
corr = df.corr(numeric_only=True)
corr
```

〈실행 결과〉

	mpg	cylinders	displacement	weight	acceleration	model year	origin
mpg	1.000000	-0.775396	-0.804203	-0.831741	0.420289	0.579269	0.563450
cylinders	-0.775396	1.000000	0.950721	0.896017	-0.505419	-0.348746	-0.562543
displacement	-0.804203	0.950721	1.000000	0.932824	-0.543684	-0.370164	-0.609409
weight	-0.831741	0.896017	0.932824	1.000000	-0.417457	-0.306564	-0.581024
acceleration	0.420289	-0.505419	-0.543684	-0.417457	1.000000	0.288137	0.205873
model year	0.579267	-0.348746	-0.370164	-0.306564	0.288137	1.000000	0.180662
origin	0.563450	-0.562543	-0.609409	-0.581024	0.205873	0.180662	1.000000

상관계수 표를 히트맵으로 시각화하면 한눈에 파악하는 데 도움이 된다. 'displacement' 변수와 'cylinders' 변수의 상관계수가 0.95로 가장 크다. 두 변수는 강한 양의 상관관계를 갖는다.

〈예제 7-1〉 단순회귀분석 (File: part7/7.1_simple_linear_regression.ipynb(이어서 계속))

```
# 상관계수 분석 - 히트맵
mask = np.triu(np.ones_like(corr, dtype=bool))    # 마스크 생성(상단 트라이앵글을 숨김)

# 히트맵 그리기
plt.figure(figsize=(10, 8))
sns.heatmap(corr, mask=mask, cmap='coolwarm',
            annot=True, fmt=".2f", cbar=True, square=True)
plt.show()
```

〈실행 결과〉

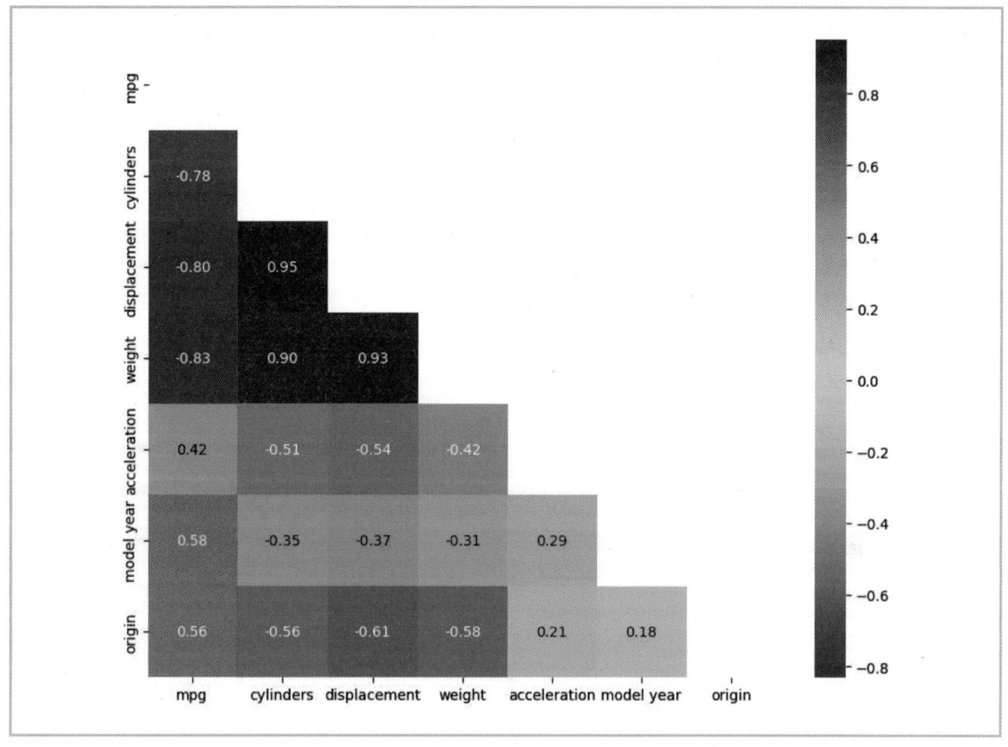

● Step 3 – 데이터 전처리

엔진출력을 나타내는 'horsepower' 열의 자료형이 문자열(object)이므로, 숫자형으로 변경할 필요가 있다. 'horsepower' 열의 고유값을 출력해보면 숫자가 아닌 '?' 문자열이 포함되어 있다. 이 데이터 오류 때문에 해당 열이 숫자형이 아닌 문자열로 저장된 것으로 보인다.

〈예제 7–1〉 단순회귀분석 (File: part7/7.1_simple_linear_regression.ipynb(이어서 계속))

```
'''
[Step 3] 데이터 전처리
'''

# horsepower 열의 고유값 확인
df['horsepower'].unique()
```

〈실행 결과〉

```
arrary(['130.0' '165.0' '150.0' '140.0' '198.0' '220.0' '215.0' '225.0' '190.0'
       '170.0' '160.0' '95.00' '97.00' '85.00' '88.00' '46.00' '87.00' '90.00'
       '113.0' '200.0' '210.0' '193.0' '?' '100.0' '105.0' '175.0' '153.0'
       '180.0' '110.0' '72.00' '86.00' '70.00' '76.00' '65.00' '69.00' '60.00'
       '80.00' '54.00' '208.0' '155.0' '112.0' '92.00' '145.0' '137.0' '158.0'
       '167.0' '94.00' '107.0' '230.0' '49.00' '75.00' '91.00' '122.0' '67.00'
       '83.00' '78.00' '52.00' '61.00' '93.00' '148.0' '129.0' '96.00' '71.00'
       '98.00' '115.0' '53.00' '81.00' '79.00' '120.0' '152.0' '102.0' '108.0'
       '68.00' '58.00' '149.0' '89.00' '63.00' '48.00' '66.00' '139.0' '103.0'
       '125.0' '133.0' '138.0' '135.0' '142.0' '77.00' '62.00' '132.0' '84.00'
       '64.00' '74.00' '116.0' '82.00'], dtype=object)
```

'horsepower' 열의 자료형을 숫자형으로 바꾸기 위해, 'horsepower' 열의 고유값 중에서 누락 데이터를 뜻하는 '?' 문자열을 누락 데이터(np.nan)로 변경하고 astype() 메소드로 실수형으로 변환한다. describe() 메소드를 출력해보면 'horsepower' 열이 포함되는 것을 알 수 있다.

〈예제 7-1〉 단순회귀분석 (File: part7/7.1_simple_linear_regression.ipynb(이어서 계속))

```
# horsepower 열의 자료형 변경(문자열 -> 숫자)

df['horsepower'] = df['horsepower'].replace('?', np.nan)     # '?'를 np.nan으로 변경
df['horsepower'] = df['horsepower'].astype('float')          # 문자열을 실수형으로 변환

df.describe()
```

〈실행 결과〉

```
              mpg   cylinders  displacement  horsepower       weight  \
count  392.000000  392.000000    392.000000  392.000000   392.000000
mean    23.445918    5.471939    194.411990  104.469388  2977.584184
std      7.805007    1.705783    104.644004   38.491160   849.402560
min      9.000000    3.000000     68.000000   46.000000  1613.000000
25%     17.000000    4.000000    105.000000   75.000000  2225.250000
50%     22.750000    4.000000    151.000000   93.500000  2803.500000
75%     29.000000    8.000000    275.750000  126.000000  3614.750000
max     46.600000    8.000000    455.000000  230.000000  5140.000000

       acceleration  model year      origin
count    392.000000  392.000000  392.000000
mean      15.541327   75.979592    1.576531
```

```
std        2.758864     3.683737    0.805518
min        8.000000    70.000000    1.000000
25%       13.775000    73.000000    1.000000
50%       15.500000    76.000000    1.000000
75%       17.025000    79.000000    2.000000
max       24.800000    82.000000    3.000000
```

'horsepower' 열에 결측치가 포함되어 있기 때문에 이를 데이터셋에서 제거해야 한다. 대부분의 머신러닝 알고리즘은 결측치를 처리하지 못하고 오류를 발생시키기 때문이다. 머신러닝 데이터 분석에서 결측치를 처리하는 방법은 크게 두 가지가 있다. 먼저, 누락 데이터가 포함된 행을 찾아서 제거하는 방법이다. 데이터프레임에 dropna() 메소드를 적용하여 결측치가 포함된 행을 삭제한다.

〈예제 7-1〉 단순회귀분석 (File: part7/7.1_simple_linear_regression.ipynb(이어서 계속))

```python
# 결측치 제거
print(df['horsepower'].isnull().sum())
df_nan = df.dropna(subset=['horsepower'], axis=0)
print(df_nan['horsepower'].isnull().sum())
```

〈실행 결과〉

```
6
0
```

누락 데이터를 다루는 또 다른 방법은 적절한 대표값으로 결측치를 채워주는 방법이다. 치환 또는 대치라고 부른다. 여기서는 'horsepower' 열의 데이터들의 평균(mean)을 구해서 해당 값으로 결측치를 바꿔서 채운다. fillna() 메소드를 사용한다.

〈예제 7-1〉 단순회귀분석 (File: part7/7.1_simple_linear_regression.ipynb(이어서 계속))

```python
# 결측치 대체
print(df['horsepower'].isnull().sum())
df['horsepower'] = df['horsepower'].fillna(df['horsepower'].mean())
print(df['horsepower'].isnull().sum())
```

〈실행 결과〉

```
6
0
```

평균값으로 결측치를 대치한 데이터프레임 df를 가지고 다시 상관계수 표를 계산한다. 'horsepower' 열이 포함되고 차량의 연비를 뜻하는 'mpg' 열과 상관계수가 −0.77이다. 음의 상관관계가 높은 것을 확인할 수 있다.

〈예제 7-1〉 단순회귀분석 (File: part7/7.1_simple_linear_regression.ipynb(이어서 계속))

```
# 상관계수 분석 - 데이터프레임
corr = df.corr(numeric_only=True)
corr
```

〈실행 결과〉

	mpg	cylinders	displacement	horsepower	weight
mpg	1.000000	-0.775396	-0.804203	-0.771437	-0.831741
cylinders	-0.775396	1.000000	0.950721	0.838939	0.896017
displacement	-0.804203	0.950721	1.000000	0.893646	0.932824
horsepower	-0.771437	0.838939	0.893646	1.000000	0.860574
weight	-0.831741	0.896017	0.932824	0.860574	1.000000
acceleration	0.420289	-0.505419	-0.543684	-0.684259	-0.417457
model year	0.579267	-0.348746	-0.370164	-0.411651	-0.306564
origin	0.563450	-0.562543	-0.609409	-0.453669	-0.581024

	acceleration	model year	origin
mpg	0.420289	0.579269	0.563450
cylinders	-0.505419	-0.348746	-0.562543
displacement	-0.543684	-0.370164	-0.609409
horsepower	-0.684259	-0.411651	-0.453669
weight	-0.417457	-0.306564	-0.581024
acceleration	1.000000	0.288137	0.205873
model year	0.288137	1.000000	0.180662
origin	0.205873	0.180662	1.000000

● Step 4 – 변수 선택

단순회귀분석에 변수로 사용할 후보 열을 선택한다. 예측 목표인 종속 변수(Y)가 될 'mpg' 열과, 독립 변수(X)로 사용할 후보로 3개의 열('cylinders', 'horsepower', 'weight')을 포함한다. 변수 선택은 일반적으로 과거의 경험과 지식으로 선정하거나, 상관계수가 높은 변수들을 우선 고려할 수도 있다. 이처럼 실무에서는 다양한 변수 선택 방법을 사용한다.

〈예제 7-1〉 단순회귀분석 (File: part7/7.1_simple_linear_regression.ipynb(이어서 계속))

```
'''
[Step 4] 변수(feature 또는 variable) 선택
'''

# 분석에 활용할 열(속성) 선택(연비, 실린더, 출력, 중량)
ndf = df[['mpg', 'cylinders', 'horsepower', 'weight']]
ndf.head()
```

〈실행 결과〉

	mpg	cylinders	horsepower	weight
0	18.0	8	130.0	3504.0
1	15.0	8	165.0	3693.0
2	18.0	8	150.0	3436.0
3	16.0	8	150.0	3433.0
4	17.0	8	140.0	3449.0

독립 변수로 고려하고 있는 3개의 후보 중에서 단순회귀분석에 사용할 독립 변수를 하나 선택한다. 종속 변수(Y)와 독립 변수(X) 간의 일대일 관계를 찾는 것이므로, 두 변수 간에 선형관계가 있는지 그래프를 그려서 확인한다.

먼저 데이터프레임의 `plot()` 메소드에 `kind='scatter'` 옵션을 적용하여 산점도를 그린다. x축 데이터로 `'weight'` 열을 지정하고, y축 데이터로 `'mpg'` 열을 지정하여 두 변수 간의 상관성을 살펴보자.

〈예제 7-1〉 단순회귀분석 (File: part7/7.1_simple_linear_regression.ipynb(이어서 계속))

```
### 종속 변수 Y인 "연비(mpg)"와 다른 변수 간의 선형관계를 그래프(산점도)로 확인
# Pandas 함수로 산점도 그리기
ndf.plot(kind='scatter', x='weight', y='mpg',  c='coral', s=10, figsize=(10, 5))
plt.show()
```

〈실행 결과〉

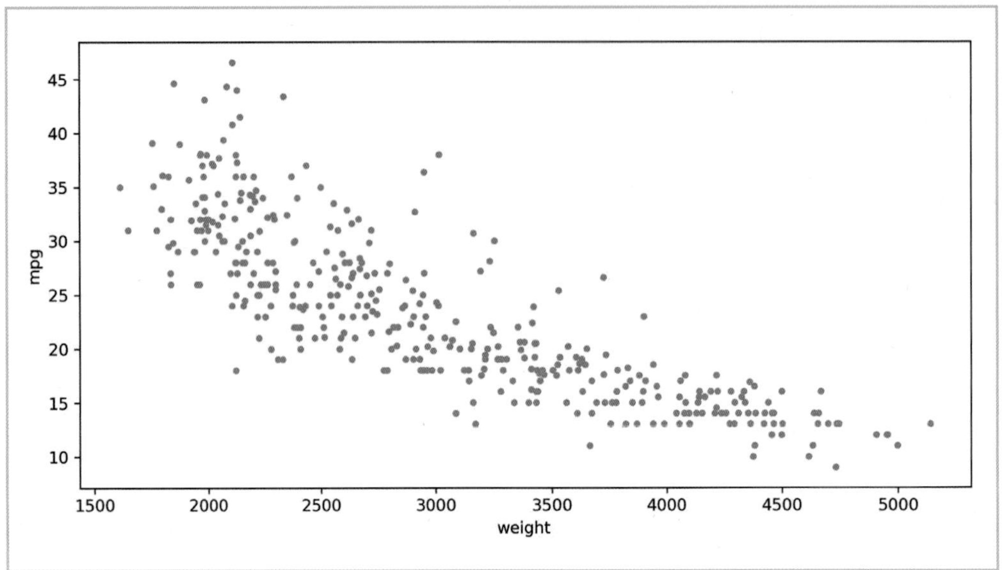

이번에는 Seaborn 라이브러리의 regplot() 함수를 이용하여 두 변수에 대한 산점도를 그린다. 기본적으로 회귀선을 표시한다. 회귀선을 제거하려면 fit_reg=False 옵션을 적용한다.

〈예제 7-1〉 단순회귀분석 (File: part7/7.1_simple_linear_regression.ipynb(이어서 계속))

```
# seaborn으로 산점도 그리기
fig = plt.figure(figsize=(10, 5))
ax1 = fig.add_subplot(1, 2, 1)
ax2 = fig.add_subplot(1, 2, 2)
sns.regplot(x='weight', y='mpg', data=ndf, ax=ax1)                # 회귀선 표시
sns.regplot(x='weight', y='mpg', data=ndf, ax=ax2, fit_reg=False)  # 회귀선 미표시
plt.show()
```

〈실행 결과〉

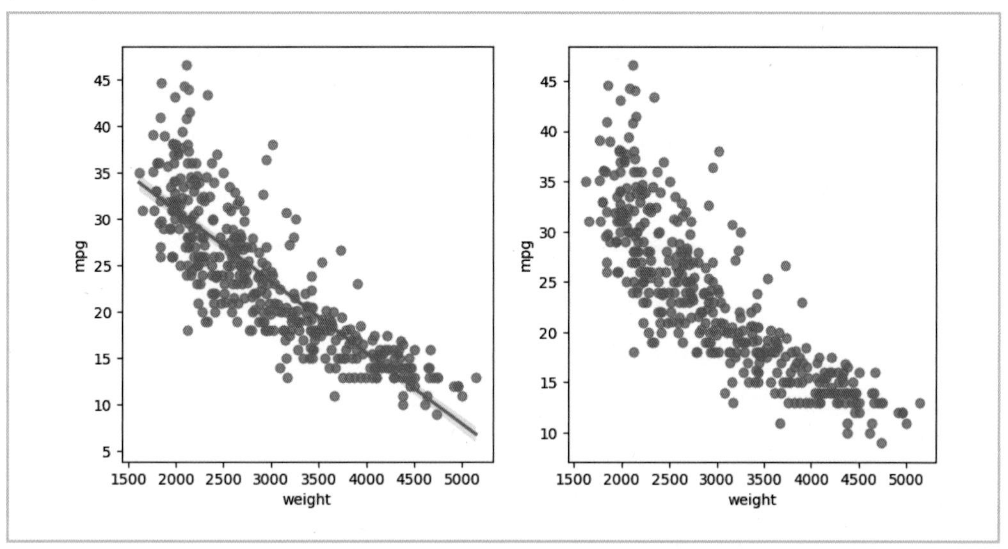

산점도를 그릴 때 Seaborn 라이브러리의 `jointplot()` 함수를 이용할 수도 있다. 두 변수의 히스토그램이 x, y축에 별도로 표시되는 특징이 있다. `kind='reg'` 옵션을 사용하면 회귀선을 표시한다.

〈예제 7-1〉 단순회귀분석 (File: part7/7.1_simple_linear_regression.ipynb(이어서 계속))

```
# seaborn 조인트 그래프 - 산점도, 히스토그램
sns.jointplot(x='weight', y='mpg', data=ndf)               # 회귀선 없음
sns.jointplot(x='weight', y='mpg', kind='reg', data=ndf)   # 회귀선 표시
```

〈실행 결과〉

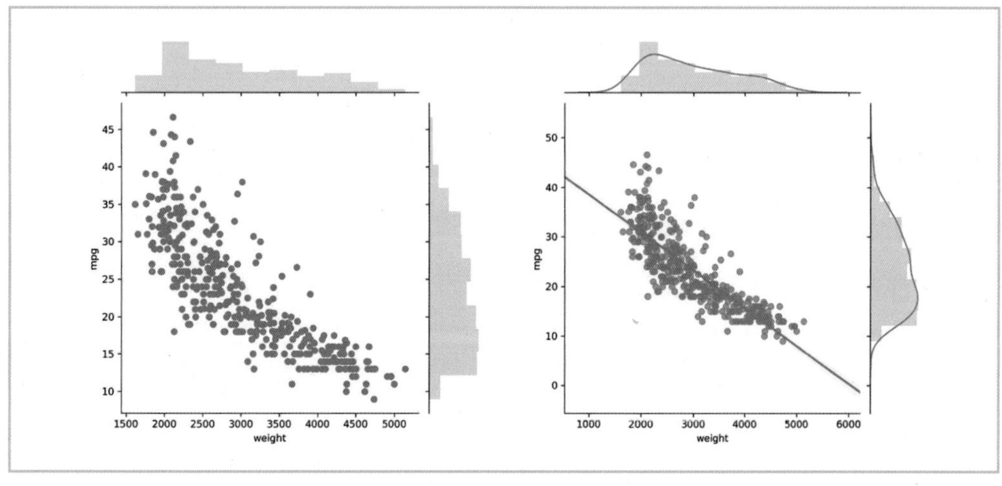

● Step 5 – 훈련/검증 데이터 분할

선형관계를 잘 설명하는 선형회귀 알고리즘을 적용할 예정이므로 목표 변수(Y)인 'mpg' 열과 강한 선형관계를 보이는 'horsepower' 열과 'weight' 열을 설명 변수 X로 선택하는 것을 고려한다. 그 다음은 두 변수 간의 회귀모델을 찾을 차례이다. 훈련 데이터와 검증 데이터로 나눠서 모델의 학습에 사용할 데이터와 모델 성능을 평가할 데이터를 구분한다. 예제는 'weight' 열을 독립 변수 X로 선택하고, 데이터를 7:3의 비율로 분할한다. 훈련 데이터 278개, 검증 데이터 120개로 나눠진다.

〈예제 7-1〉 단순회귀분석 (File: part7/7.1_simple_linear_regression.ipynb(이어서 계속))

```
'''
[Step 5] 데이터셋 구분 - 훈련용(train data)/검증용(test data)
'''

# 속성(변수) 선택
X=ndf[['weight']]  # 독립 변수 X
y=ndf['mpg']       # 종속 변수 Y

# train data와 test data로 구분(7:3 비율)
from sklearn.model_selection import train_test_split
X_train, X_test, y_train, y_test = train_test_split(X,              # 독립 변수
                                                    y,              # 종속 변수
                                                    test_size=0.3,  # 검증 30%
                                                    random_state=10) # 랜덤 추출 값

print('train data 개수: ', len(X_train))
print('test data 개수: ', len(X_test))
```

〈실행 결과〉

```
train data 개수: 278
test data 개수: 120
```

● Step 6 – 모델 학습 및 검증

sklearn 라이브러리에서 선형회귀분석 모듈을 사용한다. LinearRegression() 함수로 회귀분석 모형 객체를 생성하여 변수 lr에 저장한다. 모형 객체(lr)에 fit() 메소드를 적용하고 훈련 데이터(X_train, y_train)를 전달하면 모형이 학습을 통해 회귀 방정식의 계수 a, b를 찾는다.

학습을 마친 모델의 예측능력을 평가하기 위해 검증 데이터를 score() 메소드에 전달하여 lr 모델의 결정계수(R-제곱)를 구한다. 결정계수는 회귀 분석에서 종속 변수의 분산 중 독립 변수들에 의해 설명되는 비율을 나타내는 지표이다. 0에서 1 사이의 값을 가지며, 일반적으로 값이 클수록 모델이 데이터를 잘 설명하고 있다고 해석된다.

〈예제 7-1〉 단순회귀분석 (File: part7/7.1_simple_linear_regression.ipynb(이어서 계속))

```
'''
Step 6: 단순회귀분석 모델 - sklearn 사용
'''

# sklearn 라이브러리에서 선형회귀분석 모듈 가져오기
from sklearn.linear_model import LinearRegression

# 단순회귀분석 모델 객체 생성
lr = LinearRegression()

# train data를 가지고 모델 학습
lr.fit(X_train, y_train)

# 학습을 마친 모델에 test data를 적용하여 결정계수(R-제곱) 계산
r_square = lr.score(X_test, y_test)
print('R^2 결정계수: ', r_square)
```

〈실행 결과〉

```
R^2 결정계수: 0.689363809315209
```

회귀선의 관계식을 구성하는 계수(coefficient)인 a와 절편(intercept)인 b를 확인할 수 있다. 계수 a는 회귀식의 기울기를 나타내고, 모델 객체 lr의 coef_ 속성값이다. 계수 b는 y절편이고, 모델 객체 lr의 intercept_ 속성값이다. 본 예제에서 a는 -0.00775이고, b는 46.7103이다.

〈예제 7-1〉 단순회귀분석 (File: part7/7.1_simple_linear_regression.ipynb(이어서 계속))

```
# 회귀식의 기울기
print('기울기 a: ', lr.coef_)

# 회귀식의 y절편
print('y절편 b', lr.intercept_)
```

〈실행 결과〉

```
기울기 a: [-0.0076554]
y절편 b: 46.60365052224634
```

모델이 예측한 결과와 실제 값을 비교해 보자. 검증 데이터(X_test)를 predict() 메소드에 입력하여, 모델이 반환하는 예측값을 y_hat에 저장한다. 실제 값 y_test, 모델의 예측값 y_hat, 그리고 두 값의 차이(오차)를 제곱하여 계산한 'squared_error' 열을 데이터프레임 test_preds에 추가한다. 정답과 모델의 예측값을 비교할 수 있다.

〈예제 7-1〉 단순회귀분석 (File: part7/7.1_simple_linear_regression.ipynb(이어서 계속))

```
# 모델에 test data 데이터를 입력하여 예측한 값 y_hat을 실제 값 y와 비교
y_hat = lr.predict(X_test)

# 오차 계산
test_preds = pd.DataFrame(y_test)
test_preds.columns = ['y_test']
test_preds['y_hat'] = y_hat
test_preds['squared_error'] = (test_preds['y_hat'] - test_preds['y_test'])**2
test_preds
```

〈실행 결과〉

	y_test	y_hat	error
331	33.8	30.182824	0.109033
111	18.0	30.343587	1.269701
350	34.7	29.646946	0.212778
209	28.0	30.106270	0.036970
56	26.0	31.637349	0.264831
...	...	...	...
17	21.0	26.799138	0.280250
225	17.5	19.656652	0.038760
223	15.5	14.910306	0.002898
59	23.0	29.348385	0.335850
114	26.0	29.264176	0.088790

120 rows x 3 columns

테스트 데이터들에 대한 제곱 오차의 평균을 구한다. 평균 제곱 오차(MSE: Mean Squared Error)라고 부르는 대표적인 회귀분석 평가지표이다.

〈예제 7-1〉 단순회귀분석 (File: part7/7.1_simple_linear_regression.ipynb(이어서 계속))

```
# 평균 제곱 오차
mse = test_preds['squared_error'].mean()
print('mse: ', mse)
```

〈실행 결과〉

```
mse: 17.898336128759958
```

예측 결과를 정리한 데이터프레임을 그래프로 시각화하여 모델의 예측 성능과 오차의 특성을 분석할 수 있다. 이를 바탕으로 모델을 개선할 방향을 찾을 수 있다. regplot() 함수로 그린 회귀 플롯은 실제값(y_test)과 예측값(y_hat) 사이의 관계를 선형 회귀선과 함께 보여준다. 각 데이터 포인트들이 회귀선 주위에 가까이 모여 있을수록 모델의 예측이 정확하다고 볼 수 있다. 연비가 낮거나 높은 구간에서는 실제값보다 작게 예측하고, 연비가 중간 수준일 때는 실제값보다 크게 예측하는 경향이 보인다.

kdeplot() 함수로 그린 커널 밀도 그래프는 예측 오차의 분포를 시각화한다. 오차의 분포가 정규 분포에 가까울수록 모델의 성능이 좋다고 볼 수 있으며, 특히 오차가 0 주위에 집중되어 있는지 확인하는 것이 중요하다. 대부분 0 주위에 집중되어 있으나, 일부 샘플에 대해서 오차가 크게 나타나는 이상치(outlier)가 있는 것을 확인할 수 있다. 이 부분에 대해 성능 개선이 필요하다. 예를 들면, 산점도를 봤을 때 직선보다는 곡선의 형태가 더 적합해 보인다. 따라서 직선으로 설명하는 단순선형회귀모델이 아닌 곡선을 표현할 수 있는 모델을 사용하는 것을 고려할 수 있다.

〈예제 7-1〉 단순회귀분석 (File: part7/7.1_simple_linear_regression.ipynb(이어서 계속))

```
# 오차 분석
fig, axes = plt.subplots(1, 2, figsize=(10, 5))
sns.regplot(x='y_test', y='y_hat',  data=test_preds, ax=axes[0]);
sns.kdeplot(x='squared_error',  data=test_preds, ax=axes[1]);
```

〈실행 결과〉[2]

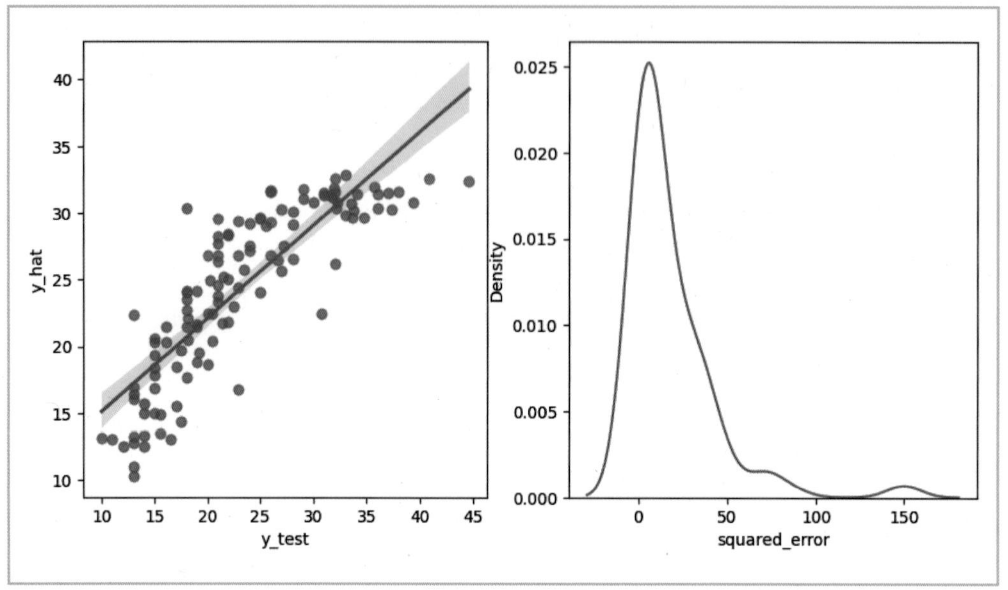

2-2 다항회귀분석

앞에서 살펴본 단순회귀분석은 두 변수 간의 관계를 직선의 선형관계로 설명하는 알고리즘이다. 독립 변수 X와 종속 변수 Y 사이에 선형의 상관관계가 있지만, 직선보다는 곡선으로 설명하는 것이 적절할 때는 단순회귀분석은 부적합하다. 이럴 때 다항 함수를 사용하면 보다 복잡한 곡선 형태의 회귀선을 표현할 수 있다.

다항회귀분석(Polynomial Regression)은 [그림 7-4]와 같이 2차함수 이상의 다항 함수를 이용하여 두 변수 간의 선형관계를 설명하는 알고리즘이다. 예를 들면, 2차함수는 종속 변수 Y와 독립 변수 X 사이의 관계를 $Y = aX^2 + bX + c$로 표시하여 설명한다. 다항회귀분석 모형은 학습을 통해 3개의 계수 a, b, c를 찾아서 모형을 완성한다.

2) 이처럼 오차를 분석하고 평가하는 과정으로 모델의 개선 방향을 찾는 방법을 오차 분석(error analysis)이라고 부른다.

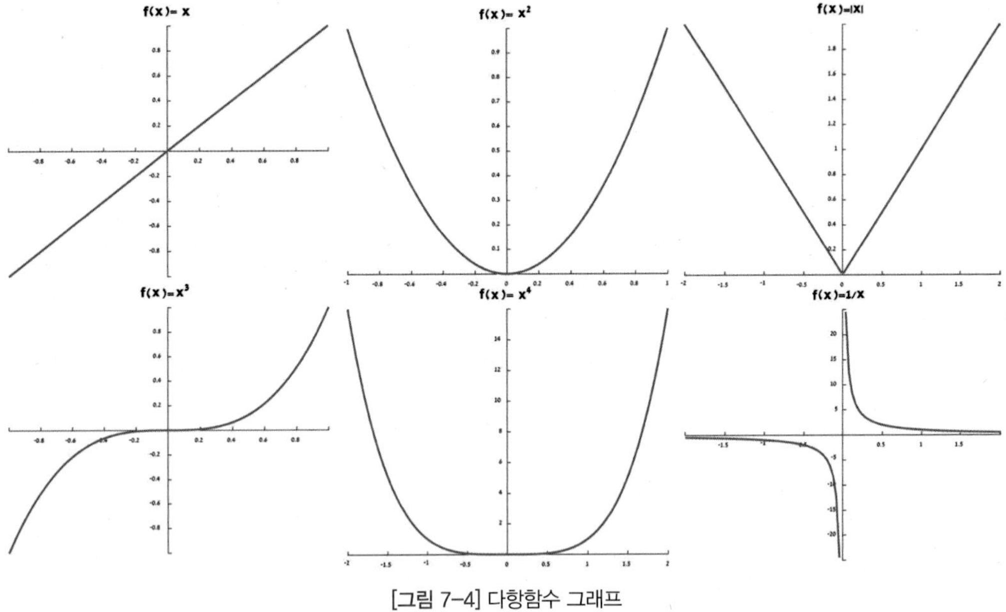

[그림 7-4] 다항함수 그래프

● 데이터 준비

〈예제 7－1〉 단순회귀분석의 Step 1~Step 5까지 과정을 다시 이용하여 다음과 같이 예제 코드를 다시 정리한다. 훈련 데이터 278개와 검증 데이터 120개로 나뉜다.

〈예제 7-2〉 다항회귀분석 (File: part7/7.2_polynomial_regression.ipynb)

```
# 기본 라이브러리 불러오기
import pandas as pd
import numpy as np
import matplotlib.pyplot as plt
import seaborn as sns

'''
[Step 1~5] 데이터 준비
'''
# CSV 파일을 데이터프레임으로 변환
df = pd.read_csv('./data/auto-mpg.csv', header=None)

# 열 이름 지정
df.columns = ['mpg','cylinders','displacement','horsepower','weight',
              'acceleration','model year','origin','name']

```

```
# horsepower 열의 자료형 변경(문자열 -> 숫자)
df['horsepower'] = df['horsepower'].replace('?', np.nan)     # '?'를 np.nan으로 변경
df['horsepower'] = df['horsepower'].astype('float')          # 문자열을 실수형으로 변환

# 결측치 대체
df['horsepower'] = df['horsepower'].fillna(df['horsepower'].mean())

# 분석에 활용할 열(속성)을 선택(연비, 실린더, 출력, 중량)
ndf = df[['mpg', 'cylinders', 'horsepower', 'weight']]

# ndf 데이터를 train data 와 test data로 구분(7:3 비율)
X=ndf[['weight']]       #독립 변수 X
y=ndf['mpg']            #종속 변수 Y

# train data 와 test data로 구분(7:3 비율)
from sklearn.model_selection import train_test_split
X_train, X_test, y_train, y_test = train_test_split(X, y, test_size=0.3, random_state=10)

print('훈련 데이터: ', X_train.shape)
print('검증 데이터: ', X_test.shape)
```

〈실행 결과〉

```
훈련 데이터: (278, 1)
검증 데이터: (120, 1)
```

● 모델 학습 및 검증

사이킷런(skearn) 라이브러리에서 선형회귀분석을 위한 LinearRegression() 함수와 다항식 변환을 위한 PolynomialFeatures() 함수를 불러온다. 그리고 PolynomialFeatures(degree=2) 명령으로 2차항(제곱항)까지의 변환을 적용하는 다항식 변환 객체인 poly를 생성한다. 변환된 데이터는 원래의 특성, 각 특성의 제곱, 그리고 모든 특성 쌍의 곱을 포함하게 된다. 1차 함수를 제곱하면 2차 함수가 되는 것과 같은 원리로 이해하면 된다.

독립 변수로 사용할 X_train 데이터를 fit_transform() 메소드에 전달하면, 2차항 회귀분석에 맞게 변환된다. X_train의 1개 열이 X_train_poly에서는 3개 열로 늘어난다. 독립 변수 x 하나에 대해 [1, x, x^2]와 같이 3개의 특성으로 변환된다. 여기서 1은 상수항, x는 원래의 특성, x^2은 원래 특성의 제곱을 나타낸다.

〈예제 7-2〉 다항회귀분석 (File: part7/7.2_polynomial_regression.ipynb(이어서 계속))

```
'''
Step 6: 다항회귀분석 모형 - sklearn 사용
'''

# sklearn 라이브러리에서 필요한 모듈 가져오기
from sklearn.linear_model import LinearRegression        # 선형회귀분석
from sklearn.preprocessing import PolynomialFeatures    # 다항식 변환

# 다항식 변환
poly = PolynomialFeatures(degree=2)                  # 2차항 적용
X_train_poly=poly.fit_transform(X_train)             # X_train 데이터를 2차항으로 변형

print('원본 데이터: ', X_train.shape)
print('2차항 변환 데이터: ', X_train_poly.shape)
```

〈실행 결과〉

```
원 데이터: (278, 1)
2차항 변환 데이터: (278, 3)
```

LinearRegression() 함수로 회귀분석 모형 객체를 생성하여 변수 pr에 저장한다. 2차항으로 변환된 훈련 데이터(X_train_poly, y_train)를 fit() 메소드에 전달하여 pr 모형을 학습시킨다. 모형 학습이 완료되면 검증 데이터를 사용하여 모형의 예측 능력을 평가한다. 검증 데이터 또한 poly 객체를 사용하여 2차항으로 변환해주어야 한다. score() 메소드로 모형의 결정계수(R-제곱)를 구한다.

단순선형회귀 분석에서는 0.689였는데, 여기서는 0.726으로 결정계수가 향상되었다. 평가지표 상으로는 모델의 예측력이 개선된 것으로 해석할 수 있다.

〈예제 7-2〉 다항회귀분석 (File: part7/7.2_polynomial_regression.ipynb(이어서 계속))

```
# train data를 가지고 모형 학습
pr = LinearRegression()
pr.fit(X_train_poly, y_train)

# 학습을 마친 모형에 test data를 적용하여 결정계수(R-제곱) 계산
X_test_poly = poly.fit_transform(X_test)        # X_test 데이터를 2차항으로 변형
r_square = pr.score(X_test_poly,y_test)
print('R^2 결정계수: ', r_square)
```

〈실행 결과〉

```
R^2 결정계수: 0.7255470154177007
```

훈련 데이터의 분포와 학습된 모형의 회귀선을 그래프로 출력해서 비교한다. 2차항으로 변환된 검증 데이터(X_test_poly)를 predict() 메소드에 입력하여 예측한 결과인 y_hat_test를 빨간 점('+')으로 표시하면 회귀선이 된다. 모형의 결정계수(R-제곱)가 높아진 것에서 알 수 있듯이 직선으로 표시된 단순회귀분석에 비해 데이터의 패턴을 더욱 잘 설명한다고 말할 수 있다.

〈예제 7-2〉 다항회귀분석 (File: part7/7.2_polynomial_regression.ipynb(이어서 계속))

```
# train data의 산점도와 test data로 예측한 회귀선을 그래프로 출력
y_hat_test = pr.predict(X_test_poly)

fig, axes = plt.subplots(figsize=(10, 5))
axes.plot(X_train, y_train, 'o', label='Train Data')                # 데이터 분포
axes.plot(X_test, y_hat_test, 'r+', label='Predicted Value')      # 모형이 학습한 회귀선
axes.legend(loc='best')
plt.xlabel('weight')
plt.ylabel('mpg')
plt.show()
```

〈실행 결과〉

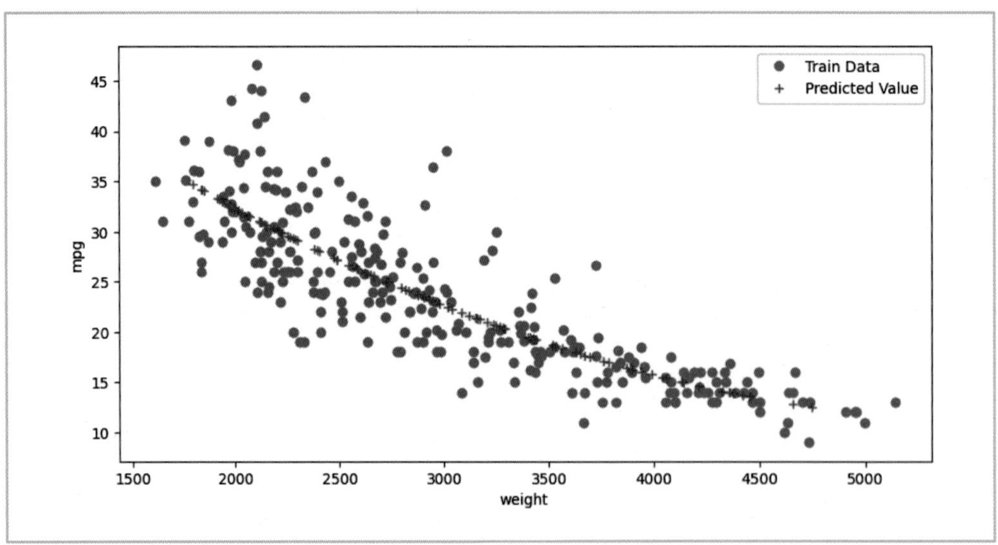

실제 값 y_test와 모델의 예측값 y_hat_test의 차이를 제곱한 'squared_error' 열의 평균을 계산하면 평균 제곱 오차(MSE)를 측정할 수 있다. 단순 선형회귀에서는 17.898이었는데 다

항 선형회귀에서는 15.814로 오차가 감소하였다. 결정계수가 개선된 것과 같은 해석이 가능하다.

〈예제 7-2〉 다항회귀분석 (File: part7/7.2_polynomial_regression.ipynb(이어서 계속))

```
# 모델에 test data 데이터를 입력하여 예측한 값 y_hat_test를 실제 값 y_test와 비교
X_ploy = poly.fit_transform(X_test)

# 오차 계산
test_preds = pd.DataFrame(y_test)
test_preds.columns = ['y_test']
test_preds['y_hat'] = y_hat_test
test_preds['squared_error'] = (test_preds['y_hat'] - test_preds['y_test'])**2

# 평균 제곱 오차
mse = test_preds['squared_error'].mean()
print('mse: ', mse)
```

〈실행 결과〉

```
mse: 15.813520500513508
```

평균 제곱 오차(MSE)를 간편하게 구하려면 사이킷런의 함수를 이용하는 방법이 있다. mean_squared_error() 함수의 인자로 실제값(y_test)과 예측값(y_hat_test)을 순서대로 입력하면 앞에서 계산한 평균 제곱 오차와 같은 값을 얻는다. 각자 편리한 방법을 선택하여 적용하면 된다.

〈예제 7-2〉 다항회귀분석 (File: part7/7.2_polynomial_regression.ipynb(이어서 계속))

```
# 사이킷런 함수 활용(평균 제곱 오차)
from sklearn.metrics import mean_squared_error
mse = mean_squared_error(y_test, y_hat_test)
print('mse: ', mse)
```

〈실행 결과〉

```
mse: 15.813520500513508
```

회귀모델의 평가지표 중에서 평균 절대값 오차(MAE: Mean Absolute Error)를 계산하는 방법이다. 여기서는 사이킷런의 함수를 이용한다.

〈예제 7-2〉 다항회귀분석 (File: part7/7.2_polynomial_regression.ipynb(이어서 계속))

```
# 평균 절대값 오차
from sklearn.metrics import mean_absolute_error
mae = mean_absolute_error(y_test, y_hat_test)
print('mae: ', mae)
```

〈실행 결과〉

```
mse: 3.1405650734449524
```

MAE와 MSE를 비교

평균 절대값 오차(MAE: Mean Absolute Error)와 평균 제곱 오차(MSE: Mean Squared Error)는 회귀 모델의 성능을 평가하는 대표적인 지표이다.

평균 절대값 오차(MAE): 실제 값과 예측 값의 차이(오차)의 절대값의 평균으로, 모든 개별 오차의 절대값을 합한 후 샘플의 수로 나누어 계산한다.

$$MAE = \frac{1}{n}\sum_{i=1}^{n}|y_i - \hat{y}_i|$$

평균 제곱 오차(MSE): 실제 값과 예측 값의 차이를 제곱한 값의 평균으로, 모든 개별 오차를 제곱한 후 샘플의 수로 나누어 계산한다.

$$MSE = \frac{1}{n}\sum_{i=1}^{n}(y_i - \hat{y}_i)^2$$

구분	MAE	MSE
특징	• 오차의 크기를 직관적으로 이해하기 쉬움 • 모든 오차를 동등하게 취급 • 이상치에 덜 민감함	• 큰 오차에 더 큰 가중치 부여 • 오차의 단위가 원래 단위와 일치하지 않음 • 이상치에 민감함
활용	• 이상치의 영향을 덜 받는 상황에서 사용 • 오차의 크기를 직접적으로 비교할 때 사용	• 큰 오차를 더 중요하게 다루고 싶을 때 사용 • 최적화 기법을 사용할 때(미분 가능)

[표 7-2] MAE와 MSE의 비교

시각화를 통해 모델의 예측 성능과 오차의 특성을 분석해 보자. 회귀 플롯과 커널 밀도 그래프를 보면 평가지표가 개선된 것과 다르게 단순 선형회귀분석 결과와 큰 차이가 없어 보인다. 특히 커널 밀도 그래프의 오차 분포를 보면 200까지 위치하는 것을 볼 수 있다. 단순 선형회귀분석에서는 오차가 최대 160 정도였던 점을 감안하면, 특정 데이터에 대해서는 예측력이 떨어진 것으로 보인다.

〈예제 7-2〉 다항회귀분석 (File : part7/7.2_polynomial_regression.ipynb(이어서 계속))

```
# 오차 분석
fig, axes = plt.subplots(1, 2, figsize=(10, 5))
sns.regplot(x='y_test', y='y_hat', data=test_preds, ax=axes[0]);
sns.kdeplot(x='squared_error', data=test_preds, ax=axes[1]);
```

〈실행 결과〉

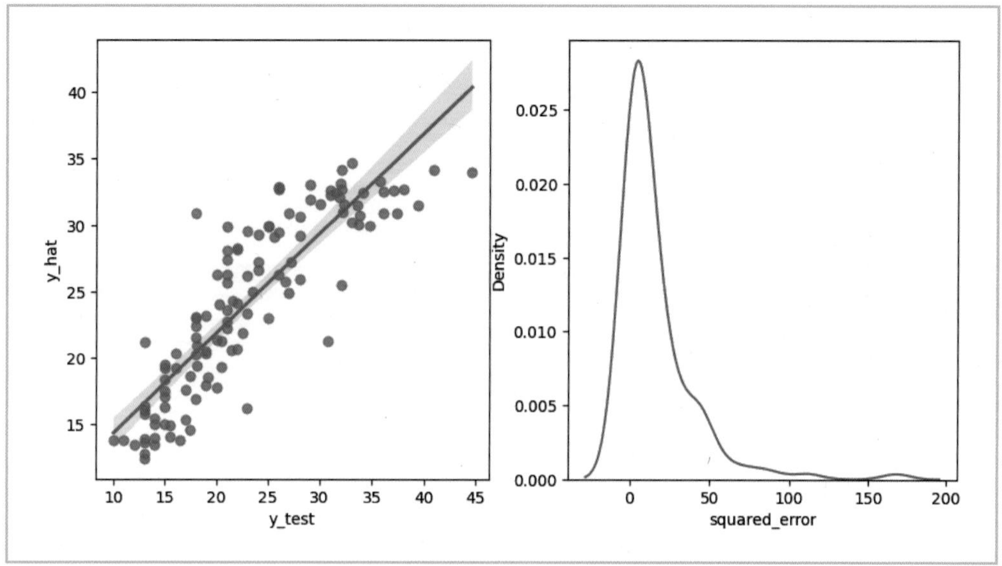

2-3 다중회귀분석

단순회귀분석은 소득이 증가하면 소비도 증가하는 것처럼 종속 변수 Y에 영향을 주는 독립 변수 X가 하나인 경우를 말한다. 하지만 소비에 영향을 주는 독립 변수에는 소득 외에도 자녀의 수, 거주지, 직업 등 다른 요인이 있을 수 있다. 이처럼 여러 개의 독립 변수가 종속 변수에 영향을 주고 선형 관계를 갖는 경우에 다중회귀분석(Multivariate Regression)을 사용한다.

수학적으로는 종속 변수 Y와 독립 변수 X_k 간의 관계를 $Y = b + a_1X_1 + a_2X_2 + \cdots + a_nX_n$와 같은 함수식으로 표현한다. 다중회귀분석 알고리즘은 각 독립 변수의 계수(a_1, a_2, a_3, …, a_n)와 상수항(b)에 적절한 값들을 찾아서 모델을 완성한다. 모델의 예측값인 종속 변수에 대한 실제 데이터를 알고 있는 상태에서 학습하기 때문에 지도학습으로 분류된다.

● 데이터 준비

〈예제 7-1〉 단순회귀분석의 Step 1~Step 5 과정을 다시 정리한다. 독립 변수로 3개의 열('cylinders', 'horsepower', 'weight')을 선택하고 훈련 데이터와 검증 데이터를 분리한다. 훈련 데이터 278개와 검증 데이터 120개로 나뉘는데, 각각 3개의 열을 갖는다.

〈예제 7-3〉 다중회귀분석 (File: part7/7.3_multivariate_regression.ipynb)

```
# 기본 라이브러리 불러오기
import pandas as pd
import numpy as np
import matplotlib.pyplot as plt
import seaborn as sns

'''
[Step 1~4] 데이터 준비
'''
# CSV 파일을 데이터프레임으로 변환
df = pd.read_csv('./data/auto-mpg.csv', header=None)

# 열 이름 지정
df.columns = ['mpg','cylinders','displacement','horsepower','weight',
              'acceleration','model year','origin','name']

# horsepower 열의 자료형 변경(문자열 -> 숫자)
df['horsepower'] = df['horsepower'].replace('?', np.nan)     # '?'를 np.nan으로 변경
df['horsepower'] = df['horsepower'].astype('float')          # 문자열을 실수형으로 변환

# 결측치 대체
df['horsepower'] = df['horsepower'].fillna(df['horsepower'].mean())

# 분석에 활용할 열(속성) 선택(연비, 실린더, 출력, 중량)
ndf = df[['mpg', 'cylinders', 'horsepower', 'weight']]

'''
Step 5: 데이터셋 구분 - 훈련용(train data)/검증용(test data)
'''

# 속성(변수) 선택
X=ndf[['cylinders', 'horsepower', 'weight']]                 # 독립 변수 X1, X2, X3
y=ndf['mpg']                                                 # 종속 변수 Y

```

```
# train data 와 test data로 구분(7:3 비율)
from sklearn.model_selection import train_test_split
X_train, X_test, y_train, y_test = train_test_split(X, y, test_size=0.3, random_state=10)

print('훈련 데이터: ', X_train.shape)
print('검증 데이터: ', X_test.shape)
```

〈실행 결과〉

```
훈련 데이터: (278, 3)
검증 데이터: (120, 3)
```

● 모델 학습 및 검증

LinearRegression() 함수를 사용하여 회귀분석 모델 객체(lr)를 생성한다. 그리고 앞에서 분리한 훈련 데이터(X_train, y_train)를 입력하여 fit() 메소드로 모델을 학습시킨다. 모델 학습이 완료되면 훈련 데이터를 제외한 나머지 검증 데이터(X_test, y_test)를 사용하여 모델의 평가지표인 결정계수(R－제곱)를 구한다. 반환된 결정계수 값은 0.6895로 다항회귀분석 때의 0.7255보다 낮은 값이다. 모델의 설명력이 나빠졌다고 볼 수 있다.

〈예제 7-3〉 다중회귀분석 (File: part7/7.3_multivariate_regression.ipynb(이어서 계속))

```
'''
Step 6: 다중회귀분석 모형 - sklearn 사용
'''

# sklearn 라이브러리에서 선형회귀분석 모듈 가져오기
from sklearn.linear_model import LinearRegression

# 단순회귀분석 모형 객체 생성
lr = LinearRegression()

# train data를 가지고 모형 학습
lr.fit(X_train, y_train)

# 학습을 마친 모형에 test data를 적용하여 결정계수(R-제곱) 계산
r_square = lr.score(X_test, y_test)
print('R^2 결정계수: ', r_square)
```

〈실행 결과〉

```
R^2 결정계수: 0.6895968946794342
```

회귀방정식을 구성하는 독립 변수의 계수(a_1, a_2, a_3, …)인 lr.coef_와 상수항(b)을 나타내는 lr.intercept_를 찾는다. lr.coef_에는 독립 변수 3개에 대한 계수가 [-0.38212538 -0.04709428 -0.00514076]과 같이 리스트 형태로 반환된다. lr.intercept_는 46.0994이다.

〈예제 7-3〉 다중회귀분석 (File: part7/7.3_multivariate_regression.ipynb(이어서 계속))

```python
# 회귀식의 기울기
print('X 변수의 계수 a: ', lr.coef_)

# 회귀식의 y절편
print('상수항 b:', lr.intercept_)
```

〈실행 결과〉

```
'X 변수의 계수 a: [-0.38212538 -0.04709428 -0.00514076]
상수항 b: 46.0994847428229
```

모델이 예측한 결과와 실제 값을 비교한다. 검증 데이터(X_test)를 predict() 메소드에 입력하여 예측한 값을 y_hat_test에 저장하고 실제 데이터인 y_test의 분포와 비교한다. 3개의 종속 변수('cylinders', 'horsepower', 'weight')를 구분하여 각기 다른 Axes 객체에 시각화한다. 'horsepower' 변수와 'weight' 변수의 경우 다중회귀모델이 추정하는 회귀선이 직선 형태가 아니다. 단순선형회귀보다 조금 더 복잡한 관계를 설명할 수 있는 모형이다.

〈예제 7-3〉 다중회귀분석 (File: part7/7.3_multivariate_regression.ipynb(이어서 계속))

```python
# train data의 산점도와 test data로 예측한 회귀선을 그래프로 출력
y_hat_test = lr.predict(X_test)

fig, axes = plt.subplots(1, 3, figsize=(10, 5))

for i, col in enumerate(X_test.columns):
    axes[i].plot(X_train[col], y_train, 'o', label='Train Data')          # 데이터 분포
    axes[i].plot(X_test[col], y_hat_test, 'r+', label='Predicted Value')
                                                                   # 모형이 학습한 회귀선
    axes[i].set_xlabel(col)
    axes[i].set_ylabel(col)
```

```
    axes[i].legend(loc='best')

plt.show()
```

〈실행 결과〉

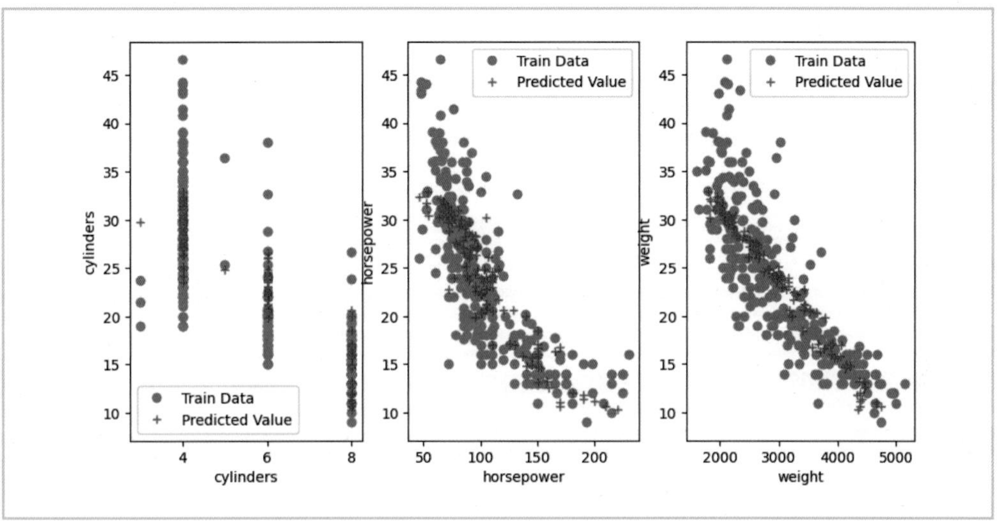

평균 제곱 오차(MSE)와 평균 절대값 오차(MAE)를 계산하고 이전 분석결과와 비교한다. MSE 17.88, MAE 3.33으로 다항회귀분석 때의 MSE 15.81, MAE 3.14 대비 오차가 커졌다. 모델 예측 성능이 나빠졌다고 해석할 수 있다.

〈예제 7-3〉 다중회귀분석 (File : part7/7.3_multivariate_regression.ipynb(이어서 계속))

```
# 사이킷런 함수 활용(평균 제곱 오차)
from sklearn.metrics import mean_squared_error
mse = mean_squared_error(y_test, y_hat_test)
print('mse: ', np.round(mse, 2))

# 평균 절대값 오차
from sklearn.metrics import mean_absolute_error
mae = mean_absolute_error(y_test, y_hat_test)
print('mae: ', np.round(mae, 2))
```

〈실행 결과〉

```
mse: 17.88
mse:  3.33
```

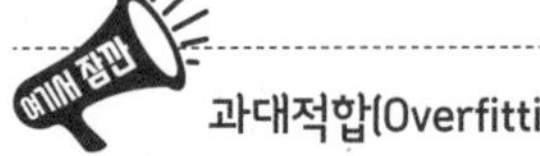

과대적합(Overfitting)

과대적합은 모델이 훈련 데이터에 너무 잘 맞춰져서 새로운 데이터나 테스트 데이터에 대해 일반화하는 능력이 떨어지는 현상을 말한다. 과대적합이 발생하면 모델은 훈련 데이터의 노이즈까지 학습하여 예측 성능이 오히려 나빠질 수 있다. 과대적합이 발생하는 주요 원인에는 다음과 같은 것들이 있다.

첫째, 모델이 너무 복잡할 때, 즉 모델의 파라미터가 너무 많거나 다항 회귀에서 차수가 너무 높은 경우, 모델의 학습 능력이 지나칠 정도로 강력해서 데이터의 노이즈까지 학습할 수 있다.

둘째, 사용한 훈련 데이터의 양이 충분하지 않거나 다양성이 부족한 경우, 모델이 훈련 데이터를 학습하는 것이 너무 쉬워서 과도하게 최적화될 수 있다.

셋째, 데이터에 이상치나 노이즈가 많은 경우, 모델이 이를 정상적인 패턴으로 잘못 학습할 수 있다.

앞의 분석 결과에서, 다중회귀 모델에서 MSE와 MAE가 증가했다면 이전 모델보다 예측 성능이 나빠졌음을 의미한다. 특히, 이처럼 다항 회귀 분석을 수행했을 때 오차가 커진 것은 과대적합이 발생했을 가능성을 시사한다. 앞의 세 가지 과대적합 발생 원인 중에서 두 번째와 세 번째는 변동이 없다고 봤을 때 첫 번째 조건(모델이 너무 복잡할 때)이 원인으로 추정된다.

과대적합을 방지하기 위한 방안으로는 다음과 같은 것들을 고려할 수 있다. 각 기법에 대한 상세한 설명은 이 책에서는 생략한다.

대응 방안	설명
데이터 양 늘리기	가능한 한 많은 데이터를 수집하여 모델이 보다 일반화된 패턴을 학습하도록 한다. 데이터가 많을수록 모델이 실제 세계의 다양성을 반영하는 데 도움이 된다.
모델의 복잡도 줄이기	모델의 파라미터 수를 줄이거나, 다항회귀의 차수를 낮추는 등 모델의 복잡도를 감소시킨다.
규제(Regulartization) 사용하기	L1(Lasso) 정규화나 L2(Ridge) 정규화와 같은 규제 기법을 적용하여 모델의 복잡도에 패널티를 부여한다. 모델이 과도하게 복잡해지는 것을 억제한다.
교차검증(k-fold) 사용하기	데이터를 여러 집합(fold)으로 나누고, 각각에 대해 훈련과 검증을 반복하여 모델의 성능을 평가한다. 모델이 특정 데이터셋에 과적합되지 않았는지 확인할 수 있다.
변수 선택 또는 차원 축소	불필요한 특성을 제거하거나, 주성분 분석(PCA)과 같은 차원축소 기법을 사용하여 입력 변수의 수를 줄인다.

[표 7-3] 과대적합 방지 방안

③ 분류

분류(classification) 알고리즘은 예측하려는 대상의 특성(설명 변수)을 입력받고, 목표 변수가 갖고 있는 카테고리(범주형) 값 중에서 어느 하나로 분류하여 예측하는 기법을 말한다. 다음 [그림 7-5]를 보면 훈련 데이터의 목표 변수 값(0 또는 1)을 모델 학습에서 사용하기 때문에, 지도 학습 유형에 속하는 알고리즘이다.

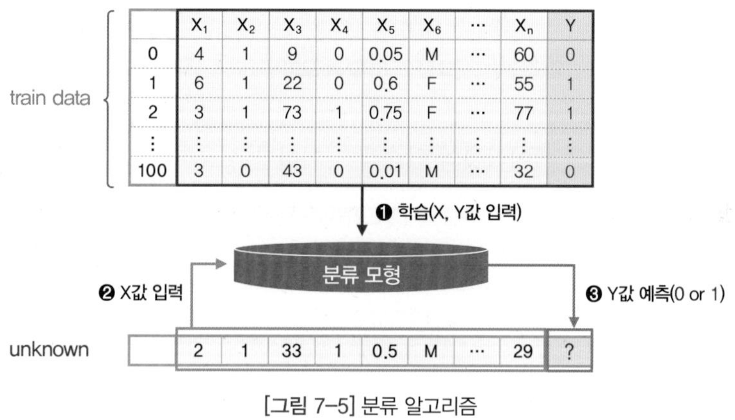

[그림 7-5] 분류 알고리즘

이 모형은 고객 분류, 질병 진단, 스팸 메일 필터링, 음성 인식 등 목표 변수가 카테고리 값을 갖는 경우에 사용한다. KNN, SVM, Decision Tree, Logistic Regression 등 다양한 알고리즘이 존재하는데 이 책에서는 KNN, SVM, Decision Tree에 대해 설명한다.

3-1 KNN

KNN은 K-Nearest-Neighbors의 약칭이다. k개의 가까운 이웃이라는 뜻이다. 새로운 관측값이 주어지면 기존 데이터 중에서 가장 특성이 비슷한 k개의 이웃을 먼저 찾는다. 그리고 가까운 이웃들이 갖고 있는 목표 값과 같은 값으로 분류하여 예측한다.

한편 k값에 따라 예측의 정확도가 달라지므로, 적절한 k값을 찾는 것이 매우 중요하다. [그림 7-6]에서는 k값에 따라서 예측 결과인 분류값이 달라지는 과정을 보여준다. k=3일 경우 새로운 데이터(★)로부터 가장 가까운 이웃을 3개 찾고, 그 중에서 가장 개수가 많은 값(■)으로 분류한다. k=6일 경우 6개 중에서 3개가 나타나는 값(▲)으로 분류하게 된다.

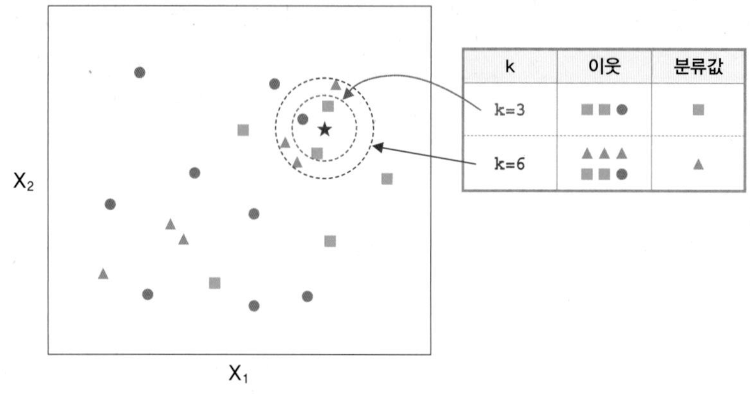

[그림 7-6] KNN 모형

다음의 예제에서 'titanic' 데이터셋의 탑승객 데이터를 사용하여 탑승객의 생존 여부를 예측하는 모형을 만든다. 'survived' 열에 생존자는 1로, 미생존자는 0으로 표시하여 저장하고 있다.

● Step 1 – 데이터 준비

Seaborn 라이브러리에서 'titanic' 데이터셋을 가져와서 변수 df에 저장한다. df.head() 명령으로 데이터프레임의 첫 5행을 출력한다.

〈예제 7-4〉 KNN 분류 알고리즘 (File: part7/7.4_knn_classification.ipynb)

```
# 기본 라이브러리 불러오기
import pandas as pd
import numpy as np
import matplotlib.pyplot as plt
import seaborn as sns

'''
[Step 1] 데이터 준비 - Seaborn에서 제공하는 titanic 데이터셋 가져오기
'''

# load_dataset 함수를 사용하여 데이터프레임으로 변환
df = sns.load_dataset('titanic')

df.head()
```

〈실행 결과〉

```
   survived  pclass     sex   age  sibsp  parch     fare embarked  class  \
0         0       3    male  22.0      1      0   7.2500        S  Third
1         1       1  female  38.0      1      0  71.2833        C  First
2         1       3  female  26.0      0      0   7.9250        S  Third
3         1       1  female  35.0      1      0  53.1000        S  First
4         0       3    male  35.0      0      0   8.0500        S  Third

     who  adult_male deck  embark_town
0    man        True  NaN  Southampton
1  woman       False    C    Cherbourg
2  woman       False  NaN  Southampton
3  woman       False    C  Southampton
4    man        True  NaN  Southampton
```

● Step 2 – 데이터 탐색

info() 메소드로 데이터의 자료형과 개수를 확인한 결과, 'age', 'embarked', 'deck' 등 일부 열에 누락 데이터가 포함되어 있다. 데이터의 특성과 분석 목표에 맞춰 누락 데이터를 처리해야 한다.

〈예제 7–4〉 KNN 분류 알고리즘 (File: part7/7.4_knn_classification.ipynb(이어서 계속))

```
'''
[Step 2] 데이터 탐색
'''

# 데이터 자료형 확인
df.info()
```

〈실행 결과〉

```
<class 'pandas.core.frame.DataFrame'>
RangeIndex: 891 entries, 0 to 890
Data columns (total 15 columns):
 #   Column       Non-Null Count  Dtype
---  ------       --------------  -----
 0   survived     891 non-null    int64
 1   pclass       891 non-null    int64
 2   sex          891 non-null    object
```

```
 3   age          714 non-null    float64
 4   sibsp        891 non-null    int64
 5   parch        891 non-null    int64
 6   fare         891 non-null    float64
 7   embarked     889 non-null    object
 8   class        891 non-null    category
 9   who          891 non-null    object
10   adult_male   891 non-null    bool
11   deck         203 non-null    category
12   embark_town  889 non-null    object
13   alive        891 non-null    object
14   alone        891 non-null    bool
dtypes: bool(2), category(2), float64(2), int64(4), object(5)
memory usage: 80.7+ KB
```

describe() 메소드로 데이터의 요약 통계를 확인한다. 중심 경향과 분산, 이상치 존재 여부 등을 염두에 두고 파악한다. 요금(fare) 열의 최댓값이 512.3인데 평균이나 중앙값에 비해 매우 큰 값이므로 이상치 여부를 분석할 필요가 있다.

〈예제 7-4〉 KNN 분류 알고리즘 (File: part7/7.4_knn_classification.ipynb(이어서 계속))

```
# 데이터 통계 요약정보 확인
df.describe()
```

〈실행 결과〉

	survived	pclass	age	sibsp	parch	fare
count	891.000000	891.000000	714.000000	891.000000	891.000000	891.000000
mean	0.383838	2.308642	29.699118	0.523008	0.381594	32.204208
std	0.486592	0.836071	14.526497	1.102743	0.806057	49.693429
min	0.000000	1.000000	0.420000	0.000000	0.000000	0.000000
25%	0.000000	2.000000	20.125000	0.000000	0.000000	7.910400
50%	1.000000	3.000000	38.000000	1.000000	0.000000	31.000000
max	1.000000	3.000000	80.000000	8.000000	6.000000	512.329200

describe() 메소드로 데이터의 요약 통계를 확인할 때는 기본적으로 숫자형 데이터에 대해서만 처리한다. 범주형 또는 문자열 변수를 포함하고 싶은 경우에는 include='object' 매개변수를 설정한다. 남성 승객이 577명으로 여성 승객보다 많고, 대부분 Southhampton(S) 도시에서 탑승하였다.

〈예제 7-4〉 KNN 분류 알고리즘 (File: part7/7.4_knn_classification.ipynb(이어서 계속))

```
# 데이터 통계 요약정보 확인(범주형)
df.describe(include='object')
```

〈실행 결과〉

	sex	embarked	who	embark_town	alive
count	891	889	891	889	891
unique	2	3	3	3	2
top	male	S	man	Southampton	no
freq	577	644	537	644	549

누락 데이터를 확인하면, 객실 데크 위치를 나타내는 'deck' 열에는 688개의 누락 데이터가 있다. 유효한 값이 203개에 불과하다. 그리고 승객의 나이를 나타내는 'age' 열에 누락 데이터가 177개 포함되어 있다. 결측치에 대한 처리가 필요할 것으로 판단된다.

〈예제 7-4〉 KNN 분류 알고리즘 (File: part7/7.4_knn_classification.ipynb(이어서 계속))

```
# 누락 데이터 확인
df.isnull().sum()
```

〈실행 결과〉

```
survived        0
pclass          0
sex             0
age           177
sibsp           0
parch           0
fare            0
embarked        0
class           0
who             0
adult_male      0
deck          688
embark_town     2
alive           0
alone           0
dtypes: int64
```

중복 행을 체크해보면 모두 107개의 행이 중복되는 것으로 나타난다. 중복 데이터를 제거할 필요가 있다.

〈예제 7-4〉 KNN 분류 알고리즘 (File: part7/7.4_knn_classification.ipynb(이어서 계속))

```
# 중복 데이터 확인
df.duplicated().sum()
```

〈실행 결과〉

```
107
```

생존 여부(survived)를 분류하는 모델을 학습시키는 것을 목표로 하고 있기 때문에 목표 변수의 분포를 확인하는 과정이 중요하다. 생존 클래스(1)의 비율이 그렇지 못한 클래스(0)보다 상대적으로 낮은 편이다.

〈예제 7-4〉 KNN 분류 알고리즘 (File: part7/7.4_knn_classification.ipynb(이어서 계속))

```
# 목표 변수
df['survived'].value_counts()
```

〈실행 결과〉

```
survived
0    549
1    342
Name: count, dtype: int64
```

목표 변수의 분포를 Seaborn의 countplot() 함수를 이용하여 막대 그래프로 시각화한다. 생존자 비율이 상대적으로 낮은 것을 확인할 수 있다.

〈예제 7-4〉 KNN 분류 알고리즘 (File: part7/7.4_knn_classification.ipynb(이어서 계속))

```
# 목표 변수 - 시각화
sns.countplot(data=df, x='survived');
```

〈실행 결과〉

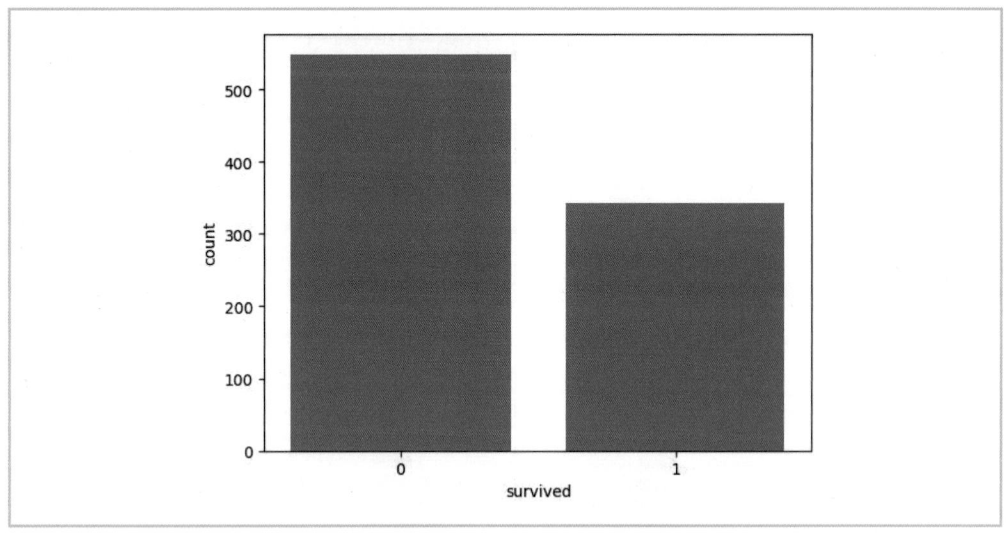

데이터 불균형(imbalance) 문제

이처럼 분류 문제에서 데이터 불균형(imbalance)은 클래스 간에 샘플 수가 현저하게 차이나는 경우를 말한다. 이렇게 되면 머신러닝 모델이 다수 클래스에 치우친 학습을 하는 경향이 있어, 결과적으로 소수 클래스를 제대로 예측하지 못하는 문제가 발생한다.

데이터 불균형 문제에 대응하기 위한 방안으로는 소수 클래스의 샘플을 증가시키는 오버 샘플링(Over-sampling), 다수 클래스의 샘플을 줄이는 언더 샘플링(Under-sampling) 등이 있다. 모델의 성능 평가지표를 선택할 때에도 정확도(Accuracy) 대신 정밀도(Precision), 재현율(Recall), F1 점수 등 불균형 데이터에 적합한 성능 지표를 사용하여 모델을 평가해야 한다.

Seaborn의 `FacetGrid`를 사용하여 타이타닉 데이터셋의 여러 변수에 대한 조건부 분포를 시각화하여 분석한다. 승객의 탑승 클래스(`'pclass'`), 생존 여부(`'survived'`), 성별(`'sex'`)에 따른 나이(`'age'`) 분포를 시각화하여, 이러한 요소들이 생존율과 어떤 관계가 있는지 탐색한다. `map()` 메소드를 사용하여 각 서브플롯에 `'age'` 변수에 대한 커널 밀도 그래프(KDE)를 그린다.

〈예제 7-4〉 KNN 분류 알고리즘 (File: part7/7.4_knn_classification.ipynb(이어서 계속))

```
# 시각화
g = sns.FacetGrid(df, col='survived', row='pclass', hue='sex')
g.map(sns.kdeplot, 'age', alpha=0.5, fill=True)
g.add_legend();
```

〈실행 결과〉[3]

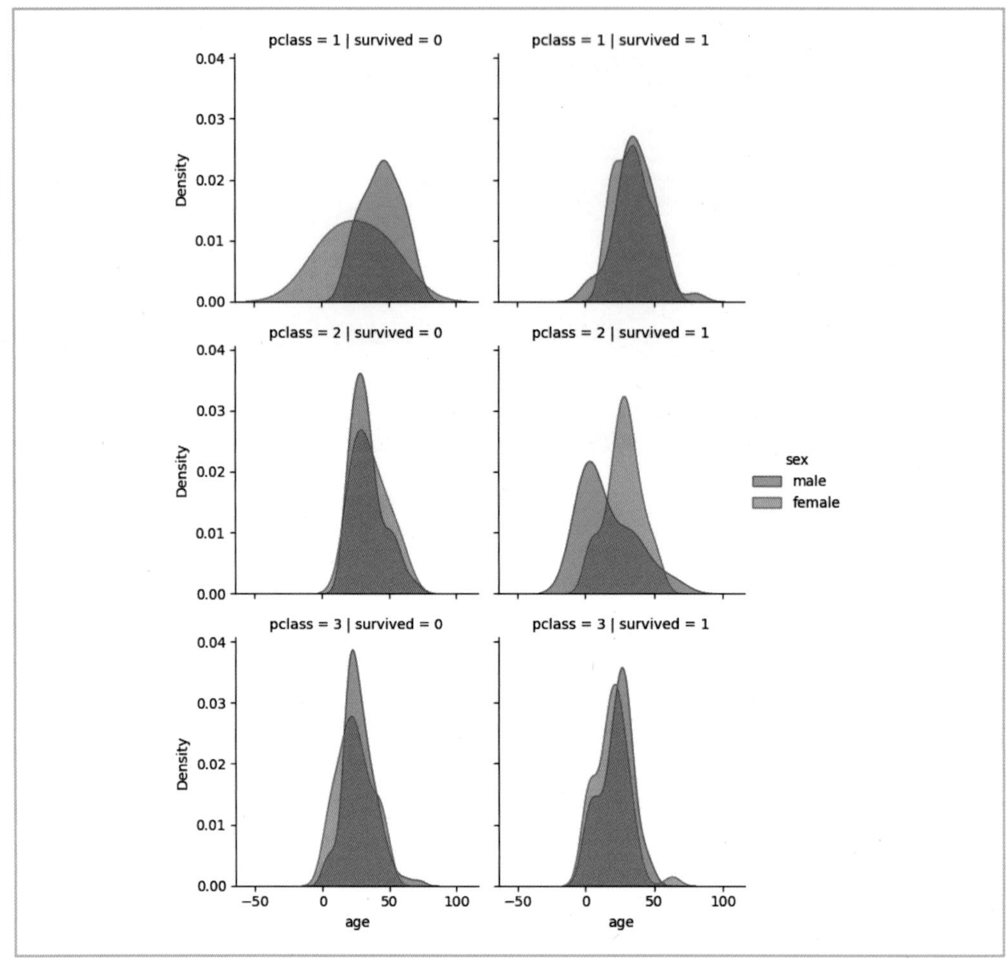

다음은 Seaborn의 `displot()` 함수를 사용하여, `'sibsp'` 변수(형제자매 및 배우자의 수)에 대한 히스토그램을 그리고, `'survived'` 변수(생존 여부)에 따라 색상을 구분하여 시각화한다. 이때 `multiple='fill'` 옵션을 사용하여 생존자와 미생존자의 비율을 상대적으로 표시한다.

〈예제 7-4〉 KNN 분류 알고리즘 (File: part7/7.4_knn_classification.ipynb(이어서 계속))

```
# 시각화
sns.displot(x='sibsp', kind='hist', hue='survived', data=df, multiple='fill');
```

3) 1등석 승객 중에서 사망한 경우에는 남성 승객의 연령대가 상대적으로 여성에 비해 높은 편이다. 그리고 2등석 생존자의 경우 여성 승객의 연령대가 남성보다 높은 경향이 있다.

〈실행 결과〉[4]

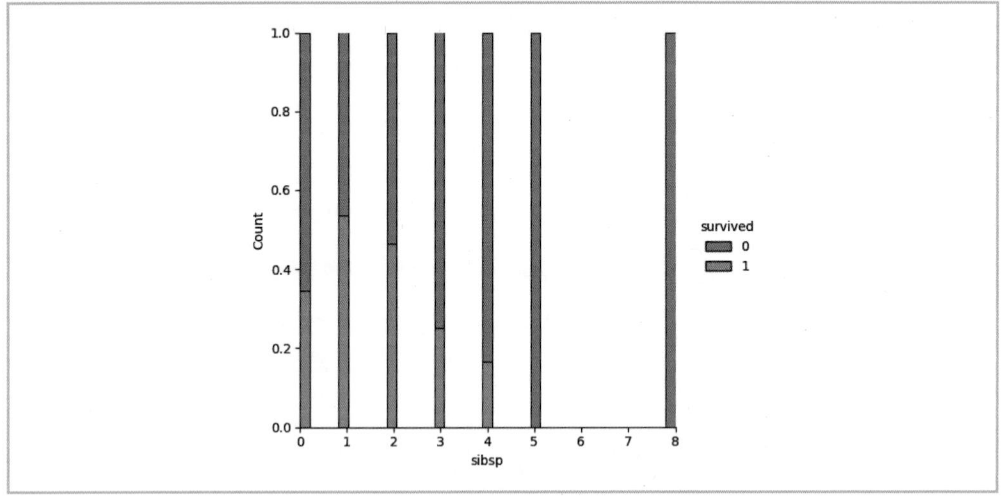

마찬가지로 이번에는 'parch' 변수(부모 및 자식의 수)에 대한 히스토그램을 상대적 비율로 표시한다. 동승한 부모 및 자식의 수가 3명 이하일 경우에 생존율이 높은 것으로 파악된다.

〈예제 7-4〉 KNN 분류 알고리즘 (File: part7/7.4_knn_classification.ipynb(이어서 계속))

```
# 시각화
sns.displot(x='parch', kind='hist', hue='survived', data=df, multiple='fill');
```

〈실행 결과〉

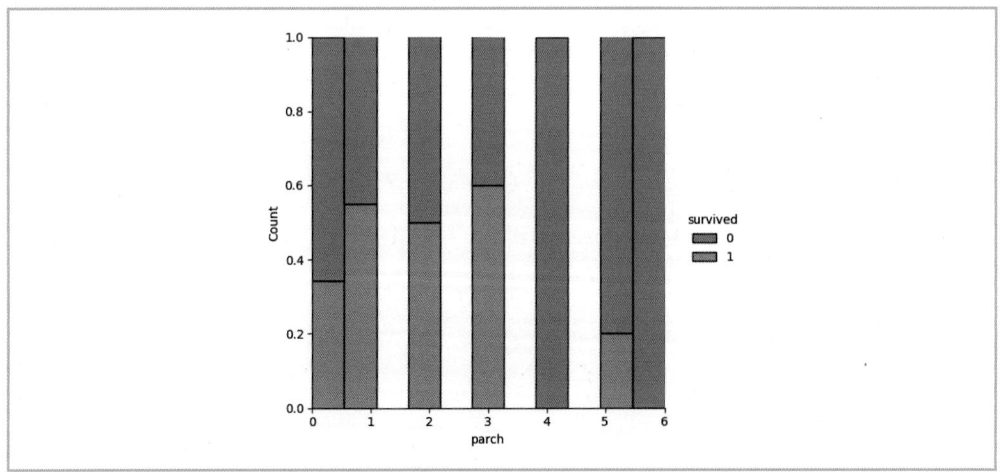

4) 형제자매 및 배우자의 수에 따른 생존율의 차이를 확인할 수 있다. 동승한 가족이 없거나 4명 이하일 경우에는 생존자가 있지만, 5명 이상일 경우에는 생존자가 없다. 형제자매 또는 배우자의 수가 1명이었을 경우에 생존율이 높은 편이다.

이번에는 Seaborn의 `boxplot()` 함수를 사용하여 `'embarked'`(탑승 항구), `'age'`(나이), `'survived'`(생존 여부) 변수 간의 관계를 박스 플롯(상자 그림)으로 시각화한다. 박스 플롯은 데이터의 분포와 중앙값, 이상치를 시각적으로 표현하는 데 유용한 방법이다. x축에 탑승 항구별로 데이터를 분리하여 표시하고, y축에는 각 탑승 항구별 승객의 나이 분포를 나타낸다. `hue='survived'` 옵션에 따라 생존자와 미생존자를 서로 다른 색상으로 구분한다. 이를 통해 탑승 항구별 생존 여부에 따른 나이 분포의 차이를 시각적으로 비교할 수 있다.

〈예제 7-4〉 KNN 분류 알고리즘 (File: part7/7.4_knn_classification.ipynb(이어서 계속))

```
# 시각화
sns.boxplot(x='embarked', y='age', hue='survived', data=df);
```

〈실행 결과〉[5]

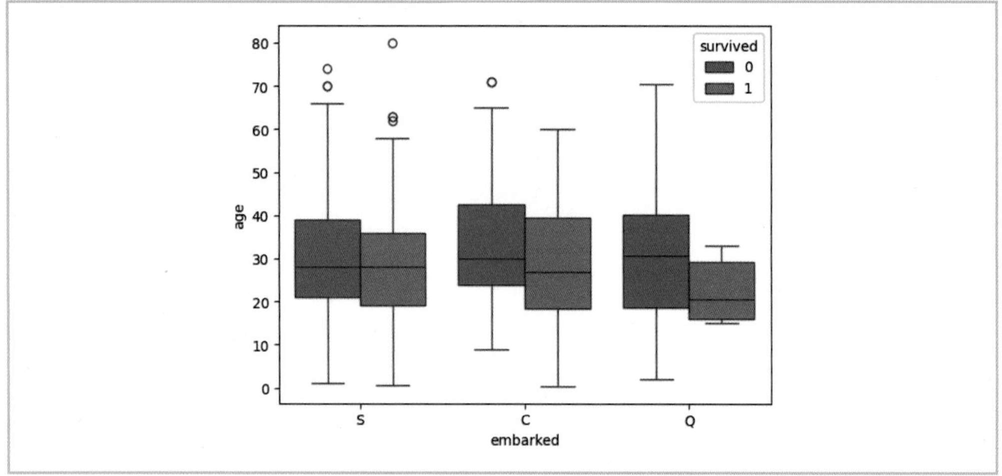

● Step 3 – 데이터 전처리

EDA 데이터 탐색 과정에서 중복되는 행이 107개가 있다는 것을 확인하였다. `drop_duplicates()` 메소드를 사용하여 중복 데이터를 제거한다.

〈예제 7-4〉 KNN 분류 알고리즘 (File: part7/7.4_knn_classification.ipynb(이어서 계속))

```
'''
[Step 3] 데이터 전처리
'''
```

5) Q 항구에서 탑승한 생존자의 나이가 다른 항구에서 탑승한 승객들보다 어린 편으로 파악된다.

```
# 중복 데이터 제거
print('중복 제거 이전: ', df.shape)
df = df.drop_duplicates()
print('중복 제거 이후: ', df.shape)
```

〈실행 결과〉

```
중복 제거 이전:(891, 15)
중복 제거 이후:(784, 15)
```

머신러닝에서 중복 데이터를 제거하는 의미

머신러닝에서 중복 데이터를 제거하는 것은 데이터의 품질을 확보하고 모델의 성능을 향상시키는 데 필요한 과정이다. 중복 데이터가 존재할 경우, 머신러닝 모델이 중복 데이터가 갖는 특정 패턴에 과적합되어 일반화 성능이 떨어지게 하는 문제가 발생할 수 있다. 또한 데이터 불균형 문제를 심화시키거나 학습 효율성을 저하시키고, 최종적으로 모델 평가의 정확성을 왜곡할 수도 있다. 데이터 전처리 단계에서 중복 데이터의 식별 및 제거는 반드시 거쳐야 하는 필수적인 과정이다.

전체 891명의 승객 중에서 688명의 데이터가 존재하지 않는 'deck' 열을 제거하기로 한다. 그리고 승선도시를 나타내는 'embark_town' 열은 'embarked' 열과 사실상 동일한 의미를 갖기 때문에 중복을 없애는 차원에서 열 자체를 제거한다. 열 이름을 출력해 보면 'deck' 열과 'embark_town' 열이 삭제된 것을 확인할 수 있다.

〈예제 7-4〉 KNN 분류 알고리즘 (File: part7/7.4_knn_classification.ipynb(이어서 계속))

```
# NaN값이 많은 deck 열을 삭제, embarked와 내용이 겹치는 embark_town 열을 삭제
rdf = df.drop(['deck', 'embark_town'], axis=1)
rdf.columns.values
```

〈실행 결과〉

```
array(['survived', 'pclass', 'sex', 'age', 'sibsp', 'parch', 'fare',
       'embarked', 'class', 'who', 'adult_male', 'alive', 'alone'],
       dtype-object)
```

승객의 나이를 나타내는 'age' 열에 누락 데이터가 177개 포함되어 있다. 분석에 포함시켜야 하는 중요한 속성으로 판단될 경우 예측 결과에 영향을 최소화하는 방법을 선택해야 한다. 평균

나이로 치환하는 방법도 가능하지만 누락 데이터가 있는 행을 모두 제거하기로 한다.[6] 즉, 177명의 승객 데이터를 포기하고 나이 데이터가 있는 678명의 승객만을 분석 대상으로 한다.

〈예제 7-4〉 KNN 분류 알고리즘 (File: part7/7.4_knn_classification.ipynb(이어서 계속))

```
# age 열에 나이 데이터가 없는 모든 행 삭제 - NaN 값
rdf = rdf.dropna(subset=['age'], how='any', axis=0)
print(len(rdf))
```

〈실행 결과〉

```
678
```

'embarked' 열에는 승객들이 타이타닉호에 탑승한 도시명의 첫 글자가 들어 있다. 누락 데이터가 2개에 불과하므로, 가장 탑승한 승객이 많은 도시명으로 치환하기로 한다. value_counts() 메소드와 idxmax() 메소드를 사용하여 승객이 가장 많이 탑승한 도시명의 첫 글자가 'S'라는 것을 알 수 있다.

〈예제 7-4〉 KNN 분류 알고리즘 (File: part7/7.4_knn_classification.ipynb(이어서 계속))

```
# embarked 열의 NaN값을 승선도시 중에서 가장 많이 출현한 값으로 치환하기
most_freq = rdf['embarked'].value_counts(dropna=True).idxmax()
print(most_freq)
```

〈실행 결과〉

```
S
```

mode() 메소드는 배열의 최빈값을 직접 구하는 함수이다. 배열의 첫 번째 원소를 인덱싱하여 최빈값을 확인해도 같은 결과를 얻는다.

〈예제 7-4〉 KNN 분류 알고리즘 (File: part7/7.4_knn_classification.ipynb(이어서 계속))

```
# mode 메소드 활용(최빈값)
most_freq2 = rdf['embarked'].mode()[0]
print(most_freq2)
```

6) 여기서 삭제하는 방법이 부적절한 선택일 수도 있다. 이 방법뿐만 아니라 평균, 중앙값 등으로 누락 데이터를 치환하는 방법으로도 모델 학습을 진행하고 각 방법에 대한 모델의 성능을 비교해서 판단할 필요가 있다.

〈실행 결과〉

```
S
```

describe(include='all') 메소드로 'embarked' 열의 최빈값(top)을 확인하는 것도 가능하다.

〈예제 7-4〉 KNN 분류 알고리즘 (File: part7/7.4_knn_classification.ipynb(이어서 계속))

```
# describe 메소드 활용(최빈값)
rdf.describe(include='object')
```

〈실행 결과〉

```
        sex  embarked  who  alive
count   676       676  678    678
unique    2         3    3      2
top    male         S  man     no
freq    422       520  382    394
```

앞에서 추출한 최빈값을 이용하여 'embarked' 열에 fillna() 메소드의 인자로 전달한다. 결과적으로 누락 데이터를 'S' 값으로 치환한 배열을 원본 데이터에 업데이트한다. 결측치를 확인해보면 모든 열의 누락 데이터가 전부 제거 또는 대치된 것을 알 수 있다.

〈예제 7-4〉 KNN 분류 알고리즘 (File: part7/7.4_knn_classification.ipynb(이어서 계속))

```
# 최빈값으로 누락 데이터 치환하기
rdf['embarked'] = rdf['embarked'].fillna(most_freq)

# 결측치 확인하기
rdf.isnull().sum()
```

〈실행 결과〉

```
survived     0
pclass       0
sex          0
age          0
sibsp        0
parch        0
fare         0
embarked     0
class        0
who          0
```

```
adult_male      0
deck            0
embark_town     0
alive           0
alone           0
dtypes: int64
```

● Step 4 – 변수 선택

변수로 사용할 후보 열을 선택한다. 예측 변수로 생존 여부를 나타내는 'survived' 열을 추가하고 설명 변수로 사용할 후보 열을 6개 포함한다. head() 메소드로 데이터의 구성을 살펴보자.

〈예제 7-4〉 KNN 분류 알고리즘 (File: part7/7.4_knn_classification.ipynb(이어서 계속))

```
'''
[Step 4] 변수 선택
'''

# 분석에 활용할 열(특성) 선택
ndf = rdf[['survived', 'pclass', 'sex', 'age', 'sibsp', 'parch', 'embarked']]
ndf.head()
```

〈실행 결과〉

	survived	pclass	sex	age	sibsp	parch	embarked
0	0	3	male	22.0	1	0	S
1	1	1	female	38.0	1	0	C
2	1	3	female	26.0	0	0	S
3	1	1	female	35.0	1	0	S
4	0	3	male	35.0	0	0	S

KNN 모델에 적용하기 위해, 'sex' 열과 'embarked' 열의 범주형 데이터를 숫자형[7]으로 변환한다. 이 과정을 더미 변수를 만든다고 하고, 원핫인코딩(one-hot-encoding)이라고도 부른다.

'sex' 열에 'female' 값과 'male' 값을 열 이름으로 갖는 2개의 더미 변수 열이 만들어진다. 'embarked' 열은 3개의 더미 변수 열이 만들어지는데, prefix='town' 옵션을 사용하여 열 이름에 접두어 'town'을 붙인다. 더미 변수가 생성되면 기존 'sex' 열과 'embarked' 열을 삭제한다.

7) 예제의 실행 결과에서는 True, False로 표시된다. True는 숫자 1로 처리되고 False는 숫자 0으로 처리된다. 각 열은 사실상 1과 0으로 구성되는 이진 배열이 된다.

〈예제 7-4〉 KNN 분류 알고리즘 (File: part7/7.4_knn_classification.ipynb(이어서 계속))

```
# 원핫인코딩 - 범주형 데이터를 모형이 인식할 수 있도록 숫자형으로 변환
onehot_sex = pd.get_dummies(ndf['sex'])
ndf = pd.concat([ndf, onehot_sex], axis=1)

onehot_embarked = pd.get_dummies(ndf['embarked'], prefix='town')
ndf = pd.concat([ndf, onehot_embarked], axis=1)

ndf = ndf.drop(['sex', 'embarked'], axis=1)
ndf.head()
```

〈실행 결과〉

	survived	pclass	age	sibsp	parch	female	male	town_C	town_Q	town_S
0	0	3	22.0	1	0	False	True	False	False	True
1	1	1	38.0	1	0	True	False	True	False	False
2	1	3	26.0	0	0	True	False	False	False	True
3	1	1	35.0	1	0	True	False	False	False	True
4	0	3	35.0	0	0	False	True	False	False	True

● Step 5 – 훈련/검증 데이터 분할

Step 4에서 정리한 열 중에서 예측 변수인 'survived' 열을 변수 y에 저장하고, 나머지 열들을 설명 변수로 사용하기 위하여 변수 X에 할당한다. 그리고 설명 변수 열들이 갖는 데이터의 상대적 크기 차이를 없애기 위하여 정규화 과정을 거친다. 이때 sklearn의 preprocessing 모듈을 사용한다. train_test_split() 메소드를 사용하여 훈련 데이터와 검증 데이터를 나눈다(검증 30%).

〈예제 7-4〉 KNN 분류 알고리즘 (File: part7/7.4_knn_classification.ipynb(이어서 계속))

```
'''
[Step 5] 데이터셋 구분 - 훈련용(train data)/검증용(test data)
'''

# 속성(변수) 선택
X=ndf[['pclass', 'age', 'sibsp', 'parch', 'female', 'male',
       'town_C', 'town_Q', 'town_S']]    # 설명 변수 X
y=ndf['survived']                        # 예측 변수 Y

```

```
# 설명 변수 데이터를 정규화(normalization)
from sklearn import preprocessing
X = preprocessing.StandardScaler().fit(X).transform(X)

# train data와 test data로 구분(7:3 비율)
from sklearn.model_selection import train_test_split
X_train, X_test, y_train, y_test = train_test_split(X, y, test_size=0.3, random_state=10)

print('train data 개수: ', X_train.shape)
print('test data 개수: ', X_test.shape)
```

〈실행 결과〉

```
train data 개수: (474, 9)
test data 개수: (204, 9)
```

● Step 6 – 모델 학습 및 검증

sklearn 라이브러리의 neighbors 모듈을 사용한다. KNeighborsClassifier() 함수로 KNN 분류 모형 객체를 생성하여 변수 knn에 저장한다. 예제에서는 n_neighbors=5와 같이 이웃의 숫자를 5개로 설정한다. 훈련 데이터(X_train, y_train)를 fit() 메소드에 입력하여 모형을 학습시킨다. 검증 데이터(X_test)를 predict() 메소드에 전달하여 모형이 분류한 예측값을 변수 y_hat에 저장한다. 이 값을 실제 값이 들어 있는 y_test와 비교해 본다.

〈예제 7-4〉 KNN 분류 알고리즘 (File: part7/7.4_knn_classification.ipynb(이어서 계속))

```
'''
[Step 6] KNN 분류 모형 - sklearn 사용
'''

# sklearn 라이브러리에서 KNN 분류 모형 가져오기
from sklearn.neighbors import KNeighborsClassifier

# 모형 객체 생성(k=5로 설정)
knn = KNeighborsClassifier(n_neighbors=5)

# train data를 가지고 모형 학습
knn.fit(X_train, y_train)

```

```
# test data를 가지고 y_hat을 예측(분류)
y_hat = knn.predict(X_test)

print(y_hat[0:10])
print(y_test.values[0:10])
```

〈실행 결과〉

```
[0 1 0 1 0 0 1 1 1 1]
[1 1 0 1 0 1 1 1 1 0]
```

다음은 모델의 예측능력을 평가하는 방법이다. metrics 모듈의 confusion_matrix() 함수를 사용하여 혼동 행렬(Confusion Matrix)을 계산한다. 이 함수는 [[TN, FP], [FN, TP]] 형태로 반환된다. 따라서, 검증 데이터셋에 포함된 204 명의 승객에 대해서 미생존자(Negative)를 정확히 예측한 TN은 99명, 미생존자(Negative)를 생존자(Positive)로 잘못 분류한 FP는 24명, 생존자(Positive)를 미생존자(Negative)로 잘못 분류한 FN은 26명, 생존자(Positive)를 정확하게 예측한 TP는 55명으로 확인된다.

〈예제 7-4〉 KNN 분류 알고리즘 (File: part7/7.4_knn_classification.ipynb(이어서 계속))

```
# 모형 성능 평가 - Confusion Matrix 계산
from sklearn import metrics
knn_matrix = metrics.confusion_matrix(y_test, y_hat)
print(knn_matrix)
```

〈실행 결과〉

```
[[99 24]
 [26 55]]
```

분류 모델의 예측력을 평가하는 지표

1. 혼동 행렬 (Confusion Matrix)

모델이 예측하는 값에는 두 가지 클래스(Positive/Negative)가 있고, 각 예측값은 실제로 Positive거나 Negative 일 수 있다. 다음 그림과 같이, 모델의 예측값과 실제 값을 각각 세로축과 가로축으로 하는 2×2매트릭스로 표현한 것을 혼동 행렬(Confusion Matrix)이라고 부른다.

예측값

실제값	P(Positive)	N(Negative)
N(Negative)	True Negative(TN)	False Positive(FP)
P(Positive)	False Negative(FN)	True Positive(TP)

[그림 7-7] Confusion Matrix

2. 정확도(Accuracy)

전체 데이터 중에서 모델이 올바르게 예측한 데이터의 비율이다. 실제 Positive를 Positive로 예측한 개수와 실제 Negative를 Negative로 예측한 개수의 합을 전체 데이터의 수로 나눈 비율이다. 가장 직관적인 성능 지표이지만, 데이터의 클래스 불균형이 심한 경우에는 사용해서는 안 된다. 예를 들어, 99%가 Negative인 데이터셋에서 모든 예측을 Negative로만 하더라도 정확도는 99%가 되는 문제가 있다(Positive를 하나도 찾지 못하는 상황이다).

$$Accuracy = \frac{TP + TN}{P + N}$$

3. 정밀도(Precision)

예측 값이 Positive인 분석대상 중에서 실제 값이 Positive인 비율을 말한다. 정밀도가 높다는 것은 False Positive(실제 Negative를 Positive로 잘못 예측하는) 오류가 적다는 뜻이다.

$$Percision = \frac{TP}{TP + FP}$$

4. 재현율(Recall)

실제 값이 Positive인 분석대상 중에서 모델이 올바르게 Positive로 예측한 데이터의 비율을 말한다. 실제 Positive인 데이터 중에서 모델이 검출한 비율을 의미하며, 재현율이 높다는 것은 False Negative(실제Positive를 Negative로 잘못 예측하는) 오류가 적다는 뜻이다.

$$Recall = \frac{TP}{TP + FN}$$

5. F1 - score

정밀도(Precision)와 재현율(Recall)의 조화 평균을 통해 계산되며, 특히 클래스 불균형이 있는 데이터셋에서 유용하게 사용된다.

$$F1\ Score = 2 \times \frac{recall \times precision}{recall + precision}$$

혼동 행렬을 Seaborn의 heatmap() 함수를 이용하여 시각화하여 차트로 그린다. xticklabels와 yticklabels를 사용하여 각각 x축과 y축에 표시될 레이블을 설정한다. sklearn의 confusion_matrix() 함수의 출력 형태에 맞춰 'Negative'와 'Positive'라는 레이블을 적용한다.

〈예제 7-4〉 KNN 분류 알고리즘 (File: part7/7.4_knn_classification.ipynb(이어서 계속))

```
# Confusion Matrix 시각화

plt.figure(figsize=(8, 6))
sns.heatmap(knn_matrix, annot=True, fmt='d', cmap='Blues',
            xticklabels=['Negative', 'Positive'],
            yticklabels=['Negative', 'Positive'])

plt.title('Confusion Matrix')
plt.ylabel('Actual label')
plt.xlabel('Predicted label')
plt.show()
```

〈실행 결과〉

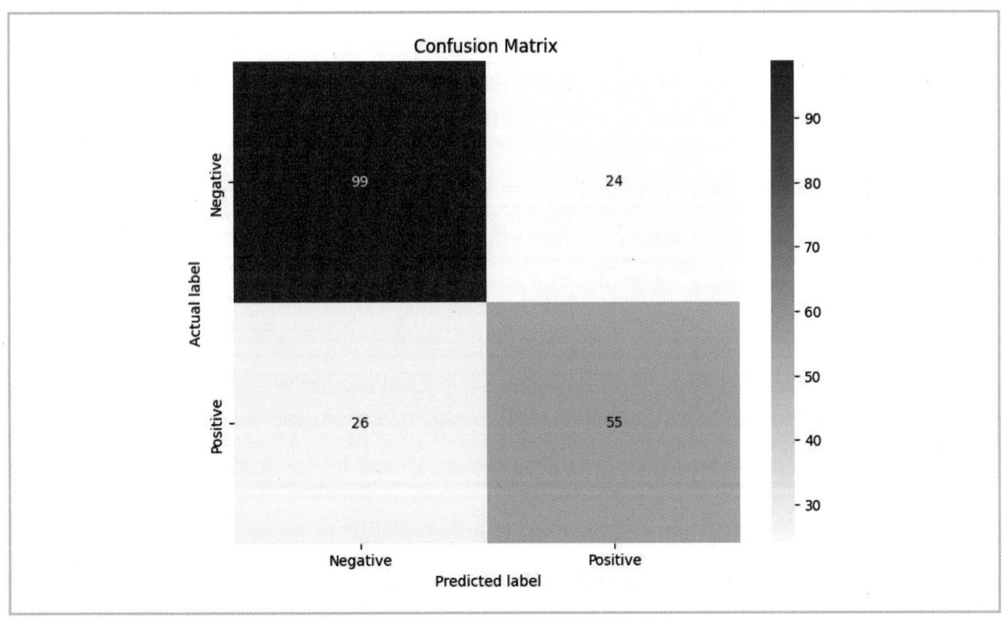

이번에는 모델의 예측능력을 평가하는 여러 지표를 계산한다. metrics 모듈의 classification_report() 함수를 사용하면 accuracy, precision, recall, f1-score 지표를 출력한

다. 클래스별 성능 지표 중에서 f1-score를 보면, 미생존자(0: Negative) 예측의 경우 0.80이고, 생존자(1: Positive) 예측의 경우 0.69이다. 전체 모델 성능을 보면 정확도(accuracy)가 0.75로 확인된다. 종합적으로 볼 때, 생존자(1: Positive) 클래스에 대한 성능이 상대적으로 낮다. 모델 성능 개선이 필요하다고 판단된다.

〈예제 7-4〉 KNN 분류 알고리즘 (File: part7/7.4_knn_classification.ipynb(이어서 계속))

```
# 모형 성능 평가 - 평가지표 계산
knn_report = metrics.classification_report(y_test, y_hat)
print(knn_report)
```

〈실행 결과〉

```
              precision    recall  f1-score   support

           0       0.79      0.80      0.80       123
           1       0.70      0.68      0.69        81

    accuracy                           0.75       204
   macro avg       0.74      0.74      0.74       204
weighted avg       0.75      0.75      0.75       204
```

3-2 SVM

SVM은 Support Vector Machine(서포트 벡터 머신)의 약자다. 이름에서 알 수 있듯이 벡터(vector) 공간에서 알고리즘이 작동한다. 데이터셋의 여러 특성을 나타내는 데이터프레임의 각 열은 열 벡터 형태로 구현된다. 열 벡터들이 각각 고유의 축을 갖는 벡터 공간을 만드는데, 분석 대상이 되는 개별 관측값은 모든 특성(열 벡터)에 관한 값을 각각 별도의 축 좌표로 표시하여 벡터 공간에서의 위치를 나타낸다. 특성(열 벡터)이 2개 존재하는 데이터셋은 2차원 평면 공간에 좌표로 표시하고, 특성이 3개이면 3차원 공간에 표시한다. 4차 이상의 고차원 벡터 공간의 좌표를 사용하는 것도 가능하다.

SVM 모델은 벡터 공간에 위치한 훈련 데이터의 좌표와 각 데이터가 어떤 분류 값을 가져야 하는지 정답 레이블을 입력 받아서 학습한다. 같은 분류 레이블을 갖는 데이터끼리 같은 부분 공간에 위치하도록 벡터 공간을 여러 조각으로 나눌 수 있다면, 새로운 데이터(★)에 대해서도 어느 공간에 위치하는지 분류할 수 있다. [그림 7-8]과 같이, SVM 모델은 학습을 통해 벡터 공간을 나누는 경계를 찾는다. 새로운 데이터(★)는 벡터 공간에서 녹색 사각형(■) 영역에 위치한다.

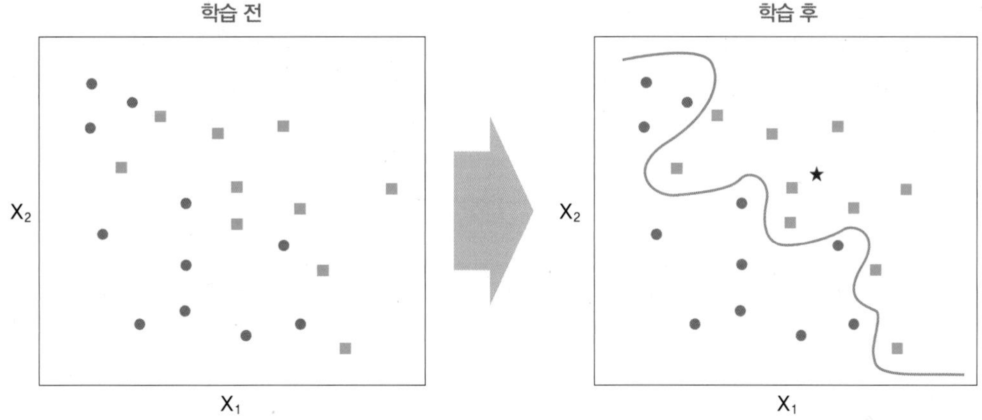

[그림 7-8] SVM 모형

● 데이터 준비

〈예제 7-4〉의 Step 1~Step 5까지 과정을 이용하여 데이터를 정리하고 훈련 데이터와 검증 데이터를 분리한다. 훈련 데이터는 474개이고, 검증 데이터는 204개가 된다(검증 30%).

〈예제 7-5〉 SVM 모델 (File: part7/7.5_svm_classification.ipynb)

```
# 기본 라이브러리 불러오기
import pandas as pd
import numpy as np
import matplotlib.pyplot as plt
import seaborn as sns

'''
[Step 1] 데이터 준비 - Seaborn에서 제공하는 titanic 데이터셋 가져오기
'''

# load_dataset 함수를 사용하여 데이터프레임으로 변환
df = sns.load_dataset('titanic')

'''
[Step 2~3] 데이터 전처리
'''

# 중복 데이터 제거
df = df.drop_duplicates()
```

```
# NaN값이 많은 deck 열을 삭제, embarked와 내용이 겹치는 embark_town 열을 삭제
rdf = df.drop(['deck', 'embark_town'], axis=1)

# age 열에 나이 데이터가 없는 모든 행을 삭제 - NaN 값
rdf = rdf.dropna(subset=['age'], how='any', axis=0)

# embarked 열의 NaN 값을 승선도시 중에서 가장 많이 출현한 값으로 치환하기
most_freq = rdf['embarked'].mode()[0]
rdf['embarked'] = rdf['embarked'].fillna(most_freq)

'''
[Step 4] 변수 선택
'''

# 분석에 활용할 열(속성) 선택
ndf = rdf[['survived', 'pclass', 'sex', 'age', 'sibsp', 'parch', 'embarked']]

# 원핫인코딩 - 범주형 데이터를 모형이 인식할 수 있도록 숫자형으로 변환
onehot_sex = pd.get_dummies(ndf['sex'])
ndf = pd.concat([ndf, onehot_sex], axis=1)

onehot_embarked = pd.get_dummies(ndf['embarked'], prefix='town')
ndf = pd.concat([ndf, onehot_embarked], axis=1)

ndf = ndf.drop(['sex', 'embarked'], axis=1)

'''
[Step 5] 데이터셋 구분 - 훈련용(train data)/검증용(test data)
'''

# 속성(변수) 선택
X = ndf[['pclass', 'age', 'sibsp', 'parch', 'female', 'male',
       'town_C', 'town_Q', 'town_S']]      #독립 변수 X
y = ndf['survived']                        #종속 변수 Y

# 설명 변수 데이터 정규화(normalization)
from sklearn import preprocessing
X = preprocessing.StandardScaler().fit(X).transform(X)

# train data 와 test data로 구분(7:3 비율)
```

```python
from sklearn.model_selection import train_test_split
X_train, X_test, y_train, y_test = train_test_split(X, y, test_size=0.3, random_state=10)

print('train data 개수: ', X_train.shape)
print('test data 개수: ', X_test.shape)
```

〈실행 결과〉

```
train data 개수: (474, 9)
test data 개수: (204, 9)
```

● 모델 학습 및 검증

sklearn에서 가져온 svm 모듈의 SVC() 함수를 사용하여 모델 객체(svm_model)를 생성한다. 이때 데이터를 벡터 공간으로 매핑하는 함수를 커널(kernel)이라고 하는데, kernel='rbf' 옵션으로 RBF(Radial Basis Function) 함수를 적용한다. 이외에 Linear, Polynimial, Sigmoid 등의 커널이 있다.

훈련 데이터(X_train, y_train)를 fit() 메소드에 전달하여 모델을 학습시킨다. 학습이 끝나면 검증 데이터(X_test)를 predict() 메소드에 입력하여 예측한 결과를 변수 y_hat에 저장한다. 모델의 예측값(y_hat)과 실제 데이터(y_test)를 비교한다. 첫 10개 데이터 중에서 8개가 일치한다.

〈예제 7-5〉 SVM 모형 (File: part7/7.5_svm_classification.ipynb(이어서 계속))

```python
~~~ 생략 ~~~

'''
[Step 6] SVM 분류 모형 - sklearn 사용
'''

# sklearn 라이브러리에서 SVM 분류 모형 가져오기
from sklearn import svm

# 모형 객체 생성(kernel='rbf' 적용)
svm_model = svm.SVC(kernel='rbf')

# train data를 가지고 모형 학습
svm_model.fit(X_train, y_train)
```

```

# test data를 가지고 y_hat 예측(분류)
y_hat = svm_model.predict(X_test)

print(y_hat[0:10])
print(y_test.values[0:10])
```

〈실행 결과〉

```
[1 1 0 1 0 0 0 1 1 1]
[1 1 0 1 0 1 1 1 1 0]
```

모델의 예측능력을 평가하는 지표를 계산한다. 먼저 confusion_matrix() 함수로 혼동 행렬을 계산한다. [[TN, FP] , [FN, TP]] 형태로 반환된다. 검증 데이터에 속한 204 명의 승객 중에서 미생존자(Negative)를 정확히 예측한 TN은 104명, 미생존자(Negative)를 생존자(Positive)로 잘못 분류한 FP는 19명, 생존자(Positive)를 미생존자(Negative)로 잘못 분류한 FN은 24명, 생존자(Positive)를 정확하게 예측한 TP는 57명이다.

〈예제 7-5〉 SVM 모델 (File: part7/7.5_svm_classification.ipynb(이어서 계속))

```
# 모형 성능 평가 - Confusion Matrix 계산
from sklearn import metrics
svm_matrix = metrics.confusion_matrix(y_test, y_hat)
print(svm_matrix)
```

〈실행 결과〉

```
[[104 19]
 [ 24 57]]
```

Seaborn의 heatmap() 함수를 이용하여 혼동 행렬을 히트맵으로 나타낸다. xticklabels와 yticklabels 매개변수에 'Negative'와 'Positive'라는 레이블을 입력한다. 각각 순서대로 x축과 y축에 표시된다.

〈예제 7-5〉 SVM 모델 (File: part7/7.5_svm_classification.ipynb(이어서 계속))

```
# Confusion Matrix 시각화

plt.figure(figsize=(8, 6))
sns.heatmap(svm_matrix, annot=True, fmt='d', cmap='OrRd',
```

```
            xticklabels=['Negative', 'Positive'],
            yticklabels=['Negative', 'Positive'])

plt.title('Confusion Matrix')
plt.ylabel('Actual label')
plt.xlabel('Predicted label')
plt.show()
```

〈실행 결과〉

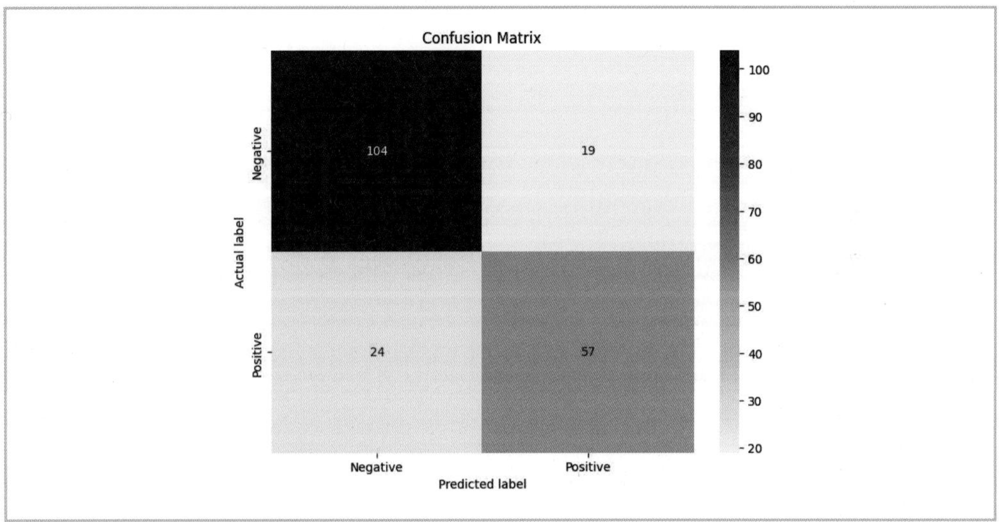

분류 평가지표를 요약해주는 classification_report() 함수를 사용한다. 클래스별 성능 지표 중에서 f1-score를 보면, 미생존자(0: Negative) 예측의 경우 0.83이고, 생존자(1: Positive) 예측의 경우 0.73이다. 전체 모델 성능을 보면 정확도(accuracy)가 0.79이다. KNN에서와 같이 생존자(1: Positive) 클래스에 대한 성능이 상대적으로 낮은 편이다. 하지만, f1-score 지표를 포함하여 전반적으로 전반적으로 〈예제 7-4〉 KNN 모델보다 성능이 개선된 것으로 판단된다.[8)]

〈예제 7-5〉 SVM 모델 (File: part7/7.5_svm_classification.ipynb(이어서 계속))

```
# 모형 성능 평가 - 평가지표 계산
svm_report = metrics.classification_report(y_test, y_hat)
print(svm_report)
```

8) 〈예제 7-4〉 KNN의 경우 f1-score가 미생존자(0: Negative) 클래스의 경우 0.80이고, 생존자(1: Positive) 클래스는 0.69이다. 전체 클래스에 대한 정확도(accuracy)는 0.75이다.

〈실행 결과〉

```
              precision    recall  f1-score   support

           0       0.81      0.85      0.83       123
           1       0.75      0.70      0.73        81

    accuracy                           0.79       204
   macro avg       0.78      0.77      0.78       204
weighted avg       0.79      0.79      0.79       204
```

3-3 Decision Tree

Decision Tree는 의사결정 나무라는 뜻이다. 컴퓨터 알고리즘에서 즐겨 사용하는 트리(tree) 구조를 사용하고, 각 분기점(node)에는 분석 대상의 특성(설명 변수)들이 위치한다. 분기점마다 목표 값을 가장 잘 분류할 수 있는 특성을 찾아서 배치하고, 해당 특성이 갖는 값을 이용하여 새로운 가지(branch)를 만든다.

각 분기점에서 최적의 특성을 선택할 때는 해당 특성을 기준으로 분류한 값들이 구분되는 정도를 측정한다. 다른 종류의 값들이 섞여 있는 정도를 나타내는 Entropy를 주로 활용하는데, Entropy가 낮을수록 분류가 잘 된 것이다. Entropy가 일정 수준 이하로 낮아질 때까지 앞의 과정을 반복한다.

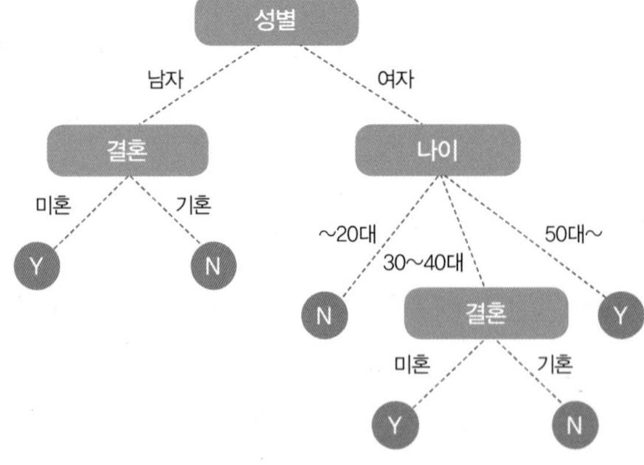

[그림 7-9] Decision Tree 모형

● 데이터 준비

UCI 머신러닝 저장소에서 제공하는 암세포 진단(breast cancer) 데이터셋[†]을 사용한다. 샘플 ID, 암세포 조직의 크기와 모양 등 종양 특성을 나타내는 열 9개와 악성 종양 여부(2: 양성, 4: 악성)를 나타내는 열로 구성된다. 판다스 `read_csv()` 함수에 다운로드 URL을 입력하여 UCI 사이트로부터 직접 다운로드한다. 11개의 열에 699개의 샘플 데이터가 있다.

〈예제 7-6〉 Decision Tree 모델 (File: part7/7.6_tree_classification.ipynb)

```
# 기본 라이브러리 불러오기
from sklearn import metrics
from sklearn import tree
from sklearn.model_selection import train_test_split
from sklearn import preprocessing

import pandas as pd
import numpy as np

import matplotlib.pyplot as plt
import seaborn as sns

'''
[Step 1] 데이터 준비/기본 설정
'''

# Breast Cancer 데이터셋 가져오기(출처: UCI ML Repository)
uci_path = 'https://archive.ics.uci.edu/ml/machine-learning-databases/\
breast-cancer-wisconsin/breast-cancer-wisconsin.data'
df = pd.read_csv(uci_path, header=None)

# 열 이름 지정
df.columns = ['id', 'clump', 'cell_size', 'cell_shape', 'adhesion', 'epithlial',
              'bare_nuclei', 'chromatin', 'normal_nucleoli', 'mitoses', 'class']

# 데이터셋의 크기
print(df.shape)
```

† [출처] https://archive.ics.uci.edu/ml/datasets/Breast+Cancer+Wisconsin+(Diagnostic)(Dua, D. and Karra Taniskidou, E. (2017). UCI Machine Learning Repository[http://archive.ics.uci.edu/ml]. Irvine, CA: University of California, School of Information and Computer Science)

〈실행 결과〉

```
(699, 11)
```

데이터프레임 df에서 무작위로 5개의 행(row)을 선택하여 출력해본다. 대부분의 열이 숫자형으로 추정된다.

〈예제 7-6〉 Decision Tree 모델 (File : part7/7.6_tree_classification.ipynb(이어서 계속))

```
'''
[Step 2] 데이터 탐색
'''

# 데이터 살펴보기
df.sample(5)
```

〈실행 결과〉

```
          id  clump  cell_size  cell_shape  adhesion   epithlial  bare_nuclei  \
622  1140597      7          1           2         3           2            1
338   704097      1          1           1         1           1            1
 44  1103608     10         10          10         4           8            1
361   877943      3         10           3        10           6           10
421  1257200     10         10          10         7          10           10

     chromatin  normal_nucleoli  mitoses
622          2                1        1
338          2                1        1
 44          8               10        1
361          5                1        4
421          8                2        1
```

info() 메소드의 출력 결과를 보면, 문자열(object) 데이터를 갖는 'bare_nuclei' 열을 제외한 나머지 열은 모두 숫자형이다.

〈예제 7-6〉 Decision Tree 모델 (File : part7/7.6_tree_classification.ipynb(이어서 계속))

```
# 데이터 자료형 확인
df.info()
```

〈실행 결과〉

```
<class 'pandas.core.frame.DataFrame'>
RangeIndex: 699 entries, 0 to 698
```

```
Data columns (total 11 columns):
 #   columns          Non-Null Count   Dtype
---  -------          --------------   -----
 0   id               699 non-null     int64
 1   clump            699 non-null     int64
 2   cell_size        699 non-null     int64
 3   cell_shape       699 non-null     int64
 4   adhesion         699 non-null     int64
 5   epithlial        699 non-null     int64
 6   bare_nuclei      699 non-null     object
 7   chromatin        699 non-null     int64
 8   normal_nucleoli  699 non-null     int64
 9   mitoses          699 non-null     int64
10   class            699 non-null     int64
dtypes: int64(10), object(1)
memory usage: 60.2+ KB
```

describe() 메소드에 include='all' 매개변수를 사용하면 숫자형뿐만 아니라 object 타입(문자열 포함)의 열에 대한 통계 요약 정보를 얻을 수 있다.

〈예제 7-6〉 Decision Tree 모델 (File: part7/7.6_tree_classification.ipynb(이어서 계속))

```
# 데이터 통계 요약 정보 확인
df.describe(include='all')
```

〈실행 결과〉

```
                  id       clump   cell_size  cell_shape    adhesion  \
count   6.990000e+02  699.000000  699.000000  699.000000  699.000000
unique           NaN         NaN         NaN         NaN         NaN
top              NaN         NaN         NaN         NaN         NaN
freq             NaN         NaN         NaN         NaN         NaN
mean    1.071704e+06    4.417740    3.134478    3.207439    2.806867
std     6.170957e+05    2.815741    3.051459    2.971913    2.855379
min     6.163400e+04    1.000000    1.000000    1.000000    1.000000
25%     8.706885e+05    2.000000    1.000000    1.000000    1.000000
50%     1.171710e+06    4.000000    1.000000    1.000000    1.000000
75%     1.238298e+06    6.000000    5.000000    5.000000    4.000000
max     1.345435e+07   10.000000   10.000000   10.000000   10.000000

         epithlial  bare_nuclei   chromatin
count   699.000000          699  699.000000
```

```
unique        NaN          11         NaN
top           NaN           1         NaN
freq          NaN         402         NaN
mean     3.216023         NaN    3.437768
std      2.214300         NaN    2.438364
min      1.000000         NaN    1.000000
25%      2.000000         NaN    2.000000
50%      2.000000         NaN    3.000000
75%      4.000000         NaN    5.000000
max     10.000000         NaN   10.000000
```

데이터프레임의 결측치를 확인해 보면 모든 열에 누락 데이터가 없다.

〈예제 7-6〉 Decision Tree 모델 (File: part7/7.6_tree_classification.ipynb(이어서 계속))

```
# 누락 데이터 확인
df.isnull().sum()
```

〈실행 결과〉

```
id                 0
clump              0
cell_size          0
cell_shape         0
adhesion           0
epithlial          0
bare_nuclei        0
chromatin          0
normal_nucleoli    0
mitoses            0
class              0
dtypes: int64
```

중복 행이 있는지 검사해보면 8개의 행이 다른 행과 같은 것으로 확인된다.

〈예제 7-6〉 Decision Tree 모델 (File: part7/7.6_tree_classification.ipynb(이어서 계속))

```
# 중복 데이터 확인
df.duplicated().sum()
```

〈실행 결과〉

```
8
```

value_counts(normalize=True) 메소드는 목표 변수인 'class' 열에 들어 있는 개별 고유값의 상대적인 빈도(비율)를 계산하여 반환한다. 양성(benign)을 뜻하는 클래스 2가 약 66%를 차지하고, 악성(malignant)을 뜻하는 클래스 4가 약 34% 비율로 구성되어 있다.

〈예제 7-6〉 Decision Tree 모델 (File: part7/7.6_tree_classification.ipynb(이어서 계속))

```
# 목표 변수
df['class'].value_counts(normalize=True)
```

〈실행 결과〉

```
class
2   0.655222
4   0.344778
Name: proportion, dtype:float64
```

'class' 열에 있는 값을 이진 변수로 변환한다. 2를 '양성(benign)'을 나타내는 0(Negative)으로, 4를 '악성(malignant)'을 나타내는 1(Positive)로 매핑(mapping)한다. 머신러닝 모델에서 이진 분류 문제를 다룰 때 일반적으로 사용되는 방법이다.

〈예제 7-6〉 Decision Tree 모델 (File: part7/7.6_tree_classification.ipynb(이어서 계속))

```
# 목표 변수를 이진 변수로 변환 - 2: benign(양성), 4: malignant(악성)
df['class'] = df['class'].map({2:0, 4:1})
df['class'].value_counts(normalize=True)
```

〈실행 결과〉

```
class
0   0.655222
1   0.344778
Name: proportion, dtype:float64
```

hist() 메소드를 적용하면, 데이터프레임에 포함된 모든 숫자형(numerical) 열에 대한 히스토그램을 그린다. 데이터의 분포를 빠르게 시각화하고 이해하는 데 유용한 방법이다.

〈예제 7-6〉 Decision Tree 모델 (File: part7/7.6_tree_classification.ipynb(이어서 계속))

```
# pandas hist 시각화
df.hist(figsize=(15, 12));
```

〈실행 결과〉

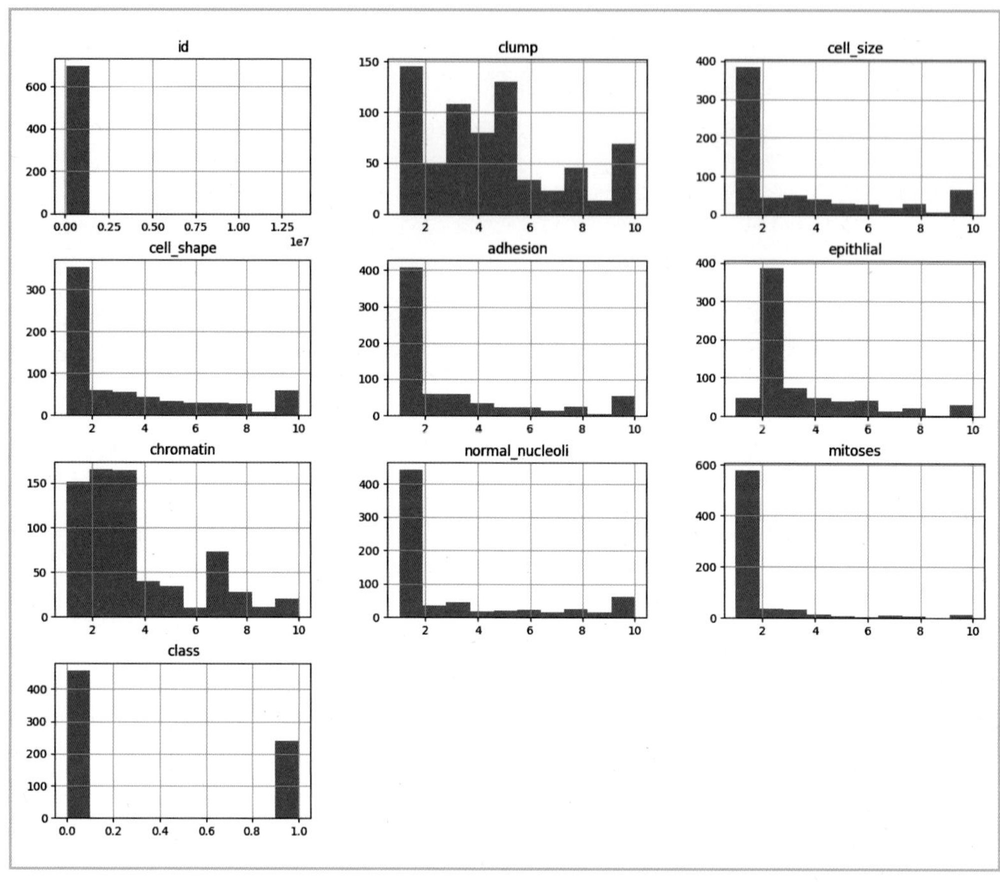

Seaborn의 pairplot 함수를 사용하면 데이터셋의 여러 변수 간의 관계를 쉽게 시각화할 수 있다. 각 열의 가능한 모든 조합에 대해 산점도를 그리고 각 변수에 대한 히스토그램을 그린다. 여기서는 계산 속도를 감안하여 5개의 열만 선택해서 시각화해 보자. hue='class' 옵션을 적용하여 'class' 열의 범주를 기준으로 색상을 다르게 표시한다. 각 클래스별로 구분하여 데이터를 시각화하기 때문에, 클래스별 분포의 차이를 확인하는데 유용한 방법이다.

〈예제 7-6〉 Decision Tree 모델 (File: part7/7.6_tree_classification.ipynb(이어서 계속))

```
# seaborn pairplot 시각화
vis_cols = ['clump', 'cell_size', 'cell_shape', 'chromatin', 'class']
sns.pairplot(data=df[vis_cols], hue='class');
```

〈실행 결과〉

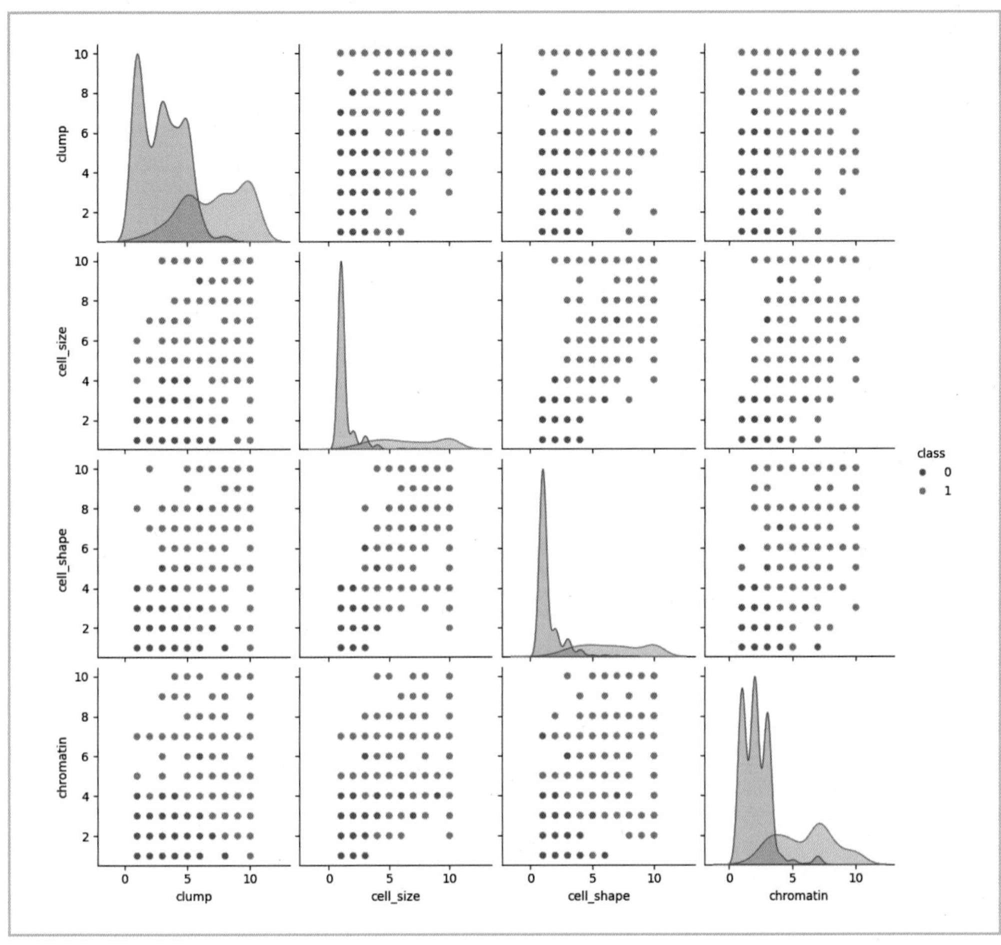

데이터 탐색 단계에서 확인한 중복 데이터를 제거한다. 모두 8개의 데이터가 제거되고 691개의 행이 남는다.

〈예제 7-6〉 Decision Tree 모델 (File: part7/7.6_tree_classification.ipynb(이어서 계속))

```
'''
[Step 3] 데이터 전처리
'''

# 중복 데이터 제거
print('중복 제거 이전: ', df.shape)
df = df.drop_duplicates()
print('중복 제거 이후: ', df.shape)
```

〈실행 결과〉

```
중복 제거 이전:  (699, 11)
중복 제거 이후:  (691, 11)
```

따라서 'bare_nuclei' 열을 숫자형으로 변환하면 모델이 인식하는 데 문제가 없다.

'bare_nuclei' 열의 데이터가 갖는 고유값을 unique() 메소드로 확인하면 데이터 중에 '?'가 섞여 있음을 알 수 있다. 먼저 '?'를 np.nan으로 바꿔주고, 해당 데이터가 들어 있는 행을 dropna() 메소드를 이용하여 전부 삭제한다. 이제 1부터 10까지 숫자값만 남게 되므로, astype('int') 메소드로 정수형으로 변환한다. 691개 행 중에서 16개 행이 삭제되고, 675개의 관측값이 남는다.

〈예제 7-6〉 Decision Tree 모델 (File: part7/7.6_tree_classification.ipynb(이어서 계속))

```
# bare_nuclei 열의 자료형 변경(문자열 -> 숫자)
# bare_nuclei 열의 고유값 확인
print('bare_nuclei 열의 고유값: ', df['bare_nuclei'].unique())

df['bare_nuclei'] = df['bare_nuclei'].replace('?', np.nan)  # '?'을 np.nan으로 변경
df = df.dropna(subset=['bare_nuclei'], axis=0)              # 누락데이터 행을 삭제
df['bare_nuclei'] = df['bare_nuclei'].astype('int')         # 문자열을 숫자형으로 변환

# 데이터 통계 요약정보 확인
df.describe()
```

〈실행 결과〉

```
bare_nuclei 열의 고유값: ['0' '10' '4' '3' '9' '7' '?' '5' '8' '6']
                 id       clump   cell_size  cell_shape    adhesion  \
count  6.750000e+02  675.000000  675.000000  675.000000  675.000000
mean   1.078448e+06    4.451852    3.146667    3.208889    2.848889
std    6.229108e+05    2.820859    3.055005    2.976552    2.875917
min    6.337500e+04    1.000000    1.000000    1.000000    1.000000
25%    8.781505e+05    2.000000    1.000000    1.000000    1.000000
50%    1.171845e+06    4.000000    1.000000    1.000000    1.000000
75%    1.238777e+06    6.000000    5.000000    5.000000    4.000000
max    1.345435e+07   10.000000   10.000000   10.000000   10.000000

        epithlial  bare_nuclei   chromatin
count  675.000000   675.000000  675.000000
mean     3.229630     3.537778    3.442963
```

```
std       2.208497     3.637871    2.453894
min       1.000000     2.000000    1.000000
25%       2.000000     1.000000    2.000000
50%       2.000000     1.000000    3.000000
75%       4.000000     6.000000    5.000000
max      10.000000    10.000000   10.000000
```

데이터프레임에서 설명 변수 X로 사용할 열들을 먼저 선택하고 예측 변수로 사용할 'class' 열을 선택한다. 설명 변수를 정규화하고 훈련 데이터와 검증 데이터를 분리한다. 검증 데이터를 30%로 할당한 결과, 훈련 데이터는 472개이고 검증 데이터는 203개이다.

〈예제 7-6〉 Decision Tree 모델 (File: part7/7.6_tree_classification.ipynb(이어서 계속))

```
'''
[Step 4] 데이터셋 구분 - 훈련용(train data)/검증용(test data)
'''

# 속성(변수) 선택
train_features = ['clump', 'cell_size', 'cell_shape', 'adhesion', 'epithlial',
                  'bare_nuclei', 'chromatin', 'normal_nucleoli', 'mitoses']
X = df[train_features]          # 설명 변수 X
y = df['class']                 # 예측 변수 Y

# 설명 변수 데이터를 정규화
X = preprocessing.StandardScaler().fit(X).transform(X)

# train data 와 test data로 구분(7:3 비율)
X_train, X_test, y_train, y_test = train_test_split(X, y,
                                                    test_size=0.3,
                                                    random_state=10)

print('train data 개수: ', X_train.shape)
print('test data 개수: ', X_test.shape)
```

〈실행 결과〉

```
train data 개수: (472, 9)
test data 개수: (203, 9)
```

● 모델 학습 및 검증

sklearn 라이브러리의 tree 모듈을 임포트한다. DecisionTreeClassifier() 함수를 사용하여 모델 객체(tree_model)를 생성한다. 예제에서는 각 분기점에서 최적의 특성을 찾기 위해 분류 정도를 평가하는 기준으로 'entropy' 값을 사용한다. 트리 레벨을 5로 지정하는데, 5단계까지 가지를 확장할 수 있다는 뜻이다. 레벨이 많아질수록 모델 학습에 사용하는 훈련 데이터에 대한 예측은 정확해진다. 하지만 모델이 훈련 데이터에 대해서만 지나치게 최적화되어 실제 데이터 예측 능력은 떨어지는 문제가 발생한다. 따라서 적정한 레벨값을 찾는 것이 중요하다.

훈련 데이터(X_train, y_train)를 fit() 메소드에 입력하여 모델을 학습시킨다. 학습이 끝나면 검증 데이터(X_test)를 predict() 메소드에 전달하여 모델이 예측한 결과를 y_hat에 저장한다. 모형의 예측값(y_hat)과 실제값(y_test)을 비교하면 첫 10개 데이터 모두 예측값이 실제값과 일치한다.

〈예제 7-6〉 Decision Tree 모델 (File: part7/7.6_tree_classification.ipynb(이어서 계속))

```
'''
[Step 5] Decision Tree 분류 모형 - sklearn 사용
'''

# 모형 객체 생성(criterion='entropy' 적용)
tree_model = tree.DecisionTreeClassifier(criterion='entropy', max_depth=5)

# train data를 가지고 모형 학습
tree_model.fit(X_train, y_train)

# test data를 가지고 y_hat 예측(분류)
y_hat = tree_model.predict(X_test)

print(y_hat[0:10])
print(y_test.values[0:10])
```

〈실행 결과〉

```
[0 1 1 0 0 1 1 0 0 1]
[0 1 1 0 0 1 1 0 0 1]
```

다음은 모델 평가 지표를 계산한다. 양성 종양의 목표 레이블은 0이고 악성 종양은 1이다. 검증 데이터에 대한 모델의 예측값을 혼동 행렬로 나타내면 양성을 정확히 예측한 TN은 123개, 양성을 악성으로 잘못 분류한 FP는 7개, 악성을 양성으로 잘못 분류한 FN은 2개, 악성을 정확하게 예측한 TP는 71개이다.

〈예제 7-6〉 Decision Tree 모델 (File: part7/7.6_tree_classification.ipynb(이어서 계속))

```
# 모형 성능 평가 - Confusion Matrix 계산
tree_matrix = metrics.confusion_matrix(y_test, y_hat)
print(tree_matrix)
```

〈실행 결과〉

```
[[123   7]
 [  2  71]]
```

Seaborn의 heatmap() 함수를 이용하여 혼동 행렬을 히트맵으로 나타낸다. xticklabels와 yticklabels 매개변수에 'Negative'와 'Positive'라는 레이블을 입력하면, 순서대로 x축과 y축에 표시된다.

〈예제 7-6〉 Decision Tree 모델 (File: part7/7.6_tree_classification.ipynb(이어서 계속))

```
# Confusion Matrix 시각화

plt.figure(figsize=(8, 6))
sns.heatmap(tree_matrix, annot=True, fmt='d', cmap='Greens',
            xticklabels=['Negative', 'Positive'],
            yticklabels=['Negative', 'Positive'])

plt.title('Confusion Matrix')
plt.ylabel('Actual label')
plt.xlabel('Predicted label')
plt.show()
```

〈실행 결과〉

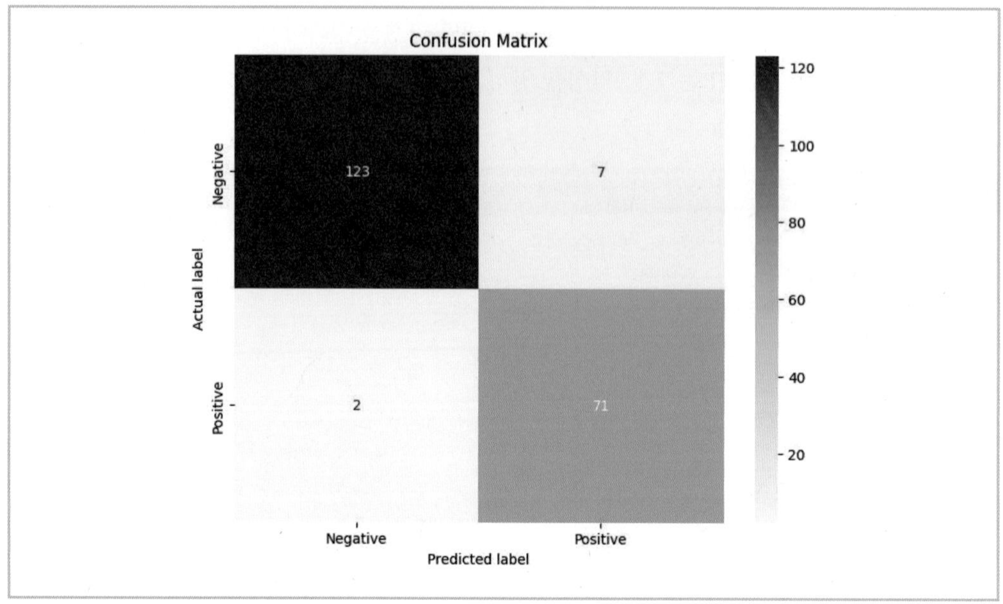

classification_report() 함수를 사용하여 분류 평가지표를 요약한다. 클래스별 성능 지표 중에서 f1-score를 보면 양성 종양(0: Negative) 예측에 대해서는 0.96이고, 악성 종양(1: Positive) 예측의 경우 0.94이다. 전체 모델 성능을 보면 정확도(accuracy)가 0.96이다. 양성과 악성에 따른 클래스별 예측력에 큰 차이는 없다고 판단된다.

〈예제 7-6〉 Decision Tree 모델 (File: part7/7.6_tree_classification.ipynb(이어서 계속))

```
# 모형 성능 평가 - 평가지표 계산
tree_report = metrics.classification_report(y_test, y_hat)
print(tree_report)
```

〈실행 결과〉

```
              precision    recall  f1-score   support

           0       0.98      0.95      0.96       130
           1       0.91      0.97      0.94        73

    accuracy                           0.96       203
   macro avg       0.95      0.96      0.95       203
weighted avg       0.96      0.96      0.96       203
```

의사결정나무(Decision Tree) 모형에서 특성 중요도(feature importance)는 각 특성(feature)이 모델의 예측 결정에 얼마나 중요한 역할을 하는지를 나타내는 지표이다. 0과 1 사이의 값으로 표현되며, 값이 클수록 해당 특성이 모델 예측에 더 큰 영향을 미친다는 것을 의미한다. 의사결정나무는 노드 분할 시 각 특성(변수)의 분할 기준(엔트로피 등)에 따른 정보 이득(Information Gain)이나 분산 감소량을 기반으로 최적의 특성을 선택한다. 이러한 분할 과정에서 각 특성이 기여한 정보 이득이나 분산 감소량의 평균적인 기여도를 기반으로 특성 중요도를 계산한다. 즉, 어떤 특성이나 변수가 중요한지 이해할 수 있고 중요도가 낮은 특성을 제거하여 모델 성능을 개선할 수도 있다.

〈예제 7-6〉 Decision Tree 모델 (File: part7/7.6_tree_classification.ipynb(이어서 계속))

```
# 특성 중요도 출력
features = pd.DataFrame(tree_model.feature_importances_,
                        index=train_features,
                        columns=['Importance'])
features = features.sort_values(by='Importance', ascending=False)
features
```

〈실행 결과〉[9]

```
                Importance
      cell_size   0.707854
    bare_nuclei   0.137466
          clump   0.086802
      chromatin   0.023651
      epithlial   0.017665
       adhesion   0.014764
normal_nucleoli   0.011798
     cell_shape   0.000000
        mitoses   0.000000
```

Seaborn의 barplot() 함수를 사용하여 의사결정나무 모델의 특성 중요도를 막대 그래프로 시각화하여 비교한다. 각 막대는 암세포 데이터셋의 특성(feature)을 나타내며, 막대의 길이는 해당 특성의 중요도(importance)를 나타낸다.

---

9) cell_size 변수의 특성 중요도가 다른 특성들에 비하여 압도적으로 큰 편이다. 특성 중요도가 0으로 나타나는 cell_shape과 mitoses 열은 의사결정나무의 노드 분할 과정에서 기여한 바가 없다는 뜻이다. 따라서 이들 변수를 제거한 상태에서 모델을 다시 학습하고 평가해볼 필요가 있다.

〈예제 7-6〉 Decision Tree 모델 (File : part7/7.6_tree_classification.ipynb(이어서 계속))

```
# 특성 중요도 시각화
plt.figure(figsize=(10, 6))
sns.barplot(x=features.Importance, y=features.index,
            hue=features.index, legend=False,
            palette='viridis')
plt.title('Feature Importances')
plt.xlabel('Importance')
plt.ylabel('Features')
plt.show()
```

〈실행 결과〉

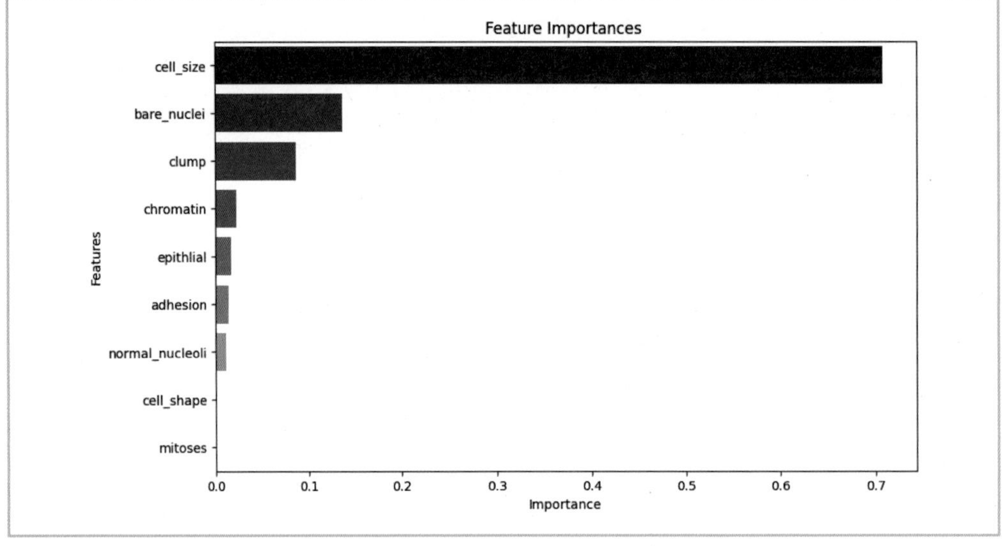

4 군집

군집(clustering) 분석은 데이터셋의 관측값이 갖고 있는 여러 특성을 분석하여, 서로 비슷한 특징을 갖는 관측값끼리 같은 클러스터(집단)로 묶어내는 비지도 학습 알고리즘이다. 다른 클러스터 간에는 서로 완전하게 구분되는 특징을 갖기 때문에, 어느 클러스터에도 속하지 못하거나 상대적으로 작은 크기의 클러스터에 속하는 관측값이 존재할 수 있다. 이런 특성을 이용하여 특이 데이터(이상값, 중복값 등)를 찾는 일에 활용하기도 한다.

군집 분석은 비지도 학습 유형이다. 관측값을 몇 개의 집단으로 나눈다는 점에서 분류 알고리즘과 비슷하다고 생각할 수 있지만, 군집 분석은 정답 레이블이 주어지지 않는 상태에서 데이터들 간의 유사성만을 기준으로 판단한다는 점에서, 정답 레이블을 알고 있는 상태에서 학습 과정을 거치는 지도학습 기반의 분류 알고리즘과 차이가 있다.

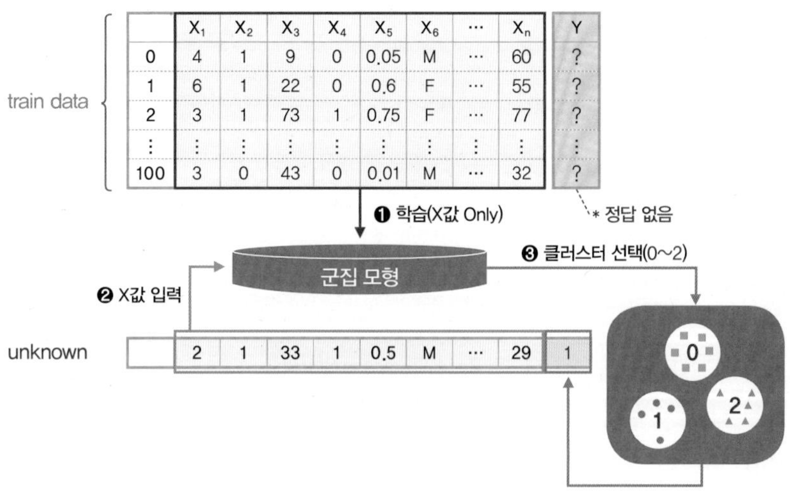

[그림 7-10] 군집 알고리즘

군집 알고리즘은 신용카드 부정 사용 탐지, 구매 패턴 분석 등 소비자 행동 특성을 그룹화하는 데 사용된다. 어떤 소비자와 유사한 특성을 갖는 집단을 구분하게 되면, 같은 집단 내의 다른 소비자를 통해 새로운 소비자의 구매 패턴이나 행동 등을 예측하는 데 활용할 수 있다. 여러 가지 알고리즘이 존재하는데 이 책에서는 k-Means 알고리즘과 DBSCAN 알고리즘에 대해 알아보자.

4-1 k-Means

k-Means 알고리즘은 데이터 간의 유사성을 측정하는 기준으로 각 클러스터의 중심까지의 거리를 이용한다. 벡터 공간에 위치한 어떤 데이터에 대하여 k개의 클러스터가 주어졌을 때 클러스터의 중심까지 거리가 가장 가까운 클러스터로 해당 데이터를 할당한다. 다른 클러스터 사이는 서로 완전하게 구분하기 위하여 일정한 거리 이상 떨어져야 한다. 한편 몇 개의 클러스터로 데이터를 구분할 것인지를 결정하는 k 값에 따라 모델의 성능이 달라진다. 일반적으로 k가 클수록 모델의 정확도는 개선되지만, k 값이 너무 커지면 선택지가 너무 많아지므로 분석의 효과가 낮아진다.

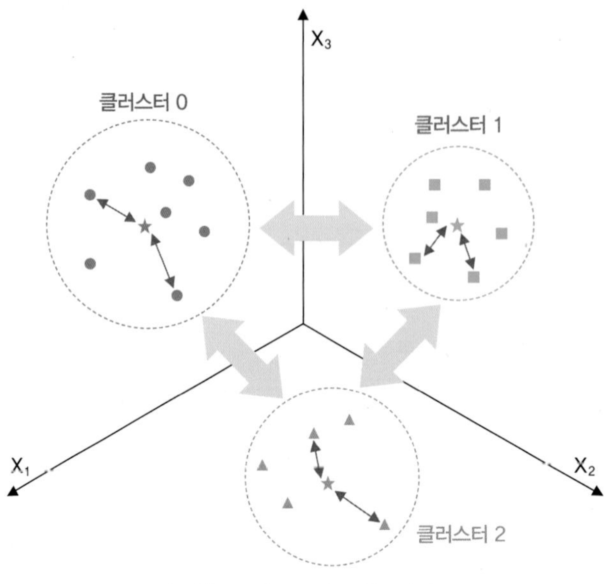

[그림 7-11] k-means 알고리즘

● 데이터 준비

UCI 머신러닝 저장소에서 제공하는 도매업 고객(wholesale customers) 데이터셋†을 사용한다. 각 고객의 연간 구매 금액을 상품 카테고리별로 구분하여 정리한 데이터이다. read_csv() 함수에 URL을 입력하여, UCI 사이트에서 직접 다운로드한다.

〈예제 7-7〉 k-means 군집 분석 (File: part7/7.7_kmeans_clustering.ipynb)

```
# 기본 라이브러리 불러오기
import pandas as pd
import matplotlib.pyplot as plt

'''
[Step 1] 데이터 준비
'''

# Wholesale customers 데이터셋 가져오기(출처: UCI ML Repository)
uci_path = 'https://archive.ics.uci.edu/ml/machine-learning-databases/\
00292/Wholesale%20customers%20data.csv'
df = pd.read_csv(uci_path, header=0)
```

† [출처] https://archive.ics.uci.edu/ml/datasets/wholesale+customers (Abreu, N. (2011). Analise do perfil do cliente Recheio e desenvolvimento de um sistema promocional. Mestrado em Marketing, ISCTE-IUL, Lisbon)

```
'''
[Step 2] 데이터 탐색
'''

# 데이터 살펴보기
df.head()
```

〈실행 결과〉

	Channel	Region	Fresh	Milk	Grocery	Frozen	Detergents_Paper	Delicassen
0	2	3	12669	9656	7561	214	2674	1338
1	2	3	7057	9810	9568	1762	3293	1776
2	2	3	6353	8808	7684	2405	3516	7844
3	1	3	13265	1196	4221	6404	507	1788
4	2	3	22615	5410	7198	3915	1777	5185

모두 8개의 열에 440개의 관측값이 행으로 구현된다. 첫 2개 열은 상품 구매금액이 아니라 고객의 일반 정보를 담고 있다. 'Channel' 열은 호텔/레스토랑 또는 소매점 등 판매채널 값이고, 'Region' 열은 고객 소재지를 담고 있다. 데이터는 모두 정수형이다.

〈예제 7-7〉 k-means 군집 분석 (File: part7/7.7_kmeans_clustering.ipynb(이어서 계속))

```
# 데이터 자료형 확인
df.info()
```

〈실행 결과〉

```
<class 'pandas.core.frame.DataFrame'>
RangeIndex: 440 entries, 0 to 439
Data columns (total 8 columns):
 #   Column            Non-Null Count  Dtype
---  ------            --------------  -----
 0   Channel           440 non-null    int64
 1   Region            440 non-null    int64
 2   Fresh             440 non-null    int64
 3   Milk              440 non-null    int64
 4   Grocery           440 non-null    int64
 5   Frozen            440 non-null    int64
 6   Detergents_Paper  440 non-null    int64
 7   Delicassen        440 non-null    int64
```

```
dtypes: int64(8)
memory usage: 27.6 KB
```

요약 통계 정보를 확인한다. 각 특성의 중심 경향과 분산, 이상치 등을 체크한다.

〈예제 7-7〉 k-means 군집 분석 (File: part7/7.7_kmeans_clustering.ipynb(이어서 계속))

```
# 데이터 통계 요약 정보 확인
df.describe()
```

〈실행 결과〉

	Channel	Region	Fresh	Milk	Grocery	Frozen	Detergents_Paper
count	440.000000	40.000000	440.000000	440.000000	440.000000	440.000000	440.000000
mean	1.322727	2.543182	12000.297727	5796.265909	7951.277273	3071.931818	2881.493182
std	0.468052	0.774272	12647.328865	7380.377175	9503.162829	4854.673333	4767.854448
min	1.000000	1.000000	3.000000	55.000000	3.000000	25.000000	3.000000
25%	1.000000	2.000000	3127.750000	1533.000000	2153.000000	742.250000	256.750000
50%	1.000000	3.000000	8504.000000	3627.000000	4755.500000	1526.000000	816.500000
75%	2.000000	3.000000	16933.750000	7190.250000	10655.750000	3554.250000	3922.000000
max	2.000000	3.000000	112151.000000	73498.000000	92780.000000	60869.000000	40827.000000

누락 데이터를 체크한 결과, 이 데이터셋에는 결측치가 없는 것으로 확인된다.

〈예제 7-7〉 k-means 군집 분석 (File: part7/7.7_kmeans_clustering.ipynb(이어서 계속))

```
# 누락 데이터 확인
df.isnull().sum()
```

〈실행 결과〉

```
Channel             0
Region              0
Fresh               0
Milk                0
Grocery             0
Frozen              0
Detergents_Paper    0
Delicassen          0
dtype: int64
```

중복 데이터를 확인한 결과, 이 데이터셋에는 중복되는 행이 존재하지 않는다.

〈예제 7-7〉 k-means 군집 분석 (File: part7/7.7_kmeans_clustering.ipynb(이어서 계속))

```
# 중복 데이터 확인
df.duplicated().sum()
```

〈실행 결과〉

```
0
```

데이터프레임 전체를 모델의 학습 데이터로 사용한다. 비지도 학습 모델이므로, 예측 변수를 지정할 필요가 없고 필요한 특성을 모두 설명 변수로 활용한다.

〈예제 7-7〉 k-means 군집 분석 (File: part7/7.7_kmeans_clustering.ipynb(이어서 계속))

```
'''
[Step 3] 데이터 전처리
'''

# 분석에 사용할 속성을 선택
X = df.iloc[:, :]
print(X[:5])
```

〈실행 결과〉

```
   Channel  Region  Fresh  Milk  Grocery  Frozen  Detergents_Paper  Delicassen
0        2       3  12669  9656     7561     214              2674        1338
1        2       3   7057  9810     9568    1762              3293        1776
2        2       3   6353  8808     7684    2405              3516        7844
3        1       3  13265  1196     4221    6404               507        1788
4        2       3  22615  5410     7198    3915              1777        5185
```

StandardScaler() 함수 등을 이용하여 학습 데이터를 정규화 하면 모델 학습을 위한 모든 준비가 끝난다. 이를 통해 서로 다른 변수 사이에 존재할 수 있는 데이터 값의 상대적 크기 차이에서 발생하는 오류를 제거한다.

〈예제 7-7〉 k-means 군집 분석 (File: part7/7.7_kmeans_clustering.ipynb(이어서 계속))

```
# 설명 변수 데이터를 정규화
from sklearn import preprocessing
X_std = preprocessing.StandardScaler().fit_transform(X)

X_std[:5]
```

〈실행 결과〉

```
array([[ 1.44865163,  0.59066829,  0.05293319,  0.52356777, -0.04111489, -0.58936716,
        -0.04356873, -0.06633906],
       [ 1.44865163,  0.59066829, -0.39130197,  0.54445767,  0.17031835, -0.27013618,
         0.08640684,  0.08915105],
       [ 1.44865163,  0.59066829, -0.44702926,  0.40853771, -0.0281571 , -0.13753572,
         0.13323164,  2.24329255],
       [-0.69029709,  0.59066829,  0.10011141, -0.62401993, -0.3929769 ,  0.6871443 ,
        -0.49858822,  0.09341105],
       [ 1.44865163,  0.59066829,  0.84023948, -0.05239645, -0.07935618,  0.17385884,
        -0.23191782,  1.29934689]])
```

● 모델 학습 및 검증

sklearn 라이브러리의 cluster 모듈을 활용한다. KMeans() 함수로 모델 객체를 생성하는데, n_clusters 옵션을 사용하여 클러스터의 개수를 5로 지정한다. 앞에서 선택한 학습 데이터를 fit() 메소드에 전달하고 모델에 적용하여 주면 모델은 스스로 학습하여 설정한 클러스터 개수만큼 데이터를 구분한다. 모델의 labels_ 특성에 구분한 클러스터 값이 입력된다.

〈예제 7-7〉 k-means 군집 분석 (File: part7/7.7_kmeans_clustering.ipynb(이어서 계속))

```
'''
[Step 4] k-means 군집 모형 - sklearn 사용
'''

# sklearn 라이브러리에서 cluster 군집 모형 가져오기
from sklearn import cluster

# 모형 객체 생성
kmeans = cluster.KMeans(init='k-means++', n_clusters=5, n_init=10)

# 모형 학습
kmeans.fit(X_std)

# 예측(군집)
cluster_label = kmeans.labels_
print(cluster_label)
```

〈실행 결과〉

```
[1 1 1 0 1 1 1 1 0 1 1 1 1 1 1 0 1 0 1 0 1 0 0 4 1 1 0 0 1 0 0 0 0 0 0 1 0
 1 1 0 0 0 1 1 1 1 1 4 1 1 0 0 1 1 0 0 4 1 0 0 1 4 1 1 0 4 0 1 0 0 0 0 0 1
 1 0 0 1 0 0 0 1 1 0 1 4 4 0 0 0 0 0 4 0 1 0 1 0 0 0 1 1 1 0 0 0 1 1 1 1 0
 1 0 0 0 0 0 0 0 0 0 0 0 1 0 0 0 1 0 0 0 0 0 0 0 0 0 0 0 0 0 0 0 0 0 1 0 0
 0 0 0 0 0 0 0 1 1 0 1 1 1 0 0 1 1 1 1 0 0 0 1 1 0 1 0 1 0 0 0 0 0 4 0 3 0
 0 0 0 1 1 0 0 0 1 0 0 2 1 2 2 1 1 2 2 2 1 2 2 2 1 2 4 2 2 1 2 1 2 1 2 2 2
 2 2 2 2 2 2 2 2 2 2 2 2 2 2 2 2 2 2 2 2 2 2 2 1 2 2 2 2 2 4 2 2 2 2 2 2 2
 2 2 2 2 2 1 2 1 2 1 2 2 2 2 0 0 0 0 0 0 1 0 1 0 0 0 0 0 0 0 0 0 0 0 1 2 1
 2 1 1 2 1 1 1 1 1 1 1 2 2 1 2 2 1 2 2 1 2 2 2 1 2 2 2 2 2 2 2 2 2 2 2 1 2
 4 2 1 2 2 2 2 1 1 0 1 0 0 1 1 0 1 0 1 0 1 0 0 0 1 0 0 0 0 0 0 0 1 0 0 0 0
 1 0 0 1 0 0 1 0 0 1 0 0 0 0 0 0 0 0 0 0 0 0 0 0 0 0 1 0 0 0 0 0 0 0 0 0 0
 1 1 0 0 0 0 0 0 1 1 0 1 0 0 1 0 1 1 0 0 0 0 0 0 0 0 0 0 0 0 1 0 0]
```

예제에서 변수 `cluster_label`에 클러스터 값을 저장하여 출력해보면, 0~4 범위의 5개 클러스터가 확인된다. `'Cluster'` 열에 모델이 예측한 클러스터 값을 입력하고, 원본 데이터프레임에 새로운 열로 추가한다. 각 데이터가 모델에 의해 어떤 클러스터에 할당되었는지 한눈에 볼 수 있다.

〈예제 7-7〉 k-means 군집 분석 (File: part7/7.7_kmeans_clustering.ipynb(이어서 계속))

```
# 예측 결과를 데이터프레임에 추가
df['Cluster'] = cluster_label
df.head()
```

〈실행 결과〉

	Channel	Region	Fresh	Milk	Grocery	Frozen	Detergents_Paper	Delicassen	Cluster
0	2	3	12669	9656	7561	214	2674	1338	1
1	2	3	7057	9810	9568	1762	3293	1776	1
2	2	3	6353	8808	7684	2405	3516	7844	1
3	1	3	13265	1196	4221	6404	507	1788	0
4	2	3	22615	5410	7198	3915	1777	5185	1

모델은 8개의 특성(변수)을 이용하여 각 관측값을 5개의 클러스터로 구분한다. 8개의 변수를 하나의 그래프로 표현할 수 없기 때문에, 2개의 변수를 선택하여 관측값의 분포를 그려보자(단, 모델의 예측값은 매번 실행할 때마다 달라지므로, 그래프의 형태도 달라지는 점에 유의한다).

〈예제 7-7〉 k-means 군집 분석 (File: part7/7.7_kmeans_clustering.ipynb(이어서 계속))

```
# 그래프로 표현 - 시각화
df.plot(kind='scatter', x='Grocery', y='Frozen', c='Cluster', cmap='Set1',
        colorbar=False, alpha=0.5, figsize=(10, 10));
df.plot(kind='scatter', x='Milk', y='Delicassen', c='Cluster', cmap='Set1',
        colorbar=True, alpha=0.5, figsize=(10, 10));
```

〈실행 결과〉

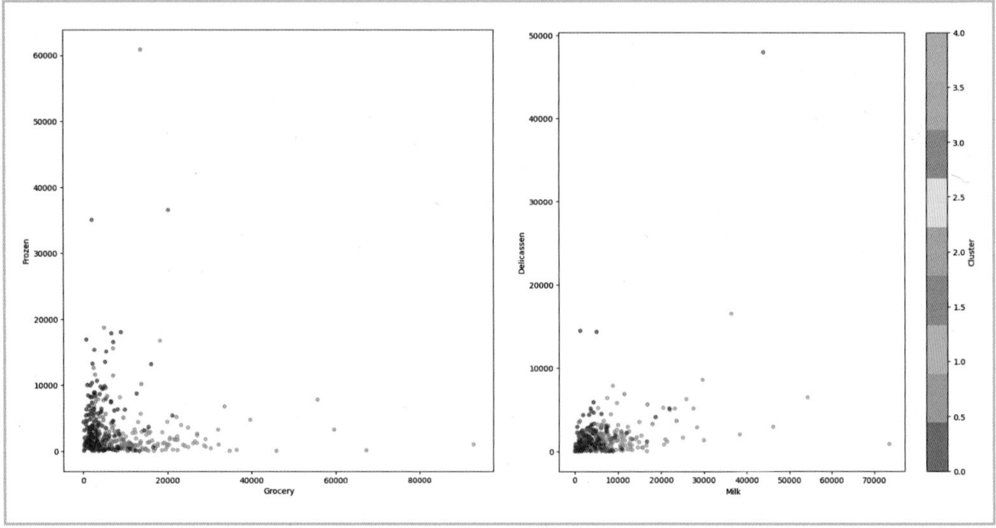

'Grocery' 특성과 'Milk' 특성에서 회색 점으로 표시되는 데이터들은 클러스터 레이블이 4인 군집이다. 다른 클러스터에 비해 상당히 큰 값으로 구성되는 특징을 갖는다. x축과 y축의 범위를 축소하여 데이터들이 밀집되어 있는 구간을 확대해서 살펴보자. 클러스터 4를 나타내는 회색 포인트는 거의 보이지 않고, 녹색으로 표시된 클러스터 1의 분포는 다른 클러스터들과 구별된다(단, 매번 실행할 때마다 클러스터 예측값의 분포가 달라진다).

〈예제 7-7〉 k-means 군집 분석 (File: part7/7.7_kmeans_clustering.ipynb(이어서 계속))

```
# xlim, ylim 제한 - 값이 몰려 있는 구간을 자세하게 분석
ax1 = df.plot(kind='scatter', x='Grocery', y='Frozen', c='Cluster', cmap='Set1',
              colorbar=False, alpha=0.5, figsize=(10, 10))
ax2 = df.plot(kind='scatter', x='Milk', y='Delicassen', c='Cluster', cmap='Set1',
              colorbar=True, alpha=0.5, figsize=(10, 10))
ax1.set_xlim(0, 30000)
```

```
ax1.set_ylim(0, 10000)
ax2.set_xlim(0, 30000)
ax2.set_ylim(0, 10000)
plt.show()
```

〈실행 결과〉

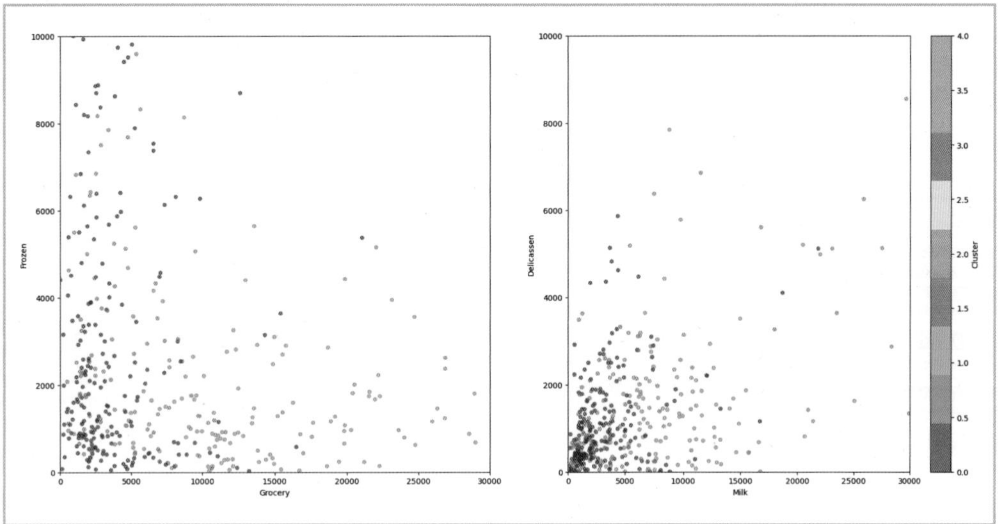

4-2 DBSCAN

DBSCAN(Density−Based Spatial Clustering of Applications with Noise)은 이름에서 알 수 있듯이 데이터가 위치하고 있는 공간 밀집도를 기준으로 클러스터를 구분한다. 자기를 중심으로 반지름 R의 공간에 최소 M개의 포인트가 존재하는 점을 코어 포인트(core point)라고 부른다. 코어 포인트는 아니지만 반지름 R 안에 다른 코어 포인트가 있을 경우 경계 포인트(border point)라고 한다. 코어 포인트도 아니고 경계 포인트에도 속하지 않는 점을 Noise(또는 outlier)라고 분류한다.

하나의 클러스터는 반지름 R 안에 서로 위치하는 모든 코어 포인트를 포함하는 방식으로 구성된다. 당연히 각 코어 포인트 주위에 있는 경계 포인트를 포함한다. 서로 밀접한 데이터끼리 하나의 클러스터를 구성하게 되고 어느 클러스터에도 속하지 않는 점들은 Noise로 남게 된다.

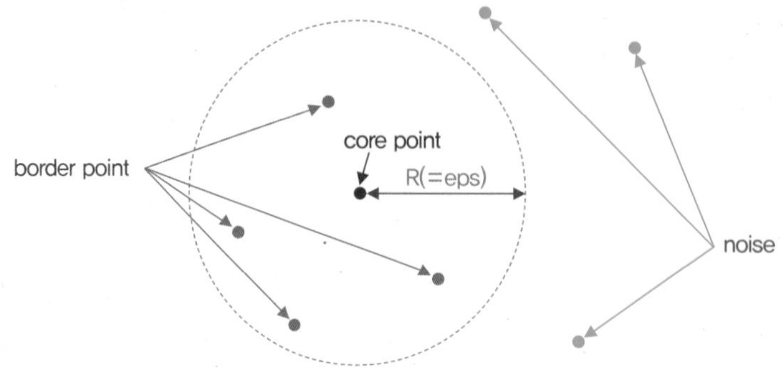

* M(=min_samples) : 반경 R 안에 들어오는 점의 최소 개수(5)

[그림 7-12] DBSCAN

● 데이터 준비

학교알리미 공개용 데이터† 중에서 서울시 중학교 졸업생의 진로현황 데이터셋을 정리해 사용한다. 고등학교 진학률 데이터를 활용하여 특성이 비슷한 중학교끼리 클러스터를 만든다. 자료실에서 Excel 파일‡을 찾고 파이썬 코드와 같은 폴더에 다운로드한다.

판다스 `read_excel()` 함수를 이용하여 데이터프레임으로 변환한다. `df.columns.values` 명령으로 열 이름을 확인한다.

〈예제 7-8〉 DBSCAN 군집 분석 (File: part7/7.8_dbscan_clustering.ipynb)

```
# 기본 라이브러리 불러오기
import pandas as pd
import folium

# 디스플레이 옵션 설정
pd.set_option('display.width', None)                          # 출력화면의 너비
pd.set_option('display.max_rows', 100)                        # 출력할 행의 개수 한도
pd.set_option('display.max_columns', 10)                      # 출력할 열의 개수 한도
pd.set_option('display.max_colwidth', 20)                     # 출력할 열의 너비
pd.set_option('display.unicode.east_asian_width', True)       # 유니코드 사용 너비 조정

'''
[Step 1] 데이터 준비
```

† [출처] 학교알리미 공개용 데이터(https://www.schoolinfo.go.kr/ng/pnnggo_a01_l2.do)

‡ [저장소] File: part7/2016_middle_shcool_graduates_report.xlsx

```
'''

# 서울시내 중학교 진학률 데이터셋
file_path = './data/middle_shcool_graduates_report.xlsx'
df = pd.read_excel(file_path)

# 열 이름 배열 출력
print(df.columns.values)
```

〈실행 결과〉

```
['지역' '학교명' '코드' '유형' '주야' '남학생수' '여학생수' '일반고' '특성화고' '과학고' '외고_국제고'
 '예고_체고' '마이스터고' '자사고' '자공고' '기타진학' '취업' '미상' '위도' '경도']
```

데이터프레임은 모두 20개의 열로 구성되어 있고, 문자열 자료형과 숫자형 자료형이 섞여 있는 것으로 확인된다.

〈예제 7-8〉 DBSCAN 군집 분석 (File: part7/7.8_dbscan_clustering.ipynb(이어서 계속))

```
'''
[Step 2] 데이터 탐색
'''

# 데이터 살펴보기
df.head()
```

〈실행 결과〉

```
    지역                          학교명    코드   유형   주야     ...      \
0  성북구      서울대학교사범대학부설중학교...      3   국립   주간     ...
1  종로구   서울대학교사범대학부설여자중학교...      3   국립   주간     ...
2  강남구                       개원중학교      3   공립   주간     ...
3  강남구                       개포중학교      3   공립   주간     ...
4  서초구                       경원중학교      3   공립   주간     ...

    기타진학   취업      미상         위도          경도
0     0.004     0   0.000   37.594942   127.038909
1     0.031     0   0.000   37.577473   127.003857
2     0.009     0   0.003   37.491637   127.071744
3     0.019     0   0.000   37.480439   127.062201
4     0.010     0   0.000   37.510750   127.008900

5 rows x 20 columns
```

데이터셋의 자료형을 확인하면 문자열, 정수형, 실수형 데이터가 모두 확인된다. 415개의 행으로 이루어져 있다.

〈예제 7-8〉 DBSCAN 군집 분석 (File: part7/7.8_dbscan_clustering.ipynb(이어서 계속))

```
# 데이터 자료형 확인
df.info()
```

〈실행 결과〉

```
<class 'pandas.core.frame.DataFrame'>
Int64Index: 415 entries, 0 to 414
Data columns (total 20 columns):
 #   Column      Non-Null Count   Dtype
---  ------      --------------   -----
 0   지역         415 non-null     object
 1   학교명        415 non-null     object
 2   코드         415 non-null     int64
 3   유형         415 non-null     object
 4   주야         415 non-null     object
 5   남학생수       415 non-null     int64
 6   여학생수       415 non-null     int64
 7   일반고        415 non-null     float64
 8   특성화고       415 non-null     float64
 9   과학고        415 non-null     float64
 10  외고_국제고     415 non-null     float64
 11  예고_체고      415 non-null     float64
 12  마이스터고      415 non-null     float64
 13  자사고        415 non-null     float64
 14  자공고        415 non-null     float64
 15  기타진학       415 non-null     float64
 16  취업         415 non-null     int64
 17  미상         415 non-null     float64
 18  위도         415 non-null     float64
 19  경도         415 non-null     float64
dtypes: float64(12), int64(4), object(4)
memory usage: 65.0+ KB
```

요약 통계 정보를 확인하고 데이터의 이상 유무를 점검한다.

〈예제 7-8〉 DBSCAN 군집 분석 (File: part7/7.8_dbscan_clustering.ipynb(이어서 계속))

```
# 데이터 통계 요약 정보 확인
df.describe()
```

〈실행 결과〉

```
      Unnamed: 0          코드        남학생수        여학생수         일반고    ...     \
count 415.000000  415.000000  415.000000  415.000000  415.000000    ...
mean  207.000000    3.197590  126.532530  116.173494    0.623080    ...
std   119.944432    0.804272   79.217906   76.833082    0.211093    ...
min     0.000000    3.000000    0.000000    0.000000    0.000000    ...
25%   103.500000    3.000000   80.000000   71.500000    0.566500    ...
50%   207.000000    3.000000  129.000000  118.000000    0.681000    ...
75%   310.500000    3.000000  177.500000  161.500000    0.758000    ...
max   414.000000    9.000000  337.000000  422.000000    0.908000    ...

            기타진학     취업          미상          위도
count  415.000000  415.0  415.000000  415.000000
mean     0.069571    0.0    0.001670   37.491969
std      0.235630    0.0    0.003697    0.348926
min      0.000000    0.0    0.000000   34.979940
25%      0.000000    0.0    0.000000   37.501934
50%      0.007000    0.0    0.000000   37.547702
75%      0.015000    0.0    0.003000   37.590670
max      1.000000    0.0    0.036000   37.694777
8 rows x 17 columns
```

누락 데이터가 있는지 확인한다. 이 데이터셋에는 결측치가 없다.

〈예제 7-8〉 DBSCAN 군집 분석 (File: part7/7.8_dbscan_clustering.ipynb(이어서 계속))

```
# 누락 데이터 확인
df.isnull().sum().sum()
```

〈실행 결과〉

```
0
```

이 데이터프레임에는 중복 데이터가 없는 것으로 확인된다.

〈예제 7-8〉 DBSCAN 군집 분석 (File: part7/7.8_dbscan_clustering.ipynb(이어서 계속))

```
# 중복 데이터 확인
df.duplicated().sum()
```

〈실행 결과〉

```
0
```

서울시내 중학교의 위치 데이터를 나타내는 '위도' 열과 '경도' 열을 folium.CircleMarker() 함수에 전달하면, 각 위치를 지도에 원형 마커로 표시한다. '학교명' 열을 popup 옵션에 할당하여, 원형 마커를 클릭할 때 학교명이 팝업으로 표시되도록 설정한다.

〈예제 7-8〉 DBSCAN 군집 분석 (File: part7/7.8_dbscan_clustering.ipynb(이어서 계속))

```
# 지도에 위치 표시

attr = (
    '&copy; <a href="https://www.stadiamaps.com/" …<중략>… </a> contributors'
)

tiles = 'https://tiles.stadiamaps.com/tiles/stamen_terrain/{z}/{x}/{y}{r}.png'

mschool_map = folium.Map(location=[37.55,126.98], tiles=tiles, attr=attr,
                         zoom_start=12)

# 중학교 위치정보를 CircleMarker로 표시
for name, lat, lng in zip(df['학교명'], df['위도'], df['경도']):
    folium.CircleMarker([lat, lng],
                        radius=5,                 # 원의 반지름
                        color='brown',            # 원의 둘레 색상
                        fill=True,
                        fill_color='coral',       # 원을 채우는 색
                        fill_opacity=0.7,         # 투명도
                        popup=name
    ).add_to(mschool_map)

mschool_map
```

〈실행 결과〉

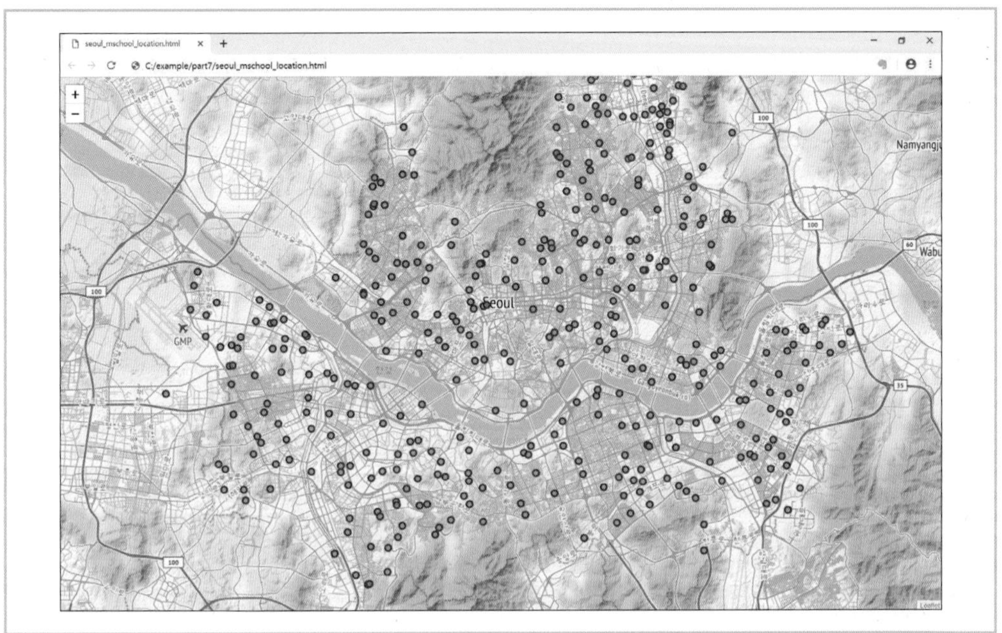

지도 객체는 웹 페이지로 구현되기 때문에, 스파이더 등의 편집도구(IDE)에서 확인하려면 `save()` 메소드를 사용하여 HTML 파일로 저장해야 한다.

〈예제 7-8〉 DBSCAN 군집 분석 (File: part7/7.8_dbscan_clustering.ipynb(이어서 계속))

```
# 지도를 html 파일로 저장하기
mschool_map.save('./data/seoul_mschool_location.html')
```

데이터프레임의 열 데이터 중에서 문자열 데이터가 들어 있는 '지역', '코드', '유형', '주야' 열에 포함된 각 범주의 고유값의 개수를 확인한다.

〈예제 7-8〉 DBSCAN 군집 분석 (File: part7/7.8_dbscan_clustering.ipynb(이어서 계속))

```
'''
[Step 3] 데이터 전처리
'''

# 고유값의 개수
print(df['지역'].nunique())
print(df['코드'].nunique())
print(df['유형'].nunique())
print(df['주야'].nunique())
```

〈실행 결과〉

```
25
3
3
1
```

모델이 인식할 수 없는 문자열 데이터를 더미 변수로 변환한다. '지역', '코드', '유형', '주야' 열을 원핫인코딩으로 변환한다.

〈예제 7-8〉 DBSCAN 군집 분석 (File: part7/7.8_dbscan_clustering.ipynb(이어서 계속))

```
# 원-핫 인코딩 적용
df_encoded = pd.get_dummies(df, columns=['지역', '코드', '유형', '주야'])

df_encoded.head()
```

〈실행 결과〉

```
                        학교명  남학생 수  여학생 수   일반고   특성화고  ...  코드_9
0       서울대학교사범대학부설중학교...      277      0  0.585  0.148  ...  False
1  서울대학교사범대학부설여자중학교...        0    256  0.680  0.199  ...  False
2                     개원중학교      170    152  0.817  0.047  ...  False
3                     개포중학교       83     72  0.755  0.097  ...  False
4                     경원중학교      199    212  0.669  0.017  ...  False

   유형_공립  유형_국립  유형_사립  주야_주간
0   False    True   False    True
1   False    True   False    True
2    True   False   False    True
3    True   False   False    True
4    True   False   False    True

5 roes x 48 columns
```

● 모형 학습 및 검증

앞에서 정리한 데이터프레임에서 '과학고', '외고_국제고', '자사고' 등 일부 열을 선택하여 설명 변수 X로 할당한다. StandardScaler() 메소드로 특성을 정규화 처리하고, cluster 모듈의 DBSCAN() 함수를 적용하여 모델 객체(dbm)를 생성한다. 밀도 계산의 기준이 되는 반지름

R(eps=0.2)과 최소 포인트 개수 M(min_samples=5)을 옵션에 설정한다. fit() 메소드를 이용하여 학습 데이터를 dbm 모델에 전달하면, 모델은 데이터를 여러 개의 클러스터로 구분한다.

모델의 labels_ 특성을 확인하면 -1, 0, 1, 2, 3, 4, 5의 7개의 값이 확인된다. -1은 Noise를 나타내므로, 모델이 구분한 클러스터는 Noise를 제외한 0, 1, 2, 3, 4, 5로 모두 6개의 클러스터 레이블이 해당된다.

〈예제 7-8〉 DBSCAN 군집 분석 (File: part7/7.8_dbscan_clustering.ipynb(이어서 계속))

```
'''
[Step 4] DBSCAN 군집 모형 - sklearn 사용
'''

# sklearn 라이브러리에서 cluster 군집 모형 가져오기
from sklearn import cluster
from sklearn import preprocessing

# 분석에 사용할 속성을 선택
train_features = ['과학고', '외고_국제고', '자사고', '자공고',
                  '유형_공립', '유형_국립', '유형_사립']
X = df_encoded.loc[:, train_features]

# 설명 변수 데이터를 정규화
X = preprocessing.StandardScaler().fit_transform(X)

# DBSCAN 모형 객체 생성
dbm = cluster.DBSCAN(eps=0.2, min_samples=5)

# 모형 학습
dbm.fit(X)

# 예측(군집)
cluster_label = dbm.labels_
print(cluster_label)
```

〈실행 결과〉

```
[-1 -1 -1 -1 -1 -1 -1 -1 -1 -1 -1 -1 -1 -1 -1 -1 -1 -1 -1 -1 -1 -1 -1 -1
 -1 -1 -1 -1 -1 -1 -1 -1 -1 -1 -1 -1 -1 -1 -1 -1 -1 -1 -1 -1 -1 -1  4  0
 -1 -1 -1 -1 -1 -1 -1 -1 -1 -1  0 -1 -1 -1  0 -1 -1 -1 -1 -1 -1 -1 -1 -1
 -1 -1 -2 -1 -1 -1  0 -1  0 -1 -1 -1  0 -1 -1 -1 -1 -1 -1 -1 -1 -1 -1  0
 -1 -1  0 -1 -1 -1 -1  1  0 -1 -1  0 -1 -1 -1  2 -1 -1 -1 -1 -1 -1 -1 -1
```

```
-1 -1 -1  0 -1 -1 -1 -1 -1 -1 -1 -1 -1 -1 -1 -1 -1 -1 -1  0 -1 -1 -1 -1
-1  2 -1 -1 -1 -1 -1 -1 -1 -1 -1 -1 -1 -1 -1 -1 -1 -1 -1 -1 -1 -1 -1 -1
-1 -1 -1  0 -1 -1 -1  3 -1 -1 -1 -1 -1 -1 -1  0 -1 -1  0 -1 -1 -1 -1 -1
 2 -1 -1 -1 -1 -1 -1 -1 -1 -1 -1  0 -1 -1 -1 -1 -1 -1 -1 -1 -1 -1 -1  0
-1 -1 -1 -1 -1 -1 -1 -1 -1 -1 -1 -1 -1 -1 -1 -1 -1 -1 -1 -1 -1 -1 -1 -1
-1 -1 -1 -1 -1 -1 -1 -1 -1  0 -1 -1 -1 -1  0 -1 -1 -1 -1 -1 -1 -1 -1 -1
-1 -1 -1 -1 -1 -1  0 -1 -1 -1 -1 -1 -1 -1 -1  4 -1 -1  4 -1 -1 -1 -1 -1
-1 -1 -1 -1 -1 -1 -1 -1 -1 -1 -1 -1 -1  0 -1 -1 -1 -1 -1 -1 -1 -1 -1 -1
-1 -1 -1 -1 -1 -1 -1 -1 -1 -1 -1 -1 -1 -1 -1 -1 -1 -1 -1  0 -1 -1 -1 -1
-1 -1 -1 -1 -1 -1 -1 -1 -1 -1 -1 -1 -1  4 -1 -1 -1  0 -1  4 -1 -1 -1 -1
-1 -1 -1 -1 -1 -1 -1 -1 -1 -1 -1 -1 -1 -1 -1 -1 -1  2 -1 -1 -1  0 -1 -1
 5  5  5  3  3  3  3  1  3  3  3  3  1  1  1  1  3  3  1  3  3  3  3  3
 1  1  5  5  3  3 -1]
```

'Cluster' 열에 모델이 분류한 클러스터 값을 입력하고, 데이터프레임에 새로운 열로 추가한다.

〈예제 7-8〉 DBSCAN 군집 분석 (File: part7/7.8_dbscan_clustering.ipynb(이어서 계속))

```python
# 예측 결과를 데이터프레임에 추가
df_encoded['Cluster'] = cluster_label
df_encoded.head()
```

〈실행 결과〉

```
                     학교명  남학생 수  여학생 수   일반고   특성화고  ...
0      서울대학교사범대학부설중학교...    277      0  0.585  0.148  ...
1   서울대학교사범대학부설여자중학교...      0    256  0.680  0.199  ...
2                    개원중학교    170    152  0.817  0.047  ...
3                    개포중학교     83     72  0.755  0.097  ...
4                    경원중학교    199    212  0.669  0.017  ...

   유형_공립  유형_국립   유형_사립  주야_주간  Cluster
0   False   True   False   True       -1
1   False   True   False   True       -1
2    True  False   False   True       -1
3    True  False   False   True       -1
4    True  False   False   True       -1

5 roes x 49 columns
```

groupby() 메소드를 사용하여 'Cluster' 열을 기준으로 데이터프레임을 그룹 객체로 변환한다. 반복문을 사용하여 각 그룹별 내용을 출력하여 확인한다.

〈예제 7-8〉 DBSCAN 군집 분석 (File: part7/7.8_dbscan_clustering.ipynb(이어서 계속))

```
# 클러스터 값으로 그룹화하고, 그룹별로 내용 출력(첫 5행만 출력)
grouped_cols = ['학교명', '과학고', '외고_국제고', '자사고',]
grouped = df_encoded.groupby('Cluster')
for key, group in grouped:
    print('* key :', key)
    print('* number :', len(group))
    print(group.loc[:, grouped_cols].head())
    print('\n')
```

〈실행 결과〉

```
* key : -1
* number : 347
                     학교명    과학고   외고_국제고    자사고
0  서울대학교사범대학부설중학교.....    0.018     0.007   0.227
1  서울대학교사범대학부설여자중학교...   0.000     0.035   0.043
2            개원중학교            0.009     0.012   0.090
3            개포중학교            0.013     0.013   0.065
4            경원중학교            0.007     0.010   0.282



* key : 0
* number : 24
       학교명  과학고  외고_국제고   자사고
47   둔촌중학교   0.0     0.010   0.026
58   성내중학교   0.0     0.013   0.026
62   신명중학교   0.0     0.009   0.031
78   한산중학교   0.0     0.012   0.052
80   강신중학교   0.0     0.012   0.039



* key : 1
* number : 11
          학교명   과학고  외고_국제고   자사고
103     신원중학교    0.0       0.0   0.006
118     개봉중학교    0.0       0.0   0.012
356   서울체육중학교   0.0       0.0   0.000
391    서울광진학교    0.0       0.0   0.000
```

```
396      서울정문학교      0.0          0.0   0.000


* key : 2
* number : 5
        학교명    과학고  외고_국제고    자사고
74   천일중학교      0.0       0.003   0.023
111  양천중학교      0.0       0.003   0.017
145  오류중학교      0.0       0.004   0.026
192  미성중학교      0.0       0.005   0.023
377  천왕중학교      0.0       0.004   0.032


* key : 3
* number : 18
             학교명    과학고  외고_국제고    자사고
175   혜원여자중학교      0.0          0.0   0.004
387         교남학교      0.0          0.0   0.000
388       다니엘학교      0.0          0.0   0.000
389         밀알학교      0.0          0.0   0.000
390         새롬학교      0.0          0.0   0.000


* key : 4
* number : 5
             학교명    과학고  외고_국제고    자사고
46        동신중학교      0.0          0.0   0.044
279   중앙여자중학교      0.0          0.0   0.036
282       한성중학교      0.0          0.0   0.042
349       장충중학교      0.0          0.0   0.038
355       환일중학교      0.0          0.0   0.027


* key : 5
* number : 5
                 학교명    과학고  외고_국제고    자사고
384           서울농학교      0.0          0.0      0.0
385         한국우진학교      0.0          0.0      0.0
386           서울맹학교      0.0          0.0      0.0
410       국립국악중학교      0.0          0.0      0.0
411   국립전통예술중학교      0.0          0.0      0.0
```

그리고 지도에 다른 색으로 구분하여 그룹별 분포를 살펴보자. Noise(-1)의 경우 회색('gray')으로 설정한다. Noise가 347개이고, 각 클러스터에 속하는 포인트의 개수는 클러스터 0부터 순서대로 24, 11, 5, 18개이다.

클러스터 0은 외고(국제고)와 자사고 합격자는 있지만 과학고 합격자가 없다. 클러스터 1은 자사고 합격자가 일부 존재하는 그룹이고, 클러스터 2는 자사고 합격률이 매우 높으면서 과학고와 외고(국제고) 합격자도 일부 존재한다. 클러스터 3은 특목고 합격자가 거의 없다. 클러스터 4는 과학고와 외고(국제고) 합격자가 없고 자사고 합격자가 매우 높다. 클러스터 5는 특목고 합격자가 하나도 없다.

〈예제 7-8〉 DBSCAN 군집 분석 (File: part7/7.8_dbscan_clustering.ipynb(이어서 계속))

```
# 그래프로 표현 - 시각화
colors = {-1:'gray', 0:'coral', 1:'blue', 2:'green', 3:'red', 4:'purple',
          5:'orange', 6:'brown', 7:'brick', 8:'yellow', 9:'magenta', 10:'cyan', 11:'tan'}

cluster_map = folium.Map(location=[37.55,126.98], tiles=tiles, attr=attr,
                         zoom_start=12)

for name, lat, lng, clus in zip(df_encoded['학교명'], df_encoded['위도'],
                                df_encoded['경도'], df_encoded['Cluster']):
    folium.CircleMarker([lat, lng],
                        radius=5,                      # 원의 반지름
                        color=colors[clus],            # 원의 둘레 색상
                        fill=True,
                        fill_color=colors[clus],       # 원을 채우는 색
                        fill_opacity=0.7,              # 투명도
                        popup=name
    ).add_to(cluster_map)

cluster_map
```

〈실행 결과〉[10]

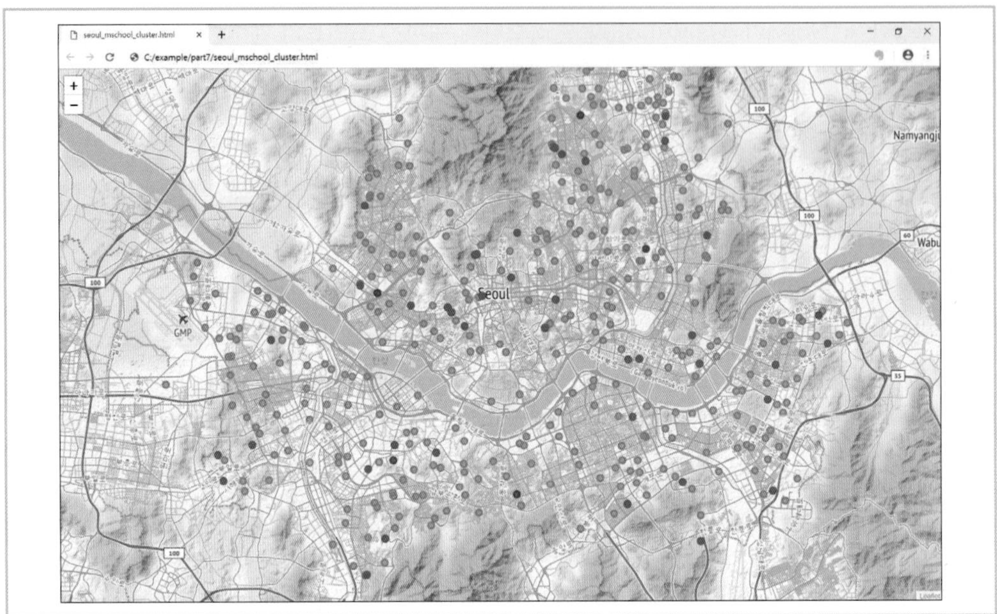

HTML 파일로 저장하고 웹브라우저에서 확인하는 것도 가능하다.

〈예제 7-8〉 DBSCAN 군집 분석 (File: part7/7.8_dbscan_clustering.ipynb(이어서 계속))

```
# 지도를 html 파일로 저장하기
cluster_map.save('./data/seoul_mschool_cluster.html')
```

10) 모델 학습에 사용할 특성(변수)의 조합을 바꿔가면서 클러스터링 결과를 분석한다. 원핫인코딩으로 추가한 변수들을 사용해 보자. 그리고 DBSCAN() 함수의 eps, min_samples 옵션을 변경하면서 군집 분석의 결과를 비교해 보자.

찾아보기

번호

A

B

C

D

E

F

G

H

I

J

K

L

M

N

O

T

U

V

W

ㅁ

ㅂ

ㅅ

ㅇ